JN170437

建築技術比較発達史の研究

―ユーラシア大陸の西と東―

渡邉　晶

中央公論美術出版

図1-3-2　ユーラシア大陸の西における針葉樹林（ピラトス山　スイス）

図1-3-3　ユーラシア大陸の西における広葉樹林（ルツェルン　スイス）

針葉樹（軟木）林地域の建築構法

図1-4-1　軟木地域の水平材構法（キジ島　ロシア）

図1-4-2　軟木地域の水平材構法（キジ島　ロシア）

図1-4-3　軟木地域の水平材構法（ノブゴロド　ロシア）

図1-4-4　軟木地域の水平材構法（ノブゴロド　ロシア）

図1-4-5　軟木地域の水平材構法（ノブゴロド　ロシア）

図1-4-6　軟木地域の水平材構法（タリン　エストニア）

図1-4-7　軟木地域の水平材構法（タリン　エストニア）

図1-4-8　軟木地域の水平材構法（ヴィルコリネッツ　スロバキア）

図1-4-9　軟木地域の水平材構法（ホホワブ　ポーランド）

図1-4-10　軟木地域の水平材構法（グラーツ　オーストリア）

図1-4-11　軟木地域の水平材構法（ティツィーノ　スイス）

図1-4-12　軟木地域の水平材構法（ツェルマット　スイス）

広葉樹（硬木）林地域の建築構法

図1-5-1　硬木地域の垂直・水平材構法（イングランド南東部）

図1-5-2　硬木地域の垂直・水平材構法（イングランド南西部）

図1-5-3　硬木地域の垂直・水平材構法（イングランド南西部）

図1-5-4　硬木地域の垂直・水平材構法（チェスター　イギリス）

図1-5-5　硬木地域の垂直・水平材構法（カーディフ　イギリス）

図1-5-6　硬木地域の垂直・水平材構法（ノルマンディー　フランス）

図1-5-7　硬木地域の垂直・水平材構法（ルーアン　フランス）

図1-5-8　硬木地域の垂直・水平材構法（トロア　フランス）

図1-5-9　硬木地域の垂直・水平材構法（モーゼル川流域　ドイツ）

図1-5-10　硬木地域の垂直・水平材構法（モーゼル川流域　ドイツ）

図1-5-11　硬木地域の垂直・水平材構法（ローテンブルグ　ドイツ）

図1-5-12　硬木地域の垂直・水平材構法（フロイデンベルク　ドイツ）

広葉樹・針葉樹（硬軟木混合）混淆樹林地域の建築構法

図1-6-1　硬軟木混合地域の両要素併用構法（ツィッタウ近郊　ドイツ）

図1-6-2　硬軟木混合地域の両要素併用構法（ツィッタウ近郊　ドイツ）

図1-6-3　硬軟木混合地域の両要素併用構法　接合部（ツィッタウ近郊　ドイツ）

図1-6-4　硬軟木混合地域の両要素併用構法（ブルガリア）

図1-6-5　硬軟木混合地域の両要素併用構法（ブルガリア）

図1-6-6　硬軟木混合地域の両要素併用構法　復元（ビスクーピン　ポーランド）

図1-6-7　硬軟木混合地域の両要素併用構法　復元（ビスクーピン　ポーランド）

図1-6-8　硬軟木混合地域の両要素併用構法（マラムレシュ　ルーマニア）

図1-6-9　硬軟木混合地域の両要素併用構法（マラムレシュ　ルーマニア）

図1-6-10　硬軟木混合地域の両要素併用構法（トランシルバニア　ルーマニア）

図 1-6-11　高い強度の針葉樹を用いた木造教会（ウルネス　ノルウェー）

図1-6-12　高い強度の針葉樹を用いた木造教会（ボルグンド　ノルウェー）

図1-7　両要素併用構法の原初的建築（エストニア）

図1-8-2　ユーラシア大陸の東における森林（貴州省）

中国と朝鮮半島における建築構法

図1-9-1　中国南西部における木の建築：鼓楼（貴州省）

図1-9-2　中国南西部における木の建築：鼓楼（貴州省）

図1-9-3　中国南西部における木の橋：風雨橋（貴州省）

図1-9-4　中国南西部における木の橋：風雨橋（貴州省）

図1-9-5　中国南西部における木の建築：大型穀倉（貴州省）

図1-9-6　中国南西部における木の建築：大型穀倉（貴州省）

図1-9-7　中国南西部における木の建築：集落（貴州省）

図1-9-8　中国南西部における木の建築：庶民住宅（貴州省）

図1-9-9　朝鮮半島南部における木の建築：寺院（韓国）

図1-9-10　朝鮮半島南部における木の建築：楼閣（韓国）

図1-9-11　朝鮮半島南部における木の建築：集落（韓国）

図1-9-12　朝鮮半島南部における木の建築：庶民住宅（韓国）

建築技術比較発達史の研究

——ユーラシア大陸の西と東——

［本書は、独立行政法人日本学術振興会平成二十六年度科学研究費補助金（研究成果公開促進費）の交付を受けた出版である。］

目　次

まえがき

本書は、2004年に初版が、2013年に第二版が、それぞれ刊行された『日本建築技術史の研究』の続編として執筆した。この姉妹編にあたる前著「まえがき」に記した著者の意図は、10年後の現在も同様である。本書は、建築生産史分野において、建築工人の手の延長として使用される道具に着目し、その発達過程を建築生産技術と関連させて明らかにすることを目的としている。続編の本書では、研究の対象をユーラシア大陸の西と東に広げ、それぞれの地域における木の建築をつくる技術と道具の発達史を明らかにした上で、日本の発達史に関して、より広い視野から考察を加えることを意図した。

人類の誕生は諸説あるが、500万年前と仮定した場合、1万年を1ミリメートルに換算したモノサシでは、500ミリメートルになる。このモノサシを手に持って、左端から右方向に時間の流れを考えてみたい。著者は、旧石器時代も含めた建築技術史を研究テーマとしている。特に、磨製石器を用いて本格的な木の建築をつくるようになった縄文時代は、モノサシでは右端の1ミリメートルほど。日本で鉄製の道具を使うようになったのは、0.2ミリメートル前。他の産業分野より機械化が遅れた建築界では、木の建築をつくる工程に工場での機械加工や現場での電動工具が普及したのは、約50年前、モノサシでは5ミクロンである。

この5ミクロンより前の時代、衣・食・住など生活に必要なものを生産する工人は、建築をはじめとして、手道具だけでどんな巨大なモノもつくり上げていた。ひとつのモノを生産するために、工人相互のつながり、システムが形成され機能していた。今、効率最優先で突き進んできたことへの反省、そこで失ってしまった自然や心の豊かさを回復する動きが生まれてきている。機械生産と手道具による生産の調和、「二つの生産知」の調和が、ある意味での危機的状況にある日本を再生させる鍵ではないだろうか。本書において、手道具による建築生産の歴史を記述することを通して、わずかでも、その動きに寄与したいと考えている。

2014年8月6日

渡邉　晶

第1章
序　論

第1節　研究の目的

著者は、本書の姉妹編にあたる前著『日本建築技術史の研究』（平成15年度研究成果公開促進費交付による出版）において、日本における旧石器時代から近・現代に至る木の建築をつくる技術と道具の歴史をたどり、技術史上の13の画期と、その中で特に重要な三大画期を仮説として提示した(1)。この記述をすすめる中で、海外との比較研究を必要とする、いくつものテーマに直面した。例えば、第二重要画期である15世紀ころ、日本ではオガ（大鋸）を導入して縦挽製材をはじめるが、ユーラシア大陸の西と東の先進文明圏においては、相当古くから鋸による製材を実施していたようである。西のヨーロッパ、東の中国においては、それぞれどういう発達過程があったのか、日本で鋸による製材法の実施が遅れたのはなぜか。

本書では、木の建築をつくる技術と道具の歴史に関する研究対象を、ユーラシア大陸の西と東に広げ、それぞれの発達史の比較を通して、日本における技術史上の画期の背景や要因を、より広い視野から考察することを目的とする。

第2節　研究史

2.1　建築技術と道具の歴史に関する総合的研究

著者は、本書の姉妹編にあたる前著（『日本建築技術史の研究』）において、木の建築をつくる技術と道具の歴史に関する研究史を整理し、1925年以前を第Ⅰ期、その後、20年ごとに第Ⅴ期までの時期を区分した。

第Ⅰ期（1925以前）は、その時代（近代）に使用されている道具に関する実学的研究にとどまっていた時期で、［水上　1884］や［佐藤　1925］などが代表的な研究文献である。また、この時期に、道具を含めて日本建築史全般にわたる辞典として、［中村　1906］が刊行されている。

第Ⅱ期（1926年から1945年）は、建築技術と関連させた道具の歴史について、古墳時代あたりから近世までを通観しようとする視点で研究が行われた時期といえる。［藤島　1930］［藤島　1935］において中世の絵巻物に着目した分析が、［武田　1935］において絵巻物とともに建築部材（刃痕）も対象とした考察が、それぞれなされた。そして、［鈴木　1942］において、絵巻物（絵画資料）、建築部材（刃痕）の他に、古字書（文献資料）や古墳からの出土遺物（実物資料）にも目が向けられ、これらの諸資料を総合的に分析する研究方法が確立された。この第Ⅱ期における研究の到達点は、[鈴木　1942] によって示されており、その後の道具発達史研究における論点の多くが記述されている。

第Ⅲ期（1946年から1965年）は、建築技術と関連させた道具発達史研究の範囲を旧石器時代にまで広げ、第Ⅱ期で設定された各テーマに関して、より詳細な分析がなされた時期である。[関野　1949] において対象が旧石器時代まで広げられ、[浅野　1957] において古代から近世までの建築部材刃痕の変遷が、[竹島　1961] において古代初めの建築部材刃痕の詳細が、それぞれ明らかにされた。そして、[乾　1961] において、考古学分野の発掘成果も積極的に取り入れた上で、実物・部材刃痕・絵画・文献をもとにした総合的研究がなされた。この第Ⅲ期における研究の到達点は [乾　1961] によって示され、建築用主要道具発達史の背景に、建築生産効率の問題や鍛冶技術との関連を考察する視点が取り入れられた。

第Ⅳ期（1966年から1985年）は、考古学分野などにおける木工具に関する活発な研究活動の成果を生かしながら、建築生産や鉄加工技術と関連させて建築用主要道具発達史の研究が展開された時期である。[中村　1967] において [鈴木　1942] や [乾　1961] などの研究成果が継承され、[太田　1971] において建築生産効率の視点から道具の変化を考察することの重要性が示された。そして [村松　1973] において、[鈴木　1942] に代表される第Ⅱ期の研究成果と、[乾　1961] に代表される第Ⅲ期の研究成果とが継承され、未解明であったいくつかのテーマも含め、それぞれの背景や要因に関する考察が加えられた。

そして第Ⅴ期（1986年から2005年）は、[村松　1997] において、この時期の研究状況が整理されている（以下、引用）。

> …昭和59（1984）年7月に、神戸に「竹中大工道具館」が開館した。…これは竹中工務店の当時の社長の故・竹中錬一さんが早くから構想を抱いておられたもので、ご縁があって私もその準備に加えさせていただき、その財団法人の理事の末席を今もってけがしているが、業界最古の歴史を誇る同社の棟梁の精神を伝える快挙としてよいだろう。熱心で有能な学芸員諸士による大工道具のすぐれた研究成果も続々と発表されるようになり、また財団からの物心両面の援助によって道具館の外にも道具史の優れた研究者が育ってきた…

第Ⅴ期は、第Ⅳ期の [村松　1973] において、その必要性が強調されていた「大工道具の研究センター」が実現し、そこを中心として、多くの研究成果が公表された時期である。こうした中で、[渡邉　2004] において木の建築をつくる技術と道具に関する石器時代から近・現代にいたる通史の試みがなされ、発達史上の13画期と三大重要画期の仮説が提示された。また、この時期には、海外との比較研究の成果も公表されるようになった。

2.2　建築技術と道具の比較発達史に関する研究

著者は、日本における木の建築をつくる技術と道具の歴史を研究する中で、海外との比較研究を必要とするいくつものテーマに直面した。ここで、ユーラシア大陸の西と東における木の建築をつくる技術と道具の歴史に関する研究史を概観しておく(2)。

第Ⅰ期（1925年以前）には、ユーラシア大陸の西と東において比較研究に欠かせない重要な文献資料が刊行された。大陸の西・ヨーロッパにおいては、18世紀中ころ、フランスのディドロたち「百科全書派」の人々によって、産業、文化、社会などのありのままの姿を約3000点の銅版画に描き、解説を加えた『百科全書』が出版された。この中の「技術」分野では、「木材」「金属」「繊維」「皮革」「陶磁・ガラス」「化学」などの技術が掲載され、それぞれの図版は、①材料、②製品とそのつくり方、③道具、④職人などの作業図、⑤用語、といった分類で構成されている[(3)]。大陸の東・中国においては、18世紀前半に、中国最大の百科事典である『古今図書集成』（1725年）が刊行された。この全体像の中で、本書のテーマと関連の深い個別の刊行物として、『三才図会』（1607年ころ）、『天工開物』（1630年ころ）などがある。また、大陸東端の島・日本の18世紀おいて、道具の研究資料として基本となる二つの文献、『和漢三才図会』（1712年）と『和漢船用集』（1761年）の刊行があった。

第Ⅱ期（1926年から1945年）には、［染木　1931］において大陸の東・中国東北部の「民具」が報告され、［Hommel　1937］において大陸の東・中国の建築用道具を含む諸道具の詳細な記述がなされた。

第Ⅲ期（1946年から1965年）には、大陸の西・ヨーロッパにおいて、その後の道具発達史研究の基本文献となる［Mercer　1960］［Goodman　1964］が刊行された。また、大陸の東・中国において漢代の道具を考察した［曾　1959］が、大陸東端の島・日本において東アジアの鋸の変遷を考察した［上田　1957］が、それぞれ発行された。

第Ⅳ期（1966年から1985年）には、大陸の西・ヨーロッパ文明の源流のひとつであるエジプトから出土した道具と武器を集成した［Petrie　1974］が、大陸の西・ヨーロッパにおける道具辞典である［Salaman　1975］が、それぞれ刊行された。また、大陸の東・中国の出土鉄器とその生産技術を考察した［潮見　1982］が、中国における木の建築をつくる道具の歴史を記述した［趙　1984］が、そして中国における手道具とその技術を集成した［ニーダム　1979］が、それぞれ発行された。さらにこの時期には、道具の歴史を研究する上での視点を豊かにする文献として、『沈黙の世界史』（新潮社　1970～）、『技術の歴史』（筑摩書房　1978～）、『東アジアの古代文化』（大和書房　1974～）などが刊行された。

そして第Ⅴ期（1986年から2005年）は、木の建築をつくる道具の種類別の研究成果が公表された時期である。斧については世界を記述の範囲とした［佐原　1994］、大陸の東・中国に関して［山口　1995］［沖本　1999］、大陸東端の島・日本に関して［川越　1993］［渡邉　1998］、鑿については大陸の東・中国に関して［沖本　1998］、大陸東端の島・日本に関して［渡邉　1994］、鋸については大陸の西と東を比較した［渡邉　1995］［渡邉　1999］［渡邉　2004］、大陸の東・中国に関して［村松　1992］［白　1993］［渡邉　1996］、大陸東端の島・日本に関して［伊藤　1993］［渡邉　1995］［星野　2002］、カンナについては大陸の西と東を比較した［渡邉　1999］［大田　2001］［渡邉　2005］、大陸の東・中国に関して［孫　1987］［山口　1996］［沖本　1996］、大陸東端の島・日本に関して［川越　1993］［渡邉　1993］［渡邉　1997］、そして墨斗についてはユーラシア大陸の西と東を比較した［渡邉　1996］、大陸の東・中国に関して［沖本　2002］、大陸東端の島・日本に関して［神谷　1988］［吉田　1994］［渡邉　1996］、などがそれぞれ刊行された。また、木の建築をつくる主要道具全般については、大陸の西と東を比較した［村松　1992］［村松　1997］［佐原　2000］［渡邉　2003］、大陸の東・中国に関して［李　2004］、大陸の東端・朝鮮半島に関して［李　1992］、大陸東端の島・日本に関して［渡邉　2004］、などがそれぞれ発行された。さらに、大陸の東における鉄の生産技術に関して［村上　1998］、大陸東端の島・日本における鉄器文化に関して［朝岡　1993］、大陸の東・中国における生活技術に関して［林　1992］［林　1995］、大陸東端の島・日本における木工具全般に関して［成田　1990］、桶・樽の技術と道具に関して［石村　1997］、船の技術と道具に関して［安達　1998］、などがそれぞれ刊行された。

そして、手道具を使う工人の作業姿勢について、世界的な視野から議論をした記録が、発行された［川田・田中・渡邉　2004］。

一方、大陸の西・ヨーロッパに住む研究者が、西の視点から大陸東端の島・日本における木の建築をつくる技術と道具に関して記述した［Coaldrake　1990］［Zwerger　1993］［Henrichsen　2003］などが発行されたのも、この第Ⅴ期の特徴である。

2.3　第Ⅵ期の設定と研究テーマ

前述した研究史の時代区分をもとに、2006年以降の20年を「第Ⅵ期」に設定する。この時期の前半8年間において、斧については大陸の西と東を比較した［渡邉　2008］、鑿については大陸の西と東を比較した［渡邉　2010］、鋸についてはユーラシア大陸全般を通観した［渡邉　2013］、などがそれぞれ刊行された。また、「からだと道具」「身体の使い方と文化の全体」「人間と道具」「身体とワザの関わり」「ワザの多様性」などに関して、文化人類学の視点から、広い視野からの総合的考察がなされた［川田　2008］。

これらも含めて、第Ⅰ期から第Ⅵ期前半までの研究史における研究の到達点と今後解明すべきテーマに関して整理しておきたい。

第一に斧については、縦斧と横斧が、それぞれの地域においていつごろから使われはじめ、斧身と柄との装着形式がどのように変遷しているのか、大陸の西と東において変遷に違いがあるのか、あるとすればその要因は何か、などが解明すべきテーマである。

第二に鑿については、刃部を有する機能部分と保持部分（柄）との接合形式が、それぞれの地域においてどういう変遷をたどっているのか、違いがあるとすればその要因は何か、などを解明する必要がある。

第三に鋸については、［Hommel　1937］［上田　1957］において、鋸の推し使いと引き使いの違いは、作業姿勢を主たる要因としている、とする指摘がある。その例証として、トルコは坐位で作業しており、日本と同様に鋸を引き使いしていることを記述している。また、［佐原　2000］において、鋸を引き使いする地域には、トルコの他にギリシア、アルバニアなどがある、と記されている。鋸の引き使い地域は日本以外にどこがあるのか、推し使いと引き使いの違いの要因は何か、などが解明すべきテーマである。

第四にカンナについては、［Hommel　1937］において、日本の台鉋は16世紀または17世紀の早いころに、オランダ人またはポルトガル人、あるいはイギリス人によってもたらされた、と推定されている。また、日本における台鉋の引き使いは、荒切削用の横斧（チョウナ）が体の方向に刃部を作用させる方式であり、同じ切削用の道具である台鉋も、その影響によるものであろう、と記されている。ユーラシア大陸の東において、台鉋はいつから使われるようになったのか、日本のように引き使いをしている地域が他にあるのか、推し使いと引き使いの違いの要因は何か、などを解明する必要がある。

そして第五に墨斗については、［渡邉　1996］において、ユーラシア大陸の西には、大陸の東で使われている墨斗が見られない、との指摘があるが、大陸の西と東の間のどこにその境界線はあるのか、なぜ、その相違が生じたのか、などが解明すべきテーマである。

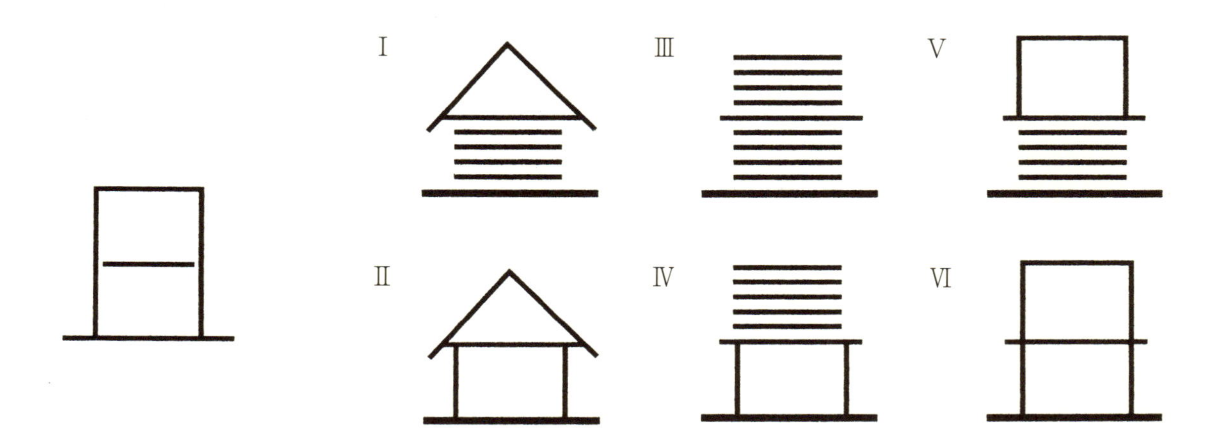

図1-1　高床建築の構法
左図：高床一体構法、右図（Ⅰ～Ⅵ）：高床分離構法

第3節　研究の方法

3.1　木の建築を構成する要素

木を主たる材料とする建築（木の建築）は、大別して、基礎、軸部、屋根（小屋組）の三つの部位から構成されている。木の建築の歴史を通観すると、基礎構造には①掘立、②礎石立、③土台立、などの種類が、軸部構造には①斜材だけ、②水平材だけ、③垂直材（柱）と水平材（梁・桁など）の組み合わせ、などの種類が、屋根（小屋組）構造にも①斜材だけ、②水平材だけ、③垂直材（小屋束）と水平材（小屋貫など）の組み合わせ、などの種類が、それぞれの部位における基本構造として確認できる。

これらの各部位の構造は、建築の目的、機能に応じて建築工人によって選択され、それぞれの建築の構法として組み合わされた。例えば、高床建築の軸部に関して、床下と床上の構法の組み合わせを考えると、高床一体構法と高床分離構法6種類が想定できる（図1-1）。ユーラシア大陸の高床構法を通観すると、大陸の東・中国長江下流域における約7000年前の遺跡（河姆渡）から高床一体構法か、高床分離構法Ⅵと推定される建築部材が出土している[4]。また大陸東端の島・日本における約4000年前の遺跡（桜町）から、高床一体構法と推定される建築部材が発見されている。さらに大陸の東・中国の南西部（雲南省）における約2100年前（前漢）の遺跡（石寨山）から出土した青銅製貯貝器に高床分離構法Ⅲと考えられる建築の描写が見られる[5]。一方、大陸の西・ヨーロッパにおいては、南ドイツやスイスなどにおける約5000年前の低湿地遺跡から、高床一体構法か、高床分離構法Ⅵと推定される建築部材が出土している[6]。そしてユーラシア大陸のほとんどの地域（ヨーロッパを除く）に近代化の波が押し寄せる以前[7]、19世紀における高床構法の分布をみると、東南アジア、中国南部、南アジア山岳部に集中した分布があり、東アジア、カスピ海沿岸、コーカサス山脈、ピレネー山脈、スペイン、スカンジナビアなどにも分布が見られる[8]。これらの地域で確認できる構法は、高床一体構法、高床分離構法Ⅱ、Ⅳ、Ⅴ、Ⅵなどである。

このように、建築の機能に応じてあらかじめ計画された建築構法をもとに、建築部材を接合することになるが、接合法も、原初的な段階の股木接合から、接合部に何らかの加工をほどこした接合（継手・仕口）へと発展していった。ユーラシア大陸東端の島・日本では、木の建築をつくる接合法の基本形が明らかにされており[9]、原初的段階の股木接合も加えると18種類となる（図1-2）。

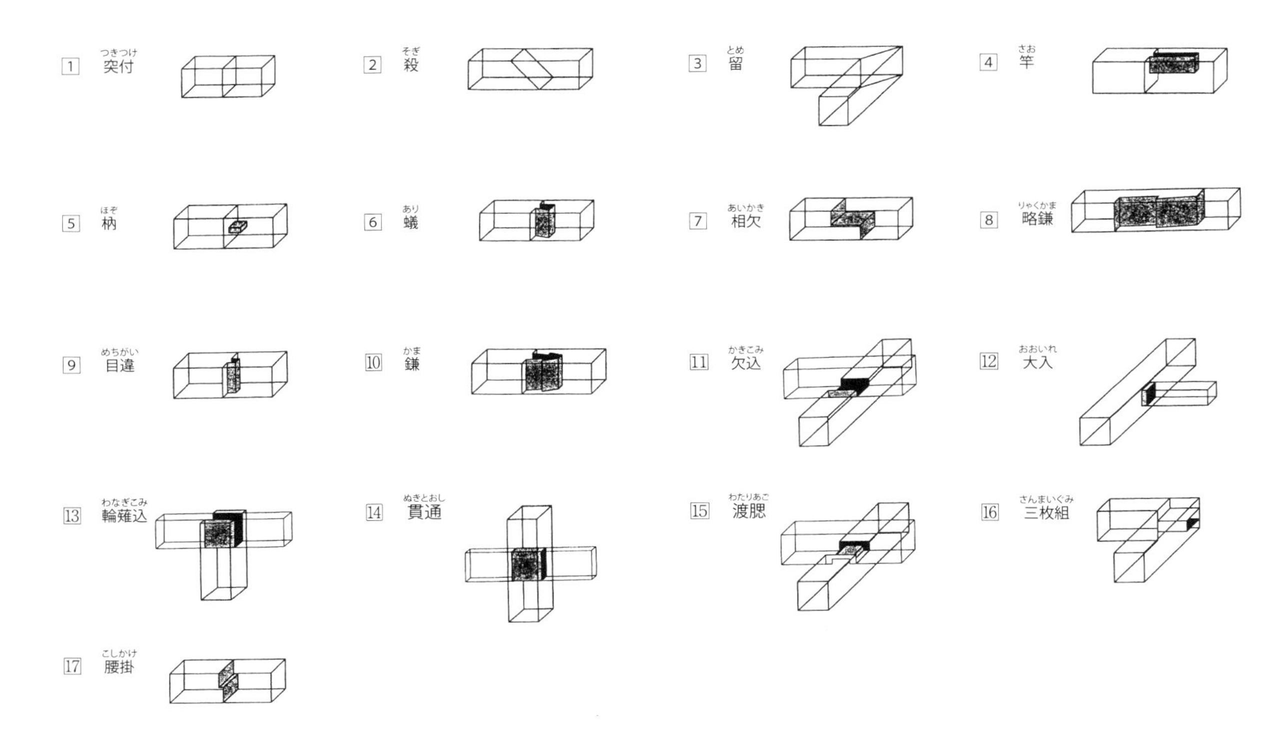

図1-2　建築部材接合法の基本形　［文献C234より転載、加工］

3.2　植生と建築構法

〈1〉木の建築の用材

木を材料とする建築の用材は、針葉樹と広葉樹に大別される。

ヒノキ、スギ、マツなどの針葉樹は、約2億年前、地球上に出現した裸子植物で、その繊維は仮道管だけで構成される原始的な構造をもつ。多くの針葉樹は、森林として群生することによって生き続けている(10)。

クリ、クスノキ、ケヤキなどの広葉樹は、約1億年前に出現した被子植物で、その繊維は空気孔である導管を有する複雑な構造である。広葉樹も森林を形成しているが、1本だけでも生育する力を備えている(11)。

今から1000万年前から500万年前に誕生した人類が、打製石器を用いて生活していた旧石器時代は、古生代・中生代・新生代という地球史の時代区分において新生代に属し、その中の更新世に含まれている。この時期は氷期と間氷期が交互に訪れた大氷河時代で、高緯度地域や高山地帯の氷が、間氷期に溶けて海水面が上昇し、氷期はその逆で海水面が低下した(12)。

例えば、ユーラシア大陸東端の島・日本においては、約30万年前の中期更新世に、南と北の陸橋で大陸とつながっていたが、約13万年前の最終間氷期に北の陸橋が途切れ、最終氷期の終わる約1万3千年前に南の陸橋も途切れた。このようにして、完新世のはじまりとともに、日本列島は完全に大陸から切り離された。最終氷期の中において、約6万年前と約2万年前は特に寒い時期で、東北日本ではエゾマツ、トドマツなどの針葉樹が、西南日本ではトウヒなどの針葉樹と、ナラ、シラカバなどの落葉広葉樹が生育していた。最終氷期の約2万年前に九州南部まで南下していた寒帯境界線は、約1万年前からの温暖化にともなって、次第に北上していった。植生の変化にはかなりの年月を必要とし、約7000年前から約6000年前にかけて、西南日本ではカシやシイなどの常緑広葉樹林が、東北日本ではブナやナラなどの落葉広葉樹林が、それぞれ形成され

図1-3-1　ユーラシア大陸の西における植生　[文献B48より転載、加工]

1. 地中海型疎林（常緑広葉樹）
2. 落葉広葉樹林
3. 常緑針葉樹林
4. 針葉樹と落葉樹の混淆林
5. 常緑広葉樹と落葉樹の混淆林
6. 草　原
7. ヒースと湿原、ツンドラと高山植生

た[13]。また、冬の寒さで常緑広葉樹が育ちにくく、夏の暑さで落葉広葉樹が育ちにくい地域、いわば両者の中間森林帯にクリが生育した[14]。これが、中部地方や関東地方の縄文時代における建築用材の供給地となった。さらに、約4000年前から約3000年前にかけて気温がやや低下し、雨量が増加したことにより、西南日本にヒノキ、スギ、マツなどの針葉樹林が形成された。これが、約2000年前からの弥生時代以降における建築用材の供給源となった[15]。

〈2〉ユーラシア大陸の西における植生と建築構法

ユーラシア大陸の西・ヨーロッパの植生は、建築用材として利用ができる針葉樹林、広葉樹林、両者の混淆林に大別できる[16]（図1-3）。

第一に針葉樹林は、スカンジナビア半島、ロシア北部などを中心に、トウヒ、モミ、マツなどで構成されている。またヨーロッパ南部であっても、アルプスなどの高山地帯は、この植生に含まれている。これらの針葉樹（軟木）は、建築用材として垂直に使うだけの強度がなかったため、水平材だけを積み重ねていく建築構法（ログ構法）が発達した[17]（図

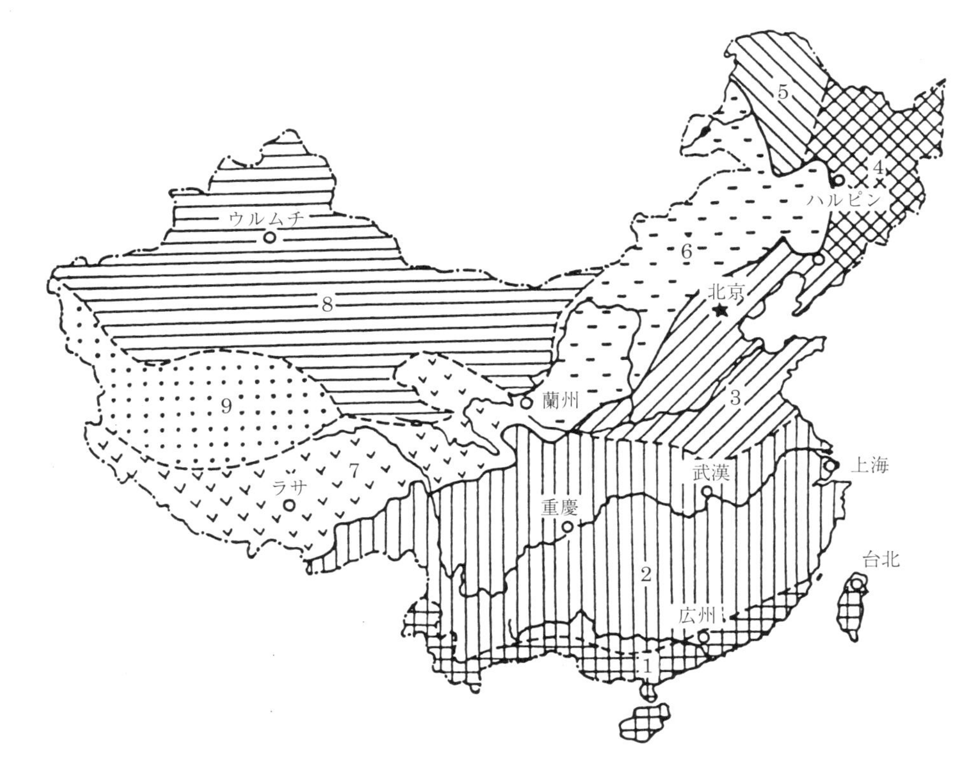

図1-8-1　ユーラシア大陸の東・中国の植生（文献C63より転載、加工）
□湿潤森林区
　1. 熱帯雨林、2. 常緑広葉樹林、3. 落葉広葉樹林、4. 針葉・広葉混淆樹林、5. 針葉樹林
□乾燥草原、砂漠区
　6. ステップ、7. 高寒草原、8. 乾燥砂漠、9. 冷土砂漠

1-4)。

第二に広葉樹林は、イギリス、フランス、ドイツなどを中心とした地域に生育し、ナラ（オーク）、ニレ、ブナ、トネリコなどで構成されている。また、この植生は、ヨーロッパ東部のルーマニア、その東方のウクライナにものびている。これらの広葉樹（硬木）は、高い強度を有していたことから、垂直材（柱）と水平材（梁・桁など）を組み合わせる建築構法が発達した[18]（図1-5)。

そして第三に針葉樹・広葉樹混淆樹林は、スウェーデン南部、ドイツ東部、ポーランド、ハンガリー、バルカン諸国、ブルガリア、ロシア南部など、広い範囲を占めている。また、フランス南部からピレネー山脈を経てスペインのバスク地方に至る地域にも存在している。

この東西に長くのびたヨーロッパにおける混淆樹林は、西に行くほど広葉樹の、東に行くほど針葉樹の、それぞれ占有率が高くなっていく傾向がある。この地域の建築は、硬木と軟木の両者の要素を併用した特色ある構法でつくられてきた[19]。例えば、ポーランド国境に近いドイツ東部では、建築の主体部を水平材（ログ）構法で、外まわりを垂直材と水平材を組み合わせた構法でつくった木の建築（ウムゲビンデハウス）が見られる（図1-6)。また、バルト海沿岸のエストニアには、その原型ともいえる木の建築が残っている（図1-7)。

〈3〉ユーラシア大陸の東における植生と建築構法

ユーラシア大陸の東・中国の植生は、湿潤な東南部と乾燥した西北部に大別できる。

木の建築の材料を供給する森林は東南部に広がり、黄河流域は落葉広葉樹林帯、長江流域は常緑広葉樹林帯に含まれている。建築用材としては、クスノキ、クリ、カエデなどの広葉樹の他、これらの地域に混

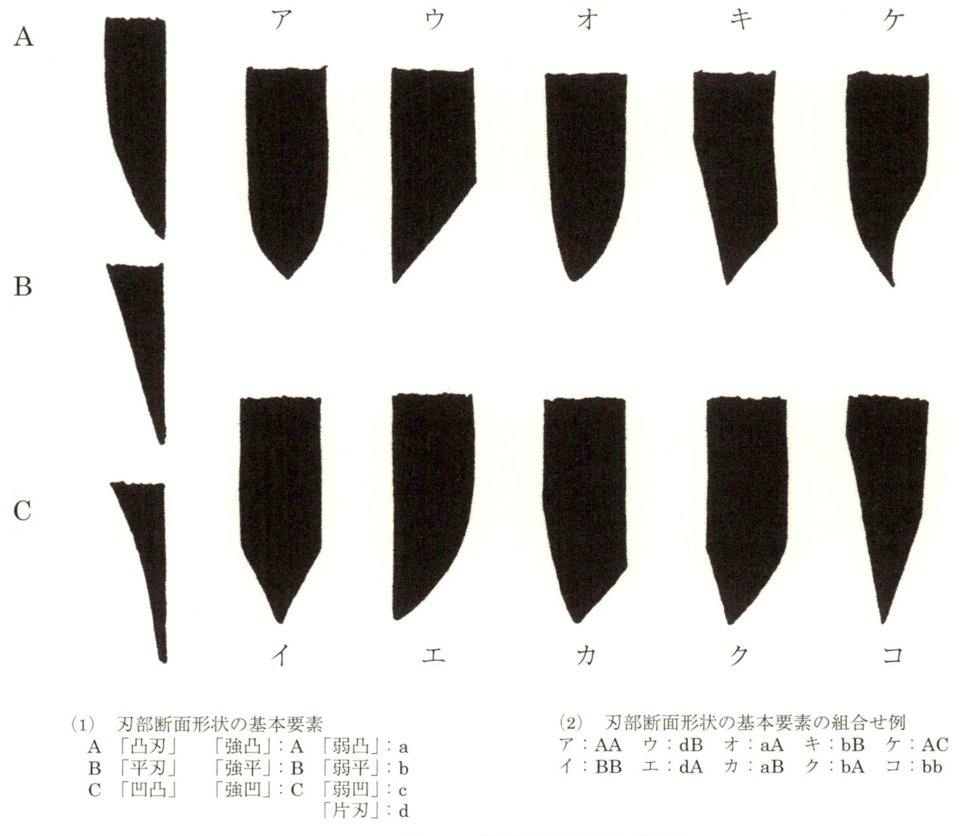

(1) 刃部断面形状の基本要素
A「凸刃」 「強凸」：A 「弱凸」：a
B「平刃」 「強平」：B 「弱平」：b
C「凹凸」 「強凹」：C 「弱凹」：c
「片刃」：d

(2) 刃部断面形状の基本要素の組合せ例
ア：AA ウ：dB オ：aA キ：bB ケ：AC
イ：BB エ：dA カ：aB ク：bA コ：bb

図1-10 道具刃部の形状と使用法

淆林を形成するマツやスギなども使われた[20]（図1-8）。

西北部の乾燥地帯においては、軸部を土や石による壁とした建築が多く見られ、東南部の湿潤地帯には、垂直材（柱）と水平材（梁・桁など）を組み合わせた構法の建築がつくられている。特に中国南西部において、高度な技術でつくられた木の建築を見ることができる。例えば貴州省に居住するトン族は、かつて長江流域に居住していたが、漢民族の勢力に追われて南下してきたと考えられている[21]。このトン族は、礎石の上に長大な垂直材（柱）を立て、水平材（貫など）で固めた木造高層建築（鼓楼）を有する集落において、高床建築の住居で生活している（図1-9）。

3.3 木の建築をつくる技術と道具

〈1〉木の建築をつくる工程

木の建築をつくる工程は、生育している樹木を伐り倒す段階（伐木工程）、その原木を用途に応じて計画した大きさに切断・分割する段階（製材工程）、製材された建築部材の接合部を加工し、部材表面を切削する段階（部材加工・部材切削工程）、そしてあらかじめ計画された建築構法をもとに部材を組み上げる段階（組立工程あるいは建方）、などに分けられる。

各工程に用いられる道具は、伐木工程では主として切断用の斧が使用され、日本の場合、近世になって斧と鋸が併用されるようになったと推定される。

第1段階

刃部断面□□形状の道具

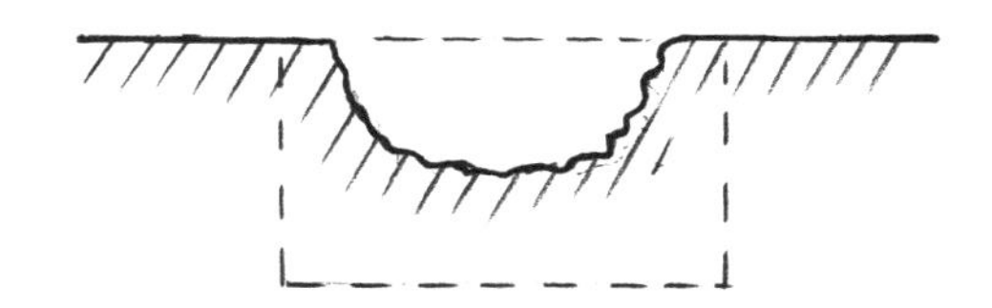

あけようとする穴の中央部から刃部S使用で荒掘り

第2段階

刃部断面□□形状の道具

あけようとする穴の側面まで刃部H使用あるいはP使用で切削

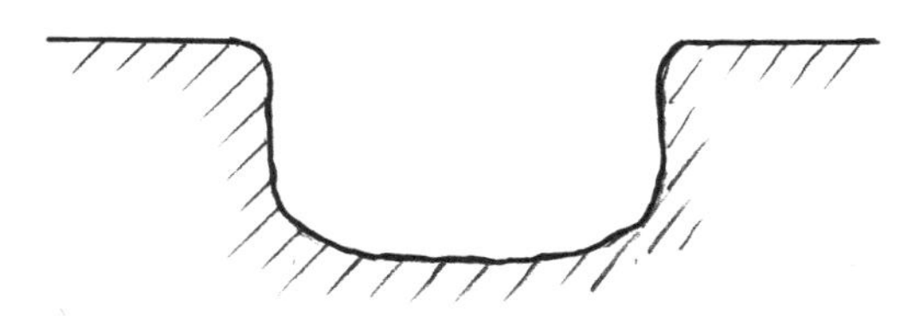

穴の側面と底部の境界には曲面が残る

図1-11　石器による包ホゾ穴の加工（推定）

製材工程では切断用の斧と原木荒切削（大斫）用の斧が使われ、日本の場合、15世紀ころから製材用の鋸が出現したと考えられる。建築部材加工段階では、鑿と鋸が主として使用され、建築部材切削段階では荒切削（斫）用の斧（チョウナ）と仕上げ切削用のカンナが主要な道具であったと推定される。そして組立工程では、太い縄、滑車とロクロ、大型の槌（カケヤ）などが使われたと考えられる。

〈2〉道具刃部の形状と使用法

木の建築をつくる道具の刃部は、縦断面を7種類の基本要素に分類することができる[22]。この基本要素を組み合わせる（7×7）と、計算上約50種類の刃部縦断面形状が想定できる。これに刃部平面形状を直刃と曲刃に大別すると、その組み合わせは約100種類となる。これらの中には石器ではつくれない形状もあるが、いずれにしても石器と金属器の刃部は多様であったと考えられる。

木の建築をつくる道具はこれらの刃部を、多くの場合、木製の柄に装着して使用する。使用法としては、斧などのように振り回して使用（S使用）する場合、鑿などのように叩いて使用（H使用）する場合、そして鋸やカンナなどのように推して（あるいは引いて）使用（P使用）する場合などがある（図1-10）。

また、ひとつの道具につくられた刃部の数によって、斧、鑿、台鉋のような単刃系、ヤリカンナのような双刃系、鋸のような多刃系に分類できる。

なお、木の建築をつくる道具は、石や金属を加工して刃部とした機能部分、多くの場合木製の保持部分、そして両者をつなぐ接合部分によって構成されている。

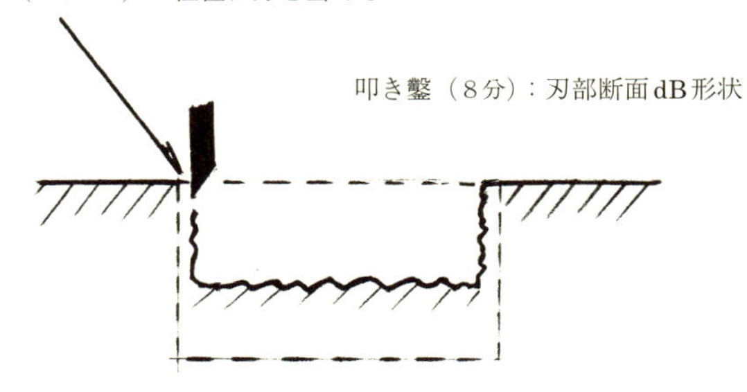

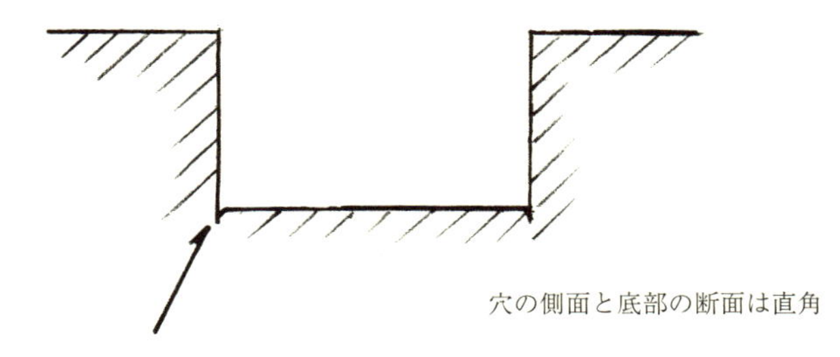

図1-12　金属器による包ホゾ穴の加工

〈3〉石器による加工

磨製石器を使用していた縄文時代の建築部材の中に、クリ材に加工された包ホゾ穴の出土例がある[23]。この加工のプロセスを推定してみたい。まず第一段階として、刃部断面がAA形状（ア）の石器をS使用して中央部分から荒掘りする（石斧）。次に第二段階として刃部断面がaB形状（カ）の石器をH使用あるいはP使用して想定した穴の側面まで加工する（石鑿）。結果として穴の側面と底部との境界には曲面が残る（図1-11）。

〈4〉金属器による加工

包ホゾ穴を金属器で加工する場合は、まず刃部断面dB形状（ウ）の金属器をH使用して荒掘りする（鑿）。次に、同じく刃部断面dB形状の金属器をH使用し、最終段階ではP使用して穴の側面と底部を仕上げ切削する（鑿）。結果として、穴の側面と底部の境界部分は直角となる（図1-12）。金属器の場合は、側面と底部の境界部分が鋭角になるようにすることが可能で、この加工は石器では困難と考えられる。例えば、建築部材接合法の基本形のひとつである蟻接合は、金属器出現以後に加工が可能になった接合法と考えられる[24]。

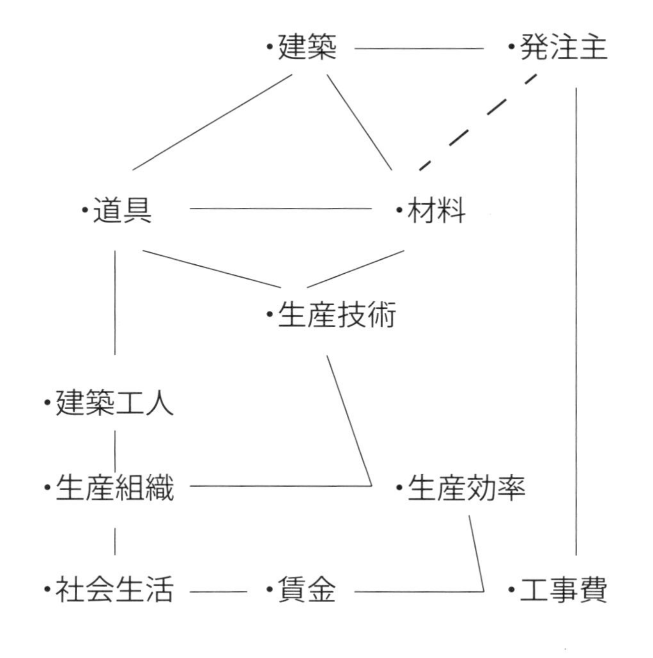

図1-13　つくられるモノ（建築）とつくるヒト（工人）をめぐる諸要素

3.4　木の建築をつくる工人と生産組織

木を材料として構造的に強固で大型の建築がつくられるようになったのは、約6000年前から約5000年前にかけての時期と考えられている(25)。富山県の遺跡（桜町）からは、約4000年前の建築部材や道具（磨製石斧や斧柄など）が発見された。この調査によって、従来は鉄器出現（約2000年前）以後と考えられていた高度な建築技術の存在が明らかとなり、大型高床建築を手道具と人力だけでつくるという復元事業も実施された。

著者は、この復元事業に加わる中で、木の建築をつくる専門工人は、約4000年前には既に存在していたのではないだろうか、と考えるようになった。当時、高度な技術を必要とする大型高床建築は、いくつもの近隣集落の共同作業によってつくられたと考えられる。その場合、集落相互の調整も含めて工事全体を統括する専門工人、現場で直接指導する専門工人、そしてその指導を受けて作業を行う一般の人々、という関係で工事がすすめられたと推定される。

その後、弥生時代を経て古墳時代に至ると、建築専門工人の姿がおぼろげながら見えてくるようになり、古代には文献の記録などによって建築を生産する組織も明らかになってくる。

困難な危険をともなう建築造営に、専門工人たちを向かわせる「力」とは何であろうか。

その「力」には、内的なものと外的なものとの二つがあると考えている。

内的な力とは、工人の「心」と結びつくものである。無から形あるものをつくり出す工人（たくみ）に共通する創造のよろこび。ある見通しを立て、道具を用いて材料を加工し、形あるものを完成させるよろこび。社会の中で与えられた役割に応え、その使命を達成したときのよろこび。そういった工人の

「心」が、内的な力の源泉であろう。

一方、外的な力は、時代によって、その強制力に違いが見られる。古代における国家規模での建築造営の場合、中央集権的な生産組織の中で、相当強い外的な力が工人たちに向けられたと考えられる。中世になると中央集権的建築生産体制がくずれ、有力な神社や寺院などとの結びつきを強めた族縁的工人集団によって建築工事がすすめられた。中世は、外的な力がそれほど強くなかったため、建築工事は比較的ゆっくりとすすめられたことがうかがえる。そして近世になると、武家勢力によって再び中央集権的な建築生産体制が確立された。また、近世中ころ以降、経済的実権を握った商人勢力が、「早く、安く、いいもの」を建築工人たちに、強く求めるようになった。

これらの、つくるモノ（建築）とつくるヒト（工人）との関係の中で、その間に位置する道具は、様々な要因で変化してきたと考えられる（図1-13)。

第4節　本書の構成

本書は、全8章によって構成している。第1章を序論、第8章を結論にあてた。第2章から第6章は、木の建築をつくる主要道具別（斧・鑿・鋸・カンナ・墨斗）に記述し、第7章において木の建築をつくる技術と関連させて考察を加えた。なお、本文註は、章別に通し番号を付して章末にまとめ、他章で表記する場合は「註章番号—通し番号」とした。

［構成］

まえがき
第1章　序論
第2章　ユーラシア大陸の西と東における斧
第3章　ユーラシア大陸の西と東における鑿
第4章　ユーラシア大陸の西と東における鋸
第5章　ユーラシア大陸の西と東におけるカンナ
第6章　ユーラシア大陸の西と東における墨掛道具
第7章　ユーラシア大陸における技術の流れ
第8章　結論
付記
あとがき
史料リスト
参考文献
図版リスト
要旨

［凡例］

(1) 史料番号：史料の種類別に、本書内初出順の通し番号。

・文　献……L（Literature）
・絵　画……P（Picture）
・実　物……T（Tools）
・建築部材…W（Wooden Parts）

なお、本文中において、「図像資料」と表記する場合、平面的な絵画だけでなく、立体的なテラコッタやレリーフなどを含めたものをさしている。これも、「史料：絵画」のリストに含めて記載しておく。

(2) 参考文献：文献の種類別に、発行年順の通し番号。

- A……総合
- B……ユーラシア大陸の西
- C……ユーラシア大陸の東
- D……ユーラシア大陸の西と東を結ぶ地域
- E……拙著・拙稿

なお、前著『日本建築技術史』記載の「参考文献」の内、本書のテーマと関連の深い文献は再録したが、前著執筆時に著者の脳内に蓄積された知識は、今回の執筆にも何らかの影響を及ぼしていると考えている。再録していない文献に関しては、前著をあわせて参照されたい。また、今回の執筆にあたって直接引用（註記載）した文献は、リストの内、限られたものであるが、註記載以外のものも、同様に、執筆のベースを形成した文献類である。

(3) 図版番号：章別に通し番号として、「図　章番号—通し番号」と表記。

なお、図版の中で、写真は提供先（個人あるいは機関）が記載されているもの以外は、著者が撮影したものである。また、写真以外の図版は、［　］内の文献に掲載された原図を転載したものについてはその旨明記し、それ以外のものは原図をもとに、著者が模写作図した。

註

(1) 参考文献（E49）
(2) ユーラシア大陸の西と東の比較発達史に関する研究史も、日本に関する研究史と同じ時期設定としておく。
(3) 参考文献（B38）
(4) 参考文献（C246）
(5) 参考文献（C246）
(6) 参考文献（B45）
(7) 参考文献（B45）
(8) 参考文献（A40）
(9) 参考文献（C234）
(10) 参考文献（A124）
(11) 参考文献（A124）
(12) 参考文献（A90）
(13) 参考文献（A90）
(14) 参考文献（A121）
(15) 参考文献（A90）
(16) 参考文献（B48）
(17) 参考文献（B45）。本書では、この針葉樹林・軟木文化圏において、1989年から調査した木の建築の記録写真を、「口絵」も含め掲載しておく。
(18) 参考文献（B45）。本書では、この広葉樹林・硬木文化圏において、1989年から調査した木の建築の記録写真を、「口絵」も含め掲載しておく。
(19) 参考文献（B45）。本書では、この広葉樹・針葉樹混淆樹林の硬軟木混合文化圏において、1989年から調査した木の建築の記録写真を、「口絵」も含め掲載しておく。
(20) 参考文献（C63）。本書では、大陸の東・中国の広葉樹・針葉樹混淆樹林の硬軟木混合文化圏において、1993年から調査した木の建築の記録写真を、「口絵」も含め掲載しておく。
(21) 参考文献（C246）
(22) 参考文献（A97）
(23) 参考文献（C300）
(24) 参考文献（E59）。現在、日本で確認された建築部材の蟻接合は、約2000年前の弥生時代にさかのぼる。
(25) 参考文献（C261）。

第2章
ユーラシア大陸の西と東における斧

第1節 斧の基本形式

1.1 斧の機能

木の建築をつくる工程の中で、斧は伐木段階と製材段階において、主として使用される。

立木を伐り倒し、その原木を所定の長さに切断するために、切断用の大型の斧を用いる。

さらに、原木を山から運び出す前、荒い角材に整形するために、原木荒切削（大斫）用の大型で刃幅の広い斧を使う。

そして建築現場に運び込まれた後、加工の前段階として部材荒切削（斫）用の斧（チョウナ）によって、部材表面の整形を行う。

1.2 斧の基本構造

斧は、機能部分である斧身（ふしん）と、保持部分である斧柄（ふへい）によって構成されている。

斧身の刃部（じんぶ）と斧柄の軸線とを、ほぼ平行に装着したものを縦斧（たておの）、ほぼ直交させて装着したものを横斧（よこおの）と呼称する[1]。縦斧は主として切断用に、横斧は主として荒切削（斫〈はつり〉）用に、それぞれ使用する。

斧柄は、直棒形状の直柄（なおえ）と枝分れ部分を利用した膝柄（ひざえ）に大別される。

機能部分（斧身）と保持部分（木柄）との接合方法には、斧柄にあけた穴に斧身の端部（広義の茎〈なかご〉部分）を装着する茎式、斧身にあけた孔に斧柄を装着する孔式、斧身の端部を袋状に加工して斧柄を装着する袋式、などがある。また、斧身と斧柄との間に、もうひとつの部品を加える接合方法もある。この部品を雇柄（やといえ）と呼称する。

斧身の平面形状として、斧身側面が直線形状のもの（無肩〈むけん〉）、刃部を広くするために側面を凸形状としたもの（有肩〈ゆうけん〉と有顎〈ゆうがく〉）などがある。

そして、斧身刃部の縦断面形状として、中心線の両サイドに切（きれは）をもつ両刃（りょうば）、両サイドの切刃の角度や長さが異なる偏心（へんしん）両刃、一方にのみ切刃がある片刃（かたば）などがある（図2-1）[2]。

1.3 斧の種類

大陸東端の島・日本において、手道具による木の

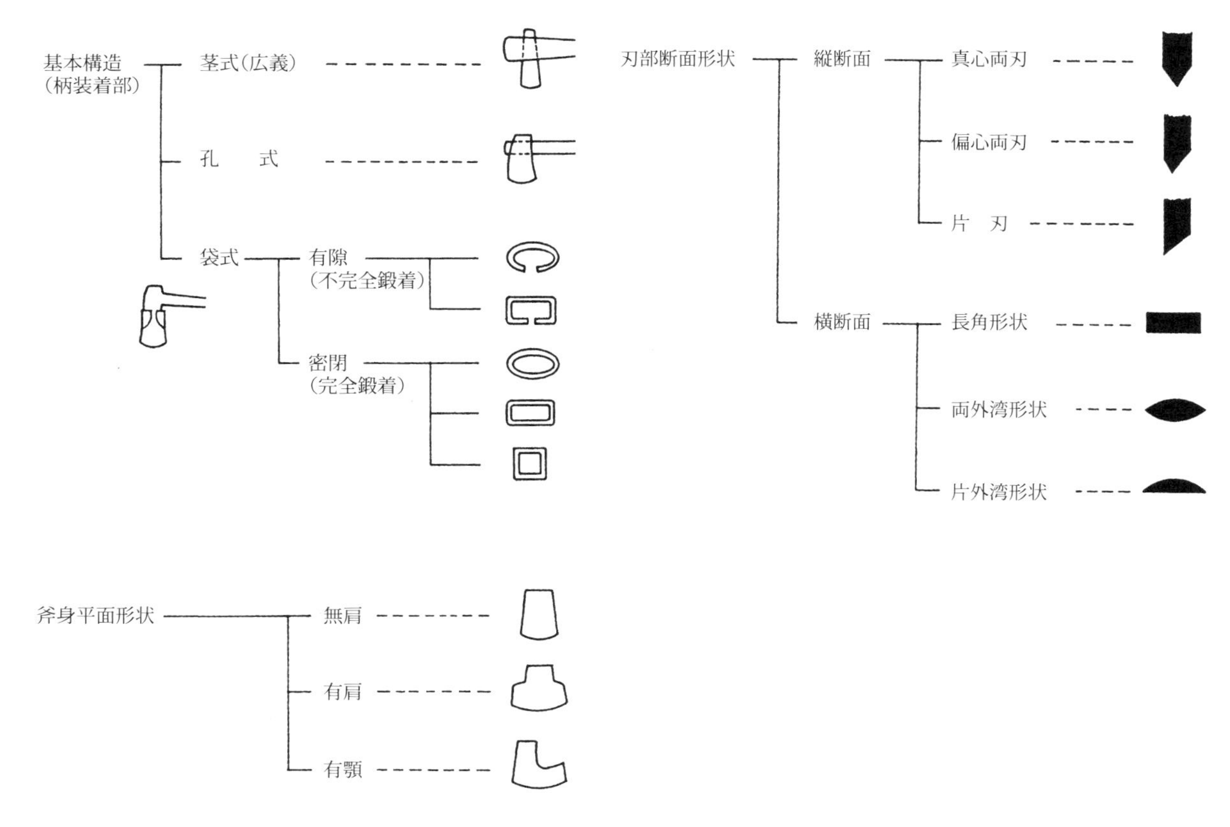

図2-1　斧の基本形式と構造

表2-1　日本の近代における斧の編成

分類	名　称	法　量 （刃幅・重量）	摘　要	職　種		機　能	
				杣	大工	切断	荒切削
縦斧	切　斧 （キリオノ）	2寸5分 （≒ 75m/m） 450匁 （≒ 1,690g）	樹木の伐採用等。 柄の長さは3尺くらい。	○		○	
縦斧	斫　斧 （ハツリオノ）	7寸 （≒ 210m/m） 850匁 （≒ 3,200g）	原木の荒切削（大ハツリ）用等。 柄の長さは3尺くらい。	○			○
縦斧	大工斧 （ダイクオノ）	4寸 （≒ 120m/m） 300匁 （≒ 1,120g）	部材の荒切削（ハツリ）用等。 柄の長さは、2尺くらい（各人の腕の長さに合わせる）。		○		○
横斧	釿 （チョウナ）	3寸2分 （≒ 96m/m）	部材の荒切削（ハツリ）用等。 柄（曲柄）の長さは､2尺くらい（各人の腕の長さ）。 「六寸五分山の四分こごみ」		○		○

建築をつくる技術が、加工の精度において最高の水準に達したとされる19世紀末から20世紀前半、伐木専門工人である杣人が、切断用の大型斧（切斧）と原木荒切削用の大型斧（斫斧）を使っていた。

また現場で部材加工を行う建築工人が、部材荒切削用の斧（チョウナ）使用していた（表2-1）。

第2節　ユーラシア大陸の西における斧

ユーラシア大陸の西・ヨーロッパ文明の源流であるエジプト文明も含めて、金属製の斧の変遷を記述する。

2.1　エジプトにおける斧

ヨーロッパ文明の源流のひとつであるエジプトにおいては、約4500年前から、銅製の斧が使われるようになった。それ以前は、石を材料とした斧（石斧〈せきふ〉）が使われていた[(3)]。

エジプトにおける初期の銅製斧身は、石斧の形状をベースにしたと推定され、斧身側面が刃部まで平行な斧身（W・CA[(4)]①〜③：図2-2）や、刃部に向って広がった斧身（W・CA④、⑤：図2-3）などが出土している[(5)]。これらの斧身と斧柄との接合法は茎式であったと考えられる。

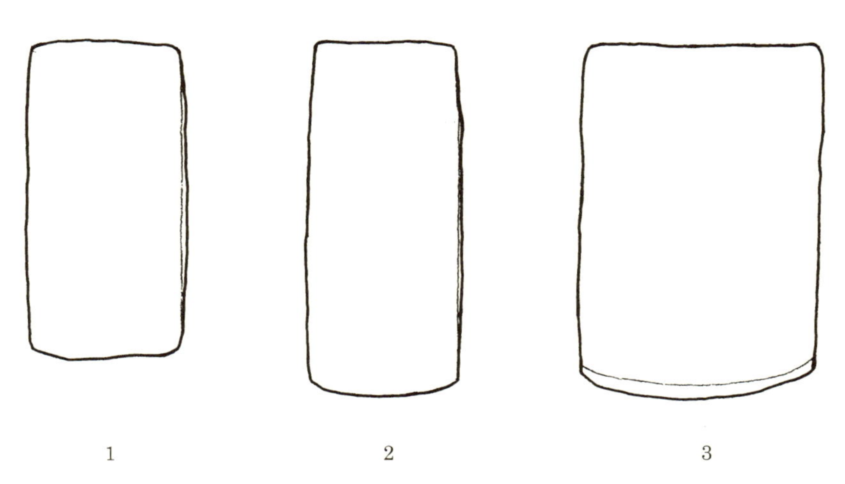

図2-2　エジプトにおける銅製の斧身（B.C.2500年頃）
［文献B13］史料T1

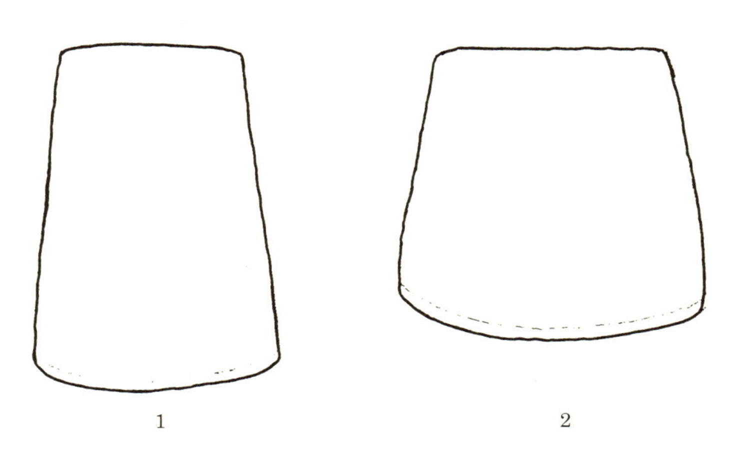

図2-3　エジプトにおける銅製の斧身（B.C.2500年頃）
［文献B13］史料T2

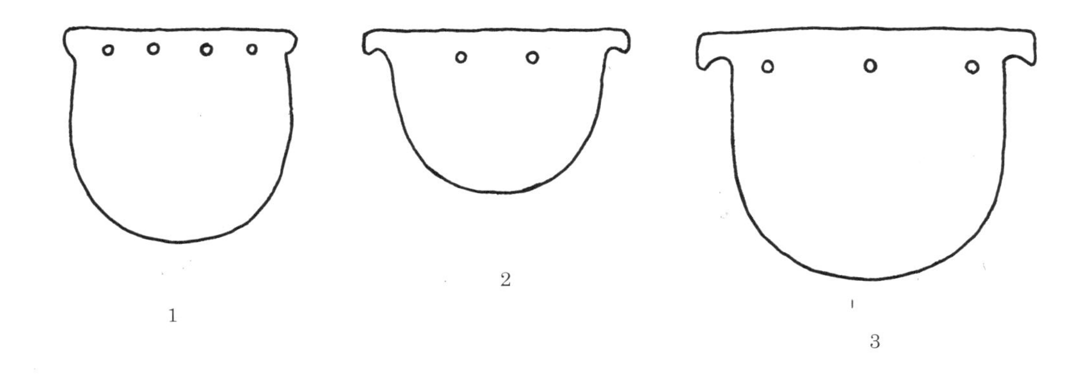

図2-4　エジプトにおける銅製の斧身（B.C.1600年頃）
［文献B13］史料T3

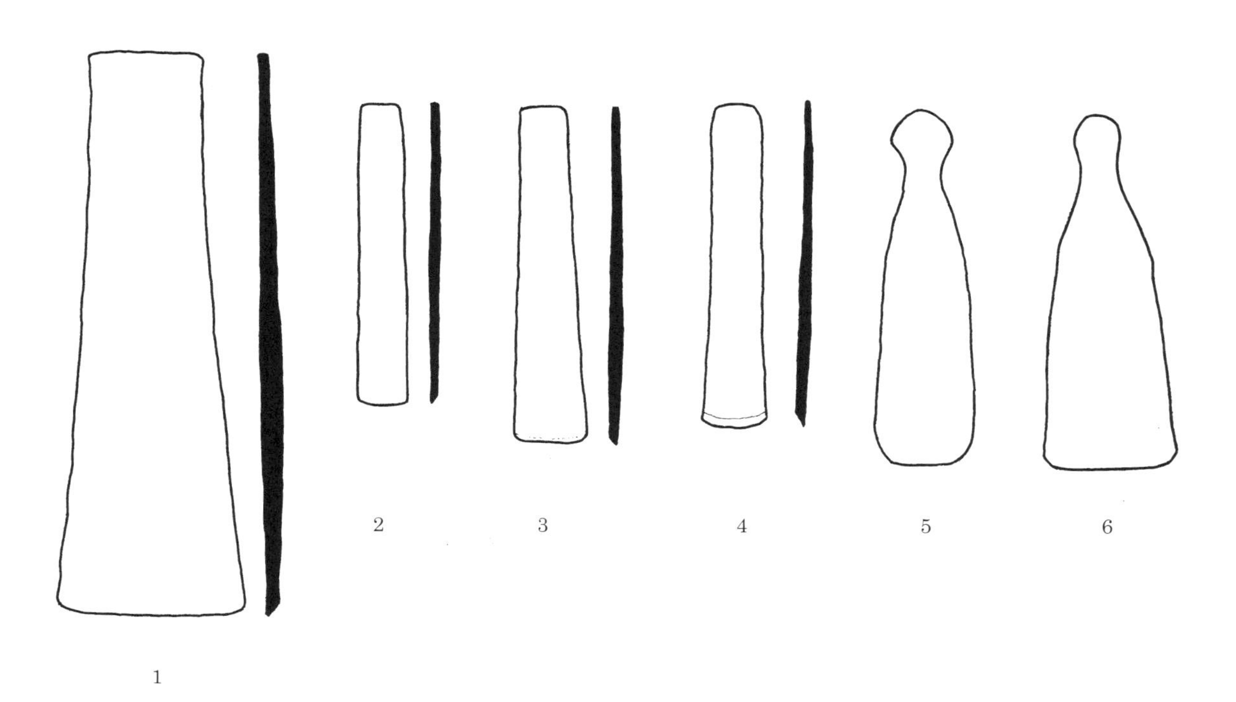

図2-5　エジプトにおける銅製の斧身（B.C.2000年頃）
［文献B13］史料T4

約3600年前になると、斧柄の装着部に突起をのばし、皮ヒモを通す穴をあけた銅製の斧身が使われるようになる(6)（W・CA⑥〜⑧：図2-4）。

これらの斧身は、主として縦斧用であったと推定されるが、刃幅と比較して長い形状の斧身も出土しており、これらが横斧用であったと考えられる(7)（W・CA⑨〜⑮：図2-5）。

その推定を裏付ける資料として、斧身が斧柄に装着された状態の縦斧と横斧が、それぞれ出土している(8)（W・HA(9)①〜③：図2-6、2-7）。

また、縦斧と横斧を使用している場面が、エジプトの壁画に残されている(10)（図2-8、2-9）。

これらの完形品の斧や使用場面を見ると、斧身と斧柄は皮ヒモなどによってしばることによって固定していたことを知ることができる。

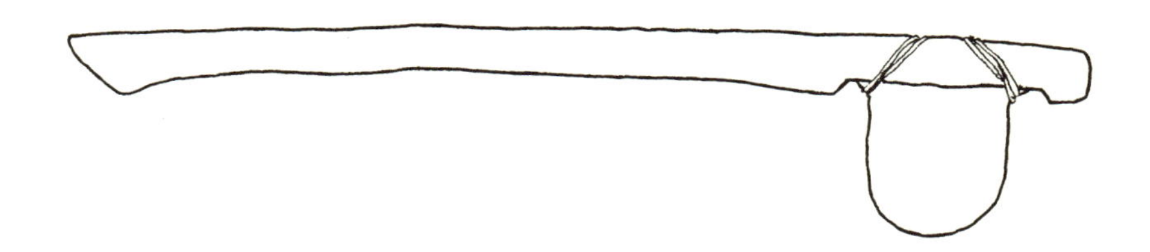

図2-6　エジプトにおける銅製の縦斧（B.C.2000年頃）
［文献B13］史料T5

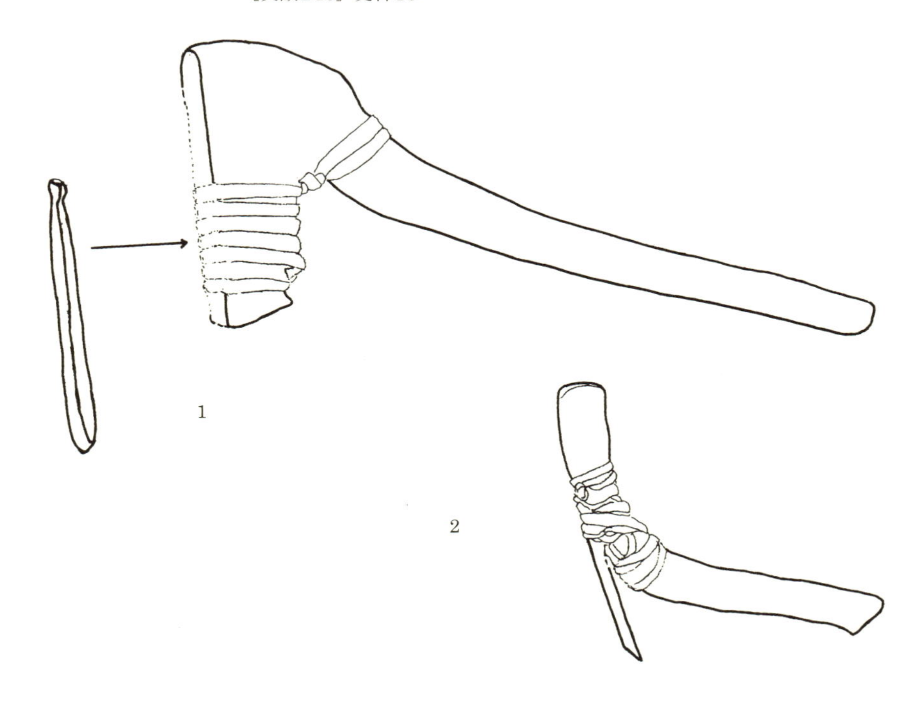

図2-7　エジプトにおける銅製の横斧（B.C.1600年頃）
［文献B4］史料T6

図2-8　エジプトにおける縦斧の使用法（B.C.1440年頃）
［文献B22］史料P1

図2-9　エジプトにおける横斧の使用法（B.C.1380年頃）
［文献B30］史料P2

1

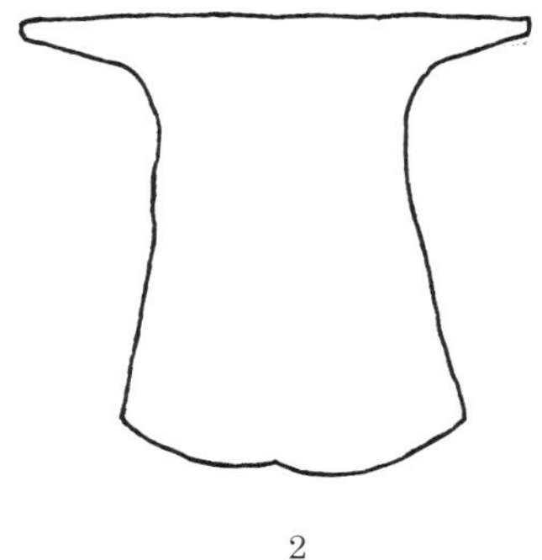

2

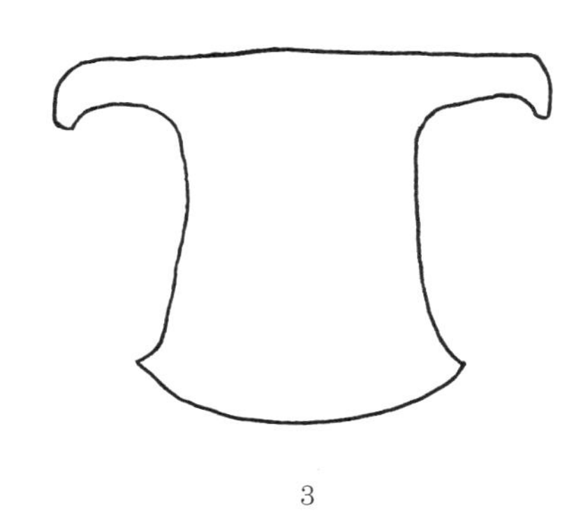

3

図2-10　エジプトにおける青銅製の斧身（B.C.1600年頃）
［文献B13］史料T7

1

2

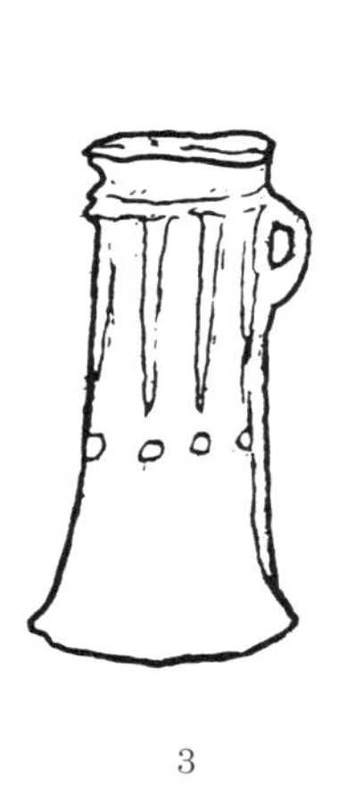

3

図2-11　ヨーロッパにおける青銅製の斧身：茎式と袋式（B.C.1000年頃）
［文献B4］史料T8

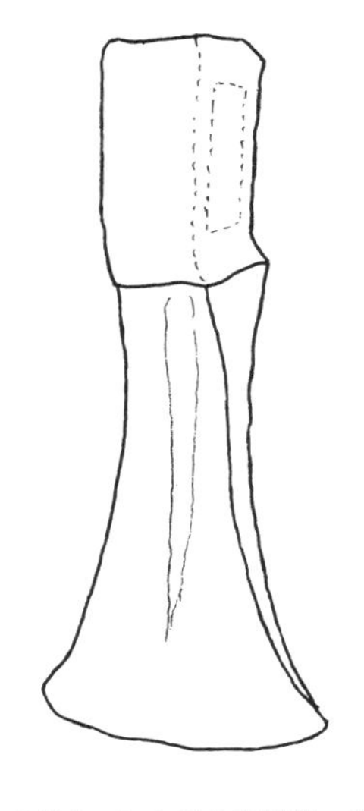

図2-12　イギリスにおける青銅製の斧身：
孔式（B.C.800年頃）
［文献B4］史料T9

2.2　西アジアからの金属器文化と斧

青銅製の斧は、約4900年前のメソポタミアにおいて使われており、その技術が西方の地中海世界や北方のコーカサス地方などへ伝播していった[11]。

銅製の斧が古くから使われていたエジプトにおいても、約3600年前頃の青銅製の斧身が出土している[12]。その形状は、銅製の斧身から発展したものと推定され、斧柄装着部に突起が見られる（W・HA[13] ①～③：図2-10）。

青銅製の斧身の場合、斧柄との装着部が孔式のものが初期から出現している。時代が降るに従って、類似形状の斧身が西方の地中海東部から地中海中部へ、北方のウラル地方へ、それぞれ伝わっていったと考えられる[14]。

斧身と斧柄との接合強度は、孔式が最も高いが、茎式や袋式の青銅製斧身も使われており、接合法としては、茎式・袋式・孔式の順に発達していったものと推定される[15]（W・BA④～⑥：図2-11）。

また、孔式の場合でも、孔の形状が円形や長円形の段階から、長方形に発展していくプロセスが考えられるが、約2800年前のイギリス出土の青銅製斧身に発展した形状を見ることができる[16]（W・BA

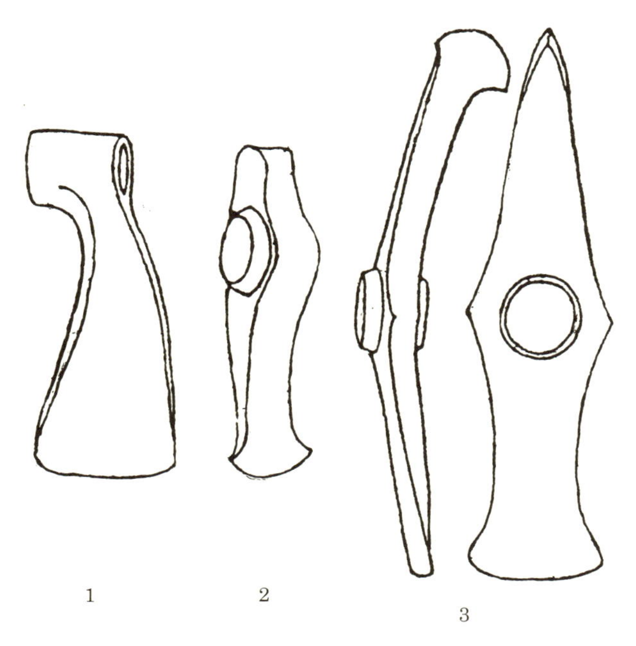

図2-13　ハンガリーにおける青銅製の斧身：孔式（B.C.2000年頃）
［文献B21］史料T10

図2-14　ギリシアにおける横斧の使用法（B.C.800年頃）
［文献B4］史料P3

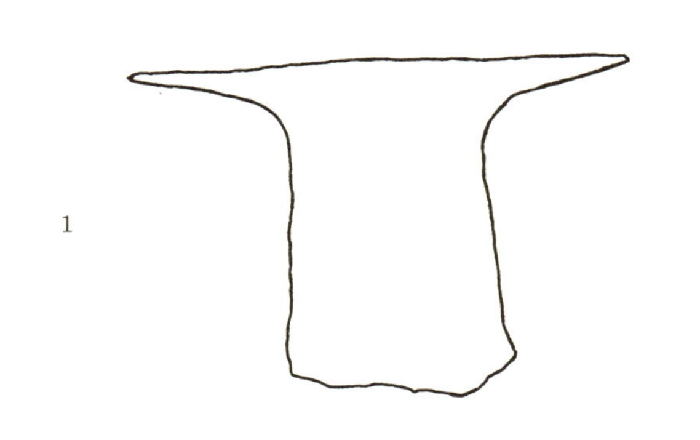

図2-15　エジプトにおける鉄製の斧身（B.C.800年頃）
［文献B13］史料T11

⑦：図2-12)。

孔式の青銅製斧身は、縦斧形式と横斧形式のいずれもが単体で出土しているが、その構造上の特色を生かして縦斧・横斧両形式をもつ双頭刃の斧も見ることができる[(17)]（W・BA⑧〜⑩：図2-13)。

その双頭刃の斧らしき斧を使用している様子が、約2800年前のギリシヤの絵画に描かれている[(18)]（図2-14)。この使用場面を見ると、孔式の斧身であっても、斧柄との接合部は、皮ヒモなどで補強していたことを知ることができる。

鉄の利用は、約5000年前から4000年前にかけて、西アジアの各地ではじまったと考えられている。その中で鉄を利用する技術を発達させたのがヒッタイト帝国（B.C.1450年〜1200年）であった。この帝国の崩壊後、鉄の技術が急速に周辺地域へ広がり、紀元前1200年から1000年頃にペルシャへ、紀元前1200年から700年頃にエジプトへ、紀元前600年頃にヨーロッパへ伝えられたという[(19)]。

エジプトにおいては、約2800年前の鉄製斧身が出土しており、その形状は、青銅製斧身と類似している[(20)]（W・IA①、②：図2-15)。

図2-16　イギリスにおける鉄製の斧身：孔式（B.C.3～A.D.4世紀）
［文献B4］史料T12

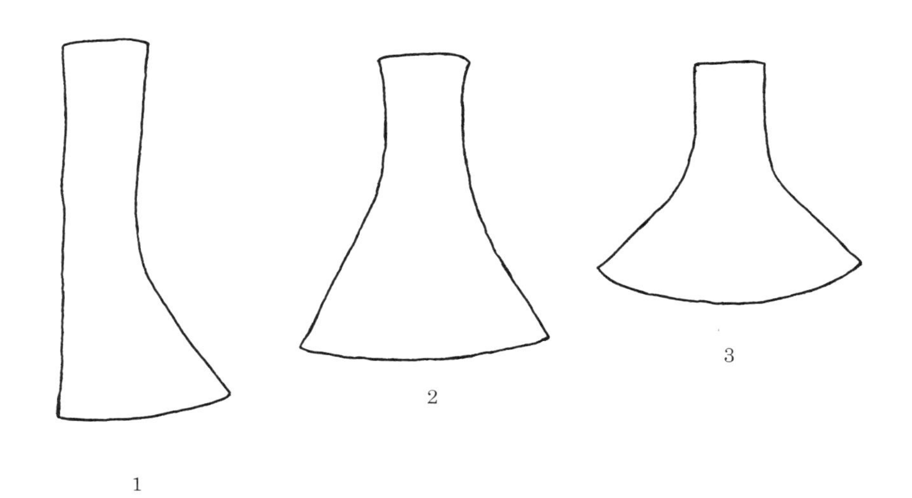

図2-17　スイスにおける鉄製の斧身：孔式（B.C.3～A.D.4世紀）
［文献B4］史料T13

2.3　古代ローマにおける斧

ヨーロッパでは、ローマ時代（B.C.3～A.D.4世紀）の鉄製斧身が多く出土している。

例えば、イギリスで出土した鉄製斧身は、長さ約165 m/m（6.5インチ）、刃部幅76m/m（3インチ）、斧柄を装着する孔が57m/m × 51 m/m（2.25インチ×2インチ）で、縦斧用である[21]（W・IA③：図2-16）。

類似形状の鉄製斧身はスイスでも出土している（W・IA④：図2-17-1）。この斧身は刃幅が狭く、切断用の縦斧として使われたと推定されるが、荒切削用の縦斧として使われた可能性のある刃幅の広

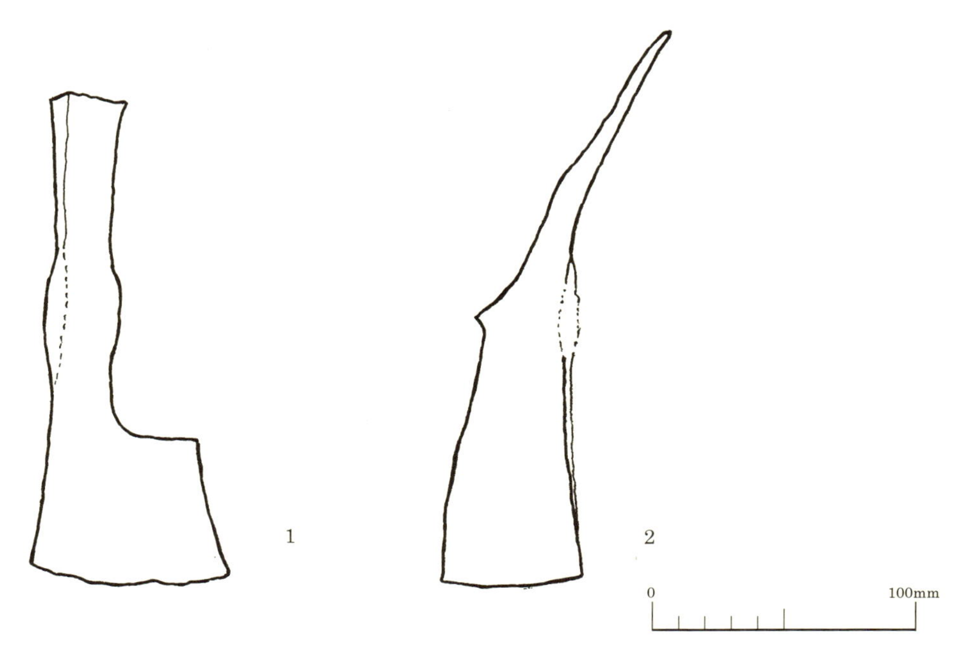

図2-18　スイスにおける鉄製の斧身：孔式（B.C.3～A.D.4世紀）
［文献B4］史料T14

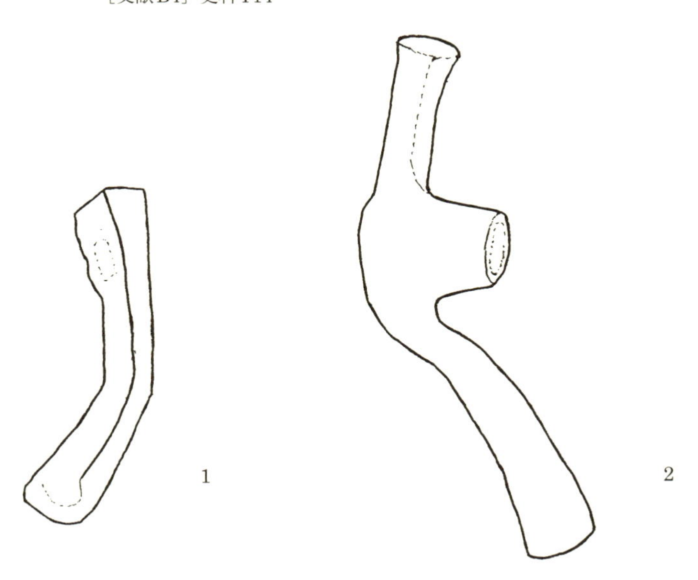

図2-19　イギリスにおける鉄製の斧身：孔式（B.C.3～A.D.4世紀）
［文献B4］史料T15

い斧身も出土している(22)（W・IA⑤、⑥：図2-17-2、2-17-3）。

また同じくスイスの遺跡から、斧身に顎が形成され、刃部の反対側が槌形状の長さ約143m/m（7.5インチ）の縦斧用斧身（W・IA⑦：図2-18-1）、縦斧用刃部の反対側に横斧用刃部が加工された双頭刃の斧身（W・IA⑧：図2-18-2）などが出土している(23)。

横斧用の斧身としては、刃部横断面が曲刃形状の斧身（W・IA⑨：図2-19-1）、刃部の反対側が槌形状の斧身（W・IA⑩：図2-19-2）などが、イギリスから出土している(24)。

これらローマ時代の鉄製斧身は、木柄との装着方法が孔式であったが、その形状を示す資料として、道具形状を模したブローチがイギリスから出土している(25)（W・HA④、⑤：図2-20-1、2）。この資料の中には、斧身を茎式で装着した縦斧も含まれている

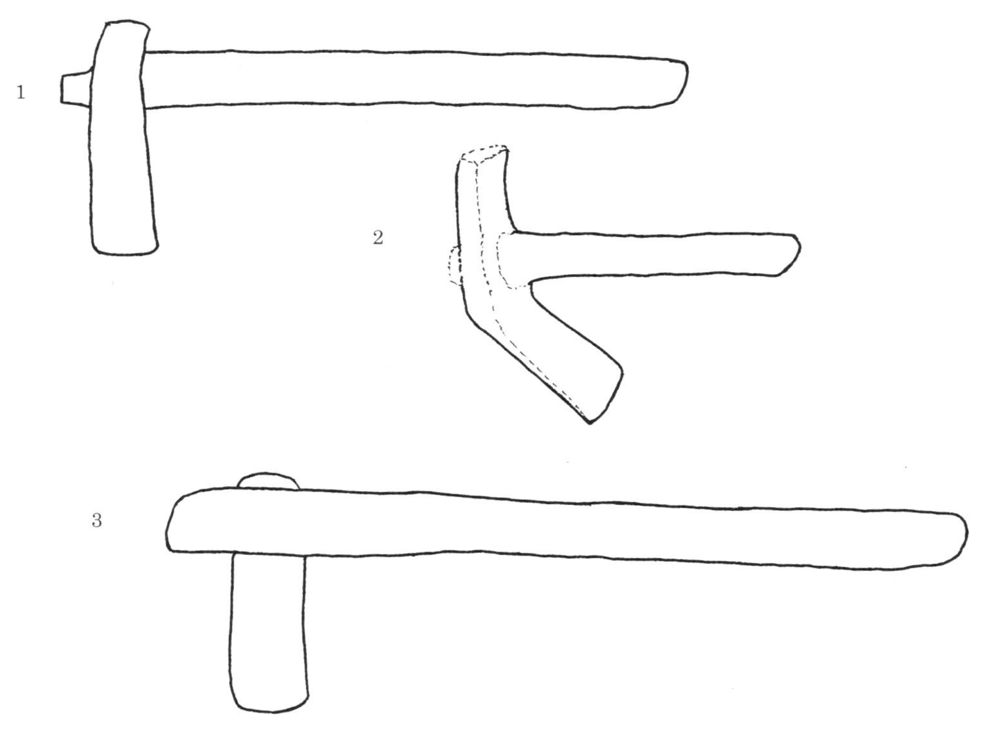

図2-20　ローマ時代における縦斧と横斧（B.C.3 ~ A.D.4世紀）
［文献B4］史料T16

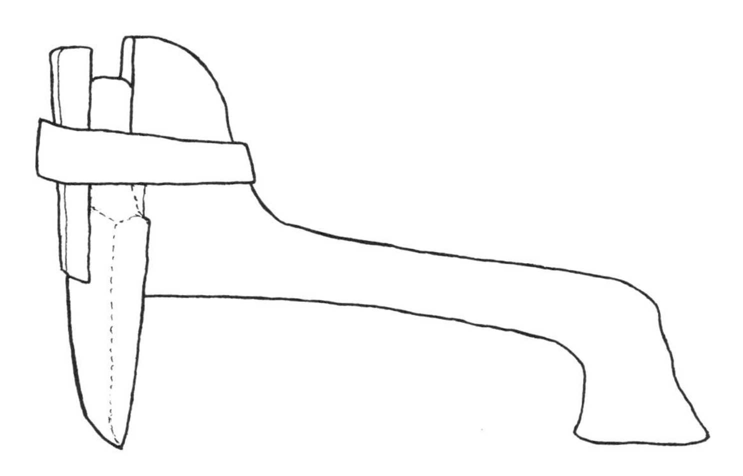

図2-21　エジプトにおける鉄製の横斧：茎式（B.C.600年頃）
［文献B4］史料T17

（W・HA⑥：図2-20-3）。

また横斧の場合でも、幅広の鑿形状の斧身を茎式で木柄に装着したものが、ローマ時代におけるエジプトから出土している[(26)]（W・HA⑦：図2-21）。

鉄製の斧を使用している様子は、縦斧と横斧のいずれも、ローマ時代の絵画資料に描かれている[(27)]（図2-22、2-23）。

2.4　周辺部における斧

切断・割裂・荒切削などの機能をもつ斧は、石器時代から存在する古い道具のひとつである。

大陸の西・ヨーロッパでは、10世紀ころに、建

図2-22　ローマ時代における縦斧の使用法（A.D.1世紀頃）
［文献B4］史料P4

図2-23　ローマ時代における横斧の使用法（B.C.3～A.D.4世紀）
［文献B23］史料P5

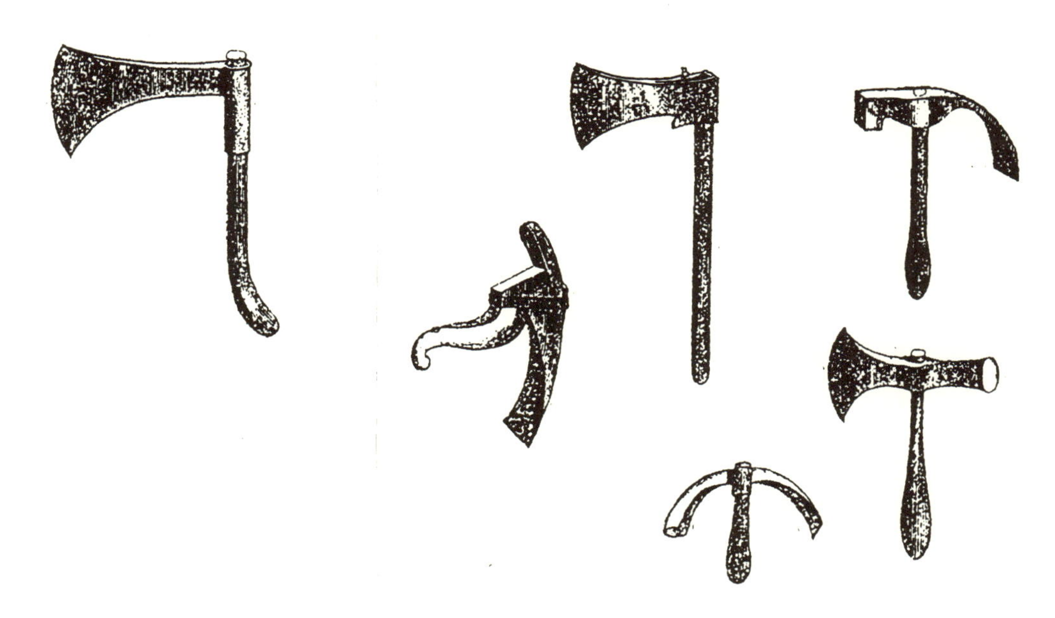

図2-24　フランスにおける斧の編成（A.D.18世紀）
［文献B38］

築部材の側面を荒切削するために用いる刃幅の広い斧（T型の斧）が出現し、その後、時代や地域によって、様々な形状に変化していった。

例えば、18世紀のフランスにおいては、中型と小型の斧を使用しているが、その中に、エジプトでも使用していた古い形式の斧も含まれている[28]（図2-24）。

第3節　ユーラシア大陸の東における斧

ユーラシア大陸の東に関しては、早くから文明が発達した中国、その影響を強く受けた朝鮮半島、そして東方向への文化の流れの終着点である日本、それぞれにおける金属製の斧の変遷を記述する。

3.1　殷代・周代における斧

大陸の東・中国においては、約4300年前から銅の使用がはじまったと考えられる[(29)]。

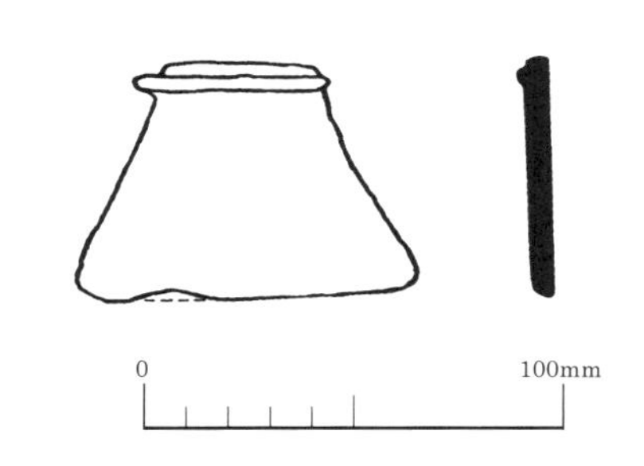

図2-25　中国における銅製の斧身（B.C.2300年頃）［文献C252］史料T18

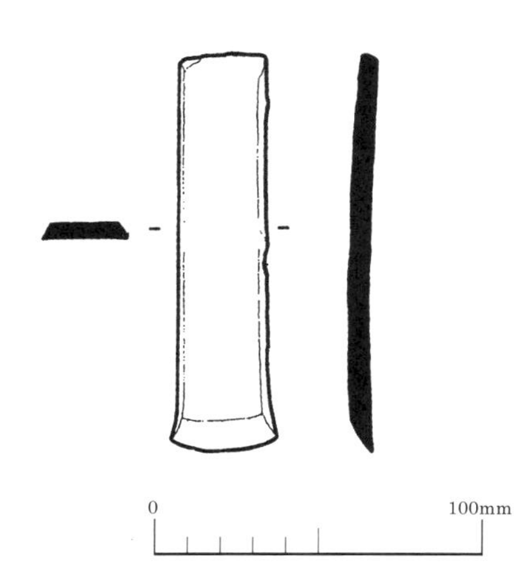

図2-26　中国における青銅製の斧身：茎式（B.C.1900年頃）［文献C252］史料T19

例えば甘粛省南部から青海省東部にかけての地域で、古くから銅が利用されてきたが、この地域から銅製の斧身も出土している（E・CA[(30)]①：図2-25）。この斧身の木柄に装着したと推定される部分は、エジプト出土の銅製斧身と類似した形状である。皮ヒモなどを利用して固定した可能性が考えられる。

次に、中国においては、約3900年前（二里頭文化）から青銅の利用がはじまる[(31)]。

初期の青銅製の斧身は、石斧を模した形状と考えられる。その一例として、木柄との装着方法が茎式と推定される青銅製の斧身が出土している[(32)]（E・BA[(33)]①：図2-26）。

また、約3500年前（二里崗文化）の遺跡からは、鋳造の利点を生かした袋式の青銅製の斧身が出土している[(34)]（E・BA②：図2-27）。

殷代（B.C.17～11世紀）になると、青銅の鋳造技術がさらに発達した[(35)]。

この時期の遺跡からは、縦斧として使用したと考えられる刃幅の狭い青銅製斧身と、横斧の可能性が高い幅広の刃を有する青銅製斧身が出土している[(36)]（E・BA③、④：図2-28-1、2-28-2）。

さらに殷代の遺跡から、孔式の青銅製斧身も出土している[(37)]（E・BA⑤：図2-29）。

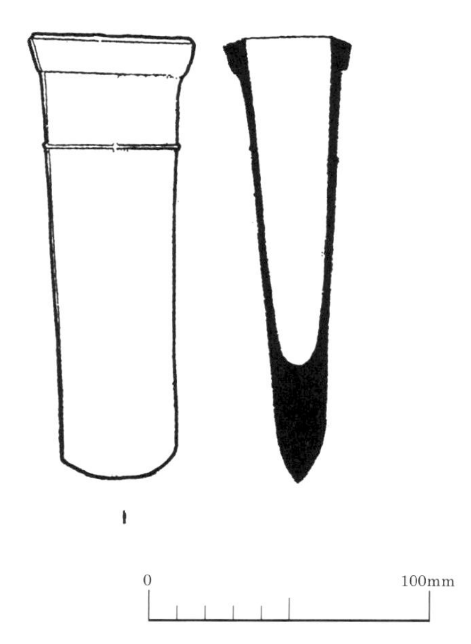

図2-27　中国における青銅製の斧身：袋式（B.C.15世紀頃）［文献C252］史料T20

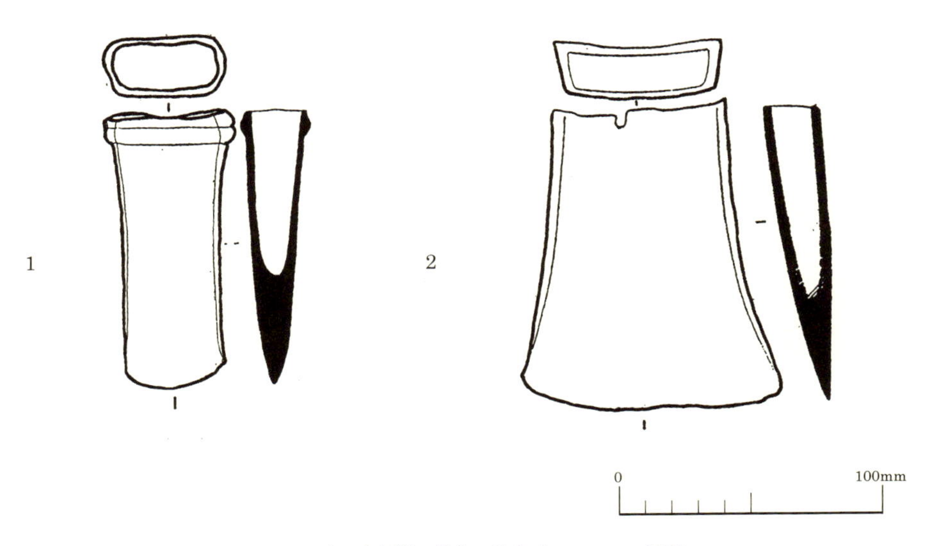

図2-28　中国における青銅製の斧身：袋式（B.C.17～11世紀）
［文献C252］史料T21

図2-29　中国における青銅製の斧身：孔式（B.C.17～11世紀）
［文献C252］史料T22

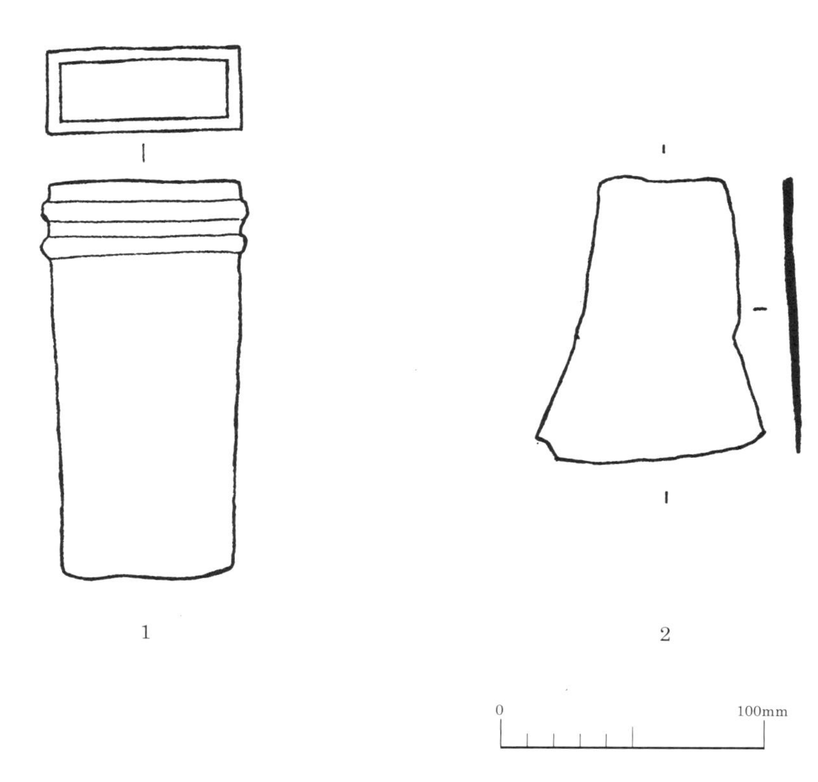

図2-30　中国における鉄製の斧身：袋式と茎式（B.C.3世紀頃）
［文献C128］史料T23

そして、中国においては、約2500年前から、鉄の利用がはじまったと考えられている(38)。

戦国時代（B.C.5～3世紀）になると、鉄の技術は、さらに発達した(39)。

この時代の河北省の遺跡から、鉄製の斧身が9点出土している。完形品は2点で、その内1点は長さ154m/m、断面長方形の袋部の幅72 m/m、刃部幅68 m/mである。もう1点は長さ110 m/mの板状（茎式）で、刃部幅86 m/mである(40)（E・IA(41)①、②：図2-30-1、2-30-2）。

また、河南省の遺跡からも鉄製の斧身が9点出土している。その内の1点は袋式（長方形）、長さ175 m/m、刃部幅45 m/m、刃部縦断面が両刃形状である。同じく袋式（長方形）で長さ131 m/m、刃部幅100 m/m、刃部縦断面が偏心両刃の斧身も出土している。また斧身が板状（茎式）で、長さ137 m/m、茎部分の幅55 m/m、刃部幅84 m/mのもの1点、長さ108 m/m、茎部分の幅25 m/m、刃部幅45 m/mのもの1点、が同じ遺跡から出土している(42)（E・IA③～⑥：図2-31-1～4）。

茎式の斧身は、河北省の遺跡からも出土し、この時代の他の斧身と同様、縦断面の厚さが薄い(43)（E・IA⑦～⑨：図2-32-1～3）。

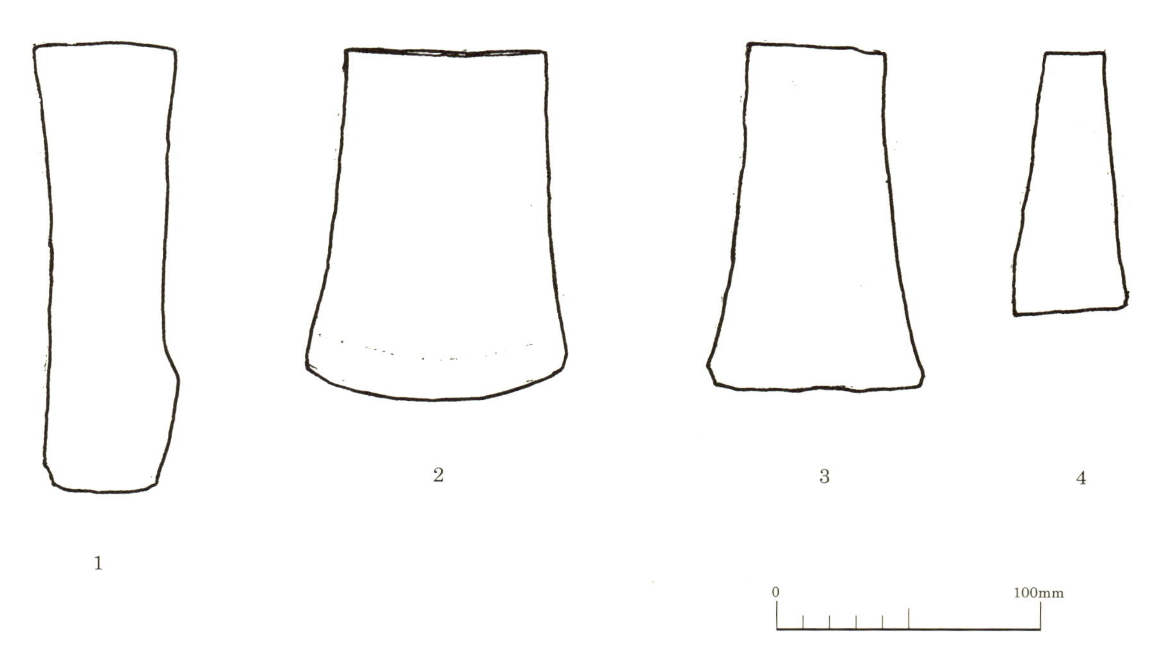

図2-31　中国における鉄製の斧身：袋式と茎式（B.C.3世紀頃）
［文献C128］史料T24

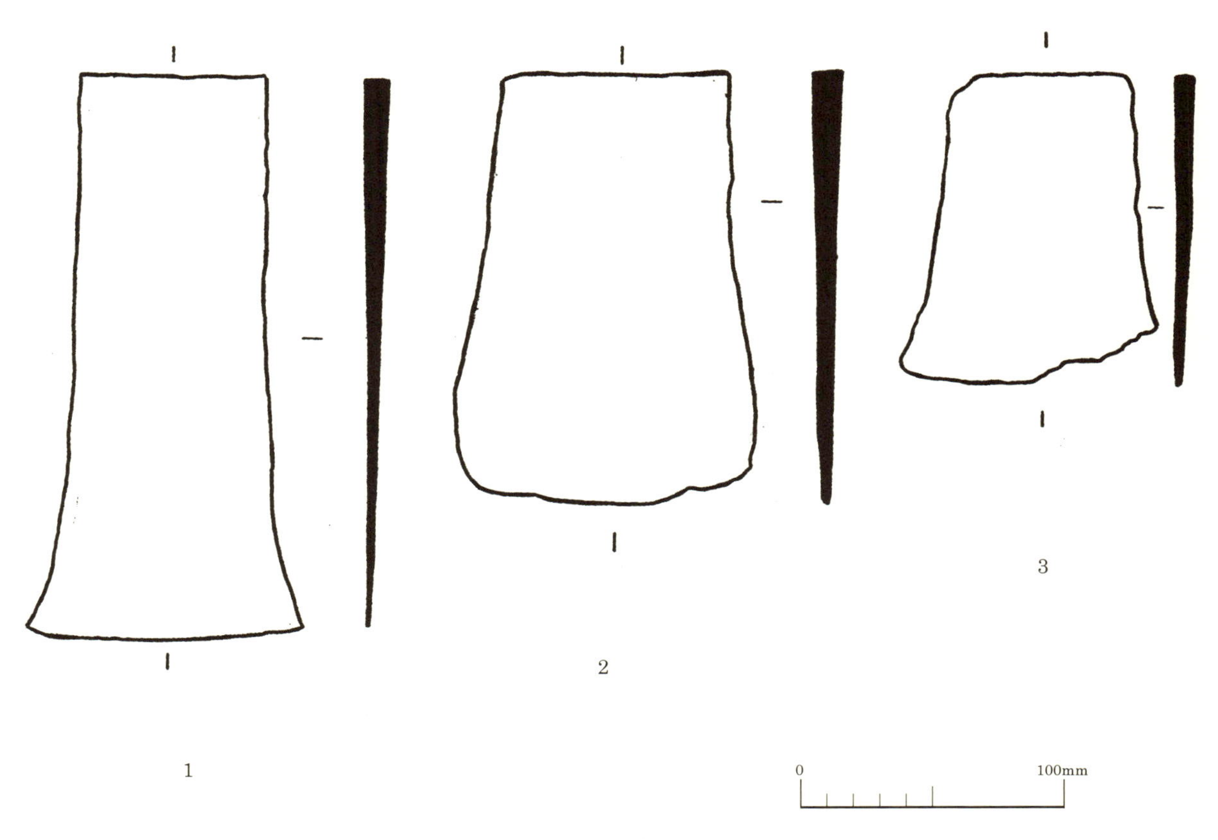

図2-32　中国における鉄製の斧身：茎式（B.C.3世紀頃）
［文献C128］史料T25

3.2　秦代・漢代における斧

漢代（B.C.3 ～ A.D.3世紀）になると、鋳造による鉄製斧身とともに、鍛造と推定される鉄製斧身も見られるようになる。例えば、同じ遺跡から、袋式の鋳造鉄製斧身と、孔式の鍛造鉄製斧身が出土している[44]（E・IA⑩、⑪：図2-33-1、2）（E・IA⑫～⑭：図2-34-1 ～ 3）。

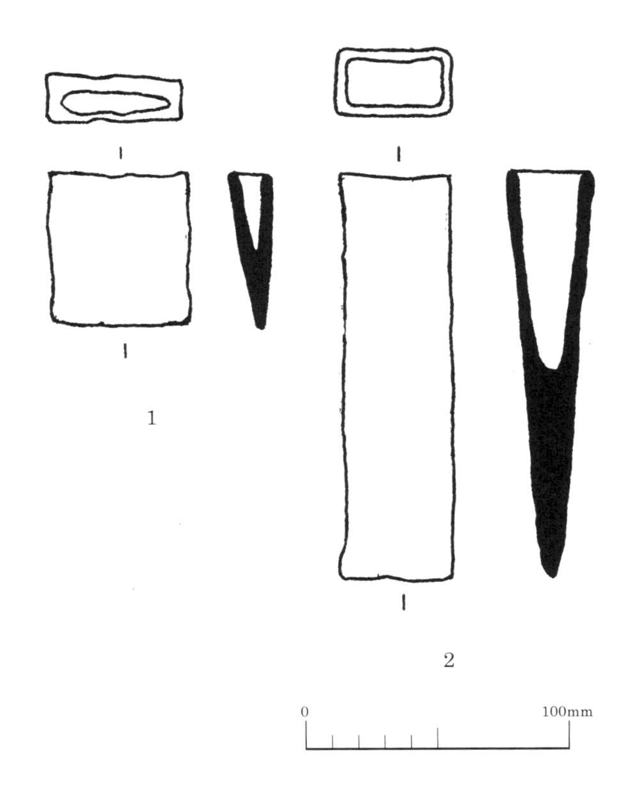

図2-33　中国における鉄製の斧身：袋式（B.C.2 ～ 1世紀）
［文献C128］史料T26

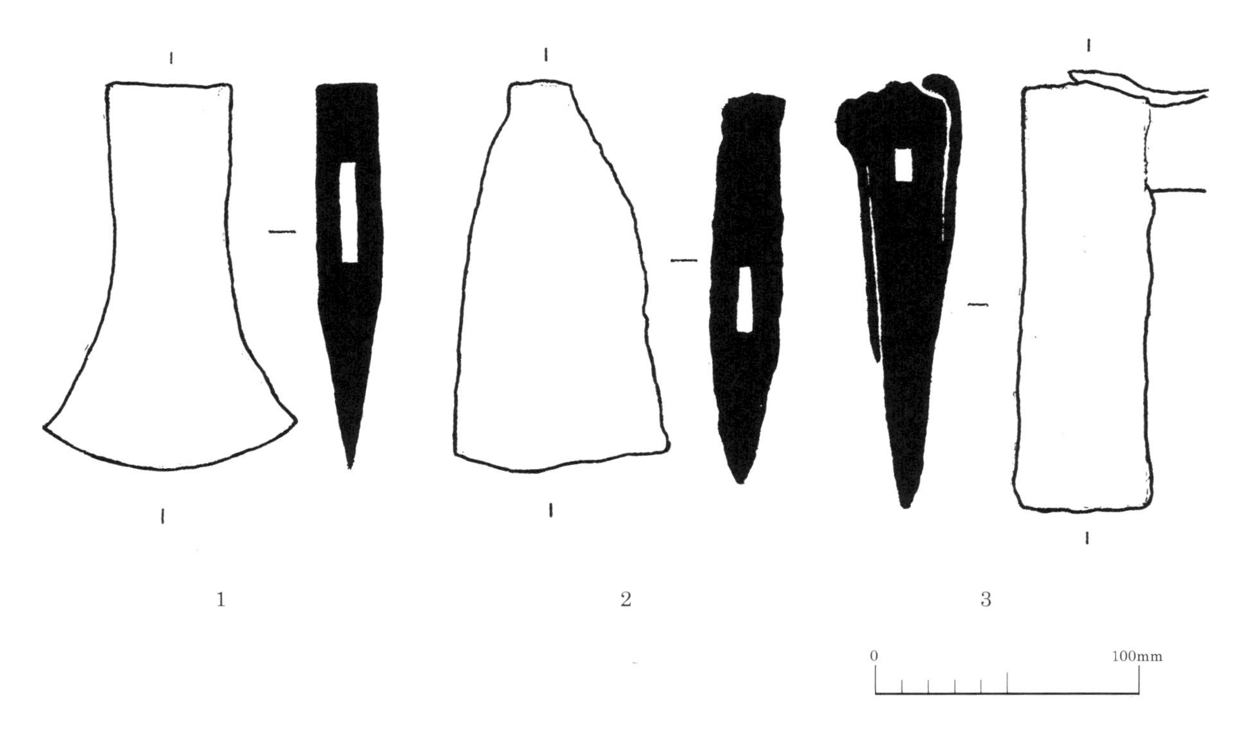

図2-34　中国における鉄製の斧身：孔式（B.C.1 ～ A.D.3世紀）
［文献C128］史料T27

3.3　周辺部における斧

〈1〉朝鮮半島における斧

大陸の東端・朝鮮半島においては、紀元前3世紀頃の遺跡から鉄製斧身の出土例が見られるようになる[(45)]。

朝鮮半島北部の遺跡では、袋部が長方形で、長さ165 m/m、刃部幅57 m/mの鉄製斧身が出土している[(46)]（E・IA⑮：図2-35）。

同じ北部の別の遺跡からは、袋部が幅45 m/mの長方形で、長さ85 m/mの鉄製斧身、長さ62 m/m、刃部幅39 m/mの板状の鉄製斧身、斧柄装着部が欠損しているが刃部幅80 m/mの鉄製斧身、などが出土している[(47)]（E・IA⑯～⑱：図2-36-1～3）。

朝鮮半島中部の遺跡では、長方形の袋部が部分的に欠損した長さ160 m/m、幅60 m/mの鉄製斧身が出土している[(48)]（E・IA⑲：図2-37）。

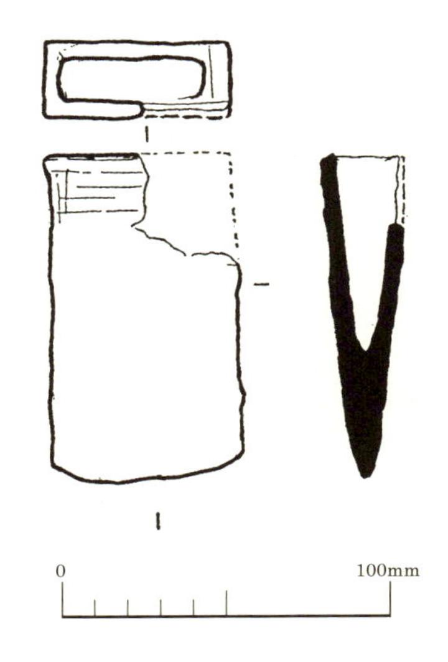

図2-35　朝鮮半島における鉄製の斧身：袋式（B.C.3世紀頃）［文献C128］史料T28

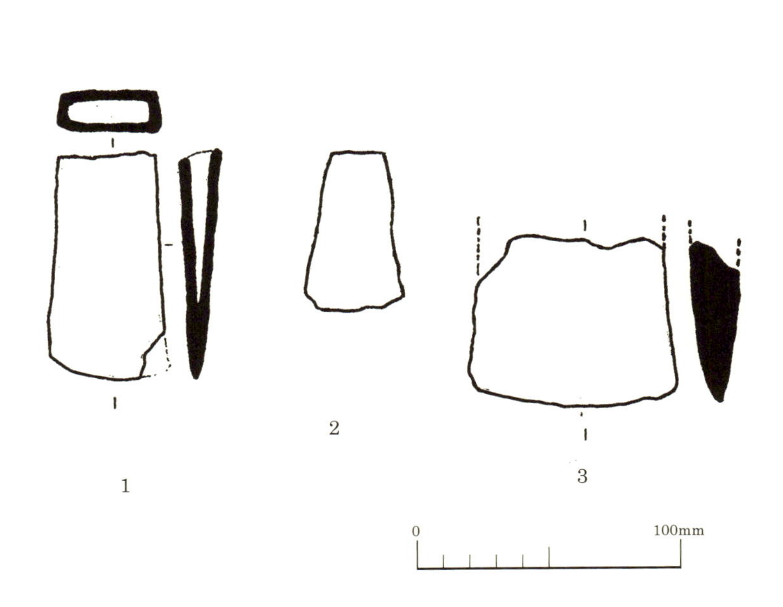

図2-36　朝鮮半島における鉄製の斧身：袋式と茎式（B.C.3～1世紀）［文献C128］史料T29

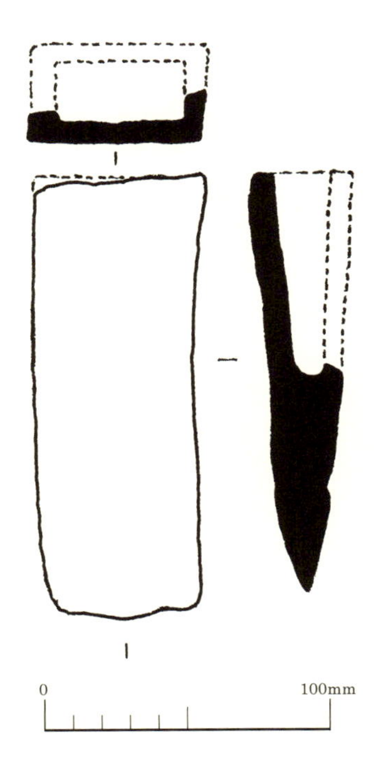

図2-37　朝鮮半島における鉄製の斧身：袋式（B.C.3世紀頃）［文献C128］史料T30

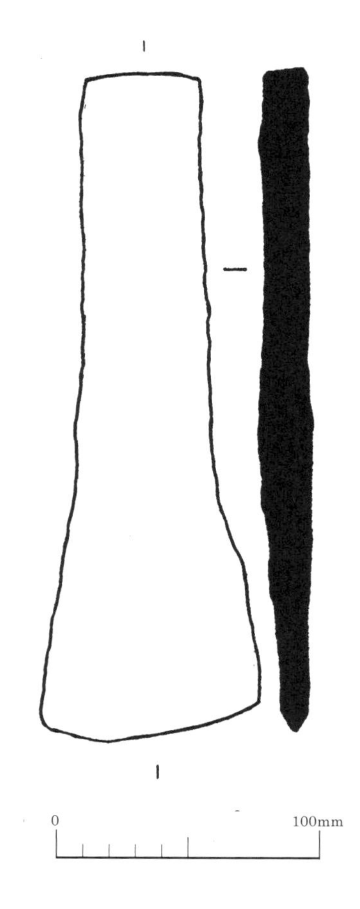

図2-38　朝鮮半島における鉄製の斧身：茎式（B.C.2世紀頃）
［文献C128］史料T31

朝鮮半島南部の紀元前2世紀頃の遺跡からは、長さ243 m/m、刃部幅71 m/m、茎部分の幅42 m/mの厚手で大型の板状鉄製斧身が出土している(49)（E・IA⑳：図2-38）。

漢により楽浪郡が設置されて以後、紀元前1世紀頃の朝鮮半島中部の遺跡では、鉄製斧身が斧柄に装着された状態での出土例が見られる。ひとつは長さ173 m/m、刃部幅85 m/mの鉄製斧身の袋部に木製の雇柄を装着した上で、長さ790 m/mの斧柄に雇柄の端部をさし込んだ縦斧である(50)（E・IA㉑／E・HA(51)①：図2-39-1）。

同じ遺跡から、袋部が欠損した刃部幅50 m/mの鉄製斧身を、雇柄を介して長さ440 m/mの斧柄に装着した横斧も出土している(52)（E・IA㉒／E・HA②：図2-39-2）。

朝鮮半島中部の別の遺跡では、長さ90 m/m、刃部幅70 m/mの鉄製斧身を、雇柄を介して長さ755 m/mの斧柄に装着した縦斧が出土している(53)（E・IA㉓／E・HA③：図2-40）。

朝鮮半島南部の遺跡からは、板状の鉄製斧身を斧

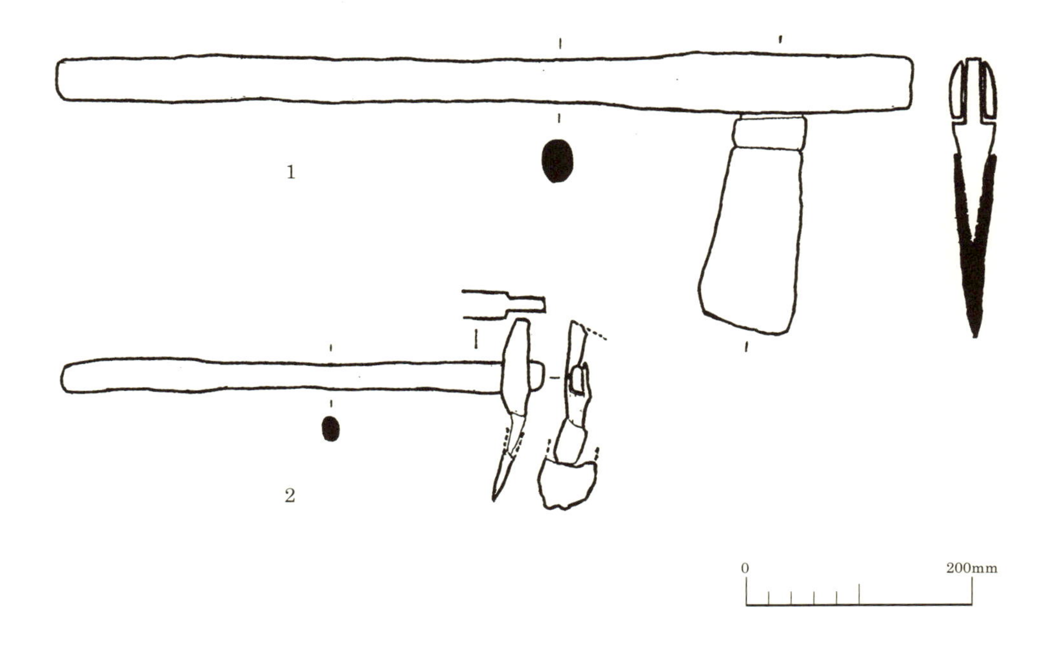

図2-39　朝鮮半島における縦斧と横斧（B.C.1世紀頃）
［文献C128］史料T32

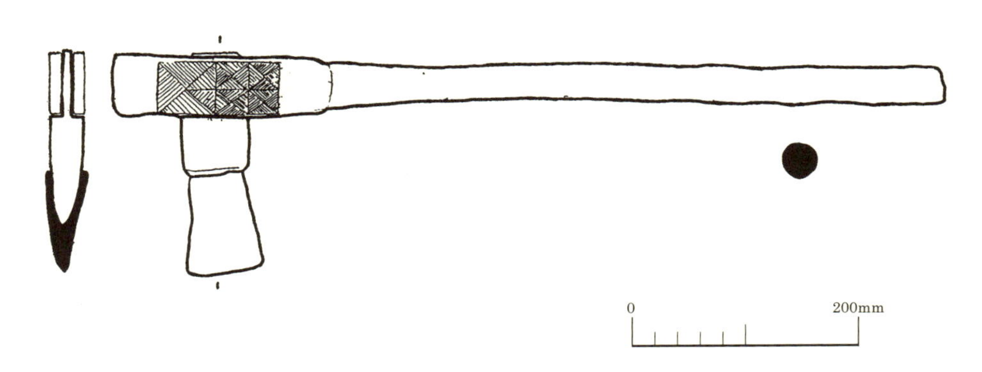

図2-40　朝鮮半島における縦斧（B.C.1世紀頃）
［文献C128］史料T33

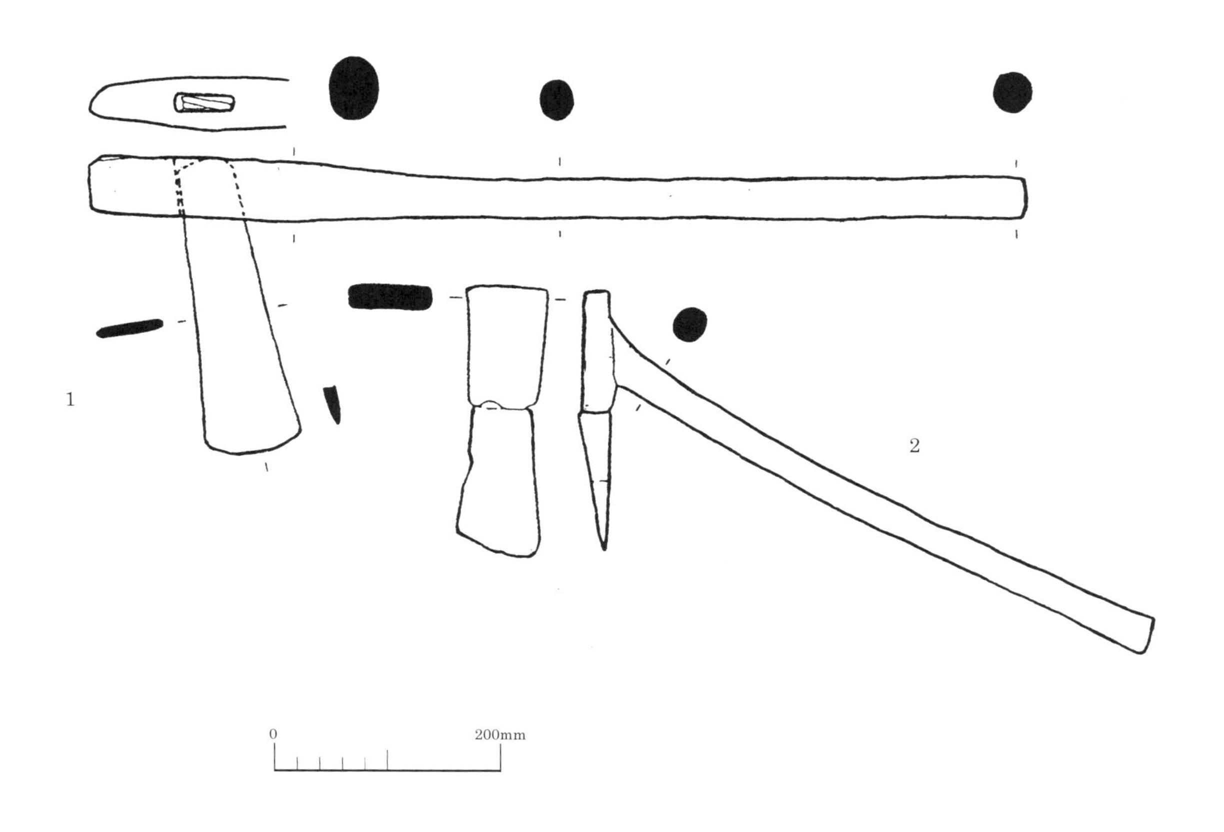

図2-41　朝鮮半島における縦斧と横斧（A.D.1～2世紀）
［文献C272］史料T34

柄の穴に装着した茎式の縦斧と、鉄製斧身の袋部を膝柄に装着した横斧が出土している[54]（E・IA㉔、㉕／E・HA④、⑤：図2-41-1、2）。

朝鮮半島中部の遺跡から出土した紀元前1世紀頃の鉄製斧身は、袋部が完全鍛着されている（E・IA㉖、㉗：図2-42-1、2）。朝鮮半島南部で出土した紀元後3世紀頃の鉄製斧身は、袋部が長円形で不完全鍛着（E・IA㉘、㉙：図2-42-3、4）、紀元後5世紀頃の鉄製斧身の袋部は、1点が不完全鍛着、1点が完全鍛着されている[55]（E・IA㉚、㉛：図2-42-5、6）。

図2-42　朝鮮半島における鉄製斧身の変遷（B.C.1～A.D.5世紀）
［文献C272］史料T35

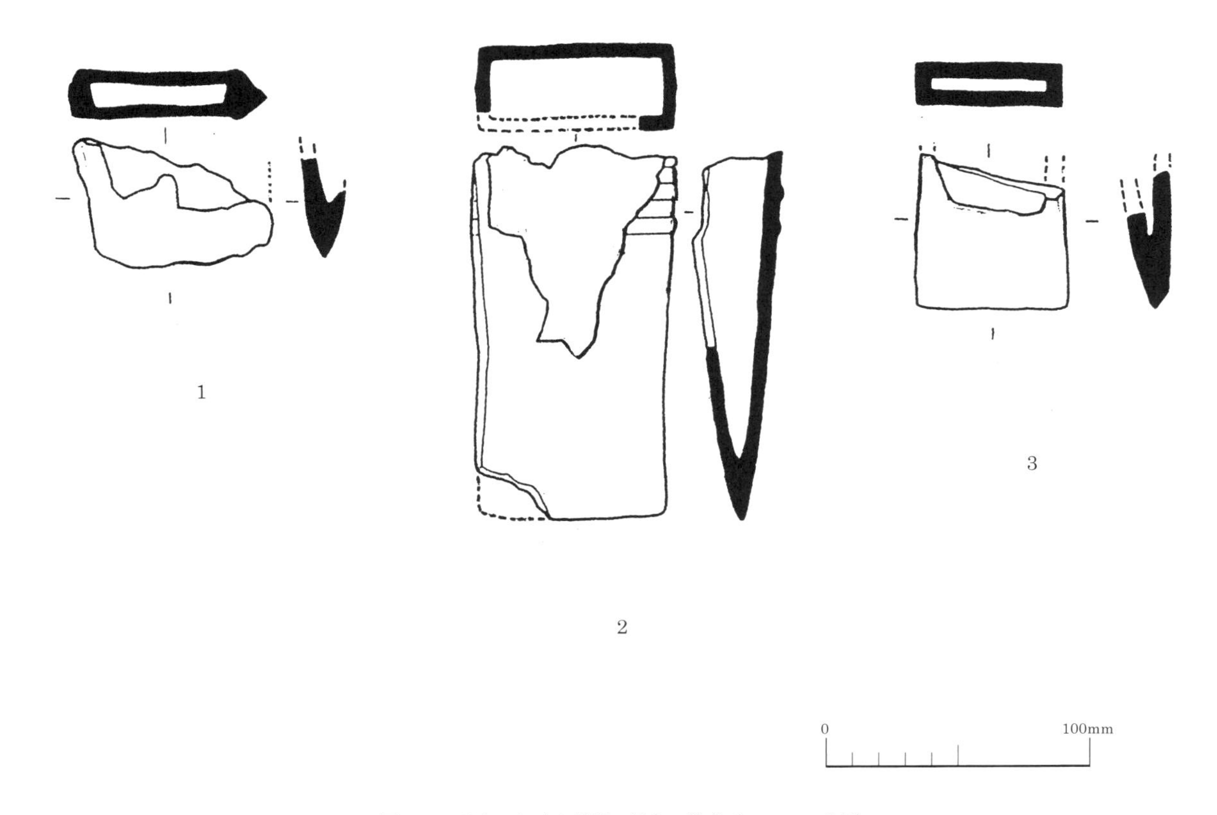

図2-43　日本における鉄製の斧身：袋式（B.C.3～1世紀）
［文献C236］史料T36

〈2〉日本における斧

a. 弥生・古墳時代における斧

大陸東端の島・日本においては、弥生時代（B.C.3～A.D.3世紀）の遺跡から、袋部が長方形の鉄製斧身が出土している[(56)]（E・IA㉜～㊵：図2-43～2-45）。

また、斧柄への装着方法が茎式と考えられる板状の鉄製斧身も、紀元前1世紀から紀元後5世紀頃の遺跡で出土している[(57)]（E・IA㊶～㊿：図2-46～2-48）。

袋部が長円形の鉄製斧身は、紀元前1世紀から紀元後3世紀まで（弥生時代）のものが不完全鍛着、紀元後4世紀以降（古墳時代）、完全鍛着のものが多く見られるようになる。また、紀元後4世紀以降、袋式で有肩の斧身も出現する[(58)]（E・IA52～63：図2-49～2-52）。

そして、出土例は少ないが、紀元後5世紀には、孔式の鉄製斧身も見られるようになる[(59)]（E・IA64、65：図2-53-1、2）。

鉄製斧身を装着する斧柄も、全国各地の遺跡から弥生時代（B.C.3～A.D.3世紀）のものが出土している。

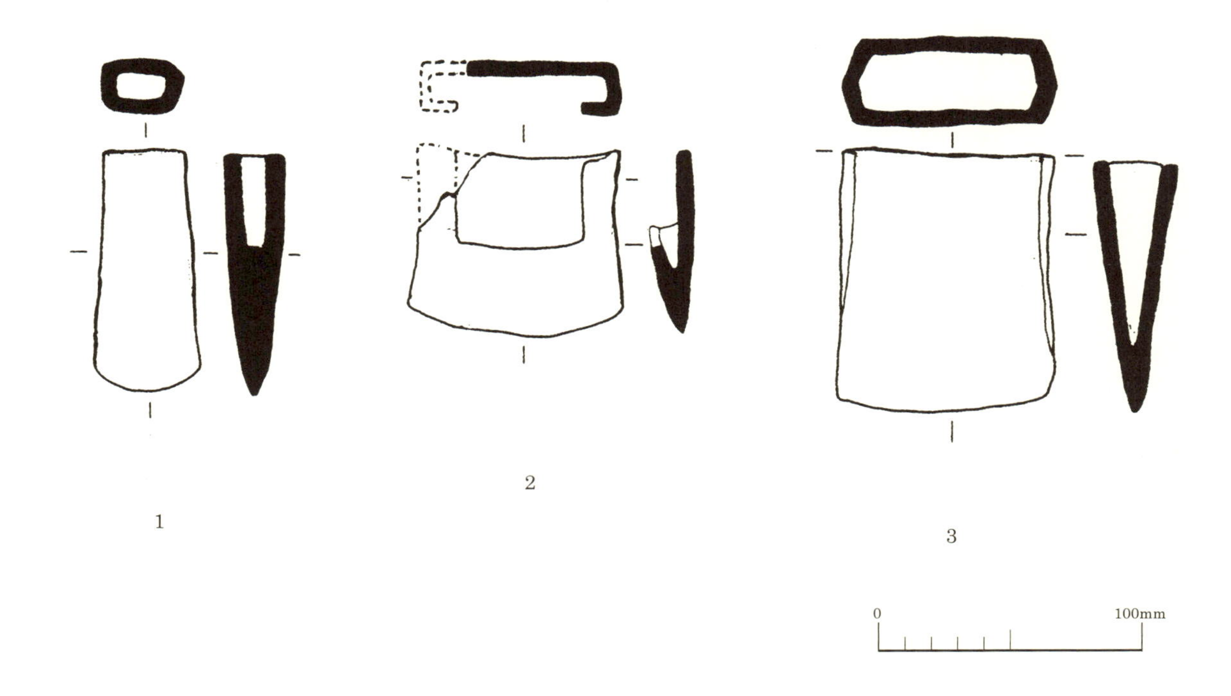

図2-44　日本における鉄製の斧身：袋式（A.D.2～3世紀）
［文献C236］史料T37

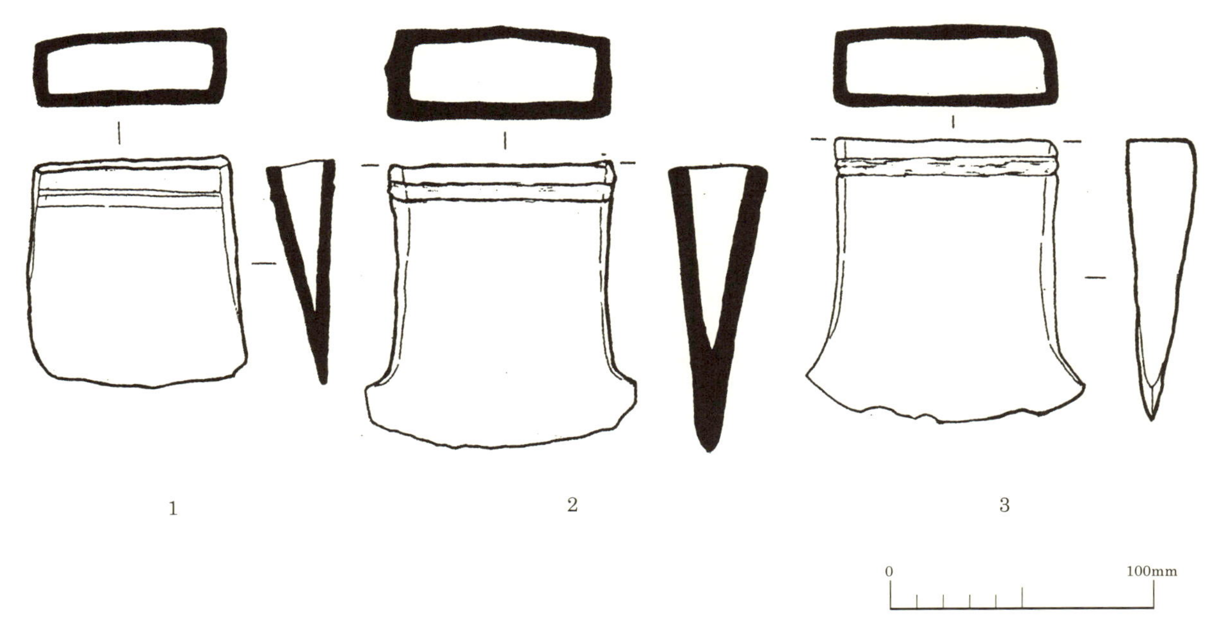

図2-45　日本における鉄製の斧身：袋式（A.D.3世紀）
［文献C236］史料T38

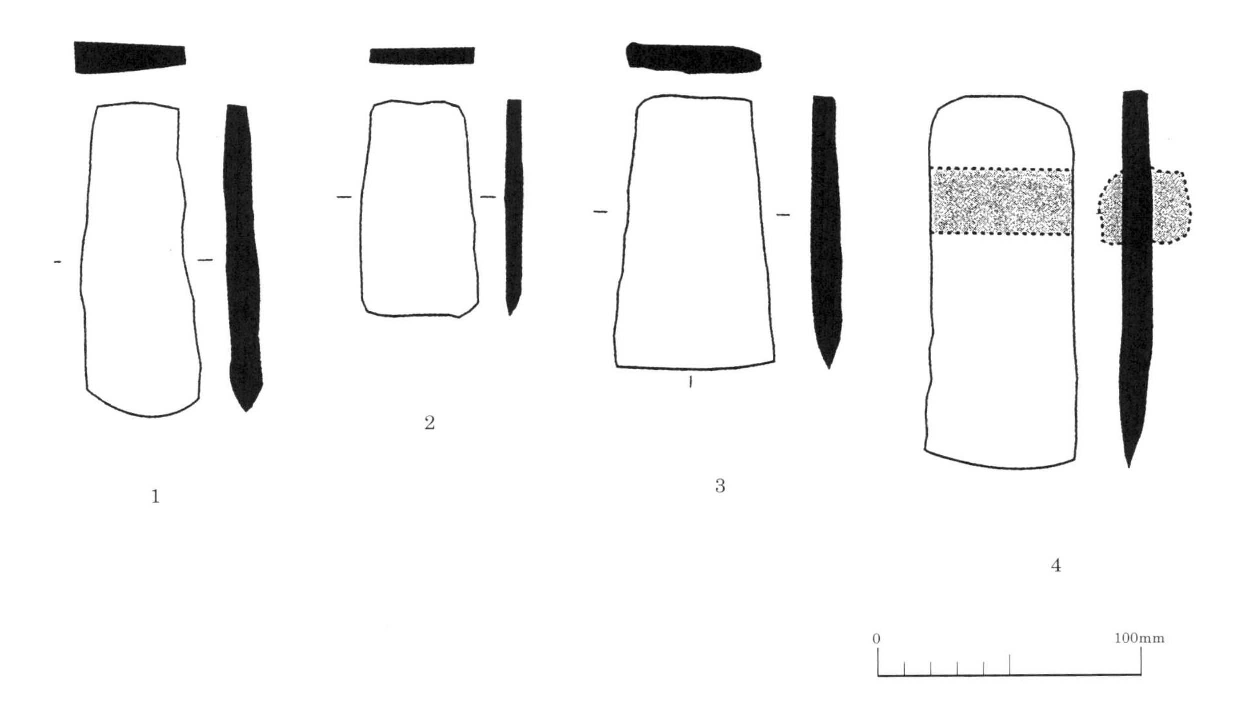

図2-46　日本における鉄製の斧身：茎式（B.C.1 ~ A.D.1世紀）
［文献E33］史料T39

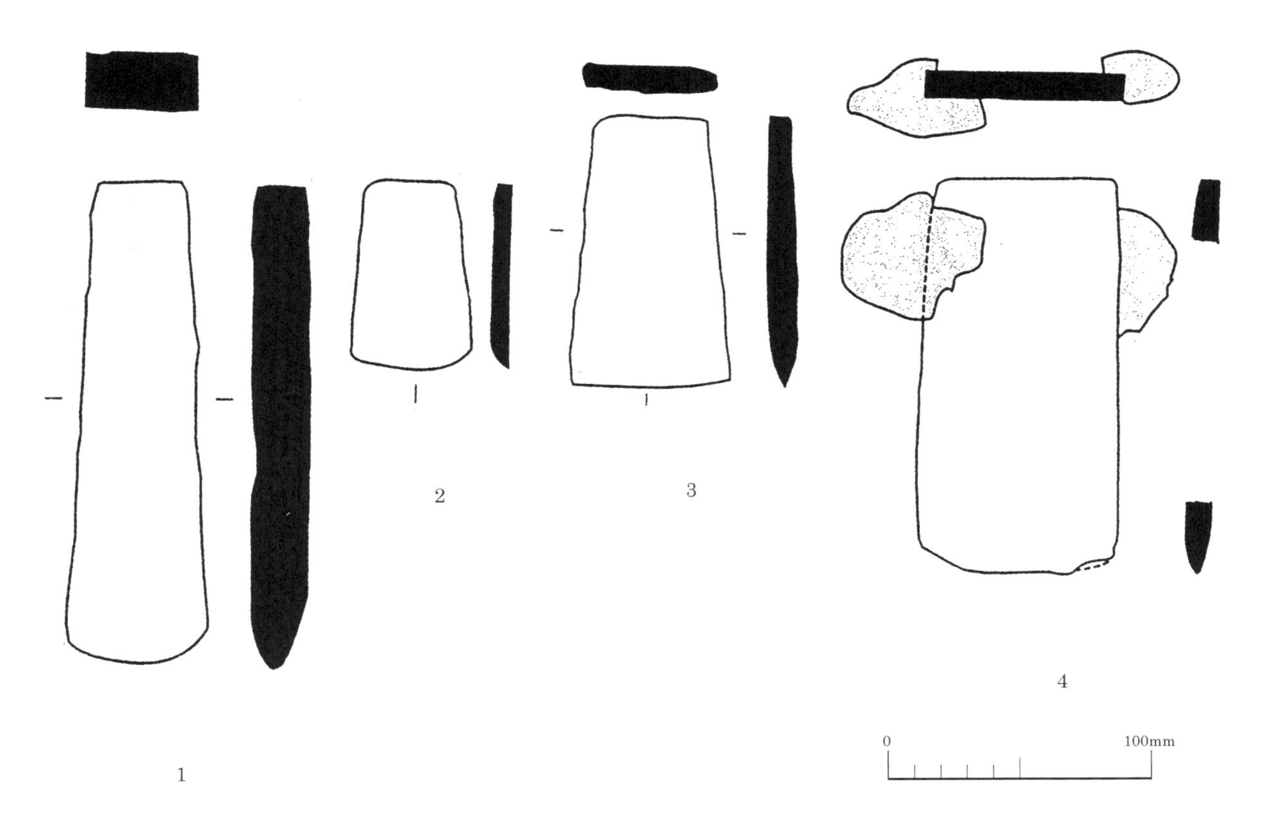

図2-47　日本における鉄製の斧身：茎式（A.D.2 ~ 3世紀）
［文献E33］史料T40

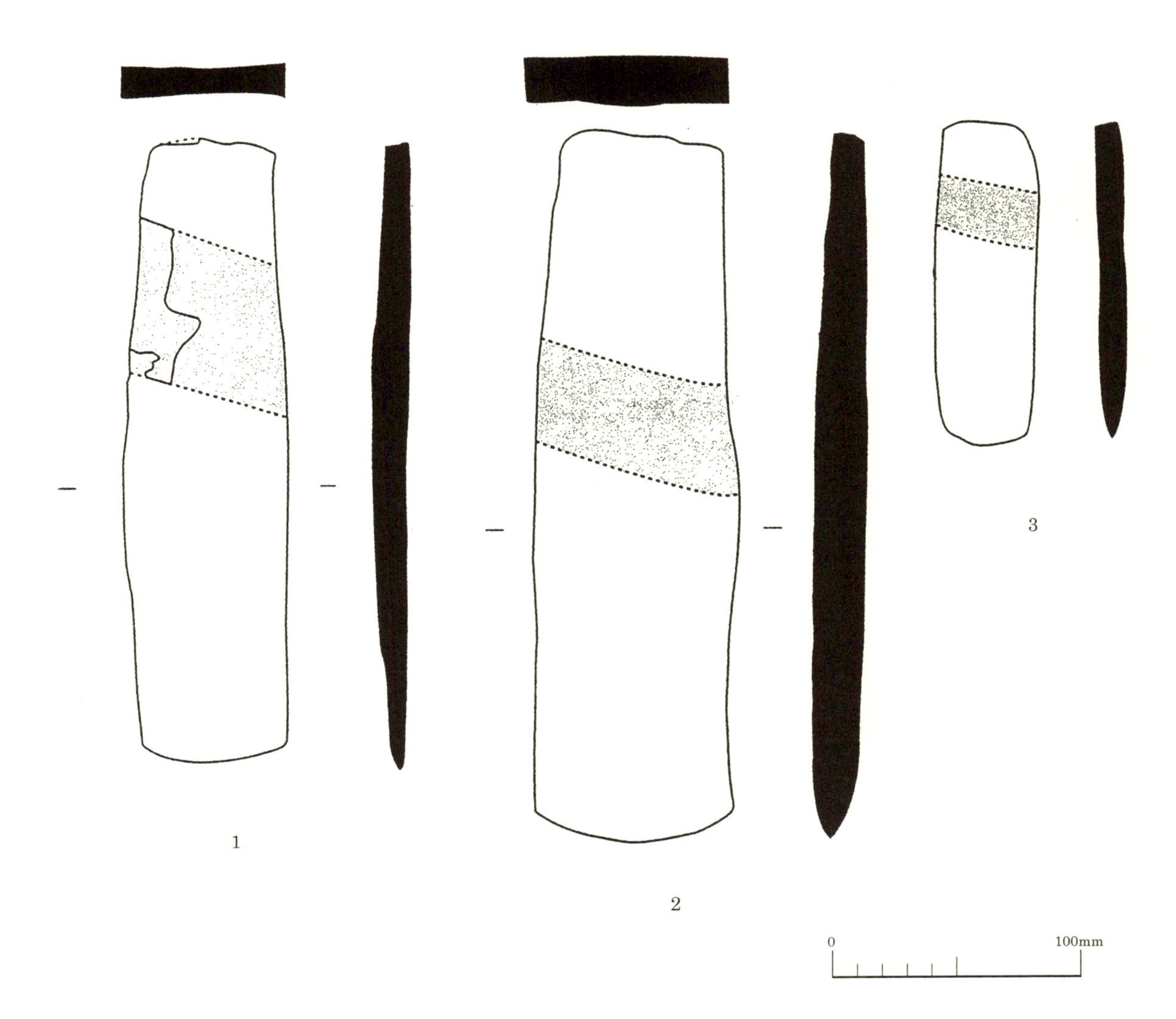

図2-48　日本における鉄製の斧身：茎式（A.D.4～5世紀）
［文献E33］史料T41

図2-49　日本における鉄製の斧身：袋式（B.C.1～A.D.1世紀）
［文献E33］史料T42

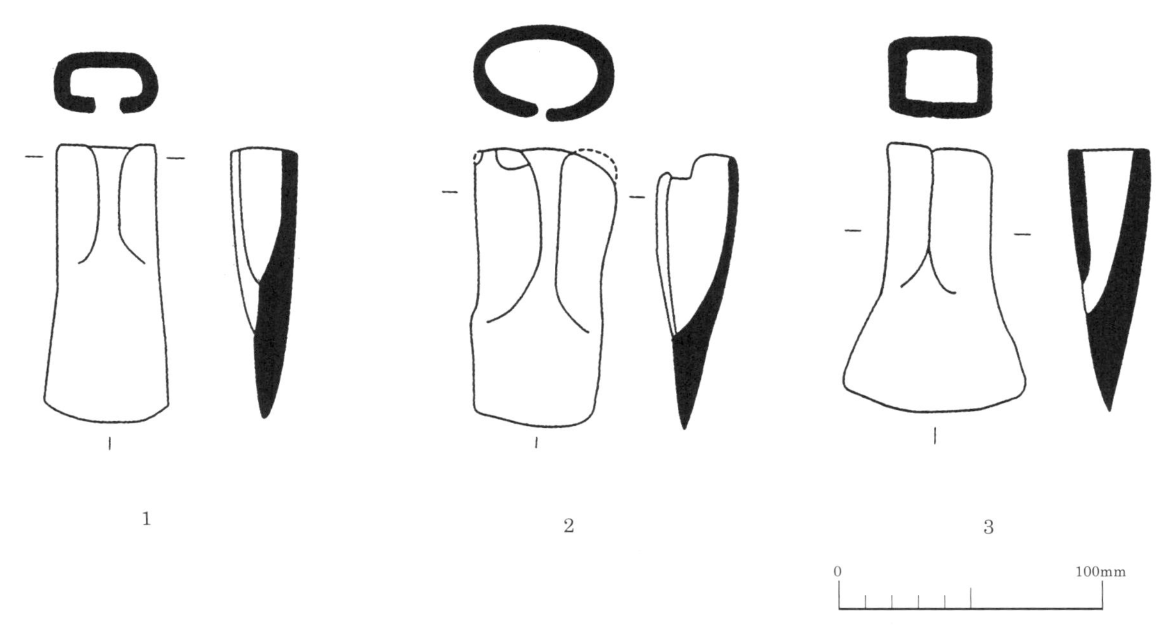

図2-50　日本における鉄製の斧身：袋式（A.D.2～3世紀）
［文献E33］史料T43

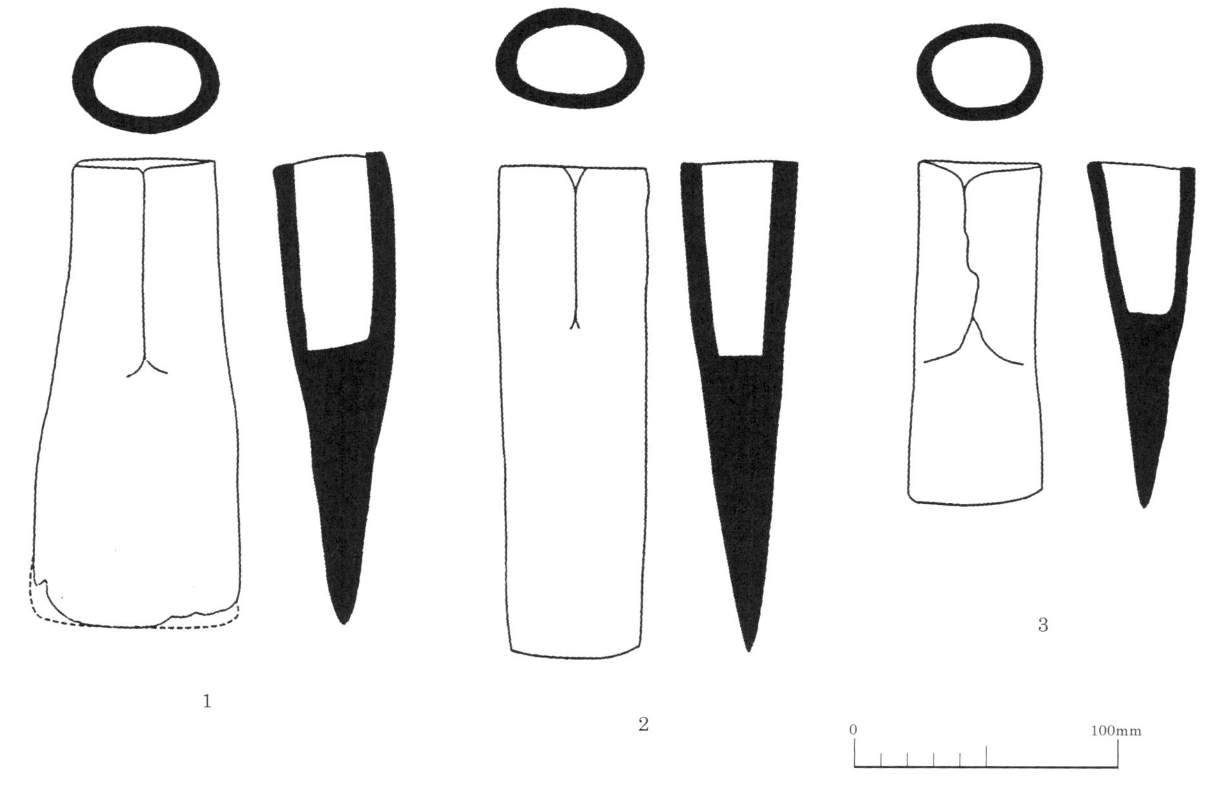

図2-51　日本における鉄製の斧身：袋式（A.D.4～5世紀）
［文献E33］史料T44

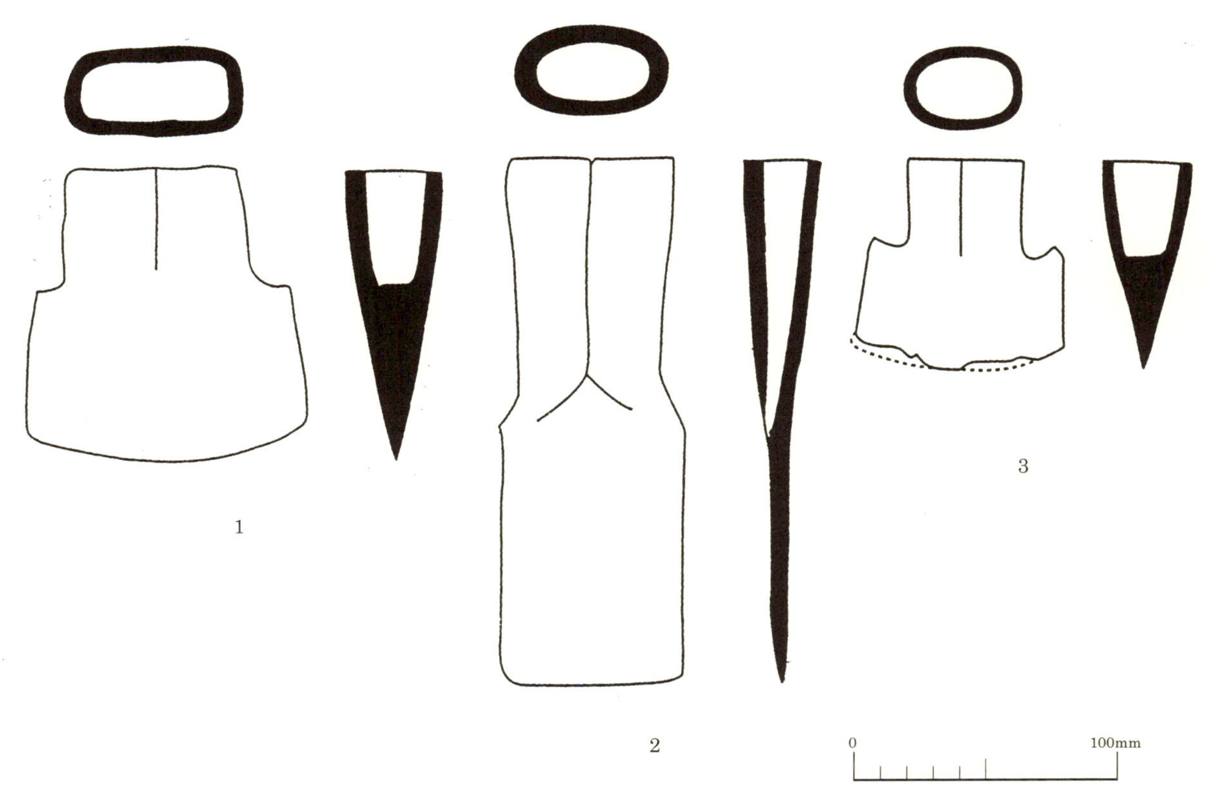

図2-52　日本における鉄製の斧身：袋式（A.D.4～5世紀）
［文献E33］史料T45

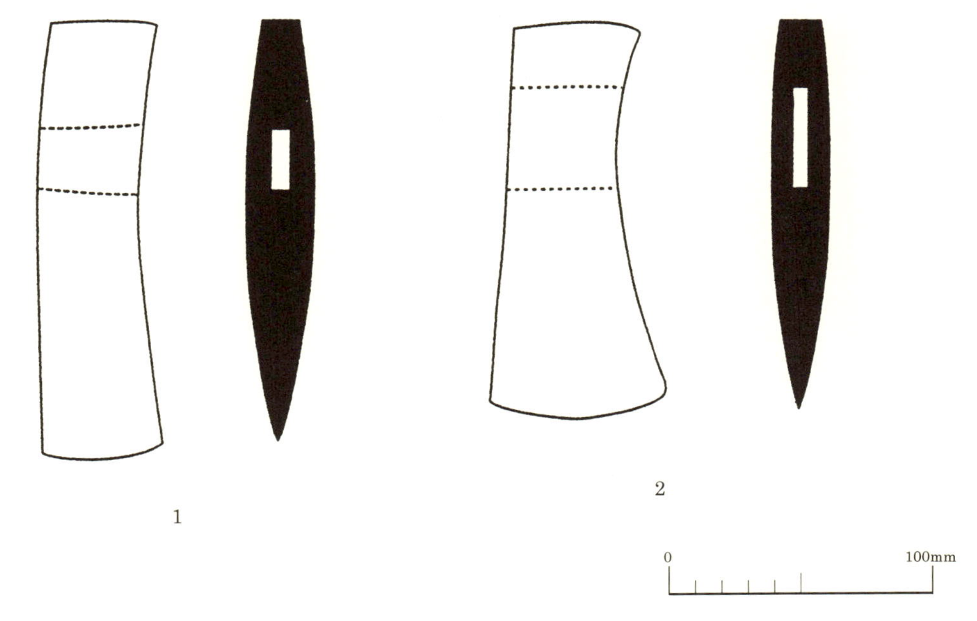

図2-53　日本における鉄製の斧身：孔式（A.D.5世紀）
［文献E33］史料T46

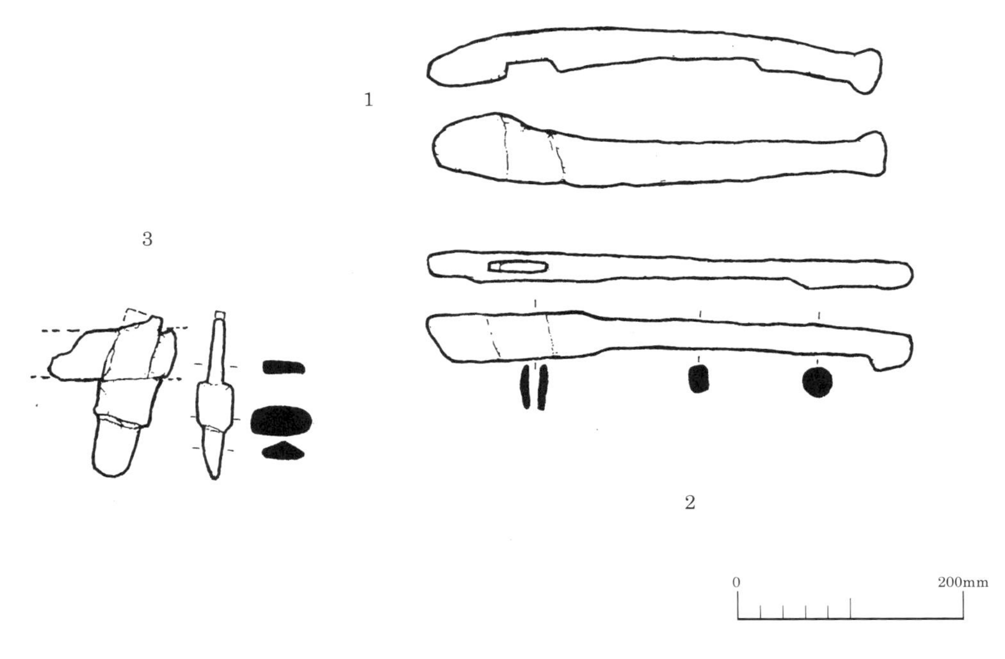

図2-54　日本における縦斧：直柄と雇柄（A.D.1 ～ 3世紀）
［文献C236］史料T47

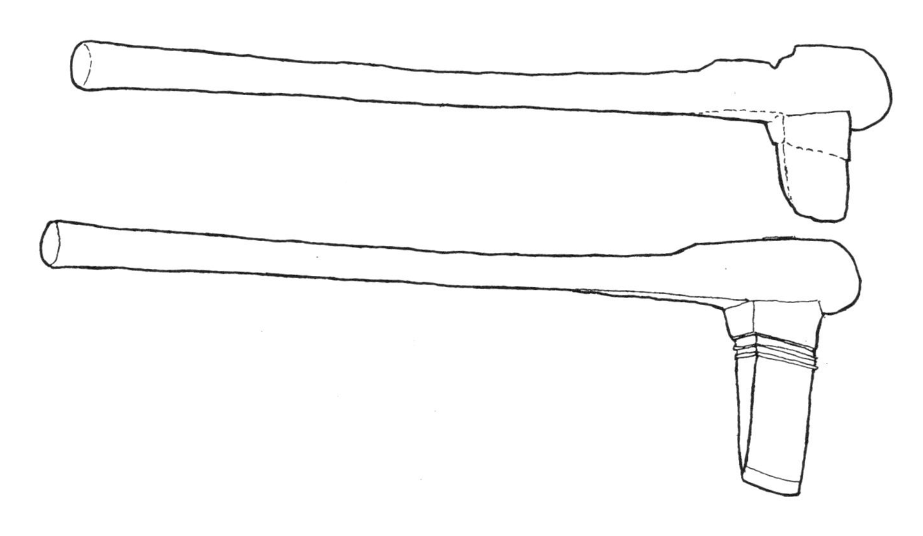

図2-55　日本における縦斧：斧柄と復元品（B.C.1～A.D.3世紀）
［文献C314］史料T48

まず縦斧として使われたと考えられる斧柄として、長さ426m/mの直柄に斧身装着用の溝（幅42m/m・深さ10m/m）を加工したもの（E・HA⑥：図2-54-1）、長さ446m/mの直柄に76度の角度で貫通した穴を加工したもの（E・HA⑦：図2-54-2）などが出土している。貫通した穴があけられた直柄の場合、板状の鉄製斧身を直接茎式で装着したのか、鉄製斧身を袋式で装着した雇柄をその穴にさしこんだのか、いずれかの可能性が考えられる。後者の例として雇柄が装着された状態の直柄断片が出土している(60)（E・HA⑧：図2-54-3）。また、雇柄が装着された状態で出土した完形の直柄の例もある(61)（E・HA⑨：図2-55）。

膝柄を用いた縦斧としては、鉄製斧身の袋部を

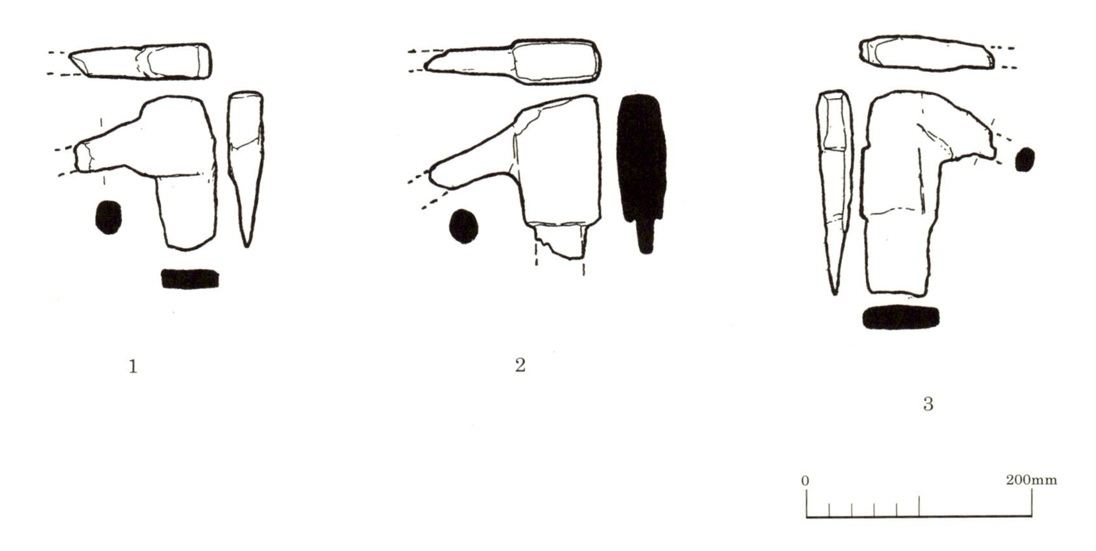

図2-56　日本における縦斧：膝柄（B.C.3～A.D.3世紀）
［文献C236］史料T49

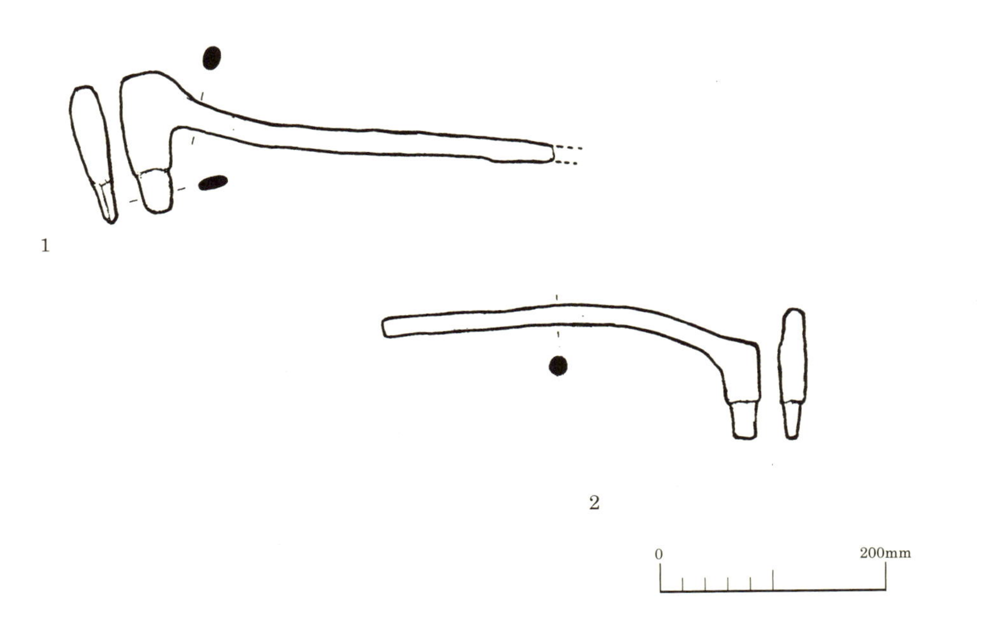

図2-57　日本における縦斧：膝柄（B.C.1～A.D.3世紀）
［文献C236］史料T50

装着する部分の断面が、44m/m×16m/mの長方形のもの（E・HA⑩：図2-56-1）、46m/m×16m/mの長方形のもの（E・HA⑪：図2-56-2）、56m/m×22m/mの長方形のもの（E・HA⑫：図2-56-3）などが出土している(62)。

縦斧として使われた完形に近い膝柄として、長さ400m/m強で鉄製斧身の袋部を装着する部分の断面が26m/m×12m/mの長円形のもの（E・HA⑬：図2-57-1）、長さ344m/mで装着部断面が20m/m×14m/mの長円形のもの（E・HA⑭：図2-57-2）などが出土している(63)。

次に横斧として使われたと考えられる斧柄には、茎式と袋式の膝柄がそれぞれ出土している。茎式の例として、茎部分の装着部が幅34m/mで長さ

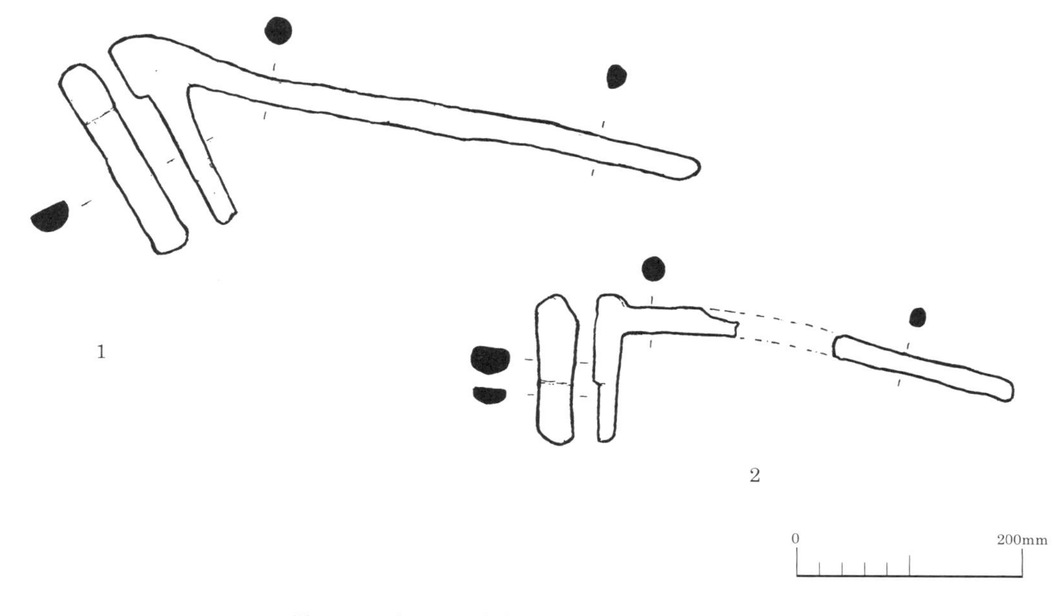

図2-58　日本における横斧：膝柄（B.C.1 ~ A.D.3世紀）
［文献C236］史料T51

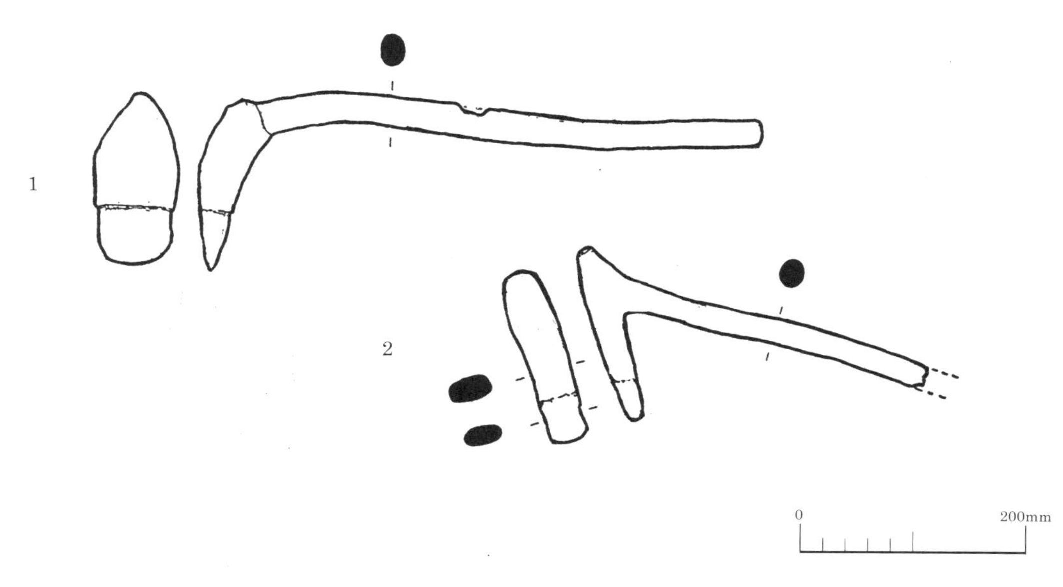

図2-59　日本における横斧：膝柄（A.D.2 ~ 3世紀）
［文献C236］史料T52

140m/mのもの（E・HA⑮：図2-58-1）、幅32m/mで長さ56m/mのもの（E・HA⑯：図2-58-2）などがある。また、袋式の例として、装着部断面が68m/m × 28m/mの長円形のもの（E・HA⑰：図2-59-1）、装着部断面が45m/m × 20m/mの長円形のもの（E・HA⑱：図2-59-2）などがある(64)。

b. 古代・中世における斧

古代以降には、文献資料によって斧の表記や呼称を知ることができるようになる。8世紀から16世紀までの文献を通観すると、切断用の斧は「斧・オノ・ヨキ」と、原木荒切削（大斫）用のオノは「鐇・タツキ」と、そして建築部材荒切削（斫）用の斧は「釿・テヲノ・テウノ」と、それぞれ表記、呼称していたことを知ることができる。

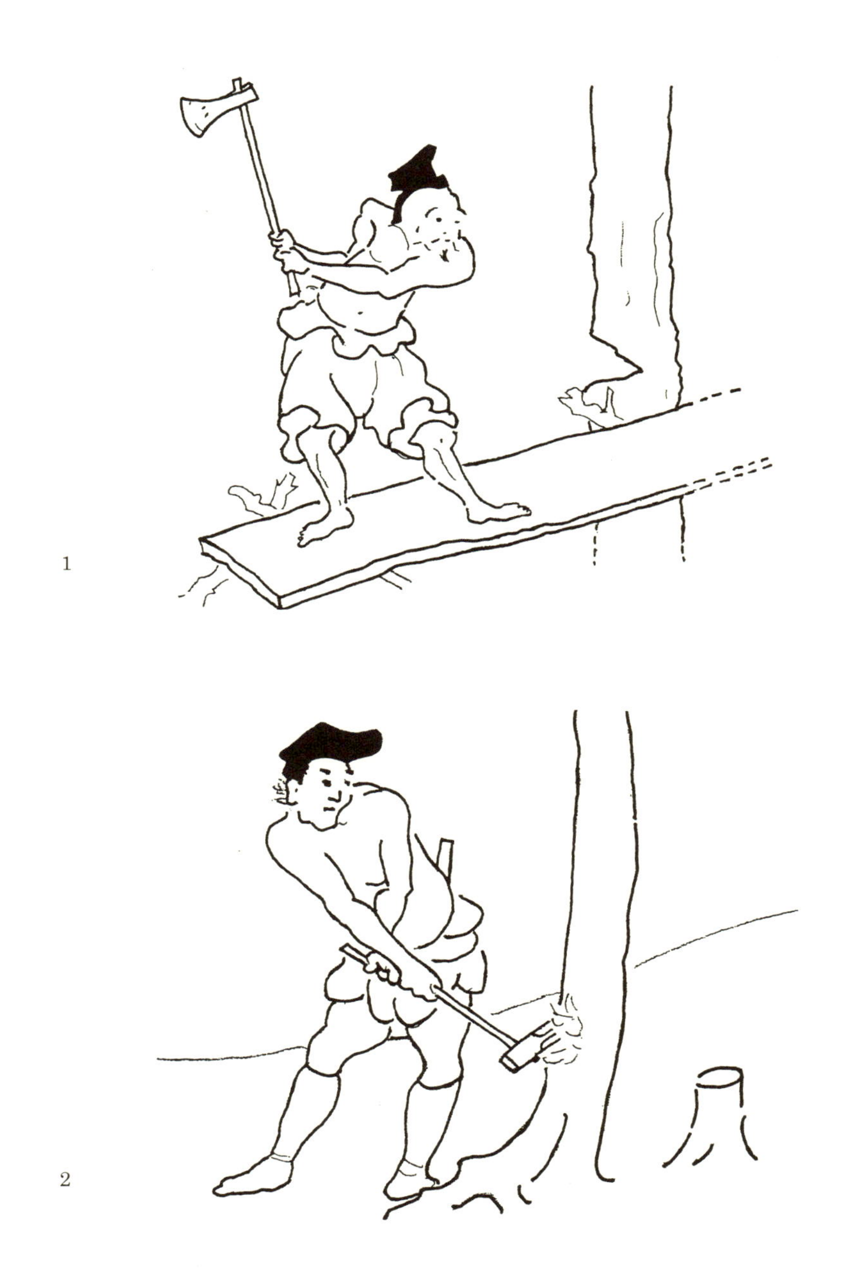

図2-60　日本における斧の使用法（A.D.14世紀）
［文献E49］　1. 史料P55、2. 史料P56

実物資料と絵画資料によって、古代・中世における斧の形状・構造を見ると、古墳時代の三形式の内、茎式の斧が確認できない。また、古代だけに限ると孔式の斧も見ることができず、袋式の斧が古代における主要な形式であったと考えられる。

14世紀の絵画資料に、袋式の斧と孔式の斧の使用場面が描かれており、15世紀以降、孔式の斧に描写が統一されていく（図2-60）。出土した実物資料にも、14世紀ころから孔式の斧が見られるようになる（図2-61）。

斧の使用法は、中世の絵画資料に、立木の切断は立位で、建築部材の荒切削はほとんどが坐位で、工作している様子が描かれている（図2-62）。

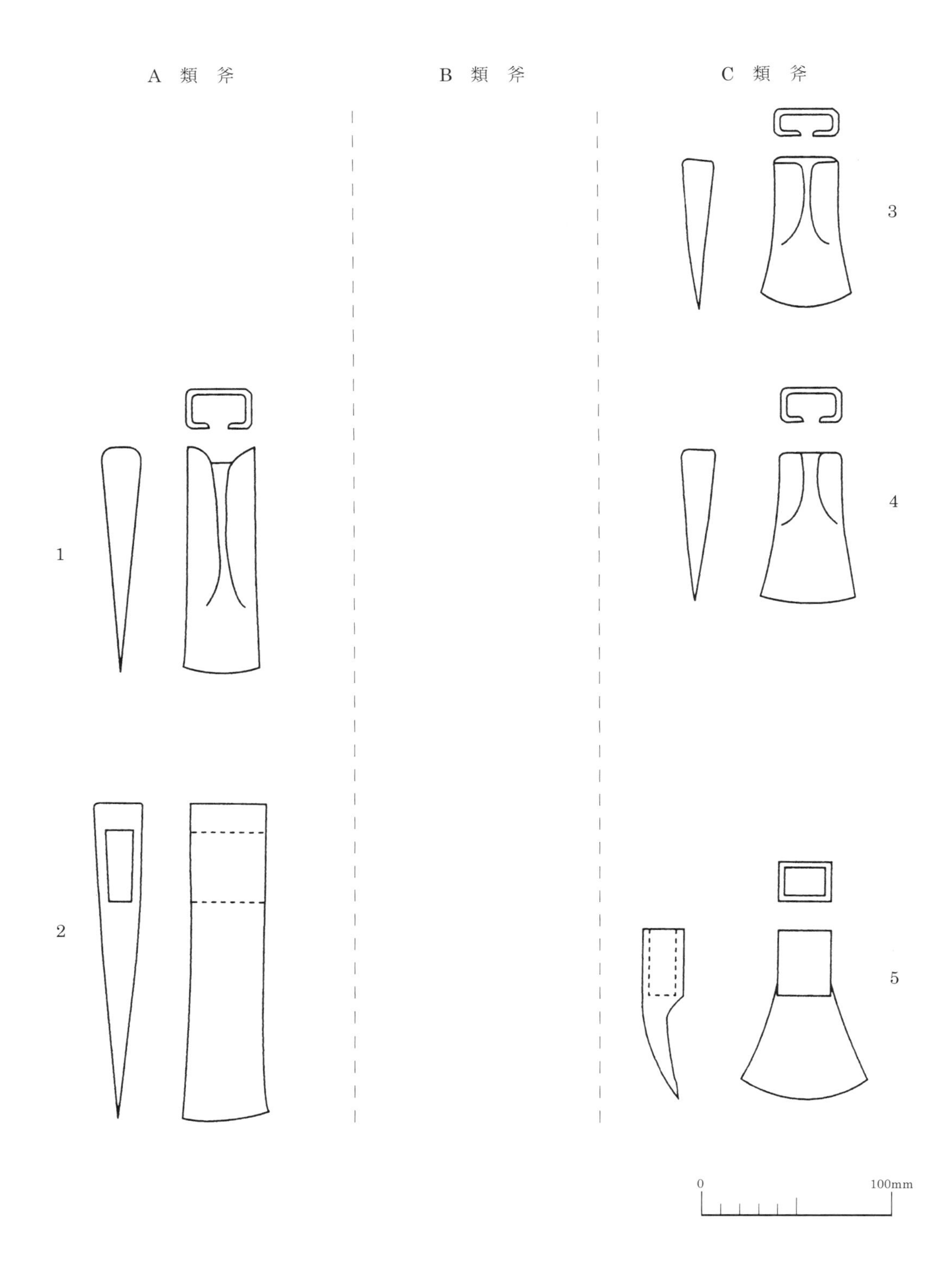

図2-61　日本における斧：袋式と孔式（A.D.7～16世紀）
［文献E49］史料T53

1

2

3

図2-62　日本の中世における斧の作業姿勢［文献E45］
1. 史料P29、2. 史料P33、3. 史料P34

1

3

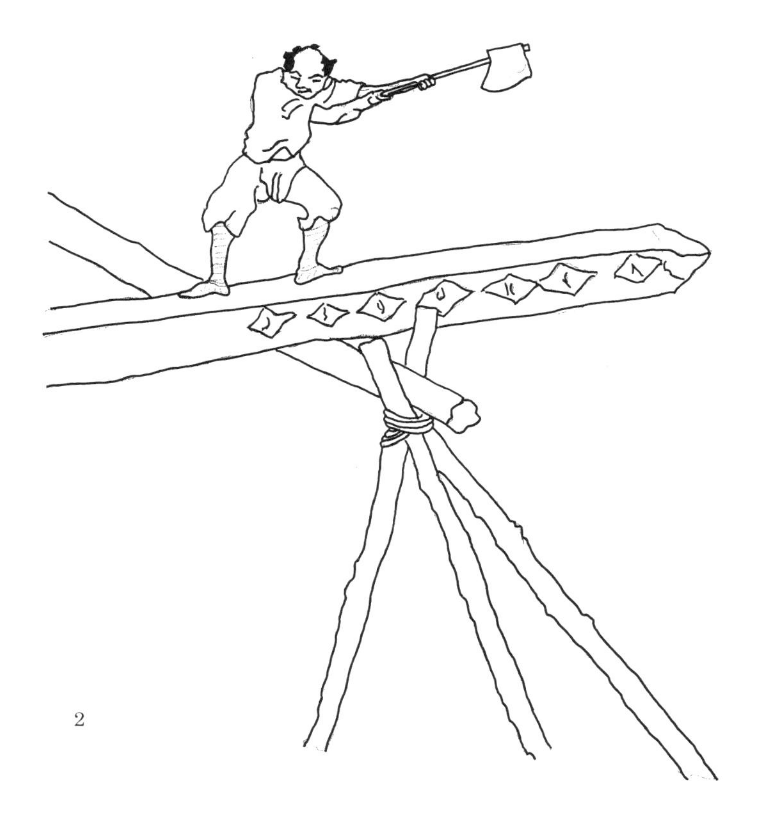

2

図2-63　日本の近世における斧の作業姿勢 ［文献E49］
1. 史料P57、2. 史料P57、3. 史料P58

c. 近世における斧

近世における斧は、古代・中世における斧の表記・呼称を継承している。切断用の斧は「斧・ヲノ・ヨキ」「狭刃・セバ」と、原木荒切削（大斫）用の斧は「鐇・タツキ」「刃広・ハビロ」と、そして建築部材荒切削（斫）用の斧は「釿・テヲノ・てうの・チャウノ」と、それぞれ呼称・表記されていた。

斧の形状・構造に関しては、切断用の斧が孔式で刃幅が狭く、文献に「三寸八分」と記されていた。原木荒切削（大斫）用の斧も柄との接合部は孔式であるが、刃幅が広い（「八寸」）。そして建築部材荒切削（斫）用の斧は袋式で、文献に刃幅「五寸」の記述があった。

近世における斧の使用法は、ほとんどが立位姿勢をとり、両手で柄を把み、力を込めて振り下ろす様子が、絵画に描かれていた（図2-63）。

第4節　西と東における斧の比較発達史

ユーラシア大陸の西と東、いずれにおいても、斧素材は、石、銅、青銅、鉄と変化してきたようである。それぞれの素材の斧の出現時期を確認した上で、西と東における斧の発達史を比較する。

4.1　ユーラシア大陸の西における斧の変遷

〈1〉基本構造と斧身

ユーラシア大陸の西における斧として、銅製の斧14点（W・CA①～⑭）、青銅製の斧10点（W・BA①～⑩）、そして鉄製の斧10点（W・IA①～⑩）に関する基本構造や斧身形状などを、「表2-2」に整理した。

表2-2　ユーラシア大陸の西における斧の基本構造

時代	資料番号		出土地	基本構造（柄装着部）				斧身平面形状				刃部縦断面形状			
	材質	番号	(国名など)	茎式	袋式	孔式	その他	無肩	有肩	有顎	その他	両刃	偏心両刃	片刃	その他
B.C. 2500年	銅	CA ①	エジプト	○				○							
		CA ②		○				○							
		CA ③		○				○							
		CA ④		○				○							
		CA ⑤		○				○							
		CA ⑥					○	○							
		CA ⑦					○	○							
		CA ⑧					○	○							
		CA ⑨		○				○						○	
		CA ⑩		○				○						○	
		CA ⑪		○				○						○	
B.C. 2000年		CA ⑫		○				○						○	
		CA ⑬		○				○							
		CA ⑭		○				○							
	青銅	BA ①	エジプト				○	○							
		BA ②					○	○							
		BA ③					○	○							
		BA ④	スイス他	○				○							
		BA ⑤			○			○							
		BA ⑥			○			○							
		BA ⑦	イギリス			○		○							
		BA ⑧	ハンガリー			○		○							
		BA ⑨				○		○							
		BA ⑩				○		○							
B.C. 800年	鉄	IA ①	エジプト				○	○							
		IA ②					○	○							
		IA ③	イギリス			○		○							
		IA ④	スイス			○		○							
		IA ⑤				○		○							
		IA ⑥				○		○							
		IA ⑦				○				○					
		IA ⑧				○		○							
		IA ⑨	イギリス			○		○							
		IA ⑩				○		○							

表2-3　ユーラシア大陸の西における斧の基本形式

時代	質料		基本形式			斧柄形状				斧身		基本構造			
	番号	地域	縦斧	横斧	その他	直柄	膝柄	雇柄付	その他	有	無	茎式	袋式	孔式	その他
B.C.2000年	W·HA①	エジプト	○			○				○					○
	W·HA②	〃		○			○			○		○			
	W·HA③	〃		○			○			○		○			
	(絵画)	〃	○			○				○					○
B.C.800年	(絵画)	〃		○			○			○		○			
	(絵画)	ギリシャ		○		○				○				○	
	W·HA④	イギリス	○			○				○				○	
	W·HA⑤	〃		○		○				○				○	
	W·HA⑥	〃	○			○				○		○			
B.C.	W·HA⑦	エジプト		○			△			○		○			
A.D.	(絵画)	イタリア	○			○				○				○	
A.D.4世紀	(絵画)	〃		○		○				○				○	

第1に、銅製斧身は紀元前2500年から1600年頃のものが、エジプトにおいて発見されている。銅製斧身と斧柄との装着方法は茎式を基本としている（W・CA①〜⑤、⑨〜⑭）が、刃部が半円形の銅製斧身では、突起や穴を利用して皮ヒモで固定する方法を併用されていた（W・CA⑥〜⑧）。斧身平面形状は、すべて無肩である。これは斧として利用する場合の銅の強度が関連しているかもしれない。

第2に、青銅製斧身は紀元前2000年から800年頃のものが、エジプト、スイス、イギリス、ハンガリーなどで発見されている。青銅製斧身と斧柄との装着方法は茎式・袋式・孔式のいずれもが存在している（W・CA④〜⑩）。また、エジプトの青銅製斧身は、突起をのばして皮ヒモなどで固定する銅製斧身の伝統を継承したものが見られる（W・CA①〜③）。斧身平面形状は、すべて無肩である。

そして第3に、鉄製斧身は紀元前800年から紀元後300年頃にかけてのものが、エジプト、イギリス、スイスなどで発見されている。鉄製斧身と斧柄との装着方法は孔式を基本としている（W・IA③〜⑩）。また、エジプトの鉄製斧身は、銅製斧身・青銅製斧身と同様、突起をのばして皮ヒモなどで固定する形式のものが見られる[(65)]（W・IA①、②）。斧身平面形状は、無肩を基本としているが顎が形成されたもの（有顎）も見られる（W・IA⑦）。

〈2〉基本形式と斧柄

さらにユーラシア大陸の西における基本形式と斧柄との関連については、「表2-3」に整理した。

銅製の縦斧は、直柄に突起式で斧身を装着している例（W・HA①など）が、銅製の横斧は、膝柄に茎式で斧身を装着している例（W・HA②、③など）が、それぞれ見られる。

青銅製の横斧は、直柄に孔式で斧身を装着している例（ギリシャの絵画）が見られる。この例では横斧刃部の反対側に縦斧刃部を有する双頭刃の斧の可能性があり、その場合は縦斧も直柄で使用していたと考えられる。

そして鉄製の縦斧は、直柄に孔式で斧身を装着している例（W・HA④など）と直柄に茎式で斧身を装着している例（W・HA⑥）が、鉄製の横斧は、直柄に孔式で斧身を装着している例（W・HA⑤など）と膝柄に茎式で斧身を装着している例（W・HA⑦）が見られる。

表2-4　ユーラシア大陸の東における斧の基本構造：中国と朝鮮半島

時代	資料番号		出土地	基本構造（柄装着部）				斧身平面形状				刃部縦断面形状			
	材質	番号	（国名など）	茎式	袋式	孔式	その他	無肩	有肩	有顎	その他	両刃	偏心両刃	片刃	その他
B.C. 2300年	銅	CA①	中国				○	○					○		
	青銅	BA①	中国	○				○						○	
B.C. 2000年		BA②			○			○				○			
		BA③			○			○				○			
		BA④			○			○					△		
		BA⑤				○		○							
B.C. 500年	鉄	IA①	中国		○			○							
		IA②		○				○							
		IA③			○			○				○			
		IA④			○			○					○		
		IA⑤		○				○							
		IA⑥		○				○							
		IA⑦		○				○							
		IA⑧		○				○							
		IA⑨		○				○							
		IA⑩			○			○							
		IA⑪			○			○				○			
		IA⑫				○		○				○			
		IA⑬				○		○				○			
		IA⑭				○		○				○			
B.C. 300年		IA⑮	朝鮮半島		○			○				○			
		IA⑯			○			○				○			
		IA⑰						○							
		IA⑱						○				○			
		IA⑲			○			○					○		
		IA⑳		○				○				○			
		IA㉑			○			○				○			
		IA㉒			○			△							
		IA㉓			○			○				○			
		IA㉔		○				○				○			
		IA㉕			○			○							
		IA㉖			○			○				○			
		IA㉗			○			○							
		IA㉘			○			○							
		IA㉙			○			○							
		IA㉚			○			○							
		IA㉛			○			○							

4.2　ユーラシア大陸の東における斧の変遷

〈1〉基本構造と斧身

ユーラシア大陸の東における斧として、銅製の斧1点（E・CA①）、青銅製の斧5点（E・BA①～⑤）、そして鉄製の斧65点（E・IA①～65）に関する基本構造や斧身形状などを、「表2-4、2-5」に整理した。

第1に、銅製斧身は紀元前2300年頃のものが、中国において発見されている。銅製斧身と斧柄との装着方法は、エジプトの銅製斧身と類似した方法で皮ヒモなどを利用して固定したと推定される[66]（E・CA①）。

第2に、青銅製斧身は紀元前1900年から1000年頃のものが、中国において発見されている。青銅製斧身と斧柄との装着方法は、茎式（E・BA①）、袋式（E・BA②～④）、孔式（E・BA⑤）のいずれもが

表 2-5　ユーラシア大陸の東における斧の基本構造：日本

時代	資料番号 材質	資料番号 番号	出土地（国名など）	基本構造（柄装着部） 茎式	袋式	孔式	その他	斧身平面形状 無肩	有肩	有顎	その他	刃部縦断面形状 両刃	偏心両刃	片刃	その他
B.C.200 年	鉄	IA ㉜	日本		○			○				○			
		IA ㉝			○			○				○			
		IA ㉞			○			○					○		
		IA ㉟			○			○							
		IA ㊱			○			○				△			
		IA ㊲			○			○				△			
		IA ㊳			○			○							
		IA ㊴			○				○			△			
		IA ㊵			○			○				△			
		IA ㊶		○				○				○			
		IA ㊷		○				○					○		
		IA ㊸		○				○				○			
		IA ㊹		○				○				○			
		IA ㊺		○				○				△			
		IA ㊻		○				○						○	
		IA ㊼		○				○				△			
		IA ㊽		○				○				○			
A.D.300 年		IA (52)			○			○							
		IA (53)			○			○							
		IA (54)			○			○							
		IA (55)			○			○				○			
		IA (56)			○			○							
		IA (57)			○			○							
		IA ㊾		○				○				○			
		IA ㊿		○				○				△			
		IA (51)		○				○				○			
		IA (58)			○			○				○			
		IA (59)			○			○				○			
		IA (60)			○			○				○			
		IA (61)			○				○			○			
		IA (62)			○				○			○			
		IA (63)			○				○			○			
		IA (64)				○		○				○			
		IA (65)				○		○				○			

見られる。斧身平面形状は、すべて無肩である。

そして第3に、鉄製斧身は紀元前3世紀から紀元後5世紀頃のものが、中国、朝鮮半島、日本において発見されている。鉄製斧身を斧柄との装着方法は、茎式（E・IA②、⑤～⑨、⑳、㉔、㊶～(51)）、袋式（E・IA①、③、④、⑩、⑪、⑮、⑯、⑲、㉑～㉓、㉕～㊵、(52)～(63)）、孔式（E・IA⑫～⑭、(64)、(65)）のいずれもが発見されている。斧身平面形状は、ほとんどが無肩であるが、紀元後3世紀から5世紀頃の日本で出土したもの（E・IA㊴、(61)～(63)）に有肩の例が見られる。

〈2〉基本形式と斧柄

さらにユーラシア大陸の東における斧の基本形式と斧柄との関連については、「表2-6」に整理した。

銅製・青銅製の斧身と斧柄との関連は、現在のところ不明である。

鉄製の縦斧は、斧身を直接斧柄に装着するものと、雇柄を介するものとに大別される。直柄に茎式で斧身を装着している例（E・HA④、⑥、⑦）、直柄に斧身を袋式で装着した雇柄をさしこむ例（E・HA①、③、⑧、⑨）、膝柄に袋式で斧身を装着してい

表 2-6　ユーラシア大陸の東における斧の基本形式

時代	質料		基本形式			斧柄形状				斧身		基本構造			
	番号	地域	縦斧	横斧	その他	直柄	膝柄	雇柄付	その他	有	無	茎式	袋式	孔式	その他
B.C.3 世紀	E·HA ①	朝鮮半島	○			○		○		○			○		
	E·HA ②	〃		○		○		○		△			○		
	E·HA ③	〃	○			○		○		○			○		
	E·HA ④	〃	○			○				○		○			
	E·HA ⑤	〃		○			○			○			○		
	E·HA ⑥	日本	○			○					○	○			
	E·HA ⑦	〃	○			○					○	△	△		
	E·HA ⑧	〃	○			○		○			○		○		
	E·HA ⑨	〃	○			○		○			○		○		
	E·HA ⑩	〃	○				○				○		○		
	E·HA ⑪	〃	○				○				○		○		
	E·HA ⑫	〃	○				○				○		○		
	E·HA ⑬	〃	○				○				○		○		
	E·HA ⑭	〃	○				○				○		○		
	E·HA ⑮	〃		○			○				○	○			
	E·HA ⑯	〃		○			○				○	○			
	E·HA ⑰	〃		○			○				○		○		
A.D.3 世紀	E·HA ⑱	〃		○			○				○		○		

る例（E・HA⑤、⑩～⑭）などが見られる。

鉄製の横斧は、斧身を袋式で装着した雇柄に直柄をさしこむ例（E・HA②）、膝柄に茎式で斧身を装着している例（E・HA⑮、⑯）、膝柄に袋式で斧身を装着している例（E・HA⑤、⑰、⑱）などが見られる。

4.3　斧の基本形式と構造の比較

ユーラシア大陸の西と東のいずれにおいても、斧の材質は、石、銅、青銅、鉄の順に変化したと考えられる(67)。

銅製の斧は、ユーラシア大陸の西・ヨーロッパ文明の源流のひとつであるエジプトにおいて約4500年前のものが、ユーラシア大陸の東・中国において約4300年前のものが、それぞれ出土している。西おいては銅製の縦斧と横斧が、東においては少なくとも横斧(68)が、それぞれ使われていたと推定される。斧柄と斧身との装着方法は茎式を基本とし、袋式や孔式は現在のところ確認できていない。

青銅製の斧は、ユーラシア大陸の西・ヨーロッパ文明の源流のひとつであるエジプトにおいて約3600年前のものが、ユーラシア大陸の東・中国において約3900年前のものが、それぞれ出土している。西と東、いずれにおいても青銅製の縦斧と横斧が使用され、斧柄と斧身との装着方法は、茎式・袋式・孔式のいずれもが存在していたと考えられる。

鉄製の斧は、ユーラシア大陸の西・ヨーロッパ文明の源流のひとつであるエジプトにおいて約2800年前のものが、ユーラシア大陸の東・中国において約2500年前のものが、それぞれ出土している。斧柄と斧身との装着方法は、西において孔式を基本とし、東において茎式と袋式を基本としている。斧柄は、西において直柄に孔式で斧身を装着した縦斧と横斧が、東において直柄に茎式か雇柄（袋式で装着）をさしこんだ縦斧、膝柄に袋式で斧身を装着した縦斧、膝柄に茎式か袋式で斧身を装着した横斧が、それぞれ使われていた(69)。

第5節　木の建築をつくる技術と斧

銅製の斧は、ユーラシア大陸の西と東において、いずれも基本構造が茎式、青銅製の斧はいずれも基本三形式、そして鉄製の斧は、西において茎式と孔式が、東において茎式と袋式が、それぞれ多く見られる。

鉄製の斧の基本構造は、西と東において茎式は共通しているが、西に孔式が、東に袋式が、それぞれ多いのは、製作技術の違いに起因しているのかもしれない。鉄器製作の初期段階では、大陸の西において鍛造技術が、東において鋳造技術が、それぞれ高い水準にあったことが推定される。

大陸東端の島・日本においても、約2000年前（弥生時代）、鉄製の斧を使いはじめた初期段階では、鋳造による袋式の斧が大陸から多く舶載されたと考えられる。その後、板状の鉄素材がもたされるようになると、一端を刃部に加工した茎式の斧とともに、一端を刃部に、他端を袋状に、それぞれ加工した、鍛造による鉄製の斧が多く使われるようになったと考えられる。

製作技術としては最も高度な孔式の鉄製の斧は、約1600年前（古墳時代）の舶載品と推定されるものが、わずかに見られるだけである。東端の島・日本において、孔式の鉄製の斧が出現・普及するのは、約700年前以降と考えられる。その間の1000年近くは、袋式の斧の、袋部分をいかに強固につくるかということに、鍛冶技術の改良工夫が重ねられたのであろう。

茎式の斧は、木柄の装着部分が破損しやすく、袋式の斧は、袋部分が開いて木柄から離脱しやすい弱点がある。それに対して、孔式の斧は、木柄との装着部が強固で、使用時の強い衝撃にも耐えることができる。ただ、製作には、高度な鉄の加工技術を必要とした。

東端の島・日本において、袋式の斧が長く使われた背景には、大陸の西と東で使われた建築用材よりも軟らかい、ヒノキやスギなどの針葉樹が豊富であったことが考えられる。大陸の西・ヨーロッパにおいて、孔式の斧が早くから製作・使用されていた要因も、建築用材がオーク（ナラ）などの硬木（広葉樹）であったからであろう。

この仮説をもとに、さらに推論すると、大陸東端の島・日本において、約700年前、孔式の斧が出現・普及するのは、ヒノキやスギよりも硬い用材（マツ、ケヤキなど）を切断する必要が生じたことが大きな要因として考えることもできる。

なお、日本における建築部材荒切削（斫）用の斧（チョウナ）は、約2000年間、現代にいたるまで、ずっと袋式である。これも、大陸の西・ヨーロッパでは、早くから孔式の斧（チョウナ）が使われていることと比較して、同様の要因が推定される。

第6節　小　結

ユーラシア大陸の西と東における金属製の斧の歴史を調査した結果、次の内容が明らかとなった。

(1) ユーラシア大陸の西と東いずれにおいても、金属製の斧の材質は、銅、青銅、鉄の順に変化したと考えられる。

(2) 銅製の斧は、ユーラシア大陸の西・ヨーロッパ文明の源流のひとつであるエジプトにおいて約4500年前以降のものが、ユーラシア大陸の東・中国において約4300年前のものが、それぞれ出土しており、その基本構造は茎式であった。

(3) 青銅製の斧は、ユーラシア大陸の西において約4000年前以降のものが、ユーラシア大陸の東において約3900年前以降のものが、それぞれ出土している。その基本構造は、西と東いずれにおいても茎式・袋式・孔式であった。

(4) 鉄製の斧は、ユーラシア大陸の西において約2800年前以降のものが、ユーラシア大陸の東において約2500年前以降のものが、それぞれ出土している。その基本構造は、西において茎式と孔式が、東において茎式と袋式が、それぞれ多く使われていた。

(5) 金属製の斧は、斧身と斧柄との装着部をいかに強固につくるか、ということが発達史上の重要な要素であったと考えられる。

註

(1) 英名では、縦斧をAxe、横斧をAdzeと表記する。参考文献（A97）
(2) 参考文献（E18）（E21）に、より詳細な分類や、部材に残る刃痕との関連を記している。
(3) 参考文献（B4）（B13）
(4) ユーラシア大陸の西（West）における銅製（Copper）の斧（AxeあるいはAdze）を、“W・CA”と略称し、実物資料の番号として、①、②、を順次付与しておく。
(5) 参考文献（B4）
(6) 参考文献（B4）
(7) 参考文献（B13）
(8) 参考文献（B4）（B13）
(9) ユーラシア大陸の西における斧の柄（Handle）を“W・HA”と略称し、①、②、の番号を順次付与しておく。
(10) 参考文献（B22）（B30）
(11) 参考文献（B4）
(12) 参考文献（B4）
(13) ユーラシア大陸の西における青銅製（Bronze）の斧を、“W・BA”と略称しておく。
(14) 参考文献（B4）
(15) 参考文献（B4）
(16) 参考文献（B4）
(17) 参考文献（B21）
(18) 参考文献（B4）
(19) 参考文献（C128）
(20) 参考文献（B13）。なお、ユーラシア大陸の西における鉄製（Iron）の斧を、“W・IA”と略称しておく。
(21) 参考文献（B4）
(22) 参考文献（B4）
(23) 参考文献（B4）
(24) 参考文献（B4）
(25) 参考文献（B4）
(26) 参考文献（B4）
(27) 参考文献（B4）（B23）
(28) 参考文献（B38）
(29) 参考文献（C252）
(30) ユーラシア大陸の東（East）における銅製の斧を、“E・CA”と略称しておく。
(31) 参考文献（C266）
(32) 参考文献（C252）
(33) ユーラシア大陸の東における青銅製の斧を、“E・BA”と略称しておく。

(34) 参考文献（C252）
(35) 参考文献（C266）
(36) 参考文献（C252）
(37) 参考文献（C252）
(38) 参考文献（C252）
(39) 参考文献（C266）
(40) 参考文献（C128）
(41) ユーラシア大陸における鉄製の斧を、“E・IA”と、略称しておく。
(42) 参考文献（C128）
(43) 参考文献（C272）
(44) 参考文献（C128）
(45) 参考文献（C128）
(46) 参考文献（C128）
(47) 参考文献（C128）
(48) 参考文献（C128）
(49) 参考文献（C128）
(50) 参考文献（C128）
(51) ユーラシア大陸の東における斧柄を、“E・HA”と略称しておく。
(52) 参考文献（C128）
(53) 参考文献（C128）
(54) 参考文献（C272）
(55) 参考文献（C272）
(56) 参考文献（C152）（C236）
(57) 参考文献（E33）
(58) 参考文献（E33）
(59) 参考文献（E33）
(60) 参考文献（C236）
(61) 参考文献（E33）。この直柄については、雇柄に鋳造鉄斧を袋式で装着した復元品もつくられている。
(62) 参考文献（C236）。この長方形断面の装着部には、横断面が長方形の袋部をもつ鋳造鉄斧が装着されたと考えられる。
(63) 参考文献（C236）。この長円形断面の装着部には、横断面が長円形の袋部をもつ鍛造鉄斧が装着されたと推定される。
(64) 参考文献（C236）
(65) この装着方法を、「突起式」と仮称しておく。
(66) 銅製斧柄の場合は、刃部を槌で鍛打して一定の硬さを確保したとしても、斧身の装着部の強度は低かったと推定される。皮ヒモなどと何らかの粘着剤を利用して、何とか使用に耐えられる工夫をしたと考えられる。
(67) ユーラシア大陸の西と東という広い範囲で見た場合の変化を意味している。限られた地域では、銅製や青銅製の段階を経ないで、鉄製の斧を使いはじめたケースも考えられる。例えば、ユーラシア大陸東端の島・日本など。
(68) 中国出土の銅製斧身（E・CA①）は、刃部縦断面が偏心両刃に見えること、斧身平面の片面だけに斧柄への装着用と考えられる突起があること、などから横斧として使用した可能性が高い。
(69) 木を切断する縦斧と人を殺傷する武器としての斧、木を荒切削する横斧と土を耕作するクワなど、出土遺物での判断が難しい。後者の場合、ユーラシア大陸の西では袋式の横斧形状のものがクワに分類され、大陸の西においては袋部断面が台形の鋳造鉄器がクワなどに分類されている。参考文献（B13）（C272）

第3章

ユーラシア大陸の西と東における鑿

第1節　鑿の基本形式

1.1　鑿の機能

鑿は、製材に鋸を使用する以前は、原木を割裂させて角材などをつくる（打割製材）道具としても使われた。鋸を用いた製材（挽割製材）が普及した後、鑿は、木の建築をつくる工程における部材加工の段階で、接合部加工などに使用された。

1.2　鑿の基本構造

うがつ道具である鑿は、機能部分と保持部分、その両者を結びつける接合部分といった構成要素から成り立っている（図3-1）。

鑿の機能部分は、穂先の平面形状として無肩と有肩に大別される。刃部は、刃先平面形状が直刃と曲刃に、刃先正面形状も直刃と曲刃に、そして刃部縦断面形状が、刃先を通る線がほぼ中央にある両刃（真心両刃）、刃先を通る線が片側に偏している両刃（偏心両刃）、刃先を通る線が片側の断面と一致している片刃に、それぞれ分類できる。

鑿の保持部分は、直柄形状を基本とし、その材質に、機能部分と同一の材質（銅、青銅、鉄など）のもの、木製のもの、その他の材質のもの（鹿角など）、といった種類がある。

鑿の接合部分は、柄の軸線方向にあけられた穴に茎を装着する形式（茎式）と、刃部の反対側を袋状に成形して柄を装着する形式（袋式）に大別できる。また、柄の破損を防ぐために補強用のリング（鐶）を取り付ける場合もある。

以上を整理し、次の略号を付しておく。

□鑿の機能部分

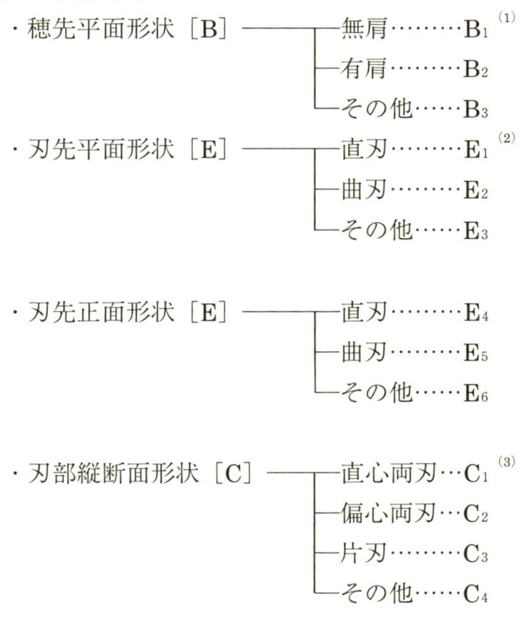

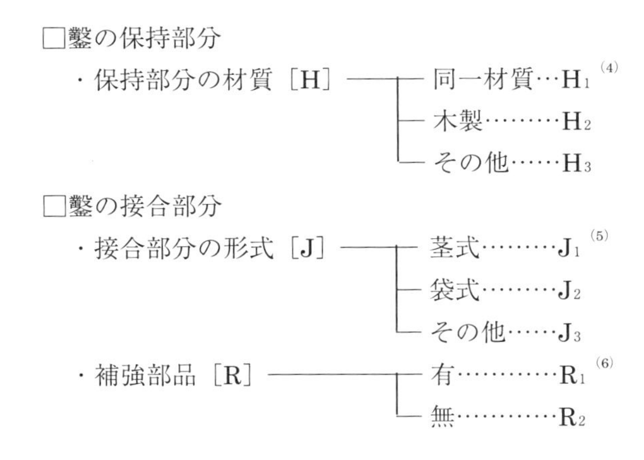

1.3　鑿の種類

大陸東端の島・日本において、手道具による木の建築をつくる技術が、最高の精度に達したといわれる19世紀末から20世紀前半、建築部材加工を行う大工の使う鑿には、次のような種類があった。

構造材の接合部加工用として、叩鑿と突鑿が2種類17点。

造作材の接合部加工用として、大入鑿、向待鑿、鐫鑿、平鎹鑿、掻出鑿、打出鑿が6種類24点。

木栓や釘などの接合材の打込穴加工用として、込栓穴掘鑿、平鐔鑿、丸鐔鑿が3種類3点。

そして丸太材などの接合部加工用として、丸鑿が1種類5点。以上合計して、少なくとも12種類49点の鑿が使われていた（表3-1）。

表3-1　日本の近代における鑿の編成

分類	名称	法量 刃幅寸法［尺・寸分厘］	点数	摘要
構造材加工用	叩鑿（平鑿）	0.16、0.14	2	枘穴「側」の「鑿立て」用他
		0.16、0.14	2	
	叩鑿	0.08、0.06、0.05、0.04	4	枘穴「小口切」用、枘穴荒堀用　他
		0.08、0.07、0.06、0.05	4	
	突鑿	0.18、0.16、0.14、0.08、0.06	5	枘穴仕上用、表面切削用　他
造作材加工用	大入鑿	0.12、0.10、0.08、0.07、0.06、0.05、0.04、0.03、0.025、0.02、0.01	11	造作材の接合部加工用
	向待鑿	0.04、0.03、0.025、0.02、0.01	5	建具などの枘穴掘くずし用他
	鐫鑿	0.08、0.06、0.04、0.03	4	枘穴隅や蟻溝入隅等の切削用他
	平鎹鑿	0.06、0.04	2	溝穴止め部分の切削用　他
	掻出鑿	0.03	1	貫通しない穴の鑿屑掻出用
	打出鑿	0.04	1	向待鑿使用後の鑿屑打出用
接合材打込穴加工用	込栓穴掘鑿	0.05	1	木栓打込用の穴掘用
	平鐔鑿		1	大釘打込用の穴掘用
	丸鐔鑿		1	
丸太材加工用	丸鑿	0.08、0.06、0.05、0.04、0.03	5	丸太材の穴掘用　他

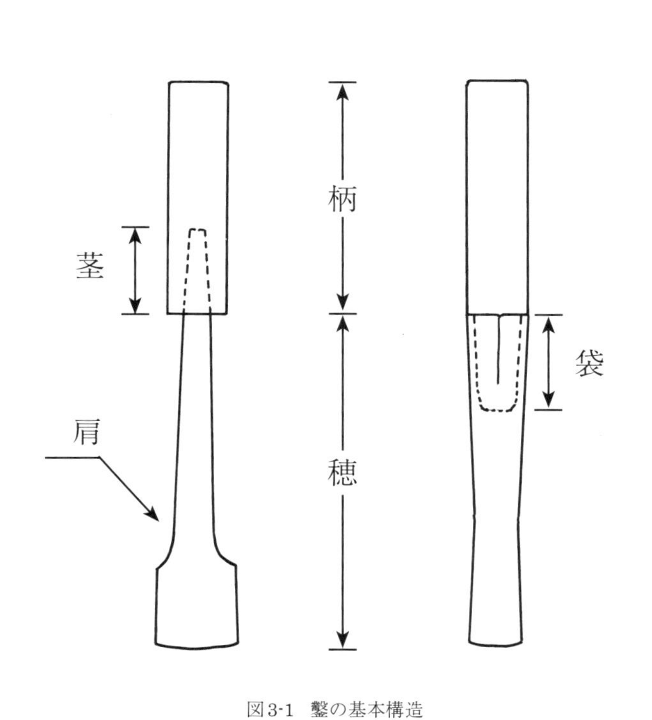

図3-1　鑿の基本構造

第2節　ユーラシア大陸の西における鑿

2.1　エジプトにおける鑿

ユーラシア大陸の西・ヨーロッパ文明の源流のひとつであるエジプトにおいて、紀元前3000年頃（先王朝時代）の銅製の鑿（W・CC[7]①～⑥）が発見されている[8]（図3-2、3-3）。また、同じエジプトにおいて、木柄に茎式で装着された紀元前1200年頃の銅製の鑿（W・CC⑦）も出土している[9]（図3-4）。

当時の銅製鑿の使用法については、紀元前2500

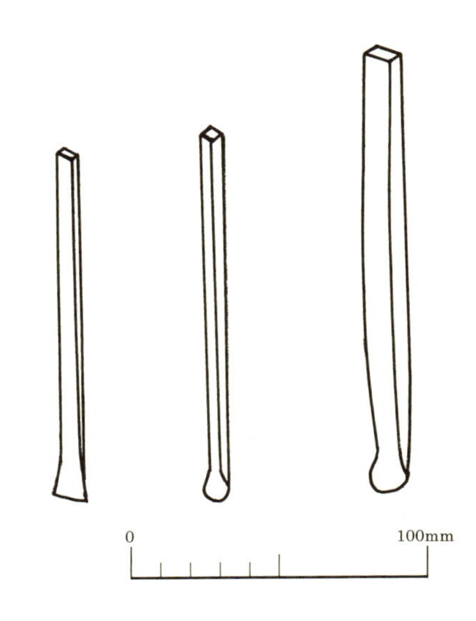

図3-2　エジプトにおける銅製の鑿（B.C.3000年頃）［文献B21］史料T54

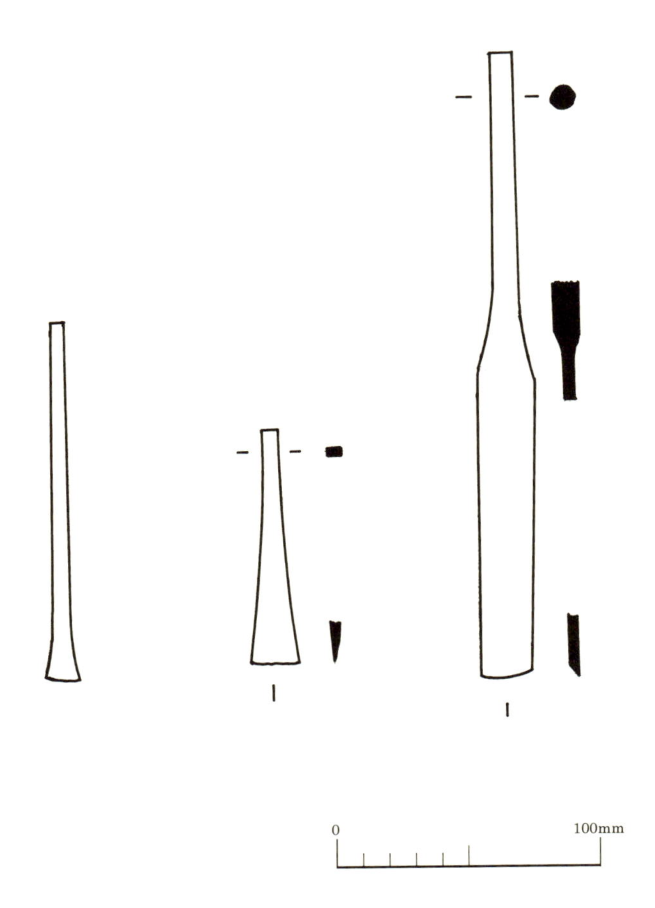

図3-3　エジプトにおける銅製の鑿（B.C.3000年頃）［文献B13］史料T55

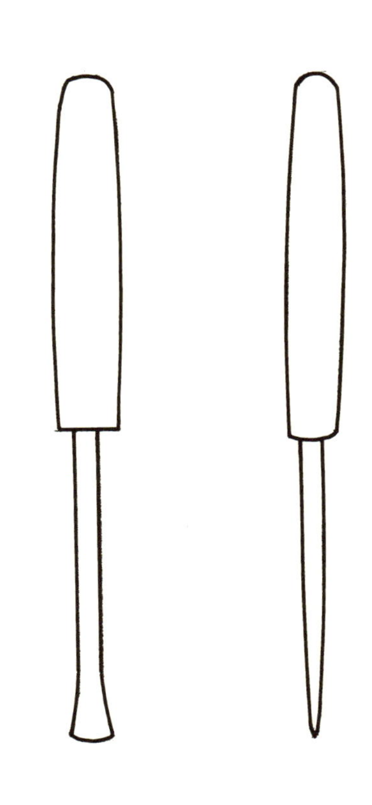

図3-4　エジプトにおける銅製の鑿（B.C.1200年頃）［文献B22］史料T56

図3-5　エジプトにおける鑿の使用法（B.C.2500年頃）
［文献B22］史料P6

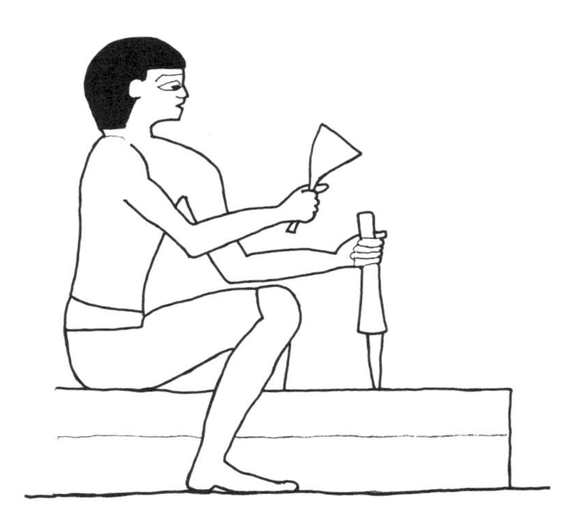

図3-6　エジプトにおける鑿の使用法（B.C.1500年頃）
［文献B30］史料P7

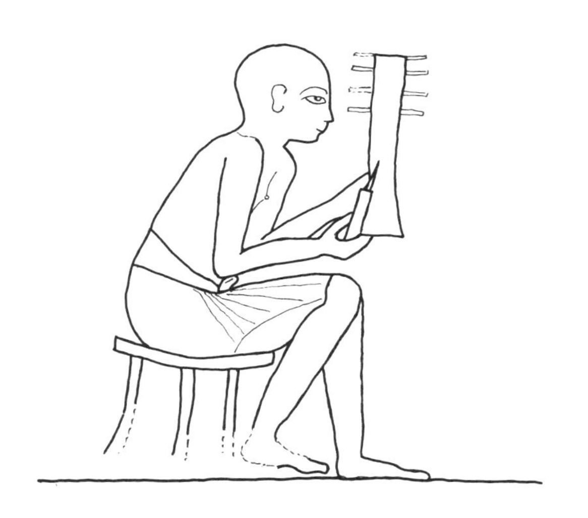

図3-7　エジプトにおける鑿の使用法（B.C.1400年頃）
［文献B30］史料P8

年頃と紀元前1500年頃の絵画資料に茎式らしき鑿を木製槌で叩いている様子が、紀元前1400年頃の絵画資料に茎式らしき突鑿あるいは彫刻鑿を使っている様子が、それぞれ描かれている[(10)]（図3-5～3-7）。

ヨーロッパにおける青銅製の鑿は、初期には銅製鑿の形状をひきつぎ（W・BC[(11)] ①）、次の段階として穂部分と茎部分を区分する突起を有する形状のものが製作された（W・BC②）。そして後期青銅器時代（B.C.800～400年頃）になると、この区分が円形の鐔形状となり（W・BC③）、また柄との装着部が袋式の鑿（W・BC④、⑤）も製作・使用された[(12)]

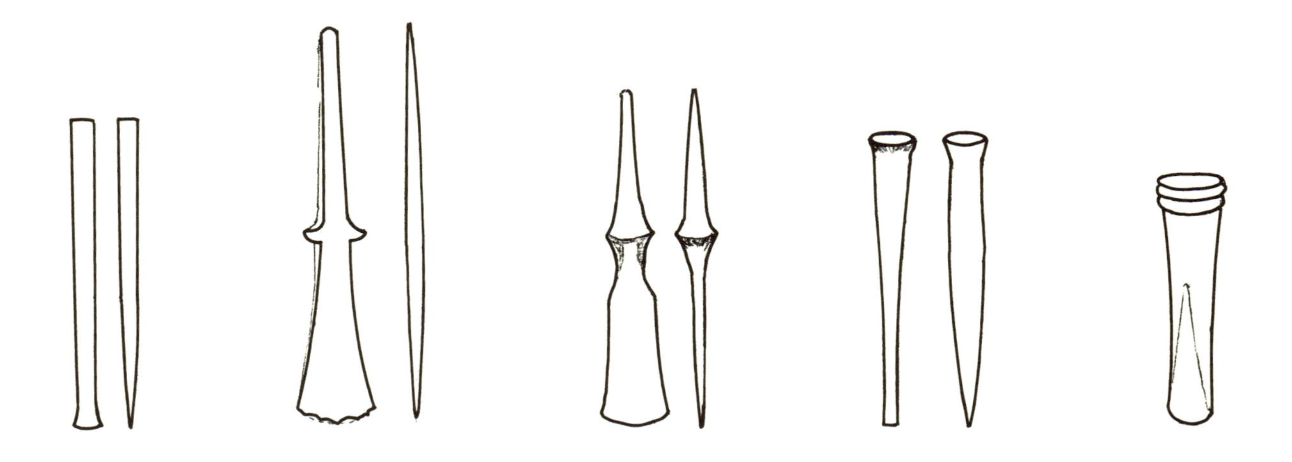

図3-8　ヨーロッパにおける青銅製の鑿（B.C.800 ～ 400年頃）
［文献B21］史料T57

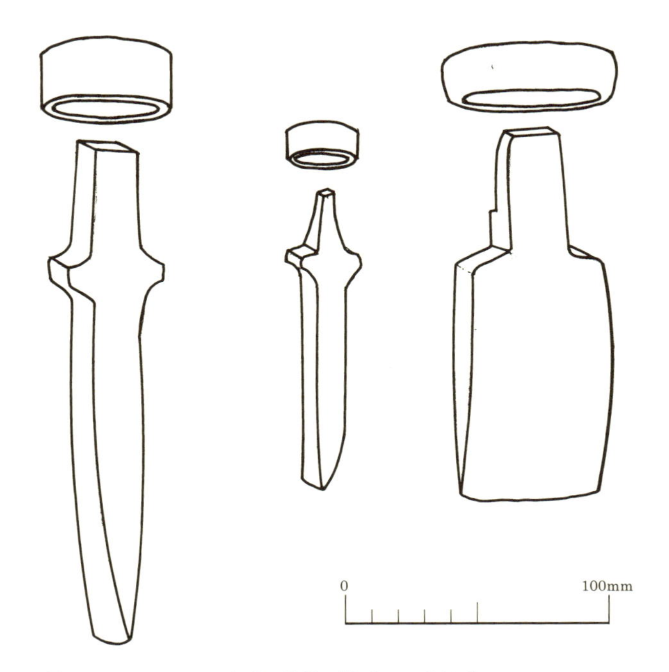

図3-9　アッシリアにおける鉄製の鑿（B.C.8世紀頃）
［文献B23］史料T58

(図3-8)。

ユーラシア大陸の西・ヨーロッパ文明の源流のひとつであるエジプト（テーベ）において、紀元前8世紀頃のアッシリア製の鉄製鑿が出土している。穂部分と茎部分を区分する突起を有する鑿には、刃部縦断面形状が両刃のもの（W・IC[13]①）と片刃のもの（W・IC②）とがあり、また穂部分に肩が形成された刃幅の広い両刃の鑿（W・IC③）も見られる。これらの鑿には、木柄を茎式で装着して使用した際に、木柄の破損を防ぐための鉄製の鐶が付けられていたと考えられる[14]（図3-9）。

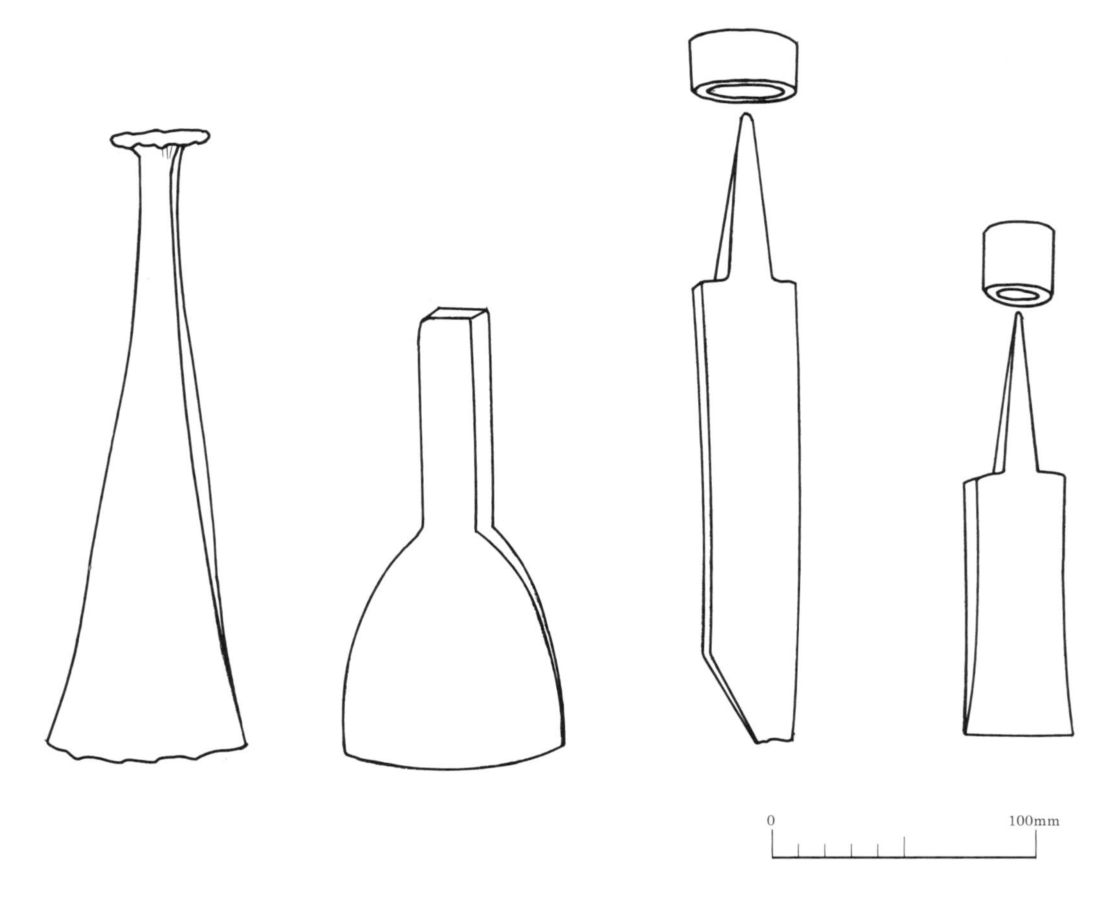

図3-10　ポンペイにおける鉄製の鑿（B.C.1世紀）
［文献B13］史料T59

2.2　古代ローマにおける鑿

ローマ時代のポンペイでは、紀元前1世紀頃の鉄製鑿が出土している。柄との接合部が茎式の鑿には、鉄製の茎部分を直接叩いたと推定されるもの（W・IC④）、柄が装着されたかどうか不明のもの（W・IC⑤）、柄を補強するための鐶が付くもの（W・IC⑥、⑦）などが見られる（図3-10）。また、袋式の鑿としては、穂先部分が有肩のもの（W・IC⑧～⑩）などが発見されている[15]（図3-11）。

現在のイギリスにあたる地域からも、ローマ時代の鉄製鑿が出土している。茎部分を直接叩いたと推定される全鉄製のもの（W・IC⑪）、茎式で刃先平面が直刃形状のもの（W・IC⑫）、袋式で刃先正面が曲刃形状のもの（W・IC⑬、⑭）などが見られる[16]（図3-12）。

同様にローマ時代の遺跡から、鹿の角を柄に用い

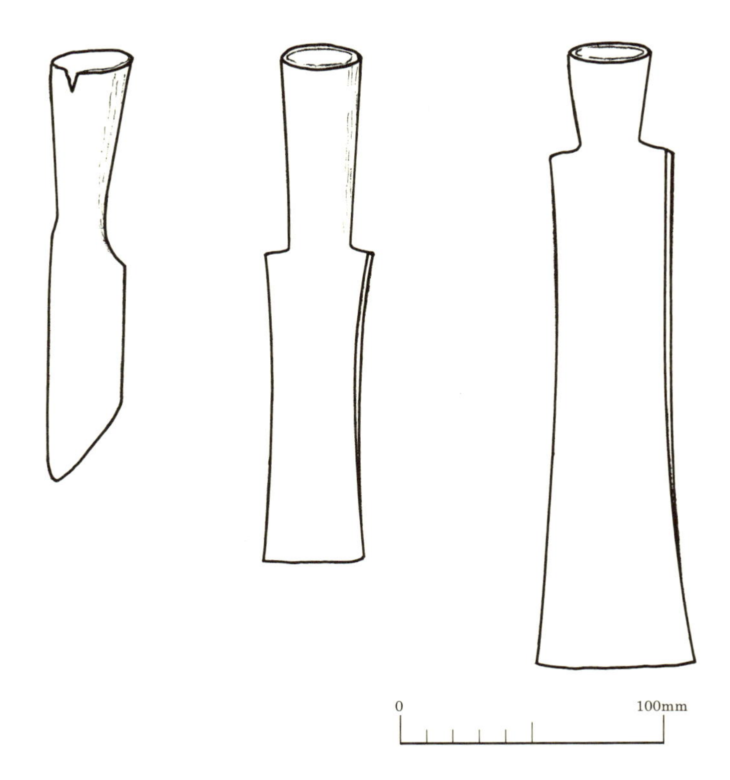

図3-11　ポンペイにおける鉄製の鑿（B.C.1世紀）
［文献B13］史料T60

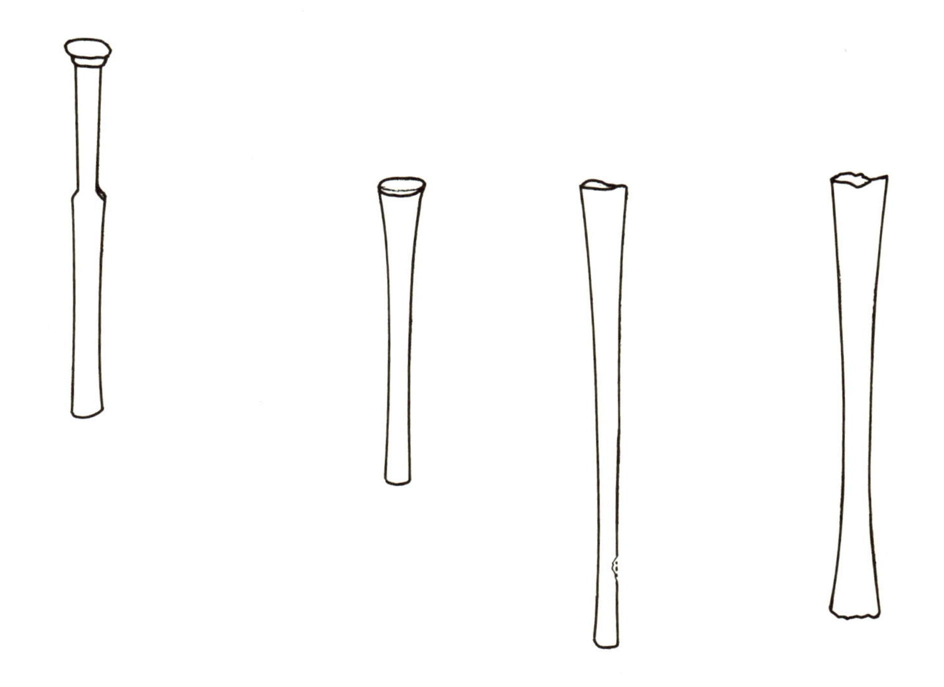

図3-12　イギリスにおける鉄製の鑿（B.C.3～A.D.4世紀頃）
［文献B4］史料T61

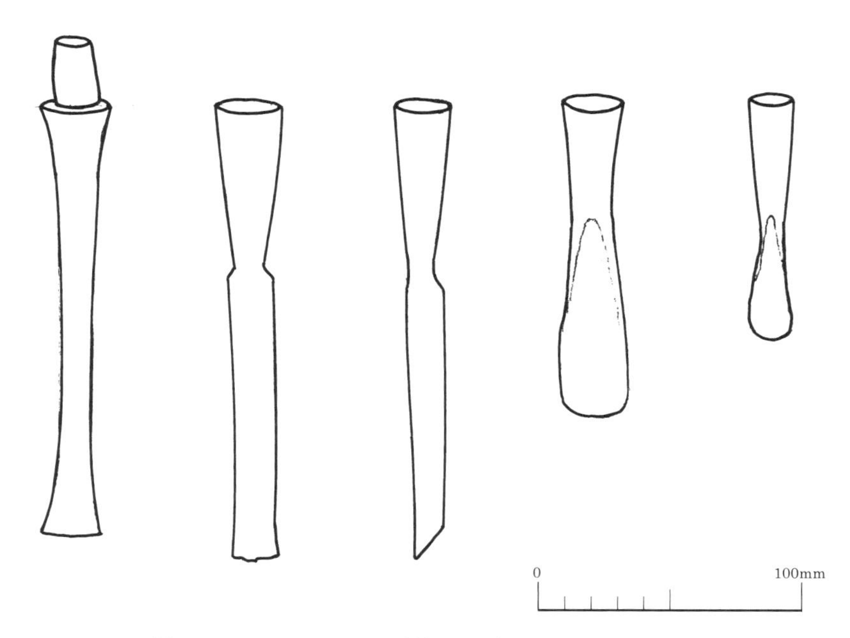

図3-13　ヨーロッパにおける鉄製の鑿（B.C.3～A.D.4世紀頃）
［文献B23］史料T62

図3-14　ヨーロッパにおける鑿の使用法（B.C.1世紀頃）
［文献B23］史料P9

図3-15　ヨーロッパにおける鑿の使用法（A.D.1世紀頃）
［文献B23］史料P10

た茎式の鉄製鑿（W・IC⑮）、袋式で刃先平面が直刃のもの（W・IC⑯）、袋式で刃部縦断面が片刃と推定されるもの（W・IC⑰）、袋式で刃先平面・正面いずれもが曲刃のもの（W・IC⑱、⑲）などが出土している[17]（図3-13）。

鉄製鑿の使用法については、紀元前1世紀頃のポンペイの壁画に、腰かけた工人が茎式の鑿を鉄製の槌で叩いている様子（図3-14）、紀元後1世紀頃のガラス片に、腰かけた工人が鑿を叩いている様子[18]（図3-15）、などが描かれている[19]。

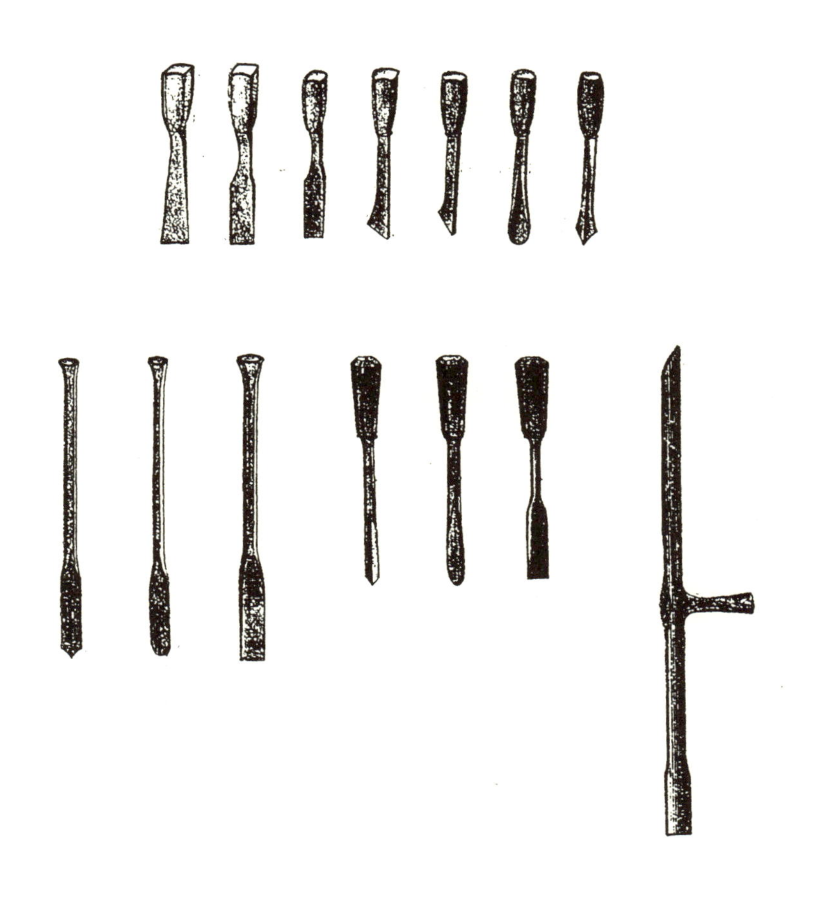

図3-16　フランスにおける鑿の編成（A.D.18世紀）
［文献B38］

2.3　周辺部における鑿

木材を割裂させて角材などにする（打割製材）場合や、建築部材接合部の加工などに用いる鑿は、石器時代から使われていた古い起源をもつ。

大陸の西・ヨーロッパにおいては、まず、茎式で柄を装着した銅製の鑿が使われはじめ、青銅製の鑿の段階で、茎式と袋式が併用されるようになり、鉄製の鑿でも同様であった。

例えば、18世紀のフランスにおいては、建築工人の使う鑿として大型の全鉄製のものや、突鑿の一種であるトゥワイビルなどが含まれている。大陸東端の島・日本において、建築工人が使う造作材加工用の小型の鑿は、大陸の西・ヨーロッパにおいては、建築工人ではなく、建具工人の道具編成に見ることができる[20]（図3-16）。

第3節　ユーラシア大陸の東における鑿

3.1　殷代・周代における鑿

ユーラシア大陸の東・中国において、紀元前15世紀頃の青銅製の鑿（E・BC[21]①）が発見されている[22]（図3-17）。刃部縦断面が片刃に近い両刃（偏心両刃）で、全長にわたってクサビ形状である。茎部分に柄が装着されていたかどうか、不明である。

同じ中国における殷代（B.C.17～11世紀）初期と重なる二里頭文化の遺跡から、穂部分の横断面が台形で、刃部縦断面が片刃の青銅製鑿（E・BC②）が出土している[23]（図3-18）。これも、茎部分に柄が装着されていたか、不明である。

さらに、二里頭文化に続く二里崗文化の遺跡から、袋部分の横断面が台形で、刃先平面形状が曲刃の青銅製鑿（E・BC③）が発見されている[24]（図3-19）。この鑿は、鋳造の利点を生かして柄の装着部を袋形状に製作している点に、技術的発展の跡を見ることができる。

そして殷代の遺跡から、袋部横断面が円形で、刃先平面形状が曲刃、刃部縦断面形状が両刃の青銅製鑿（E・BC④）が出土している[25]（図3-20）。

3.2　秦代・漢代における鑿

ユーラシア大陸の東・中国における戦国時代（B.C.5～3世紀）晩期の遺跡から、全長128m/m、袋部横断面が方形、刃部縦断面が片刃の鉄製の鑿（E・IC[26]①）が発見されている[27]（図3-21）。この鑿は、それ以前の鋳造の青銅製鑿と類似した形状である。

鉄製鑿の使用法については、紀元後2世紀頃（漢代）の画像石に、片膝立ての工人（車製作工人）が、鑿に装着された柄を槌で叩いている様子が描かれている[28]（図3-22）。

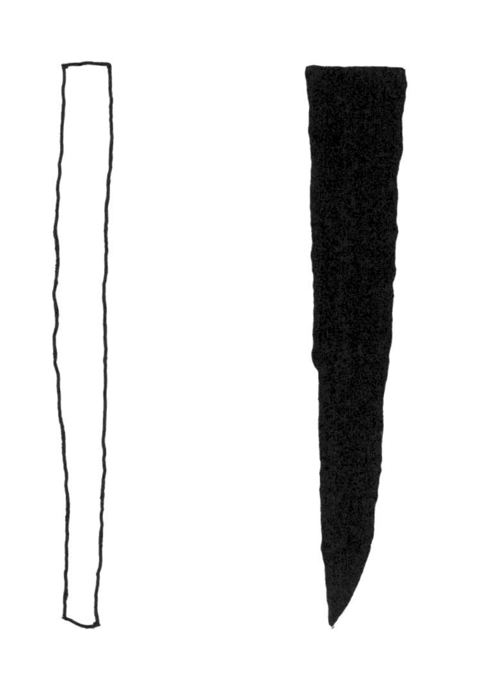

図3-17　中国における青銅製の鑿（B.C.15世紀頃）
［文献C218］史料T63

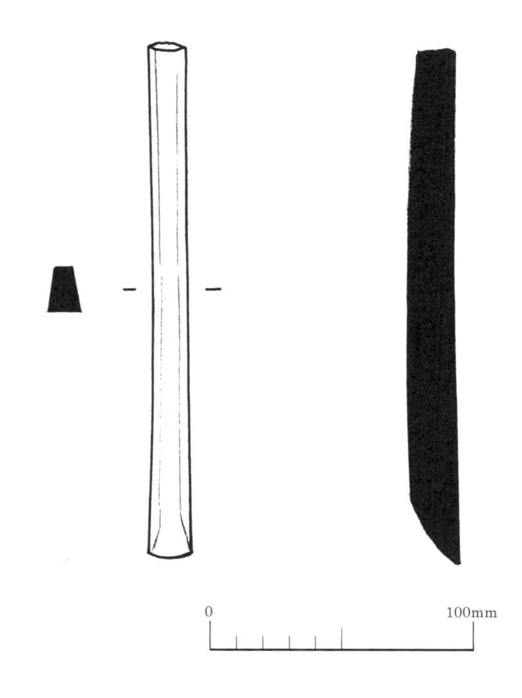

図3-18　中国における青銅製の鑿（B.C.17～11世紀）
［文献C252］史料T64

図3-19　中国における青銅製の鑿（B.C.17 ～ 11世紀）
［文献C252］史料T65

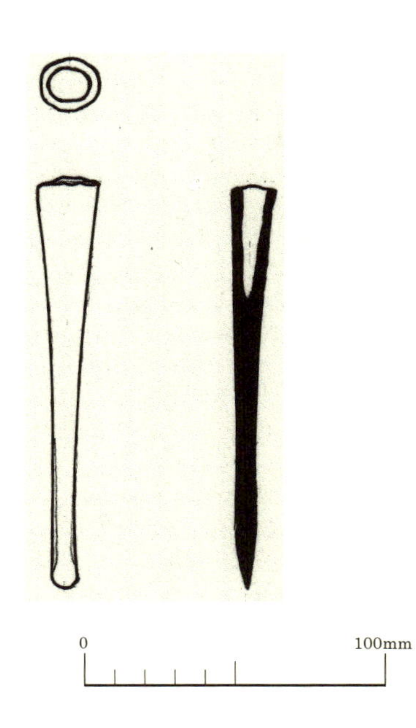

図3-20　中国における青銅製の鑿（B.C.17 ～ 11世紀）
［文献C252］史料T66

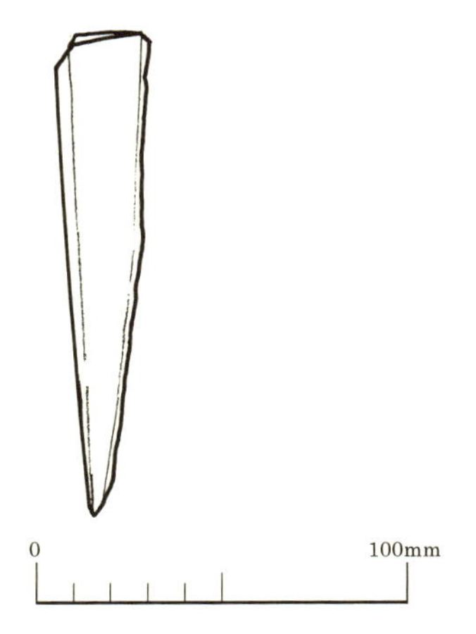

図3-21　中国における鉄製の鑿（B.C.5 ～ 3世紀）
［文献C128］史料T67

図3-22　中国における鑿の使用法（A.D.2世紀頃）
［文献C218］史料P11

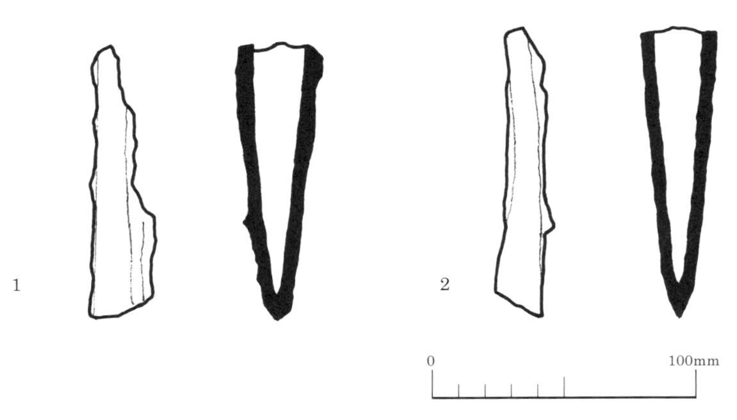

図3-23　朝鮮半島における鉄製の鑿（B.C.3～2世紀）
［文献C128］史料T68

3.3　周辺部における鑿

〈1〉朝鮮半島における鑿

中国に近い朝鮮半島北部の遺跡より、紀元前3世紀から2世紀頃の鉄製鑿（E・IC②、③）が出土している[(29)]（図3-23)。全長100m/m前後で、側面に鋳造されたことを示す合笵の痕跡を残しているが、刃先が袋部近くまであることから、当初はもっと長かったと考えられる。袋部横断面は方形で、現状の刃先平面形状は斜刃、刃部縦断面形状は両刃である。

〈2〉日本における鑿

a. 弥生・古墳時代における鑿

日本における弥生・古墳時代の遺跡から、鉄製の鑿が発見されている。茎式の鑿としては、全長158m/mで穂部分と茎部分に区切りがなく、刃部幅20m/m、刃先平面形状がほぼ直刃、刃部縦断面形状が片刃の鑿[(30)]（E・IC④)、全長252m/mで穂部分と茎部分の境界に段差があり、刃先平面形状が直刃のもの（E・IC⑤)、同じく段差があり刃先平面及び正面がいずれも曲刃形状のもの[(31)]（E・IC⑥)、穂先部分が有肩のもの[(32)]（E・IC⑦)、などが出土している（図3-24)。

袋式の鑿としては、全長152m/mで袋部横断面が円形、刃先平面形状がほぼ直刃で刃部幅20m/m、刃部縦断面形状が両刃のもの[(33)]（E・IC⑧)、袋部横断面が長方形で、刃部縦断面が偏心両刃のもの[(34)]（E・IC⑨)、袋部横断面が円形で、穂先部分が有肩、刃部縦断面が片刃のもの[(35)]（E・IC⑩)、などが発見されている（図3-25)。

これら、日本で出土した茎式と袋式いずれの鑿も、鍛造によって製作されたと考えられる[(36)]。

b. 古代・中世における鑿

仏教寺院建築の様式と技術が大陸から導入された古代には、建築部材（法隆寺金堂・五重塔　7世紀後

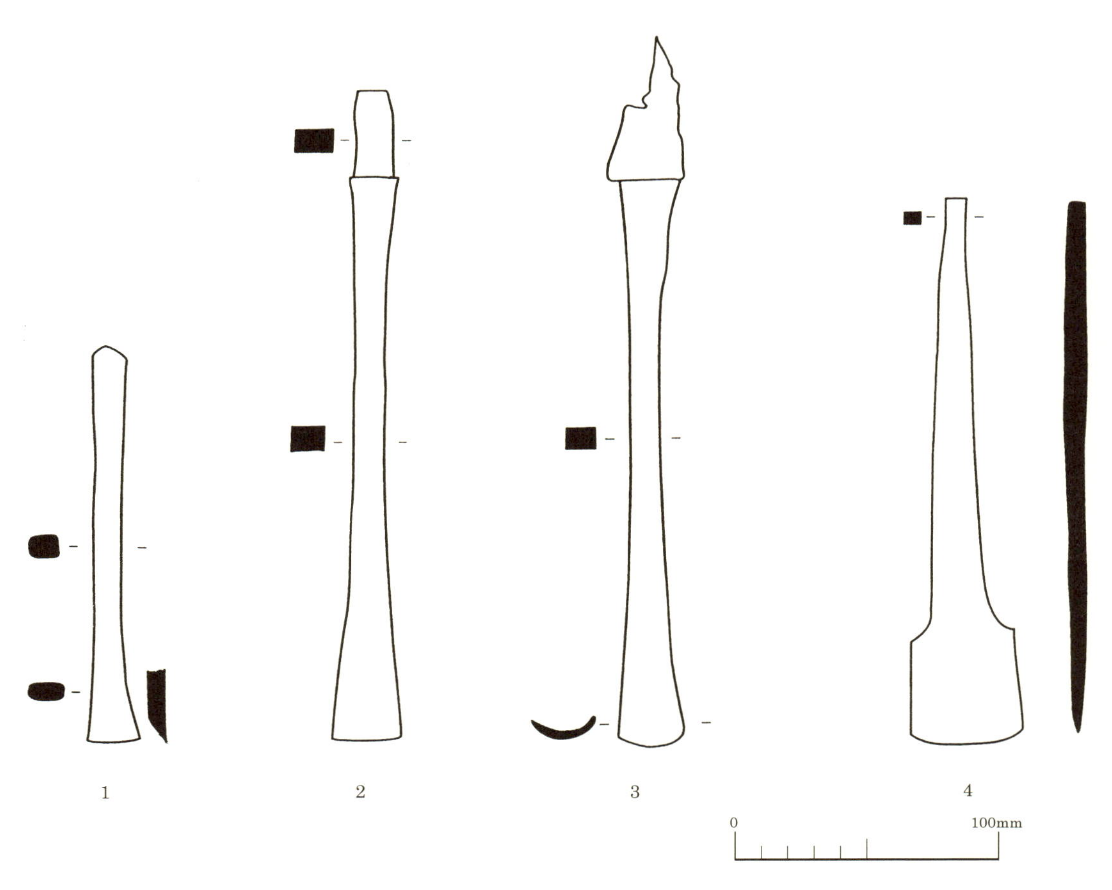

図3-24　日本における鉄製の鑿（B.C.3～A.D.5世紀）
［文献E33］史料T70

半）に残る刃痕により、刃幅6分（約18mm）から1寸5分（約45mm）まで、ほぼ1分きざみに、少なくとも10種類の鑿が使い分けされていたことを知ることができる。これらの中で、ホゾ穴加工用には、刃幅8分（約24mm）の鑿が多く使われているという(37)。これは、近代の建築工人がホゾ穴をうがつ場合に主として用いる鑿の刃幅と共通している。

中世になると、建築工事場面を描いた絵画資料によって、当時の鑿の形状や使用法を知ることができる。14世紀ころまでの絵画には、鑿を建築部材の割裂（打割製材）に使用している場面が多く、15世紀以降は何らかの接合部加工に使用している場面が多く描かれる傾向にある。

この鑿による打割製材の痕跡を残す、中世の建築部材（吉川八幡宮　15世紀　岡山県）が発見された(38)（図3-26）。部材には刃幅7分（約21mm）と8分（約

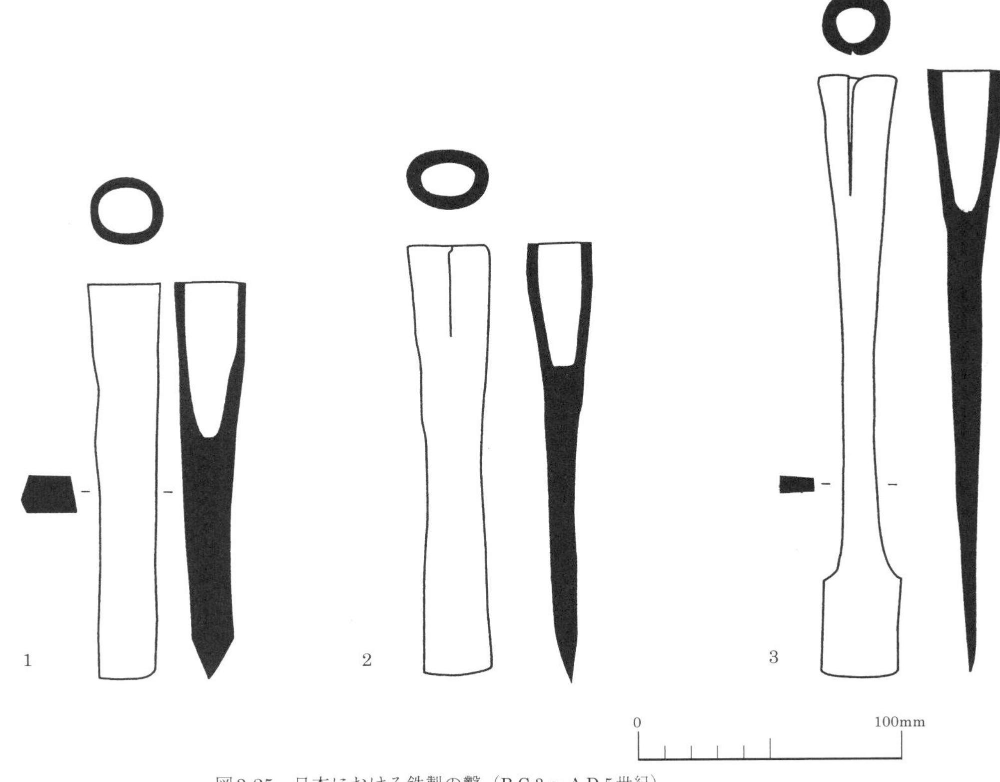

図3-25　日本における鉄製の鑿（B.C.3 ～ A.D.5世紀）
［文献E33］史料T70

図3-26　日本における建築部材に残る刃痕（A.D.15世紀）
［文献E49］史料W5

24mm）の刃痕が残されており、割裂作業が途中で中止されたことにより、鑿が木の繊維を断ち切る方向に打ち込まれていたことが判明した。この貴重な発見をもとに、解体調査と修復を担当した組織（文化財建造物保存技術協会）により、復元実験が実施された（図3-27）。この実験の結果、打割製材には、刃部縦断面が両刃形状の鑿が適していることが明らかとなった。

古代から中世にかけての遺跡から出土した鑿は、柄の接合形式が茎式と袋式の両方が併存し、刃部縦断面も両刃と片刃（偏心両刃）が併用されている。しかし、中世後半の16世紀以降、茎式で片刃の鑿に統一されていく傾向が見られる（図3-28）。これは、鑿による打割製材から鋸による挽割製材へ、製材法の革新があったことと密接に関連していると考えられる。前述した絵画資料における鑿の使用対象の変化も、そのことを裏付けているといえよう。

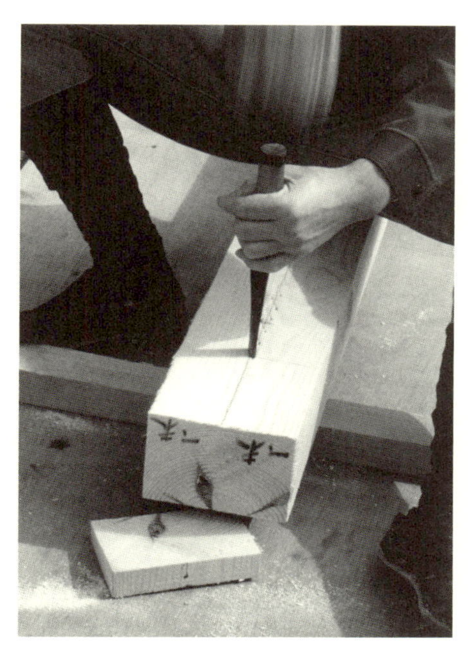

1.墨線に沿って、両刃鑿を打ち込む

2.クサビを打ち込んで割裂させながら、
鑿により内部の木材繊維を切断

3.割裂直後の部材に残る刃痕

4.割裂面を横斧（チョウナ）を用いて荒切削

図3-27　日本における打割製材の実験［文献E49］

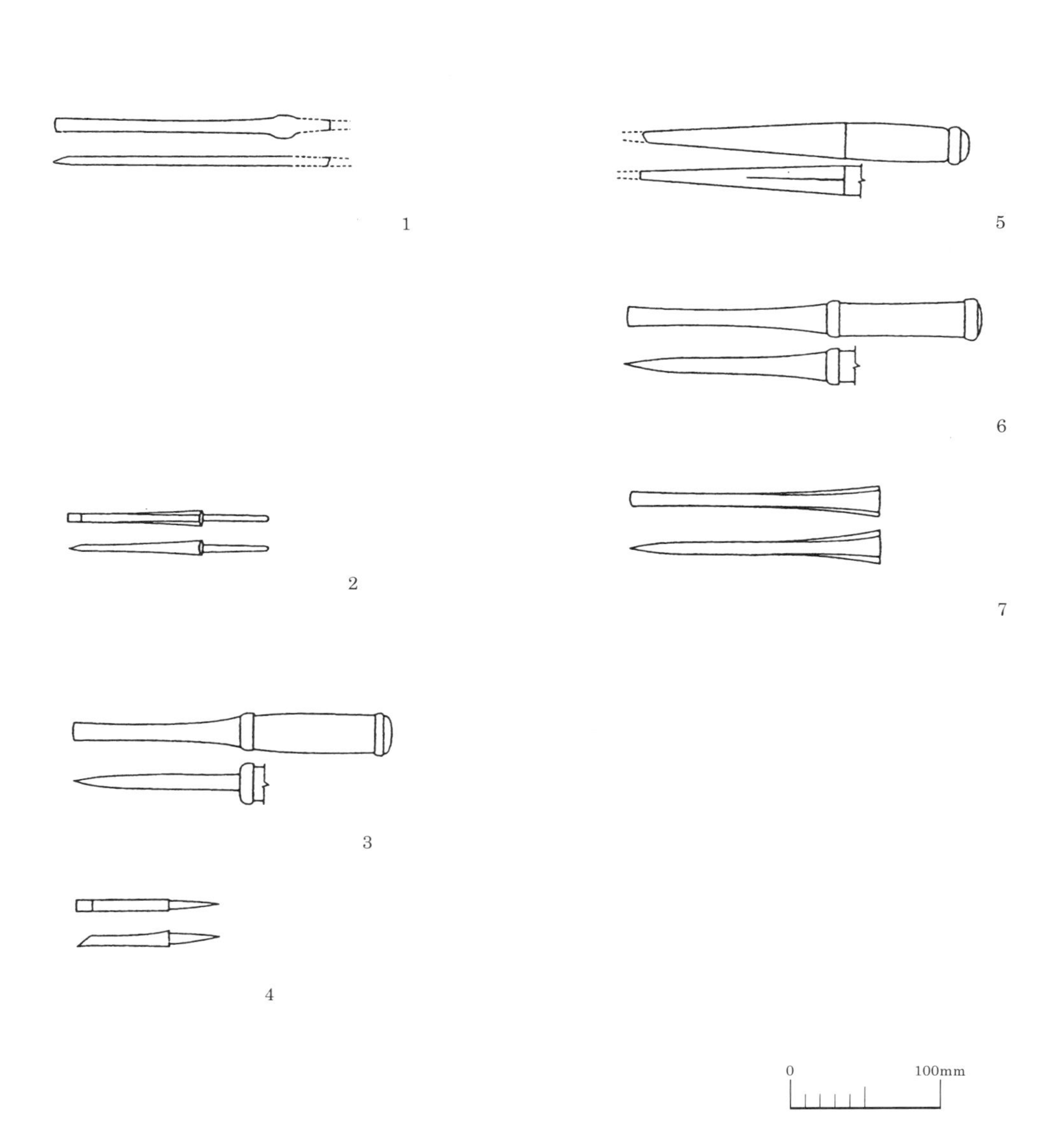

図3-28　日本の古代・中世における鑿（A.D.7～16世紀）
［文献E49］史料T71

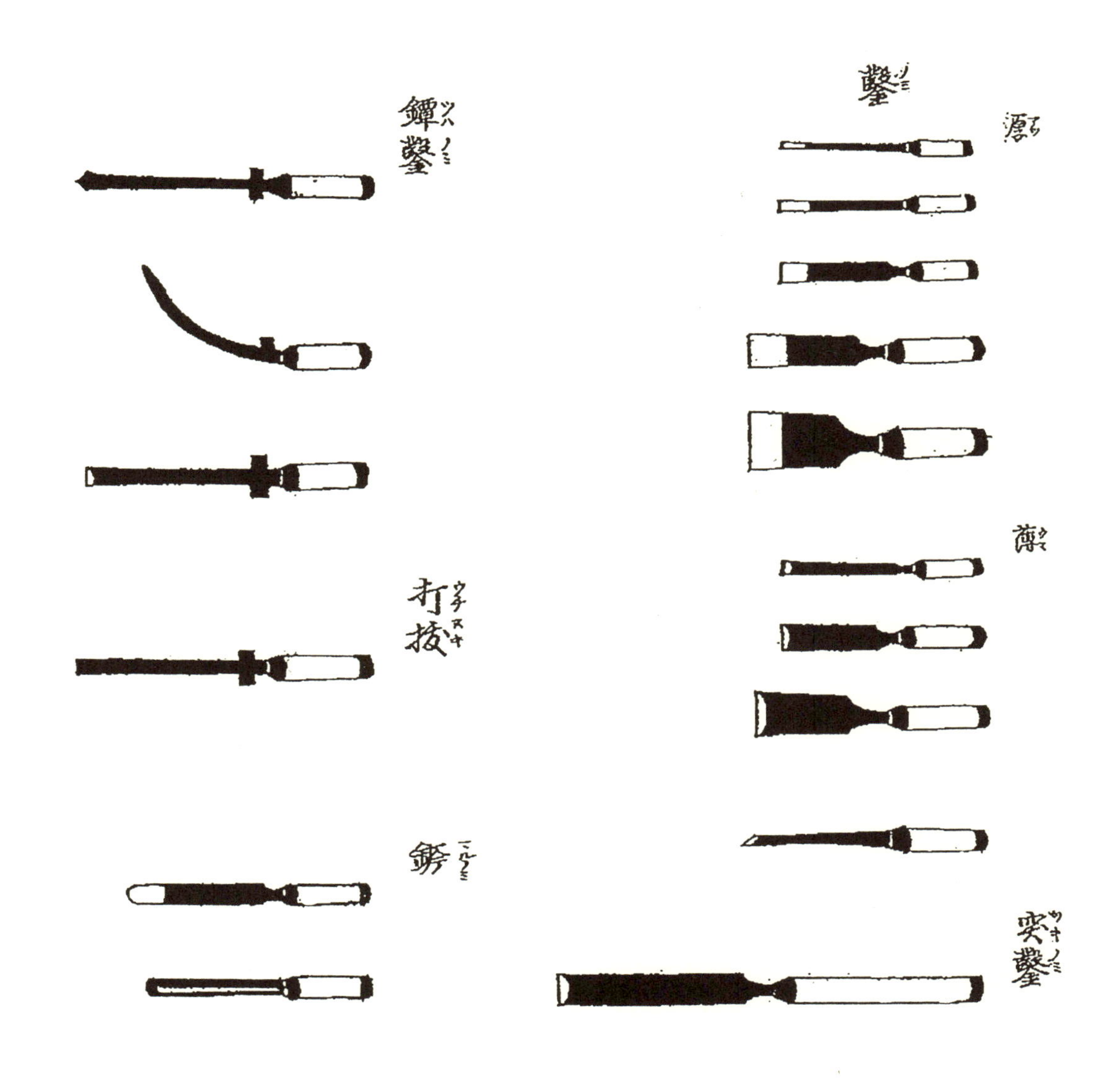

図3-29　日本の近世における鑿（A.D.18世紀）
［文献E49］史料L4

c. 近世における鑿

近世になると、木の建築をつくる道具に関して詳しく記述した文献資料によって、名称、用途、形状（寸法）、構造、使用法などをしることができる。

18世紀に記述された二つの基本文献（『和漢三才図会』1712年、『和漢船用集』1761年）をもとに、近世の鑿の用途を分類すると、(ア) 接合部加工用、(イ) 接合材打込穴加工用、(ウ) 曲線穴加工用、に大別できる。用途（ア）には、「ノミ」「サスノミ・ツキノミ」、用途（イ）には「ツハノミ」「ウチヌキ」、そして用途（ウ）には「ツホノミ」「マルノミ」などが、それぞれ使用されていた（図3-29）。

標準的な形状の鑿は、刃幅「三厘」「五厘・分半」「一分」から1分（約3mm）きざみに「六分」まで、2分きざみに「八分」「一寸」、「一寸二分」の「小広鑿」、「一寸四分」「一寸六分」「一寸八分」の「広鑿」、という14種類の鑿が使い分けされていた。

構造と関連した部分名称として、「柄」、「のみつか」、「頭」、「裏」、「口鉄」、「かつら」など、近代以降にもつながる記述が見られる。

図3-30　日本における鑿の使用法［文献E49］史料P49

そして鑿の使用法は、「皆」「以槌敲穿」、すなわち、木製槌で叩いて穴をうがつ、と明記されている。このように、中世も含めて近世までの絵画資料を通観すると、18世紀まで、鑿は木製槌とセットで使用されている。近代以降のように、鉄製槌（ゲンノウ）で鑿を叩いている様子が確認できるのは、19世紀初めの絵画資料である（図3-30）。

これらの文献と絵画より、鑿を鉄製槌で叩くようになったのは、18世紀後半から19世紀初めの時期と推定される。この時期は、建築工事の主たる発注者となった商人勢力が、建築工人に対して、「早く、安く、いいもの」を強く要求し、作業効率向上の圧力が強くなった時期である。

木製槌の場合、一定の重さを保とうとすれば、槌の頭部が大きくなるため、最良のポイントで鑿の柄の中軸線を叩き続けるのは困難である。さらに、強い打撃によって、木製槌の破損も多いと考えられる。破損すれば、作業効率が低下する。

ただ、全国の建築工人が使用する槌を木製から鉄製に移行させるためには、相当量の鉄が必要である。ちょうど、18世紀後半に、合理的なタタラ炉の装置が開発され、鉄生産の供給量が増加したことが、以降を可能にしたと推定される。

第4節　西と東における鑿の比較発達史

4.1　ユーラシア大陸の西における鑿の変遷

ユーラシア大陸の西における鑿として、銅製鑿7点（W・CC①〜⑦）、青銅製鑿5点（W・BC①〜⑤）、そして鉄製鑿19点（W・IC①〜⑲）に関する形式や構造を、「表3-2」に整理した。

〈1〉銅製の鑿

銅製の鑿は、紀元前3000年から1200年頃までの実物が、エジプトにおいて発見されている。

機能部分の穂先平面形状は、無肩のものが多いが、有肩らしきもの（W・CC⑥）も見られる。刃先平面形状は、直刃のもの（W・CC①、④、⑤）と曲刃のもの（W・CC②、③、⑥、⑦）といずれもがある。刃先正面形状は、直刃らしきもの（W・CC①〜③、⑦）が多く、曲刃のものは確認できない。刃部縦断面形状は、両刃（W・CC③、⑦）と片刃らしきもの（W・CC①、②、⑤、⑥）のいずれもが使われていた。

保持部分については、木柄のもの（W・CC⑦）が見られ、また、紀元前2500年から1400年頃までの絵画資料にも木柄を装着した鑿が描かれている。

そして接合部分の形式は、茎式を基本とし、袋式の銅製鑿は現在のところ確認できない。また、茎式の銅製鑿に、茎部分と穂部分を区別するマチ（区）が形成されたものは見られず、補強用の鐶の存在も不明である。

〈2〉青銅製の鑿

青銅製の鑿は、イギリスにおける後期青銅器時代（B.C.800〜400年）の遺跡からの出土例がある。

機能部分の穂先平面形状は、無肩のものが多いが、有肩らしきもの（W・BC③）も見られる。刃先平面形状は、直刃のもの（W・BC①、④）と曲刃のもの（W・BC②、③、⑤）とのいずれもが使われていた。刃先正面形状も、直刃のもの（W・BC①〜③）と曲刃のもの（W・BC④、⑤）とが見られる。刃部縦断面形状は、両刃が多い。

保持部分は、多くのものに木柄が装着されていたと推定される。

そして接合部分の形式は、茎式のもの（W・BC①〜③）と袋式のもの（W・BC④、⑤）とのいずれもが見られる。茎式の場合、穂部分と茎部分に区切りがないもの（W・BC①）、両サイドに突起のあるもの（W・BC②）、四周に突起（円盤状）のあるもの（W・BC③）などが使われていた。袋式の場合、口縁部をやや厚くつくったもの（W・BC④）や口縁部に2本の鐶をつくり出したもの（W・BC⑤）などが見られる。青銅製の鑿の柄部分に、補強用の鐶が装着されていたかどうかについては、不明である。

〈3〉鉄製の鑿

鉄製の鑿は、紀元前8世紀から紀元後4世紀頃までの間に使われていたものが、エジプト、イタリア、イギリスなどの遺跡から出土している。

機能部分の刃先平面形状は、無肩のもの（W・IC①、②、④、⑫〜⑮、⑱、⑲）、有肩のもの（W・IC⑤、⑧〜⑪、⑯、⑰）、肩かマチか不明瞭なもの（W・IC③、⑥、⑦）などが見られる。刃先平面形状は、直刃のもの（W・IC②、⑦、⑨、⑩、⑫、⑭〜⑯）、曲刃のもの（W・IC①、③〜⑤、⑪、⑬、⑱、⑲）、平面の軸線に対して一定の角度を有する斜刃のもの（W・IC⑥、⑧、⑰）などが使われていた。刃先正面形状は、直刃のもの（W・IC①〜③、⑥、⑧、⑰）と曲刃のもの（W・IC⑬、⑭、⑱、⑲）とのいずれもがある。刃部縦断面形状は、両刃のもの（W・IC①、③）

表3-2　ユーラシア大陸の西における鑿

鑿／時代	資料番号		出土地（国名など）	機能部分													保持部分			接合部分				
	材質	番号		穂先平面形状			刃先平面形状			刃先正面形状			刃部縦断面形状				材質			形式			補強部分	
				B1	B2	B3	E1	E2	E3	E4	E5	E6	C1	C2	C3	C4	H1	H2	H3	J1	J2	J3	R1	R2
B.C. 3000年	銅	CC①	中国	○			○			△					△		△			○				○
		CC②		○				○		△					△		△			○				○
		CC③		○				○		△				○			△			○				○
		CC④		○			○										△			○				○
		CC⑤		○			○								△		△			○				○
		CC⑥			△			△							△		△			○				○
		CC⑦		○				○		△			○					○		○				○
B.C.800年	青銅	BC①	イギリス	○			○			△			△				△			○				○
		BC②		○				○		△			△					△		○				○
		BC③			△			○		△			△					△		○				○
		BC④		○			○				△		△					△			○			○
		BC⑤		○				○			△							△			○			○
	鉄	IC①	エジプト（テーベ）	○				△		△			○					△		○			○	
		IC②		○			△			△					○			△		○			○	
		IC③			△			△		△			○					△		○			○	
B.C.3C		IC④	イタリア（ポンペイ）	○				○									△			○				○
		IC⑤			△			○									△			○				○
		IC⑥			△				○	△								△		○			○	
		IC⑦			△		○											△		○			○	
		IC⑧			△				○	△								△			○			○
		IC⑨			△		○											△			○			○
		IC⑩			△		△											△			○			○
		IC⑪	イギリス		△			△									○			○				○
		IC⑫		○			△											△			○			○
		IC⑬		○				△			△							△			○			○
		IC⑭		○			△				○							△			○			○
		IC⑮	イタリア	○			△												○	○				○
		IC⑯			△		○											△			○			○
		IC⑰			△				△	△								△			○			○
		IC⑱		○				○			○							△			○			○
A.D.4C		IC⑲		○				○			○							△			○			○

と片刃のもの（W・IC②）とが見られる。

保持部分は、多くが木柄と推定されるが、穂部分と同一の材質（全鉄製）らしきもの（W・IC④、⑤、⑪）もある。

そして接合部分の形式は、茎式のもの（W・IC①～⑦、⑪、⑮）と袋式のもの（W・IC⑧～⑩、⑫～⑭、⑯～⑲）とが見られる。袋式の場合、両サイドに突起（マチ）があるもの（W・IC①、②）や全周に円形のマチがあるもの（W・IC⑮）などが使われていた。また、茎式の中に、補強用の鐶が伴出したもの（W・IC①～③、⑥、⑦）がある。

4.2　ユーラシア大陸の東における鑿の変遷

ユーラシア大陸の東における鑿として、青銅製の鑿4点（E・BC①～④）と鉄製の鑿10点（E・IC①～⑩）に関する形式や構造を「表3-3」に整理した。

表3-3　ユーラシア大陸の東における鑿

鑿 / 時代	資料番号		出土地	機能部分													保持部分			接合部分				
	材質	番号	（国名など）	穂先平面形状			刃先平面形状			刃先正面形状			刃部縦断面形状				材質			形式			補強部分	
				B1	B2	B3	E1	E2	E3	E4	E5	E6	C1	C2	C3	C4	H1	H2	H3	J1	J2	J3	R1	R2
B.C.15C	青銅	BC①	中国	○			△							△			△			○				○
		BC②		○				△							△		△			○				○
		BC③		○				○										△			○			○
B.C.4C		BC④		○				○					△					△			○			○
	鉄	IC①	中国	△											△			△			○			○
		IC②	朝鮮半島	○									△					△			○			○
		IC③		○									△					△			○			○
		IC④	日本	○			△			△					○					○				○
		IC⑤		○			△											△		○				○
		IC⑥		○				○			○							○		○				○
		IC⑦			○			△						△				△		○				○
		IC⑧		○			△							△				△			○			○
		IC⑨		○			△							△				△			○			○
A.D.5C		IC⑩			○		△							△				△			○			○

〈1〉青銅製の鑿

青銅製の鑿は、紀元前17世紀から11世紀頃に使われていた実物が、中国で出土している。

機能部分の穂先平面形状は、いずれも無肩である。刃先平面形状は、直刃のもの（E・BC①）と曲刃のもの（E・BC②〜④）とが見られる。刃部縦断面形状は、両刃のもの（E・BC①、④）と片刃のもの（E・BC②）とがある。

保持部分は、穂部分と同一材質（全青銅製）と推定されるもの（E・BC①、②）と、木柄などを用いたと考えられるもの（E・BC③、④）とがある。

そして接合部分の形式は、茎式のもの（E・BC①、②）と袋式のもの（E・BC③、④）とのいずれもが使われていた。

〈2〉鉄製の鑿

鉄製の鑿は、紀元前4世紀から紀元後5世紀頃までに使われていたものが、中国、朝鮮半島、日本から出土している。

機能部分の刃先平面形状は、無肩のもの（E・IC①〜⑥、⑧、⑨）と有肩のもの（E・IC⑦、⑩）とが見られる。刃先平面形状は、直刃のもの（E・IC④）と曲刃のもの（E・IC⑥）とが確認できる。刃部縦断面形状は、両刃のもの（E・IC②、③、⑦〜⑩）と片刃のもの（E・IC①、④）とが使われていた。

保持部分は、ほとんどが木柄であったと推定される。

そして接合部分の形式は、茎式のもの（E・IC④〜⑦）と袋式のもの（E・IC①〜③、⑧〜⑨）とのいずれもが見られる。茎式の場合、マチがあるもの（E・IC⑤、⑥）とマチがないか欠損しているもの（E・IC④、⑦）とがある。袋式の場合、袋部横断面形状が方形のもの（E・IC①）、円形のもの（E・IC⑧、⑩）、長円形のもの（E・IC⑨）などが使われていた。なお、鉄製の鑿の柄部分に補強用の鐶が装着されていたかどうかについては、不明である。

4.3　鑿の基本形式と構造の比較

ユーラシア大陸の西と東いずれにおいても、うがつ道具の材質は、石、銅、青銅、鉄の順に変化したと考えられる(39)。

第一に銅製の鑿は、ユーラシア大陸の西・ヨーロッパ文明の源流のひとつであるエジプトにおいて、紀元前3000年頃以降のものが出土している。接合部分の形式は茎式で、袋式のものは現在のところ未確認である。紀元前2500年頃以降の絵画資料に描かれた鑿は、いずれも木柄などを装着していることから、銅製の茎部分を直接叩くことはあまりなかったと推定される。また刃先正面形状が曲刃のものも未確認で、袋式接合部のものが未確認であることも考えあわせると、銅の強度上の問題が主たる要因であったと考えられる。

第二に青銅製の鑿は、ユーラシア大陸の西において紀元前800年頃以降のものが、東において紀元前15世紀頃以降のものが、それぞれ出土している。接合部分の形式は、西と東いずれにおいても、茎式と袋式の両方が使われていた。また、西において、刃先平面形状が曲刃のものも確認できる。

そして第三に鉄製の鑿は、西において紀元前8世紀頃以降のものが、東において紀元前5世紀頃以降のものが、それぞれ出土している。接合部分の形式は、西と東いずれにおいても、茎式と袋式の両方が使われていた。西における紀元前1世紀頃以降の絵画資料と、東における紀元後2世紀頃の絵画資料に、保持部分が木柄と思われる鑿を槌で叩いている様子が描かれている。また、西における出土資料に、柄の破損を防ぐための鏆が伴出している。西と東いずれにおいても、鉄製の鑿は木柄を装着して使ったと考えられるが、硬木を多く加工した西において、補強用の鏆を古くから装着したと推定される。

第5節　うがつ道具としての鑿と錐

5.1　もうひとつのうがつ道具

うがつ道具である鑿と錐は、いずれも機能部分と保持部分、その両者を結びつける接合部分といった構成要素から成り立っている（図3-31）。

錐の機能部分は、穂先刃部平面形状が直刃、曲刃、凸刃、複合刃などに、穂先刃部正面形状が直刃、曲刃、三角形、四角形、複合形などに、それぞれ分類できる（図3-32）。

錐の保持部分には、直柄形式、曲柄形式、複合（弓）形式、複合（舞）形式などの種類がある。

錐の接合部分は、穂部分と同軸方向に直柄を装着する形式が茎式と袋式に、穂部分と直交方向に直柄を装着する形式が茎式と鏆式に、それぞれ分類される。

そして錐の回転方向は、単方向回転と双方向回転に大別できる。

以上を整理し、次の略号を付しておく。

□錐の機能部分

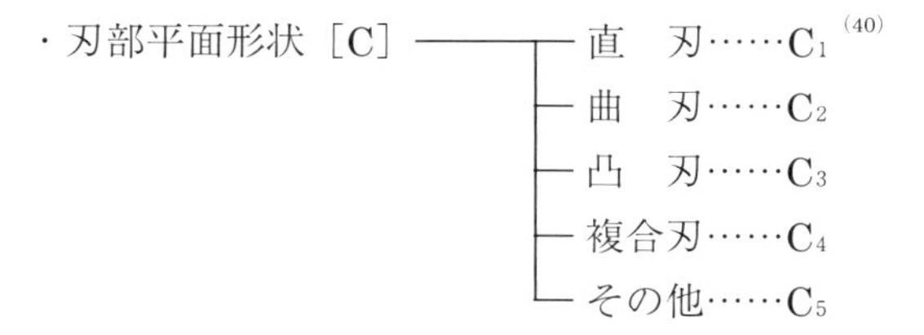

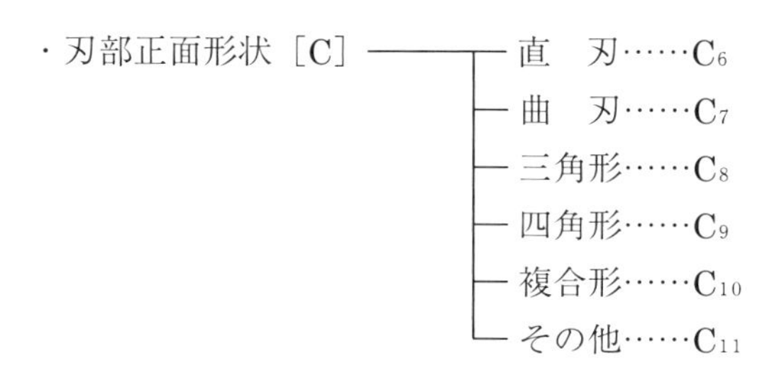

□錐の保持部分［H］
- 直柄形式…………H_1[41]
- 曲柄形式…………H_2
- 複合（弓）形式…H_3
- 複合（舞）形式…H_4
- その他……………H_5

□錐の接合部分
・接合部分の形式［J］
- 直柄同軸（茎）形式…J_1[42]
- 直柄同軸（袋）形式…J_2
- 直柄直交（茎）形式…J_3
- 直柄直交（鏍）形式…J_4
- その他…………………J_5

□錐の作用方向
・回転方向［U］
- 単方向回転……U_1[43]
- 双方向回転……U_2
- その他…………U_3

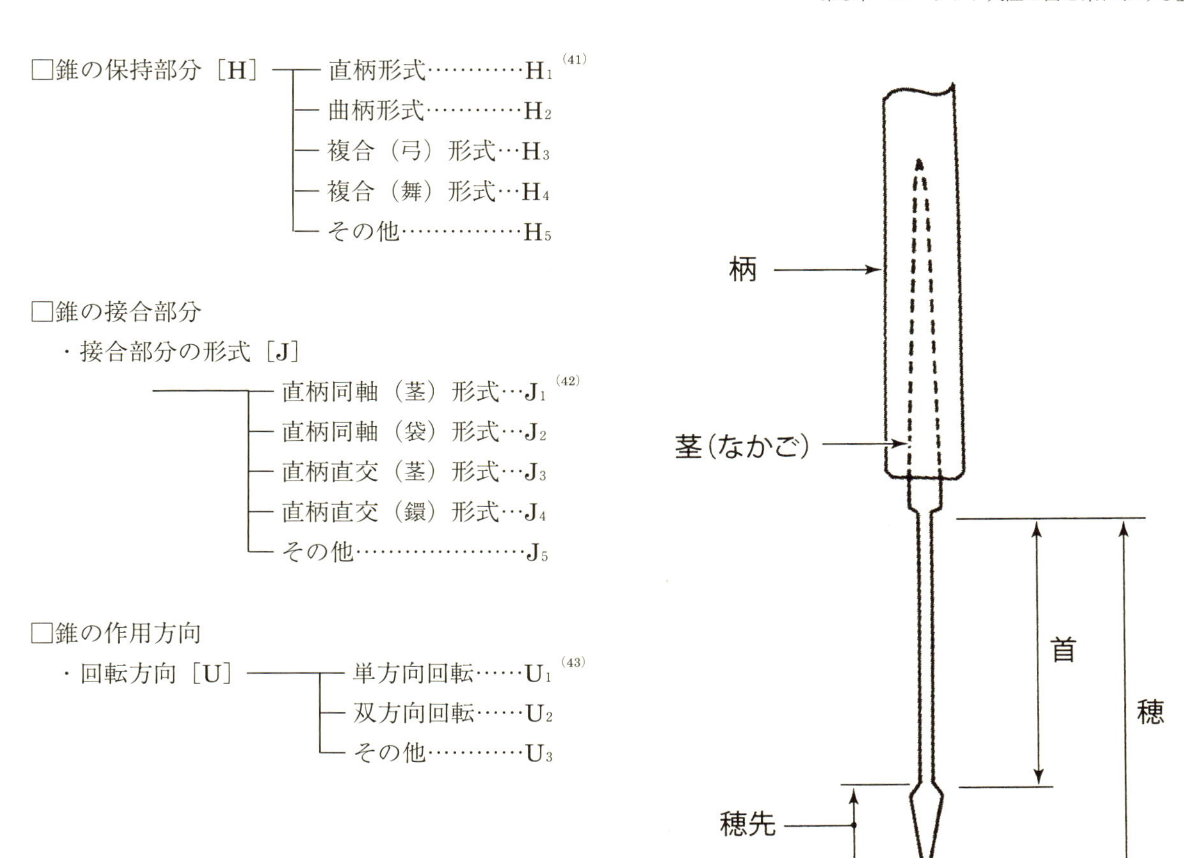

図3-31　錐の基本形式

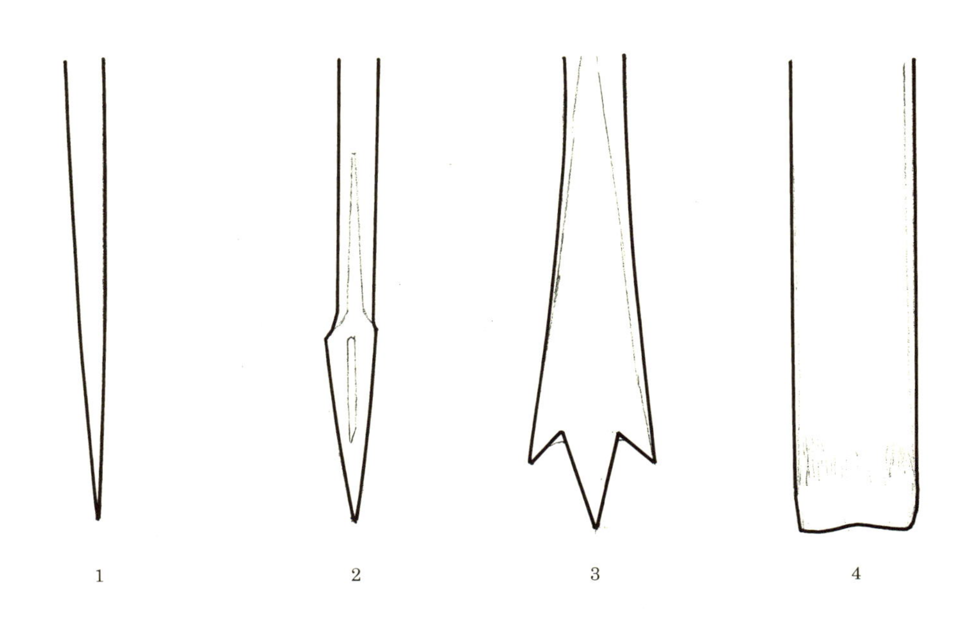

図3-32　錐の刃部形状
1. ヨホウ錐、2. ミツメ錐、3. ネズミバ錐、4. ツボ錐

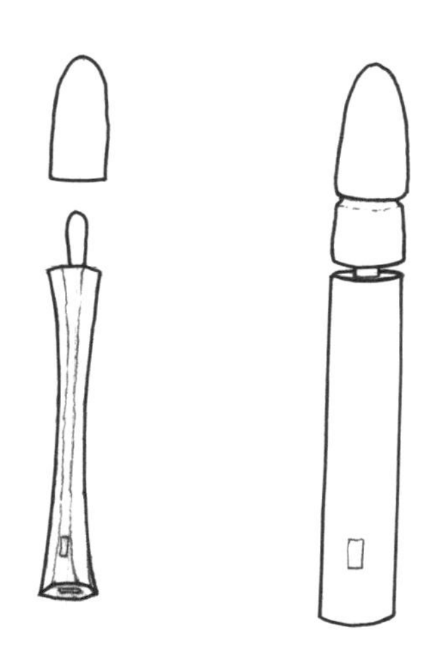

図3-33　エジプトにおける銅製の錐（B.C.1800 ~ 1500年）
［文献B13］史料T72

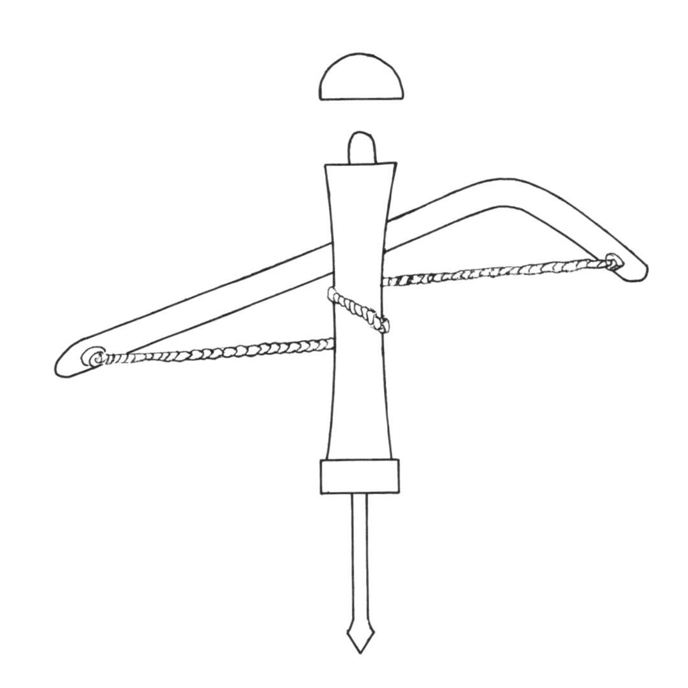

図3-34　エジプトにおける銅製の錐（B.C.1200年頃）
［文献B22］史料T73

図3-35　エジプトにおける錐の使用法（B.C.2500年頃）
［文献B22］史料P12

5.2　ユーラシア大陸の西と東における錐

〈1〉エジプトにおける錐

ユーラシア大陸の西・ヨーロッパ文明の源流のひとつであるエジプトにおいて、複合（弓）形式と推定される錐の柄が出土している。これらの中で、1点は紀元前1800年頃（第12王朝）に（W・CD[44]①)、もう1点は紀元前1500年頃（第18王朝）に（W・CD②)、それぞれ使われたと考えられる[45]（図3-33)。

また、銅製の穂部分を複合（弓）形式の柄に装着した、紀元前1200年頃の錐（W・CD③）が発見されている（図3-34)。この錐は、石英砂などの研磨剤とともに使用したと推定される[46]。

当時の銅製錐の使用法については、紀元前2500年頃のエジプトの壁画に1人の工人が中腰で複合（弓）形式の錐を使用している様子（図3-35）が[47]、紀元前1500年頃のエジプトの壁画に2人の工人が立位で複合（弓）形式の錐を使っている様子（図3-36）と、1人の工人が腰かけた姿勢で複合（弓）形式の錐を使用している様子（図3-37）が[48]、それぞれ描かれている。これらのいずれもが、錐を作用させる対象は机や家具などで、建築構造材ではない。

ユーラシア大陸の西・ヨーロッパ文明の源流のひとつであるエジプト（テーベ）において、紀元前8

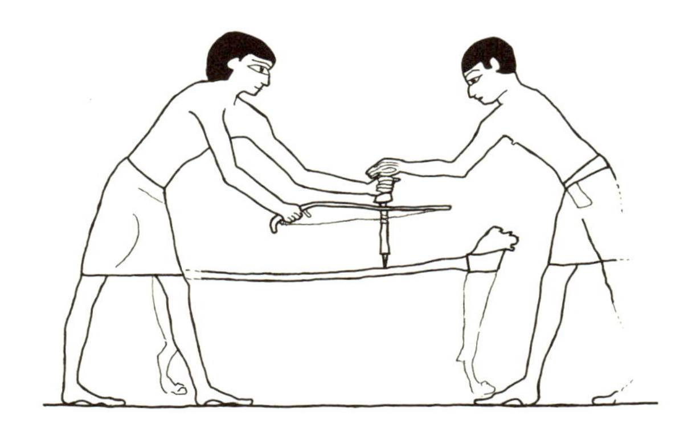

図3-36　エジプトにおける錐の使用法（B.C.1500年頃）
［文献B30］史料P13

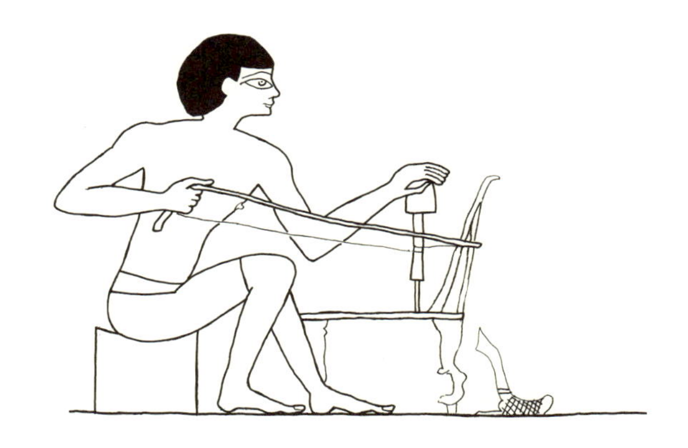

図3-37　エジプトにおける錐の使用法（B.C.1500年頃）
［文献B30］史料P13

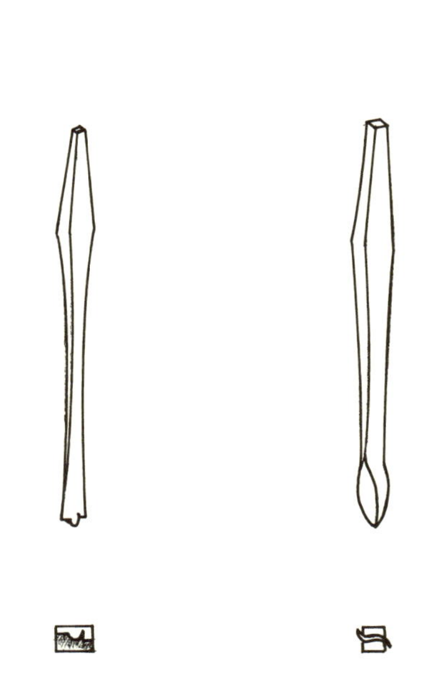

図3-38　エジプトにおける鉄製の錐（B.C.8世紀頃）
［文献B23］史料T74

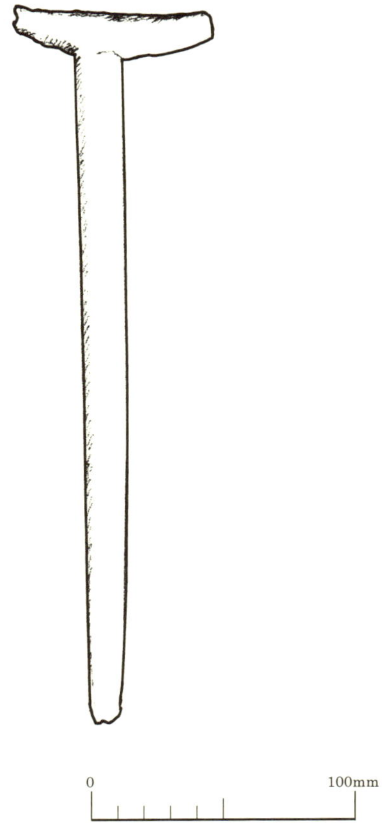

図3-39　エジプトにおける鉄製の錐（B.C.6世紀頃）
［文献B13］史料T75

世紀頃のアッシリア製の鉄製錐（W・ID[49]①、②）が出土している[50]（図3-38）。この内の1点の刃部は、中心軸をめぐる削器のような形状（W・ID①）で、他の1点の刃部（正面）はS字形状（W・ID②）である。いずれも刃部形状から判断して、一方向に回転させて使ったと考えられ、双方向回転の複合（弓）形式とは異なる形状の柄を装着していたと推定される。

また、同じエジプトにおいて、紀元前6世紀頃の鉄製の錐（W・ID③）が発見されている[51]（図3-39）。この錐は穂先部分が欠損しているため刃部の形状が不明であるが、柄部分は穂部分の軸線と直交させて取り付けた形式である。これは、後世のオーガー（Auger）と同じ形式と考えられる。

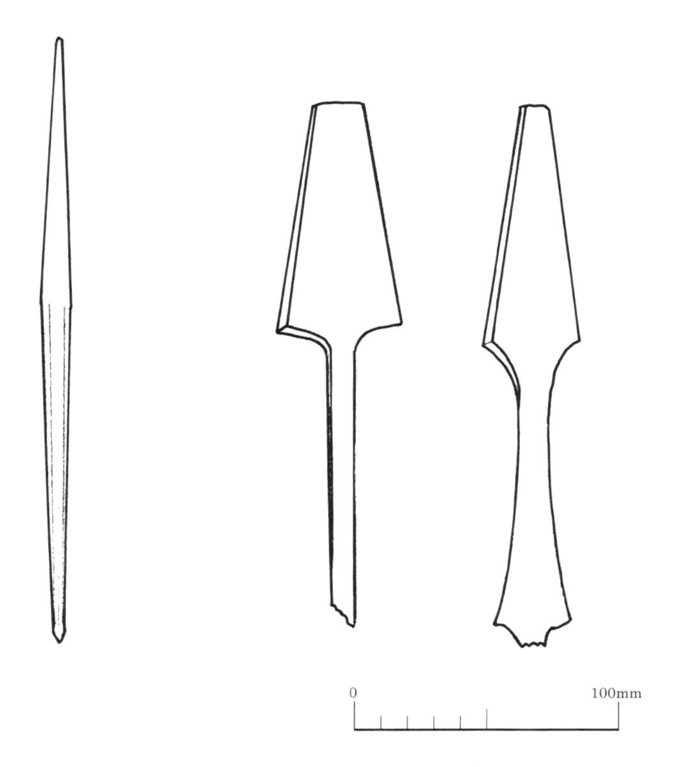

図3-40　ポンペイにおける鉄製の錐（B.C.1世紀）
［文献B13］史料T76

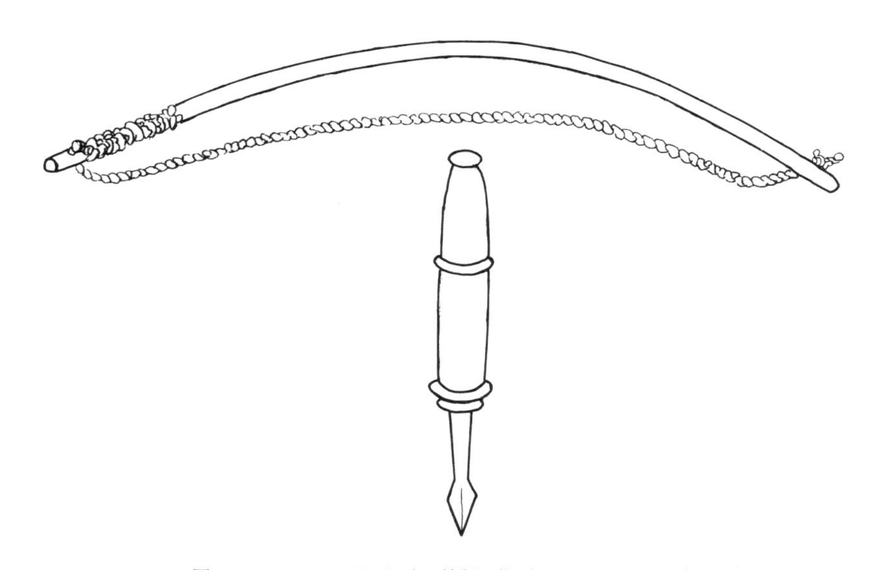

図3-41　ヨーロッパにおける鉄製の錐（B.C.3～A.D.4世紀）
［文献B23］史料T77

〈2〉古代ローマにおける錐

ローマ時代のポンペイからも、鉄製の錐（W・ID④～⑥）が出土している[52]（図3-40）。これらの内、1点は後世の四方錐に類似した形状（W・ID④）、他の2点は茎部分が幅広につくられた形状であるが、刃部が欠損している（W・ID⑤、⑥）。

同じくローマ時代の遺跡より、複合（弓）形式の鉄製錐（W・ID⑦）と、穂先刃部横断面が曲刃形状

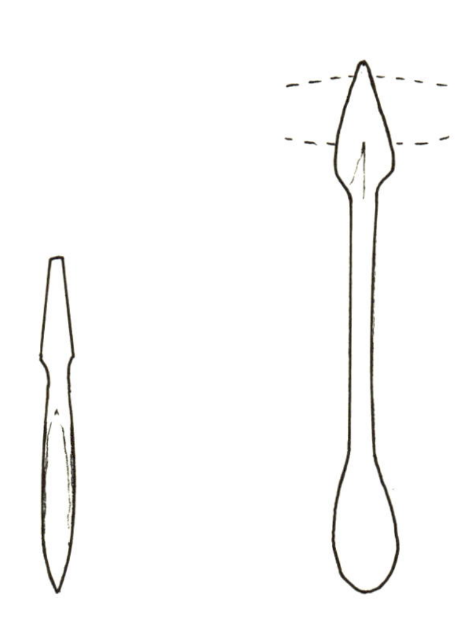

図3-42　ヨーロッパにおける鉄製の錐（B.C.3～A.D.4世紀）
［文献B23］史料T78

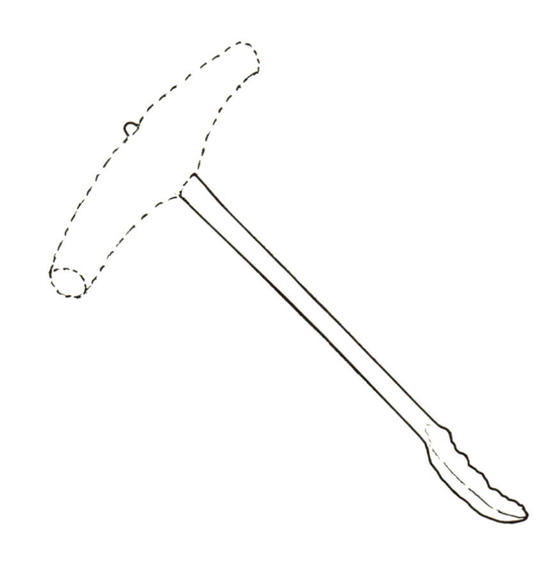

図3-43　スイスにおける鉄製の錐（B.C.3～A.D.4世紀）
［文献E2］史料T79

図3-44　ヨーロッパにおける錐の使用法（B.C.3～A.D.4世紀）
［文献B23］史料P14

の錐（W・ID⑧、⑨）が発見されている[53]（図3-41、3-42）。

そしてローマ時代のスイスの遺跡から、後世のオーガーと同じ形状の鉄製錐（W・ID⑩）が出土している[54]（図3-43）。この穂先刃部横断面は、半円形に近い形状である。

鉄製錐の使用法については、紀元後1世紀頃のガラスに、1人の工人が立位で複合（弓）形式の錐を使っている様子が描かれている[55]（図3-44）。

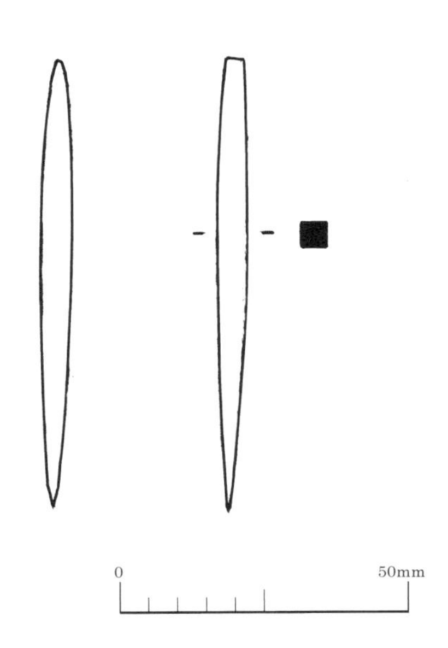

図3-45　中国における銅製の錐（B.C.2300～1900年）
［文献C252］史料T80

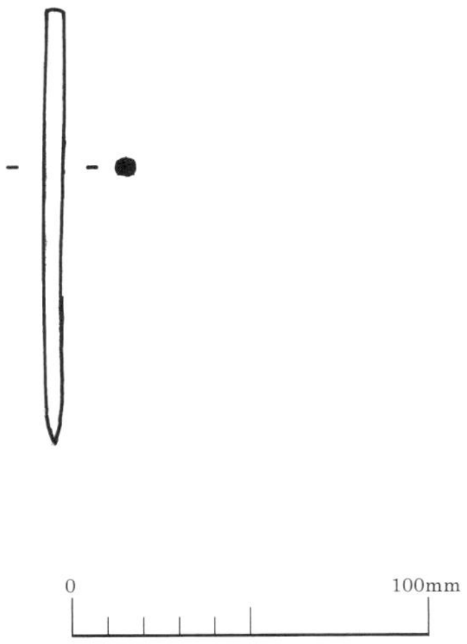

図3-46　中国における青銅製の錐（B.C.17～11世紀）
［文献C252］史料T81

〈3〉殷代・周代における錐

ユーラシア大陸の東・中国における紀元前2300年頃（竜山文化）の遺跡から、銅製の錐（E・CD[56]①）が出土している[57]（図3-45）。この錐の刃先は凸刃で穂部分横断面は方形である。

同じく中国の殷代の遺跡から、青銅製の錐（E・BD[58]①）が発見されている。この錐の刃先は凸刃で、穂部分横断面は円形である[59]（図3-46）。

〈4〉秦代・漢代における錐

ユーラシア大陸の東・中国における河北省の遺跡から、紀元前3世紀頃（戦国時代晩期）の鉄製の錐が出土している[60]。1点は長さ170m/mで後世の四方錐に類似した形状のもの（E・ID[61]①）、別の1点は長さ143m/mで茎部分の端部が環状に折り曲げられたもの（E・ID②）、そして1点は長さ136m/mで茎部分が幅広の板状につくられたもの（E・ID③）である（図3-47）。これら3点とも、茎部分と穂部分の区分は不明瞭である。

また、日本における5世紀（古墳時代）の遺跡から、長さ180m/m（E・ID④）、長さ170m/m（E・ID⑤）、長さ125m/m（E・ID⑥）の鉄製錐が発見されている[62]（図3-48）。これら3点とも茎部分は板形状、穂部分横断面は方形で、茎と穂との区分が明瞭である。さらに、穂部分に捩りをほどこしているものがあることも注目される。

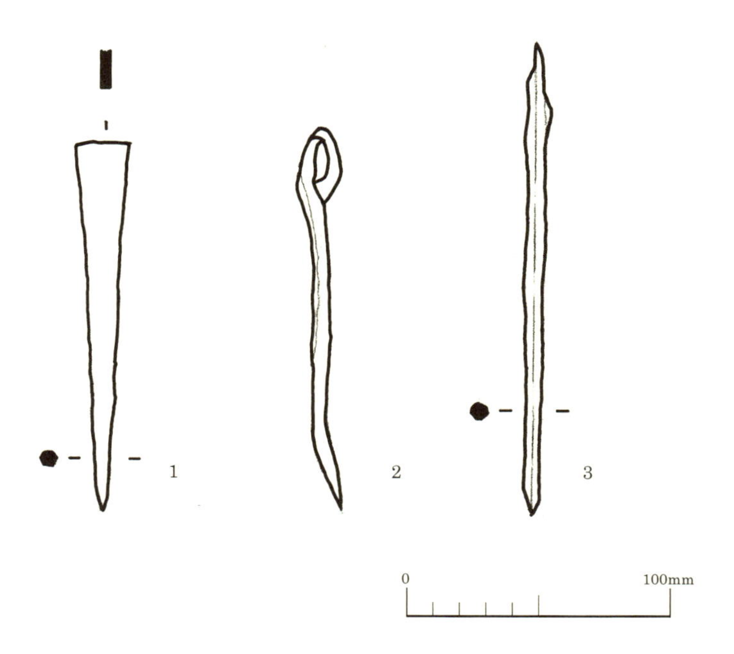

図3-47　中国における鉄製の錐（B.C.3世紀頃）
［文献C128］史料T82

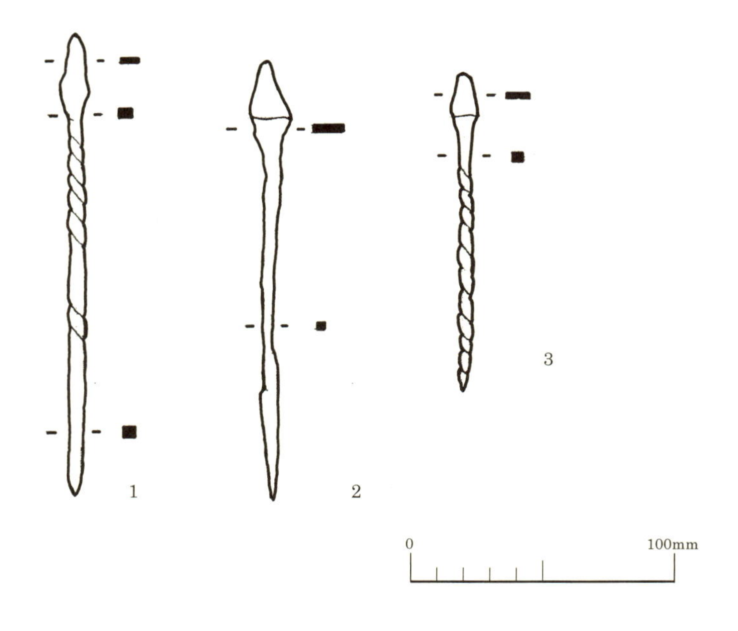

図3-48　日本における鉄製の錐（A.D.5世紀）
［文献C211］史料T83

5.3　西の大型錐と東の小型錐

〈1〉ユーラシア大陸の西における錐

ユーラシア大陸の西における錐として、銅製の錐3点（W・CD①～③）と鉄製の錐10点（W・ID①～⑩）に関する形式や構造を、「表3-4」に整理した。

a. 銅製の錐

銅製の錐は、紀元前1800年から1200年頃にかけての実物が、エジプトで発見されている。

機能部分の刃部平面形状は、凸刃のもの（W・CD③）が確認できる。

保持部分は、木柄と弓とを組み合わせた複合（弓）形式のもの（W・CD①～③）がある。

接合部分は、木柄の軸線方向に茎を装着した直柄同軸（茎）形式のもの（W・CD①～③）が見られる。

そして穂先刃部の機能方向は、いずれも双方向回転であったと考えられる。

b. 鉄製の錐

鉄製の錐は、紀元前8世紀から紀元後4世紀にかけて、エジプト、イタリア、スイスなどで出土している。

機能部分の刃部平面形状は、曲刃のもの（W・ID⑨、⑩）、凸刃のもの（W・ID②、④、⑦、⑧）、凸刃と直刃を組み合わせた複合刃のもの（W・ID①、⑥）などがある。刃部正面形状は、曲刃のもの（W・ID②、⑧～⑩）、三角形のもの（W・ID⑦）、四角形のもの（W・ID④）、複合刃のもの（W・ID①、⑥）などが見られる。

保持部分は、直柄形式と推定されるもの（W・ID③、⑩）と木柄と弓を組み合わせた複合（弓）形式のもの（W・ID⑦）とが使われていた。接合部分は、木柄の軸線方向に茎を装着した直柄同軸（茎）形式のもの（W・ID①、②、④、⑦）と、穂部分の軸線と直交させて直柄を装着した直柄直交（茎）形式と推定されるもの（W・ID③、⑩）とがある。

そして穂先刃部の機能方向は、単方向回転（W・ID①～③、⑧～⑩）と双方向回転のもの（W・ID⑦）とが使われていた。

〈2〉ユーラシア大陸の東における錐

ユーラシア大陸の東における錐として、銅製の錐1点（E・CD①）、青銅製の錐1点（E・BD①）、そして鉄製の錐6点（E・ID①～⑥）に関する形式や構造を、「表3-5」に整理した。

a. 銅製の錐

銅製の錐は、紀元前2300年から1900年頃のもの（E・CD①）が中国の遺跡から出土している。

機能部分の刃部平面形状は凸刃、刃部正面形状は四角形である。保持部分、接合部分、機能方向は不明であるが、直柄同軸（茎）形式で双方向回転であった可能性が考えられる。

b. 青銅製の錐

青銅製の錐は、紀元前17世紀から11世紀頃（殷代）のもの（E・BD①）が、中国で発見されている。

機能部分の刃部平面形状は凸刃、刃部正面形状は円形である。この穂先部分の形状から、加工対象は木ではなく、皮革などであったかもしれない。

c. 鉄製の錐

鉄製の錐は、紀元前4世紀から紀元後5世紀頃にかけて使われていたものが、中国（E・ID①～③）と日本（E・ID④～⑥）で出土している。

機能部分の刃部平面形状はいずれも凸刃（E・ID①～⑥）、刃部正面形状は四角形のもの（E・ID①、④～⑥）が確認できる。

保持部分と接合部分は不明であるが、茎部分の形状から、直柄同軸（茎）形式（E・ID①、④～⑥）、直柄直交（茎）形式（E・ID③）、直柄直交（鐶）形式（E・ID②）、とそれぞれ推定される。

そして穂先刃部の機能方向は、直柄同軸形式（E・ID①、④～⑥）が双方向回転、直柄直交形式（E・ID②、③）が単方向回転であったと考えられる。

表 3-4　ユーラシア大陸の西における錐

時代＼錐	資料番号		出土地	機能部分											保持部分					接合部分					機能方向		
				刃部平面形状					刃部正面形状						形状					形式					回転方向		
	材質	番号	(国名など)	C1	C2	C3	C4	C5	C6	C7	C8	C9	C10	C11	H1	H2	H3	H4	H5	J1	J2	J3	J4	J5	U1	U2	U3
B.C. 1800年	銅	CD ①	エジプト														○			○						○	
	銅	CD ②	エジプト														○			○						○	
B.C.8C	銅	CD ③	エジプト			○											○			○						○	
	鉄	ID ①	エジプト (テーベ)				○						○							△					△		
	鉄	ID ②	エジプト (テーベ)			○				○										△					○		
	鉄	ID ③	エジプト												△							△			△		
B.C.3C	鉄	ID ④	イタリア (ポンペイ)			○						△								△							
	鉄	ID ⑤	イタリア (ポンペイ)																								
	鉄	ID ⑥	イタリア (ポンペイ)				△						△														
	鉄	ID ⑦	イタリア			○					△						○			○						○	
	鉄	ID ⑧	イタリア			○				△															△		
	鉄	ID ⑨	イタリア		○					○															△		
A.D.4C	鉄	ID ⑩	スイス		○					○					△							○			○		

表 3-5　ユーラシア大陸の東における錐

時代＼錐	資料番号		出土地	機能部分											保持部分					接合部分					機能方向		
				刃部平面形状					刃部正面形状						形状					形式					回転方向		
	材質	番号	(国名など)	C1	C2	C3	C4	C5	C6	C7	C8	C9	C10	C11	H1	H2	H3	H4	H5	J1	J2	J3	J4	J5	U1	U2	U3
B.C. 2300年	銅	CD ①	中国			○						△			△					△						△	
B.C.4C	青銅	BD ①	中国			○								△	△					△							
	鉄	ID ①	中国			○						△			△					△						△	
	鉄	ID ②	中国			○						△											△		△		
	鉄	ID ③	中国			○								△								△			△		
	鉄	ID ④	日本			○						○			△					○						△	
	鉄	ID ⑤	日本			○						○			△					○						△	
A.D.5C	鉄	ID ⑥	日本			○						○			△					○						△	

〈3〉建築部材接合法と大型の錐

ユーラシア大陸の西においては、鉄製の大型の錐が、少なくとも約2800年前以降から使われていたと推定される。

錐は鑿とともに穴をうがつ道具であるが、穴の形状は円形と方形の違いがある。また、錐による小さな円形の穴は、多くの場合、鉄製の釘を打つためのガイドとするためにあける。これは、大陸の西と東、共通である。

大陸の西において、大型の錐によってうがたれた大きな円形の穴は、建築部材を接合する木栓を打ち込むためのものである。この用途の大型錐が、古くから使われていたということは、建築部材接合部を木栓によって固める技術が古くから存在していたことを示唆している。

5.4　中世以降のうがつ道具

木の建築をつくる鉄製道具の歴史を研究する上で、ヨーロッパ諸国が分立していた時代に、木と鉄を加工する高い技術をもってそれらの国々を縦横にかけめぐったノルマン人（ヴァイキング）の存在は重要である。また、中国においても、宋代以降、建築技術の体系化がはかられていった。

ユーラシア大陸の西と東における先史時代から古代にかけての道具発達史上の位置付けを考察する上で、10世紀以降のうがつ道具について概観しておく[(63)]。

図3-49　ヨーロッパにおける鑿と錐の使用法（A.D.15世紀）［文献B25］

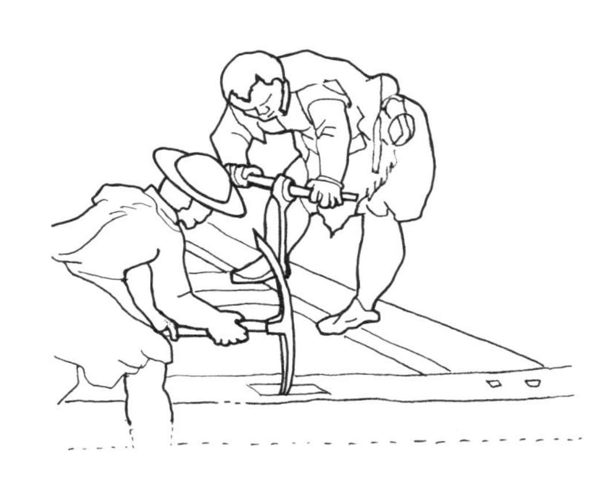

図3-51　ヨーロッパにおけるうがつ道具の使用法（A.D.16世紀）［文献B12］

図3-50　ヨーロッパにおける錐の使用法（A.D.15世紀）［文献B25］

図3-52　ヨーロッパにおけるうがつ道具の使用法（A.D.18世紀）［文献E41］

〈1〉ユーラシア大陸の西

ユーラシア大陸の西・ヨーロッパにおける15世紀の絵画資料に、木造橋脚を加工している場面で、うがつ道具が描かれている[(64)]（図3-49）。盤状の角材にまたがった工人が、鑿の木柄を木製槌で叩こうとしている様子と、組み合わせた盤状の角材に直柄直交（茎）形式の大型の錐で穴をあけている立位の工人を見ることができる。後者の大型の錐の場合、木栓用の穴を加工している様子を描いたものと推定される。

同じく15世紀頃の別の絵画資料にも、立位の工人が直柄直交（茎）形式の大型の錐を用いて、組み合わせた盤状の角材に穴をあけている様子が描かれている[(65)]（図3-50）。その近くの地面上には、曲柄形式の錐も確認できる[(66)]。

その後、16世紀頃の絵画資料には、うがつ道具として直柄直交（茎）形式の錐とともに、ツルハシのような荒加工用の道具（トゥワイビル）を使っている様子が描かれている[(67)]（図3-51）。

また、18世紀頃の絵画資料では、うがつ道具として全鉄製の鑿を木製槌で叩いている様子と、仕上げ切削用のトゥワイビルで木口部分を切削している様子も見ることができる[(68)]（図3-52）。

図3-53　中国における鑿の使用法（A.D.17世紀）
［史料L1］

図3-54　中国における錐の使用法（A.D.17世紀）
［史料L1］

図3-55　日本におけるうがつ道具の使用法（A.D.18世紀）
［史料L2］

〈2〉ユーラシア大陸の東

ユーラシア大陸の東・中国における17世紀の絵画資料には、支持台上の部材に中腰でまたがった工人が、小型斧の頭部（斧身刃部の反対側）で鑿の木柄を叩こうとしている場面が描かれている[69]（図3-53）。

また、同じ17世紀の絵画資料では、中腰で部材にまたがった工人が、複合（舞）形式の錐を使っている様子も見ることができる[70]（図3-54）。

そして日本における18世紀の絵画資料の建築工事場面には、盤状の角材に腰かけた工人が鑿の木柄を木製槌で叩こうとしている様子、坐位姿勢の工人が直柄同軸（茎）形式の小型錐（手もみ錐）で板に穴をあけている様子、片膝立て坐位の工人が縁板に鉄製槌で釘を打とうとしている様子、などが描かれている[71]（図3-55）。

5.5　錐の基本形式と構造の比較

ユーラシア大陸の西と東いずれにおいても、錐の材質は、石、銅、青銅、鉄の順に変化したと考えられる。

第一に銅製の錐は、ユーラシア大陸の西において紀元前1800年頃以降のものが、東において紀元前2300年頃以降のものが、それぞれ発見されている。西においては、紀元前2500年頃以降の絵画資料に、複合（弓）形式の錐の使用場面が描かれている。西における銅製の錐は、複合（弓）形式の保持部分を構成する直柄に、穂部分を茎式で装着して使用していたと考えられる。穂先刃部の機能方向は、双方向回転であったと推定される。東における銅製の錐の保持部分は不明であるが、西と同様であった可能性も否定できない。

第二に青銅製の錐は、ユーラシア大陸の東において、紀元前17世紀頃以降のものが発見されている。この錐は茎式であるが、穂部分の断面が円形であることから、加工対象が木材よりも軟らかい材質のもの（例えば皮革など）であった可能性が考えられる。

そして第三に鉄製の錐は、西において紀元前8世紀頃以降のものが、東において紀元前3世紀頃以降のものが、それぞれ発見されている。西における紀元後1世紀頃の絵画資料に、保持部分が複合（弓）形式の錐を使っている様子が描かれている。この場合、穂部分と柄部分の接合は、直柄同軸（茎）形式となる。また、西における出土資料の中に、穂部分の軸線と直交させて柄を装着したと推定される大型の鉄製錐が見られる。この直柄直交（茎）形式の錐の場合、穂先刃部の機能方向は単方向回転であったと考えられる。西においては、保持部分が複合（弓）形式で双方向回転の錐と、直柄直交（茎）形式で単方向回転の錐の両方が使われていたと推定される。東における出土資料は、小型のものが多いが、接合部の形式としては直柄同軸（茎）形式と直柄直交（茎）形式の両方が存在していた可能性がある。その場合、穂先刃部の機能方向は、双方向回転と単方向回転の両方であったと考えられる。東において複合（弓）形式の鉄製錐が使われていたか未確認である[72]。

第6節　木の建築をつくる技術とうがつ道具

ユーラシア大陸の西・ヨーロッパ広葉樹（硬木）文化圏では、大型建築部材に穴をうがつために、ツルハシに似た形状のトゥワイビルを用い、接合材である木栓の穴をあけるために大型の錐（オーガー）を使った。また、硬い建築部材に穴をうがつために全鉄製の大型鑿を用い、接合部の仕上げ切削に、両手で推して使うトゥワイビルを用いた。

一方、ユーラシア大陸の東・中国や日本においては、針葉樹（軟木）の垂直材（柱）に穴をあけ、水平材（貫）を幾通りも接合させ、クサビの摩擦力によって固定する構造の建築が多くつくられてきた。この構造の場合、木栓穴をあける大型の錐を使う必要はなく、鑿だけで接合部の穴の加工は可能であった。

特に、東端の島・日本においては、この構造の木の建築を発達させてきた。クサビの摩擦力で固定する接合部は、精巧な加工が必要で、地鉄に鋼を鍛接させた鑿の切れ味が重要となった。15世紀から16世紀にかけて、茎式で片刃の鑿が普及、使用されるようになった背景として、そうしたことが考えられる。

高い精度で正確な加工を行うためには、片刃鑿の刃裏が平滑に研がれていなければならない。次の段階の工夫が、刃裏にウラスキをほどこし、研ぎの精度と効率を向上させることであった。現在のところ、19世紀初めまでの実物資料には、ウラスキが確認できていない。18世紀後半から19世紀初めにかけて、鑿を叩く槌が木製から鉄製に移行したことも、加工の精度と効率を向上させるための動きと関連しており、ウラスキの工夫もこの動きの中でなされたものと推定される。その時期は、19世紀中ころから後半にかけてと考えられる。

第7節　小　結

ユーラシア大陸の西と東におけるうがつ道具の歴史を調査した結果、次の内容が明らかとなった。

(1) ユーラシア大陸の西と東いずれにおいても、うがつ道具の材質は、銅、青銅、鉄の順に変化したと考えられる。

(2) 銅製の錐は、西において約3800年前以降の実物が出土し、約4500年前以降の絵画に描かれ、ユーラシア大陸の東・中国において約4300年前以降の実物が出土している。西における鉄製錐の基本形式は複合（弓）形式で双方向回転、東における形式は不明である。

(3) 青銅製の錐は、東において約3700年前以降の実物が出土している。

(4) 鉄製の錐は、西において約2800年前以降の実物が出土し、約2000年前以降の絵画に描かれ、東において約2300年前以降の実物が出土している。西においては複合（弓）形式の錐や直柄直交（茎）形式の大型錐が使われ、東における錐の形式は不明である。

(5) ユーラシア大陸の西における10世紀以降のうがつ道具としては、鑿、直柄直交（茎）形式の大型錐、曲柄（二曲）形式の錐、トゥワイビルなどが使われていた。

東における10世紀以降のうがつ道具としては、鑿、複合（舞）形式の錐、直柄同軸（茎）形式の小型錐などが使われていた。

(6) ユーラシア大陸の西における先史・古代のうがつ道具としては、茎形式の銅製鑿、茎式・袋式両形式の青銅製鑿と鉄製鑿、複合（弓）形式の銅製錐、直柄同軸（茎）形式の大型鉄製錐と小型鉄製錐、直柄同軸（茎）形式の小型鉄製錐などが使われていた。曲柄（二曲）形式の錐は、中世以降に出現したと推定される。

東における先史・古代のうがつ道具としては、茎式・袋式両形式の青銅製鑿と鉄製鑿、直柄同軸（茎）形式の小型銅製錐と小型鉄製錐、直柄直交（茎）形式の鉄製錐などが使われていた。複合（舞）形式の錐は、中世以降に出現したと推定される(73)。

(7) 中世以降のうがつ道具としては、ユーラシア大陸の西における15世紀以降の絵画資料に、鑿、直柄直交（茎）形式の大型錐、曲柄（二曲）形式の錐、トゥワイビルなどが描かれている。大陸の東における17世紀以降の絵画資料には、鑿、複合（舞）形式の錐、直柄同軸（茎）形式の小型錐、などの使用場面が描かれている。

註

(1) 穂部分（Blade）の頭文字。
(2) 刃部（Cutting Edge）の“E”。
(3) 刃部（Cutting Edge）の“C”。
(4) 柄部分（Handle）の頭文字。
(5) 接合部分（Joint）の頭文字。
(6) 補強用の鐶（Ring）の頭文字。
(7) ユーラシア大陸の西（West）における銅製（Copper）の鑿（Chisel）を、“W・CC”と略称し、実物資料の番号として①、②、を順次付与しておく。
(8) 参考文献（B13）（B21）
(9) 参考文献（B22）
(10) 参考文献（B22）（B30）
(11) ユーラシア大陸の西における青銅製（Bronze）の鑿を“W・BC”と略称しておく。
(12) 参考文献（B21）
(13) ユーラシア大陸の西における鉄製（Iron）の鑿を“W・IC”と略称しておく。

(14) 参考文献（B23）
(15) 参考文献（B13）
(16) 参考文献（B4）。なお、茎式で全鉄製の鑿は、加工対象が木ではなく石の可能性も考えられる。
(17) 参考文献（B23）
(18) この絵画からは、鑿や椥の形状が判別できない。
(19) 参考文献（B23）
(20) 参考文献（E41）
(21) ユーラシア大陸の東（East）における青銅製の鑿を、“E・BC”と略称しておく。
(22) 参考文献（C252）
(23) 参考文献（C218）
(24) 参考文献（C218）
(25) 参考文献（C218）
(26) ユーラシア大陸の東における鉄製の鑿を、“E・IC”と略称しておく。
(27) 参考文献（C128）
(28) 参考文献（C266）
(29) 参考文献（C128）
(30) 参考文献（C152）
(31) 参考文献（C211）
(32) 参考文献（E33）
(33) 参考文献（C152）
(34) 参考文献（E33）
(35) 参考文献（E33）
(36) 参考文献（C152）（C211）
(37) 参考文献（C25）
(38) 参考文献（C289）
(39) ユーラシア大陸の西と東という広い範囲で見た場合の変化を意味している。限られた地域では、銅製や青銅製の段階を経ないで、鉄製の鑿を使いはじめたケースも考えられる。
(40) 註3-1に同じ。
(41) 註3-2に同じ。
(42) 註3-3に同じ。
(43) 作用（Use）の頭文字。
(44) ユーラシア大陸の西における銅製の錐（Drill）を、“W・CD”と略称しておく。
(45) 参考文献（B13）
(46) 参考文献（B22）
(47) 参考文献（B22）
(48) 参考文献（B30）
(49) ユーラシア大陸の西における鉄製の錐を、“W・ID”と略称しておく。
(50) 参考文献（B23）
(51) 参考文献（B13）
(52) 参考文献（B13）
(53) 参考文献（B23）
(54) チューリヒのスイス国立博物館に、復元した木製の柄を装着させて展示されている。
(55) 参考文献（B4）（B23）
(56) ユーラシア大陸の東における銅製の錐を、“E・CD”と略称しておく。
(57) 参考文献（C218）
(58) ユーラシア大陸の東における青銅製の錐を、“E・BD”と略称しておく。
(59) 参考文献（C218）
(60) 参考文献（C128）
(61) ユーラシア大陸の東における鉄製の錐を、“E・ID”と略称しておく。
(62) 参考文献（C211）
(63) ユーラシア大陸の西と東において、「古代」「中世」「近世」といった時代区分については諸説あるが、本書では10世紀頃以降を中世、16世紀頃以降を近世、19世紀頃以降を近代と呼称しておく。
(64) 参考文献（B25）
(65) 参考文献（B25）
(66) 曲柄形状の錐は、紀元前8世紀頃のアッシリアで使われていた、とする説がある。参考文献（B25）。この文献に引用されている文献（B13）の該当部分の図版を見ると、後世の曲柄形状と異なり、上方は曲折しているが、下方の曲折はない。後世の曲柄を曲柄（二曲）形式、紀元前8世紀頃の曲柄を曲柄（一曲）形式、とそれぞれ仮称しておく。
(67) 参考文献（B12）
(68) 参考文献（E41）
(69) 史料（L1）
(70) 史料（L1）
(71) 史料（L2）
(72) 紀元後2世紀頃の絵画資料（画像石）に、車製作工人を描いた場面の近くで、二人の工人が向いあって複合（弓）形式の錐らしき道具を使用している様子が描かれている。今後、原資料での確認が必要である。参考文献（C218）
(73) 中世以降も含めて、錐の形式を整理すると、双方向回転が直柄同軸（茎）形式［a］、複合（弓）形式［b］、複合（舞）形式［c］、単方向回転が直柄直交（茎）形式［d］、曲柄（二曲）形式［e］、といった分類ができる。［a］と［b］は、穂部分が銅製の段階から確認できるが、加工の際には研磨剤を併用したと推定される。同じ双方向回転の［c］は、［b］と比較して回転数が増大したため、鉄製でなければ使用に耐えられなかった可能性が考えられる。また、単方向回転の［d］と［e］は、刃部の材質が鉄製となって、刃部を鋭利に研ぐことが可能になった段階で使われはじめたと推定される。

第4章
ユーラシア大陸の西と東における鋸

第1節　鋸の基本形式

1.1　鋸の機能

鋸は、木の建築をつくる工程の中で、伐木、製材、部材加工の、すべての作業に使用する道具である。

木の繊維を切断（横挽）する大型の鋸は伐木用として、木の繊維を挽割（縦挽）する大型の鋸は製材用として、それぞれ使われる。

中型と小型の鋸は、建築現場における部材加工用である。

1.2　鋸の基本構造

鋸は、機能部分と保持部分、その両者を結び付ける接合部分といった構成要素から成り立っている。この構成要素それぞれに関して、いくつかの形式に分類することができる[(1)]。

第一に機能部分は、鋸身の強度によって「鋸身自立形式」（Ⅰ）と「鋸身補強形式」に大別される。鋸身補強形式は、鋸身を部分的に補強した「鋸背補強形式」（Ⅱ）と鋸身全体を緊張させた「枠形式」（Ⅲ）に分けられる（このⅠ、Ⅱ、Ⅲを鋸の基本三形式と仮称しておく）。さらに鋸背補強形式は、鋸背を木や金属で補強した「鞘形式」と金属製の弦で補強した「弦形式」に、枠形式は、木や竹を弓状に曲げて鋸身を取り付けた「弓形式」、枠の中央を支点に縄などを絞ることによって鋸身に張力を与える「中央支柱形式」、枠の両側を固定して中央の鋸身にクサビやネジを用いて張力を与える「両側支柱形式」に、それぞれ分類できる。

第二に保持部分は、直棒形状の［直柄］、曲木形状の「曲柄」、グリップ形状の「握柄」、丁字形状の「撞木柄」、枠そのものを握る「枠柄」、などに分けられる。

そして第三に接合部分は、鋸身の端部を袋状に成形して柄を挿し込む「袋式」、鋸身の端部をのばして柄に挿し込む「茎式」、鋸身の端部に直接鋲留めする「直結式」、鋸身の端部に鋲留めした木製の軸を枠などに装着する「軸式」、鋸身の端部に取り付けたリングを枠などに装着する「鐶式」、鋸身の端部に取り付けた筒に柄を装着する「筒式」、などの種類がある（図4-1）。

以上を整理し、略号を付しておく。

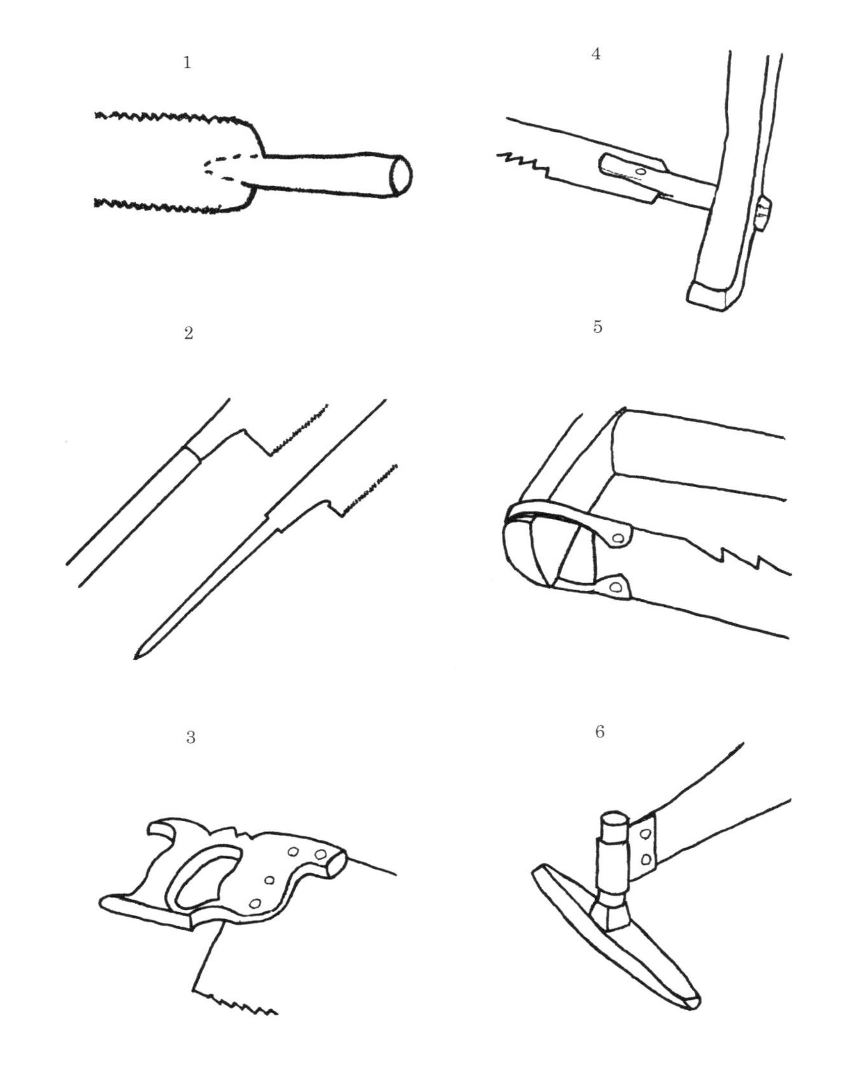

図4-1　鋸身と柄の接合部構造
1.袋式（J_1）、2.茎式（J_2）、3.直結式（J_3）、4.軸式（J_4）、
5.鐶式（J_5）、6.筒式（J_6）

□機能部分［B］[(2)]

- 鋸身自立形式（I）……………………………………B_1
- 鋸身補強形式
  - 鋸背補強形式（Ⅱ）
    - 鞘形式…B_2
    - 弦形式…B_3
  - 枠形式（Ⅲ）
    - 弓形式…………B_4
    - 中央支柱形式…B_5
    - 両側支柱形式…B_6
- その他　…………………………………………B_7

□保持部分［H］[(3)]

- 直　柄　…………………………………………H_1
- 曲　柄　…………………………………………H_2
- 握　柄　…………………………………………H_3
- 撞木柄　…………………………………………H_4
- 枠　柄　…………………………………………H_5
- その他　…………………………………………H_6

□接合部分［J］[(4)]

- 袋　式　…………………………………………J_1
- 茎　式　…………………………………………J_2
- 直結式　…………………………………………J_3
- 軸　式　…………………………………………J_4
- 鐶　式　…………………………………………J_5
- 筒　式　…………………………………………J_6
- その他　…………………………………………J_7

表4-1　日本の近代における鋸の編成

<table>
<tr><th rowspan="2">分類</th><th rowspan="2">名　称</th><th rowspan="2">法　量
(呼称寸法)
[尺・寸分]</th><th rowspan="2">点　数</th><th rowspan="2">摘　要</th><th colspan="3">機　能</th></tr>
<tr><th>縦挽</th><th>横挽</th><th>兼用</th></tr>
<tr><td rowspan="2">造材</td><td>穴挽鋸</td><td>1.50</td><td>1</td><td>部材端部を
荒切断</td><td></td><td>○</td><td></td></tr>
<tr><td>(前挽鋸)</td><td>1.20~1.30</td><td>1</td><td>縦挽製材</td><td>○</td><td></td><td></td></tr>
<tr><td rowspan="14">構造材加工／造作材加工</td><td>挽切鋸</td><td>1.20</td><td>1</td><td>部材加工(横挽)</td><td></td><td>○</td><td></td></tr>
<tr><td>挽割鋸</td><td>1.20</td><td>1</td><td>部材加工(縦挽)</td><td>○</td><td></td><td></td></tr>
<tr><td rowspan="6">両歯鋸</td><td rowspan="2">1.00</td><td rowspan="2">1</td><td rowspan="6">部材加工
(1枚の鋸身に縦挽と
横挽の鋸歯がある)</td><td>○</td><td></td><td></td></tr>
<tr><td></td><td>○</td><td></td></tr>
<tr><td rowspan="2">0.90</td><td rowspan="2">1</td><td>○</td><td></td><td></td></tr>
<tr><td></td><td>○</td><td></td></tr>
<tr><td rowspan="2">0.80</td><td rowspan="2">1</td><td>○</td><td></td><td></td></tr>
<tr><td></td><td>○</td><td></td></tr>
<tr><td rowspan="2">畔挽鋸</td><td rowspan="2">0.30~0.40</td><td rowspan="2">1</td><td rowspan="2">先のあたる部分、
狭い部分の加工</td><td>○</td><td></td><td></td></tr>
<tr><td></td><td>○</td><td></td></tr>
<tr><td>胴付鋸</td><td>0.70~0.90</td><td>1</td><td rowspan="2">精巧な加工</td><td></td><td>○</td><td></td></tr>
<tr><td>押挽鋸</td><td>0.50~0.70</td><td>1</td><td>△</td><td></td><td>△</td></tr>
<tr><td rowspan="2">挽廻鋸</td><td>0.60~0.70</td><td>1</td><td rowspan="2">曲線挽き</td><td></td><td>△</td><td>△</td></tr>
<tr><td>0.50</td><td>1</td><td></td><td>△</td><td>△</td></tr>
</table>

1.3　鋸の種類

大陸東端の島・日本において、手道具による木の建築をつくる技術が、最高の精度に達したといわれる19世紀末から20世紀前半、鋸には次のような種類があった。

立木を伐り倒し、その原木を切断する大型の鋸(手曲鋸あるいは雁頭鋸)と、原木から板材や角材を製材する大型の鋸(前挽鋸)が、2種類2点。

建築部材の構造材加工用として、中型の鋸(挽切鋸、挽割鋸、両歯鋸)が3種類3点。

そして建築部材の造作材加工用として小型の鋸(両歯鋸、畔挽鋸、胴付鋸、押挽鋸、挽廻鋸)が5種類7点、以上合計して、少なくとも10種類17点の鋸が使われていた(表4-1)。

1

2

図4-2　エジプトにおける鋸の使用法（B.C.2500年頃）
［文献B21］史料P15

第2節　ユーラシア大陸の西における鋸

2.1　エジプトにおける鋸

銅製の道具は、約6000年前[(5)]から使われるようになったと考えられている。

約4500年前のエジプトの墳墓壁画[(6)]には、二人の工人が立位と坐位で、銅製の鋸を用いて板材を縦挽きしている様子が描かれている（図4-2）。硬木の板材の場合、石英砂のような研磨剤とともに鋸を使用したと推定されている。

銅製鋸の実物資料としては、約3500年前の大小2点が発見されている[(7)]。

大きな銅製鋸（W・CS[(8)]①）は、木柄に装着したと推定される茎を有し、鋸身長さは約500m/mである。

小さな銅製鋸（W・CS②）は、柄尻部分が湾曲した形状の木柄が装着された状態で出土した。この形状から、この鋸も茎式の装着形式と考えられる。

大小2点の鋸は、いずれも引き使いの鋸歯が刻まれている（図4-3）。

2.2　地中海金属器文化と鋸

青銅製の道具は、約5000年前から使われるようになったと考えられる[(9)]。

第1に地中海のクレタにおいて、約3700年前から3400年前の時期に使われたと推定される青銅製の鋸が発見されている[(10)]。その内の1点（W・BS[(11)]

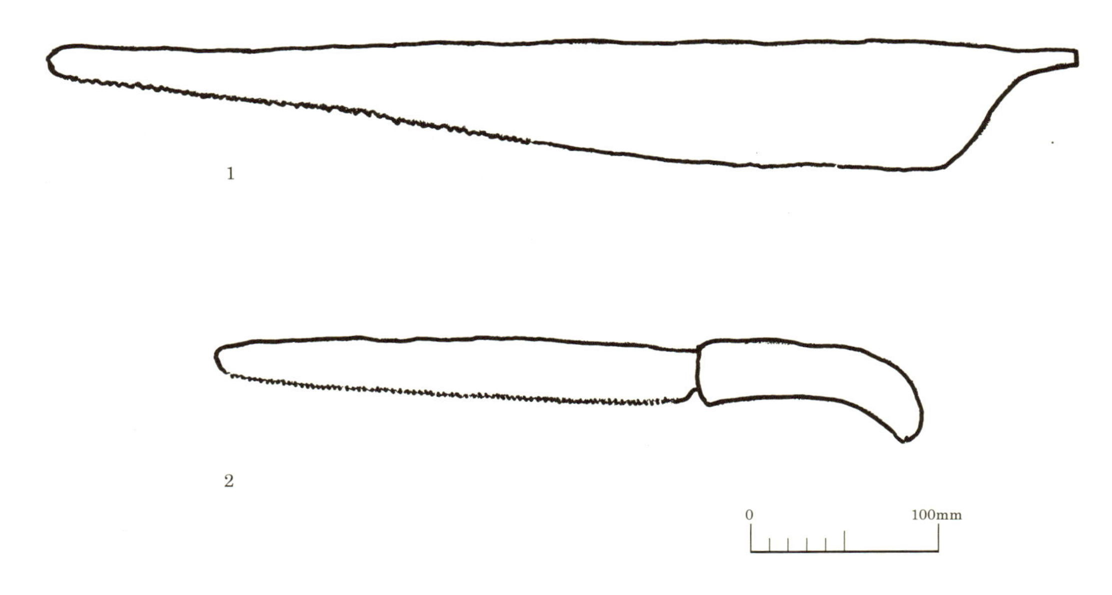

図4-3　エジプトにおける銅製の鋸（B.C.1500年頃）
［文献B4］史料T84

①）は、鋸身長さ約1670m/m（5フィート6インチ）、鋸身幅約130m/m（5インチ）で、一方の端部に約10m/m（3/8インチ）の穴が3個あけられ、他端にも同じ大きさの穴があけられている。この形状から、両端に木柄（枠柄か）を装着し、二人で使用した鋸と推定される。鋸歯は、約25m/m（1インチ）あたり4枚から5枚が刻まれている（目数4枚から5枚）(12)。

同じクレタから、別形状の青銅鋸（W・BS②）も出土している。鋸身長さ約410m/m（16インチ）、一方の端部は角形状で幅約70m/m（2 3/4インチ、中央部の幅が約100m/m（4インチ）、中央部から先端にかけて鋸身幅が徐々にせまくなっている。鋸背部分がほぼ直線形状、歯道部分が外湾形状である。目数（インチ）は10枚から12枚で、小さな鋸歯が不規則に刻まれている。角形状の端部には、木柄を装着したと考えられる3個の穴があけられている。

さらに小型の青銅鋸（W・BS③）が、クレタで出土している。鋸身長さ約25m/m（1インチ）、鋸身幅約19m/m（3/4インチ）、目数（インチ）が20枚である。

第2に、後期青銅器時代のスイスの湖畔集落からも、青銅製の鋸が出土している(13)。その内の1点（W・BS④）は、鋸身長さ約230m/m（9インチ）、鋸身幅約25m/m（1インチ）で、一方の端部に木柄を装着したと考えられる穴が残っている。鋸歯は、穴が残る端部の方向に傾斜していることから、引き使いの鋸であったと推定される。別の1点（W・BS⑤）は、鋸身の両端に穴が残っており、枠あるいは弓を装着して使用したと考えられる。

第3にイギリスの後期青銅器時代（紀元前800年から400年頃）の遺跡からも、青銅鋸が出土している(14)。その内の1点（W・BS⑥）は、鋸身長さ約170m/m（6 1/2インチ、鋸身幅約20m/m（3/4インチ）で、歯道がやや内湾形状となっている。一方の端部にはリング（鐶、破損）が残り、他端には巻き込んだループ（筒）が残っている。柄あるいは枠などが、どのように装着されていたか不明である。

そして第4にロシアにおいても、柄の装着部に

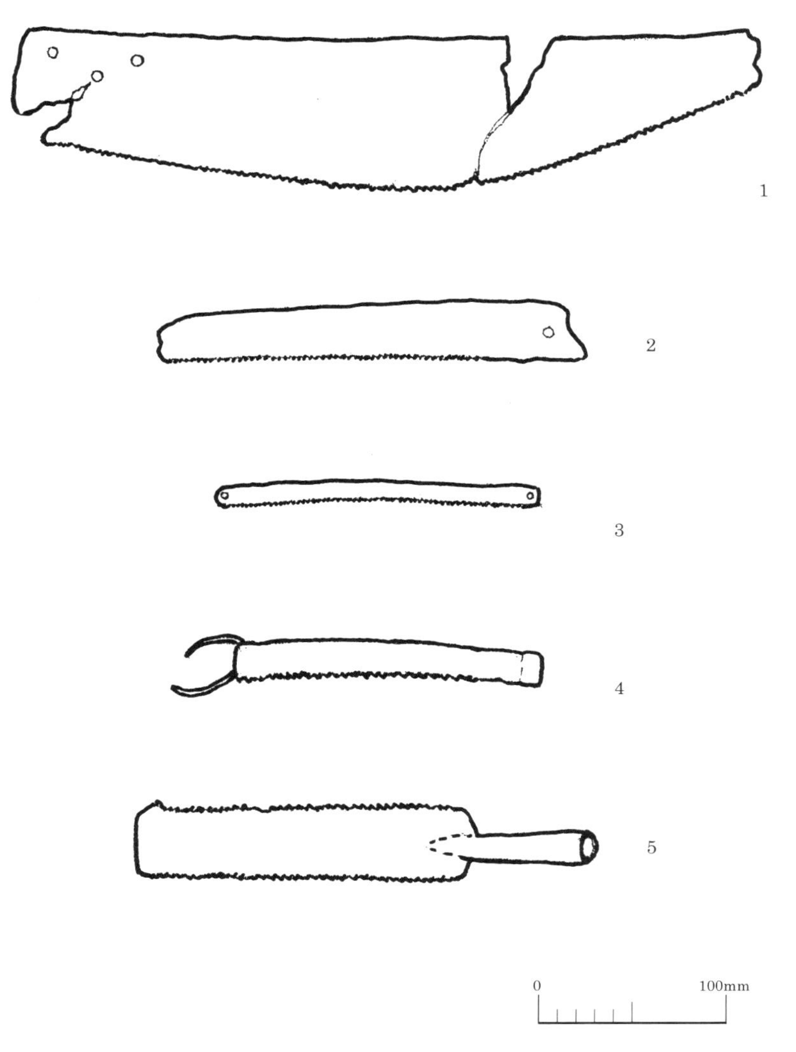

図4-4　ヨーロッパにおける青銅製の鋸（B.C.1700～200年）
［文献B4］史料T85

特徴のある紀元前6世紀から3世紀頃の鋸（W・BS⑦）が発見されている[15]。鋸身長さ約180m/m（7インチ)、鋸身幅約40m/m（1 1/2インチ）の両歯鋸で、柄の装着部が袋状につくられている（図4-4)。

2.3　古代ローマにおける鋸

約3000年前、鉄製の道具が出現したと推定される[16]。

第1に、イギリスにおける紀元前200年頃（後期ラテーヌ文化）の遺跡から、鉄製の鋸（W・IS[17]①）が発見されている[18]。鋸身形状は、歯道が内湾し、鋸背が外湾している。わらび手形状の木柄も残存し、鋸身からのびた茎に、2個のリベットによって固定されている。この鉄製鋸は、鋸歯の傾きから引き使いであったと考えられる。

第2に、同じくイギリスにおける紀元前150年から100年頃（後期鉄器時代）の遺跡からも、同じ形状の鋸（W・IS②）が発見されている[19]。鋸身長さ約270m/m（10 3/4インチ)、鋸身幅約40m/m（1 1/2インチ）である。目数（インチ）は6枚から7

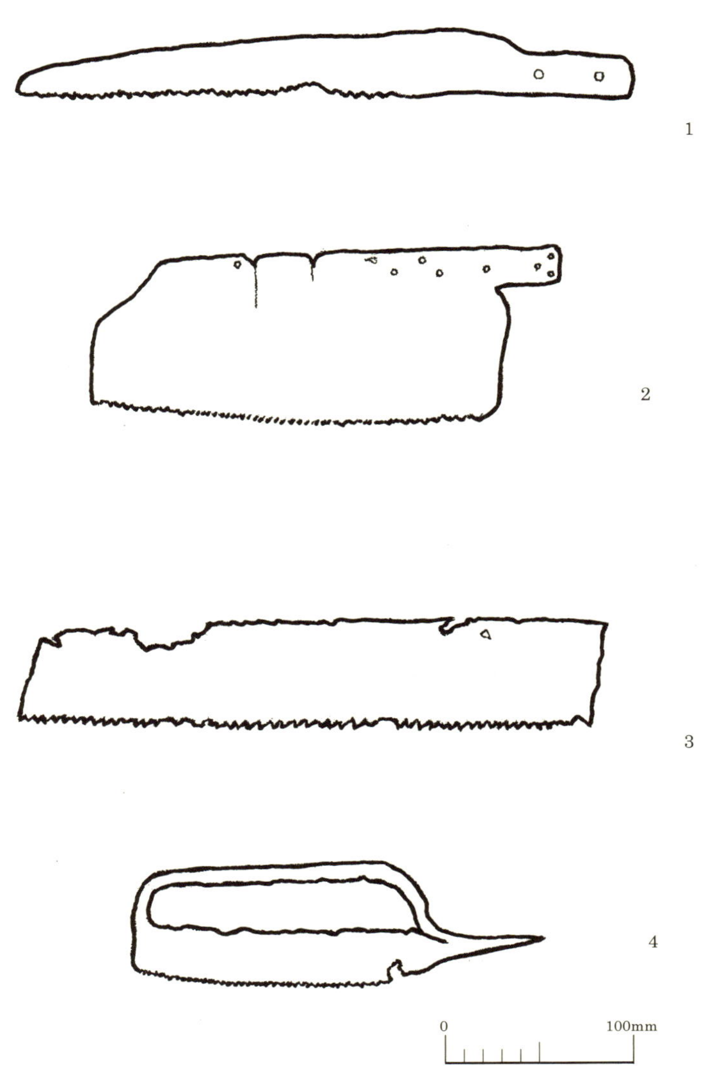

図4-5-1　ヨーロッパにおける鉄製の鋸（B.C.3～A.D.4世紀）
［文献B4］史料T86

枚で、鋸歯はいずれも柄の方向に傾斜していることから、引き使いであったと推定される。

第3に、スイスにおけるローマ時代の遺跡からも、よく似た形状の鉄製鋸（W・IS③）が発見されている[(20)]。ただ、この鋸の歯道は直線形状で、目数（インチ）が7枚から8枚、その鋸歯は柄と反対の方向に傾いている。このことから、この鉄製鋸は推し使いであったと考えられる。鋸身長さは約330m/m（13インチ）である。

第4に、フランスにおけるローマ時代の遺跡から、鋸背部分にリベット穴が残る鉄製の鋸（W・IS④）が発見されている[(21)]。鋸身長さ約220m/m（8 1/2インチ）、鋸身幅約100m/m（4インチ）で、歯道がやや外湾し、鋸歯はこまかく刻まれている。これらの特徴から、鋸背補強形式の鉄製鋸と推定される。

そして第5に、スイスにおけるローマ時代の遺跡から、枠形式と推定される大型鋸の断片（W・IS⑤）が発見されている[(22)]。鋸身断片は、長さ約300m/m（12インチ）、幅約60m/m（2 1/4インチ）で、目数（インチ）は4枚から6枚である。また、同じくスイスの遺跡から、鋸背を鉄製弓で補強した小型の鋸（W・IS⑥）も発見されている[(23)]（図4-5）。

これらの鉄製鋸の使用法を知ることができるローマ時代の図像資料が残されている[(24)]（図4-6）。ひと

図4-5-2　ローマ時代の出土鉄製鋸
［史料T114］

1

2

図4-6　ヨーロッパにおける鋸の使用法（B.C.3～A.D.4世紀）
［文献B4,B22］史料P16

つは、二人の工人が大型の枠鋸（両側支柱形式）を用いて盤状の厚材を縦挽き製材しているもので、鋸歯は下方に傾斜している。いまひとつは、一人の工人が中型の枠鋸（中央支柱形式）を用いて幅広の板材を縦挽き製材しているもので、鋸歯は使用者の方向に傾斜している。

図4-7　フランスにおける鋸の編成（A.D.18世紀）［文献B38］

2.4.　周辺部における鋸

木材の繊維を切断する横挽、木材の繊維を挽割る縦挽、といった機能をもつ鋸は、金属器の時代から使用されはじめた。

大陸の西・ヨーロッパにおいては、16世紀から17世紀にかけて、複雑な曲線を加工することができるフレットソウ（弦掛鋸）や、接合部（ホゾ）の精巧な加工ができるテノンソウ（胴付鋸）などが使われるようになった(25)。

例えば、18世紀のフランスにおける建築工人は、大型で枠形式の縦挽製材用の鋸、中型で枠形式の部材加工用の鋸、そして小型で茎形式の部材加工用の鋸などを使っていた。東端の島・日本の建築工人の道具編成にあった繊細な加工をする鋸は、溝加工用の鋸などが建具工人の道具編成に含まれている(26)（図4-7）。

第3節　ユーラシア大陸の東における鋸

3.1　殷代・周代における鋸

ユーラシア大陸の東における銅製鋸は、約3600年前（二里頭文化）にはすでに存在していたと考えられている。

この時代の遺跡から銅製鋸そのものは発見されていないが、出土した骨器などに残された痕跡から、銅製鋸の使用が推定されている[27]。

約3500年前からはじまる殷代の遺跡から、青銅製の鋸が発見されている。

第1に、中国・河北省の殷代遺跡から、全長147m/mの青銅鋸（E・BS[28]①）が出土している[29]。この鋸は、長さ81m/mの鋸身と茎とで構成され、歯道・鋸背いずれも直線形状である。鋸身の厚さは鋸背部分（厚4m/m）が鋸歯部分（厚1m/m）よりも厚く、鋸歯形状は二等辺三角形である。

第2に、中国・陝西省の殷代遺跡から、全長182m/mの青銅鋸（E・BS②）が発見されている[30]。これも長さ125m/mの鋸身と茎とで構成されているが、歯道と鋸背はいずれも外湾形状（鋸身最大幅47m/m）である。鋸身厚さは均一（厚1m/m）で、鋸歯は欠損のため形状不明である。

そして第3に、中国・河南省の殷代遺跡から、青銅鋸の断片（E・BS③）と小型鋸（E・BS④）が出土している[31]。前者は、長さ76m/m・幅20m/mの鋸身断片で、全体の形状は不明である。断片の両端で鋸身幅が異なり、鋸歯は幅広の方に向かって傾いている。後者は、長さ55m/m・幅7m/mの鋸身の両端にくぼみがあり、この部分に弓形状の補強具などを接合した可能性が考えられる。

約3000年前からはじまる周代（春秋・戦国時代も含む）の遺跡からも、青銅製の鋸が発見されている。

第1に、中国・安徽省の周代（戦国）遺跡から、全長260m/mの青銅鋸（E・BS⑤）が出土している[32]。この鋸は、長さ167m/m・幅30m/mの鋸身と茎で構成され、歯道・鋸背いずれも直線形状である。鋸歯形状は二等辺三角形であるが、同じ歯道の中に大小混合して刻まれている。

第2に、中国・四川省の周代（戦国）遺跡から全長440m/mの青銅鋸（E・BS⑥）が出土している[33]。長さ260m/m・幅40m/mの鋸身は、鋸背部分を木製の鞘で補強され、この鞘は柄と一木でつくられている。鋸身と鞘は、竹紐で結合（3ヶ所）されている。

第3に、中国・河南省の周代（戦国）遺跡から、長さ276m/mの青銅鋸の断片（E・BS⑦）が出土している[34]。鋸身幅（112m/m）が広く、鋸身厚（1m/m）が薄い。鋸歯は、鋸身の両端に刻まれ、一方の側が大きく（大歯）、他方が小さい（小歯）。鋸歯形状は、いずれも二等辺三角形である。

第4に、中国・河南省の別の周代（戦国）遺跡からも、長さ65m/mの青銅製両歯鋸の断片（E・BS⑧）が出土している[35]。鋸身（幅27m/m）は厚く（7m/m）、弾力性がある。鋸歯形状は二等辺三角形で、いずれの側にも、大歯と小歯が混合して刻まれている。

第5に、中国・山西省の周代（戦国）遺跡から、長さ77m/mの青銅製両歯鋸の断片（E・BS⑨）が出土している[36]。鋸歯には大・中・小があり、鋸身（幅35m/m）の一方の側には小歯、他方の側には中歯と大歯が混合して刻まれている。

そして第6に、中国・四川省の周代（戦国）遺跡から、長さ209m/mの青銅鋸の断片（E・BS⑩）が出土している[37]。鋸身（幅23m/m）の一方の端部に角穴があけられていることから、弓あるいは枠で鋸身を緊張させて使用した可能性が考えられる（図4-8）。

3.2　秦代・漢代における鋸

約2200年前（紀元前3世紀）からはじまる秦・漢代の遺跡から、鉄製の鋸が発見されている。

第1に、中国・陝西省の漢代（東漢）遺跡から、全長292m/mの鉄製鋸（E・IS[38]①）が出土して

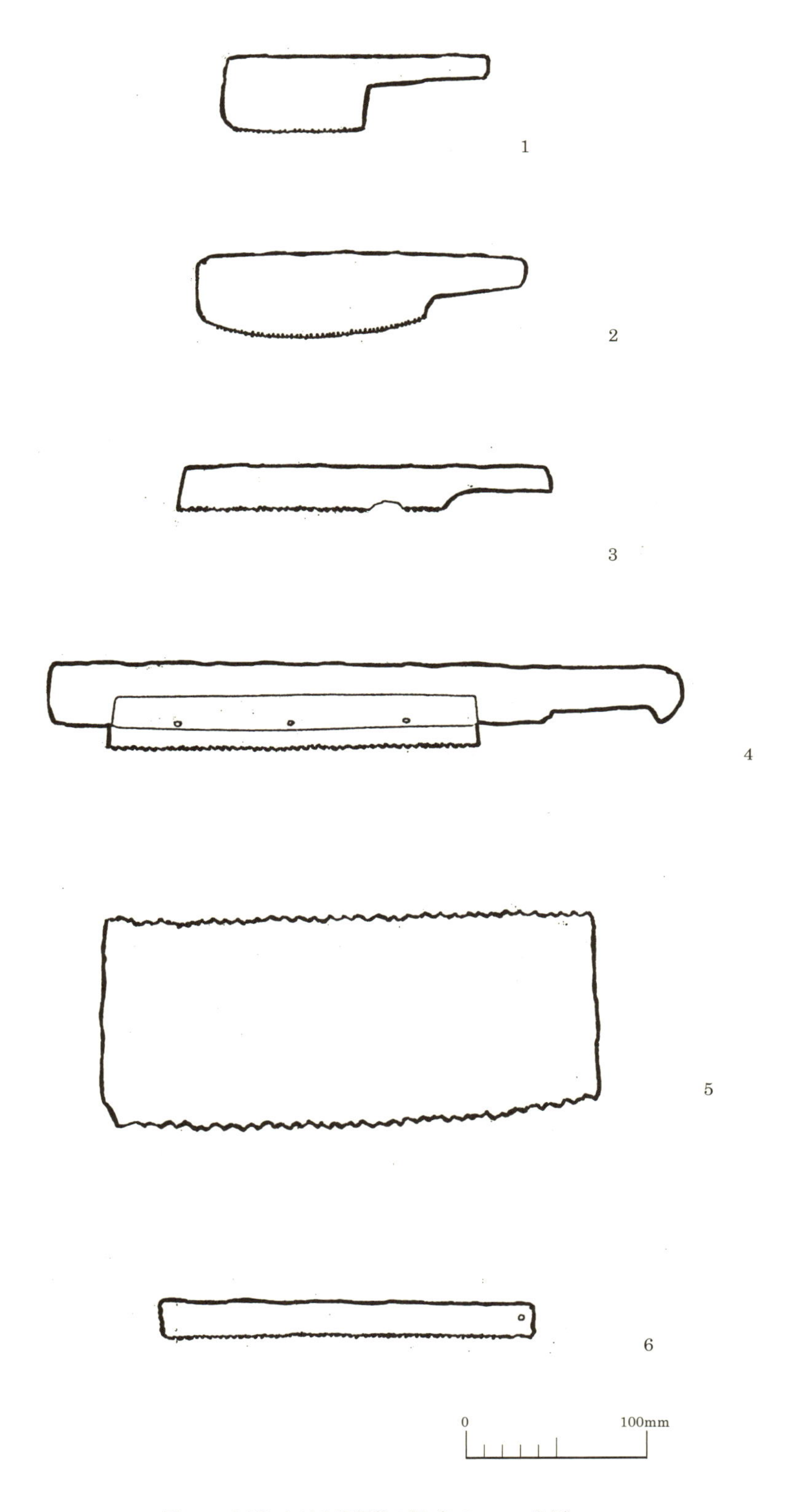

図4-8　中国における青銅製の鋸（B.C.17～3世紀）
［文献C215、C218、C238］史料T87

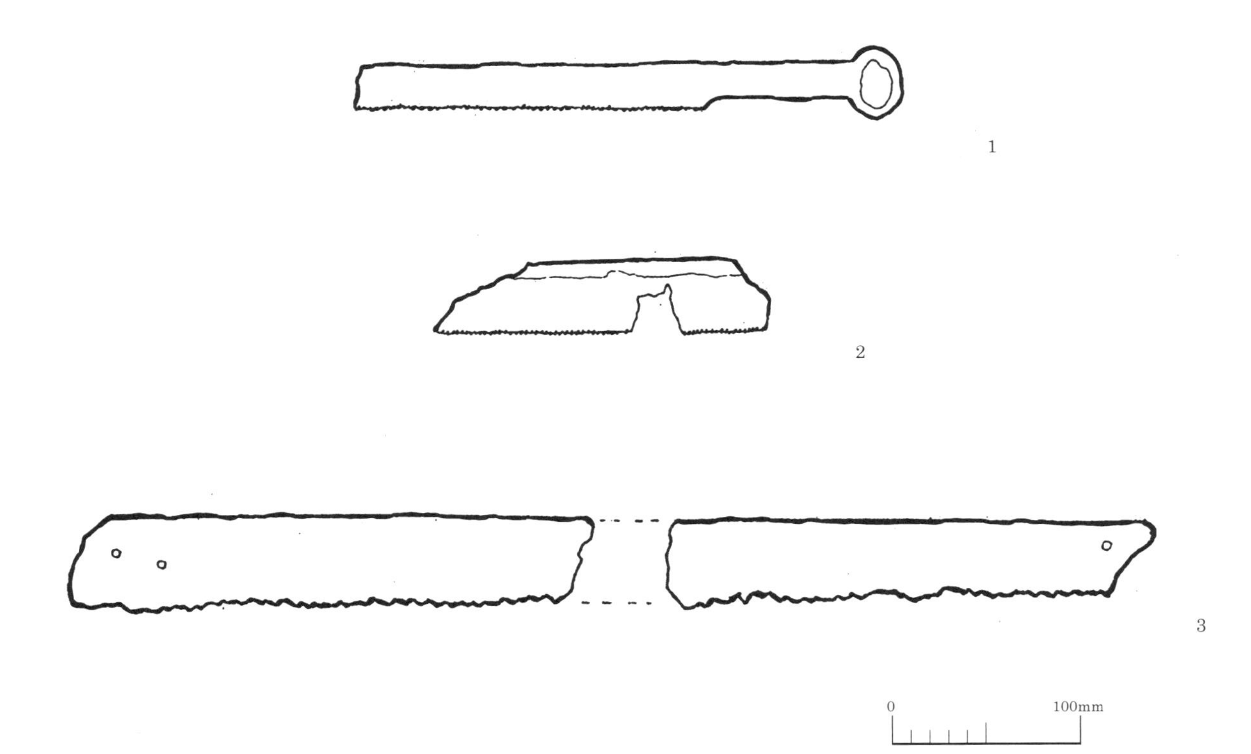

図4-9　中国における鉄製の鋸（B.C.3～A.D.3世紀）
［文献C215、C238］史料T88

いる[39]。幅20～24m/mの鋸身部分と茎部分とで構成され、歯道・鋸背いずれも直線形状で、茎端部は「素環頭」形式である。鋸歯は茎と反対の方向（先方向）に傾斜しており、推し使いと考えられる。

第2に、中国・湖南省の漢代（東漢）遺跡から、全長150m/mの鉄製鋸（E・IS②）が出土している[40]。この鋸も、鋸身と茎とで構成されている。鋸身（幅20～27m/m）は、元部分より先部分の方が狭く、厚さは鋸歯側（1.3m/m）より鋸背側（1.5m/m）の方が厚い。鋸歯は先方向に傾斜していることから、これも推し使いと推定される。

第3に、中国・河北省の漢代（西漢）遺跡から、全長178m/mの鉄製鋸の断片（E・IS③）が出土している[41]。鋸身（幅37m/m）は、歯道・鋸背いずれも直線形状で、鋸背部分には幅9m/mの木質部が残っている。鋸身の厚さは1m/mで、薄くつくられている。

第4に、中国・陝西省の漢代の遺跡から、中央部分が欠損した長さ580m/mの鉄製鋸（E・IS④）が出土している[42]。鋸身は、一方の端（幅37m/m）から他端（幅28m/m）にかけて徐々に狭くなっている。鋸身厚さは2m/m前後で、鋸歯は直角三角形に近い形状である。鋸身の両端に穴があけられていることから、枠形式の鋸であったと推定される。

そして第5に、中国・河南省の漢代の遺跡から、歯道外湾・鋸背内湾の半円に近い形状の鉄製鋸（E・IS⑤）が出土している[43]。さし渡し寸法が720m/mで、鋸身の端部（幅20m/m）が狭く、中央部（幅40m/m）が広い。鋸身厚さは2m/mで、鋸歯は両端から中央に向かって傾斜している（図4-9）。

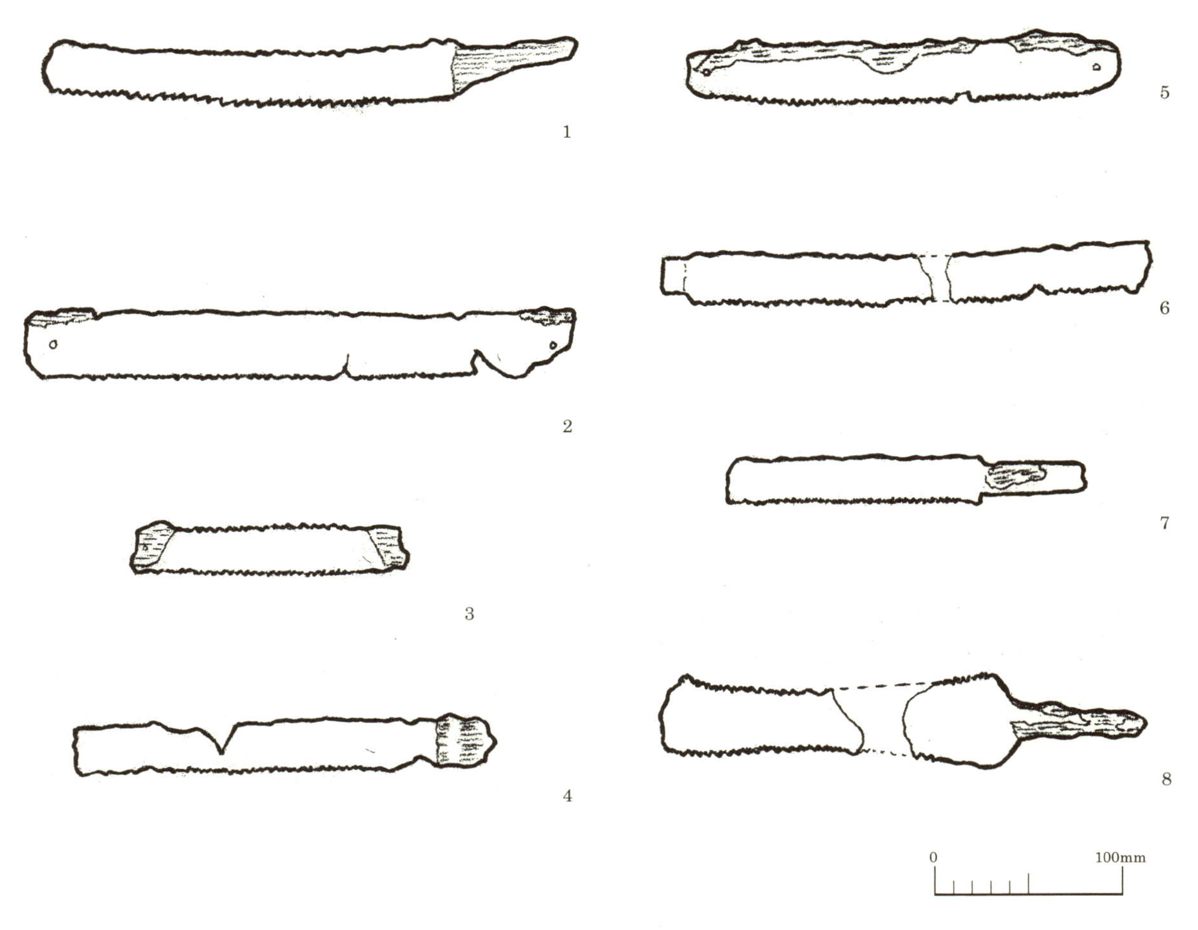

図4-10　朝鮮半島と日本における鉄製の鋸（A.D.4～6世紀）
［文献C237］史料T89、T90

3.3　周辺部における鋸

中国の周辺地域（朝鮮半島・日本など）からも、初期の鉄製鋸が出土している。

〈1〉朝鮮半島における鋸

大陸の東端・朝鮮半島の三国時代（5～6世紀）の遺跡から、鋸身と茎とで構成され、鋸歯が先方向に傾斜した推し使いと考えられる鉄製鋸（E・IS⑥）が出土している[44]（図4-10-1）。

〈2〉日本における鋸

a. 弥生・古墳時代における鋸

東端の島・日本においては、弥生時代の鋸の出土例は、まだ確認されていない。弥生時代の出土建築部材や出土木製品をもとに鋸の使用を推定した報告はいくつかあるが、鋸の使用を証明するためには、アサリ分けした鋸歯の挽道が部材に残されていることが必要である。

古墳時代（4～6世紀）の遺跡から、鋸身の両端に穴があけられ、木質が残存する鉄製鋸や、鋸背全体に木質が残存する鉄製鋸、鋸身と茎によって構成された鉄製鋸など（E・IS⑦～⑩）が出土している[45]（図4-10-2～8）。

これらの出土鋸の形状から、日本では鋸出現の初

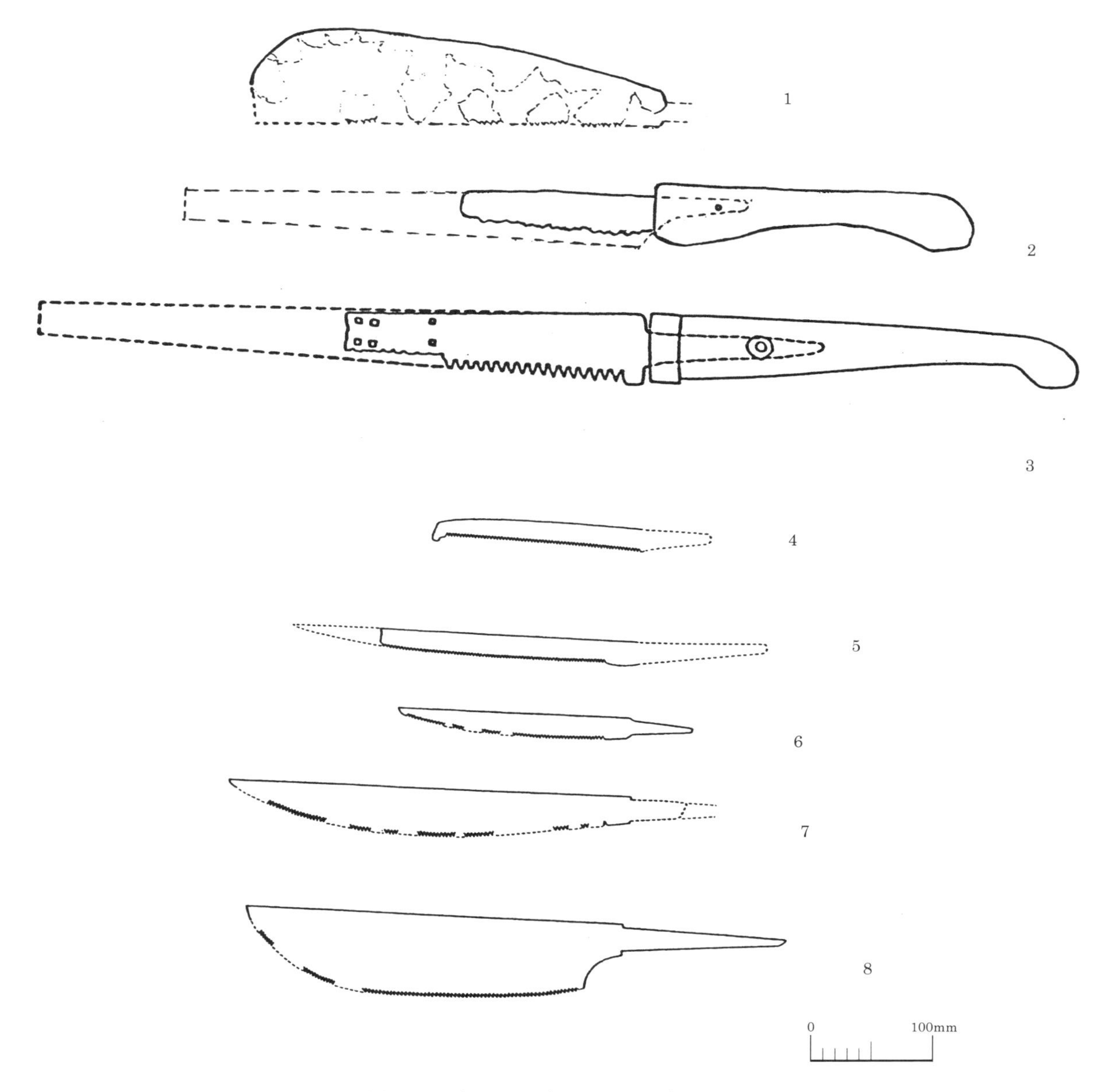

図4-11　日本における古代・中世の鋸（A.D.7 ～ 16世紀）
［文献E49］史料T91

期段階において、小型ながら基本三形式の鋸が揃っていた可能性が考えられる。しかし、6世紀以降、ほとんどの鋸が、第Ⅰ形式で接合部が茎式に統一されていく。

b. 古代・中世における鋸

6世紀後半以降、大陸から仏教建築とともに導入された高度な建築技術は、建築用材を工作する道具の編成にも変化をもたらしたと考えられる。例えば、建築主体部（構造材）の加工が可能な大きさの鋸は、この時期から使われるようになったと推定される。

8世紀中ころから16世紀前半までの文献資料を通観すると、鋸の表記と呼称は、基本的に「鋸」字で表記し、10世紀前半まで「ノホキリ」、12世紀後半以降「ノホキリ」「ノコキリ」、15世紀ころ以降「ノコギリ」と呼称していたようである。

現存する13世紀中ころから16世紀前半までの絵画資料に描かれた建築工事場面を見ると、ほとんどが構造材を横挽きしている描写で、16世紀前半の絵画資料に部材繊維を斜めに挽こうとしている場面

図4-12　日本における鋸の使用法（A.D.13～16世紀）［文献E49］
1. 史料P29、2. 史料P32、3. 史料P33、4. 史料P55、5. 史料P56、6. 史料P34、7. 史料P35、8. 史料P36、9. 史料P37

が、わずかに描かれている。これらの絵画資料により、中世の建築部材加工用の鋸は、木の繊維を切断する横挽き用のものがほとんどで、古代も同様であったことが推定される。

中世以前の鋸の形状と構造は、4世紀と5世紀の多様な装着法の時代を経て、6世紀以降、茎式が基本になったと考えられる。歯先を結んだ線（歯道）の形状は、7世紀ころまで歯道直線形状、10世紀ころまで歯道内湾形状、それ以降、歯道外湾形状に変化していく。この10世紀ころの、内湾形状から外湾形状への変化の背景に、鋸の材料である鋼の強度が向上したことが推定される。鋸身の幅は、時代が降るにつれて広くなり、茎部分（柄部分）も長くなる傾向が見られる（図4-11）。

古代・中世における鋸の使用法は、基本的に坐位の作業姿勢で、わずかに大型部材に対する立位の姿勢も見られる（図4-12）。使用動作については、多くの絵画に、鋸の柄を抑えつけるようにして使っている様子が描かれている。また、13世紀ころまでの実物資料の鋸歯も二等辺三角形のものが多いこと

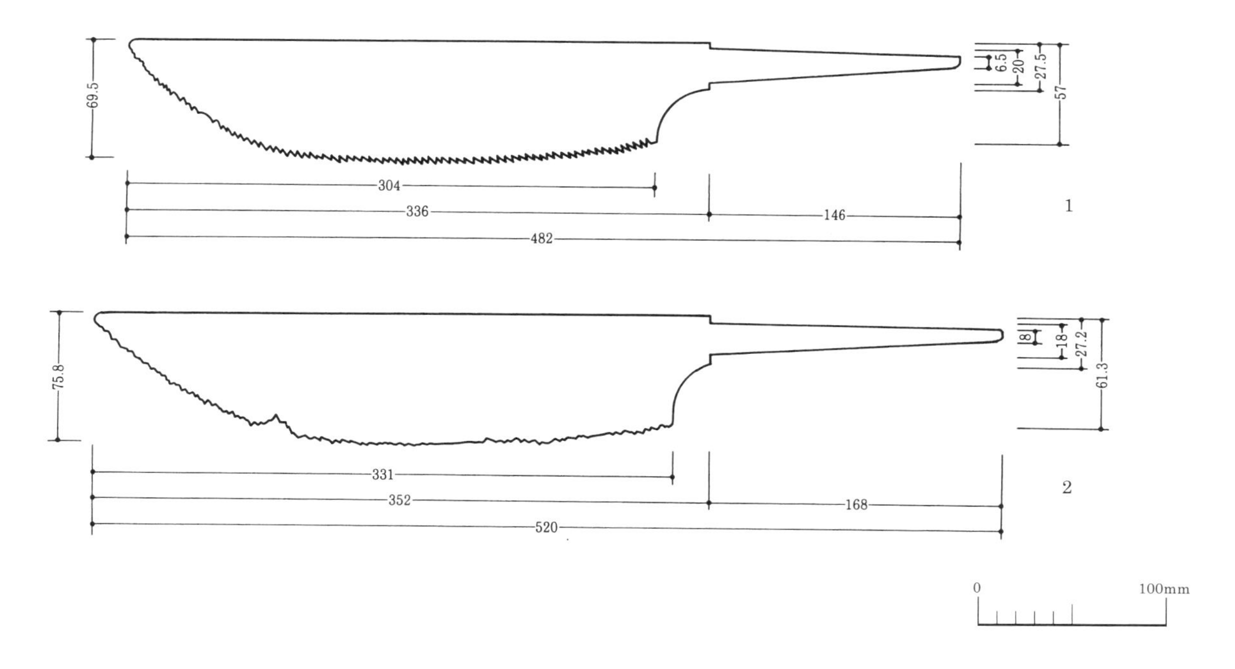

図4-13　日本における引き使いの鋸（A.D.15世紀頃）［文献E49］
1. 三重県上野下郡遺跡出土（15世紀）、2. 岩手県浄法寺遺跡出土（15世紀）

から、推しても引いても機能するが、性能の低い鋸であったことが推定される。引き使いの鋸歯が確認できるのは、15世紀ころの実物資料である（図4-13）。

c. 近世における鋸

近世になると、木の建築をつくる道具に関して詳しい記述のある文献資料によって、名称、用途、形状（寸法）、構造、使用法などを知ることが可能となる。

18世紀に記述された二つの文献（『和漢三才図会』1712年、『和漢船用集』1761年）をもとに鋸を分類すると、（ア）造材用、（イ）構造材加工用、（ウ）造作材加工用に大別できる。

用途（ア）の鋸は、伐木専門工人（杣人）用と製材専門工人（木挽）用のものであるが、建築専門工人（大工）用として、「木口切」用の「大鋸・オオノコギリ」1点、「引割」用の「カガリ」1点、の少なくとも2種類2点が使われていたと考えられる。

用途（イ）の鋸としては、横挽き用の「中鋸」「小鋸」2点、縦挽き用の「カガリ」1点、の少なくとも2種類3点の使用が推定される。

そして用途（ウ）の鋸は、横挽き用の「ヒキキリ」「モドキ」「カモイキリ」3点、縦挽き用の「ネズミカガリ」1点、曲線挽き用の「ヒキマワシ」1点、の少なくとも3種類5点が使われていたと考えられる。

鋸の基本構造は茎式であるが、その形状に変化が見られる。鋸身の先端部分の形状に関して、「鋒尖」形状から「頭方」形状に変化した時期を、18世紀中ころの文献で「近此」と記していた。文献に掲載された挿図でも、18世紀のものに両者が混在して描かれ、19世紀以降、「頭方」形状に描写が統一される（図4-14）。また、寸法に関しては、「大鋸」「中鋸」「小鋸」がそれぞれ「一尺六寸」「一尺三寸」「一尺一寸」、「ヒキキリ」が「八、九寸」、「ネズミカガリ」が「七寸」、「ヒキマワシ」が「長七、八寸」「潤五、六分」、などの記述がある。

近世の建築工事における鋸の使用法は、18世紀中ころまでの絵画資料に坐位での作業が描かれ、同じく18世紀の絵画の中に立位も見られるようになる。19世紀以降の絵画では、立位姿勢の描写に統一される（図4-15）。

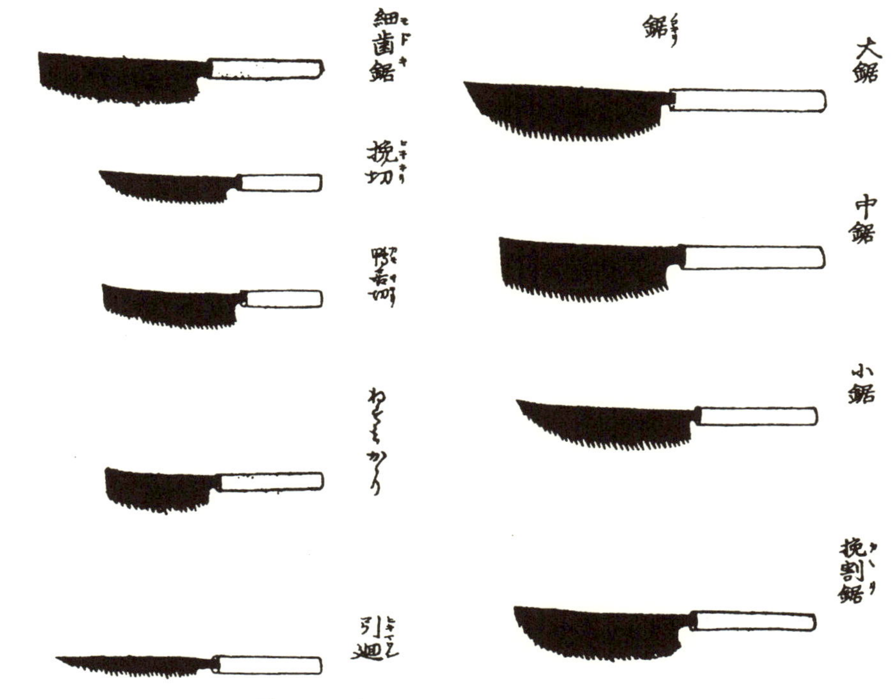

図4-14　日本における近世の鋸（A.D.18世紀）
［文献E49］史料L4

図4-15　日本における鋸の使用法（A.D.17～19世紀）［文献E49］
1. 史料P59、2. 史料P40、3. 史料P49

第4節　西と東における鋸の比較発達史

4.1　ユーラシア大陸の西における鋸の変遷

ユーラシア大陸の西における鋸として、銅製の鋸2点（W・CS①、②）、青銅製の鋸7点（W・BS①～⑦）、そして鉄製の鋸6点（W・IS①～⑥）に関する形式や使用法などを、「表4-2」に整理した。

第1に銅製の鋸は、ヨーロッパ文明の源流のひとつであるエジプトにおいて発見されている。約3500年前の銅製鋸2点は、いずれも鋸身自立形式で接合部の構造は茎式、その使用法は引き使いであった。

第2に青銅製の鋸は、約3700年前から2200年前にかけてのクレタ、スイス、イギリス、ロシアなどにおいて発見されている。機能部分は、鋸身自立形式（W・BS②、④、⑦）か枠形式（W・BS①、⑤）のいずれかと推定され、今回検討対象とした6点の中に、鋸背補強形式は見出せなかった。接合部の構造は、袋式が1点（W・BS⑦）、直結式と推定されるものが3点（W・BS②、④、⑤）、ひとつの鋸身の両端が鐶式と筒式と推定されるものが1点（W・BS⑥）で、今回検討対象とした6点の中に茎式の接合部は見出せなかった。使用法が判別できるものとしては、引き使いが1点（W・BS④）であった。

そして第3に鉄製鋸は、約2200年前以降、ローマ時代のイギリス、スイス、フランスなどにおいて発見されている。機能部分は、鋸身自立形式（W・IS①～③）、鋸背補強形式（W・IS④、⑥）、枠形式と推定されるもの（W・IS⑤）、いずれも（基本三形式）が確認できる。接合部の構造は、茎式が5点（W・IS①～④、⑥）であった。使用法は、鋸歯の傾きが判別できるもの3点の内、2点（W-IS①、②）が引き使い、1点（W・IS③）が推し使いであった。

4.2　ユーラシア大陸の東における鋸の変遷

ユーラシア大陸の東における鋸として、青銅製の鋸10点（E・BS①～⑩）と鉄製の鋸13点（E・IS①～⑬）に関する形式や使用法などを、「表4-3」に整理した。

まず青銅製の鋸は、約3500年前から2300年前にかけての中国において発見されている。機能部分は、鋸身自立形式（E・BS①、②、⑤）、鋸背補強形式（E・BS⑥）、枠形式と推定されるもの（E・BS④、⑦、⑩）、いずれも（基本三形式）が存在していたと考えられる。接合部の構造は、茎式（E・BS①、②、⑤）や直結式と推定されるもの（E・BS⑥、⑩）などであった。使用法は、鋸歯形状が判別できた4点（E・BS①、⑤、⑦、⑧）のいずれもが二等辺三角形で、推し引き両用であったと推定される。

次に鉄製の鋸は、約2200年前以降の中国、朝鮮半島、日本などにおいて発見されている。機能部分は、鋸身自立形式（E・IS①、②、⑥、⑨、⑪～⑬）、鋸背補強形式（E・IS③、⑩）、枠形式と推定されるもの（E-IS④、⑦、⑧）、いずれも（基本三形式）が使われていたと考えられる。接合部の構造は、茎式（E・IS①、②、⑥、⑨、⑪～⑬）や直結式と推定されるもの（E・IS④、⑦、⑧、⑩）などであった。使用法は、鋸歯の傾きが判別できた3点（E・IS①、②、⑥）のいずれもが、推し使いと推定される。

4.3　鋸の基本形式と構造の比較

ユーラシア大陸の西と東のいずれにおいても、鋸の材質は、銅、青銅、鉄の順に変化したと考えられる[46]。

銅製の鋸は、ユーラシア大陸の西・ヨーロッパ文明の源流のひとつであるエジプトにおいて約3500年前のものが出土しており、その機能部分は鋸身自立形式で、接合部構造は茎式、使用法は引き使いで

表 4-2　ユーラシア大陸の西における鋸

時代	資料番号		出土地（国名など）	機能部分［B］							保持部分［H］						接合部分［J］							使用法			
	材質	番号		(Ⅰ)	(Ⅱ)		(Ⅲ)																				
				B1	B2	B3	B4	B5	B6	B7	H1	H2	H3	H4	H5	H6	J1	J2	J3	J4	J5	J6	J7	推	引	両用	その他
B.C. 1500年	銅	CS①	エジプト	○														○							○		
	銅	CS②	エジプト	○								△						○							○		
B.C. 1400年	青銅	BS①	クレタ					△	△						△												
	青銅	BS②	クレタ	△															△								
	青銅	BS③	クレタ																								
B.C. 400年	青銅	BS④	スイス	○															△						○		
	青銅	BS⑤	スイス				△								△				△								
	青銅	BS⑥	イギリス																		△	△					
B.C. 200年	青銅	BS⑦	ロシア	○													○										
	鉄	ID①	イギリス	○								○						○							○		
	鉄	ID②	イギリス	○								○						○							○		
ローマ時代	鉄	ID③	スイス	○								○						○						○			
	鉄	ID④	フランス		○													△									
	鉄	ID⑤	スイス					△	△						△				△								
	鉄	ID⑥	スイス			○												○									

表 4-3　ユーラシア大陸の東における鋸

時代	資料番号		出土地（国名など）	機能部分［B］							保持部分［H］						接合部分［J］							使用法			
	材質	番号		(Ⅰ)	(Ⅱ)		(Ⅲ)																				
				B1	B2	B3	B4	B5	B6	B7	H1	H2	H3	H4	H5	H6	J1	J2	J3	J4	J5	J6	J7	推	引	両用	その他
殷代	青銅	BS①	中国	○														○								○	
	青銅	BS②	中国	○														○									
	青銅	BS③	中国																								
	青銅	BS④	中国				△																				
周代	青銅	BS⑤	中国	○														○								○	
	青銅	BS⑥	中国		○							○							△								
	青銅	BS⑦	中国					△	△						△											○	
	青銅	BS⑧	中国																							○	
	青銅	BS⑨	中国																								
	青銅	BS⑩	中国				△	△	△						△				△								
漢代	鉄	IS①	中国	○												○		○						○			
	鉄	IS②	中国	○														○						○			
	鉄	IS③	中国		○																						
	鉄	IS④	中国					△	△						△				△								
	鉄	IS⑤	中国																								
	鉄	IS⑥	朝鮮半島	○														○						○			
A.D. 4C ～ A.D. 6C	鉄	IS⑦	日本				△												△								
	鉄	IS⑧	日本				△												△								
	鉄	IS⑨	日本	△														△									
	鉄	IS⑩	日本		○														△								
	鉄	IS⑪	日本	△														△									
	鉄	IS⑫	日本	○														○									
	鉄	IS⑬	日本	○														○									

あった。

青銅製の鋸は、ユーラシア大陸の西・ヨーロッパにおいて約3700年前から2200年前にかけてのものが、ユーラシア大陸の東・中国において約3500年前から2300年前にかけてのものが、それぞれ出土している。機能部分は、ヨーロッパにおいて鋸身自立形式と枠形式と推定されるものが、中国においてこの二形式に加えて鋸背補強形式も（基本三形式）、それぞれ確認できる[47]。接合部の構造は、ヨーロッパにおいて袋式と直結式・鐶式・筒式と推定されるものが、中国において茎式と直結式と推定されるものが、それぞれ存在していたと考えられる[48]。使用法は、ヨーロッパにおいて引き使いのものが、中国において推し引き両用（二等辺三角形の鋸歯）のものが、それぞれ使われていた。

鉄製の鋸は、ユーラシア大陸の西と東のいずれにおいても約2200年前以降のものが出土している。機能部分は、西と東いずれにおいても基本三形式が確認できる。接合部の構造は、西と東いずれにおいても茎式と直結式と推定されるものが使われていたと考えられる。使用法は、西において引き使いと推し使いのものが、東において推し使いのものが、それぞれ確認できる[49]。

第5節　木の建築をつくる技術と鋸

ユーラシア大陸の西・ヨーロッパにおいては、鉄製の道具が普及したローマ時代以降、鋸は推し使いとなり、大陸の東・中国でも、同じ時期の漢代以降、鉄製の鋸は推して使っていたと考えられる。また、西と東いずれにおいても、鋸の構造と形状は、基本三形式が存在し続けた。

しかし、大陸東端の島・日本では、6世紀ころから、機能部分が第Ⅰ形式で接合部が茎式の単一形式に統一されていったと推定される。なぜなのであろうか。

大陸の西・ヨーロッパの広葉樹林地域において、オーク（ナラ）などの硬木を加工するためには、立った姿勢で力をこめて道具を使う必要がある。これを主たる要因として、鋸が鉄製となり、機能部分（鋸身）の強度が向上した段階（ローマ時代）で、推し使いが一般化したと考えられる。

大陸の東・中国においては、クスノキ、クリ、カエデなどの広葉樹とともに、マツ、スギなどの針葉樹も建築用材として使われてきた。ヨーロッパの建築用材（ナラ）ほどの硬さではないが、東端の島・日本の建築用材よりは硬い。さらに中国の場合、作業姿勢が立位であることや、建築部材の加工に求められる精度が比較的粗いことなど、ヨーロッパと共通した要因が作用した結果、鋸の推し使いが一般化したと推定される。

一方、ユーラシア大陸東端の島・日本においては、約2000年前からの鉄器時代以降、建築用材の多くがヒノキ、スギなど、適度に強度のある軟木（針葉樹）であること、作業姿勢が基本的に坐位であること、などを主たる要因として、西と東の大陸部とは異なる変遷をたどったと考えられる。

6世紀以降と考えられる鋸の単一形式（鋸身自立形式・茎式接合）は、加工の際に、建築部材から刃（歯）先を通して伝わる感覚が、最も把握しやすい形式である。西と東の大陸部の鋸に見られる枠形式などは、刃（歯）先と手との間に鋸身の鐶や枠が介在し、微妙な手応えをブロックしてしまう構造である。日本の工人たちは、6世紀ころに、この構造を拒否する選択をしたと推定される。

ただ、日本の鋸は、14世紀ころまで、推しても引いても機能するが、切断効率は低いものであった。15世紀ころ、製材法が、それまでの打割製材から、大型の鋸（オガ）を用いた挽割製材に移行し、建築部材加工用の鋸にも加工精度の向上が求められた結果、引き使いが一般化していったと考えられる。

引き使いの方が、鋸身の厚さを小さく（薄く）することができ、精度の高い切断が可能となる。

第6節　小　結

ユーラシア大陸の西と東おける金属製の鋸の歴史を調査した結果、次の内容が明らかとなった。

(1) ユーラシア大陸の西と東いずれにおいても、金属製の鋸の材質は、銅、青銅、鉄の順に変化したと考えられる。

(2) 銅製の鋸は、ユーラシア大陸の西・ヨーロッパ文明の源流のひとつであるエジプトにおいて約3500年前のものが出土しており、その形式と使用法は、鋸身自立形式で茎式接合、引き使いであった。

(3) 青銅製の鋸は、ユーラシア大陸の西において約3700年前から2200年前にかけてのものが、大陸の東において約3500年前から2300年前にかけてのものが、それぞれ出土している。その形式と使用法は、西において少なくとも鋸身自立形式と枠形式、袋式・直結式・鐶式・筒式接合で、引き使いのものが、東において少なくとも基本三形式、茎式・直結式接合で、推し引き両用のものが、それぞれ使われていたと考えられる。

(4) 鉄製の鋸は、ユーラシア大陸の西と東いずれにおいても約2200年前以降のものが出土し、その形式は、西と東いずれにおいても基本三形式、茎式・直結式接合、使用法は西において引き使いと推し使いのものが、東において推し使いのものが、それぞれ使われていたと推定される。

(5) 金属製の鋸の使用法は、銅、青銅、鉄と材質の強度向上にともなって、引き使いから推し使いに変化していく傾向が見られる。

註

（1） 参考文献（E10）（E14）
（2） Saw BladeのB
（3） HandleのH
（4） JointのJ
（5） 紀元前4000年ころのバダーリー文化。参考文献（B21）
（6） サッカラの墳墓壁画。参考文献（B22）
（7） 参考文献（B4）
（8） ユーラシア大陸の西（West）における銅製（Copper）の鋸（Saw）を、このように略称し、①、②、と資料番号を付す。
（9） 参考文献（B21）
（10） 参考文献（B4）
（11） 青銅製（Bronze）のB
（12） 単位長さあたりに刻まれた鋸歯の枚数を目数という。わが国の場合、約30m/m（1寸）を単位長さとしている。以下において、ヨーロッパの鋸は、目数（インチ）と表記しておく。
（13） 参考文献（B4）
（14） 参考文献（B4）
（15） 参考文献（B4）
（16） 参考文献（B22）
（17） 鉄製（Iron）のI
（18） 参考文献（B4）
（19） 参考文献（B4）
（20） 参考文献（B4）
（21） 参考文献（B4）
（22） 参考文献（B4）
（23） 参考文献（B4）
（24） 参考文献（B4）（B22）。なお、本稿では、ローマが領土拡大をはじめた紀元前3世紀から帝国が分裂した紀元後4世紀までを、「ローマ時代」として記述しておく。
（25） 参考文献（B4）
（26） 参考文献（E41）
（27） 参考文献（C215）（C238）
（28） ユーラシア大陸の東（East）における青銅製（Bronze）の鋸（Saw）を、このように略称しておく。
（29） 参考文献（C215）（C238）
（30） 参考文献（C215）（C238）
（31） 参考文献（C215）（C238）
（32） 参考文献（C215）（C238）
（33） 参考文献（C215）（C238）（C252）
（34） 参考文献（C215）（C238）
（35） 参考文献（C215）（C238）
（36） 参考文献（C215）（C238）
（37） 参考文献（C215）（C238）
（38） 鉄製（Iron）のI
（39） 参考文献（C215）（C238）
（40） 参考文献（C215）（C238）
（41） 参考文献（C215）（C238）
（42） 参考文献（C215）（C238）
（43） 参考文献（C215）（C238）
（44） 参考文献（C237）
（45） 参考文献（C237）
（46） ユーラシア大陸の西と東という広い範囲で見た場合の変化を意味している。限られた地域では、銅製や青銅製の段階を経ないで、鉄製の道具を使いはじめたケースも考えられる。
（47） ヨーロッパにおける青銅製の鋸背補強形式の鋸も、今後、多くの出土資料などを調査する中で確認できるであろう。
（48） これも機能部分の形式と同様に、より多くの資料を調査することにより、他の接合部構造も存在していたことが判明すると考えている。
（49） 銅製鋸は引き使い、青銅製鋸は引き使いか推し引き両用、鉄製鋸は引き使いか推し使い、と材質の強度向上にともなって、引き使いから推し使いへ変化していく傾向が見られる。

第5章

ユーラシア大陸の西と東におけるカンナ

第1節　カンナの基本形式

1.1　カンナの機能

カンナは、木の建築をつくる工程の最終段階、部材加工における仕上げ切削に用いる。

木材繊維に沿って切削（平行切削）する場合が多いが、繊維の状態によっては斜め方向（斜交切削）や、直交させて（直交切削・ヨコズリ）切削することもある。

建築部材加工段階で、鑿や鋸は主に接合部を加工するために用いることから「構造に奉仕する道具」、カンナは部材表面を美しく仕上げ切削するために用いることから「美に奉仕する道具」と表現されることもある。

1.2　カンナの基本構造

前述したように、木材を工作する道具は、その刃部をどのように作用させるかによって、①振り回す（S使用[1]）、②叩く（H使用[2]）、③推すあるいは引く（P使用[3]）、の3種類に大別できる。これらは、それぞれ①が斧など、②が鑿など、③が鋸やカンナなどの使用法に相当している[4]。

建築部材の仕上げ切削用の道具は、前述③の推し使いあるいは引き使いを行うが、本来は前述①あるいは②の使用法の道具でも、仕上げ切削用に転用する場合がある。

例えば、ロシアなどの針葉樹（軟木）林帯では、水平材だけを積み上げる構法（ログ構法）の建築が多くつくられてきたが、窓枠などの仕上げ切削に縦斧[5]を③の使用法（推し使い）で転用する例が見られる。縦斧を推し使いする場合、刃部の作用方向と木柄の軸線とは直交している。これをX系切削道具と仮称しておく。X系切削道具には、セン[6]、刀子[7]、ヤリカンナ[8]などが含まれる。

また、鑿の中には、前述②の使用法だけではなく、突鑿のように③の使用法（推し使い）で木材を工作するものもある[9]。鑿を推し使いする場合、刃部の作用方向と木柄軸線とは平行である。これをY系切削道具と仮称しておく。このY系切削道具には、横斧、台カンナなどが含まれる（図5-1）。

ユーラシア大陸東端の島、日本では、建築部材を仕上げ切削する道具として、歴史上、2種類のカンナが使われていた。

ひとつは、ヤリカンナである。ヤリカンナの刃部平面形状は、笹の葉に似ており、中軸線と対称に両側に刃部がある（双刃）。その刃部を側面から見ると、反り上がっている（側面曲刃）。この刃部に直棒形

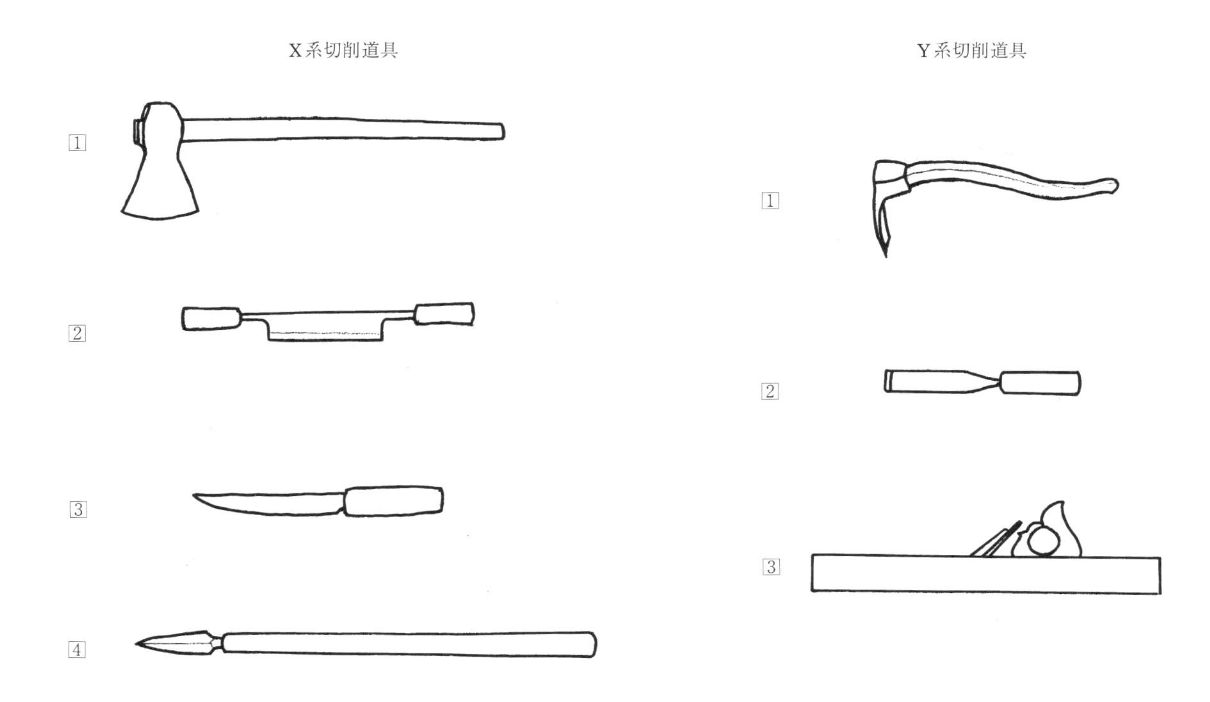

図5-1　切削道具の基本形式

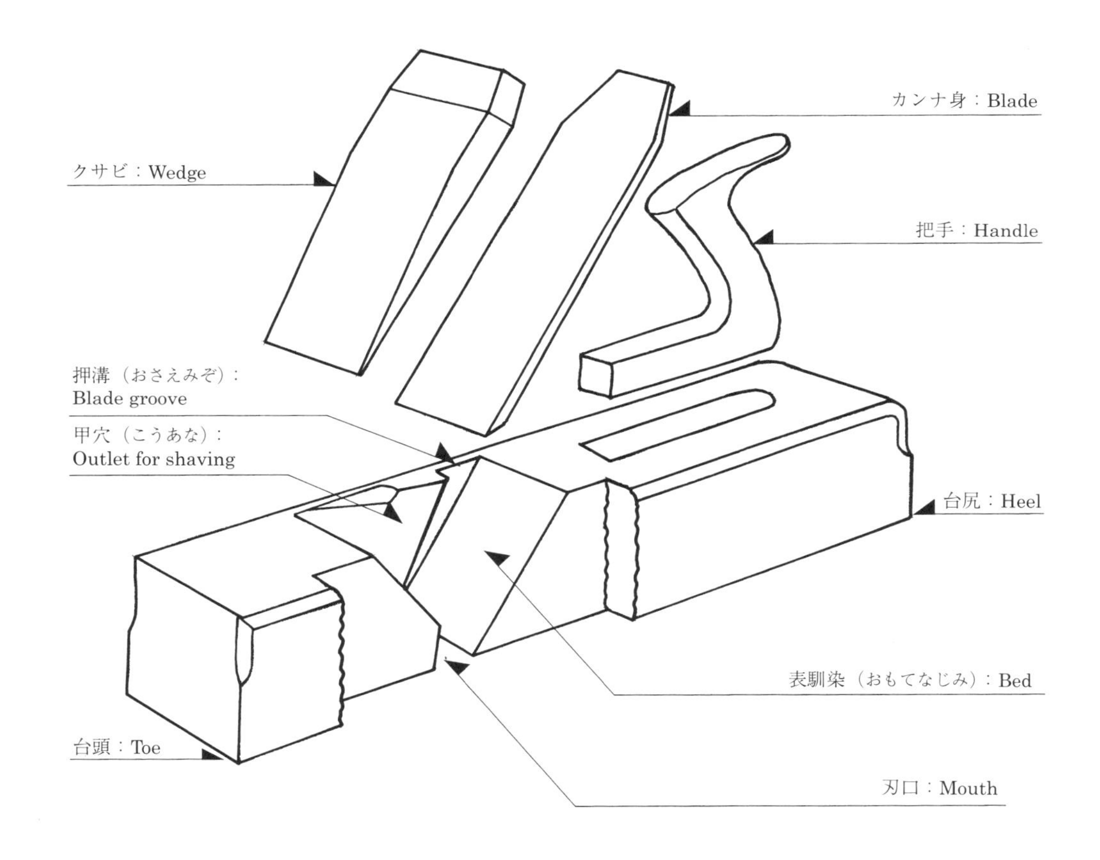

図5-2　台鉋の基本構造

状の柄を装着して使用する。

いまひとつは、台鉋である。台鉋は、刃部を台に固定して使用する。刃部と台との固定方法として、台の押溝（オサエミゾ）と刃部側面との摩擦力だけで固定するもの、刃部と台との間にクサビを用いるもの、などの種類がある（図5-2）。

1.3　カンナの種類

東端の島・日本において手道具による木の建築をつくる技術が、最高の精度に達したといわれる19世紀末から20世紀前半、建築部材加工を行う大工の使うカンナには、次のような種類があった。

建築部材の表面を平滑に切削するための平鉋と長台鉋が2種類13点、溝や段欠部分を切削するための溝鉋、決鉋、際鉋などが10種類17点、曲面を切削するための丸鉋と反台鉋が3種類6点、部材にある意味での装飾を加えるための面取鉋と名栗鉋が2種類4点、そして鉋の台下端を切削調整するための台直鉋が1種類2点、以上合計、少なくとも18種類42点の台鉋が使われていた（表5-1）。

表5-1　日本の近代における鉋の編成

分類	名　称	法　量 刃幅寸法［尺・寸分］	点数	摘　　要
平鉋	鬼荒仕工	0.14 または 0.16	1	平面切削
		0.16	1	〃
	荒仕工	0.16	1	〃
		0.16	1	〃
	むらとり	0.18	1	〃
	中仕工	0.16 または 0.18	1	〃
		0.18	1	〃
	上仕工	0.18	1	〃
	仕　上	0.16 または 0.18	1	〃
		0.18 または 0.2 以上	1	〃
長台鉋	むらとり	0.16 または 0.18	1	平面切削、板傍切削
	中仕工	0.16 または 0.18	1	〃
	仕　上	0.16 または 0.18	1	〃
溝鉋	荒　突	0.05	1	敷居、鴨居溝の底面切削
	底　取	0.06	1	〃
	脇　取		2	敷居、鴨居溝の側面切削
	ひぶくら		2	せまい溝の側面切削
決り鉋	片決り（相決り）	0.04, 0.06, 0.08	3	相欠面（段欠面）切削
	小穴突	0.015, 0.02	2	板溝切削
	機械決り	0.02 以上	1	〃
	印籠決り		2	凸面・凹面切削
	横　溝		1	敷居溝埋樫用の横溝切削
際　鉋			2	入隅際・枘際を切削
曲面鉋	丸（外丸）	0.12, 0.14	2	種々の形状の曲面切削
	内　丸	0.12, 0.14	2	
	反り台	0.14, 0.16	2	
面取鉋	荒仕上		1	部材の角部分切削
	仕　上		1	〃
名　栗　鉋		0.16 まで	2	部材の表面を斧はつりに似せて切削
台　直　鉋		0.12,0.14	2	鉋台の下端を切削

第2節　ユーラシア大陸の西におけるカンナ

2.1　エジプトにおける切削道具

ユーラシア大陸の西・ヨーロッパ文明の源流のひとつであるエジプトにおいて、銅製の木工具が出土している[10]。その主要なものは、縦斧、大型横斧、小型横斧、鋸[11]、鑿、弓錐などで、カンナの出土例を見出すことができない（図5-3）。

約4500年前[12]や約3500年前[13]の壁画にも、縦斧、横斧、鋸、鑿、弓錐などの使用場面が描かれているが、カンナ（台鉋あるいはヤリカンナ）の描写を見出すことはできない。この壁画の中で、仕上げ切削道具として描かれているのは、両手で包みこめるほどの大きさの石である。家具などの表面は、砂を併用しながら、この石器を用いて切削したと推定

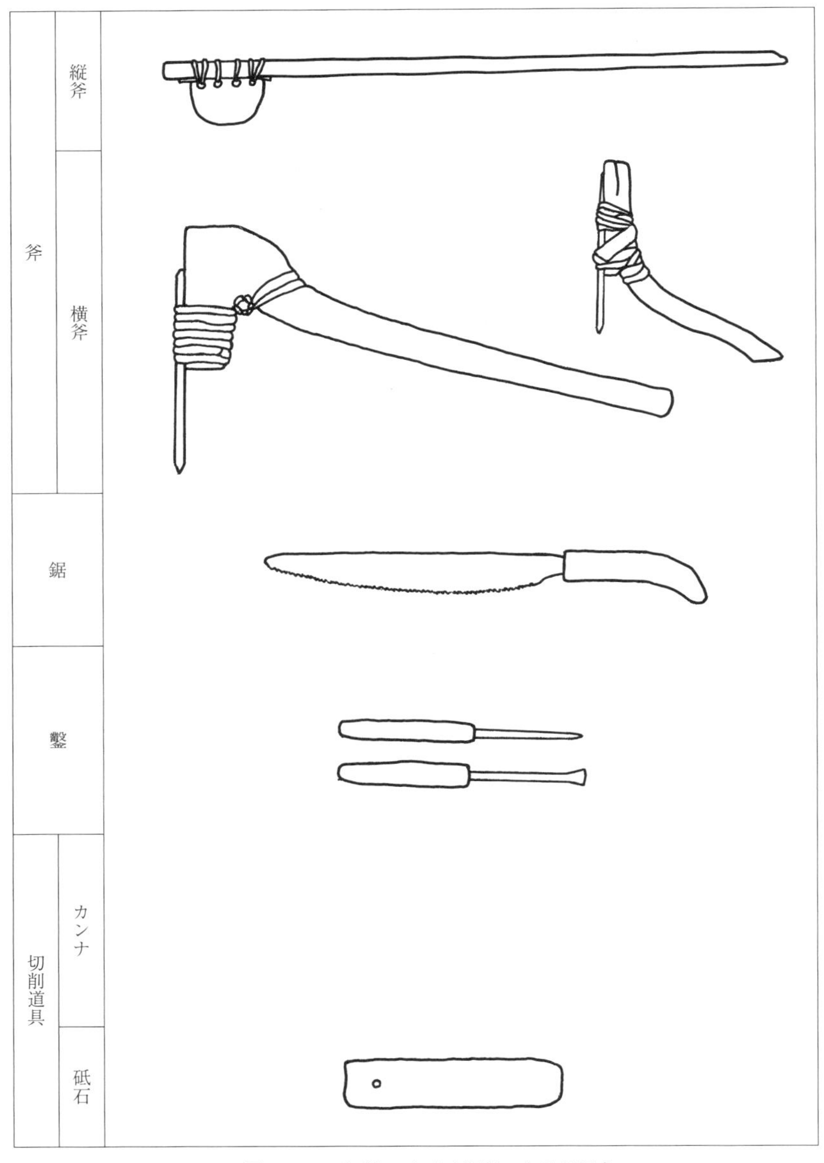

図5-3　エジプトにおける銅製の木工具編成
［文献B22］

されている（図5-4、5-5）。

これらの資料を見る限り、初期金属器時代のエジプトにおいては、仕上げ切削道具としてのカンナは使われていなかったと考えられる[(14)]。

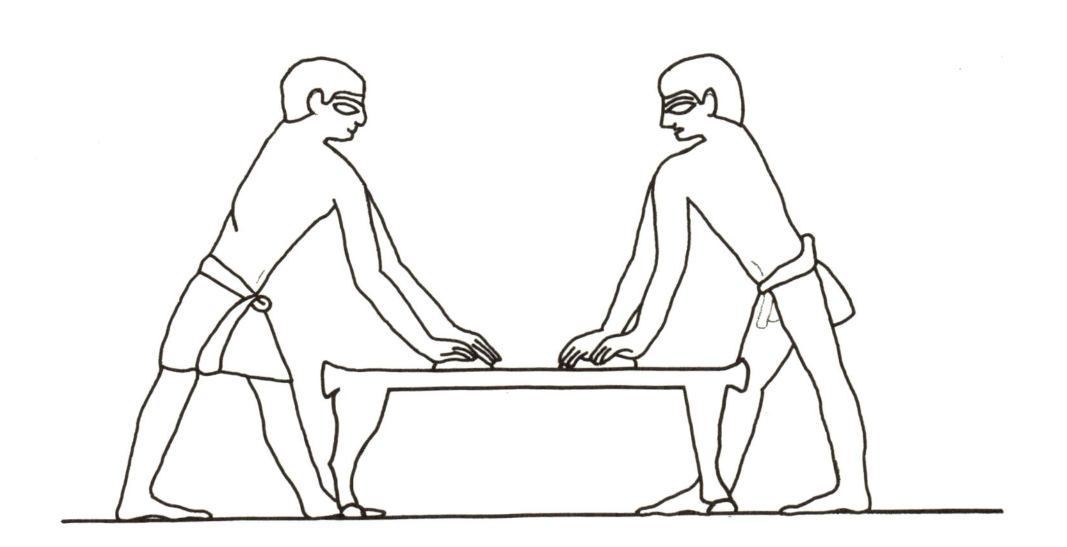

図5-4　エジプトにおける仕上げ切削道具（B.C.2500年頃）
［文献B4］史料P17

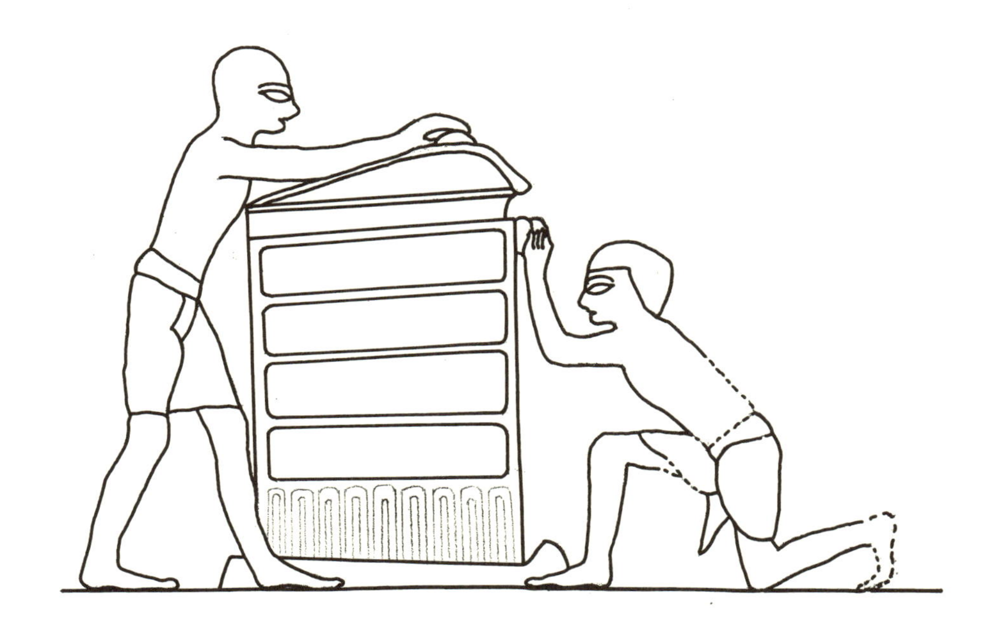

図5-5　エジプトにおける仕上げ切削道具（B.C.1500年頃）
［文献B22］史料P18

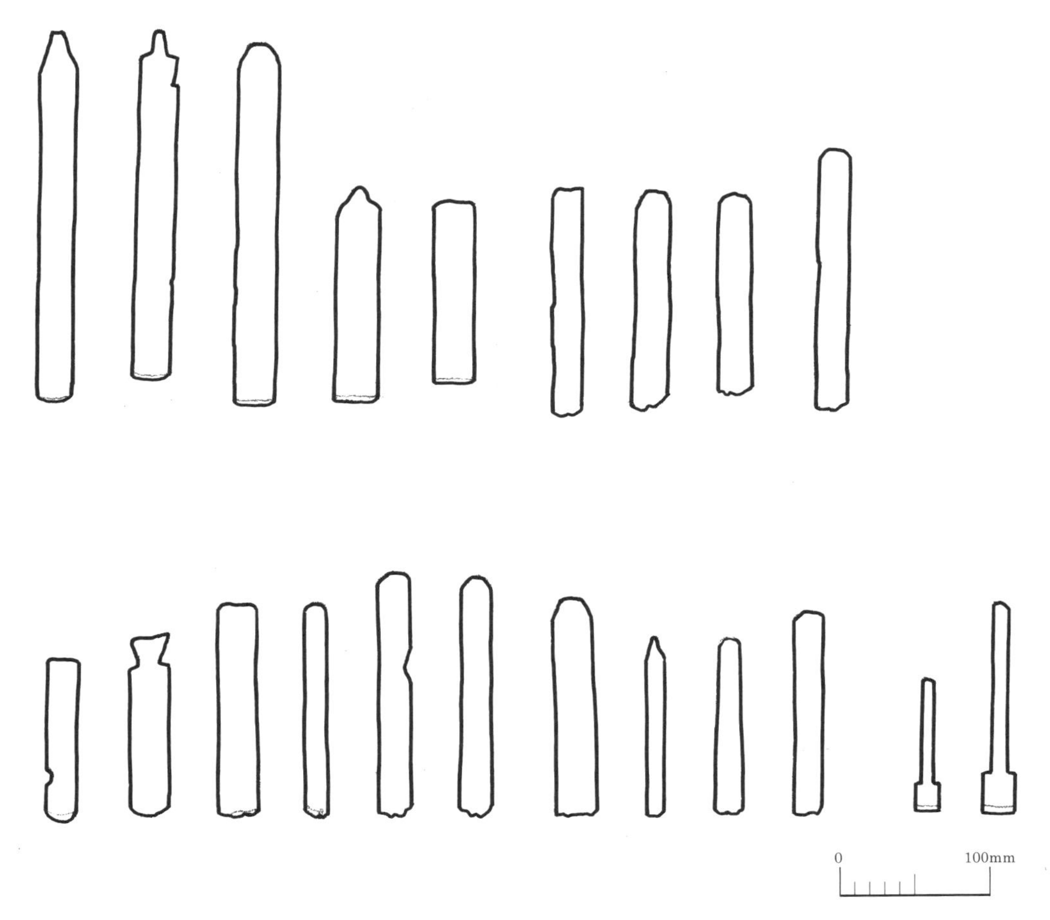

図5-6　ヨーロッパにおける鉄製の鉋身（B.C.3 ~ A.D.4世紀）
［文献B4］史料T92

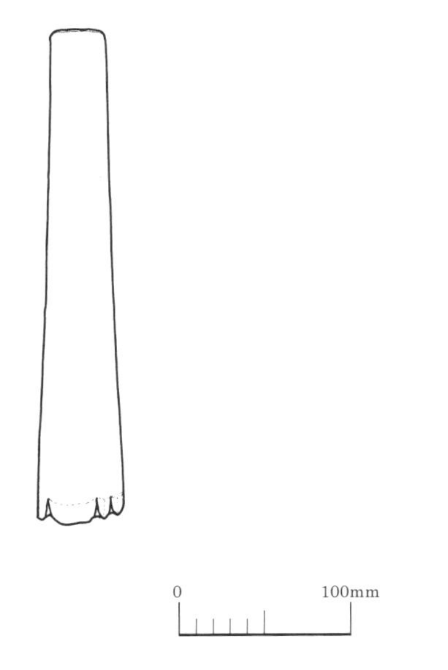

図5-7　ヨーロッパにおける鉄製の鉋身：繰型用（B.C.3 ~ A.D.4世紀）
［文献B4］史料T93

2.2　古代ローマにおけるカンナ

ユーラシア大陸の西・ヨーロッパにおけるローマ時代の遺跡から、様々な形状の鉋身と推定される遺物が出土している(15)。これらの刃部形状を観察すると、平面切削用だけでなく、溝切削用や繰型切削用など、後世に見られる台鉋のいくつかの種類が、すでに使用されていたことを知ることができる（図5-6 ~ 5-9）。

また、ローマ時代における現在のイタリア、ドイツ、フランス、スイス、イギリスなどにあたる地域の遺跡から、様々な形式の台鉋が出土している（表5-2）。

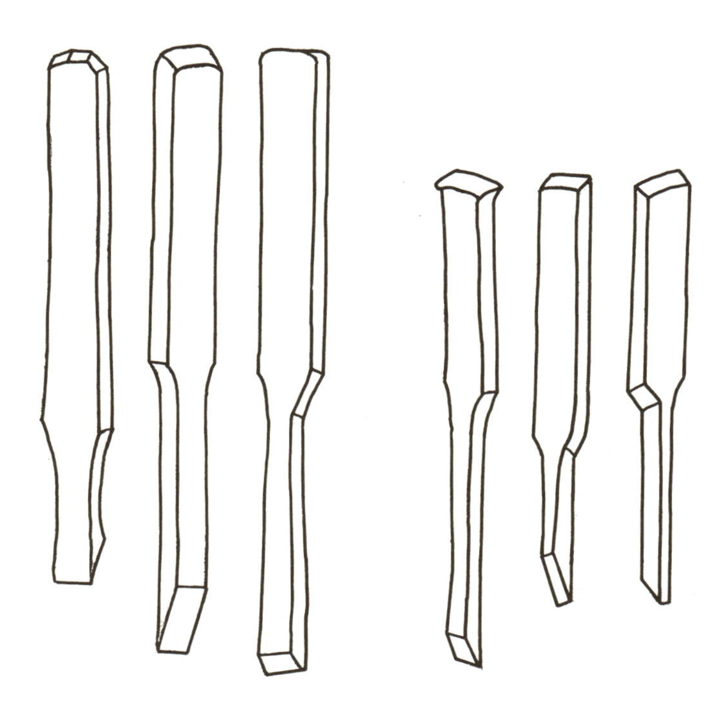

図5-8-1　ヨーロッパにおける鉄製の鉋身：溝用（B.C.3～A.D.4世紀）
［文献B41］史料T94

図5-8-2　ローマ時代の出土鉄製鉋身［史料T115］

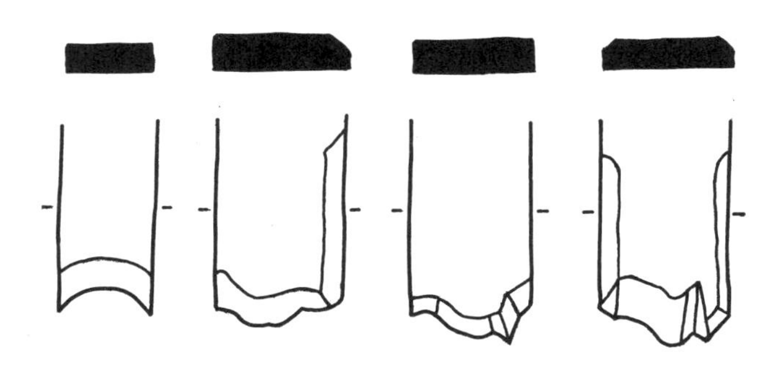

図5-9　ヨーロッパにおける鉄製の鉋身：繰型用（B.C.3～A.D.4世紀）
［文献B41］史料T95

表5-2　ユーラシア大陸の西における鉋（ローマ時代）

	資料番号		出土地（国名）	カンナ台寸法（m/m）			カンナ身			備　考
	台形式	番号		長	幅	成	有無	刃幅（刃口幅）	仕込勾配	
ローマ時代	木製	W・IPb ①	ドイツ	380	45	55	×	30	52°	残存木部材質：ブナ
		W・IPb ②	エジプト	160	50	95		20	50°	繰形カンナ
	底面鉄製	W・IPb ③	ドイツ	440	75	70	×	40	—	4本リベット
		W・IPb ④	イギリス	365	45	—	○	30	66°	4本リベット
		W・IPb ⑤	イギリス	340	45	50		30	—	
		W・IPb ⑥	ドイツ	325	50	—	○	30	66°	リベットなし
	三面鉄製	W・IPb ⑦	イギリス	340	50	60	○	38	65°	
		W・IPb ⑧	ドイツ	324	50	50	○	40	53°	カンナ刃部：鋸歯形状
		W・IPb ⑨	ドイツ	368	48	55		32	58°	台底面と側板とが分離して出土
		W・IPb ⑩	ドイツ	362	48	45		32	—	
		W・IPb ⑪	ドイツ	352	44	55		28	—	
	四面鉄製	W・IPb ⑫	イタリア	210	60	50		40	50°	残存木部材質：クリあるいはナラ
		W・IPb ⑬	イタリア	210	60	45		35	50°	

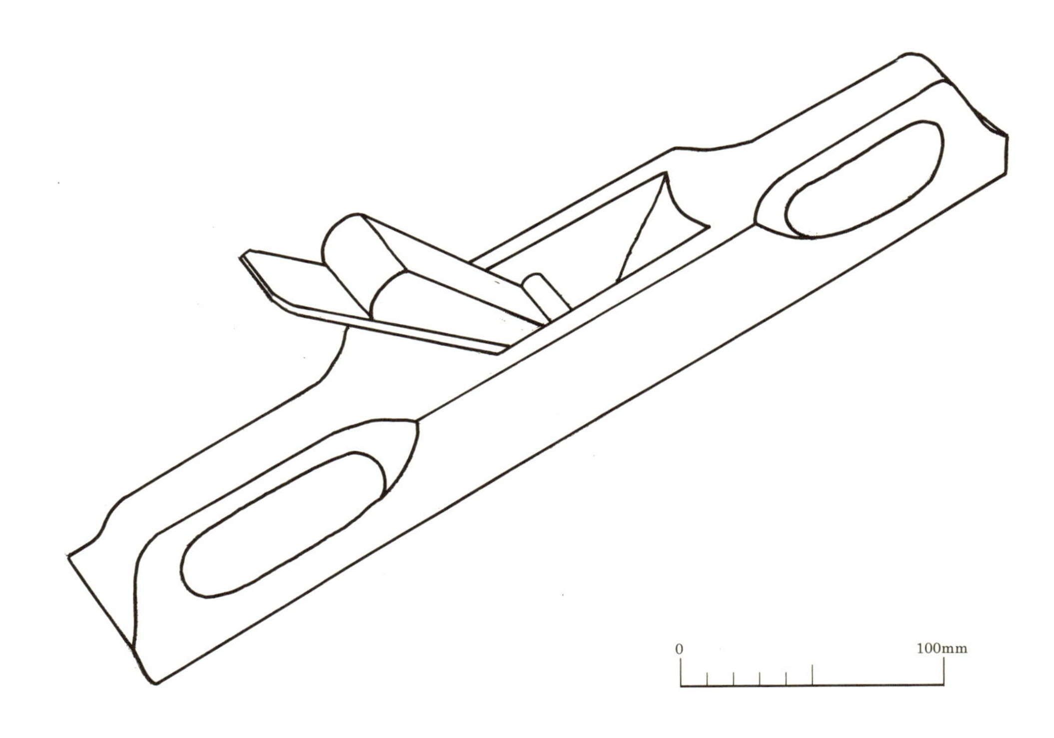

図5-10　ドイツにおける台鉋：木製（B.C.3～A.D.4世紀）
［文献B4］史料T96

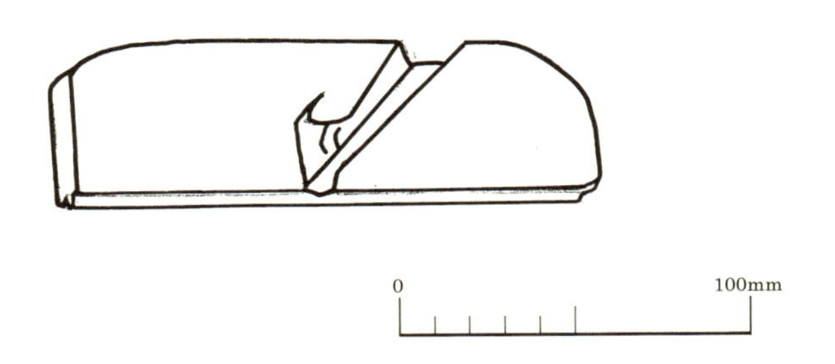

図5-11　エジプトにおける台鉋：木製（B.C.3～A.D.4世紀）
［文献B4］史料T97

〈1〉木製台鉋

ドイツにおけるローマ時代の遺跡から、木製の台鉋（W・IPb[16]①）が出土している[17]。台長約380m/m、台幅約45m/m、台成約55m/m、鉋身は欠失しているが、刃口幅約30m/m、仕込勾配約52度である。台の材質はブナ（Beech wood）、前方と後方にグリップを持つ形式と考えられ、後方グリップは破損している。甲穴前方部は曲面形状で、甲穴側面には断面半円形の押え棒の穴が残っている（図5-10）。

また、エジプトにおけるローマ時代の遺跡から、繰型切削用と推定される木製の台（W・IPb②）が出土している[18]。台長約160m/m、台幅約50m/m、台成約95m/m、刃口幅約20m/m、仕込勾配約50度である（図5-11）。

図5-12　ドイツにおける台鉋：底面鉄製（B.C.3～A.D.4世紀）
［文献B4］史料T98

〈2〉底面鉄製台鉋

ドイツやイギリスにおけるローマ時代の遺跡から、底面が鉄製の台鉋がいくつか出土している[19]。

第1に、現在発見されているなかで、最も大型のドイツから出土した台鉋（W・IPb③）は、台長約440m/m、台幅約75m/m、残存している垂直方向のリベットの長さから台成約70m/mと考えられる。鉋身は欠失しており、刃口幅は約40m/mである。鉄製の台底面は、厚さ約16m/m、台頭・台尻いずれも上方に折れ曲がっている。この底面より垂直方向に長さ約70m/mの鉄製リベットが4本立ち上がり、前方2本のリベット間隔は約111m/m、後方2本の間隔は約130m/m、リベット頭部の径は約38m/m、リベット軸部の径は約10m/mである（図5-12）。

第2に、リベットは欠失しているが、垂直方向にリベットが立ち上がっていた痕跡を残す鉋台底面（W・IPb④）がイギリスから出土している。台長約365m/m、台幅約45m/m、鉄製鉋身が取り付いた状態で出土し、刃幅約30m/m、仕込勾配約66度である。刃口は、台長さの中央ではなく、約18m/m台頭寄りにあけられている。台底面の台頭・台尻部分は、上方に折れ曲がっている（図5-13）。

そして第3に、垂直方向のリベットの痕跡がない鉋台底面（W・IPb⑥）がイギリスから出土している。台長約325m/m、台幅約50m/m、刃幅約30m/mの鉋身が残っており、その仕込勾配は約66度である（図5-14）。

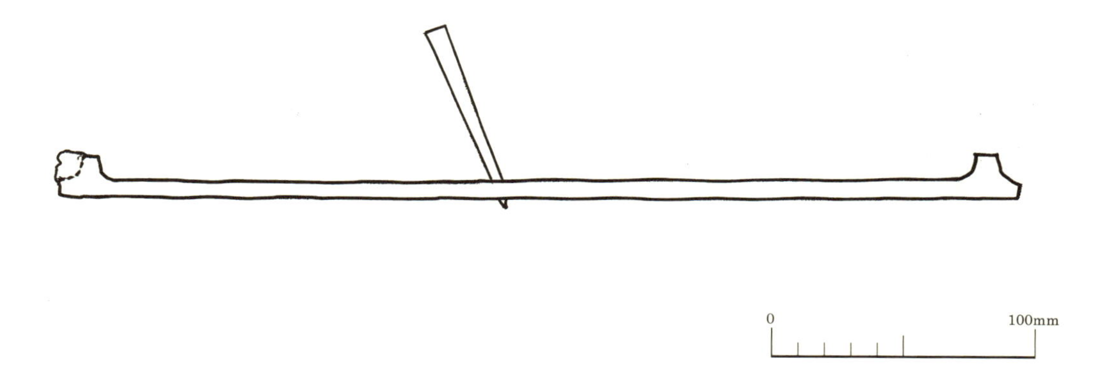

図5-13　イギリスにおける台鉋：底面鉄製（B.C.3～A.D.4世紀）
［文献B4］史料T99

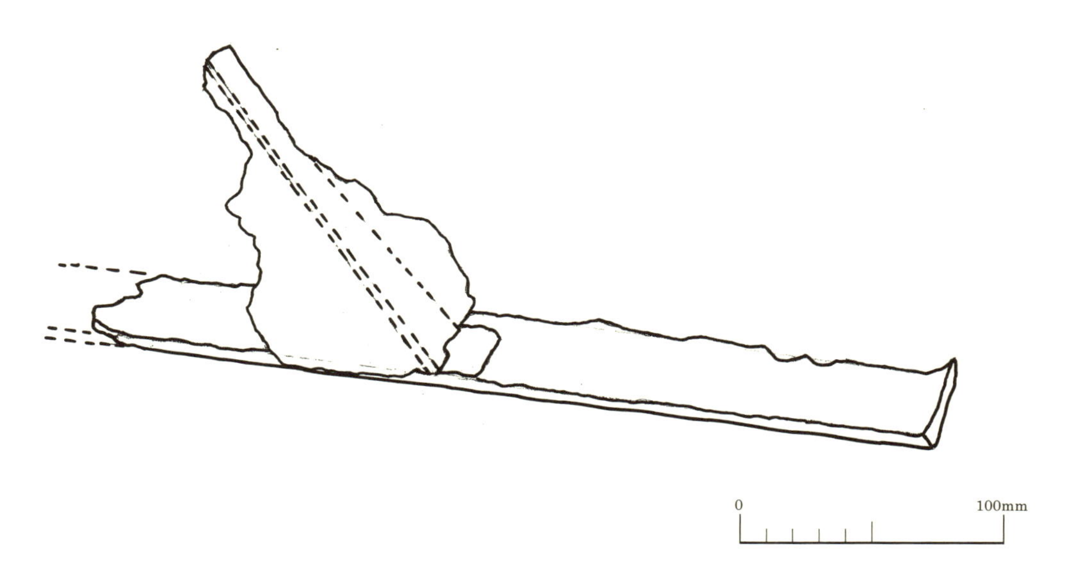

図5-14　イギリスにおける台鉋：底面鉄製（B.C.3～A.D.4世紀）
［文献B4］史料T100

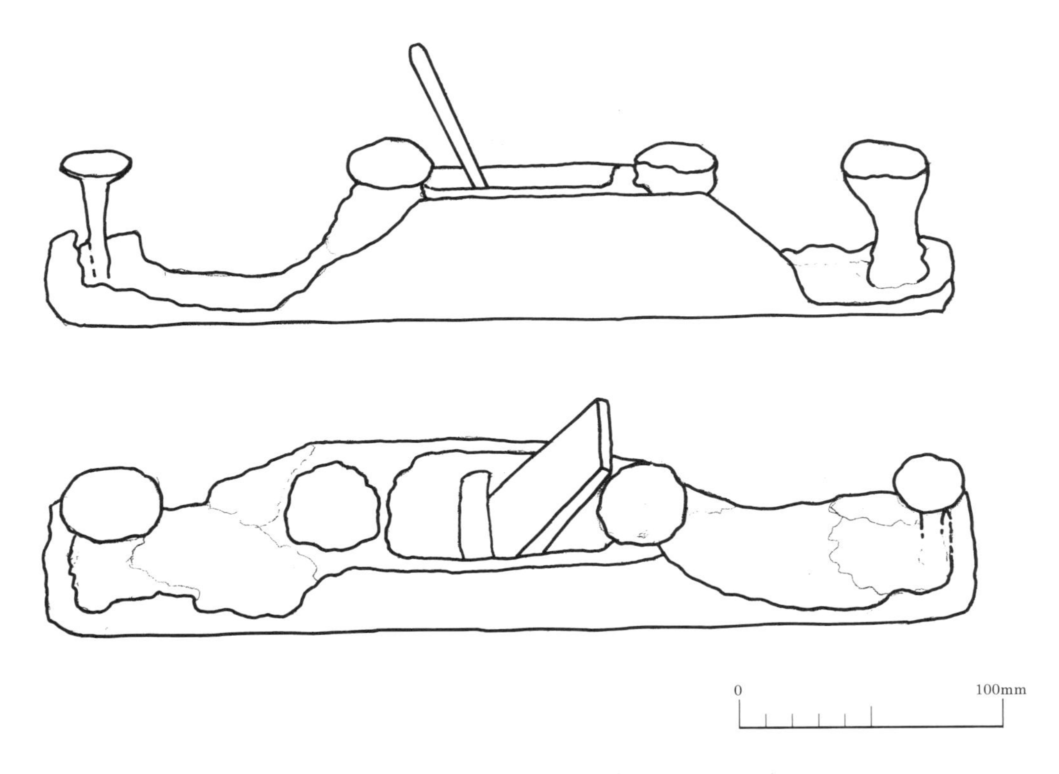

図5-15　イギリスにおける台鉋：三面鉄製（B.C.3～A.D.4世紀）
［文献B4、B41］史料T101

〈3〉三面鉄製台鉋

底面と両側面とを鉄でつくった台鉋が、イギリスやドイツなどにおけるローマ時代の遺跡から出土している[20]。

第1に、イギリスにおけるローマ時代の遺跡から出土した台鉋（W・IPb⑦）は台長約340m/m、台幅約50m/m、残っている4本の垂直方向リベットの長さから、台成約60m/mと考えられる。残存している鉄製鉋身は、刃幅約38m/m、仕込勾配約65度である。鉄製底面の台頭・台尻いずれも上方に折れ曲がり、鉄製両側面は底面と一体化してつくられている。4本の垂直方向リベットの間隔は、前方2本が約70m/m、後方2本が約86m/mである（図5-15）。

第2に、ドイツにおけるローマ時代の遺跡から出土した台鉋（W・IPb⑧）は、出土遺物の中で最も保存状態の良好なものである。台長約324m/m、台幅約50m/m、台成約50m/m、残存している鉋身は長さ約178m/m、刃幅約40m/m、仕込勾配約53度である。鉄製の両側面は、長さ約89m/m、高さ約50m/mで、甲穴前方部が曲面形状につくられている。台の上面には、前方・後方いずれにも、ハープ形状の鉄製装飾が見られる。鉋身の刃先部分は鋸歯形状[21]で、合板製作にあたっての接着面を荒く切削する用途に使われたと推定される（図5-16）。

第3に、ドイツにおけるローマ時代のいくつかの遺跡から、垂直方向リベット付き鉄製底面と両側面と考えられる鉄製板とが分離した状態で出土した例がある。それらの内の1点（W・IPb⑨）は、台長約368m/m、台幅約48m/m、台成約55m/m、残存している鉋身の刃幅約32m/m、仕込勾配約58度である。次の1点（W・IPb⑩）は、台長約362m/m、台幅約48m/m、台成約45m/m、刃口幅約32m/m、別の1点（W・IPb⑪）は、台長約352m/m、台幅約44m/m、台成約55m/m、刃口幅約28m/mである。

これらのいずれについても、両側面に取り付くと考えられる鉄製板の幅が台成よりも短く、長手方向の一方の端部が直角に折れ曲がっていることから、鉋台上方の甲穴部分の補強用と推定されている。この側面板には、水平方向のリベット穴が3個あけられている（図5-17）。

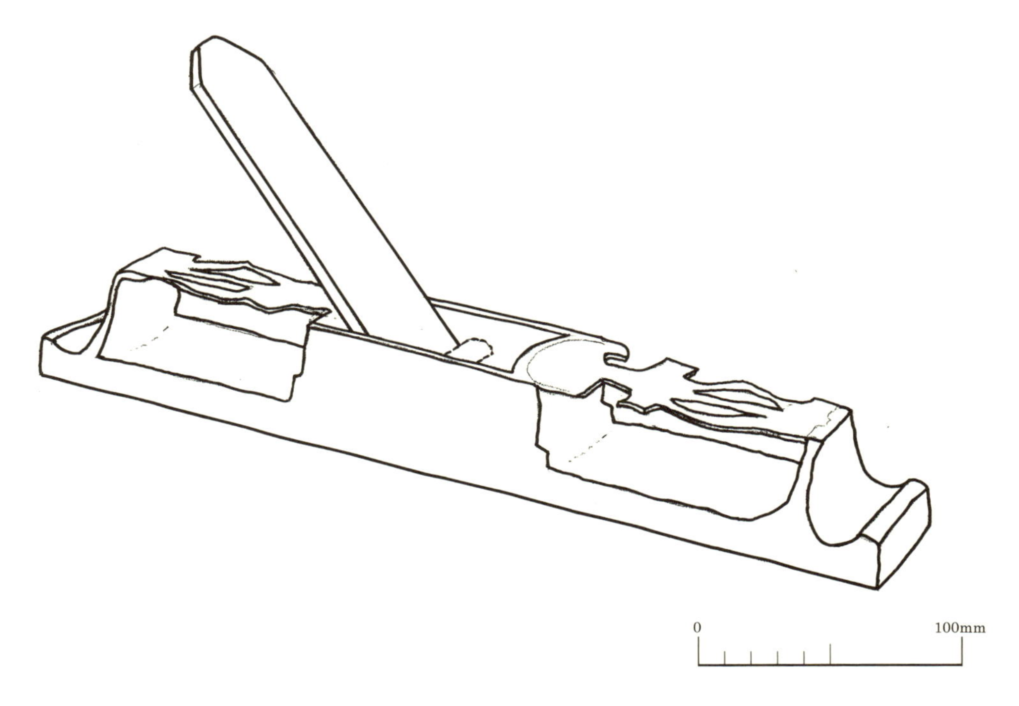

図5-16　ドイツにおける台鉋：三面鉄製（B.C.3～A.D.4世紀）
［文献B4］史料T102

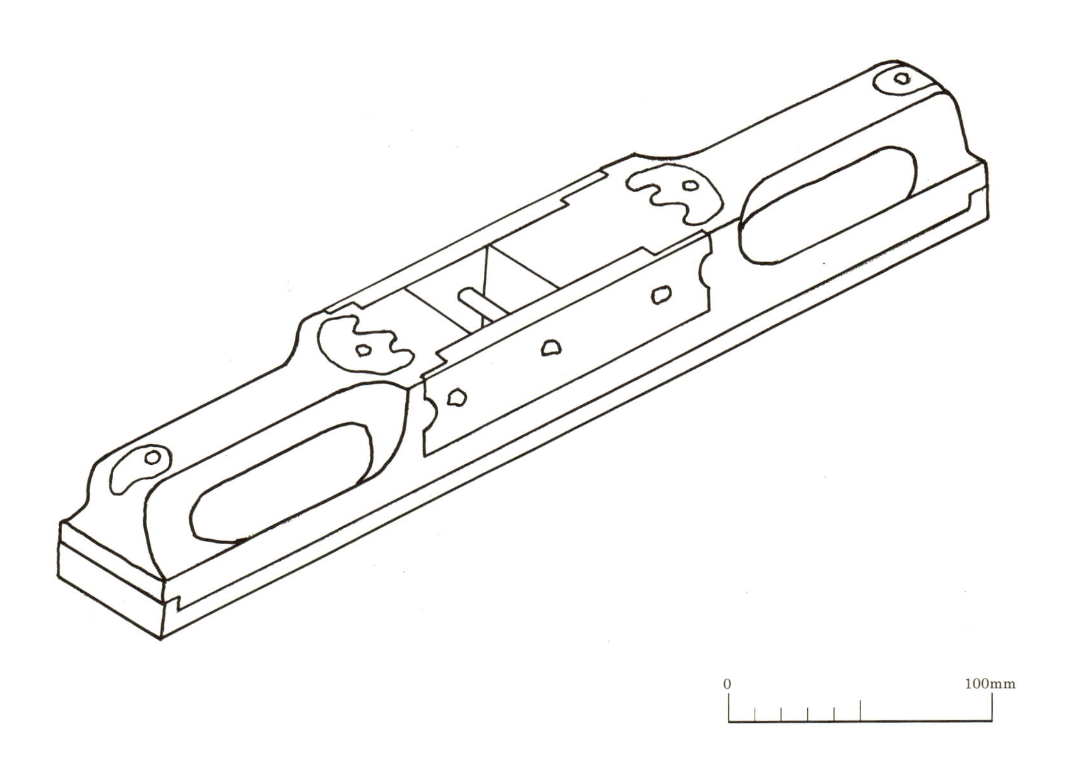

図5-17　ドイツにおける台鉋：三面鉄製（B.C.3～A.D.4世紀）［推定復元］
［文献B4］

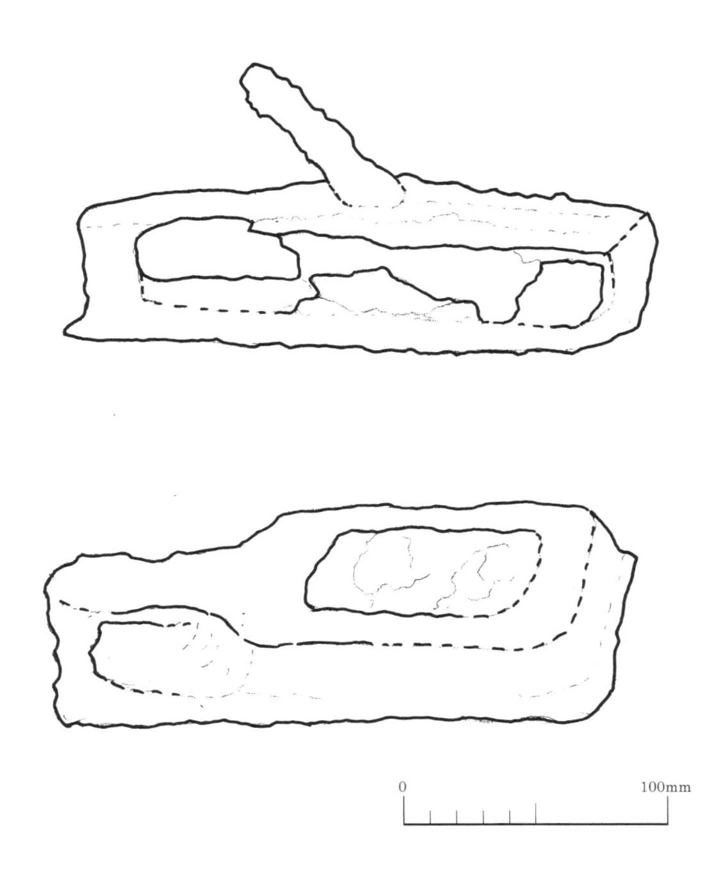

図5-18　イタリアにおける台鉋：四面鉄製（B.C.3～A.D.4世紀）
［文献B4、B41］史料T103

〈4〉四面鉄製台鉋

イタリアにおけるローマ時代の遺跡から、四面鉄製の台鉋が出土している[22]。

この遺物の中の1点（W・IPb⑫）は、台長約210m/m、台幅約60m/m、台成約50m/m、刃口幅約40m/m、仕込勾配約50度、別の1点（W・IPb⑬）は、台長約210m/m、台幅約60m/m、台成約45m/m、刃口幅約35m/m、仕込勾配約50度である。四面を鉄で包んだ内部には木製の芯が残っており、材種はクリ（Chestnut）あるいはナラ（Oak）と推定されている。いずれも台頭から約3分の1のところに刃口があけられ、鉋身をクサビと押え棒で固定する構造である（図5-18）。

〈5〉台鉋の使用法

ローマ時代の壁画やレリーフなどに、台鉋の使用場面が描かれている[23]。

これらの図像資料に共通する描写として、切削対象が作業台にのせられていること、作業者（工人）が立位であること、比較的大型の台鉋を両手で把んでいること、重心の傾きから推し使いの使用法と考えられること、などを挙げることができる（図5-19～5-21）。

図5-19　イタリアにおける台鉋の使用法（B.C.3～A.D.4世紀）
［文献B41］史料P19

図5-20　ドイツにおける台鉋の使用法（B.C.3～A.D.4世紀）
［文献B4、B41］史料P20

図5-21　イタリアにおける台鉋の使用法（B.C.3～A.D.4世紀）
［文献B23］史料P21

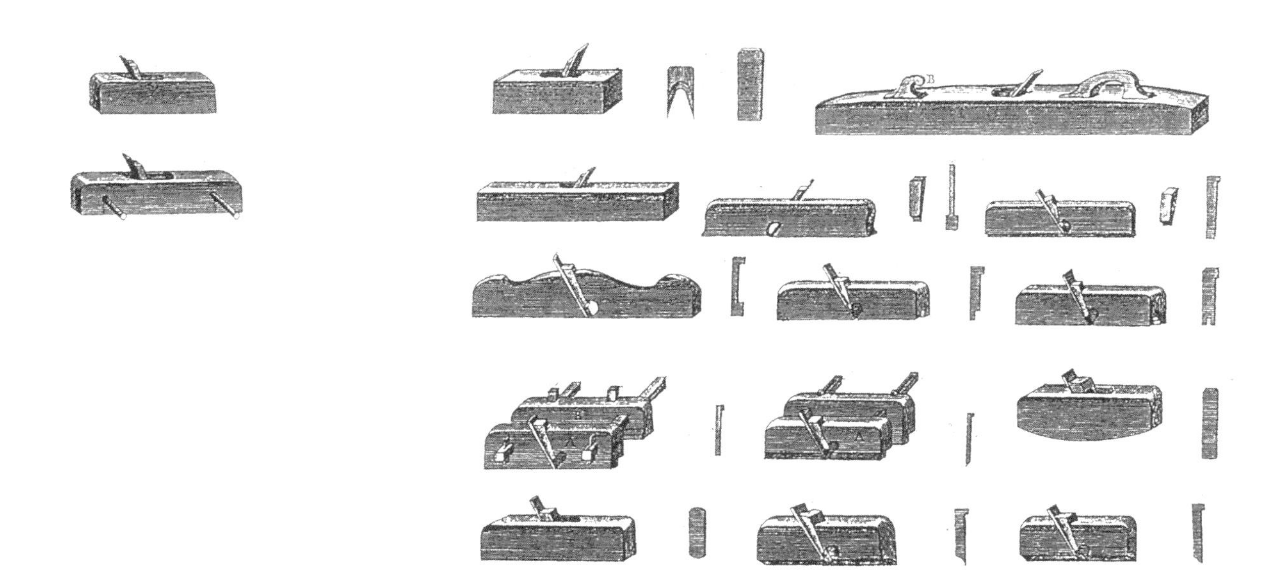

図5-22　フランスにおける台鉋の編成（A.D.18世紀）
［文献B38］

2.3　周辺部におけるカンナ

切削機能をもつ道具には、ナイフの系統と台鉋の系統がある。

ナイフは石器時代に起源をもつ古い道具であるが、鉄製の刃の両端に木製の柄を装着したドゥローナイフ（セン）が、2世紀ころの古代ローマにおいて、すでに使われていた。その後、刃部を直接木部に固定し、両端の柄を握って使用するスポークシェーブ（南京鉋）が17世紀ころから使われるようになり、曲面切削の精度が向上した(24)。

台鉋の系統は、古代ローマにおいて、平面切削用、溝切削用、繰型切削用などが、すでに使い分けされていた。その後、14世紀から16世紀にかけて、長い部材を平滑に切削するトゥライング・プレーン（長台鉋）、接合面の木口を切削するマイター・プレーン（木口鉋）やショルダー・プレーン（胴付鉋）などが、使われるようになった(25)。

例えば、大陸の西、18世紀におけるフランスの建築工人は、荒切削用と中程度の仕上げ切削用の台鉋を使用し、東端の島・日本の建築工人が使う多様な台鉋は、建具工人の道具編成に見ることができる(26)（図5-22）。

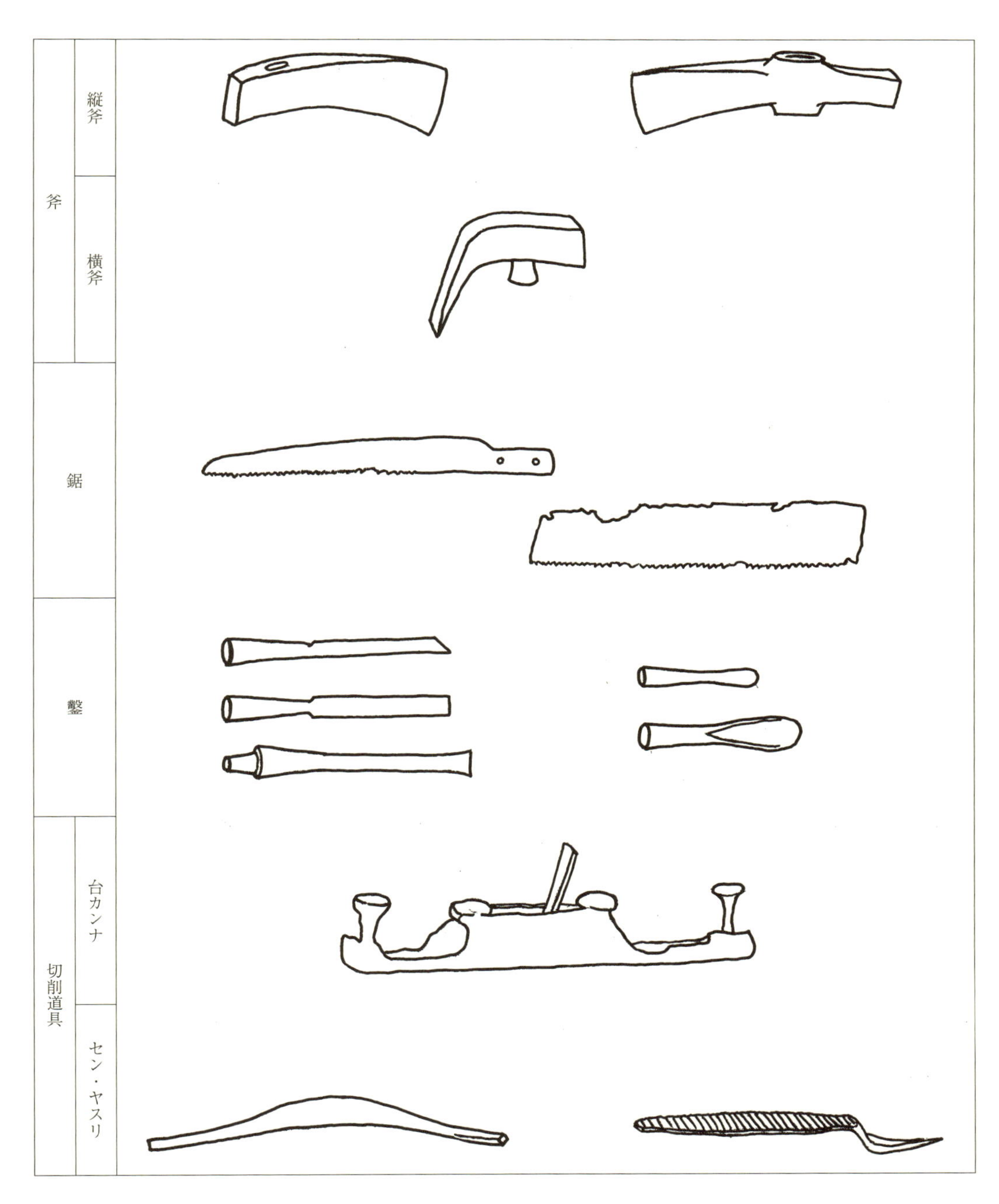

図5-23　ヨーロッパにおける鉄製の木工具編成
［文献B4、B23］

2.4　古代の主要道具編成と切削道具

ユーラシア大陸の西・ヨーロッパにおいて、木の建築をつくる鉄製道具が普及したローマ時代、その主要道具編成は縦斧、横斧、鋸、鑿、弓錐、そして仕上げ切削道具であった(27)（図5-23）。

ローマ時代の仕上げ切削道具としては、台鉋のほかにセンも使われたと考えられる。すなわち、ローマ時代には、Y系切削道具である台鉋とともに、X系切削道具であるセンも道具編成に含まれたいたことになる(28)。

第3節　ユーラシア大陸の東におけるカンナ

3.1　殷代・周代におけるカンナ

ユーラシア大陸の東・中国において、春秋時代（紀元前8世紀から5世紀）後期の遺跡[29]から、小型の鋸、鑿、錐、刀子などと共に、青銅製のヤリカンナが出土している。また、戦国時代（紀元前5世紀から3世紀）の遺跡[30]では、木箱におさめられた小型の横斧（チョウナ）、砥石、木簡と共に青銅製ヤリカンナが発見されている。これらの例をはじめ、遺跡から発見されたヤリカンナは、戦国時代以前に青銅製が多く、それ以後は、鉄製が多くなる。この戦国時代が青銅製から鉄製への移行期と考えられる[31]（図5-24、5-25/E・BPs①～⑦、E・IPs①～⑥）。

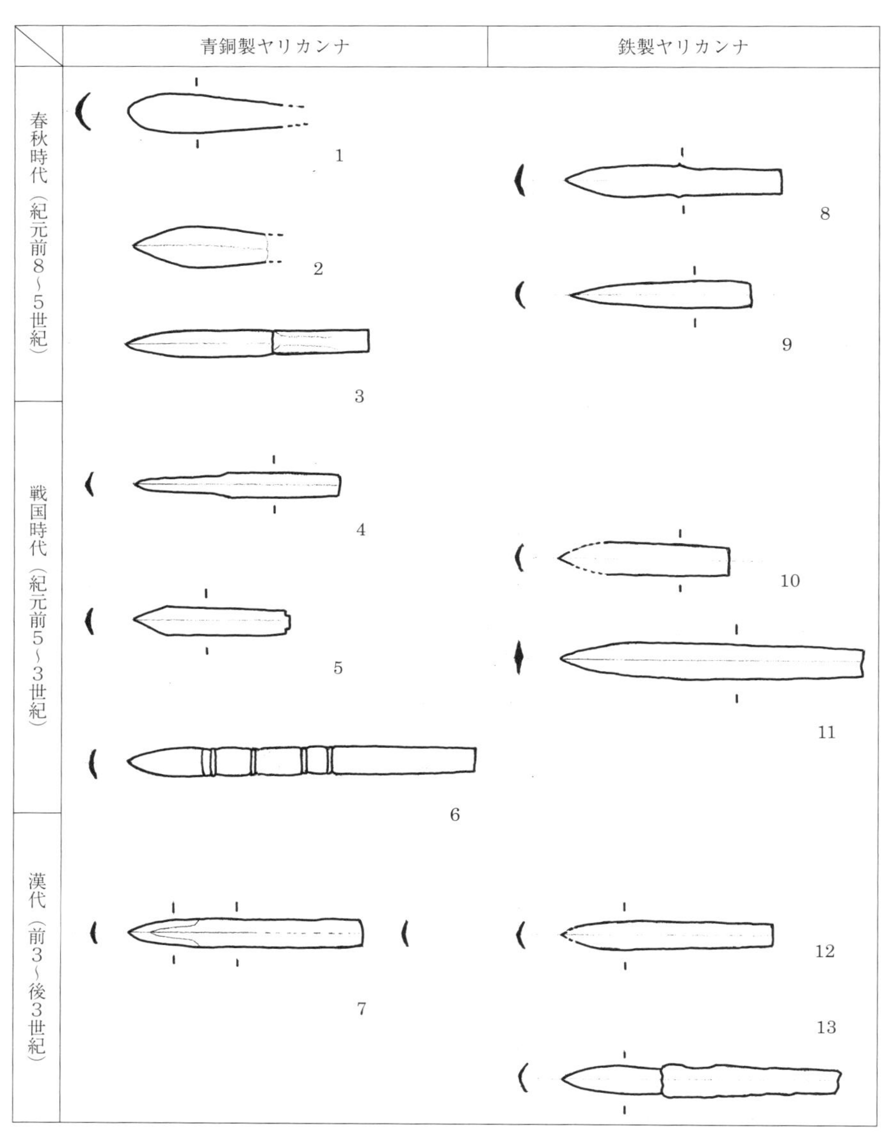

図5-24　中国における金属製のヤリカンナ（B.C.8～A.D.3世紀）［文献C169、C239］史料T104

3.2　秦代・漢代におけるカンナ

漢代（紀元前3世紀～後3世紀）に記された文献資料 (32) の中に、「鏟」と「䙌鐽」の記述がある。

「鏟」については、「斤有高下之跡」「其上而平之也」と説明が記されている。すなわち、横斧（チョウナ）で荒切削した跡を、「鏟」で仕上げ切削する、といった切削のシステムの説明と考えられる。この文面から、「鏟」はヤリカンナの表記と推定できる。一方、「鐽」については、「平削也」と記されているだけで、その形状については不明である (33)。

前漢時代（紀元前3～1世紀）の遺跡 (34) から、クサビを用いて割裂（打割製材）した板材が出土している。

これらの資料から、少なくとも漢代以前には、製材は打割法で行い、その割裂面を横斧（チョウナ）で荒切削し、さらに必要に応じて仕上げ切削にヤリカンナを使用していたと考えられる。

ただ、漢代以前のヤリカンナは、長さ200m/m程度の小型のものが多く、建築構造材など大型部材は、横斧による荒切削で終える場合がほとんどであったと推定される。

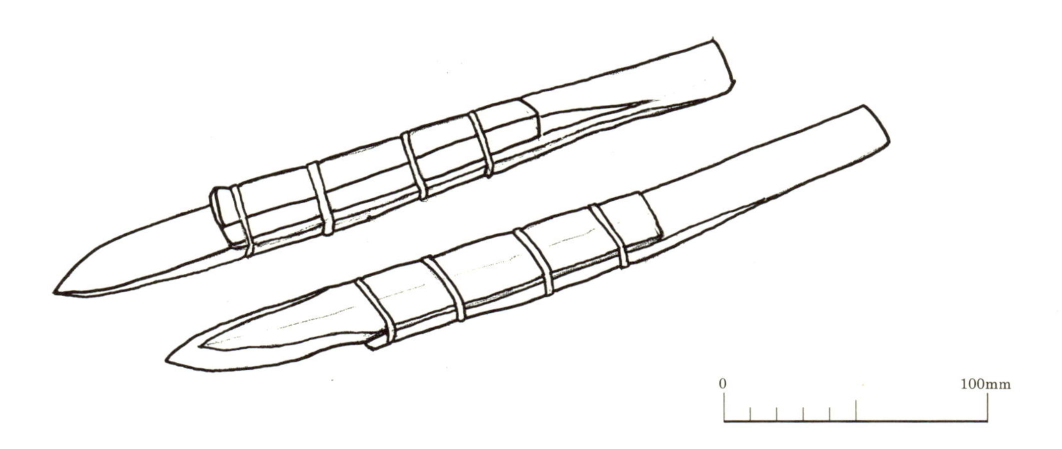

図5-25　中国における青銅製のヤリカンナ（B.C.5～3世紀）
［文献C272］史料T105

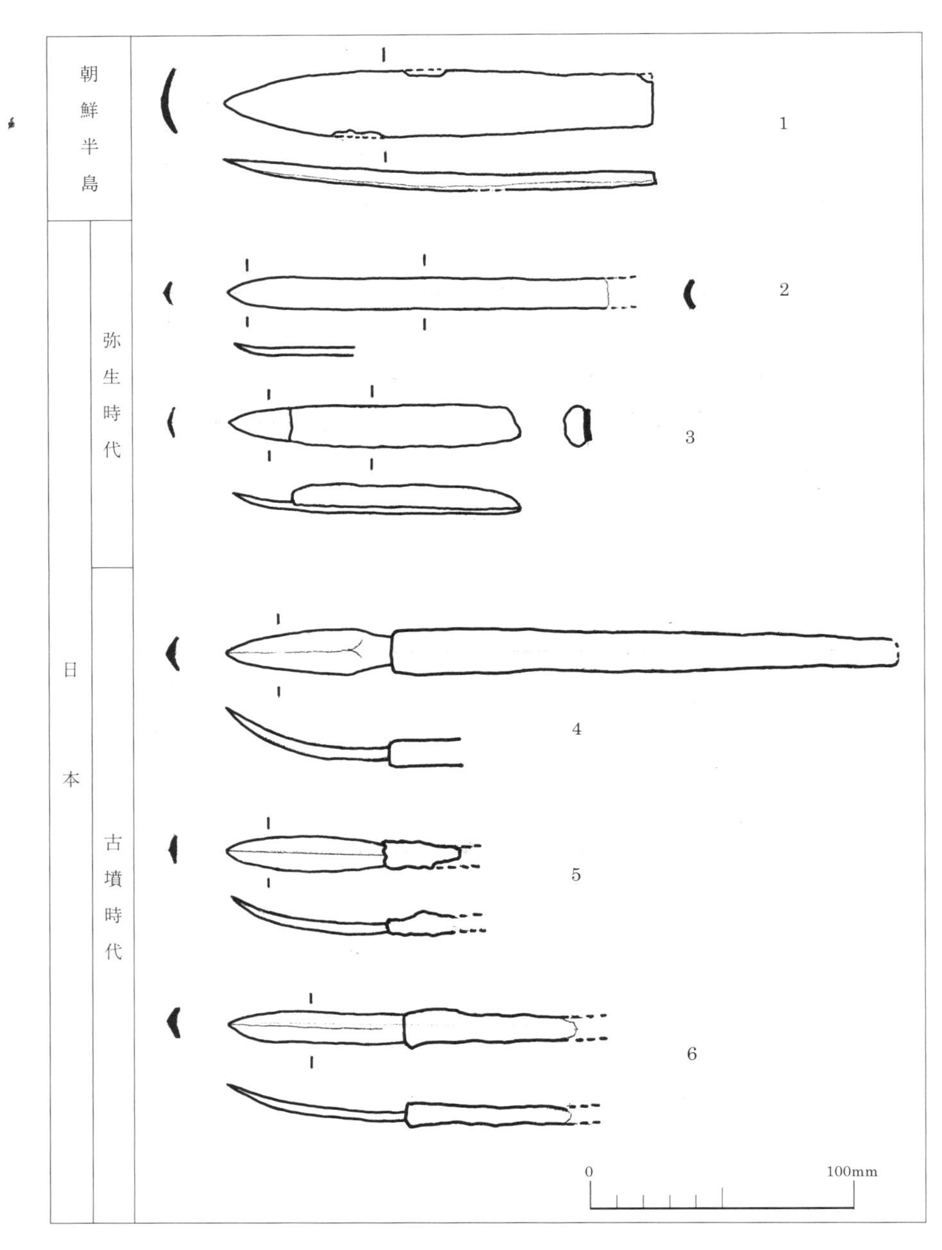

図5-26　朝鮮半島と日本における鉄製のヤリカンナ（B.C.3～A.D.6世紀）
［文献C152、C211、C272］史料T106、T107

3.3　周辺部におけるカンナ

漢代以降、鉄器時代のヤリカンナは、中国での出土例があまり見られなくなり(35)、その周辺での出土例が増加する。

〈1〉朝鮮半島におけるカンナ

朝鮮半島においては、西北部の遺跡(36)から、鉄斧などと共に、鉄製ヤリカンナが出土した例がある（図5-26-1／E・IPs⑦）。

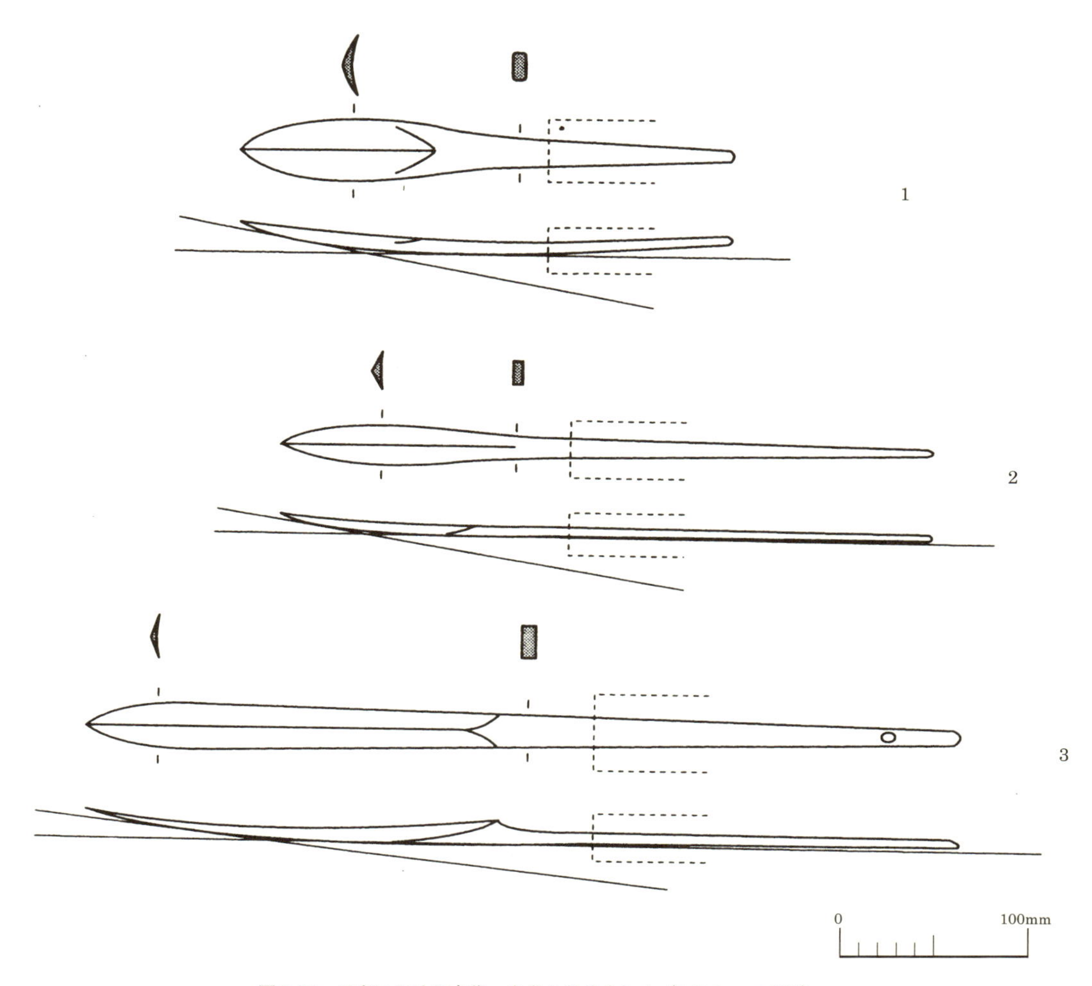

図5-27　日本における古代・中世のヤリカンナ（A.D.7～16世紀）
［文献E49］史料T108

〈2〉日本におけるカンナ

a. 弥生・古墳時代におけるカンナ

日本においては、九州をはじめとした弥生時代の遺跡から、鉄製ヤリカンナの出土例がある。

いずれも、長さ約200m/m以下、刃部長さ約20～30m/mである(37)（図5-26-2、5-26-3／E・IPS⑧、⑨）。

4世紀以降、古墳時代の遺跡から鉄製ヤリカンナが出土しているが、弥生時代と同様に小型で、長さ約200～300m/m、刃部長さ約20～30m/mである。ただ、5世紀になると、刃部長さが約50m/mを越えるものも出現する(38)（図5-26-4～6／E・IPs⑩～⑫）。

また、古墳時代以前の遺跡から出土した建築部材にも、チョウナによる切削痕はあるが、ヤリカンナによるものは、現在のところ見当たらない。

なお、朝鮮半島や日本において、青銅製ヤリカンナの出土例もみられるが、鉄製ヤリカンナと同様に、いずれも小型である(39)。

b. 古代・中世におけるカンナ

建築部材にヤリカンナの切削痕が残されるようになるのは、古代以降である。例えば、7世紀後半の寺院建築（法隆寺金堂）には、刃部の曲率が大きなヤリカンナの切削痕が、7世紀末の寺院建築（法隆寺五重塔）には刃部曲率の小さなヤリカンナの切削痕が、それぞれ確認できる。また、斗や肘木などの曲面にも、ヤリカンナの切削痕が残されている(40)。

このように、仏教建築が伝来した古代以降、建築部材の切削を可能とする大型のヤリカンナが使われはじめ、刃部も様々な曲率のものに多様化したと考

図5-28　建築部材に残る原初的台鉋（推定）の刃痕：平面切削（A.D.14世紀）
［文献E49］史料W3

図5-29　建築部材に残る原初的台鉋（推定）の刃痕：溝切削（A.D.14世紀）
［文献E49］史料W3

えられる（図5-27）。

13世紀以降、建築工事場面を描いた絵画資料によって、中世のヤリカンナの使用法を知ることができる。建築工人の作業姿勢は坐位を基本とし、多くが右手で柄の端部近くを握り、左手で刃部の近くを握って、引き使いをしている。また、少数例であるが、推し使いをしている場面も見られる。

仕上げ切削道具の主役がヤリカンナであった古代・中世に、ヤリカンナ以外の切削痕が残る建築部材がいくつか見られる。

第一に、14世紀初めの寺院建築（金剛峯寺不動堂　和歌山県）の垂木側面に、刃幅8分（約24mm）ほどの、鑿の刃先を木片などで固定したと推定される切削痕が残っている[41]（図5-28）。

第二に、15世紀中ころの寺院建築（正蓮寺大日堂　奈良県）の天井板に、わずかに凹みのある直線状の切削痕が、一定の幅で残っている[42]。

そして第三に、14世紀初めの寺院建築（前掲）部材（鴨居）に、溝側面を通りよく仕上げ切削した刃痕が残されている。溝側面と溝底面の境界に、直線状の刃痕が走っていることから、刀子の刃部を木片などで固定した道具を使用したと考えられる[43]

図5-30　中世前半までにおける建築部材の切削工程
［文献E49］史料P33

(図5-29)。

これら三つの事例の内、前二者は平面切削用の原初的台鉋が、三番目の事例は溝切削用の原初的台鉋が、それぞれ使われていた可能性がある。

これらの事例が見られる14世紀から15世紀にかけては、縦挽製材用の鋸（オガ）が出現、普及していった時期である。それ以前の製材は、斧や鑿によってあけた穴にクサビを打ち込んで割裂させる方法（打割製材法）で行われていた。打割製材の場合、割裂面をチョウナで荒切削し、ヤリカンナによって仕上げの切削をしていた（図5-30）。

鋸（オガ）による挽割製材でも、挽割面に凹凸がある場合、チョウナで荒切削した例（『白山神社扁額』滋賀県）(44) も見られるが、多くの場合、挽割面をそのまま仕上げ切削したと考えられる。

このように、仕上げ切削の前段階にあたる部材表面が、製材法の変革によって、より平滑な状態になったことから、ヤリカンナ以外の仕上げ切削道具が工夫されていったのであろう。

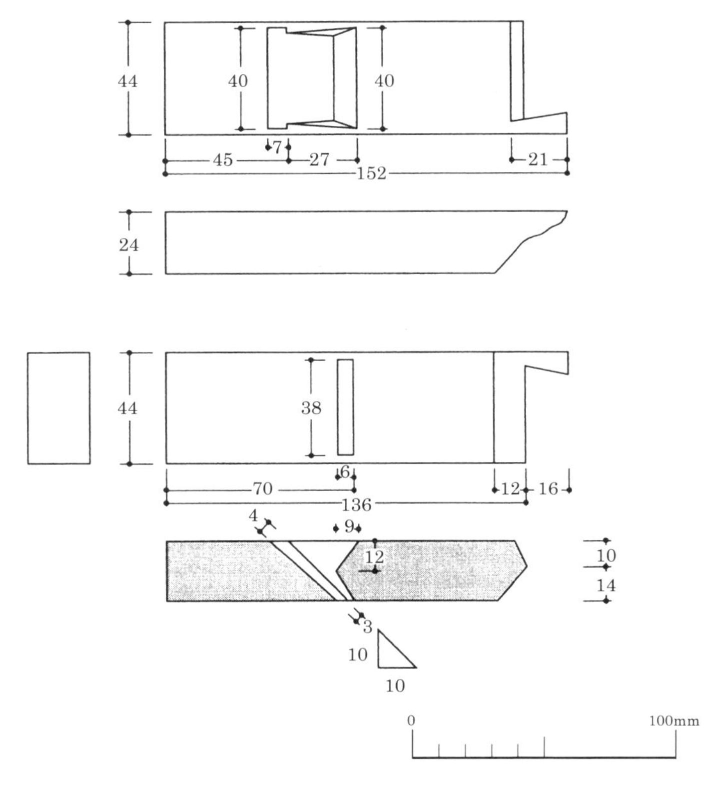

図5-31-1　日本における最古の台鉋（A.D.16世紀）
［文献E49］史料T109

c. 近世におけるカンナ

現在発見されている日本最古の台鉋は、大坂城の16世紀末（1590年代）の地層から出土したものである[(45)]。一方の端部が欠損しているが、当初の寸法は、長さ7寸（約210mm）、台幅1寸5分（約45mm）、刃口幅1寸3分（約39mm）、刃部の有効機能幅は1寸2分（約36mm）くらいであったと推定される（図5-31）。かなり使い込まれたもので、1人の工人が20年以上使っていたとすれば、中世末の台鉋の可能性もある。

刃部幅1寸2分の切削痕は、17世紀初めの寺院建築（正法寺本堂　京都府）の床板にも残されており、この時代の絵画資料（『喜多院職人尽絵』）にも、幅の狭い台鉋が描かれている。

18世紀中ころの文献（『和漢船用集』）には、台鉋の幅が「一寸二分」から「二寸」まで、2分きざみに5種類記述され、切削工程も、「荒」「中」「上」の三段階が説明されている。この中で、16世紀後半から17世紀初めにおける台鉋の刃部幅1寸2分は、18世紀の「荒」段階に相当している。

日本における台鉋は、比較的幅の狭いものから、百数十年かけて刃幅の広い台鉋も含めた編成へと、急速に発達していったものと考えられる。

また、18世紀中ころには、平面切削用だけでなく、溝切削用、曲面切削用など、近代以降に見られる台鉋の種類が、ほぼ出揃っている（図5-32）。

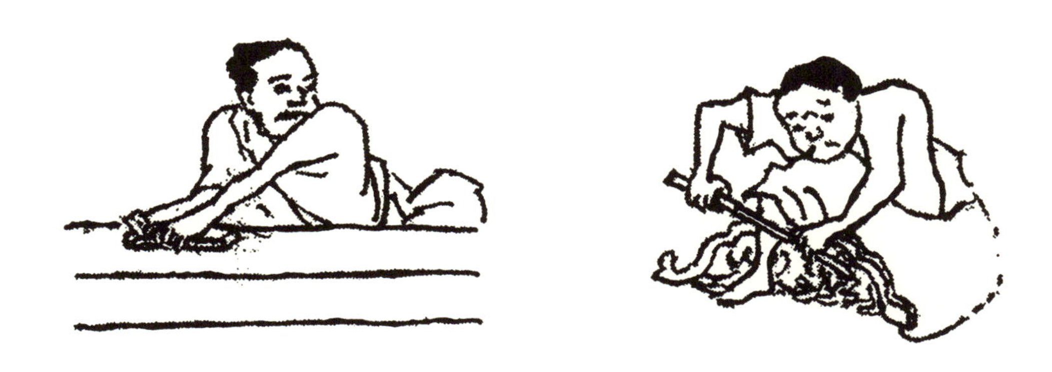

図5-31-2　日本におけるヤリカンナと台鉋の併用期（17世紀）
［史料P40］

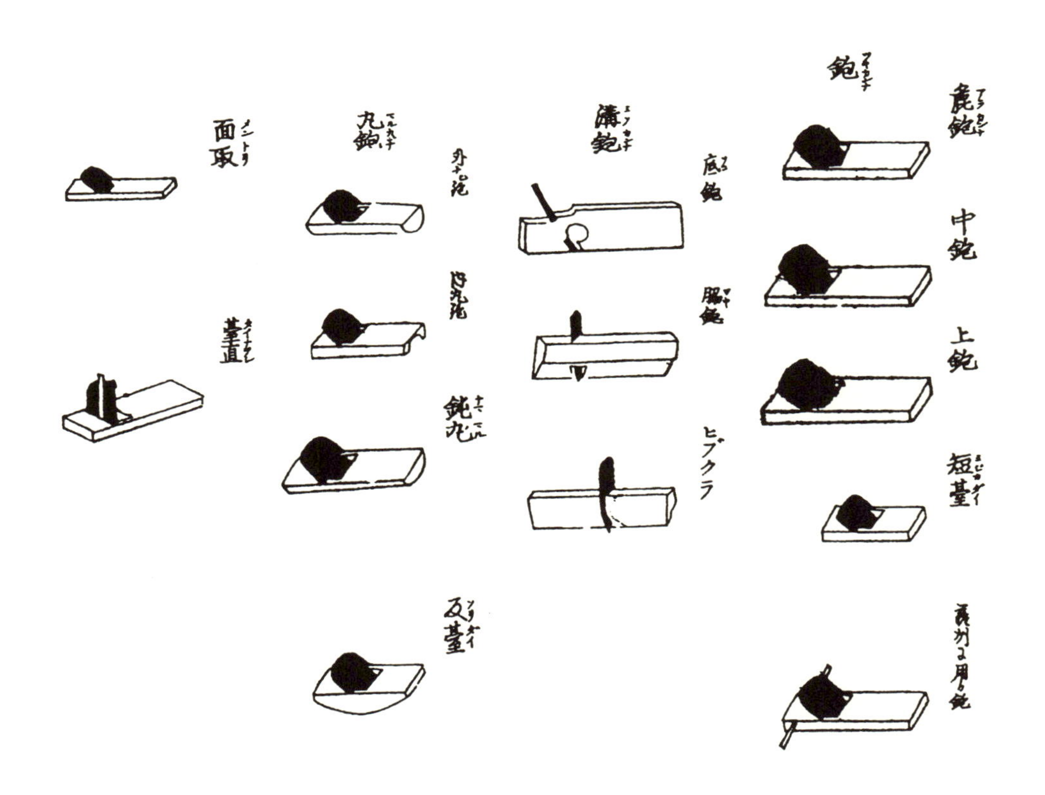

図5-32　日本における近世の台鉋（A.D.18世紀）
［文献E49］史料L4

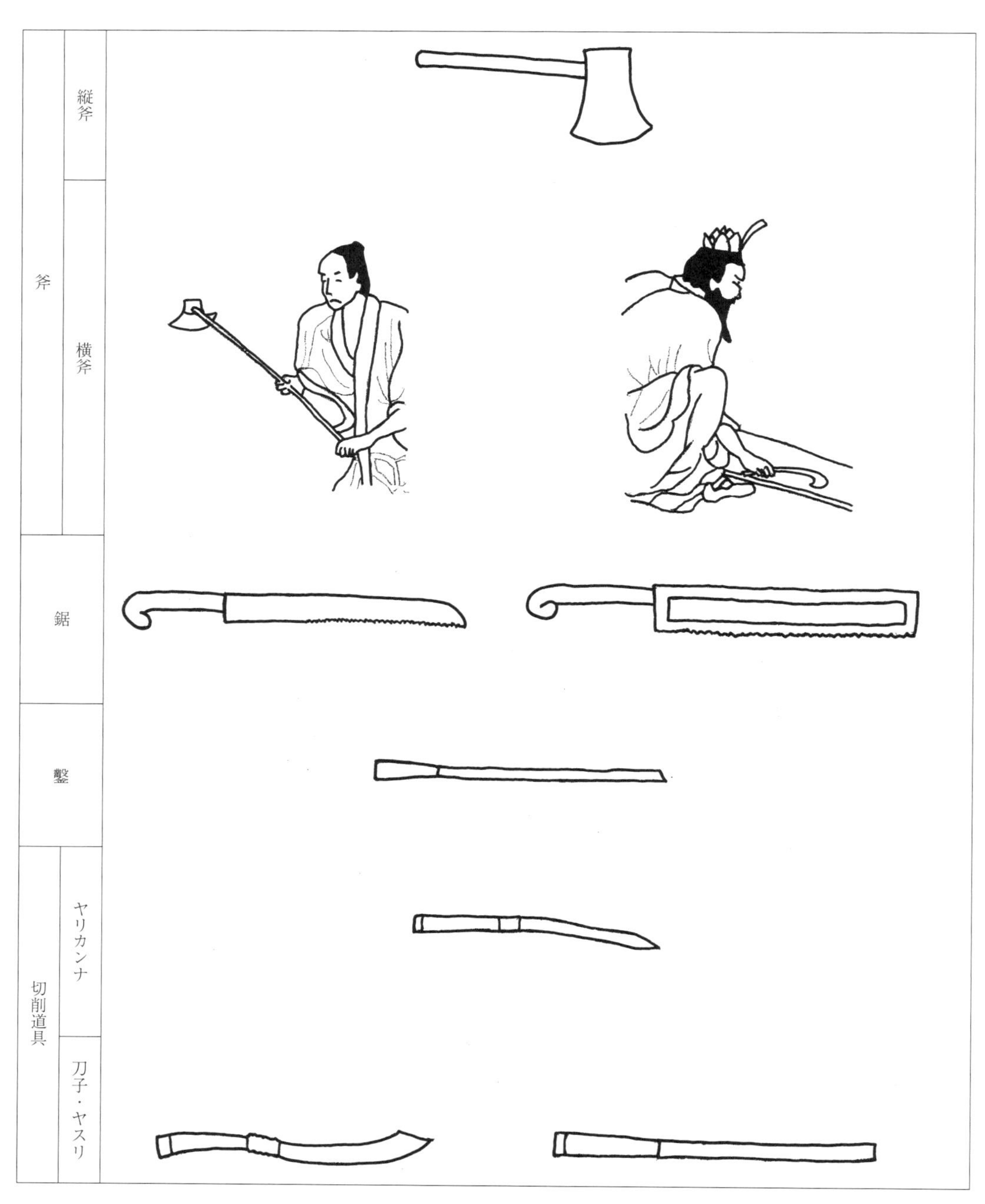

図5-33-1　中国における鉄製の木工具編成
［文献C169］史料P22

3.4　古代の主要道具編成と切削道具

ユーラシア大陸の東・中国における漢代の文献資料[46]には、木工具として斧、鋸、鑿、錐、鐁、鏟などの記述がある。

唐代（7～10世紀）以前の様子を描いたと推定される絵画資料[47]の中に、木工具として縦斧、横斧（大・小）、鋸（2点）、鑿、ヤリカンナ、刀子、ヤスリなど、計9点の描写がある（図5-33）。

これらの資料から、唐代以前の仕上げ切削道具はヤリカンナであること、台鉋はまだ使われていなかったこと、などを知ることができる。

図5-33-2　中国における台鉋の使用場面（15～16世紀）
［文献C81］史料P62

図5-34　ノルウェーにおける木造教会：外観

第4節　西と東における カンナの比較発達史

4.1　西の台鉋、東のヤリカンナ

ユーラシア大陸の西と東において、鉄製道具が普及する紀元前3世紀以降（ローマ時代と漢代）、木材を仕上げ切削する主要な道具は、西が台鉋、東がヤリカンナであったと考えられる。

ある時代まで、ユーラシア大陸の西に「台鉋文化圏」、東に「ヤリカンナ文化圏」が形成された、という見方もできる。

しかし、「台鉋文化圏」の中の限られた地域にヤリカンナが使われていた可能性があり、また、ある時代以降、「ヤリカンナ文化圏」が「台鉋文化圏」に移行することになる。

4.2　西におけるヤリカンナ

前述したように、ユーラシア大陸の西に位置するヨーロッパでは、建築用材としての樹種の特性によって、異なる構法の建築がつくられてきた[48]。

まず、ヨーロッパ北方と東半分（スカンジナビア諸国、ロシアなど）は、モミやトウヒなどの針葉樹

図5-35　ノルウェーにおける木造教会：内部

図5-36　木造教会の建築部材に残る刃痕

（軟材）林が広がっていた。これらの樹種は、建築用材として垂直に使うだけの強度がなかったことから、水平材のみの構法（ログ構法）が発達した。また、ヨーロッパの西半分（イギリス、フランス、ドイツなど）はオーク（ナラ）などの豊かな広葉樹（硬木）林が広がっていた。これらの樹木は高い強度を有していたことから、垂直材（柱）と水平材（梁・桁など）とを組み合わせ、木栓で固める構法が発達した。そして、両者の中間地域、針葉樹と広葉樹とが混淆林を形成する地域（ポーランド、ハンガリー、ルーマニア、ブルガリアなど）では、建築構法においても両者の要素を取り入れた様々な特徴ある建築がつくられてきた）。さらに、ログ構法の建築が数多く存在するスカンジナビア半島においても、その南部地域に、ログ構法とは異なる木の建築が残されている。強度のある針葉樹を主として用いたスターブ教会である（図5-34）。バイキングの木造船をつくる技術とも関連した高い技術でつくられたスターブ教会は、丸柱と長押に類似した水平材などを組み合わせ、その内部に入ると日本の中世仏堂の中にいるかのような錯覚を生ずる（図5-35）。この丸柱材の表面には、日本の古代・中世の建築部材に残されたヤリカンナの刃痕と類似した切削痕が確認できる（図5-36）。

また、この地域からは、青銅製ヤリカンナ[(49)]（図5-37）や鉄製ヤリカンナ[(50)]（図5-38）が出土している。

これらの資料から、ユーラシア大陸の西・ヨーロッパの「台鉋文化圏」の中に、ヤリカンナを使用した地域が存在していた可能性が考えられる。

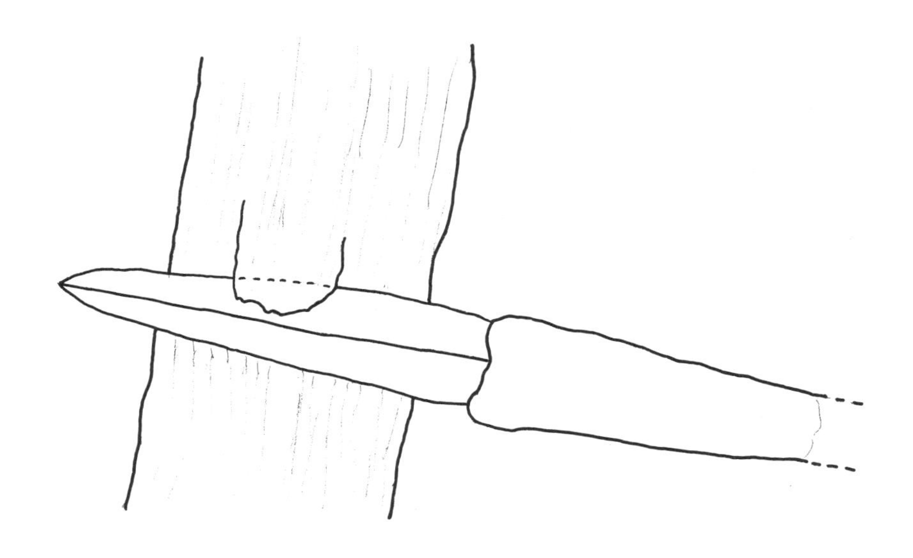

図5-37　スウェーデンにおける青銅製のヤリカンナ
［文献B4］史料T110

図5-38　ノルウェーにおける鉄製のヤリカンナ（A.D.10～12世紀）
［文献E51］史料T111

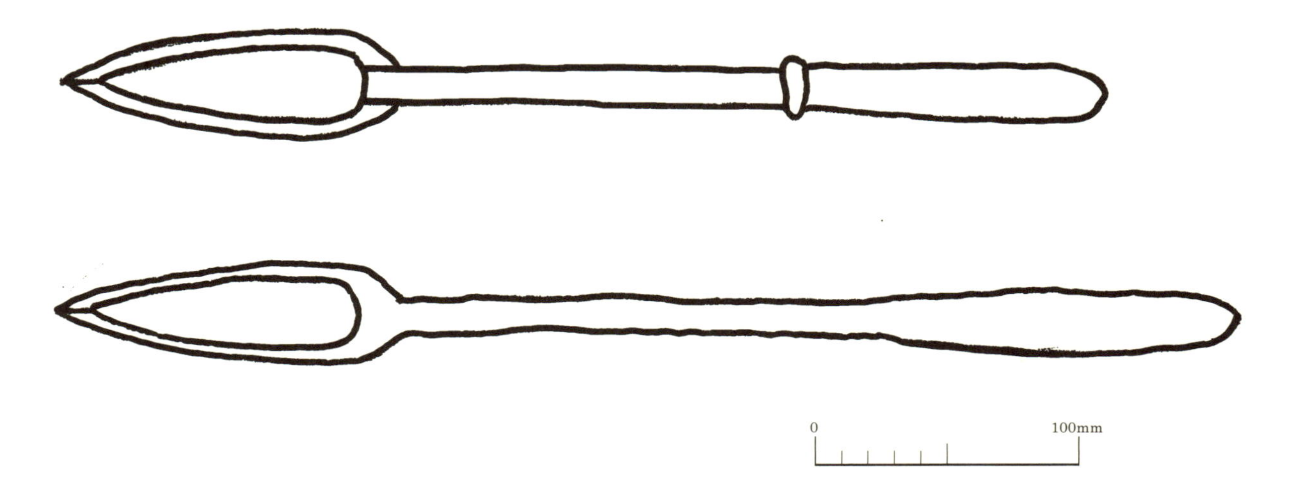

図5-39　中国における鉄製のヤリカンナ（A.D.12～13世紀）
［文献C169］史料T112

4.3　東における台鉋

ユーラシア大陸の東・中国の金代（12～13世紀）の遺跡[51]から、大型の鉄製ヤリカンナが出土している。その中の1点（E・IPs⑬）は、刃部・首・柄の部分から構成され、全鉄製である。首と柄との境界は、鉄のリングで区別されている。その寸法は、刃部長さ約120m/m、首長さ約163m/m、柄長さ約117m/mである（図5-39）。

類似した形状・寸法のヤリカンナは、同時代の日本でも使われている[52]。

ユーラシア大陸の東において、台鉋はいつ頃から使われはじめたのであろうか。

15世紀はじめに記されたと考えられている文献資料[53]に、「鉋」の記載がある。それ以前、10世紀の文献資料[54]には、「鏟」の記述はあるが、「鉋」を見出すことはできない。これらの資料より、中国において台鉋が使われはじめたのは、10世紀から15世紀までのいずれかの時期と考えられる。

この時期の中国は、宋・元代（10～14世紀）と明代（14～17世紀）の前半に該当している。その前の時代からも含めて、木の建築をつくる技術の発展過程を概観すると、隋・唐代（6～10世紀）に木造軸部（構造材）を強固にする技術が、宋・元代に造作技術が、そして明代に継手仕口の技術が、それぞれ発達した[55]。

中国における台鉋は、宋代から明代にかけて、造作材や継手仕口を精巧に加工するための道具として使われはじめたと推定される。特に、ユーラシア大陸の西・ヨーロッパにまで及ぶ世界帝国を形成した元代（13～14世紀）において、西から東へ台鉋がもたらされた可能性が考えられる。15世紀から16世紀頃に描かれた絵画資料[56]には、立位の工人が台鉋を用いて作業台にのせた部材を、推し使いで切削している様子が描かれている。この描写から、カンナを使用する際のいくつかの要素が、ヨーロッパと共通していることを知ることができる。

ユーラシア大陸の東における台鉋の使用開始は、13世紀から14世紀にかけての時期と推定される[57]。

4.4　カンナと木の文化

ユーラシア大陸の西・ヨーロッパにおいて、ローマ帝国が支配した地域は、現代のイタリア・フランス・ドイツ・イギリスなど、硬木（広葉樹）の文化圏であった。この地域において、早くから台鉋が使われはじめたことと、硬木文化圏であることとは、密接に関連していると考えられる。ローマ時代の出土台鉋の仕込勾配が、約50度から65度までの範囲であることも、これらの台鉋が硬木切削用[(58)]であったことを示している。

ユーラシア大陸の東・中国の植生は、湿潤な東南部と、乾燥した西北部とに大きく分けられる。木の建築の材料を供給する森林は東南部に多く、黄河流域は落葉広葉樹林帯、長江流域は常緑広葉樹林帯となっている。朝鮮半島や日本にも、この植生がのびてきている[(59)]。建築用材としては、クスノキ、クリ、カエデなどの広葉樹とともに、これらの地域に混淆林を形成するマツやスギなどの針葉樹も多く使われてきた。軟木（針葉樹）の場合、双刃系刀子の刃部を側面曲刃としたヤリカンナ[(60)]でも切削可能であったと考えられる。ただ、ヤリカンナは切削対象である木材表面の状態に応じて刃部が動くため、切削面の精度や平滑さという点では性能の低い道具といえる。より精度の高い切削面を作り出すためには、刃部を固定して木材表面を移動させる必要がある[(61)]。

ユーラシア大陸の東、「ヤリカンナ文化圏」において台鉋が使われはじめた背景には、より高い精度の切削面を必要とする建築生産面からの要請があったと考えられる[(62)]。

4.5　台鉋の起源

ユーラシア大陸の西・ヨーロッパの硬木文化圏において、台鉋は、どのようなプロセスでつくり出されたのであろうか。

ヨーロッパ文明の源流のひとつであるエジプトにおいては、刃幅と比較して長さの大きな斧身を装着した青銅製の横斧（チョウナ）が使われていた（図5-40）。クサビを利用したこの横斧の装着法を生かしつつ、木柄の形状を加えると、推し使いの原初的台鉋をつくることができる[(63)]。さらに、より強固な装着法を工夫すると、後世に見られる溝切削用や木口切削用の台鉋につながっていくことになる[(64)]（図5-41）。

ローマ時代には、すでに完成した形状・構造の台鉋が使われていることから、原初的台鉋は、それ以前のギリシャ時代、あるいはさらにさかのぼってエジプト時代に、製作・使用されていた可能性が考えられる。

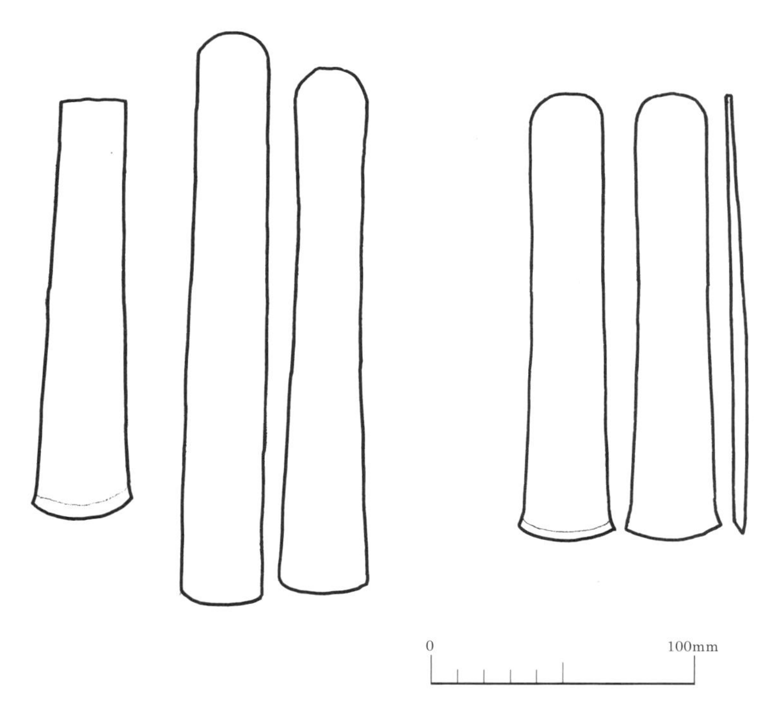

図5-40　エジプトにおける青銅製の斧身
［文献B41］史料T113

一方、原初的台鉋は、ユーラシア大陸の東、例えば日本においても製作・使用されていた可能性を示す古代の木工品[(65)]や中世の建築部材[(66)]が残されている。ただ、ユーラシア大陸の東では、仕上げ切削道具の主役をヤリカンナとする時代がしばらく続くことになる。

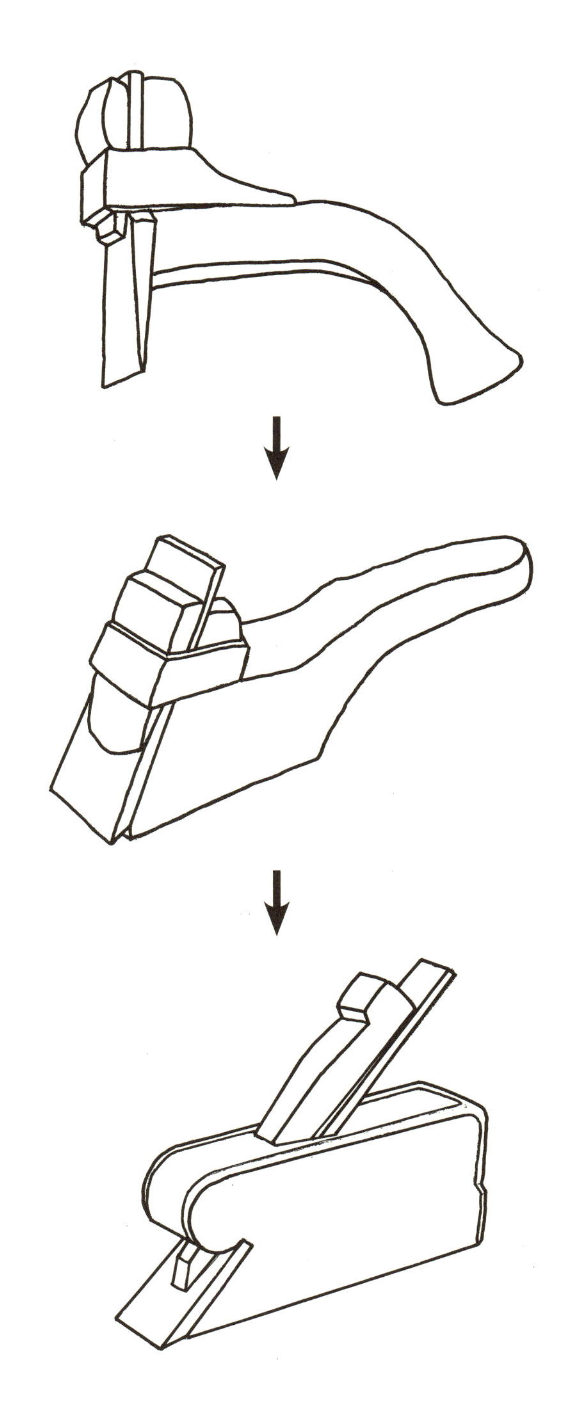

図5-41　原初的台鉋の製作プロセス（推定）
［文献B41］

第5節　木の建築をつくる技術とカンナ

ユーラシア大陸の西と東において、「台鉋文化圏」と「ヤリカンナ文化圏」が形成されていた。

建築部材を切削する道具が、鉄製となって以降、西においては2000年以上、現代まで「台鉋文化圏」が継続している。東においては、ヤリカンナが鉄製となってから、1200年から1300年後に、「ヤリカンナ文化圏」から「台鉋文化圏」への移行が生じたと考えられる。

その要因は、東端の島・日本の18世紀初めの文献（『和漢三才図会』）に記述されていたように、台鉋による切削がヤリカンナより、「甚捷且精密」であることにあった。すなわち、建築部材の仕上げ切削の効率と精度に、格段の違いのあったことが最大の要因であったと推定される。

その背景に、ユーラシア大陸の東において、木の建築をより美しく、精巧につくり上げようとする建築生産史上の大きな流れがあったと考えられる。

東端の島・日本においては、この移行の時期に、打割製材から挽割製材への製材法の大変革があり、それと連動して原初的台鉋の試行錯誤が続けられていたと推定される。16世紀後半に使われていた現存最古の台鉋（大坂城跡出土）は、鉋身を台の両側に彫られた押溝との摩擦力だけで固定する構造となっている。

ヨーロッパや中国の台鉋の場合、鉋身は、クサビやネジを用いて固定されている。しかも台を直接把むのではなく、垂直方向や水平方向にのびた把手（グリップ）を握る構造である。日本の台鉋と比較すると、刃先から伝わる微妙な手応えが、クサビと把手によって、二重にブロックされる構造といえる。

そして台鉋の使用法が、東端の島・日本が引き使い、西と東の大陸部が推し使いである。これも、微妙な切削のコントロールと関連している。建築部材表面の木理は一様ではなく、節もある。それを、刃先から伝わる手応えによって感知し、切削の微妙なコントロールが可能なのは、引き使いである。推し使いは、力を込めて一気に切削するため、木理の状態を把握しながらコントロールすることが困難な使用法といえる。

日本の台鉋は、14世紀から15世紀にかけての原初的台鉋の工夫を経て、日本独自の構造と使用法に到達したと考えられる。その改良に、ヨーロッパや中国の台鉋の影響があった可能性は残るが、基本的には、日本の工人たちが独自につくり出したものと推定される。

第6節　小　結

ユーラシア大陸の西と東におけるカンナの歴史を調査した結果、次の内容が明らかとなった。

(1) 紀元前4世紀以前、鉄製道具が普及していなかった時代、ユーラシア大陸の西・ヨーロッパ文明の源流のひとつであるエジプトでは石器が仕上げ切削道具として、東の中国では青銅製ヤリカンナが仕上げ切削道具として、それぞれ使われていたと考えられる。

(2) 紀元前3世紀以降、鉄製道具が普及した時代、ユーラシア大陸の西・ヨーロッパ（ローマ時代）では台鉋が、東の中国（漢代）では鉄製ヤリカンナが使われていたと推定される。

(3) その後、13世紀頃まで、ユーラシア大陸の西（ヨーロッパ）が「台鉋文化圏」、東（中国・朝鮮半島・日本など）が「ヤリカンナ文化圏」であったと考えられる。

(4) ユーラシア大陸の西、「台鉋文化圏」の中で、その西北部のスカンジナビア半島において、12世紀頃までヤリカンナを使用していたと推定される。

(5) ユーラシア大陸の東、「ヤリカンナ文化圏」において、台鉋が使われはじめたのは、13世紀から14世紀頃と考えられる。

(6) 原初的台鉋は、斧身や鑿などを拘束具に固定した形状であったと推定され、ユーラシア大陸の西と東において、それぞれ独自な工夫が行われていた可能性がある[(67)]。

註

(1) Swing
(2) Hitting
(3) Pushing or Pulling
(4) 参考文献（E28）
(5) 刃部と木柄の軸線とがほぼ平行に装着された斧を縦斧、ほぼ直交して装着された斧を横斧と呼称する。参考文献（A97）。
(6) Drawing Knife
(7) Knife
(8) Spear-head Plane
(9) 中国では、この使用法の切削道具を「鏟」と表記する場合がある。参考文献（C195）。日本ではセンを「鏟」と表記する場合があり、歴史的な文献資料を分析する上で、注意が必要である。
(10) 参考文献（B22）。なお「図5-3」において弓錐は割愛した。また、本図を含め、後掲「図5-23」「図5-24」「図5-33」などは、原図の寸法が不明のため縮尺を記入していない。
(11) エジプトの鋸に関しては、参考文献（E48）参照のこと。
(12) サッカラの墳墓壁画。参考文献（B22）
(13) テーベの墳墓壁画。参考文献（B-22）。なお、「12」の壁画を含め、この場面には、様々な木工具を用いて木材を加工している様子が描かれており、石器を使用している対象も、木製品と推定される。
(14) 参考文献（B4）
(15) 参考文献（B4）（B41）。本書では、ローマが領土拡大をはじめた紀元前3世紀から帝国が分裂した紀元後4世紀までを、「ローマ時代」として記述しておく。
(16) ユーラシア大陸の西（West）における、鉄製（Iron）の台鉋（Block Plane）を、このように表記しておく。
(17) 参考文献（B4）
(18) 参考文献（B4）
(19) 参考文献（B4）
(20) 参考文献（B4）
(21) 後世に、Toothing Planeと呼称される台鉋の刃先とおなじ形状。参考文献（B14）
(22) 参考文献（B4）
(23) 参考文献（B4）（B41）
(24) 参考文献（B4）
(25) 参考文献（B4）

(26) 参考文献（E41）

(27) 参考文献（B23）（B48）。なお「図5-23」の中で、弓錐は割愛した。

(28) ユーラシア大陸の西・ヨーロッパにおいて、セン（Drawing Knife）は、ギリシャ時代まで起源がさかのぼる。参考文献（B4）

(29) 「信陽長台関1号墓」（河南省）、参考文献（C263）

(30) 「江陵望山1号墓（湖北省）、参考文献（C169）（C263）。

(31) 参考文献（C169）。ユーラシア大陸の東（East）における青銅製（Bronze）のヤリカンナ（Spear-head Plane）を「E・BPs」と略称し鉄製（Iron）のヤリカンナを「E・IPs」と略称する。

(32) 『釈名』、参考文献（C163）

(33) 前述したように「鐟」は突鑿を表記した可能性もある。参考文献（C195）

(34) 「錦竹木板墓」（四川省）、参考文献（C169）

(35) 中国でのヤリカンナの出土例が減少する要因として、埋葬の風習が変化したことが考えられる。参考文献（C169）

(36) 「龍淵洞積石塚遺跡」（慈江道）、参考文献（C272）。

(37) 参考文献（C152）

(38) 参考文献（C211）

(39) 参考文献（C263）

(40) 参考文献（C25）

(41) 参考文献（C242）

(42) 参考文献（E49）

(43) 参考文献（C242）

(44) 参考文献（E49）

(45) 参考文献（E49）

(46) 『釈名』、参考文献（C163）

(47) 『断琴図』。七弦琴を製作する様子が描かれている。現存する絵画は、宋代（10～13世紀）あるいは元代（13～14世紀）の翻刻本であるが、描かれた服装や画風などから、稿本は唐代以前と考えられている。参考文献（C169）

(48) 参考文献（B37）（B45）

(49) ストックホルム歴史博物館（スウェーデン）所蔵、参考文献（B4）。これを「W・BPs①」と仮称する。

(50) ベルゲン大学付属博物館（ノルウェー）所蔵。これを「W・IPs①」と仮称する。

(51) 「江南公社土蔵」（吉林市）、参考文献（C169）。

(52) 参考文献（E15）（E21）。日本の場合、17世紀前半まで、大型のヤリカンナが使われていたと推定される。

(53) 『魯班経』、参考文献（C163）

(54) 『太平御覧』（983年）、参考文献（C163）

(55) 参考文献（C127）（E21）

(56) 『太平風会図』、参考文献（C252）（E19）

(57) 日本の場合、15世紀中頃の建築部材に台鉋と推定される刃痕が残っていることから、限られた地域や集団では、中国での使用開始からそれほど遅れない時期に使われていた可能性がある。参考文献（E21）

(58) 後世（19世紀）の事例であるが、日本の台鉋の場合、スギ、ヒノキなどの軟木切削用の仕込勾配は約38度（8寸勾配）、硬木を用いた敷居などの溝切削用は約50度（矩返り2寸勾配）であった。参考文献（E6）

(59) 参考文献（C63）（E8）

(60) 単刃系刀子の背部分をあわせると双刃系刀子となる。この刃部を側面から見て曲刃につくると、ヤリカンナができる。参考文献（E15）

(61) 参考文献（E21）

(62) 前述した造作材や継手仕口の精巧な加工、ということもその要請の重要な部分を占める。

(63) このY系切削道具の出土例は、まだ確認できていない。

(64) 参考文献（B4）（B41）

(65) 正倉院に残された木工品の板矧ぎ面の切削精度から、木工分野における原初的台鉋の存在が推定されている。参考文献（C110）

(66) 14世紀はじめの建築部材（金剛峰寺不動堂・和歌山県）に残された切削痕から、原初的台鉋の存在を推定した。参考文献（E21）

(67) ユーラシア大陸の西と東において、鉄製道具が普及したローマ時代と漢代（紀元前3世紀以降）、 西では切削道具としてのセンが使用されていた。東における漢代の文献にあった「鐟」の記述が、鑿の一種ではなく、センの可能性も残されている。この場合、西においてはY系切削道具とX系切削道具が1種類ずつ使われ、東においてはX系切削道具が2種類使われた、ということになる。「鐟」が鑿の一種であるとすれば、東においてもY系切削道具とX系切削道具が1種類ずつとなる。原初的台鉋の考察にあたっては、今後、センの調査も重要と考える。

第6章
ユーラシア大陸の西と東における墨斗

第1節　墨斗の基本形式

1.1　墨斗の機能

墨斗は、木の建築をつくる工程において、製材段階と部材加工段階に主として用いる道具である。

製材段階では、製材しようとする板や角材の幅を、長い直線でしるす。また、部材加工段階では、真墨や溝幅などを長い直線でしるし、接合部の形状を墨斗・曲尺・墨芯を用いて部材表面にしるす。

1.2　墨斗の基本構造

墨斗は、使用する工人との位置関係で、前方部と後方部によって構成されている。

前方部には、墨を浸潤させた墨綿をおさめる墨池がつくられている。後方部には、墨糸を巻く糸車と、それを回転させる軸と揺手が装着されている（図6-1）。

使用する手順は、後方部の糸車から引き出された墨糸が、墨綿の中を通る時、墨を含み、墨糸をはじくことによって、その墨が用材に長い直線として、しるされることになる。

1.3　墨斗の種類

大陸東端の島・日本において、手道具による木の建築をつくる技術が、最高の精度に達したといわれる19世紀末から20世紀前半、建築部材加工を行う工人の使う墨斗として、

建築部材全般に墨付けを行う墨斗（黒色）と、造作材に墨付けを行う朱斗（赤色）との、少なくとも2種類2点が使われていた（表6-1）。

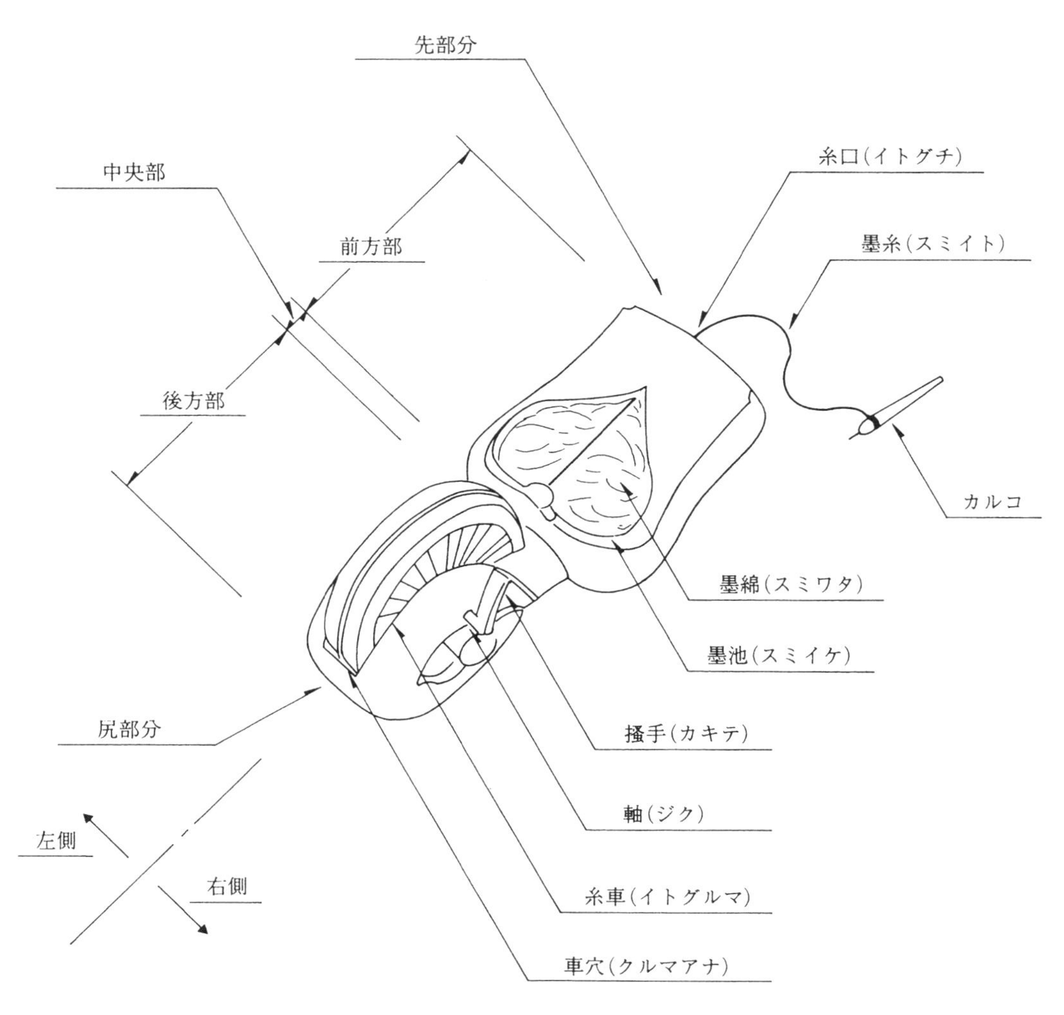

図6-1　墨斗の基本構造

表6-1　日本の近代における墨掛道具の編成

<table>
<tr><th colspan="2">分類</th><th>名　称</th><th>法　量</th><th>点数</th><th>摘　要</th></tr>
<tr><td rowspan="3" colspan="2">部材全般墨掛</td><td>スミツボ</td><td>八寸</td><td>1</td><td>墨用</td></tr>
<tr><td>スミサシ</td><td>五分</td><td>1</td><td>墨用</td></tr>
<tr><td>サシガネ</td><td>一尺五寸
七寸五分</td><td>1</td><td>目盛付の直角定規として
様々な用途に使用</td></tr>
<tr><td rowspan="4">造作材墨掛</td><td colspan="2">スミツボ</td><td>六寸</td><td>1</td><td>朱墨用</td></tr>
<tr><td colspan="2">スミサシ</td><td>四分</td><td>1</td><td>朱墨用</td></tr>
<tr><td rowspan="2">ケビキ</td><td>筋ケビキ</td><td></td><td>1</td><td>細い線を罫書するために使用</td></tr>
<tr><td>二枚ケビキ</td><td></td><td>1</td><td>二本棹ケビキとも呼称する。
一度の調節で二本の罫書ができる</td></tr>
</table>

第2節　ユーラシア大陸の西におけるラインマーカー

2.1　エジプトにおけるラインマーカー

ユーラシア大陸の西・ヨーロッパ文明の源流のひとつであるエジプトにおいて、約3600年前の遺跡（ゴーラブ）壁面に、格子状にしるされた赤色の線が残っている[(1)]。

また、紐による墨付けではないが、新王国時代（紀元前16世紀から8世紀）と推定される建造物部材（石材）に、黒色着色剤を用いた文字や記号のしるされたものが発見されている[(2)]。

2.2　古代ローマにおけるラインマーカー

紀元前6世紀に編まれたギリシアの文献資料（『ギリシア詩歌集』）には、建築用の墨掛道具として「ライン・アンド・オーカーボックス」の記述がある[(3)]。「オーカー」とは、鉄の酸化物を含む黄・赤色粘土のことで、黄褐色絵具の原料となるものである。この文献記述から、ユーラシア大陸の西・ヨーロッパにおいて、紀元前6世紀以前、赤色系の着色剤を入れた容器と紐とが、墨掛道具として使われていたことを、知ることができる[(4)]。

この文献には、1人の工人が所持、使用した道具として、斧、鑿、錐、鋸などの記載もある[(5)]。

2.3　周辺部におけるラインマーカー

大陸の西・ヨーロッパの中世以降の墨掛道具に関しては、14世紀以降の絵画資料によって、その形状や使用法を知ることができる[(6)]（表6-2）。W・L①は、地面上に置かれた大型角材に対して、1人の工人が紐の先端を抑え、他の1人が紐を弾こうとしている。作業姿勢は2人とも立位（腰曲）である。着色剤容器は深皿形状で、リールは画面中に見出せない（図6-2）。

W・L②は、斜めに設置された厚手の幅の狭い板

表6-2　ヨーロッパにおけるラインマーカー

時代	絵画資料	作業有無		作業姿勢		作業人数		マーキング対象部材				紐部分			リール		着色剤容器		
													端部		回転機構				
	史料番号	使用中	不使用	立位	座位	一人	二人	丸太材	大型角材	小型角材	その他	紐描写	リング	釘	有	無	ポット	ボックス	その他
14C	W·L①	○		○			○		○			○	—	—	—	—			○
15C	W·L②	○		○		○					○	○	○	○	○		—	—	—
	W·L③		○									○	—	—	○				○
	W·L④	○		○			○		○			○	—	—	○		—	—	—
16C	W·L⑤		○									○	○	○	○		○		
	W·L⑥		○									○	—	—		○	○		
	W·L⑦	○		○			○		○			○	—	—	—	—		○	
	W·L⑧		○									○	—	—	○			○	
17C	W·L⑨		○									○	—	—	○		○		

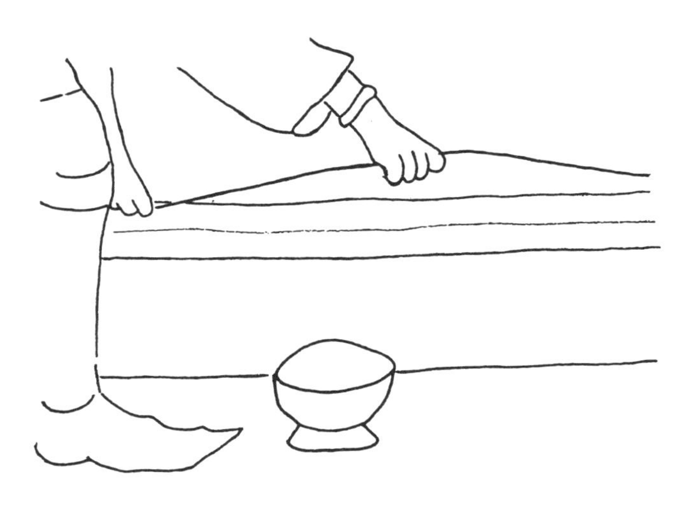

図6-2　ヨーロッパにおけるラインマーカーの使用法（A.D.14世紀）
［文献B3］史料L25、史料P23

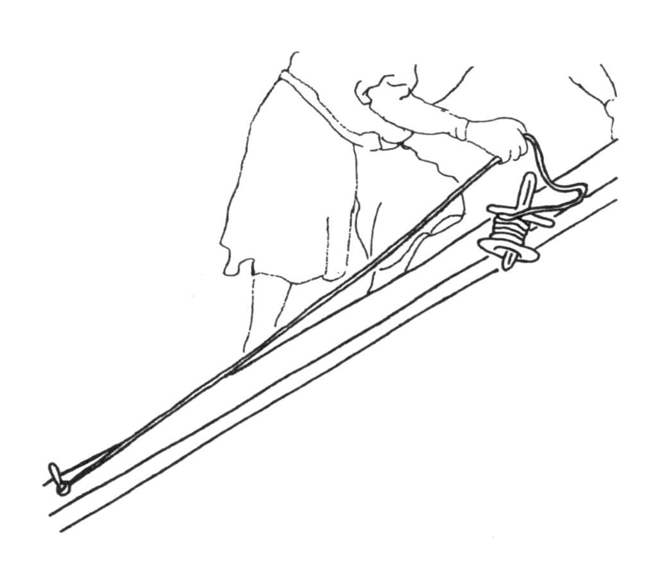

図6-3　ヨーロッパにおけるラインマーカーの使用法（A.D.15世紀）
［文献B42］史料L26、史料P24

材に対して、工人が立位姿勢で、紐を引き延ばしているところである。紐の端部は、釘状のものとリングで固定されている。リールは描かれているが、着色剤容器は画面中に見出せない（図6-3）。

W・L③は、リールから延びた紐が、樽形状の着色剤容器の中に入った状態で、地面上に置かれている（図6-4）。

W・L④は、作業台に載せられた盤状の角材に対して、1人の工人が紐の先端を抑え、他の1人が紐を送り出そうとしている。作業姿勢は2人とも立位である。リールが描かれているが、着色剤容器は画面中に見出せない（図6-5）。

W・L⑤は、地面上に置かれた状態で、リールとそれに巻かれた紐、紐の端部にリングと釘状の部品が、そして金属製と思われるポット形状の着色剤容器が描かれている（図6-6）。

W・L⑥も、金属製と思われるポット形状の着色剤容器と巻かれた紐が地面上に置かれている。ただ、紐は回転機構を持たない単純な棒に巻かれているように見える（図6-7）。

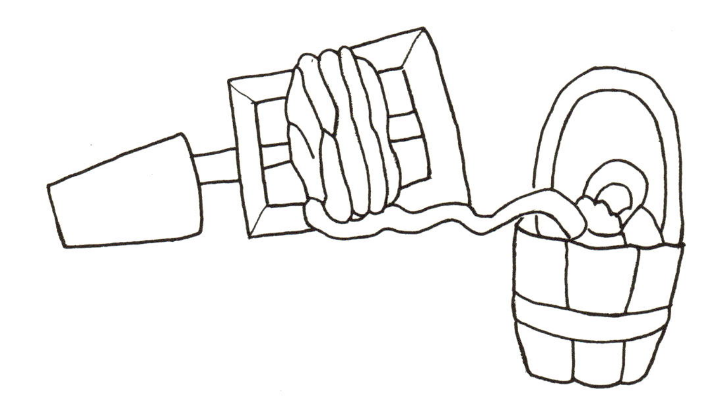

図6-4　ヨーロッパにおけるラインマーカー（A.D.15世紀）
［文献B42］史料L27

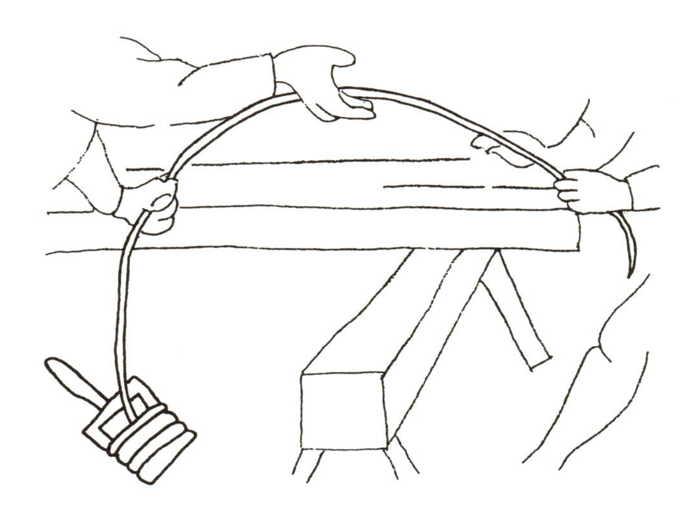

図6-5　ヨーロッパにおけるラインマーカーの使用法（A.D.15世紀）
［文献B42］史料L28、史料P25

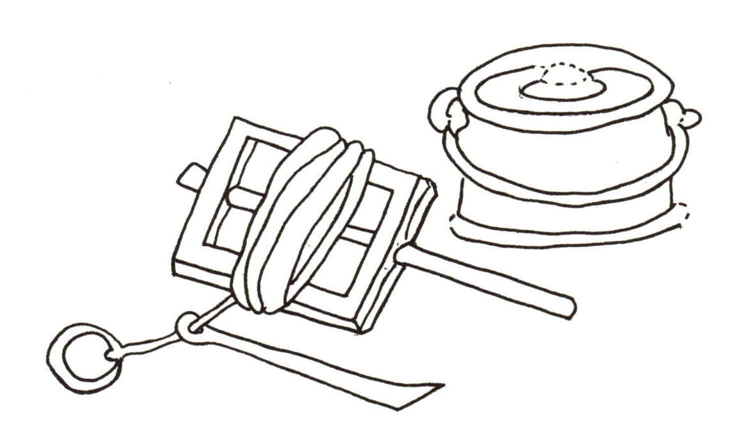

図6-6　ヨーロッパにおけるラインマーカー（A.D.16世紀）
［文献B40］史料L29

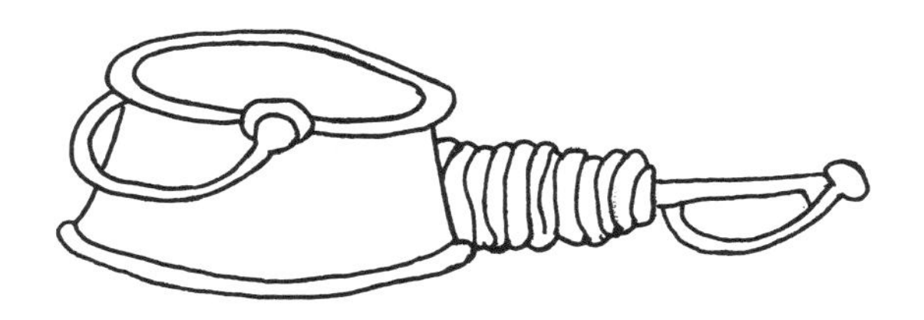

図6-7　ヨーロッパにおけるラインマーカー（A.D.16世紀）
［文献B15］史料L30

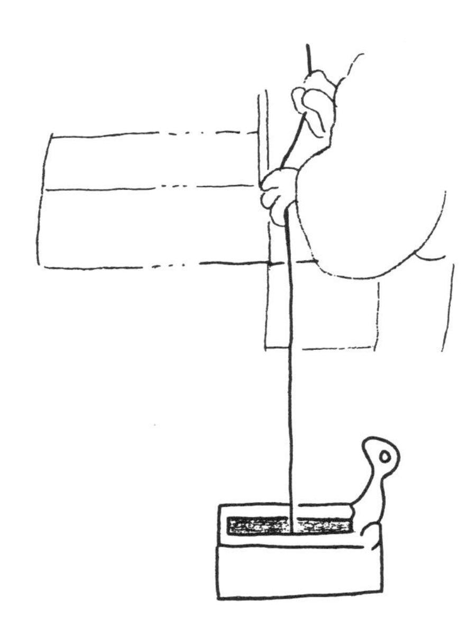

図6-8　ヨーロッパにおけるラインマーカーの使用法（A.D.16世紀）
［文献B57］史料L31、史料P26

W・L⑦は、枕に載せられた大型角材に対して、1人の工人が紐の端部を抑え、他の1人が紐を弾こうとしている。作業姿勢は2人とも立位である。着色剤容器は、木製と思われる箱形状で、上方にのびた把手が見られる。リールは、画面中に見出せない（図6-8）。

W・L⑧は、地面上に置かれた状態で描かれている。紐が巻かれたリールの回転部分は、金属製と思われる形状で、把手はロクロ加工によるものと推定される。着色剤容器は、木製と思われる箱形状で、上方にのびた把手が見られる（図6-9）。

W・L⑨は、地面上に置かれた状態で、金属製と思われるポット形状の着色剤容器と、リールに巻かれた紐が描かれている（図6-10）。

以上、墨掛用の紐は比較的太く描かれ、リールは回転機構のあるものと、単純な棒と思われるものも見られた。着色剤容器は、材質が金属、木、土など様々で、形状もポット型、箱型、樽型、深皿型など、多様であった[(7)]。

着色剤に関して、中世の文献（建築工事記録）をもとに考察を加える。

イギリスを中心に近世の建築工事記録を調査した

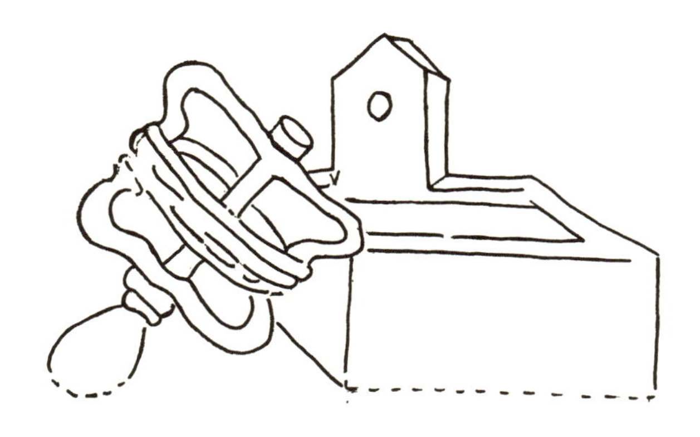

図6-9　ヨーロッパにおけるラインマーカー（A.D.16世紀）
［文献B40］史料L32

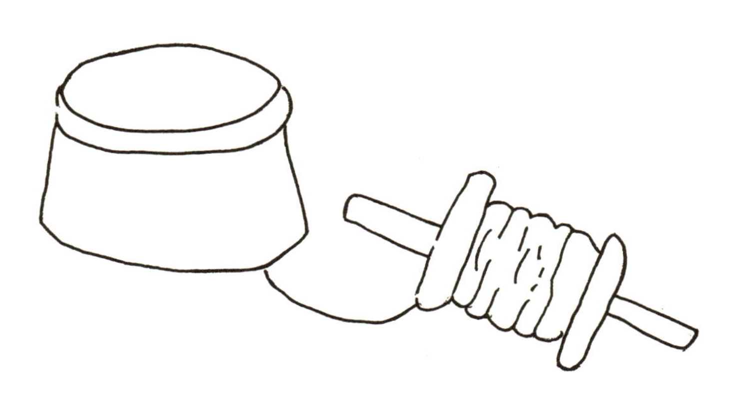

図6-10　ヨーロッパにおけるラインマーカー（A.D.18世紀）
［文献B40］史料L33

報告によると、着色剤としては、チョークを使用する例が多いようである[8]。

しかし、16世紀のドイツでは、「ブラックインク」を使用した記録があり、15世紀イギリスの教会（ウェストミンスター）建築工事記録には、「油煙」「ニカワ」の記述がある[9]。

そして、14世紀イギリスの教会（セントスティーヴン）建築工事記録には、「緑青」「赤い鉛」「白い鉛」などの記録があり、これらは、きわめて高価であったという[10]。

このように、塗装材料としてはさまざまな色があるが、墨掛用の着色剤としては、白色のもの（チョークなど）と黒色のもの（ブラックインクなど）などが、主として使われたものと考えられる[11]。

第3節　ユーラシア大陸の東における墨斗

3.1　殷代・周代における墨掛道具

ユーラシア大陸の東・中国において、殷代（紀元前17世紀から11世紀）に関する記述を引用した文献（『広韻』）の中に、建築用の墨掛道具として「赭縄」の記述がある(12)。「赭」とは赤土を意味していることから、「赭縄」は赤色系着色剤を用いた墨掛道具と推定される。

3.2　秦代・漢代における墨斗

秦代の前、戦国時代（紀元前5世紀から3世紀）の文献（『素問』）や、漢代の後、南北朝時代（5世紀から6世紀）の文献（『涅槃経』）には、建築用の墨掛道具として「縄墨」の記述がある(13)。

3.3　唐代以降における墨斗

宋代（11世紀から13世紀）の文献（『広韻』）には、「赭縄即墨斗也」と記され、明代（14世紀から17世紀）の文献（『正字通』、『三才図会』）や清代（17世紀から20世紀）の文献（『魯班経』）には、墨斗の説明や挿図が掲載されている(14)。

これらの中で、『正字通』に詳しい説明がある。名称は「墨斗」、使用する職種は「匠人」、用途は「断木分片」「必先用墨筆墨線弾画方能正直」と記されている。

各部の構成要素の内、墨池部分に関して「墨斗多以竹筒」「高寛各三寸許」「下留竹節作底筒辺」と、また糸車部分について「各針竹片長五寸中安転軸」と、そして墨糸に関して「再用長棉線」「一條貯墨汁内」「一頭控於軸上」「一頭山竹筒両孔引出以小竹控定」と、それぞれ説明されている。

そして使用法について「用時索出一弾用畢仍徐徐収還斗内」との記述がある。

明代の文献（『三才図会』1607年）に掲載された墨斗の形状は、前方部の墨池が上方の広い円筒形状で、後方部の糸車が輻付の車輪形状である。さらにその後方に、動物を模したと思われる形状の把手部分がある。糸車は、この把手部分と一体となった台で支えられているが、円筒形状の墨池は、台上方からのびたリング状の部品で支えられている。墨池前方から墨糸がのび、その端部にカルコらしきものがあるが、「針」は確認できない（図6-11）。

清代の文献（『魯班経』17世紀）に掲載された墨斗の形状は、墨池が胴ふくらみの円筒形状で、糸車が輻をもつ車輪形状である。墨池と糸車との位置関係が不自然で、両者の結合方法も不明瞭で判別できない。墨池の側面からのびたカルコらしきものも描かれているが、これも不明瞭のため、「針」の有無まで判別できない。また、糸車部分には、中央からのびた揺手らしきものが描かれている（図6-12）。

そして清代の文献（『河工器具図説』1836年）に「古代」墨斗として掲載されている墨斗の形状は、墨池が全体同径の円筒形状である。糸車は、籠形状で、揺手も描かれている。墨池前方から墨糸がのび、その先端にカルコも描かれているが、「針」の有無は確認できない（図6-13）。

以上、大陸の東・中国における文献の記述から、殷代には赤色着色剤の「赭縄」が、戦国時代から南北朝時代にかけて黒色着色剤の「縄墨」が、それぞれ使用されていたと推定される。この紐と着色剤容器とが、ある時期に一体化して「墨斗」に発展したものと考えられる。その時期は、今のところ不明であるが、少なくとも宋代には、「赭縄」から「墨斗」への発展過程の歴史が認識されていたものと考えられる(15)（表6-3）。

図6-11　中国における墨斗（A.D.17世紀）
［史料L10］

図6-12　中国における墨斗（A.D.17世紀）
［史料L1］

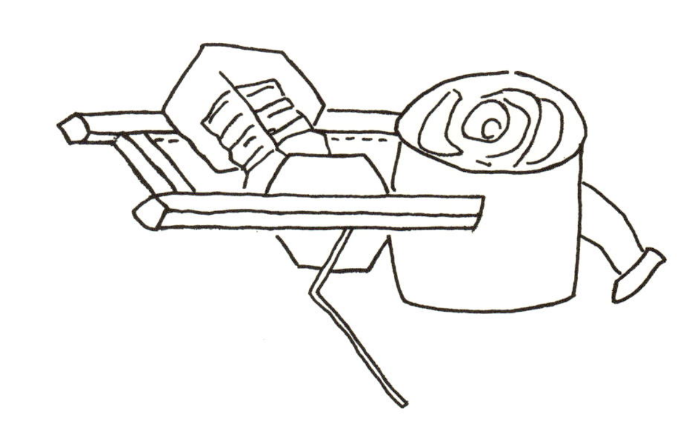

図6-13　中国における墨斗（A.D.19世紀以前）
［史料L34］

表6-3　中国における墨掛道具の名称

時代	文献資料	墨掛道具名称		
	名　称	緒　縄	縄　墨	墨　斗
戦　国	『孟　子』		○	
	『素　問』		○	
南北朝	『大般涅槃経』		○	
宋	『広　韻』	○		○
明	『正字通』			○
	『三才図会』			○（挿図）
清	『魯班経』			○（挿図）

3.4 周辺部における墨斗

〈1〉朝鮮半島における墨斗

ユーラシア大陸の東端・朝鮮半島における墨斗としては、寺院建築遺跡（弥勒寺跡　全羅北道）から出土した7世紀ころと推定される実物資料が報告されている[16]。この墨斗は、前方部が「丸い頭部」「円形平底の墨池」、後方部が「尻割れ形」、そして「尾部片方と糸車は欠失している」という。

19世紀の文献に、李氏朝鮮時代の墨斗の図が掲載されている[17]。その形状は、前方部が肉厚の円筒形状、後方部が方形の箱形状である。前方先端には、クサビ形状の糸口突起が見られ、そこからのびた墨糸の先端に木片らしきものが結び付けられている。この木片に「針」が見られないことから、墨糸端部は人の手によって固定する必要があったと考えられる。後方部の糸車は、籠形状か糸巻形状であろう。糸車を回転させる揺手も描かれている（図6-14）。

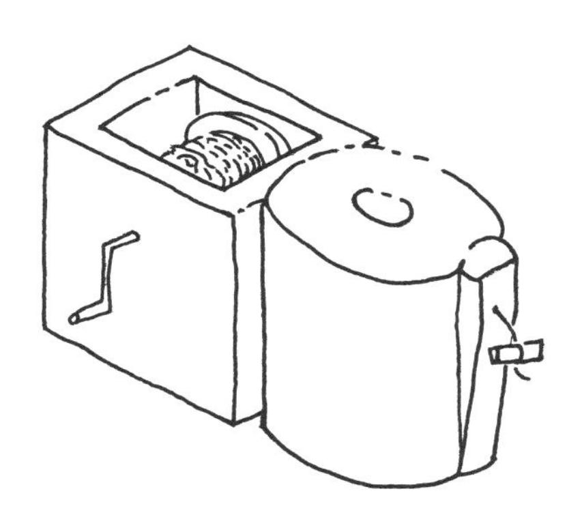

図6-14　朝鮮半島における墨斗（A.D.19世紀）［文献C2］

〈2〉日本における墨斗

ユーラシア大陸東端の島・日本における6世紀以前の墨掛道具に関しては、実物資料の出土例や、墨線がしるされた建築部材の出土例を、現在のところ確認できていない。

しかし、磨製石器を用いてクリの柱に貫通したホゾ穴をあけていた縄文時代（桜町遺跡　約4000年前　富山県）も含め、真墨などをしるすための原初的墨掛道具は使われていたと推定される[18]。

例えば、8世紀に編まれた『日本書紀』「雄略記」（5世紀）に、「すみなわ」の記述が見られることから、少なくとも古墳時代には、着色剤容器と紐とが分離した原初的な墨掛道具が使われていたのであろう[19]。

古代・中世の文献には、スミナワの表記として「墨縄」「栟」「縄墨」などが、スミツボの表記として「墨坩」「墨頭」「墨壺」「墨窪」「墨斗」などが、それぞれ記されている[20]（表6-4）。

この中で、「墨縄」は10世紀前半までの文献に多くみられ、建築工事と関連した内容の中に記述されている。また、「縄墨」は10世紀前半以降の文献に多く見られ、中国古文献を引用する字書などに記述される傾向がある。そして、スミツボの表記は、建築工事と関連した部分に「墨壺」「墨窪」「墨斗」が記されており、「墨坩」「墨頭」は建築工事用以外の用途が推定される[21]。さらに、「墨壺」は8世紀以降の建築工事記録に多く見られ、「墨斗」は9世紀以降の中国古文献を引用した字書などに多く記述されている。

7世紀後半の寺院建築（法隆寺金堂　奈良県）部材には、「朱墨を使用」した線が残っており、「後世のものにくらべてすこぶる太いものであった」と報告されている[22]。

実物資料としては、8世紀の遺跡（栄根遺跡　兵庫県）から出土したものや、13世紀の建造物（東大寺南大門　奈良県）から発見されたものなどがある[23]。

13世紀以降の絵画資料に描かれた墨斗は、先部分の平面形状が様々で、尻部分はすべて開放形状（尻割れ形）である。また、平面は全体に同じ幅である[24]（図6-15）。そして、中世の絵画資料では、墨

表6-4　日本における墨掛道具の名称

時代	文献資料		スミナワ				スミツボ					
	名称	内容	墨縄	縄墨	栟	その他	墨坩	墨頭	墨壺	墨窪	墨斗	その他
8C	『日本書紀』	官撰正史	○									
	『万葉集』	歌集	○				○					
	『正倉院文書』		○					○	○	○		
9C	『新撰字鏡』	漢和字書			○			○			○	
10C	『延喜式』	禁中記録	○									
	『倭名類聚抄』	漢和辞典		○							○	
12C	『色葉字類抄』	国語辞典		○							○	
13C	『字鏡集』	漢和字書			○							
14C	『天竜寺造営記録』	工事記録							○			
	『神宮遷宮記』	工事記録							○			
15C	『内宮・外宮遷宮記』	工事記録							○			
	『撮壌集』										○	
	『類集文字抄』				○						○	
16C	『塵添壒嚢抄』	宗教事典		○							○	

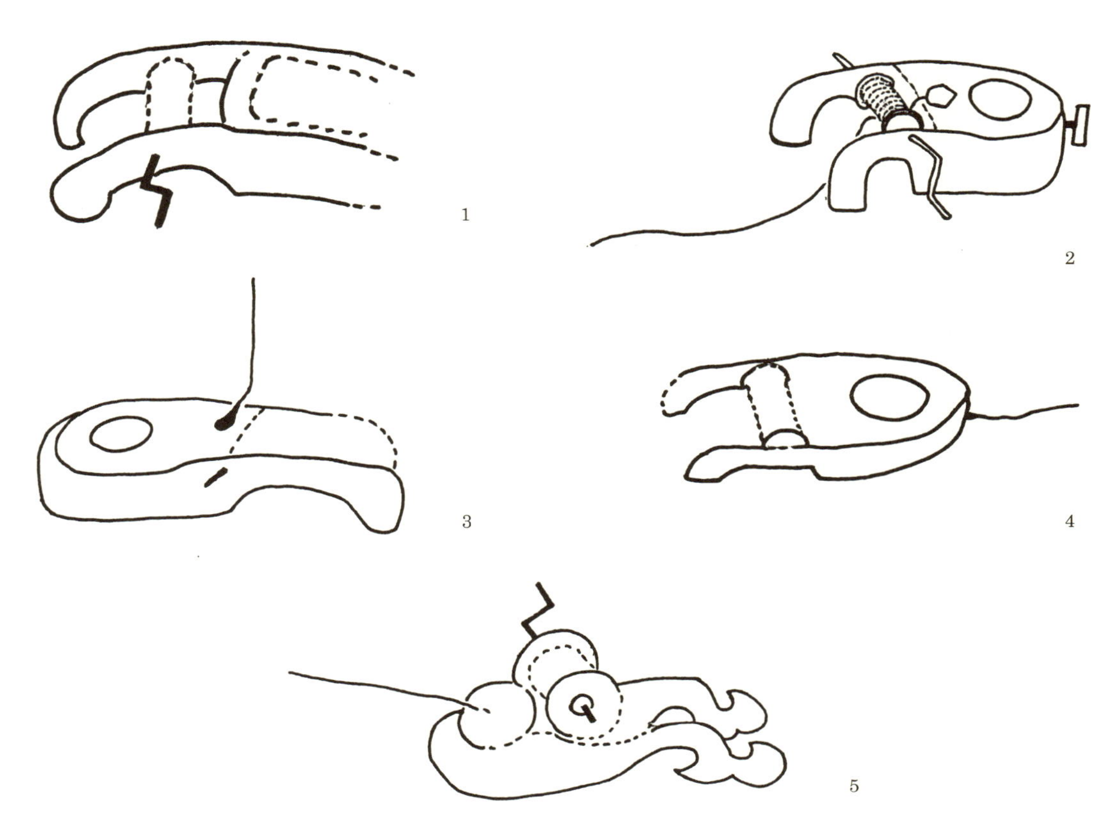

図6-15　日本の中世における墨斗の形状（A.D.13～16世紀）［文献E12］
1. 史料P28、2. 史料P32、3. 史料P33、4. 史料P35、5. 史料P36

図6-16　日本の中世における墨斗の使用法［文献E12］
1. 史料P29、2. 史料P32、3. 史料P33、4. 史料P56、5. 史料P34、6. 史料P35、7. 史料P36

表6-5　日本における墨斗の形状変遷

時代	絵画資料	全体形状			先部分形状				尻部分形状	
	名称（略称）	a1	a2	a3	b1	b2	b3	b4	c1	c2
13C	『北野天神』絵	○						○	○	
	『当麻』絵	○			—	—	—	—	○	
	『天狗草紙』絵	○			△				△	
	『東征伝』絵	○			—	—	—	—	○	
14C	『春日権現』絵	○				○			○	
		○						△	○	
		○				○			△	
	『松崎天神』絵	○				○			△	
		○				○			○	
	『大山寺』絵	○				○			△	
		○				○			○	
15C	『誉田』絵	○				△			○	
		○				△			△	
16C	『真如堂』絵	○				△			○	
	『東大寺』絵	○				○			△	
17C	『喜多院』絵	○				○			○	
		○			△				○	
	『名古屋城』絵	○			○				—	—
	『三芳野』絵	○			○				—	—
		○			○				○	
	『久安寺』絵	○						○		△
		○						○		△
18C	『和三才』絵	○								○
	『士農工商』絵	○			○	△				○
	『諸職往来』絵	○						○		△
	『日本山海』絵	○						○	—	—
	『匠家必要』絵	○						○		○
	『船用集』絵	○						○		○
	『彩画職人』絵	○						○	—	—
	『図彙大成』絵	○			—	—	—	—		
19C	『道具字引』絵		○			○				○
	『近世職人』絵		○			○				○
	『慶賀』絵	○						○		○
	『シーボルト』絵		○				○			○
	『規矩真術』絵		○				○			○
	『衣食住』絵		○			△				○
	『モース』写真		○			○				△

糸の端部を「童」が固定している（図6-16）。

近世の文献資料（『和漢船用集』18世紀）に、「古之匠人用赭縄」「即今之墨斗也」と、中国文献の引用が記されている[25]。なお、スミツボの表記は、近世になると「墨壺」か「墨斗」のいずれかに統一される。

近世の墨斗の形状は、文献挿図と絵画資料によって、次のような変遷が見られる[26]（表6-5）。

17世紀は中世からの影響が残り、全体が同じ幅で尻部分の開放形状のものが、18世紀は全体が同じ幅で尻部分の閉鎖形状のものが、そして19世紀は前方部（墨池）の幅が広く後方部（糸車）の幅が狭い、尻部分の閉鎖形状のものが、それぞれ見られる（図6-17）。

また、中世以前は「童」が固定していた墨糸端部を、カルコの針で固定している様子が、17世紀以降の絵画に描かれるようになる（図6-18）。

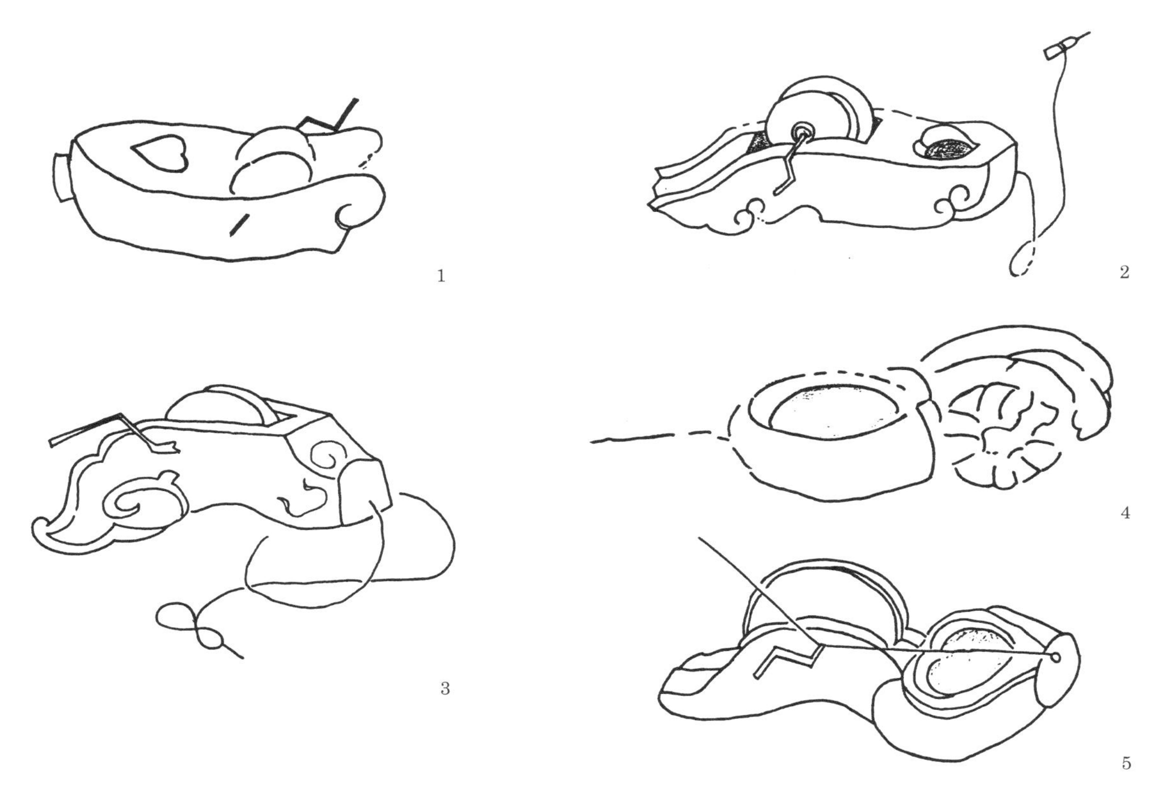

図6-17　日本の近世における墨斗の形状（A.D.17～19世紀）［文献E12］
1. 史料P40、2. 史料L3、3. 史料P46、4. 史料P49、5. 史料P52

図6-18　日本の近世における墨斗の使用法［文献E12］
1. 史料P40、2. 史料P60、3. 史料P58、4. 史料P49

第4節　西と東における墨掛道具の比較発達史

4.1　原初的墨掛道具

建築部材に長い直線をしるす道具の原型は、ユーラシア大陸の西・ヨーロッパが「オーカー・アンド・ライン」あるいは「チョーク・アンド・ライン」、大陸の西・中国が「赭縄」あるいは「縄墨」であった。いずれも着色剤容器と紐（糸）とが分離したままの道具であったと考えられる。

4.2　「墨斗文化圏」

大陸の東・中国において、原初的墨掛道具である「赭縄」「縄墨」から、着色剤容器と紐（糸）とが一体化した「墨斗」への発展があったのは、いつであろうか。

大陸の東端・朝鮮半島では7世紀と推定される墨斗が、東端の島・日本では8世紀の墨斗が、それぞれ出土している。東アジア文明圏の中心であった中国は、それよりも古い時期に墨斗が使用されていたと考えられる。

木の建築をつくる技術との関連では、鉄製の道具を用いて大規模な建築をつくるようになった漢代（紀元前3世紀から紀元後3世紀）あたりに、墨斗が出現したのではないだろうか[(27)]。

一方、大陸の西・ヨーロッパでは、着色剤容器と紐（糸）が分離した、原初的墨掛道具のまま、近年まで推移する[(28)]。

ユーラシア大陸の東に「墨斗文化圏」が形成された、ということができる[(29)]。

4.3　木の建築と墨付けの精度

ユーラシア大陸東端の島・日本では、6世紀後半、大陸から仏教寺院建築の様式と技術が導入された時期に、墨斗も使われるようになったと推定される。その後、17世紀ころまでの約1000年間、平面形状が同じ幅で、後方部が開放形状（尻割れ形）の墨斗が使われ続けた。

18世紀ころに後方部分の閉鎖形状のものが、19世紀ころに前方の幅が広く後方の幅が狭い平面形状のものが、それぞれ出現したと考えられる。

後方部分が開放形状の墨斗は、糸車が籠型か糸巻型のものが多く見られる。比較的太い糸（あるいは紐）を巻くことが可能な形であるが、強い力で把んだり落下させたりすると、破損しやすい構造といえる。後方部分の強度を向上させるために、閉鎖形状の墨斗がつくられたのではないだろうか。

墨斗の後方部分が閉鎖形状になると、糸車も車輪型に変化していく。19世紀ころには、車輪型の糸車の径がより大きくなり、その結果、後方部の平面形状は幅が狭く変化する。

一方、前方部は相対的に広くなり、墨池部分に墨をたっぷりと含ませることができるよう、さらに前方部の幅が広くつくられるようになったと推定される。

これらの形状変化の背景には、18世紀から19世紀にかけての、建築生産面での動きが関連していると考えられる。建築工事を急いですすめる過程で、墨斗を落下させても破損しない構造への強化。細い墨糸を少ない回転数で送り出す（巻き戻す）ための糸車の径・幅の変化。細い墨糸は墨付けの精度に、早い回転は作業効率の向上に、大きく関係する。

すなわち、18世紀から19世紀にかけての墨斗の形状変化は、建築工事における精度向上と作業効率向上の強い流れの中で生じたものと推定される[(30)]。

第5節　水平・垂直・矩をはかる道具

5.1　木の建築をつくる基準機能の道具

ユーラシア大陸東端の島・日本の近代（19世紀後半から20世紀前半）における、伝統的な基準機能の道具を、木の建築をつくる工程順に概観する。

まず、準備工事として、「縄張」と「水盛・遣形」とが行なわれる。前者は、敷地の中に建築の外郭を描き出す作業で、木製の地杭と地縄などを使用する。後者は、基準となる水平線を定め、平面的に直交する柱や壁の位置を決める作業で、木製の水杭・水貫、水盛菅・大矩（サシゴ）・間棹、水糸などを使う。

次に、柱・梁・桁などの建築の構造を支える部材（構造材）を加工する段階では、間棹・サシガネ・定規・口引などを使用し、加工後の構造材を組み立てる段階では、下げ振りなどを使う。

そして、長押・敷居・鴨居など建築内部の目に近い位置にある部材（造作材）を加工する段階では、間棹・サシガネ・マキガネ・留型定規・箱型定規・合わせ定規・口引などを用い、加工後の造作材を取り付ける段階では、水平器・白糸巻などを使用する。

これらの、基準を「はかる」道具とともに、いずれの工事段階においても、「しるす」道具として墨斗と墨笂を、その中の造作段階ではさらにケビキも、あわせて使う。

以上、建築工程の各段階で使用する基準機能の道具を、その機能によって、いくつかに分類しておきたい。基準機能第Ⅰ類は水平・垂直をはかる道具、第Ⅱ類は直角をはじめとする一定の角度をはかる道具、第Ⅲ類は直線をはかる道具、第Ⅳ類は曲線をはかる道具、第Ⅴ類は尺度をはかる道具、そして第Ⅵ類は墨などの着色剤を用いて直線やさまざまな形状を建築部材にしるす道具、などに分けておく[31]。

5.2　ユーラシア大陸の西における基準機能道具

大陸の西・ヨーロッパにおける基準機能の道具は、石の建築をつくる場合の「定礎式」に関する記録の中に見ることができる。ヨーロッパ文明の源流のひとつであるエジプトにおいては、「定礎式」の古い記録として、第2王朝時代、ヒエラコンポリスの花崗岩製神祠の外壁に描かれた浮彫があり、それと同じ描写を末期王朝時代になっても見ることができる[32]。

約4800年前の「定礎式」は次のように行われた。①夜間、王はトト神の指図通り、星の助けによって、神殿の四隅（建築の方位）を定める。②セシャト女神の助けの下に、「杭打ち」や「縄張り」によって神域を決める。③王が基礎を据えるための穴を掘る「鍬入れ式」を行い、そこに清浄の象徴である白い砂を詰める。④これから建てられる神殿の四隅に、隅石の犠牲を供物とともに埋める。⑤ナイルの泥に乳香を混ぜて煉瓦をつくり、基礎の四隅に置く。⑥これらの「定礎式」の後、基礎石が据えられた。

このように、建築主体部の材質が石や木など、何であれ、建築工事の前段階で水平・垂直・直角などの基準を定める道具は、不可欠であったと考えられる。「はかる」道具と「しるす」道具は、古い時代から数千年にわたり使われ、その形状は、それほど変化しなかったと推定される[33]（図6-19）。

例えば、フランスの18世紀における基準機能道具の編成を見ると、約3100年前のエジプトで使われていた水平をはかる道具と同じ形状のものが含まれている[34]（図6-20）。

この編成の内訳は、基準機能第Ⅰ類が3点、第Ⅱ類が4点、第Ⅲ類が2点、第Ⅳ類が2点、第Ⅴ類が1点で、第Ⅵ類は見当たらない。

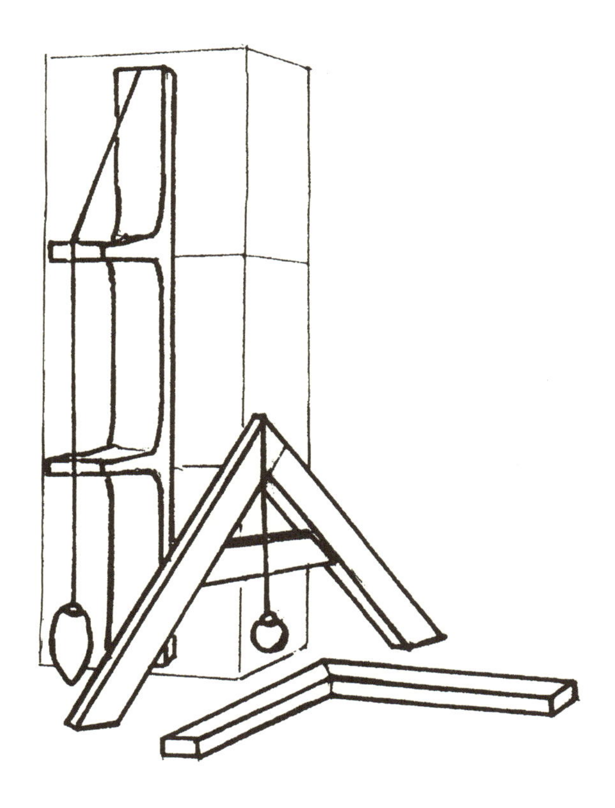

図6-19　エジプトにおける水平・垂直をはかる道具
［文献B23］

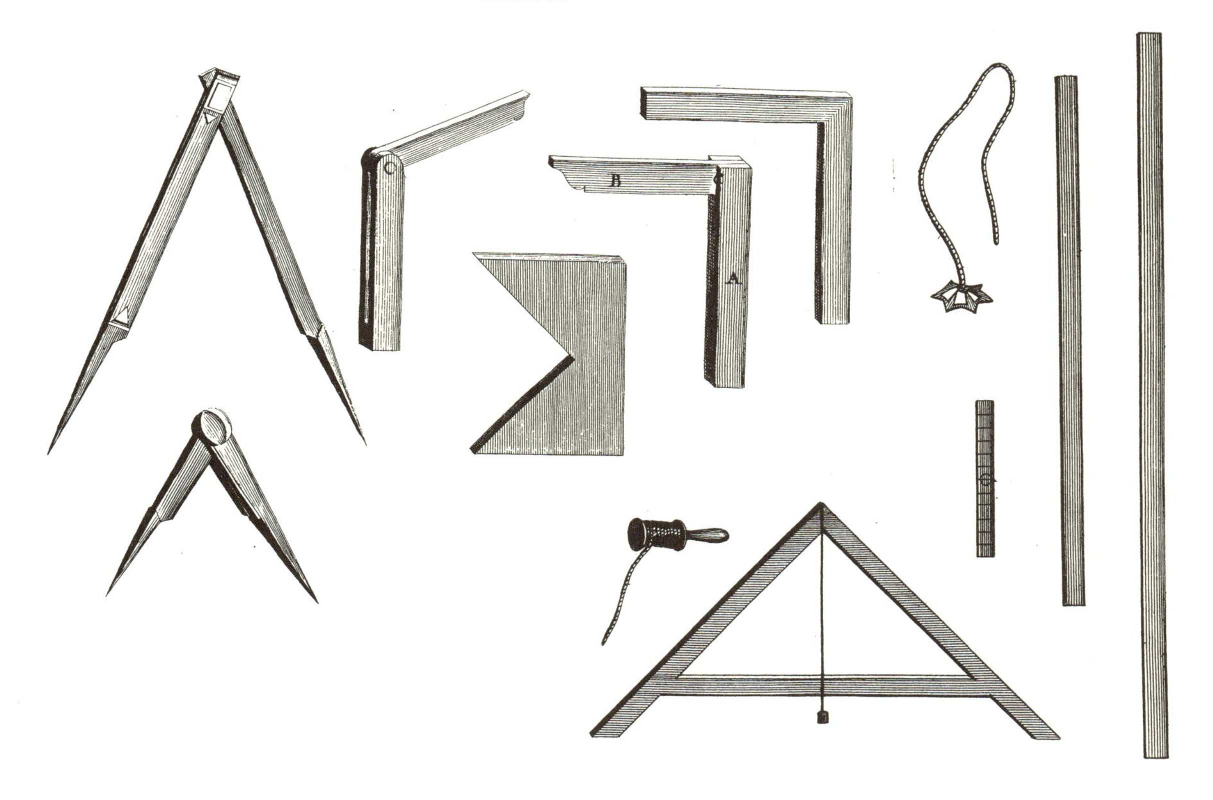

図6-20　フランスにおける墨掛道具（A.D.18世紀）
［文献B38］

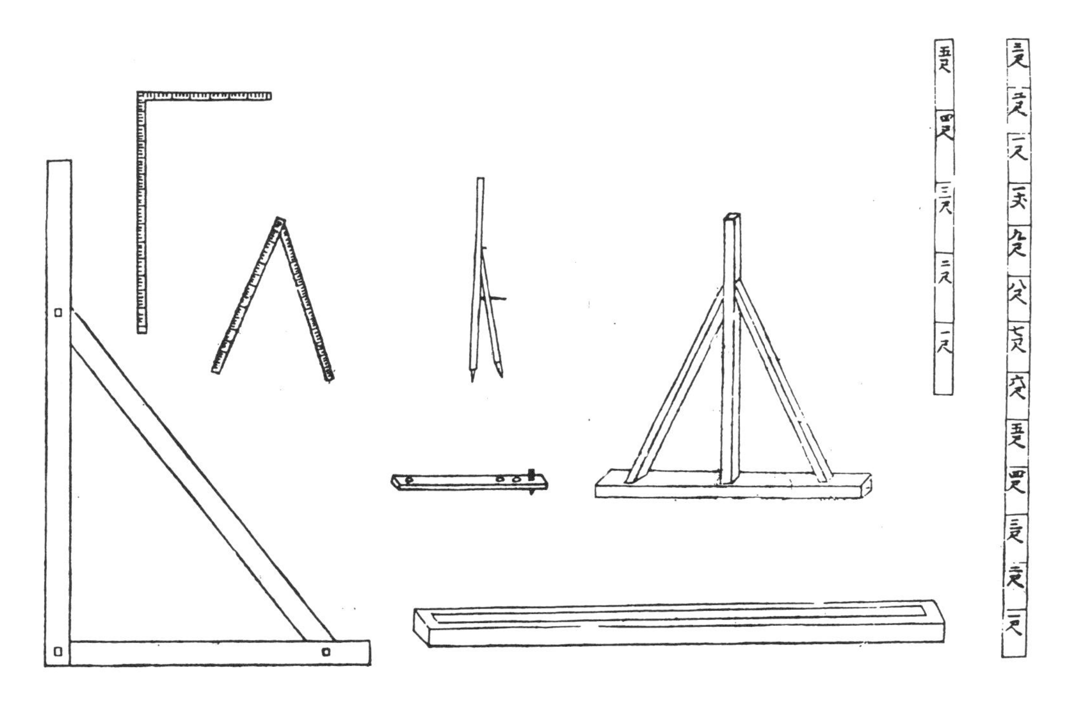

図6-21　日本における墨掛道具（A.D.18世紀）
［史料L4］

5.3　ユーラシア大陸の東における基準機能道具

大陸東端の島・日本の18世紀における基準機能の道具編成を見てみたい[35]（図6-21）。

基準機能第Ⅰ類に含まれる道具として、「準（ミツモリ）」「木槽」「長二尺四寸」、「垂準・サゲスミ」「正準は横を平にする者」「垂準は縦を直くする者」の2点が、第Ⅱ類として「大曲尺・大矩（オオカネ）」「勾三尺股四尺弦五尺あるゆへ俗呼て三四五と云」、「矩（サシガネ）」「大中小あり」「大ハ壱尺六寸に八寸　幅六分」「中ハ壱尺四寸に七寸　幅五分」「小ハ壱尺弐寸に六寸　幅四分」「又ハ壱尺に五寸　幅四分」、「自由曲尺（シユウカネ）」の3点が、第Ⅲ類として「間竿」「定木（テウキ）」の2点が、第Ⅳ類として「規（ブンマワシ）」の2点が、第Ⅴ類として4点[36]が、そして第Ⅵ類として3点[37]が、それぞれ掲載されている。

5.4　西と東における基準機能道具の比較発達史

ユーラシア大陸の西と東、いずれにおいても、建築をつくる工程で、水平と垂直を定めることは、最初に行うべき重要な作業であったと考えられる。特に大陸の西・ヨーロッパ文明の源流であるメソポタミアやエジプトにおいて、煉瓦や石を積む巨大な建築が数千年前からつくられていたことと、水平・垂直をはかる道具の発達とは、密接に関連していると推定される[38]。この技術は、木の建築をつくる場合にも、生かされてきたはずである。

大陸の西と東における木の建築をつくる道具が、手道具としての発達のピークを迎えた18世紀、基準機能の道具は、第Ⅰ類から第Ⅴ類まで、ほぼ共通した編成が見られるが、第Ⅵ類のしるす道具に大きな相違がある。大陸の西では着色剤容器と紐（糸）が分離したまま推移し、大陸の東では一体化した墨斗が使われた。

第6節　木の建築をつくる技術と墨掛道具

木の建築をつくる工程の中で、基準機能第Ⅵ類のしるす道具は、伐木段階ではほとんど用いることはない。次の製材段階において角材や板材の幅をしるすために、まず使用する。ただ、この段階では、しるす線の太さは比較的太くてもよい。着色剤容器と紐（糸）とが分離していても作業効率や製材精度にそれほど大きな影響はないと考えられる。

そして建築部材加工の段階において、部材にしるす線の太さが、加工精度に大きく影響することになる。また、ひとつの建築部材に何本もの線をしるす場合が多々あるが、その都度、紐（糸）を手繰り寄せ、着色剤容器に浸していては、作業効率を低下させてしまう。さらに、部材表面に余分な着色剤が付着しないようにすることも、完成後の美しさを左右する重要な留意点である。余分な着色剤が付着した場合、その部分を削り取ることになる。荒切削あたりの段階ならいいが、それ以上の切削段階では、余分な作業となり、結果的に、作業効率を低下させることになる。

この加工精度と作業効率を、建築生産過程においてどれだけ重視するか、ということが、しるす道具が墨斗へ発展していく上での分岐点であったのではないだろうか。大陸の西では分離したままでよい、とする方向に、大陸の東では一体化する方向に、大きく分かれていった。

第7節　小　結

(1) ユーラシア大陸の西・ヨーロッパにおいては、着色剤容器と紐（糸）とが、分離したまま、現代まで推移したと考えられる。

(2) ユーラシア大陸の東・中国では、着色剤容器と紐（糸）が分離した状態の「赭縄」「縄墨」から、一体化した墨斗への発展があったと推定される。大陸東端の朝鮮半島において7世紀ころの墨斗が、東端の島・日本において8世紀の墨斗が、それぞれ出土していることから、中国における墨斗出現は、それよりもさかのぼると考えられる。

(3) 中国における木の建築をつくる技術の発展段階をもとに考察すると、墨斗の出現は漢代あたりと推定される。墨斗出現以降、8世紀ころまでに、大陸の東に、「墨斗文化圏」が形成された、ということができる。

(4) 大陸の東・「墨斗文化圏」における墨斗の形状は、地域ごとに特色が見られる。中国においては、前方部（墨池）が円筒形状で、後方部（糸車）との結合は、比較的簡便である。これは、古くは両者が分離していたことを推測させる形状といえる。朝鮮半島における墨斗は、古くは後方部が開放形状で、その後、閉鎖形状に変化していったと考えられる。そして日本においては、17世紀中ころまで後方部が開放形状の墨斗が使われ、その後、閉鎖形状に変化したと推定される。

(5) 大陸東端の島・日本における墨斗形状の変遷を通観すると、8世紀から17世紀中ころまで、約900年間が同一の基本形状で、その後、墨付け精度と作業効率を向上させる方向に、形状の大きな変化があったと考えられる。

註

(1) 参考文献（C250）
(2) 参考文献（B74）
(3) 『ギリシア詩歌集』。参考文献（B4）（B14）（B23）（C250）
(4) ユーラシア大陸の東おいても、赤色系着色剤を使用したことを、後述する。
(5) 参考文献（B23）
(6) 参考文献（E12）。ヨーロッパの墨掛道具使用場面については、ヘンリヒセン・クリストフ氏（ドイツ在住　建築修復家）より、ご教示、ご協力いただいた。
(7) いずれの絵画資料も、立位での墨掛作業であった。
(8) 参考文献（B39）
(9) 参考文献（B3）（B39）。ユーラシア大陸の東における「墨」は、油煙もしくは松煙とニカワを混ぜてつくる。この15世紀におけるイギリスの記録は、建築工事で、「墨」に類似した黒色着色剤を作製、使用した可能性を示唆している。
(10) 参考文献（B39）
(11) 白色着色剤は粉末、黒色着色剤は液体と考えられ、着色剤容器の材質や形状も、それぞれに適したものが使用されたと考えられる。
(12) 史料（L8）。
(13) 史料（L5）（L6）（L7）。これらの文献に記された「縄墨」の中には、墨掛道具を表現したというよりも、道具によってしるされた直線を意味していると考えられるものも含まれている。
(14) 史料（L1）（L8）（L9）（L10）
(15) 中国における木の建築をつくる技術と道具全般との関連の中で考察する必要がある。例えば、比較的大型の金属製の鋸を使用して、大規模な建築をつくるようになった周代から漢代あたりに、「墨斗」が出現した可能性がある。参考文献（E10）（E14）
(16) 参考文献（C180）
(17) 史料（P27）、参考文献（E12）。
(18) 参考文献（E49）
(19) 参考文献（E12）
(20) 参考文献（E13）
(21) 「墨坩」については、「坩」が土器を意味する文字であることが指摘されている。また「墨頭」は、記述内容との関連から文具と解釈した方が妥当とする見方もある。参考文献（C11）（E13）
(22) 参考文献（C25）
(23) 参考文献（E12）
(24) 参考文献（E12）
(25) 史料（L4）に、『升庵集』からの引用として記されている。
(26) 参考文献（E12）
(27) ただ、後漢代の画像石には、「規」と「矩」が描かれ、「墨斗」は見られない。
(28) 現代の欧米におけるラインマーカーとして、金属製の容器にリールをおさめ、チョークの粉末も容器内に入れて、紐を引き出す道具が使われている。ただ、この発想のヒントは、大陸の東における「墨斗」にあると考えられる。
(29) 「墨斗文化圏」の範囲がどこまで広がっているのか、中央アジア、南アジア、西アジアの調査が、今後、必要である。
(30) 「東大寺南大門発見の墨斗」の後方部は開放形状で、両脇の板に籠型の糸車が取り付けられている。後方部を強い力で把んだり、落下させたりすると、簡単に破損してしまう構造である。その後、後方部が閉鎖形状に変化するのは、構造の強化と関連していると推定される。
(31) 建築用主要道具は、「基準機能」「造材機能」「一次機能」「二次機能」に分類することができる。参考文献（E49）。この基準機能の道具を、さらに第Ⅰ類から第Ⅵ類まで分類したが、本書の主要な記述対象は、第Ⅵ類に含まれる「墨斗」である。
(32) 参考文献（D107）
(33) 参考文献（B23）
(34) 参考文献（B38）
(35) 史料（L4）
(36) 「間竿」「定木」「矩」「自由曲尺」の4点に目盛が描かれていることから、第Ⅴ類にも含めた。基準機能道具の合計点数としては、この4点は除外しておく。
(37) 「図6-21」には掲載していないが、史料（L4）に「墨斗」「墨笟（スミサシ）」「縄墨（ツホノイト）」3点の記述がある。
(38) 約4900年前のメソポタミアにおいて、深さ7メートル以上の砂地業をした上に、カフジャ神殿の基礎がつくられた例などがある。参考文献（D3）

第7章
ユーラシア大陸における技術の流れ

第1節　ユーラシア大陸における森林の歴史

1.1　西における森林の歴史

ユーラシア大陸の西、ヨーロッパ文明の基礎となったギリシアは、約2000年前まで、落葉広葉樹（ナラなど）の深い森におおわれていた。また、約2000年前に記された『ガリア戦記』によると、現在のドイツにあたる「ゲルマニア」には、60日歩いてもまだ続く、巨大な森が存在していたという[(1)]。

1.2　東における森林の歴史

大陸の東・中国文明を育んだ黄河流域も、かつては広葉樹（ナラなど）と針葉樹（マツなど）の森林地帯であった。「もうひとつの中国文明」、あるいは黄河流域とあわせての「中国文明」として近年注目されている長江流域にも、約2000年前まで、カシを中心とする常緑広葉樹の豊かな森があった[(2)]。

1.3　西と東を結ぶ地域における森林の歴史

大陸の西と東を結ぶ地域・西アジアにあるレバノン山脈東斜面の麓附近は、約1万年前まで、広葉樹（ナラなど）の森林におおわれ、標高1000メートルあたりの中腹には、約7000年前まで、針葉樹（スギなど）の深い森があったという[(3)]。

また、大陸の西と東を結ぶ地域・中央アジアにおいては、約4000年前まで、ウラル山脈をはさんで黒海の北方からバルハシ湖の北方にかけての地域に、針葉樹（マツなど）の森林が点在していたらしい[(4)]。

第2節　木の建築をつくる技術と加工精度

2.1　基礎構造と上部構造

木の建築を支える基礎部分は、掘立構造、礎石立構造、土台立構造に分類できる。この基礎構造の相違により、その上部の構造である軸部のつくり方も異なってくる。ユーラシア大陸の西と東において、どういう変遷があったのであろうか。

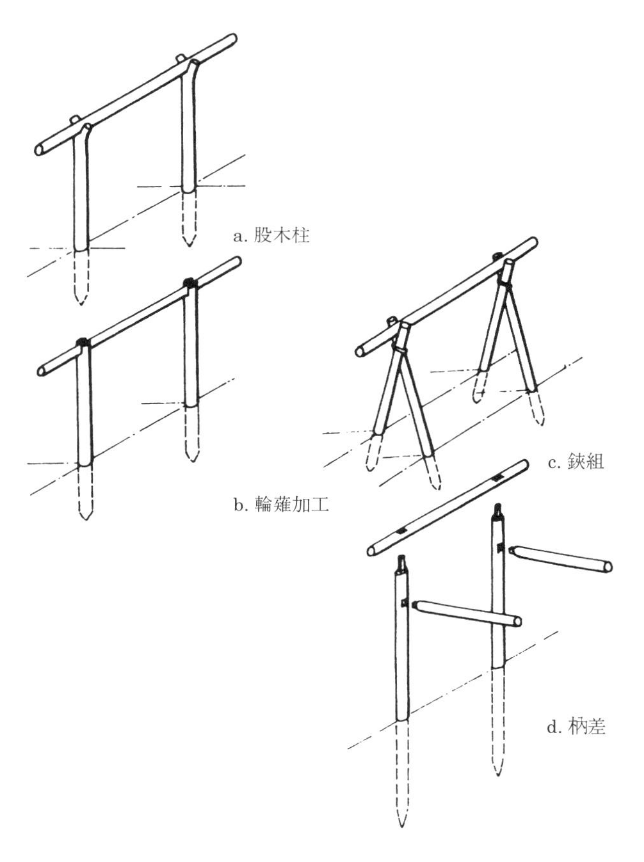

図7-1　ヨーロッパにおける青銅器の加工による建築部材接合法［文献B45より転載］

2.2　西における建築技術

ユーラシア大陸の西・ヨーロッパの南部、南ドイツ、スイス、オーストリアあたりでは、新石器時代（紀元前4500年から1800年）に股木仕口部材やホゾ差仕口部材などが、初期青銅器時代（紀元前1800年から1600年）に輪薙仕口部材や鋏組部材などが、それぞれ発見されている[5]（図7-1）。

また、鉄器を用いるようになったローマ時代には、掘立の柱を長ホゾ水平材と木栓で固めた部材、土台の交点に柱下部の長ホゾを差し込んだ部材、相欠き（またはワタリアゴ）で組んだ土台の交点に柱下部の長ホゾを差し込んだ部材なども発見されている[6]（図7-2）。

ただ、このような中央ヨーロッパ南部の発達した建築技術が、500キロメートル北方の北西ヨーロッパに伝わったのは、それより1000年から1500年後であったという。その主たる要因として、針葉樹を斧などで加工し、水平に積んでいくログ構法の伝統が、北西ヨーロッパに根強く残っていたことが推定されている[7]。

その北西ヨーロッパにおいて、三廊構成建築の中央二列にある柱の上部を梁でつなぐ段階、中央の梁を長ホゾ差としたうえで両脇の列を差梁で結ぶ段階を経て、13世紀ころ、基礎構造掘立から礎石立に移行したと考えられている[8]（図7-3）。

2.3　東における建築技術

大陸の東・中国において、約7000年前の長江下流域の遺跡（河姆渡）から、掘立の柱と水平材をホゾ差で接合した、高床形式と推定される部材が発見されている[9]（図7-4）。

そのような高度な建築技術の担い手であっ

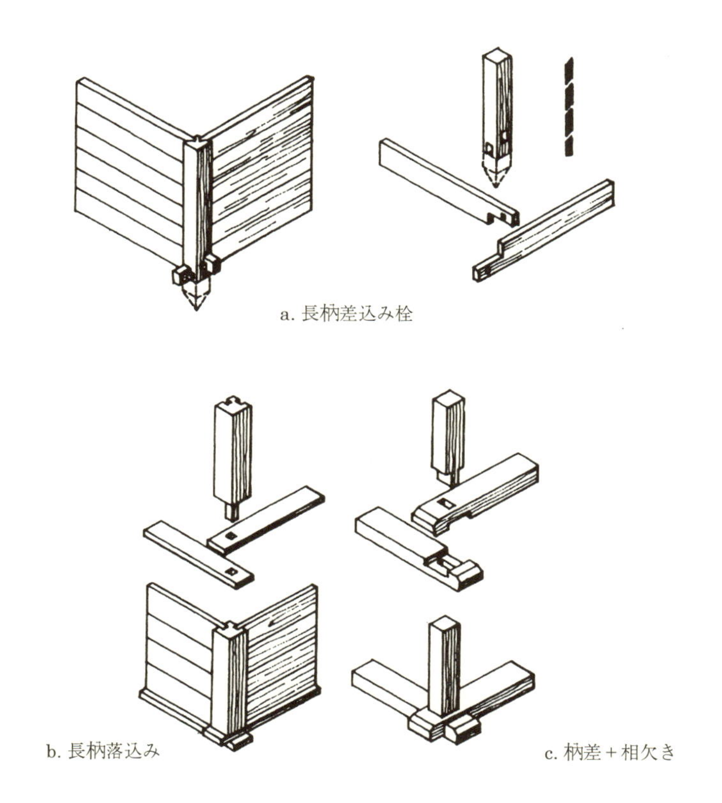

図7-2　ヨーロッパにおける鉄器の加工による建築部材接合法（ローマ時代）
［文献B45より転載］

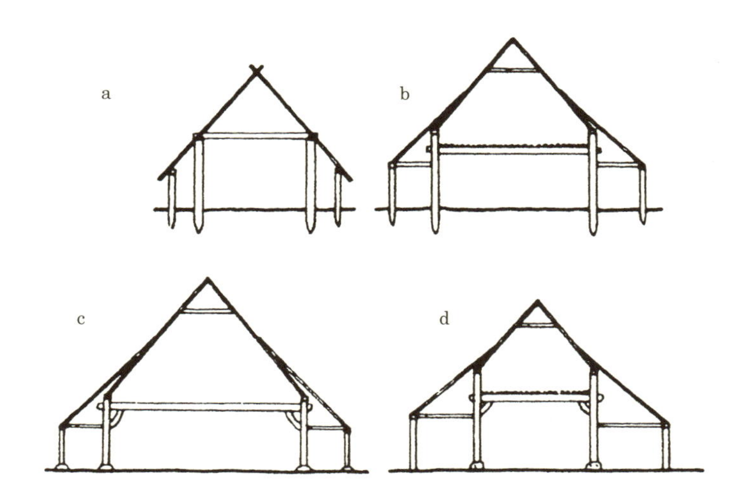

図7-3　ヨーロッパにおける掘立基礎から礎石立基礎への移行──北西ヨーロッパ──
［文献B45より転載］
a. A.D.7 ～ 9世紀、b. A.D.11 ～ 12世紀、c, d. A.D.13 ～ 15世紀

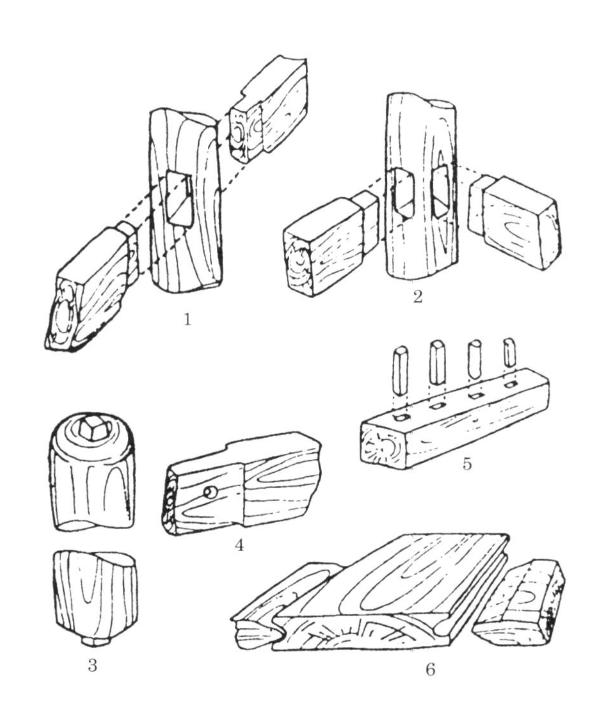

図7-4　中国における石器の加工による建築部材接合法 ──長江下流域（約7000年前）──
［文献C246より転載］
1, 2. ホゾとホゾ穴、3. 短ホゾ、4. 木栓穴付きホゾ、5. 格子、6. ヒブクラハギ

た民族が、漢民族の勢力拡大によって移動したと考えられている地域のひとつが中国南西部である。この地域（雲南省）に、前述したトン族と同様、高床建築に居住しているタイ族がいる。このタイ族の集落において、基礎構造が掘立から礎石立に移行したのは、中国解放（1949年）後であったという[(10)]。

掘立基礎と礎石立基礎の両者が混在している集落において、その上部構造の相違を比較してみたい。

まず、掘立・高床形式の建築では、柱に曲がった形状の自然木が用いられ、棟木を直接支える棟持柱と、梁・桁を支える側柱とで構成されている。床組は、桁行方向に大引を通し、その上に太目の竹根太を渡し、それと直交させてさらに竹根太を配した二重構造となっている。

一方、礎石立・高床建築では、柱をはじめとした主要部材に、製材された木材が使われている。分棟型の主屋は、上屋と下屋によって構成され、棟通りの柱も梁下でとまっている。上屋柱は飛貫と床下の貫によって固められ、下屋柱にも床下の貫が通されている。床組は、製材された大引と根太で構成され、床面と壁面には板が張られ、窓もあけられている（図7-5）。

なお、基礎構造が掘立から礎石立に移行した場合の柱列は、いったん規則正しく碁盤目状となるが、その後、柱を抜く改造が加えられていくという。

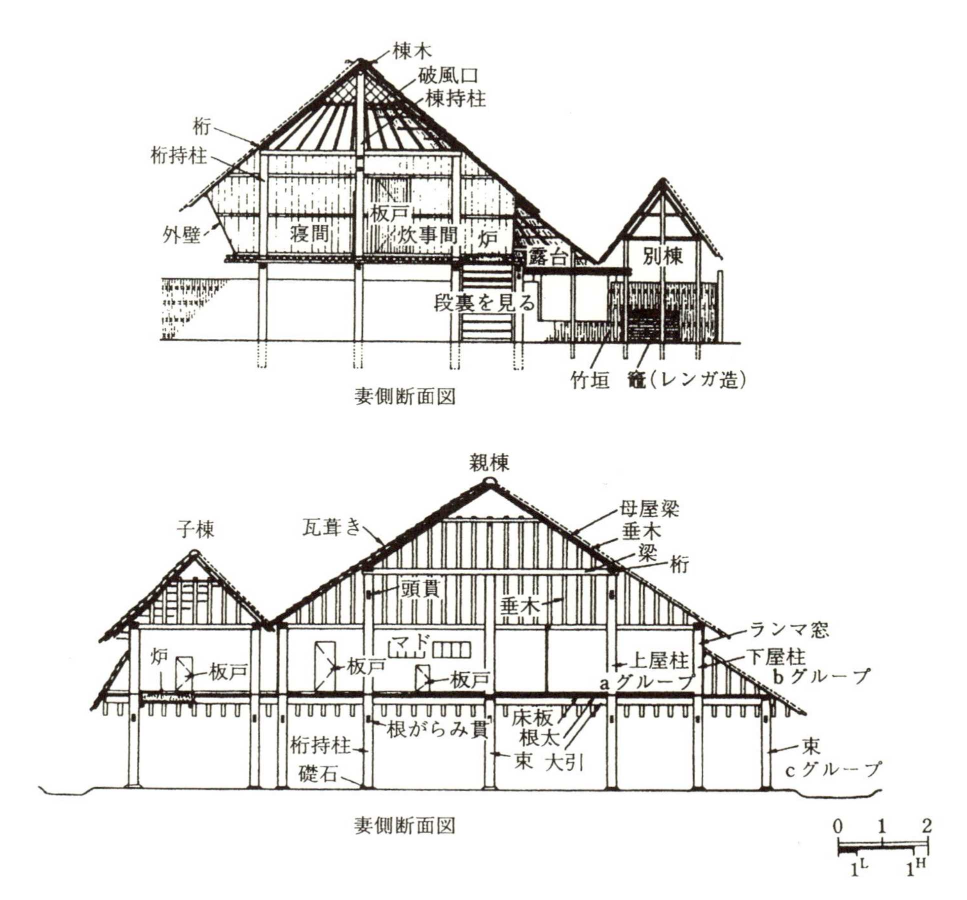

図7-5　中国における掘立基礎から礎石立基礎への移行──中国南西部（雲南省）──［文献C157より転載］

2.4　東端の島・日本における建築技術

大陸東端の島・日本における礎石立は、6世紀後半以降、寺院建築の基礎構造として大陸から伝来し、宮殿などの中心建物にも採用されるようになった。その後、建築の機能（用途）に応じて、掘立基礎と礎石立基礎とが併用されていった。

掘立基礎の場合、構造力学上は固定端で、柱の上部をつながなくても自立できる構造である。しかし、屋根を含めた上部荷重を、柱の断面積だけで地盤に伝えることになるため、建物の不同沈下を起こす弱点がある。上部構造は、梁・桁などのわずかな水平材だけでつなげばよいが、上部荷重を小さく抑えておくため、屋根は草葺などであった。また、掘立の柱は地中部分が腐りやすく、伊勢神宮の式年遷宮などに見られるように20年くらいで建て替える必要があった。

一方、礎石立基礎の場合、構造力学上は自由端で、柱上部をしっかりつながなければ、倒れてしまう構造である。しかし、柱にかかる上部荷重は、礎石を介して地盤に伝えられるため、大きな荷重にも耐えることができた。上部荷重は、古代における太い柱を長押などの水平材でつなぐ構造から、中世以降の比較的細い柱に何通りかの貫を通して固める構造に変化していった。屋根は瓦などの耐久性のある葺材が用いられ、柱下部が腐朽しにくくなったこととあわせ、建築の耐用年限が飛躍的に向上した。

日本においては、18世紀ころまで、山間部には掘立基礎の建築が残り、列島のすみずみに礎石立基礎の建築が普及したのは、19世紀以降と考えられている[11]。

2.5　建築部材接合部の加工精度

大陸東端の島・日本では、約1350年前の世界最古の木の建築（法隆寺金堂）をはじめ現存遺構によって、古代以降の建築構法や部材接合法の歴史を研究することができる。それらの歴史的建造物を対象とした研究によって、日本における建築部材接合部の基本形が明らかにされている[12]。

この基本形をもとに、大陸の西と東で確認できる接合法を比較してみたい。

大陸の西・ヨーロッパ（南ドイツ、スイス、オーストリア）の新石器時代（紀元前4500年から1800年）の部材にホゾとホゾ穴が、初期青銅器時代（紀元前1800年から1600年）の部材に輪薙込が、そしてローマ時代の部材に、それらに加えて相欠、欠込、渡腮などが、それぞれ確認できる。

大陸の東・中国においては、約7000年前の出土建築部材（河姆渡遺跡）に、ホゾ、相欠、欠込、大入などが確認できる。

そして大陸東端の島・日本では、約4000年前（縄文時代）の出土建築部材（桜町遺跡）に、ホゾ、相欠、欠込、大入、輪薙込、貫通などが、約2000年前から1400年前まで（弥生・古墳時代）の各地から出土した部材に、それらに加えて渡腮、三枚組、蟻などが確認されている。古代に入る前、古墳時代までの段階で、17基本形の内、少なくとも9種類が存在しており、古代以降、基本形をいくつか組み合わせることにより、複雑な接合部がつくり出されていった（表7-1）。

貫穴に貫を通して、クサビの摩擦力によって固定する接合法をはじめ、補強金具に頼らない精巧な接合部の加工は、大陸の東、特に日本の特徴と考えられる。

大陸の西・ヨーロッパの硬木文化圏における建築部材接合法を基本形に分解してみると、かなりのものが日本の基本形と共通しているが、クサビの摩擦力によって固定する貫通は、今のところ確認できない。ヨーロッパにおける建築部材接合部は、少々の隙間があっても、木栓を打ち込んで固めてしまう方法でつくられているものが多い（図7-6）。

表7-1　大陸の西と東における建築部材接合法

地域・時代 ＼ 接合法基本形	ユーラシア大陸の西			ユーラシア大陸の東		
	ヨーロッパの新石器時代	ヨーロッパの初期青銅器時代	ヨーロッパの鉄器時代	中国の新石器時代（河姆渡遺跡）	日本の縄文時代（桜町遺跡）	日本の弥生・古墳時代（鉄器時代）
	約 6,500 ～ 3,800 年前	約 3,800 ～ 3,600 年前	約 2,000 年前（ローマ時代）	約 7,000 年前	約 4,000 年前	約 2,000 ～ 1,400 年前
枘（ほぞ）	○	○	○	○	○	○
相欠（あいかき）			○	○	○	○
欠込（かきこみ）			○	○	○	○
大入（おおいれ）	△	△	△	△	△	△
輪薙込（わなぎこみ）		○	○		○	○
貫通（ぬきとおし）					△	○
渡腮（わたりあご）			△			○
三枚組（さんまいぐみ）						○

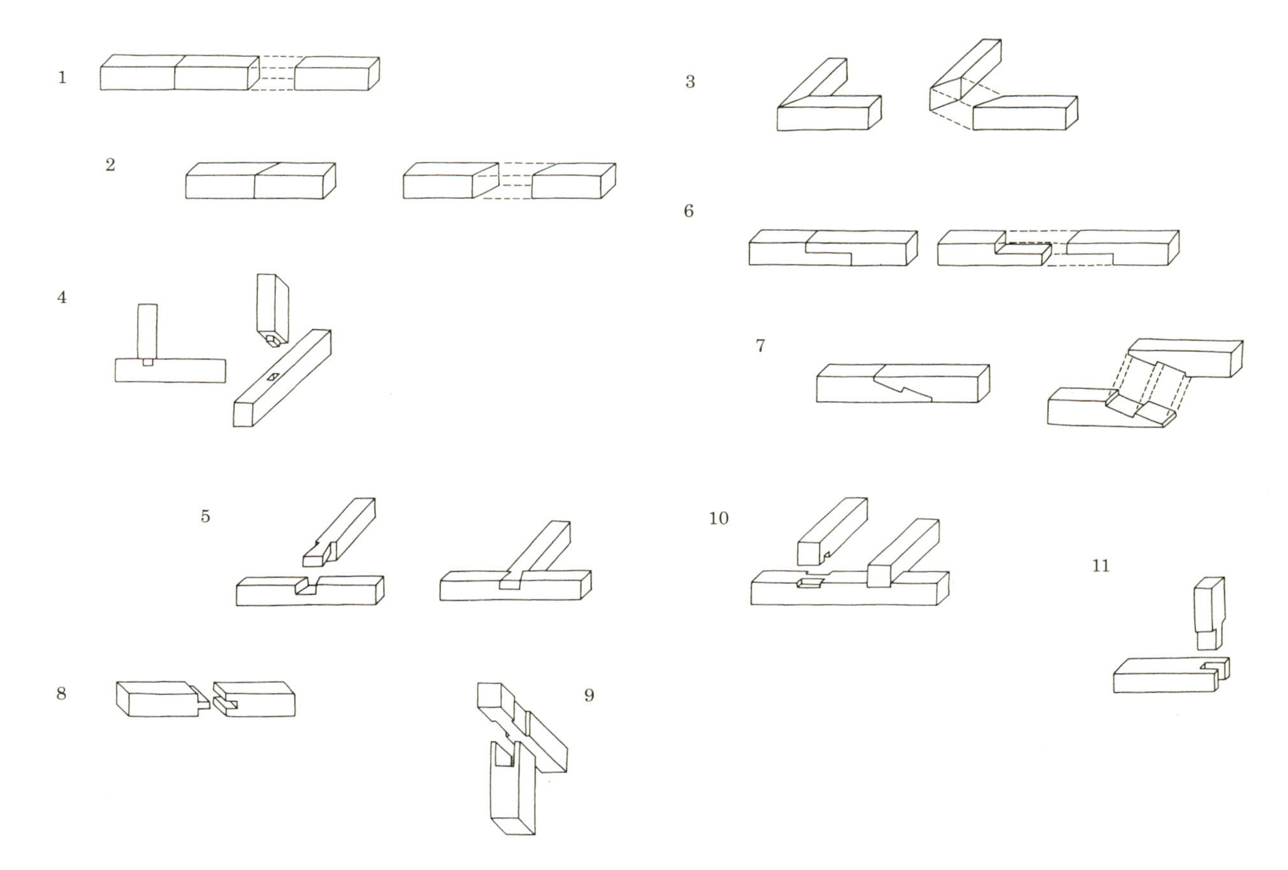

図7-6-1　ユーラシア大陸の西における建築部材接合法の基本形
［文献B57より転載］
1.ツキツケ、2.ソギ、3.トメ、4.ホゾ、5.アリ、6.アイカキ、
7.リャクカマ、8.メチガイ、9.ワナギコミ、10.ワタリアゴ、11.サンマイグミ

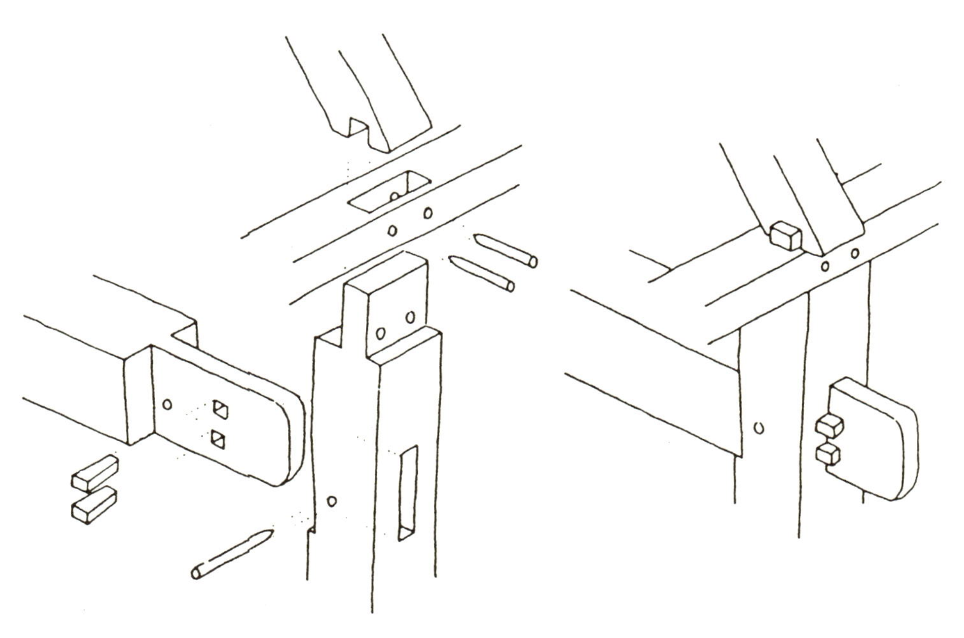

図7-6-2　西における部材接合法基本形と木栓との併用
［文献B57より転載］

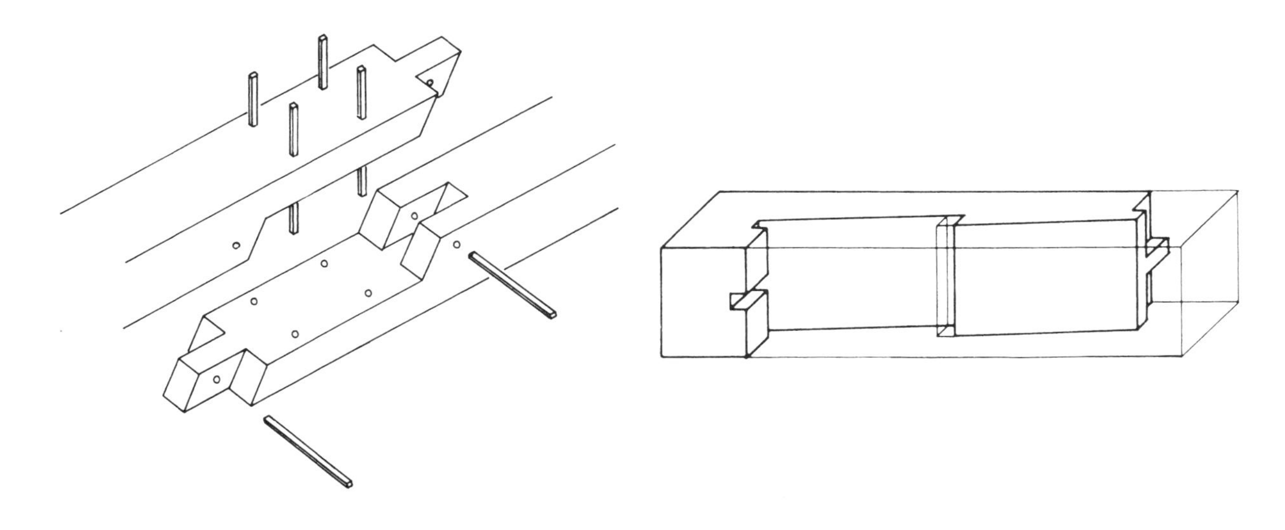

図7-6-3　西における木栓緊結（左図）と東における接合面摩擦による接合（右図）
［文献B78より転載］

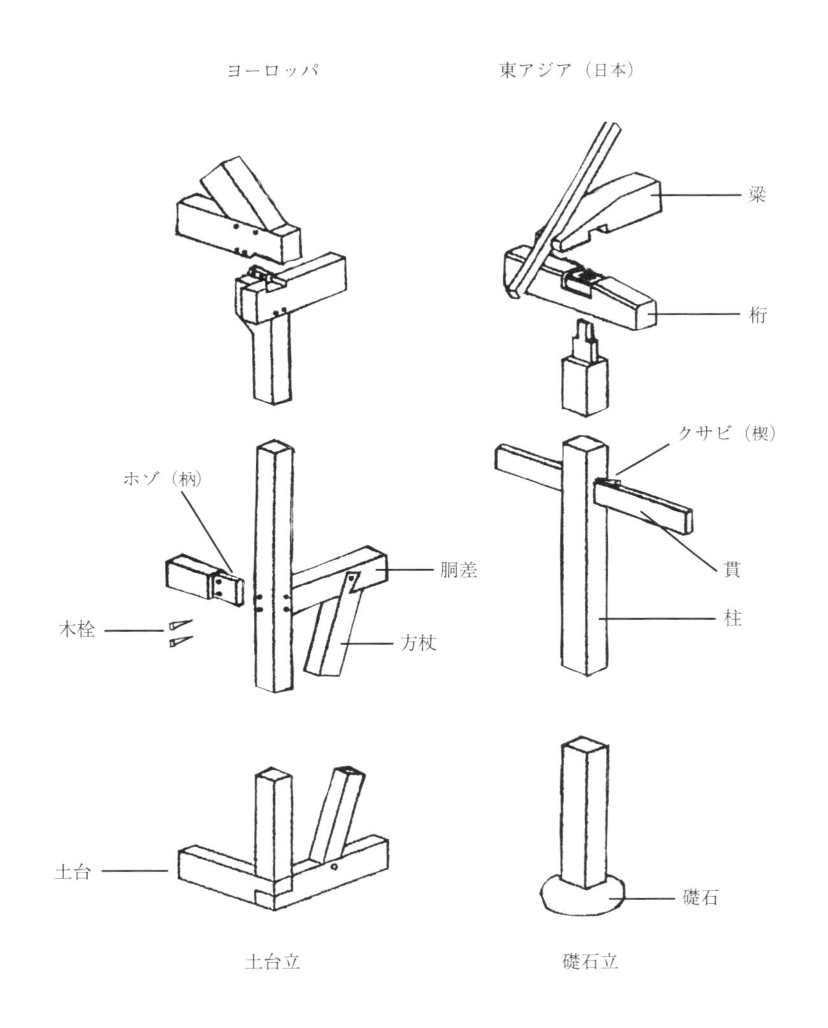

図7-6-4　ユーラシア大陸の西と東における木の建築
［文献A49掲載図版を一部改変］

図7-6-5　西における小屋組構造（フランス）

図7-6-6　西における木栓接合（フランス）

図7-6-7　西における小屋組構造：模型（イギリス）
［史料W9］

図7-6-8　西における垂木上部接合部（イギリス）
［史料W9］

図7-6-9　西における垂木と桁の接合部（イギリス）
［史料W9］

図7-6-10　西における梁と桁の接合部（イギリス）
［史料W9］

図7-6-11　西における桁の接合部（イギリス）
［史料W9］

図7-6-12　東における建築構法（貴州省）

図7-6-13　束における柱と貫の接合部（貴州省）

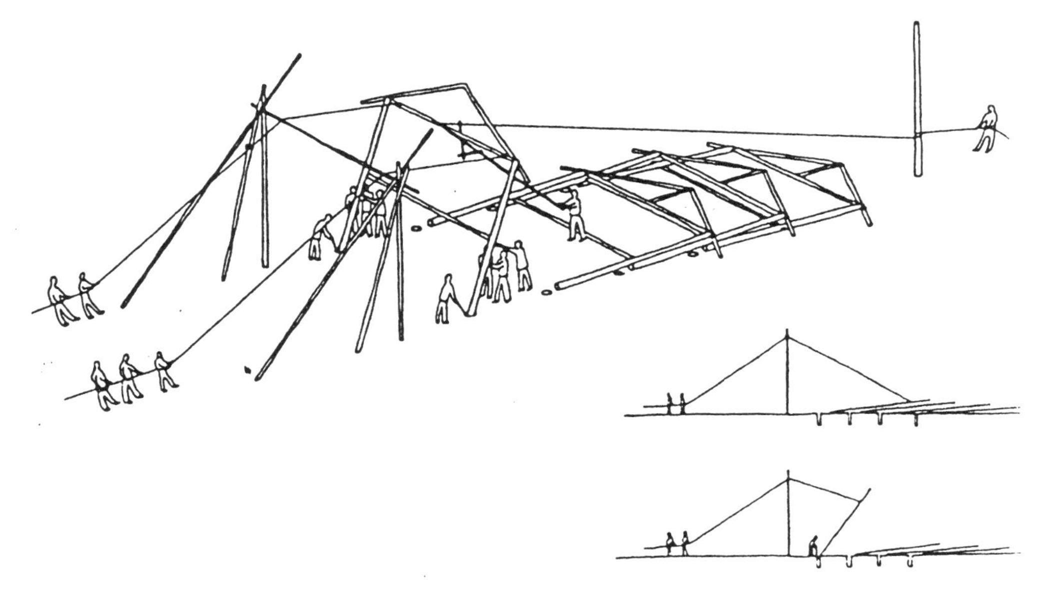

図7-7　掘立基礎と建て方──大陸の東南部（インドシナ半島）──
［文献A55より転載］

第3節　建築基礎と建て方

3.1　掘立基礎と建て方

ユーラシア大陸の東南部・インドシナ半島のラオス（ラオ族）における、掘立基礎の建築を建てる方法を概観する。

2台の三つ又（丸太を三角錐に組んだ仮設）の頭に渡した水平方向の丸太に縄をかけ、あらかじめ地上で組んでおいた柱と水平材（梁・大引など）に結びつける。

2本の縄の端を多人数で呼吸をあわせて引っ張ることにより、ワンスパンごとに建て起こしていく。柱穴部分には、棒を用いて柱下部をコントロールする者が、それぞれ数人配置されている。

また、架台の反対側には、建て起こしの度合をコントロールする縄が張られ、その端部を仮設の独立柱に巻きつけて調整する者も配置されている(13)（図7-7）。

3.2　土台立基礎と建て方

ユーラシア大陸の西北部・スカンジナビアのノルウェーにおける、土台立基礎の建築を建てる方法を概観する。

垂直材である柱と、梁行方向の水平材、桁行方向の水平材を、それぞれ地上で組んでおき、長い棒と短い棒を用いて順次建て起こしていく。

各柱位置には、柱下部のホゾと土台上面のホゾ穴との接合を、棒によって調整する者が配置されている。

11世紀ころに行われていたと考えられるこの建て起こしの技術が、数百年後のハーフティンバーの建築に応用されていったと推定されている(14)（図7-8）。

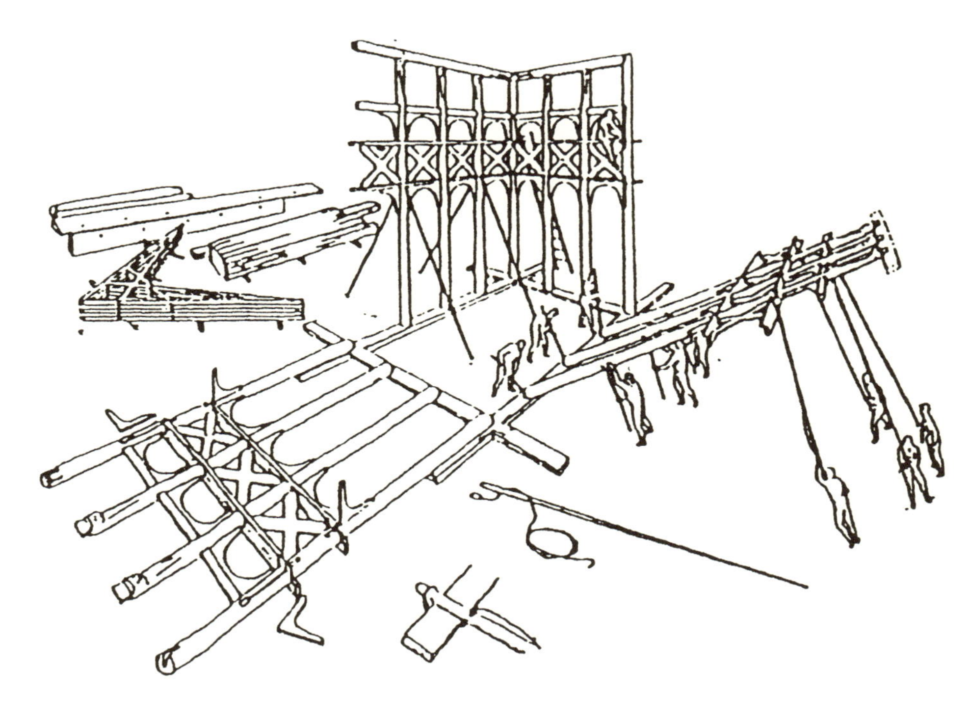

図7-8　土台立基礎と建て方──大陸の西北部（スカンジナビア半島）──［文献A55より転載］

3.3　礎石立基礎と建て方

ユーラシア大陸東端の島・日本における、礎石立基礎の建築を建てる方法を概観する。

15世紀前半に描かれたとされる絵画資料（『誉田宗廟縁起』）の画面中央で、2名の工人が土工具を用いて礎石を据えている。その画面右では、2名の工人が柱を抱えて礎石上に仮置きし、その下方の工人が墨斗と口引（推定）を用いて柱下部に礎石上面の凹凸を写し取っている。

画面上方では、柱下部に写し取られた凹凸を鑿で加工し、画面下方では、柱上部の頭貫仕口を鑿によって加工している。

そして画面左では、3名の工人が柱を礎石に据え付け、柱上部の工人は木製の槌を用いて頭貫を接合させている（図7-9）。

このように、礎石立の柱を幾通りもの貫で固める構造の場合、礎石の凹凸にあわせて石口を正確に写し取ることと、水平・垂直方向と平面上の直角（大矩）を、精度高く正確に定めておくことが、不可欠である。

3.4　建築基礎と建築部材の加工精度

木の建築をつくる工程において、まず、水平と垂直の基準を定めることが重要である。掘立基礎の場合、例えば柱穴の深さを腕の長さではかったとしても、各柱に接合する水平材が、正確に水平を保つのは困難である。

東端の島・日本において発見された、約2000年前の出土建築部材（青谷上寺地遺跡　鳥取県）の中に、約25センチメートルの成（幅は約7センチメートル）の貫穴があけられた柱が含まれていた。貫と推定される部材も発見されているが、その成は約15センチメートル（幅は約6センチメートル）である[15]。

日本においては、約800年前から、柱に幾通りもの貫を接合する建築がつくられるようになるが、貫穴と貫の成の差は、クサビの寸法に相当する。例えば15センチメートル（5寸）の貫の場合、貫穴の成は、それに15ミリメートル（5分）を足したくらい

図7-9-1　礎石立基礎と建て方――大陸東端の島（日本）――
［史料P35］

図7-9-2　大型部材の建て方（13世紀後半）
［史料P61］

図7-10　水平の基準と礎石立基礎（14世紀初め）
［史料P32］

の寸法となる。この場合の基礎構造は、礎石立である。

前述した掘立基礎の柱に加工された貫穴と貫との差は、約10センチメートルである。この場合のクサビは、柱ごとに貫の上方分と下方分の寸法がまちまちであり、その合計がいずれも約10センチメートルであったと推定される。

掘立基礎と礎石立基礎との寸法計画の精度の差は、あらかじめ正確な水平を定めておくことができたかどうか、のちがいであったと考えられる。

礎石立基礎の建築の水平を定めている様子が、約700年前の絵画資料（『春日権現験記絵』）に描かれている（図7-10）。

この場面には、垂直方向の高さの基準となる水糸と、その高さより低い位置に、平面での礎石の位置の基準となる水糸の2種類が描写されている。

画面上方で、1人の工人が水糸の高さを調整している様子が見られる。おそらく水漏れを防ぐための目張りがされた木製の箱に水を張り、その水面からの高さが一定になるように水糸を調整しているところであろう。傍らには、「童」が曲げ物の器から水を汲み上げ、木製の箱に注いでいる。

画面下方には、3人の工人が礎石を据えている様子が見られる。それぞれの礎石は自然石で、地盤面の高低も含め、礎石上面の高さは、柱ごとに異なっている。柱の墨付けは、水糸からそれぞれの礎石上面の高さをはかり、その寸法を対応する柱にしるすことからはじまる。

なお、土台立基礎の建築は、土台を水平に据えることを前提に、垂直材と水平材の墨付けと加工がなされたものと推定される。礎石立基礎の建築よりも、各柱に水平をしるす手間が少なく、接合部の墨付けも、画一的に行うことができたと考えられる。

ただ、地面に据えられた土台は、掘立基礎の柱下部と同様に腐りやすく、建築の耐用年限は、礎石立建築には及ばなかったであろう。

第4節　木の建築をつくる工程と道具

4.1　木の建築の構法と道具編成

木の建築の構法と建築部材接合法の違いによって、その工作に使用される主要道具の種類（編成）も異なっていたと考えられる。例えば、針葉樹（軟木）を水平に積むログ構法の場合、その接合部加工は斧ひとつあれば可能であった。しかし、広葉樹（硬木）を垂直材と水平材として組み合わせる構法の場合、その接合部加工には、斧、鑿、錐、鋸、カンナなどの主要な道具を必要とした。

以下、ユーラシア大陸の西と東における主要道具の変遷と、木の建築をつくる工程との関連を考察する(16)（表7-2、7-3）。

4.2　伐木技術と道具

ユーラシア大陸の西と東、いずれにおいても伐木に用いる主要な道具は、斧であった。この斧に加えて、伐木に大型の鋸を併用するようになったのは、大陸の西・ヨーロッパが15世紀中頃(17)、大陸東端の島・日本が17世紀前半頃と考えられる。

4.3　製材技術と道具

製材に用いる大型の鋸は、大陸の西・ヨーロッパのローマ時代において、使用の様子が絵画に描かれている。大陸東端の島・日本では「大鋸（オガ）」を大陸の東・中国から導入した15世紀頃とされている。また、鋸による挽割製材の普及以前は、大陸の西と東いずれにおいても、斧・鑿とクサビを用いた打割製材が行なわれていたと推定される。

4.4　建築部材加工技術と道具

建築部材の接合部の加工には、主として鋸、鑿、錐などが使用された。大陸の西・ヨーロッパにおいては、15世紀頃、造作材などに正確な穴を早くあけることができる錐が、16世紀から17世紀にかけて部材の木口などをきれいに加工することができる鋸が、それぞれ開発された。大陸東端の島・日本では、15世紀頃、精巧な加工を可能とする引き使いの鋸が普及した。

4.5　建築部材切削技術と道具

建築部材の表面を仕上げ切削するカンナに関しては、大陸の西・ヨーロッパにおいて14世紀から17世紀にかけて、平滑な平面を切削することができる台鉋や、部材の木口を切削する台鉋などが開発された。大陸東端の島・日本では17世紀頃に、仕上げ切削の主役がヤリカンナから台鉋に移行したと考えられる。

4.6　建築工程と鋸

前述したように、木の建築をつくる主要道具の中で、伐木から造作材加工までのいずれの段階においても、ある時期以降、鋸が使われてきた。大陸の東と西における実物資料が良好な状態で残っている19世紀の鋸を取り上げて、工程順に比較してみたい（図7-11、表7-4）。

表7-2　大陸の西における主要道具の変遷［文献B4　掲載図版を一部改変］

Tool Name 木工具名称	Age　時代区分								備　考
	Stone Age 石器時代	Bronze Age 青銅器時代	Early Iron Age 初期鉄器時代	Greek and Roman 古　代	(Dark Ages) 中　世	Middle Ages	1600～1800 近世	1800～ 近・現代	
Axe	●	●	●	●	●	●	●	●	斧
Adze	●	●	●	●	●	●	●	●	チョウナ
T-axe					●	●	●	●	T型の斧
Chisel	●	●	●	●	●	●	●	●	鑿
(Striking tools)	●	●	●	●	●	●	●	●	槌　類
Auger	●	●	●	●	●	●	●	●	ボールト錐
Breast Auger					●	●	●	●	胸押え ボールト錐
Bow drill		●	●	●	●	●	●	●	弓　錐
Breast drill								●	胸押えドリル
Brace						●	●	●	ハンドル錐
Twist bits								●	ハンドル錐の刃
Metal brace								●	金属製の ハンドル錐
Hand-saw		●	●	●	●	●	●	●	鋸
Cross-cut saw		●	●	●	●	●	●	●	横挽鋸
Saw, fret						●	●	●	弦掛鋸
Saw, tenon							●	●	枘（ホゾ）用の 鋸（胴付鋸）
Knife	●	●	●	●	●	●	●	●	小　刀
Drawknife			●	●	●	●	●	●	セ　ン
Spokeshave							●	●	南京鉋
Plane, smooth				●	●	●	●	●	平　鉋
Plane, jack				●	●	●	●	●	荒削り用の平鉋
Plane, plough				●	●	●	●	●	決り鉋
Plane, moulding				●	●	●	●	●	面取鉋
Plane, try						●	●	●	仕上げ削り用の 平鉋
Plane, mitre						●	●	●	木口用の鉋 （留木口）
Plane, shoulder						●	●	●	胴付用の鉋
All-metal Planes								●	金属製の鉋

第一に、伐木・原木切断用の鋸としては、ユーラシア大陸の西・ヨーロッパと大陸の東・中国、いずれにおいても二人で作業する大型鋸（Two-man Cross-Cut Saw、「横鋸」）が使われた。大陸東端の島・日本では、一人用の大型鋸（「手曲鋸」）を引き使いした。

第二に、製材用の鋸としては、ヨーロッパにおいて両側支柱形式の大型枠鋸（Two-Man Framed Rip Saw）を二人で使用、中国において中央支柱形式の大型枠鋸（「框鋸─大鋸」）を二人で使用、そして日本において茎式の大型鋸（「前挽大鋸」）を一人で引き使いした。

表 7-3　大陸の東における主要道具の変遷

工程		伐木				製材								部材接合部加工						部材表面切削				
						原木切断		大割	大斫		小割									荒切削			仕上切削	
											打割	挽割												
道具		大型縦斧（ヨキ）							大型縦斧（タツキ）			枠式鋸	茎式鋸	鉄鑿		鉄鋸				横斧（チョウナ）			カンナ	
																	茎式							
時代	C	無肩袋式縦斧	無肩茎式縦斧	無肩孔式縦斧	伐木用大型鋸	大型鉄製縦斧	切断用大型鋸	縦斧とクサビ	有肩袋式縦斧	有肩孔式縦斧	鉄鑿とクサビ	大鋸（オガ）	前挽大鋸	袋式鉄鑿	茎式鉄鑿	小型・歯道直線	歯道内湾	歯道外湾・先尖	歯道直線・「先切」	無肩袋式（有隙）横斧	無肩袋式（密閉）横斧	有肩袋式（密閉）横斧	ヤリカンナ（大型）	台鉋
縄文時代	5																							
	4																							
弥生時代	3																							
	2																							
	BC1																							
	AD1																							
	2																							
	3																							
古墳時代	4																							
	5																							
	6																							
古代	7																							
	8																							
	9																							
	10																							
	11																							
	12																							
中世	13																							
	14																							
	15																							
近世	16																							
	17																							
	18																							
近・現代	19																							
	20																							

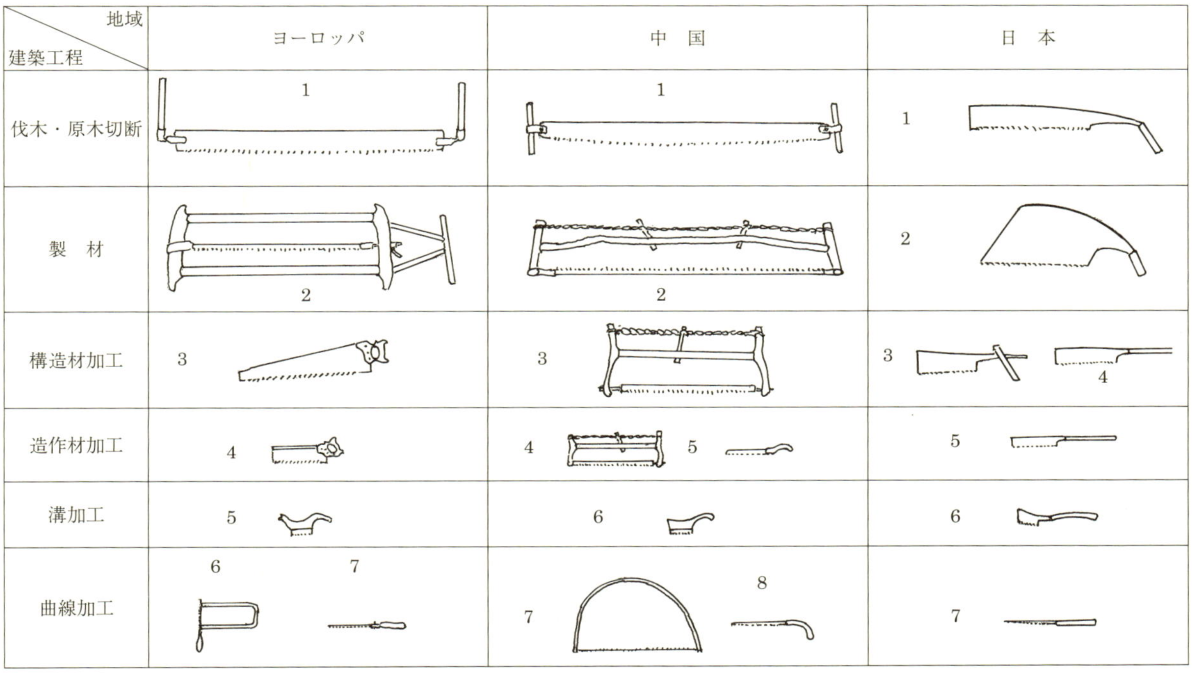

建築工程＼地域	ヨーロッパ	中国	日本
伐木・原木切断	1	1	1
製材	2	2	2
構造材加工	3	3	3　4
造作材加工	4	4　5	5
溝加工	5	6	6
曲線加工	6　7	7　8	7

図7-11　西と東における建築工程と鋸［文献E37］

ヨーロッパ：1. Two-man Cross Cut-Saw, 2. Framed Pit Saw, 3. Hand Saw, 4. Tenon Saw, 5. Grooving Saw, 6. Fret Saw, 7. Compass Saw
中　　国：1. 横鋸、2. 框鋸－大鋸、3. 框鋸－中鋸、4. 框鋸－細鋸、5. 手鋸、6. 側鋸、7. 弓鋸、8. 狭手鋸
日　　本：1. 手曲鋸、2. 前挽大鋸、3. 挽割鋸、4. 挽切鋸、5. 胴付鋸、6. 鴨居挽鋸、7. 挽廻鋸

表7-4　西と東における建築工程と鋸

建築工程＼地域・形式		ユーラシア大陸の西								ユーラシア大陸の東								ユーラシア大陸東端の島							
		基本形式			接合部			使用法		基本形式			接合部			使用法		基本形式			接合部			使用法	
		I	II	III	茎式	枠柄式	その他	推	引	I	II	III	茎式	枠柄式	その他	推	引	I	II	III	茎式	枠柄式	その他	推	引
伐木・原木切断		○					○	△	△	○					○	△	△	○			○				○
製材				○		○		○				○		○		△	△	○			○				○
構造材加工		○					○	○				○		○		○		○			○				○
造作材加工			○				○	○				○		○		○			○		○				○
溝加工			○				○	○	○		○				○	○	○	○			○				○
曲線加工	挽廻	○			○			○		○			○			○	△	○			○			△	○
	弦掛			○	○				○			○		○			○								

第三に、建築構造材加工用の鋸として、ヨーロッパにおいて直結式の中型鋸（Hand Saw）を一人で推し使いし、中国において中央支柱形式の中型枠鋸（「框鋸—中鋸」）を同様に一人で推し使いし、そして日本において茎式の中型鋸（「挽割鋸」「挽切鋸」）を一人で引き使いした。

第四に、建築造作材（ホゾ）加工用の鋸として、ヨーロッパにおいて鋸背補強（鞘）形式の小型鋸（Tenon Saw）を推し使いし、中国において中央支柱形式の小型枠鋸（「框鋸—小鋸」）を推し使いし、そして日本において鋸背補強（鞘）形式の小型鋸（「胴付鋸」）を引き使いした。この用途の鋸としては、中国において直結式の小型鋸（「手鋸」）も使用されており、その中に引き使いの鋸も含まれていた。

第五に、建築造作材（溝）加工用の鋸として、ヨーロッパにおいて鋸背補強（鞘）形式の小型鋸（Grooving Saw）を推し使いか引き使いし、中国において鋸背補強（鞘）形式の小型鋸を同じく推し使いか引き使いし、そして日本において茎形式の小型鋸（「鴨居挽鋸」）を引き使いした。

そして第六に、建築造作材（曲線）加工用の鋸として、ヨーロッパ、中国、日本いずれにおいても茎式の小型鋸（Compass Saw、「狭手鋸」、「挽廻鋸」）を、推し使いか引き使いした。この用途の鋸としては、ヨーロッパと中国に弓形式の鋸（Fret Saw、「弓鋸」）があり、いずれも引き使いした。

以上より、大陸の西・ヨーロッパと大陸の東・中国の鋸は、伐木と製材段階においては二人で使い、構造材加工段階では一人で推し使い、造作材加工段階では推し使いをする鋸と引き使いする鋸があった。東端の島・日本の鋸は、伐木から造作材加工まで、すべて一人での引き使いを基本としていた。

第5節　小　結

(1)　ユーラシア大陸の西と東、いずれにおいても、文明の発生の背景には豊かな森林があったと考えられる。

(2)　木の建築を接合する技術に関しては、大陸の西・ヨーロッパにおいて硬木に単純形状の接合部を加工して木栓で固める方法が、大陸東端の島・日本において複雑な形状の接合部をクサビも含めた摩擦力で固定する方法が、それぞれ発達したと推定される。

(3)　木の建築の基礎構造は、大陸の西と東、いずれにおいても掘立基礎から礎石立基礎への移行が見られる。また、大陸の西・ヨーロッパにおいて土台立基礎の建築が、建築生産の効率化に生かされた事例もあった。

(4)　木の建築をつくる工程に関しては、大陸の西において製材用の大型鋸と建築部材仕上げ切削用の台鉋が、古くから使用されていたことが注目される。樹木の中で、大陸の西においては主として硬木（広葉樹）が、大陸の東においては主として軟木（針葉樹）が、それぞれ建築用材とされたことが、大きく影響していると考えられる。

註

(1)　参考文献（A130）
(2)　参考文献（A130）
(3)　参考文献（A130）
(4)　参考文献（D130）
(5)　参考文献（B45）
(6)　参考文献（B45）
(7)　参考文献（B45）
(8)　参考文献（B45）
(9)　参考文献（C246）

（10）参考文献（C157）
（11）参考文献（C279）
（12）参考文献（C234）
（13）参考文献（A55）
（14）参考文献（A55）
（15）参考文献（E59）
（16）参考文献（B4）（E49）
（17）参考文献（B4）

第8章
結　論

第1節　ユーラシア大陸における斧と鑿

斧と鑿は、木柄（保持部分）への装着形式と使用法によって区別されるが、刃を有する機能部分だけが出土した場合、その判別が困難な道具である。木の建築をつくる道具の中で、斧と鑿が石器の時代から使用されてきた、最も原初的な道具ということができる。

斧と鑿の材質が、石から金属へ移行した主たる要因は、刃部の鋭利さと、素材の再利用が可能であったこと、と考えられる。石を素材とした斧・鑿の場合、刃部が欠損したり本体が破損すると廃棄せざるを得ない。しかし、金属製の斧・鑿では、熱を加えて溶かすことによって再利用ができた。

ユーラシア大陸の西・ヨーロッパ文明の源流のひとつであるエジプトにおいて、約6000年前（バダーリー文化　上エジプト）、銅の利用がはじまったという。銅鉱石に熱を加えて溶融して得た銅を、鋳造法で斧・鑿の形につくっても、軟らかすぎて道具としては使うことができない。この斧・鑿の刃部に槌打ちを繰り返す（鍛打する）ことにより硬さが増す。前述した約4500年前の銅製の斧は、こうした方法によってつくられたものと推定される[(1)]。

大陸の西・中国においては、約4300年前（二里頭文化）あたりから、銅の利用がはじまったとされている。この時期の遺跡から出土した前述の銅製の斧も、鍛打することにより、斧としての使用が可能になったのであろう。

青銅は、銅と錫の合金である。初期には錫を含む銅鉱石を溶融したり、銅鉱石と錫鉱石を溶融してつくったと推定される。その後、経験を積み重ねる中で、銅と錫の比率をコントロールする技術が確立されていったと考えられる。

大陸の東・中国の春秋時代（紀元前8世紀から5世紀）の技術書『孝工記』には、その比率に関する記述がある。「鐘鼎」「斧斤」「戈戟」「大刃」「削」（小刀）、「鑑燧」（銅鏡）、という6種類の青銅製品をつくる上での、それぞれの比率が記されている。例えば、青銅製の斧である「斧斤」は、銅と錫が五対一の比率である。文字として明文化されたのは春秋時代であるが、それ以前、殷代（紀元前17世紀から11世紀）の青銅製の斧・鑿も、高い技術でつくられていたと推定される[(2)]。

なお、ユーラシア大陸の西と東を結ぶ地域であるメソポタミアにおいて、約4900年前の青銅製の斧が出土している[(3)]。これが、現在確認できる最古のひとつであり、その技術が西方の地中海世界や北方のコーカサス地方などへ伝播していったと考えられる（図8-1）。

青銅は、銅と比較すると低い温度での鋳造が可能で、硬度は高い。しかし、斧・鑿の素材としては、

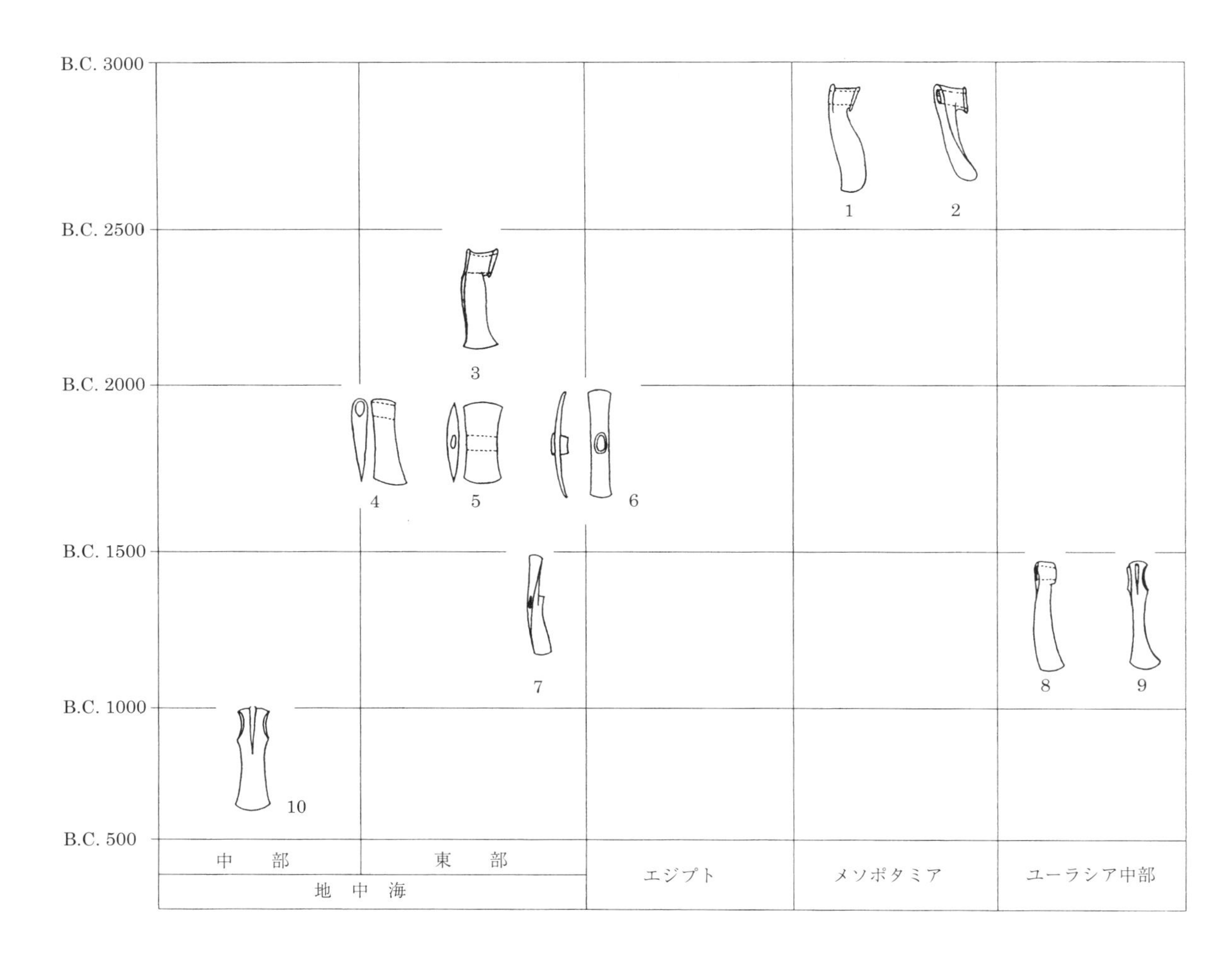

1. Ur, 2900-2700 B.C.
2. Ur, 2700 B.C.
3. Lemnos, 2300 B.C,
4. Crete, 2000-1700 B.C.
5. Crete, 2000-1700 B.C.
6. Crete, 2000-1700 B.C.
7. Crete, 1700 B.C.
8. Gorbunovo, Urals, 1500 B.C.
9. Koban, 1500 B.C.
10. Malvagni, 1000-800 B.C.

図8-1　ユーラシア大陸における青銅製の斧の流れ
［文献E56］

鉄の方が優れている[4]。

鉄は、約5000年前から4000年前にかけての時期に、大陸の西と東を結ぶ地域・西アジアで利用されはじめたと考えられている。初期の鉄は、隕鉄（隕石に含まれている鉄）を利用したものや、人工鉄であっても炭素量の低い錬鉄で、斧・鑿として使用できるだけの硬さがなかったようである。この時期には、まだ青銅製の斧・鑿の方が、道具として有効であったと推定される。

錬鉄の表面に炭素を滲みこませて硬化させる技術（滲炭法）が開発されてから、鉄製の斧・鑿の使用が広がることになる。この技術を秘密にして、鉄の文化をいち早く発達させていたのが、現在のトルコにあたるアナトリアに存在していたヒッタイト帝国（紀元前1450年から1200年）であったと考えられている[5]。

ヒッタイト帝国崩壊後、鉄の技術が四方に広がり、紀元前1000年ころまでにはペルシアへ、紀元前700年ころまでにはエジプトへ、そして紀元前600年ころまでにはヨーロッパへ伝わったと推定されている[6]。

大陸の東・中国において、鉄の利用がはじまったのは約3000年前とされているが、本格的な鉄器生産が行なわれるようになったのは、戦国時代（紀元前5世紀から3世紀）と考えられる[7]。

ローマ時代のプリニウス（紀元後23年から79年）が著述した『博物誌』に、最も優れているのは「セレスの鉄」である、と記されている。この時代、大陸の西と東を結ぶ地域・インドでは、ルツボを利用した鋳鋼（ウーツ鋼）が、大陸の東・中国では銑鉄を脱炭した鋼が、それぞれ生産されていた。しかし、「セレスの鉄」が、そのどちらを指すのか、不明であるという[8]。

いずれにしても、大陸の西・ヨーロッパのローマ時代において、大陸の東、あるいは南から、鉄が運ばれ、利用されていたと推定される。

ユーラシア大陸のどの地域においても、斧は木柄を両手あるいは片手で握り、振り回して使用（S使用）し、鑿は槌で叩いて使用（H使用）している。木の建築をつくる工程においては、斧が主として伐木と製材に、鑿が主として製材（打割）と部材加工に、それぞれ使用されている。

こうした使用法や用途に関しては、ユーラシア大陸全体で共通性があり、西と東の大きな相違は見られない。

第2節　ユーラシア大陸における鋸

ユーラシア大陸東端の島・日本においては、割裂による製材法（打割製材）から鋸を用いる製材法（挽割製材）に移行した15世紀ころから、幅が広く薄い板材や正確な断面の角材が、建築部材として使われるようになった。その結果、部材相互の接合部を、より精巧に加工することが建築工人に求められ、鍛冶技術の進歩と相まって、鋸の性能が向上していったと考えられる。鋸歯も含めた鋸身の厚さは、薄い方が部材の切断面は平滑となり、接合部の精度も高くなる。これらを主たる要因として、使用時の微妙なコントロールを可能とする鋸の引き使いが普及していったと推定される。

一方、大陸の西・ヨーロッパにおける鋸の推し使いは、硬い建築部材を加工する使用法といえる。硬木の場合、腕の力だけでなく、体全体を用いて鋸を使う必要がある。その場合、薄い鋸身では折れてしまうことから、厚くつくらなければならない。厚い鋸身と鋸歯による部材の切断面は粗くなり、接合の精度も低い。木栓を打ち込んで固める硬木の接合法の場合、建築部材接合部に隙間があっても構わない、とする建築観が継承されてきたと考えられる。この建築観が、鋸の推し使いを継続させてきたのかもしれない。

また、大陸の東・中国においては、クスノキ、クリ、カエデなどの広葉樹や、マツ、スギなどの針葉樹を建築用材としてきた。ヨーロッパのオーク（ナラ）ほどの硬木ではないが、鋸は推し使いである。これも、建築部材接合部に、それほど高い精度を求めないという、ヨーロッパと類似した建築観が、影響していると考えられる。

ユーラシア大陸の西と東を結ぶ地域では、鋸をどのように使っているのであろうか。

既往研究や、これまでの調査の結果、トルコ、そのトルコがオスマン朝時代（14世紀から20世紀）に支配したギリシア、ブルガリア、東に向かって、イラク、イラン、アフガニスタン、インド北部、ネパール、ブータン、などに鋸の引き使いが見られる。

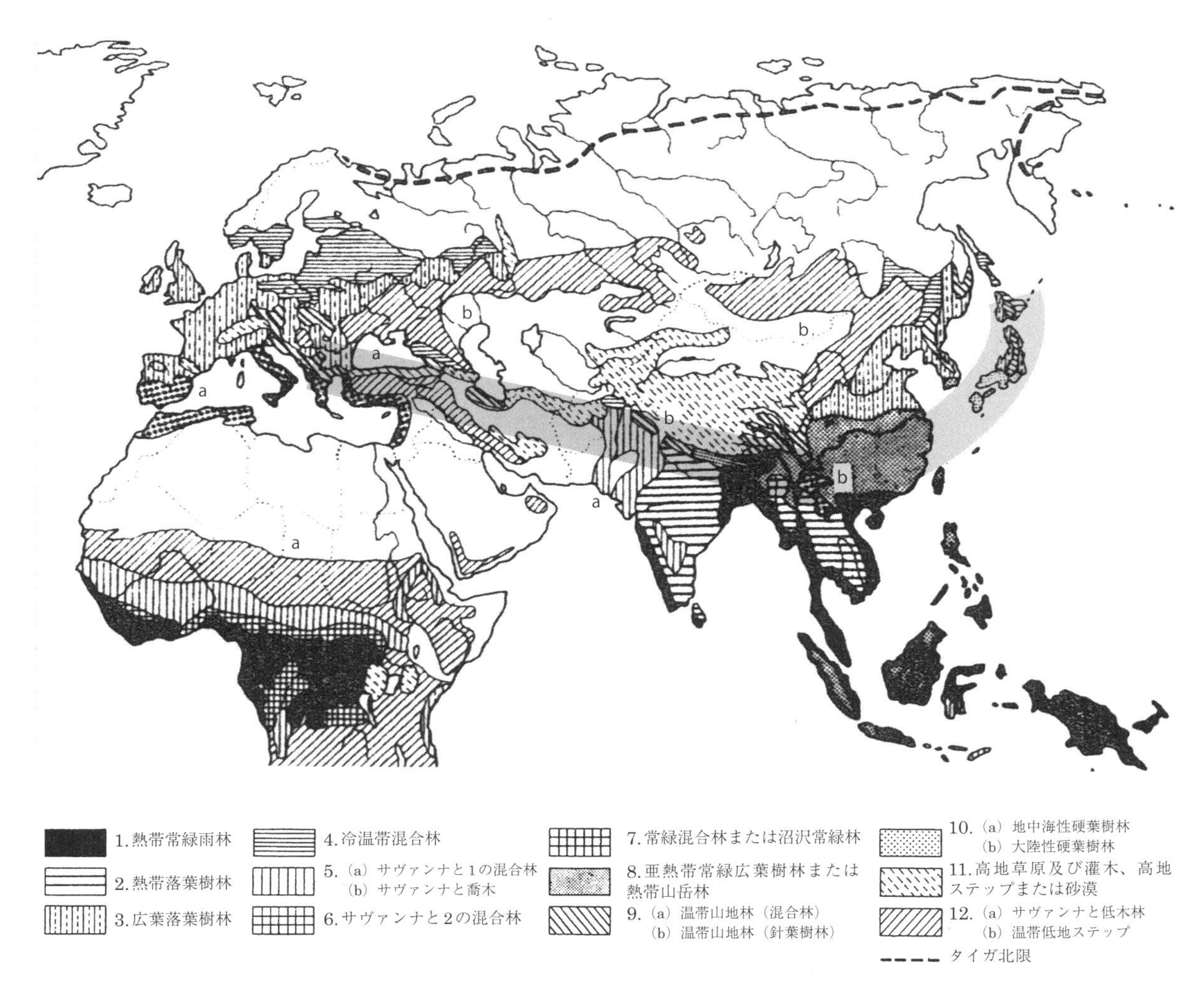

図8-2　ユーラシア大陸における「鋸の引き使いベルト地帯」
［文献A40より転載、加工］

ユーラシア大陸の森林分布図と照合すると、これらの地域には、針葉樹が生育している。

ヨーロッパの広葉樹（ナラなどの硬木）に比べ、軟らかい木が建築用材として使われた地域である。この針葉樹の地域は、大陸東端の島・日本まで、帯状につながっている。これを、「鋸の引き使いベルト地帯」と仮称しておく（図8-2）。

このベルト地帯の、南アジア山岳部と東端の島・日本との間に位置する中国南西部（貴州省や雲南省）に居住する民族（トン族など）の一部に、鋸を引き使いする人々がいる（図8-3）。前述したようにトン族は、現在でも高い建築技術を維持しており、かつて長江流域に居住していた人々と考えられている。

これで、大陸の西・ギリシアから東端の島・日本まで、「鋸の引き使いベルト地帯」が、ほぼ、つながった。

図8-3-1　大陸の東における引き使いの鋸（貴州省）

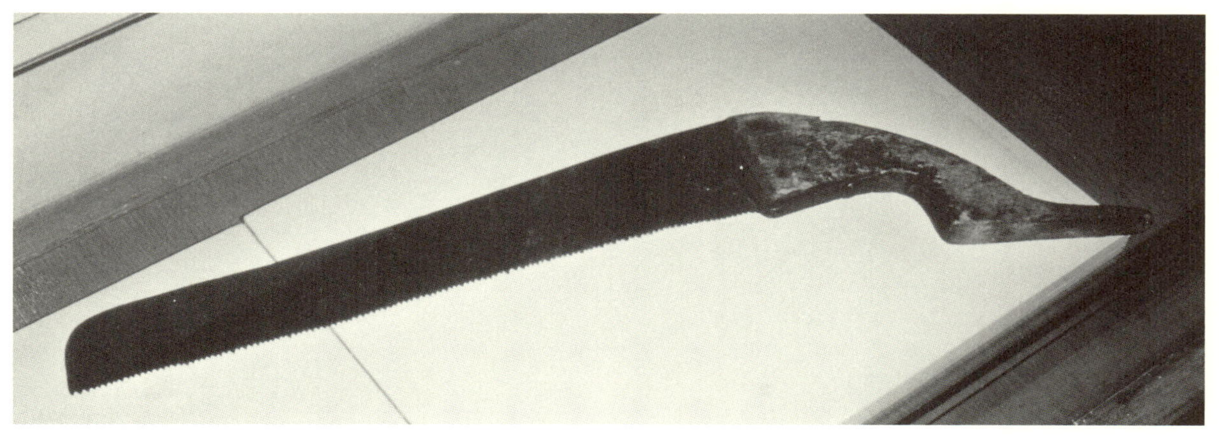

図8-3-2　大陸の西における引き使いの鋸（ブルガリア）

第3節　ユーラシア大陸におけるカンナ

ユーラシア大陸東端の島・日本においては、15世紀ころに普及した鋸による製材法（挽割製材）によって、幅が広く薄い板材や、正確な断面の角材が、建築用材として使われるようになった。その部材表面を仕上げ切削する道具も、古代以来のヤリカンナとともに、台鉋がこの時期から使われはじめたと考えられる。

例えば、現存最古の書院造である慈照寺東求堂（15世紀後半　京都府）は、角材の柱と縦板壁（厚さ7分＝約21ミリ）、天井板（厚さ4分＝約12ミリ）、床板（6分＝約18ミリ）などで構成された建築である(9)（図8-4）。鋸による製材法導入によって、はじめてつくることが可能になった建築、ということができ

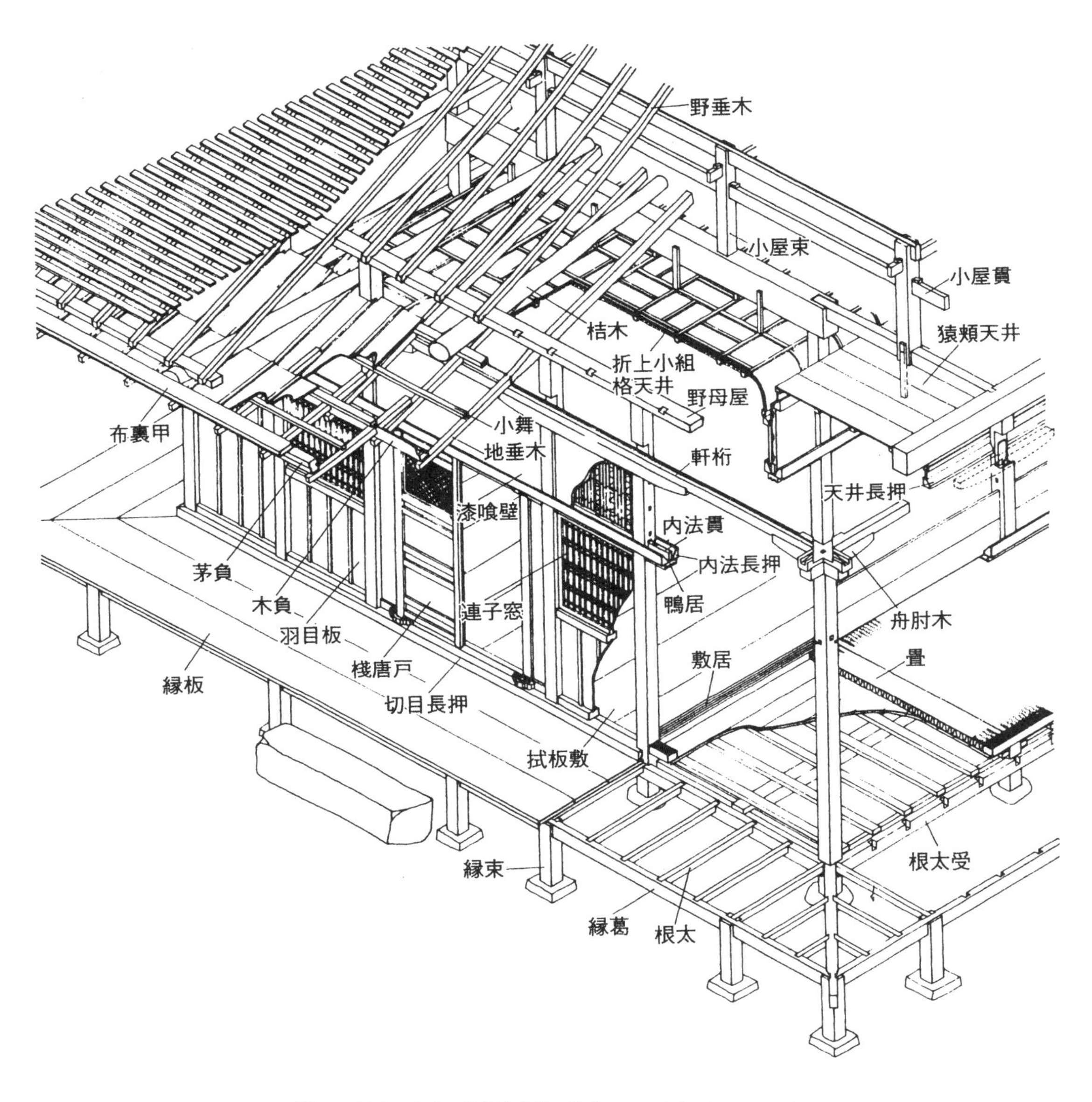

図8-4　日本における繊細な部材で構成された建築（A.D.15世紀）
［文献C106より転載］

る。各建築部材の表面には、素木のままの木肌の美しさが要求され、より平滑な仕上げ切削を可能とする台鉋の需要が高まっていったと推定される。

スギ、ヒノキなどの針葉樹（軟木）を美しく切削するためには、微妙なコントロールの可能な引き使いが適している。自然の中で育った樹木の繊維は、ひとつとして同じものがなく、多様である。建築部材の表面には、途中から逆方向となる木材繊維（逆目）も少なからず存在している。台鉋の推し使いの場合は、力を込めて一気に切削するため、逆目になっても途中で止めることが困難である。美しい艶のある部材面をつくるためには、木材繊維の状態を確認しながら、刃部を微妙にコントロールする必要がある。日本の工人たちは、それが可能な引き使いを選択したのであろう。

一方、大陸の西・ヨーロッパにおいては、広葉樹の硬木（オークなど）を切削するために、体全体を使って、力を込めて台鉋を使う必要がある。それが可能なのは、推し使いである。角材や板材の表面に、逆目の荒れた切削面があっても構わない、とする建築観が、台鉋の推し使いを継続させたと考えられる。

また、大陸の東・中国においては、ヨーロッパの建築用材ほど硬木ではないものの、広葉樹と針葉樹が使われた。特に針葉樹の場合は、台鉋の引き使いの選択も可能であったと推定される。しかし、中国の建築工人たちは、台鉋の推し使いを選択した。そこには、素木の木肌の美しさを追求するのではなく、逆目の荒れた切削面があっても構わない、とするヨーロッパと共通した建築観があったものと考えられる。また、道具使用の作業姿勢が、ヨーロッパと同様に立位であることも、推し使いと関連しているのであろう。

ユーラシア大陸の西・ヨーロッパにおいて、ローマ帝国が支配した地域は、現代のイタリア、フランス、ドイツ、イギリスなどの硬木（広葉樹）文化圏であった。この地域において、早くから台鉋が使われはじめたことと、硬木文化圏であることとは、密接に関連していると推定される。

鉄製の刃が装着された状態で出土したローマ時代の台鉋は、その装着角度（仕込勾配）が、約50度から65度の範囲である。これは、大陸の東・日本における軟木（針葉樹）切削用の台鉋の刃が約38度（8寸勾配）で装着されていることと比較すると、硬木切削用の角度である。日本の台鉋の厚さが約30ミリメートル（1寸）であるのに対して、ヨーロッパの台鉋が倍近い厚さであることも、この仕込勾配に起因している。

このように、大陸の西・ヨーロッパは古くから「台鉋文化圏」であったということができるが、詳細に見ると、その北西部に異なる文化圏が存在していたようである。

水平材（ログ）構法の建築が多く存在するスカンジナビア半島において、その南部地域に、ログ構法とは異なる木の建築が残されている。一定の強度を有する針葉樹を垂直材（柱）として用いた木造教会である。バイキングの木造船をつくる技術とも関連する高度な技術でつくられた木造教会は、丸柱と長押に類似した水平材などによって構成されている。その内部に入ると、日本の古代・中世仏堂の中にいるかのような錯覚を生ずる。この丸柱の表面には、日本の古代・中世の建築部材に残されたヤリカンナの刃痕と類似した切削痕が確認できる。また、この地域からは、青銅製ヤリカンナや鉄製ヤリカンナが出土している。

大陸の東において「ヤリカンナ文化圏」が続いていた時代に、大陸の西・ヨーロッパの一部に、やはり「ヤリカンナ文化圏」が存在していた可能性が考えられる。

前述したように、大陸の東・中国では15世紀ころまでに、「ヤリカンナ文化圏」から「台鉋文化圏」に移行し、東端の島・日本でも16世紀ころまでの併用期を経て、17世紀には切削道具の主役がヤリカンナから台鉋に移行したと推定される。この時期以降、ユーラシア大陸の西と東、いずれにおいても「台鉋文化圏」が形成されたことになるが、西と東を結ぶ地域はどうなのであろうか。

前述した「鋸の引き使いベルト地帯」においても台鉋が使用されているが、その使用法は、推し使いである。ユーラシア大陸において、台鉋の引き使いが確認できたのは、今のところ、東端の島・日本だけである。

第4節　ユーラシア大陸における墨斗

建築工事の最初の段階において、長い直線を墨付けするために用いる墨掛道具は、ユーラシア大陸の西と東において、異なる発展過程をたどったと考えられる。

大陸の西においては、原初的段階のまま近年まで推移し、大陸の東においては、着色剤容器と糸車とが一体化し、墨付けの精度や効率を向上させる方向に発達していった。大陸の東に、「墨斗文化圏」が形成された、ということができる。

大陸の東・中国は、墨斗の重要な構成要素である墨と糸（絹）の起源地でもある。

中国においては、約6000年前の遺跡（半坡遺跡）から、赤と黒の着色剤で絵（人面魚身）付けされた土器が発見されている。中国における正式記録としての文字は、石に刻まれていたが、春秋・戦国時代（紀元前8世紀から3世紀）ころから、竹簡、木簡、帛などに墨と毛筆を用いて書かれるようになる。ここに、文字用の着色剤として、墨の使用が本格化する。

漢代（紀元後2世紀初め）において、紙が発明され、「紙・筆・墨」のトリオが成立する。この、いわゆる「文化の素」が、東端の島・日本に伝えられたのは、飛鳥時代（7世紀初め）であったという(10)。

絹は、紀元前2世紀以前（あるいは殷代ともいわれる）に生産されるようになり、紀元前1世紀ころには、大陸の西・ローマ帝国に絹製品が運ばれている。その経路が、いわゆる「シルクロード」である。

絹の製作技術は国家機密とされ、国外への技術流出が固く禁じられていた。当時、大陸の西・ローマ帝国では、絹の原料を、ある種の植物から取れる繊維と考えていたという(11)。

大陸の東が、墨と糸（絹）の起源地であることと、その地域に「墨斗文化圏」が形成されたこととは、何らかの関連があることは否定できない。しかし、ユーラシア大陸の西と東における墨掛道具の相違は、建築工事の各段階において、その道具がどう使われてきたのか、どれだけの精度をその道具に求めたのか、といったことに、より密接な関連があるのではないだろうか。

例えば、製材段階に長い直線をしるすだけで用が足りる地域と、さらに構造材加工から造作材加工の墨付けまで、どの工事段階においても、使用頻度が高い地域とでは、その発展過程に相違が生ずるのは当然ともいえる。

大陸の西と東における大きな相違だけでなく、東の「墨斗文化圏」内においても、墨斗の形状や構造に、いくらかの相違が見られる。これも、大陸の東における建築工事で、墨斗に求められる性能や精度に相違のあることの反映と考えられる。

ユーラシア大陸の西と東において、建築部材に長い直線をしるす道具の紐（糸）や着色剤の材質は、耐久性や価格などの検討を経て、それぞれの地域、時代に、適切なものが選択されたと推定される。例えば、大陸の西・ヨーロッパにおいては毛糸とチョーク、大陸の東・中国では麻糸と墨、そして東端の島・日本では絹糸と墨、といった組み合わせが見られる。

ユーラシア大陸の西と東を結ぶ地域では、建築部材に長い直線をしるすために、どういう道具が使われていたのであろうか。

大陸の東・中国文明が及んだ東南アジアや南アジア山岳部（ブータン、ネパールなど）においては、墨斗が使われているが、一部に原初的な道具も残っている。例えばブータンでは、赤色着色剤を入れた容器（土器）と棒に巻いた紐が使われている。これは、中国の古い文献に記載されていた「赭縄」を連想させる道具である(12)。

さらに西に目を向けて、オリエント文明までさかのぼってみることにする。

約5000年前、オリエントの西と東において、エジプト文字とシュメル文字が考案された。オリエントにおいても、中国の場合と同様に、正式記録としての文字は石に刻まれていた。その後、パピルスが発明されると、インクと筆代わりの草の茎を用いて文字が書かれるようになる。なお、オリエントのインク（赤と黒）は、固形状態で携行し、使用にあたって水に溶かして液体状にしたという。

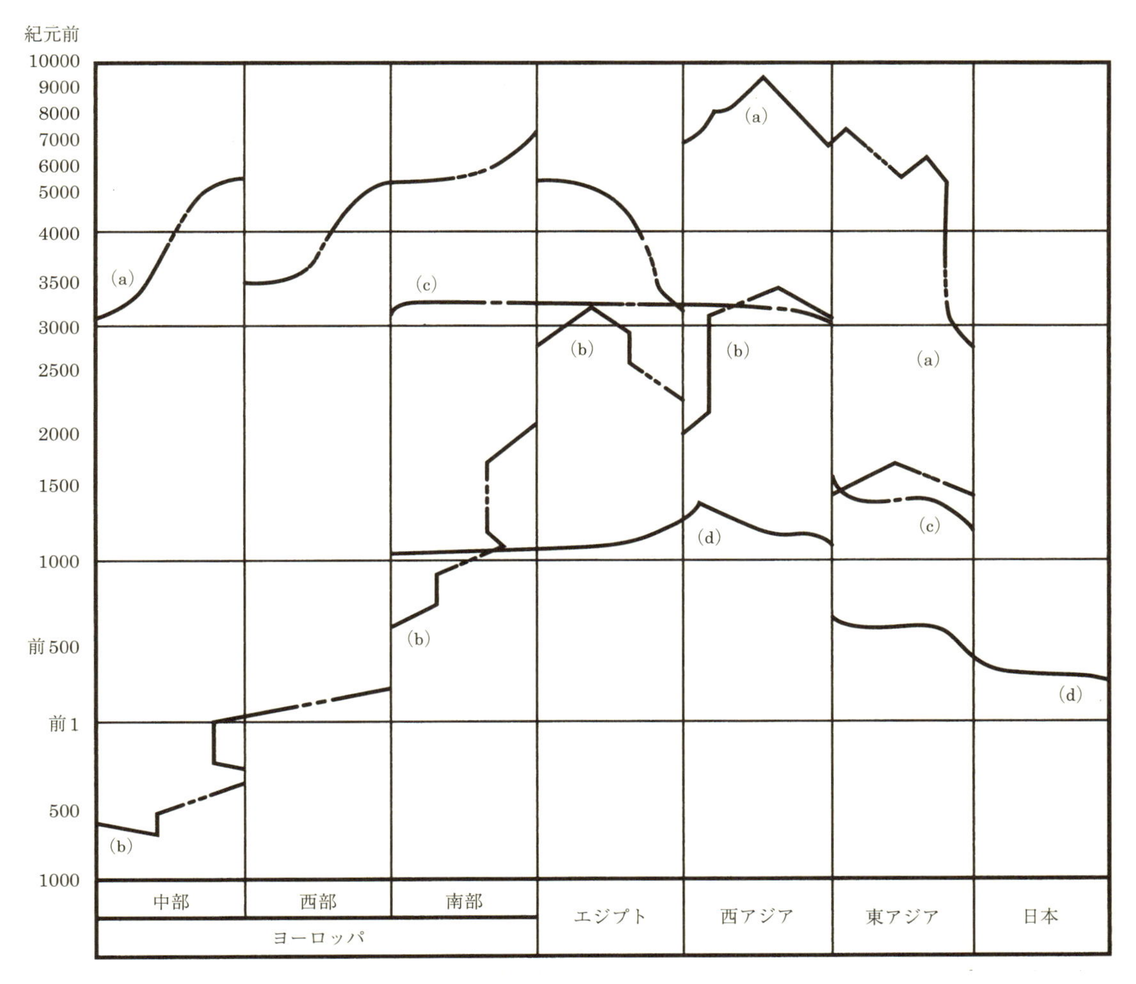

図8-5　ユーラシア大陸における技術の流れ［文献E56］
(a) 農耕社会の成立 ―･･･―（3点鎖線）、(b) 王権の成立 ―･･―（2点鎖線）
(c) 青銅器の時代 ―･―（1点鎖線）、(d) 鉄器時代 ――（実線）

後代のオスマン朝トルコ（14世紀から20世紀）においては、煤にアラビアゴムを混ぜたインクを使用したという。注目されるのは、文書行政官（書記）が、「ディヴィド」という矢立の一種に、この黒色インクを浸み込ませた絹を入れて携行していたことである[13]。大陸の東における墨斗と同じ発想であり、この地域の建築工事に墨斗が使われた可能性があるが、現在のところ確認できていない。

なお、絹は、紀元前1世紀以降、高価な貿易商品として、西域を介した陸の通商路や、インドなどを介した海の通商路などで、大陸の東・中国から大陸の西・ヨーロッパへ輸出されていた。

この大きな利潤を生む国家機密の技術は、6世紀、西域（ホータン）に流出し、さらに東ローマ（ビザンチン）帝国へ伝播した。その結果、6世紀には、大陸の西・ヨーロッパにおいても絹生産が開始されたという。水力を利用した機械生産がはじまるのは、大陸の西と東、いずれにおいても14世紀であった[14]。

第5節　森林と木の建築をつくる工人

ユーラシア大陸における文明の発生、金属器の出現、といった要素を通観すると、西アジアが山の頂に位置していることが理解できる（図8-5）。

木の建築を構成する用材の供給源である森林は、この頂から西方と東方に金属器が普及していく流れにあわせて、消滅の歴史をたどってきたという。

まず、山の頂付近では、約1万年前、まだ石器の時代に、レバノン山脈東斜面麓の広葉樹（ナラなど）の森が、オリーブ栽培のために伐採されたらしい。約7000年前には、レバノン山脈東斜面中腹の針葉樹（スギなど）が切り倒され、世界最古の文明発祥地であるユーフラテス川上流に面した森林が消えてしまったという(15)。

ここから西へ向かった農業と金属器普及の流れは、約2000年前にギリシアの広葉樹（ナラなど）の森が消え、約900年前からアルプス以北の深い森にも伐採の手が入っていった。こうして、約400年前には、大陸の西・ヨーロッパの森林は、ほとんど消滅してしまったらしい(16)。

一方、山の頂から東に向かう流れは、約4000年前までに、中央アジアに点在する針葉樹（マツなど）の森を消していったという(17)。

さらに東方の中国には、もうひとつの山の頂があった。ここでも、農業と金属器の普及により、約2000年前から、黄河流域の広葉樹（ナラなど）と針葉樹（マツなど）の豊かな森林の伐採がすすみ、また、長江流域の広葉樹（カシなど）の深い森にも破壊の手が及んだらしい(18)。

このように、農業と金属器の普及の流れとともに、ユーラシア大陸全域にわたり森林が消えていく中、大陸東端の島・日本では、現在でも、国土の約7割を森林が占めている。

なぜ、日本には、豊かな森林が残っているのであろうか。

ユーラシア大陸の中央、西、東、いずれにおいても、農業に牧畜をともなっていた。森林には、本来、自己再生能力がある。針葉樹の森は約2億年、広葉樹の森は約1億年、その自己再生能力により、地球の良好な環境を維持してきた。

1万年を1ミリメートルに換算するモノサシで見ると、20メートルの小道を良好な環境の中で歩き、わずか1ミリメートル手前で、豊かな森を、破壊してしまったことになる。人類が人工的に管理するようになったヤギやヒツジなどの家畜が、森林の自己再生能力の芽、まさに樹木の若芽を食べつくしてしまった。

ユーラシア大陸東端の島・日本において、豊かな森林が残り、木の建築をはじめとした木の文化が守られてきたのは、牧畜なしで食糧を供給できるシステムがあったこと、そして自然を畏れ敬う心が日本人の中に生き続けてきたこと、が大きな要因と考えられる。

木の建築をつくる工人たちも、素木の肌の美しさ、部材相互の高い精度での接合、などの実現のために日々修行し、自らの技を磨いてきた。ユーラシア大陸で唯一、鋸も台鉋も引き使いをする日本の建築工人たちは、豊かな森林の中で育まれてきたのである。

註

(1)　参考文献（B21）
(2)　参考文献（C252）（C266）
(3)　参考文献（B4）
(4)　参考文献（C128）
(5)　参考文献（C128）
(6)　参考文献（C128）
(7)　参考文献（C266）
(8)　参考文献（C128）
(9)　参考文献（E49）

（10） 参考文献（C241）（C249）
（11） 参考文献（B83）（C32）（D72）（D77）
（12） 参考文献（A66）
（13） 参考文献（B58）（D84）
（14） 参考文献（B83）（D32）（D72）（D77）
（15） 参考文献（A130）
（16） 参考文献（A130）
（17） 参考文献（A130）
（18） 参考文献（A130）

付　記

著者は、2004 年刊行の本書の姉妹編『日本建築技術史の研究』初版「付記」において、今後の研究テーマを展望した。

その中で、先史（縄文・弥生・古墳）時代に関しては、発掘遺構と出土遺物の詳細な調査が必要であることを記述した。初版の刊行後、弥生時代の建築部材を含む豊富な木製遺物と鉄製遺物が出土した遺跡（青谷上寺地遺跡・鳥取県）の建築部材調査に、また古墳時代の出土建築部材（山木遺跡・静岡県）の再調査に、それぞれ参加させていただく機会を得た[(1)]。

古代・中世については、古代以降の現存遺構（歴史的建造物）の部材に残された道具刃痕の調査が必要であることを記した。同じ勤務先（竹中大工道具館）で共に研究活動を行ってきた若手研究者がこのテーマに着手し、6 年間の研究の成果を博士学位論文にまとめ、公表した[(2)]。また、10 世紀前半に起きた噴火の火山灰によって密封された「日本のポンペイ」とも称される遺跡（胡桃館遺跡・秋田県）から出土した建築部材の再調査に参加させていただいた[(3)]。そして、中世後半から近世初めにかけての初期鉋と推定される刃痕が残る建築部材の報告がいくつかあり、そのうちのひとつを観察させていただく機会も得た[(4)]。

近世・近代に関しては、近代の建築用主要道具の特徴である「両歯鋸」と「二枚刃鉋」の出現時期の詳細な究明が残された課題であったが、このテーマも同じ勤務先で共に研究活動を行ってきた別の若手研究者が取組み、論文として公表した[(5)]。また、近代初めの欧米建築を日本の大工がどういう道具を用いてつくりあげていったか、未解明であったが、日本の大工自らが工夫した道具の発見と復元製作により、その具体的な姿が若手研究者によって明らかにされた[(6)]。そして近世の伝世大工道具の新たな発見と組織的な調査もなされ、その成果が公表された[(7)]。

これらの新たな研究成果を、本書の執筆にあたって反映できないか、あらためて検討した。しかし本書は、姉妹編の初版「付記」において今後の課題とした、海外との比較研究の重要性を具体化したもので、日本の先史時代以降に関する新たな知見は、別の書籍によって、できるだけ早く刊行した方がよいと考えるに至った。

本書において仮説として提示した、鋸とカンナの「推し使い」「引き使い」の違いの要因に関しては、今後、次の諸点をさらに考察することが必要であろう。

A　建築工事における工人の作業姿勢の違い。大陸の西・ヨーロッパ（図 9-1）と大陸の東・中国（図 9-2）は立位姿勢で、加工対象を作業台に固定、万力（バイス）などのネジを利用した固定具も発達。大陸東端の島・日本においては、18 世紀頃まで坐位姿勢で、加工対象を左手（右利きの場合）か足で固定（図 9-3）。

B　主要な建築用材の硬軟の違い。ヨーロッパはナラ（オーク）などの硬木（広葉樹）、日本はヒノキ、スギなどの軟木（針葉樹）、中国はその中間。

C　木の建築の部材相互を接合する方法の違い。ヨーロッパにおいては簡単な形状の接合部を加工した上で、大型の錐（オーガー）によってあけた穴に木栓を打ち込んで固定。日本においては複雑な形状の接合部を加工し、隙間なく接合して摩擦力により固定。また木栓ではなく、クサビを使用。中国はその中間。

D　建築の仕上げに対する美的感覚の違い。日本人は、素木の艶のある木肌に特別の価値感を持っている（「総ヒノキの上普請」など）。ヨーロッパや中国の建築部材は粗い切削で留めておき、その表面を塗装するか板を張ることが多い。

E　木ではなく、人を対象とする武器にも使用法の違いがある。ヨーロッパは突く武器（フェンシング）、中国は叩き切る武器（青竜刀など）、日本は引き切る武器（日本刀など）。

F　生産方式の違い。現代の機械生産においても、日本の生産方式には、欧米と異なる独自性がある、という[(8)]。手道具の時代における建築生産方式に、ユーラシア大陸の西と東に違いがあるのか、今後の研究課題である。

このように、それぞれの地域における文化全般との関連、あるいは「脳」そのものの働きによる違いなど、まだまだ研究すべきテーマが山積している。

図9-1　ユーラシア大陸の西における工人の作業姿勢（15世紀）［史料P63］

図9-2　ユーラシア大陸の東における工人の作業姿勢（15～16世紀）［史料P62］

図9-3　ユーラシア大陸東端の島における工人の作業姿勢（17世紀）［史料P40］

本書が、建築技術史をテーマとする研究者や研究機関において、あるいは建築史以外の専門分野の方々、市井の多くの方々に、わずかでもお役にたつことを願って、「付記」とする。

註

（1）　参考文献（E59）（E65）。
（2）　参考文献（C337）。
（3）　参考文献（C325）。
（4）　参考文献（C331）（C338）。
（5）　参考文献（C329）（C332）。
（6）　参考文献（C340）。
（7）　参考文献（C339）。
（8）　日本独特の「トヨタ方式」について、PEC協会での講演時（2014年5月）に、示唆を受けた。

あとがき

著者は、本書の姉妹編にあたる前著『日本建築技術史の研究』（中央公論美術出版、2004）の「あとがき」において、それまでの四半世紀に及ぶ研究活動（文化財建造物保存技術協会、竹中大工道具館）でご指導、ご助言、ご協力いただいた132名の方々のご芳名と45の機関・団体名を記して、心からの謝辞を述べた。10年後の本書もまた、その学恩をベースにして記述することができた。

その中で、「木の建築をつくる技術と道具の歴史」をテーマとした研究にあたっては、村松貞次郎先生から、10年以上にわたり、多くのご指導をいただいた。特に、研究の視点と姿勢に関して、著者が「生産効率」「能率」「合理性」といった言葉を並べて、性急な結論を引き出そうとしていることに対して、先生は、ゆっくりと一言ずつ、かんでふくめるように諭してくださった。…大工道具をはじめとした手道具を使う日本の工人は、「手ざわり」を通して「モノの本性」をつかみ、「美に奉仕」することを究極の目的とする「自己完結型」の特徴を有している。西洋的な合理主義や技術論だけの視点で考察しようとすれば、本質を見誤ってしまう。「手考足思」、とにかく考えぬくこと、そうすれば、ある時点で問題の本質が意識の表層にうかびあがってくる…。そして、先生は、ご自身が近代建築の「二つの系譜」に気付かれた時の経験を話してくださった…。

明け方のまどろみの中で、それまでずっと頭の中でモヤモヤしていたものが、「二つの系譜」としてすっきりと整理でき、その後は手の動きが追いつかぬほど文章が頭にうかび、一気に論文を書き上げることができた…。

この研究の視点と姿勢をもとに、自分なりに「手考足思」を重ねた上で、「先生、日本の建築工人たちは、ずっと坐位のまま、じっくりと木と対話しながら手道具を使い続けたかったのではないでしょうか」。「坐位から立位へ…か。それは新説だな」。今から17年前、下書き中の博士学位論文の「結論」部分を、先生にご報告した。日本の建築工人たちは、18世紀ころから、チョウナ、ノコギリ、カンナの順番で（荒仕事から仕上げ仕事へ）、坐位から立位の作業姿勢に変化していく。その主たる要因を、経済的実権を握った商人勢力が、建築工事を発注するとき、「早く、安く、いいもの」を強く要求したため、と考察した。この経済効率最優先の流れは、近代を経て、現代にまで続いている。村松先生は、「研究の視点」（図1-13）を記した下書きの裏面に、「行不由徑」（諸橋轍次）と大きく走り書きをされ、その横に「行くにこみちによらず」「大道を行け」と添え書きしてくださった。1997年8月6日、急逝される23日前のことであった。

日本と海外との比較研究の重要性を自覚したのは、20数年前、太田邦夫先生から「ヨーロッパの木造建築」のお話をうかがった時である。以来、ユーラシア大陸全般を視野に入れた研究に関して、多くのご助言をいただいている。特に、大陸の西、ヨーロッパの木の建築に関しては、先生の研究成果を学ぶことによって、記述することができた。また、大陸の東・中国の木の建築をつくる技術と道具に関しては、京都大学人文科学研究所における研究会をはじめ、田中淡先生より、様々な機会にご助言と励ましをいただいていた。

2004年刊行の本書の姉妹編である『日本建築技術史の研究』は、藤森照信先生が主査として指導してくださり、東京大学へ提出することができた博士（工学）学位論文をベースに執筆したものである。その「あとがき」において、「わが国における木の建築をつくる技術と道具は、ユーラシア大陸東西の文明圏と比較することによって、それぞれの時代における位置付けが明らかになる」と記した。10年後の本書で、どこまで達成できたであろうか。例えば「ノコギリの引き使い」地域を「針葉樹ベルト地帯」と仮称したが、それぞれの地域で、いつから引き使いをしているのか（日本は15世紀ころと推定）、明らかにできていない。また、使用法の相違が、木の硬軟、要求される加工精度の精粗、に起因すると考えたが、「引き使いベルト地帯」の多くの地域が、坐位での作業習慣をもっていることについては、考察が不十分である。

さらに、推し使いと引き使いの相違は、もっと別の要因も考える必要があることを、川田順造先生よりご助言をいただいた。例えば、木ではなく、土を扱う陶工の世界でも、ロクロを蹴る方向に同様の相違があることを、ご教示いただいた。川田先生からは、2003年「江戸のモノつくり――文化と技術のクロスオーバー――」（江戸東京博物館、文献E-46）、2004年「テクノロジーと日本人の心――21世紀に回復すべきもの――」（金沢芸術創造財団、文献E-47）のシンポジウムに同席させていただいて以降、「手道具と身体」、「作業姿勢」、「推すと引く」、などに関して多くのご教示をいただいている。

「推すと引く」については、対象を木や土以外、例えば人体にまで広げると、西の突く武器（フェンシング）と東端の島における引き切る日本刀、なども推すか引くかの相違になるのかもしれない。まだまだ、研究すべき課題が山積している。

本書は、実に多くの方々のご助言、ご協力によって記述することができた。とくに、1997年に急逝された村松貞次郎先生と、東京大学同窓・同世代の伊藤延男先生、内田祥哉先生からは、今もなお、励ましの言葉をいただいている。諸先生をはじめ、お世話になったすべての方々に、あらためて心より感謝の意を表するとともに、読者諸賢のご叱正を切に願いつつ、筆をおくこととする。

本書は、前著に続き、東京大学大学院工学系研究科・建築史研究室の藤井恵介先生からご助言いただき、平成26（2014）年度科学研究費補助金「研究成果公開促進費」を得て出版することができた。中央公論美術出版の小菅　勉氏・日野啓一氏・柏　智久氏には、前著に続き、10年後の本書も、世に出すためにご尽力いただいた。末筆ではあるが、日本学術振興会と出版に尽力していただいた方々に、心より感謝申し上げる。

2014年11月17日

渡邉　晶

追　記

著者が、研究者の道を選択したのは、父・政善の動機付けとともに、兄（渡邉毅）の影響が大きい。著者が高校生の時、兄は京都大学大学院理学部動物学専攻（自然人類学）に在籍しており、吉田キャンパスの研究室を見学したことがある。タイル貼りの解剖室の鼻をつくアルコールの臭いを、今でも記憶している。その後、兄は犬山市に設置されている京都大学霊長類研究所の助手となり、この研究所も見学した。著者の専門分野は建築学（建築技術史）であるが、研究者としての生き様は、兄から学んだ。本書「付記」に記している、今後の研究テーマも、兄の専門分野に近い内容を含んでいる。建築技術史の中でも、「手」「脳」「作業姿勢」「推すか引くか」などに、早い段階から着目していたのも、兄の専門分野が影響しているのかもしれない。著者は1985年から、「建築技術と道具の歴史」をメインテーマとする博物館（竹中大工道具館）に就職し、兄は1987年から、人類学をベースにした全国初の「人間関係学部」が設置された椙山女学園大学の教授となった。勤務先は神戸と名古屋で離れており、日常的に会う機会はないまま、30年近く経過したが、2012年から、著者も椙山女学園大学の講師（非常勤）となった。活字にはなっていない（あるいは活字にできない）人類学の最新情報を含めて、定期的に兄から学んでいるところである。ただ、学問的な話題が一段落した後は、必ず、故郷の、今は亡き両親と祖父祖母・伯父伯母のこと、日本各地でそれぞれ生活している「きょうだい」（兄弟4名・姉妹2名）のこと、毎年秋に実施している1泊2日での「きょうだい会」（最近では、2014年犬山、2013年尾道、2012年奈良、など）のこと、などで終わる。「鳥取県境港市で18年間を過ごした。晴れた日は美しい霊峰大山を眺め、夕焼けのきれいな中海を散策の場とした」「ルーツはすべて古代出雲につながっているらしい」（文献A178）という、共通のベースについて、話題がつきない。「人間関係学」の根源的な部分である家族関係での話題から、いきなり新人の出アフリカとその後の拡散経路、そして古代出雲族、と時空を自由に行き交う議論が、研究への意欲を、さらにかきたててくれている。今、前著『日本建築技術史の研究』（2004年）、本書『建築技術比較発達史の研究』（2015年）の続編を、何とか5年以内（2020年）に執筆しようと計画しているが、その内容は、「ヒト」「手」「身体」「道具」などに重点を置いたものにしたい、と構想中である。

史料リスト

――史料L：文献――

1 『京版工師雕斫正式魯班経匠家鏡』中国・清代（17世紀）
2 『匠家必要記』宝暦6年（1756年）
3 『和漢三才図会』正徳2年（1712年）
4 『和漢船用集』宝暦11年（1761年）
5 『孟子』中国・周代
6 『素問』中国・戦国時代
7 『涅槃経』中国・5世紀
8 『広韻』中国・宋代（1008年）
9 『正字通』中国・明代
10 『三才図会』中国・明代（1607年）
11 『日本書紀』養老4年（720年）
12 『万葉集』天平宝字3年（759年）
13 『正倉院文書』8世紀
14 『新撰字鏡』昌泰年間（898～900年）
15 『延喜式』延喜5年～延長5年（906年～927年）
16 『倭名類聚抄』承平年間（931～937年）
17 『色葉字類抄』天養～治承年間（1144～1180年）
18 『字鏡集』寛元3年（1245年）
19 『天竜寺造営記録』暦応3年（1245年）
20 『神宮遷宮記』貞治2年（1363年）
21 『内宮・外宮仮殿遷宮記』応永25年（1418年）、応永29年（1422年）
22 『撮壌集』享徳3年（1454年）
23 『類集文字抄』文明18年（1486年）
24 『塵添壒嚢抄』天文元年（1532年）
25 "Noah building the Ark, the Campo Santo, Pisa", about 1350
26 "Stundenbuch der Katharlna von Kleve", um 1440
27 "Offizin Albrecht Pfister in Bamberg", 1462
28 "Dibold Schilling, Amtliche Berner Chronik", 1478
29 "Kaiser Maximilian", um 1492~1540
30 "Agricola, De Re Metallica", 1528
31 "Bau eines Fachwerkhauses, H. Rodler", 1531
32 "Der Zimmermann, Jost Amman", 1568
33 "Meister, Gesellen und Lehrjungen auf einem Werkplatz", im 18 Jahrhundert
34 『河工器具図説』中国・清代（1836年）
35 Diderot et D'Alembert, *L'Encyclopédie Dictionnaire Raisonné des Sciences, des Arts et des Métier*, 18th C.
36 『天工開物』中国・明代（1637年）

――史料P：絵画――

1 エジプトの縦斧使用絵画（B.C.1440年頃）
2 エジプトの横斧使用絵画（B.C.1380年頃）
3 ギリシアの横斧使用絵画（B.C.800年頃）
4 ローマの縦斧使用絵画（A.D.1世紀頃）
5 ローマの横斧使用絵画（B.C.3～A.D.4世紀）
6 エジプトの鑿使用絵画（B.C.2500年頃）
7 エジプトの鑿使用絵画（B.C.1500年頃）
8 エジプトの鑿使用絵画（B.C.1400年頃）
9 ポンペイの鑿使用絵画（B.C.1世紀頃）
10 ローマの鑿使用絵画（A.D.1世紀）
11 中国の鑿使用絵画（A.D.2世紀頃）
12 エジプトの錐使用絵画（B.C.2500年頃）
13 エジプトの錐使用絵画（B.C.1500年頃）
14 ローマの錐使用絵画（A.D.1世紀頃）
15 エジプトの鋸使用絵画（B.C.2500年頃）
16 ローマの鋸使用絵画（B.C.1500年頃）
17 エジプトの仕上げ切削道具使用絵画（B.C.2500年頃）
18 エジプトの仕上げ切削道具使用絵画（B.C.1500年頃）
19 ポンペイの台鉋使用絵画（B.C.1世紀頃）
20 ドイツの台鉋使用絵画（B.C.3～A.D.4世紀）
21 ローマの台鉋使用絵画（B.C.3～A.D.4世紀）

22 中国の道具使用絵画［『断琴図』（A.D.13～14世紀）］
23 イタリアのラインマーカー使用絵画（A.D.1350年頃）
24 ドイツのラインマーカー使用絵画（A.D.1440年頃）
25 ドイツのラインマーカー使用絵画（A.D.1500年頃）
26 ドイツのラインマーカー使用絵画（A.D.1530年頃）
27 朝鮮半島の道具使用絵画［『風俗図』李氏朝鮮時代（18世紀）］
28 『北野天神縁起』承久年間（1219年～）
29 『当麻曼荼羅縁起』（13世紀中頃）
30 『天狗草子』永仁4年（1296年）
31 『東征伝絵巻』永仁6年（1298年）
32 『春日権現験記絵』延慶2年（1309年）
33 『松崎天神縁起絵巻』応長元年（1311年）
34 『大山寺縁起』応永5年（1398年）
35 『誉田宗廟縁起』永享5年（1433年）
36 『真如堂縁起絵巻』大永4年（1524年）
37 『東大寺大仏縁起絵巻』天文5年（1536年）
38 『喜多院職人尽絵』慶長年間（1596～1615年）
39 『名古屋城旧御殿対面所　障子腰風俗図』（17世紀）
40 『三芳野天神縁起絵巻』（17世紀中頃）
41 『久安寺真名縁起絵巻』貞享5年（1688年）
42 『士農工商』（版本）享保年間（1716～1735年）
43 『諸職往来』（版本）享保5年（1720年）
44 『日本山海名物図会』（版本）宝暦4年（1754年）
45 『匠家必要記』（版本）宝暦6年（1756年）
46 『彩画職人部類』（版本）天明4年（1784年）
47 『訓蒙図彙大成』（版本）寛政元年（1799年）
48 『道具字引図解』（版本）（19世紀初め）
49 『近世職人尽絵詞』文化2年（1805年）
50 『大工絵』文政年間（1818～1829年）
51 シーボルト「大工道具」スケッチ［“NIPPONN” 掲載］（19世紀前半）
52 『規矩真術軒廻図解』（版本）弘化4年（1847年）
53 『衣食住之内家職幼絵解之図』明治初め（1870年頃）
54 モースコレクション「大工」写真（1870～1880年）
55 『石山寺縁起絵巻』（1324～26年）
56 『弘法大師行状絵詞』（1374～89年）
57 『木曾式伐木運材図会』（1856～57年）
58 『三井寺本堂奉納額』（1689年）
59 『鞆の観音堂縁起絵巻』（1596～1669年）
60 『行基僧上絵伝』（17世紀後半）
61 『法然上人絵伝』（13世紀後半）
62 中国の建築工事絵画［『太平風会図』（A.D.15～16世紀）］
63 ヨーロッパの建築工事絵画［『箱舟の建築』（15世紀）
64 『南都大仏殿御縁起』天明3年（1783年）

――史料T：実物――

1 エジプト出土の銅製斧身（B.C.2500年頃）
2 エジプト出土の銅製斧身（B.C.2500年頃）
3 エジプト出土の銅製斧身（B.C.1600年頃）
4 エジプト出土の銅製斧身（B.C.2000年頃）
5 エジプト出土の銅製縦斧（B.C.2000年頃）
6 エジプト出土の銅製横斧（B.C.1600年頃）
7 エジプト出土の青銅製斧身（B.C.1600年頃）
8 ヨーロッパ出土の青銅製斧身：茎式と袋式（B.C.1000年頃）
9 イギリス出土の青銅製斧身：孔式（B.C.800年頃）
10 ハンガリー出土の青銅製斧身：孔式（B.C.2000年頃
11 エジプト出土の鉄製斧身（B.C.800年頃）
12 イギリス出土の鉄製斧身：孔式（B.C.3～A.D.4世紀）
13 スイス出土の鉄製斧身：孔式（B.C.3～A.D.4世紀）
14 スイス主出土の鉄製斧身：孔式（B.C.3～A.D.4世紀）
15 イギリス出土の鉄製斧身：孔式（B.C.3～A.D.4世紀）
16 イギリス出土のブローチ（B.C.3～A.D.4世紀）
17 エジプト出土の鉄製横斧：茎式（B.C.600年頃）
18 中国出土の銅製斧身（B.C.2300年頃）
19 中国出土の青銅製斧身：茎式（B.C.1900年頃）
20 中国出土の青銅製斧身：袋式（B.C.15世紀頃）
21 中国出土の青銅製斧身：袋式（B.C.17～11世紀）
22 中国出土の青銅製斧身：孔式（B.C.17～11世紀）
23 中国出土の鉄製斧身：袋式と茎式（B.C.3世紀）
［河北省燕下都22号遺跡出土］
24 中国出土の鉄製斧身：袋式と茎式（B.C.3世紀頃）
［河北省固囲村1号墓出土］
25 中国出土の鉄製斧身：茎式（B.C.3世紀頃）
［河北省燕下都郎井村11号工房址出土］
26 中国出土の鉄製斧身：袋式（B.C.2～1世紀）
［河北省焼溝漢墓出土］
27 中国出土の鉄製斧身：孔式（B.C.1～A.D.3世紀）
［河北省焼溝漢墓出土］
28 朝鮮半島出土の鉄製斧身：袋式（B.C.3世紀頃）
［威鏡北道会寧五洞遺跡出土］
29 朝鮮半島出土の鉄製斧身：袋式と茎式（B.C.3～1世紀）
［威鏡北道茂山虎谷遺跡出土］
30 朝鮮半島出土の鉄製斧身：袋式（B.C.3世紀頃）
［黄海南道石山里土壙墓出土］
31 朝鮮半島出土の鉄製斧身：茎式（B.C.2世紀頃）
［慶尚北道入室里出土］
32 朝鮮半島出土の縦斧と横斧（B.C.1世紀頃）
［楽浪漢墓　貞柏里365号墓出土］
33 朝鮮半島出土の縦斧（B.C.1世紀頃）
［楽浪漢墓　平壌付近出土］
34 朝鮮半島出土の縦斧と横斧（A.D.1～2世紀）
［慶尚南道茶戸里第1号墓出土］
35 朝鮮半島出土の鉄製斧身（B.C.1～A.D.5世紀）
［1、2：平壌市台城里第6号墓出土］

［3、4：釜山市老圃洞第16号墓出土］
［5、6：金海市七山洞第20号墓出土］
36　日本出土の鉄製斧身：袋式（B.C.3～1世紀）
［1：熊本県斎藤山遺跡出土］
［2：福岡県下稗田B遺跡出土］
［3：福岡県東小田七板B遺跡出土］
37　日本出土の鉄製斧身：袋式（A.D.2～3世紀）
［1：長崎県対馬ガヤノキ遺跡出土］
［2：福岡県下稗田D遺跡出土］
［3：佐賀県吉野ヶ里C遺跡出土］
38　日本出土の鉄製斧身：袋式（A.D.3世紀）
［1：福岡県馬場山遺跡出土］
［2：広島県西願寺D遺跡出土］
［3：福岡県井原下町遺跡出土］
39　日本出土の鉄製斧身：茎式（B.C.1～A.D.1世紀）
［1：福岡県日上遺跡出土］
［2：山口県井上山A遺跡出土］
［3：神奈川県権太原A遺跡出土］
［4：千葉県菅生A遺跡出土］
40　日本出土の鉄製斧身：茎式（A.D.2～3世紀）
［1：福岡県上椎遺跡出土］
［2：岡山県雄町遺跡出土］
［3：兵庫県伯母野山B遺跡出土］
［4：千葉県番後台遺跡出土］
41　日本出土の鉄製斧身：茎式（A.D.4～5世紀）
［1：奈良県池の内6号墳出土］
［2：大阪府真名井古墳出土］
［3：京都府椿井大塚山古墳出土］
42　日本出土の鉄製斧身：袋式（B.C.1～A.D.1世紀）
［1：福岡県吉ヶ浦B遺跡出土］
［2：福岡県板付遺跡出土］
［3：広島県西酒屋遺跡出土］
43　日本出土の鉄製斧身：袋式（A.D.2～3世紀）
［1：佐賀県千塔山A遺跡出土］
［2：佐賀県柳ヶ浦C遺跡出土］
［3：大分県五馬大坪E遺跡出土］
44　日本出土の鉄製斧身：袋式（A.D.4～5世紀）
［1：福岡県老司古墳出土］
［2：大阪府黄金塚古墳出土］
［3：岡山県金蔵山古墳出土］
45　日本出土の鉄製斧身：袋式（A.D.4～5世紀）
［1：大阪府黄金塚古墳出土］
［2：静岡県三池平古墳出土］
［3：岡山県金蔵山古墳出土］
46　日本出土の鉄製斧身：孔式（A.D.5世紀）
［1：島根県郡山古墳出土］
［2：奈良県塚山古墳出土］
47　日本出土の縦斧：直柄と雇柄（A.D.1～3世紀）
［1：大阪府巨摩廃寺遺跡出土］
［2、3：大阪府亀井遺跡出土］
48　日本出土の縦斧：斧柄（B.C.1～A.D.3世紀）
［福岡県吉野ヶ里遺跡出土］
49　日本出土の縦斧：膝柄（B.C.3～A.D.3世紀）
［1：福岡県拾六町ツイジ遺跡出土］
［2：島根県西川津遺跡出土］
［3：福岡県那珂久平遺跡出土］
50　日本出土の縦斧：膝柄（B.C.1～A.D.3世紀）
［1：和歌山県鳴滝Ⅱ遺跡出土］
［2：大阪府若江北遺跡出土］
51　日本出土の横斧：膝柄（B.C.1～A.D.3世紀）
［1：富山県江上A遺跡出土］
［2：大阪府鬼虎川遺跡出土］
52　日本出土の横斧：膝柄（A.D.2～3世紀）
［1：大阪府瓜生堂遺跡出土］
［2：愛知県朝日遺跡出土］
53　日本出土の斧：袋式と孔式（A.D.7～16世紀）
［1：神奈川県鳶尾遺跡出土（11世紀）］
［2：福岡県金光寺遺跡出土（14世紀）］
［3：奈良県平城宮跡出土（8世紀）］
［4：大阪府五反島遺跡出土（9世紀）］
［5：広島県草戸千軒町遺跡出土（14世紀）］
54　エジプト出土の銅製鑿（B.C.3000年頃）
55　エジプト出土の銅製鑿（B.C.3000年頃）
56　エジプト出土の銅製鑿（B.C.1200年頃）
57　ヨーロッパ出土の青銅製鑿（B.C.800～400年頃）
58　アッシリア出土の鉄製鑿（B.C.8世紀頃）
59　ポンペイ出土の鉄製鑿（B.C.1世紀）
60　ポンペイ出土の鉄製鑿（B.C.1世紀）
61　イギリス出土の鉄製鑿（B.C.3～A.D.4世紀）
62　ヨーロッパ出土の鉄製鑿（B.C.3～A.D.4世紀）
63　中国出土の青銅製鑿（B.C.15世紀頃）
64　中国出土の青銅製鑿（B.C.17～11世紀）
65　中国出土の青銅製鑿（B.C.17～11世紀）
66　中国出土の青銅製鑿（B.C.17～11世紀）
67　中国出土の鉄製鑿（B.C.5～3世紀）
［河南省固囲村1号墓出土］
68　朝鮮半島出土の鉄製鑿（B.C.3～2世紀）
［1、2：威鏡北道茂山虎谷遺跡出土］
69　日本出土の鉄製鑿（B.C.3～A.D.5世紀）
［1：兵庫県会下山遺跡出土］
［2：大阪府紫金山古墳出土］
［3：奈良県塚山古墳出土］
70　日本出土の鉄製鑿（B.C.3～A.D.5世紀）
［1：福岡県宮の前遺跡出土］
［2：福岡県老司古墳出土］
［3：奈良県兵家古墳出土］
71　日本出土の鉄製鑿（A.D.7～16世紀）
［1：千葉県尾上出戸遺跡出土（8世紀）］
［2：広島県草戸千軒町遺跡出土（14～15世紀）］
［3：東京都立石遺跡出土（16世紀）］
［4：東京都八王子城跡出土（16世紀）
［5：岩手県柳之御所跡出土（12世紀）］

[6：京都府光明寺二王門発見（13世紀）]
[7：広島県草戸千軒町遺跡出土（14～15世紀）]
72　エジプト出土の銅製錐（B.C.1800～1500年）
73　エジプト出土の銅製錐（B.C.1200年頃）
74　エジプト出土の鉄製錐（B.C.8世紀頃）
75　エジプト出土の鉄製錐（B.C.6世紀頃）
76　ポンペイ出土の鉄製錐（B.C.1世紀）
77　ヨーロッパ出土の鉄製錐（B.C.3～A.D.4世紀）
78　ヨーロッパ出土の鉄製錐（B.C.3～A.D.4世紀）
79　スイス出土の鉄製錐（B.C.3～A.D.4世紀）
80　中国出土の銅製錐（B.C.2300～1900年）
81　中国出土の青銅製錐（B.C.17～11世紀）
82　中国出土の鉄製錐（B.C.3世紀頃）
[1、2、3：河北省燕下都22号遺跡出土]
83　日本出土の鉄製錐（A.D.5世紀）
[1、2、3：岡山県金蔵山古墳出土]
84　エジプト出土の銅製鋸（B.C.1500年頃）
[1、2：第18王朝時代]
85　ヨーロッパ出土の青銅製鋸（B.C.1700～200年）
[1：クノッソス出土]
[2、3：スイス湖畔遺跡出土]
[4：ウェールズ出土]
[5：シベリア出土]
86　ヨーロッパ出土の鉄製鋸（B.C.3～A.D.4世紀）
[1：スイス出土]
[2：フランス出土]
[3、4：スイス出土]
87　中国出土の青銅製鋸（B.C.17～3世紀）
[1：河北省藁城台西村出土]
[2：陝西省藍田孟村出土]
[3：安徽省寿県朱集楚墓出土]
[4：四川省新都木椁墓出土]
[5：河南省安陽出土]
[6：四川省出土]
88　中国出土の鉄製鋸（B.C.3～A.D.3世紀）
[1：陝西省宝鶏鬪鶏台出土]
[2：河北省満城西漢墓出土]
[3：陝西省長武出土]
89　朝鮮半島出土の鉄製鋸（A.D.5～6世紀）
[1：新村里第9号墳出土]
90　日本出土の鉄製鋸（A.D.4～6世紀）
[2：那須八幡塚古墳出土（4世紀）]
[3：金蔵山古墳出土（4世紀）]
[4：随庵古墳出土（5世紀）]
[5：草刈1号墳出土（5世紀）]
[6：金鎧山古墳出土（5世紀）]
[7：鳥土塚古墳出土（6世紀）]
[8：大井三倉5号墳出土（6世紀）]
91　日本出土の鉄製鋸（A.D.7～16世紀）
[1：福岡県新原奴山44号墳出土（6世紀）]
[2：奈良県石神遺跡出土（7世紀）]
[3：奈良県法隆寺伝世（8世紀）]
[4：千葉県長勝寺遺跡出土（8世紀）]
[5：大分県一木ノ上遺跡出土（11～12世紀）]
[6：広島県白石洞窟遺跡（9～13世紀）]
[7：広島県草戸千軒町遺跡（13世紀）]
[8：三重県上野下郡遺跡出土（15世紀）]
92　ヨーロッパ出土の鉄製鉋身（B.C.3～A.D.4世紀）
93　ヨーロッパ出土の鉄製鉋身（B.C.3～A.D.4世紀）
94　ヨーロッパ出土の鉄製鉋身（B.C.3～A.D.4世紀）
95　ヨーロッパ出土の鉄製鉋身（B.C.3～A.D.4世紀）
96　ドイツ出土の台鉋（B.C.3～A.D.4世紀）
97　エジプト出土の台鉋（B.C.3～A.D.4世紀）
98　ドイツ出土の台鉋（B.C.3～A.D.4世紀）
99　イギリス出土の台鉋（B.C.3～A.D.4世紀）
100　イギリス出土の台鉋（B.C.3～A.D.4世紀）
101　イギリス出土の台鉋（B.C.3～A.D.4世紀）
102　ドイツ出土の台鉋（B.C.3～A.D.4世紀）
103　ポンペイ出土の台鉋（A.D.1世紀）
104　中国出土の金属製ヤリカンナ（B.C.8～A.D.3世紀）
[1：河南省光山黄君孟墓出土（春秋早期）]
[2：河南省資興307号墓出土（春秋早期）]
[3：湖北省江陵望山1号墓出土（春秋早期）]
[4：浙江省紹興306号墓出土（戦国早期）]
[5：山西省長治分水嶺35号墓出土（戦国早期）]
[6：四川省馬家郷墓出土（戦国中期）]
[7：江蘇省蓮水墓出土（前漢）]
[8：湖南省常徳徳山12号墓（春秋後期）]
[9：湖南省長沙龍洞坂52・826号墓出土（春秋後期）]
[10：湖南省古丈白鶴湾32号墓出土（戦国中期）]
[11：河南省信陽1号墓出土（戦国早期）]
[12：広西荘族自治区平楽銀山嶺墓出土（前漢）]
[13：広東省竹園崗1152号墓出土（前漢）]
105　中国出土の青銅製ヤリカンナ（B.C.5～3世紀）
[四川省馬家郷墓出土（戦国中期）]
106　朝鮮半島出土の鉄製ヤリカンナ（B.C.3世紀頃）
[1：慈江道龍淵洞積石塚遺跡出土]
107　日本出土の鉄製ヤリカンナ（B.C.3～A.D.6世紀）
[2：福岡県立岩遺跡出土（弥生時代）]
[3：岡山県沼遺跡出土（弥生時代）]
[4：岡山県車塚古墳出土（古墳時代）]
[5：奈良県石光山30号墳出土（古墳時代）]
[6：大阪府山畑16号墳出土（古墳時代）]
108　日本出土の鉄製ヤリカンナ（A.D.7～16世紀）
[1：岐阜県尾崎遺跡出土（8～10世紀）]
[2：大分県一木ノ上遺跡出土（11～12世紀）]
[3：奈良県興福寺北円堂発見（13世紀頃）]
109　日本出土の台鉋（A.D.16世紀）
[大坂城跡出土（16世紀後半）]
110　スウェーデン出土の青銅製ヤリカンナ
111　ノルウェー出土の鉄製ヤリカンナ（A.D.10～12世紀）
[ベルゲン大学博物館　ノルウェー]

112　中国出土の鉄製ヤリカンナ（A.D.12～13世紀）
113　エジプト出土の青銅製斧身
114　スイス出土の鉄製鋸（ローマ時代）
［チューリヒ　スイス国立博物館］
115　スイス出土の鉄製鉋身（ローマ時代）
［チューリヒ　スイス国立博物館］

——史料W：建築部材——

1『法隆寺金堂』部材　7世紀後半　奈良県
2『法隆寺五重塔』部材　7世紀末　奈良県
3『金剛峯寺不動堂』部材　14世紀初め　和歌山県
4『清水寺本堂』部材　14世紀末　島根県
5『吉川八幡宮本殿』部材　15世紀　岡山県
6『白山神社拝殿』扁額　15世紀前半　滋賀県
7『正蓮寺大日堂』部材　15世紀中頃　奈良県
8『正法寺本堂』部材　17世紀前半　京都府
9　イギリスの建築部材［カーディフ野外博物館　イギリス］

参考文献

参考文献：A

——総合——

1　A.C.ムーアハウス（ねずまさし訳）『文字の歴史』岩波書店、1956年
2　石田英一郎・泉精一・曽野寿彦・寺田和夫『人類学』東京大学出版会、1961年
3　時実利彦『脳の話』岩波書店、1962年
4　佐藤磐根編著『生命の歴史』日本放送出版協会、1968年
5　田辺泰・渡辺保忠「建築生産」『日本建築史／建築学大系4-Ⅰ』彰国社、1968年
6　村田治郎「東洋建築史研究の展望と課題」『建築雑誌』1月号　日本建築学会、1969年
7　大河直躬『番匠』法政大学出版局、1971年
8　ミシェル・ドヴェーズ（猪俣禮二訳）『森林の歴史』白水社、1973年
9　杉本尚次・三上勝也『文化人類学への道』ミネルバ書房、1973年
10　西川幸治『都市の思想』日本放送出版協会、1973年
11　大阪建設業協会編『建築もののはじめ考』新建築社、1973年
12　梅棹忠夫『文明の生態史観』中央公論社、1974年
13　江上波夫「国家の成立と騎馬民族」『東アジアの古代文化』6　大和書房、1975年
14　森本哲郎「古代への旅」『東アジアの古代文化』7　大和書房、1975年
15　嶋倉巳三郎「家と木材」『家／日本古代文化の探求』社会思想社、1975年
16　F・フェスター（多田井吉之介訳）『考える・学ぶ・記憶する―その時脳では何が起こっているか―』講談社、1976年
17　高木貞敬『記憶のメカニズム』岩波書店、1976年
18　貴島恒夫・岡本省吾・林昭三『原色木材図鑑』保育社、1977年
19　宮脇昭・他『日本の植生』学習研究社、1977年
20　佐原真「石斧論―横斧から縦斧へ―」『考古論集』松崎寿和先生退官記念事業会、1977年
21　村松貞次郎『日本近代建築の歴史』日本放送出版協会、1977年
22　ケニス・P・オークリー（寺田和夫訳）「人類の技能」『技術の歴史』1、筑摩書房、1978年
23　L・S・B・リーキー（平田寛　桜井清彦訳）「石器、骨器、木器」『技術の歴史』1　筑摩書房、1978年
24　筑摩書房編集部編『歴史のあけぼの／世界の歴史』1　1978年
25　木村重信編『先史時代の美術／世界の美術』22　朝日新聞社、1978年
26　西岡常一・小原二郎『法隆寺を支えた木』日本放送出版協会、1978年
27　川上貞夫「岡益の石堂」『東アジアの古代文化』22　大和書房、1980年
28　日本学士院日本科学史刊行会編『明治前　日本林業技術発達史』野間科学医学研究資料館、1980年
29　西和夫『江戸時代の大工たち』学芸出版社、1980年
30　大村幸弘『鉄を生み出した帝国』日本放送出版協会、1981年
31　内藤昌『近世大工の系譜』ぺりかん社、1981年
32　久保田競『手と脳』紀伊國屋書店、1982年
33　山口昌男『文化人類学への招待』岩波書店、1982年
34　豊永武盛『あいうえおの起源』講談社、1982年
35　永井規男「歴史の中の建築生産システム」『新建築学大系』44　彰国社、1982年
36　佐原真「石斧再論」『考古論集』森貞次郎博士古希記念論文集刊行会、1982年
37　伊東俊太郎・坂本賢三・山田慶児・村上陽一郎編『科学技術史辞典』弘文堂、1983年
38　早川正一「磨製石斧」『縄文文化の研究』7　雄山閣、

1983年
39 太田邦夫「世界の木造建築」『世界の木造建築／建築雑誌』第98巻1214号　日本建築学会、1983年
40 太田邦夫「世界の木造構法の分布とその技術史的背景」『住宅建築研究所報』新住宅普及会、1983年
41 安藤邦廣・大河直躬・太田邦夫・田中淡・藤森照信「日本建築の源流をたずねて」『特集　世界の木造建築／建築雑誌』第98巻1214号　日本建築学会、1983年
42 太田邦夫「ヨーロッパの校倉と日本の正倉院」『カラム』88、1983年
43 禰宜田佳男「木材加工のための工具—斧の柄を中心として—」『季刊考古学』47、1983年
44 Toshio Odate "Japanese Woodworking Tools" The Taunton Press, Inc. U.S.A., 1984年
45 岡田英男「古代建築に使った木」『普請研究』8　普請帳研究会、1984年
46 安田喜憲「東西二つのブナ林の自然史と文明」『ブナ帯文化』思索社、1985年
47 遠藤元男『日本職人史の研究』Ⅰ・Ⅱ・Ⅲ・Ⅳ・Ⅴ・Ⅵ　雄山閣、1985年
48 佐原真「石斧」『道具と技術１／弥生文化の研究』5　雄山閣、1985年
49 若山滋『世界の建築術』彰国社、1986年
50 戸沢充則『古代の知恵を発掘する』福武書店、1986年
51 八木幸二・梅棹忠夫「対談　世界の民族建築に学ぶ」『月刊みんぱく』1月号、国立民族学博物館、1986年
52 竹内均『科学的思考とは何か—地球学の方法—』PHP研究所、1987年
53 黒田末寿・片山一道・市川光雄『人類の起源と進化』有斐閣、1987年
54 佐原真『日本人の誕生／大系日本の歴史』1　小学館、1987年
55 太田邦夫『エスノアーキテクチュア序説／群居』群居刊行委員会、1987年
56 杉本尚次『住まいのエスノロジー／住まい学大系』7　住まいの図書出版局、1987年
57 伊藤俊太郎『文明の誕生』講談社、1988年
58 伊原恵司「中世～近世建築の使用木材とその構成」『普請研究』26　普請帳研究会、1988年
59 宮原晋一「石斧、鉄斧のどちらで加工したか—弥生時代の木製品に残る加工痕について—」『弥生文化の研究』10　雄山閣、1988年
60 前原勝矢『右利き・左利きの科学』講談社、1989年
61 今西錦司・池田次郎・河合雅雄・伊谷純一郎『人類の誕生／世界の歴史』1　河出書房新社、1989年
62 ジョン・ワイマー（河合信和訳）『世界旧石器時代概説』雄山閣、1989年
63 太田邦夫「丸太組の源流を求めて」『ログハウスのすすめ』建築資料研究社、1989年
64 菅原聰『人間にとって森林とは何か』講談社、1989年
65 飯田賢一「銅、青銅から鉄へ」『金属との出会い／世界の歴史』10　朝日新聞社、1989年
66 村松貞次郎「道具の王者—木工具と石工具—」『教会と城郭／世界の歴史』50　朝日新聞社、1989年
67 川島宙次『アジアの民家』相模書房、1989年
68 窪田蔵郎「シルクロードは鉄の道」『金属博物館紀要』15　日本金属学会附属金属博物館、1990年
69 渡辺格『物質文明から生命文明へ』同文書院、1990年
70 祖父江孝男『文化人類学入門』中央公論社、1990年
71 鈴木孝夫『日本語と外国語』岩波書店、1990年
72 佐藤浩司「高床をとおしてみた東南アジアの民家」『日本の美術』288　至文堂、1990年
73 William H. Coaldrake "The way of the Carpenter" Tanko-Weatherhill, Ink. New York, 1990年
74 藤野明『銅の文化史』新潮社、1991年
75 小澤普照『森と人間の物語』KKベストセラーズ、1991年
76 ルイス・フロイス（岡田章雄訳）『ヨーロッパ文化と日本文化』岩波書店、1991年
77 川勝平太『日本文明と近代西洋』日本放送出版協会、1991年
78 鈴木道之助『図録　石器入門辞典』柏書房、1991年
79 山本正敏「蛇紋岩製磨製石斧の製作と流通」『季刊考古学』35　雄山閣、1991年
80 梅棹忠夫『実践・世界言語紀行』岩波書店、1992年
81 内井昭蔵・長谷川清之・入之内瑛・太田邦夫「木造建築の技術と文化」『木瓦と葱ぼうず』INAX、1992年
82 安田喜憲『日本文化の風土』朝倉書店、1992年
83 松本秀雄『日本人は何処から来たか』日本放送出版協会、1992年
84 川島宙次『民家の来た道』相模書房、1992年
85 養老孟司『脳の見方』筑摩書房、1993年
86 佐々木高明『日本文化の基層を探る』日本放送出版協会、1993年
87 佐原真「世界の中の日本—日本的特質の起源—」『日本歴史館』小学館、1993年
88 佐原真「大工道具からみた日本人」『考古学の散歩道』岩波書店、1993年
89 那須孝悌「旧石器時代の環境」『日本歴史館』小学館、1993年
90 那須孝悌「縄文時代の環境」『日本歴史館』小学館、1993年
91 内田祥哉『建築の生産とシステム』住まいの図書出版局、1993年
92 金東旭『韓国建築工匠史研究』技文堂、1993年
93 大田尚作「鉋の東西比較　その1」『神戸芸術工科大学紀要』'92　1993年
94 鈴木良次『手の中の脳』東京大学出版会、1994年
95 辻誠一郎「木工文化と植生」『季刊考古学』47　雄山閣、

1994年
96 工楽善通・黒崎直「木工文化のはじまり」『季刊考古学』47 雄山閣、1994年
97 佐原真『斧の文化史』東京大学出版会、1994年
98 太田博太郎「日本大工年表（一）飛鳥時代」『文建協通信』9 文化財建造物保存技術協会、1994年
99 北川浩一郎『地球環境をまもるために』丸善、1995年
100 安田喜憲『森と文明の物語』筑摩書房、1995年
101 吉田集而編『生活技術の人類学』平凡社、1995年
102 小宮英俊「紙の文化誌 ヨーロッパへの伝達」『グリーンパワー』4月号 森林文化協会、1995年
103 神山幸弘（代表）編『図説 木造建築事典』学芸出版社、1995年
104 鈴木勉・小西一郎「長崎遺跡出土木製品にみる弥生時代の木工技術と工具について」『長崎遺跡4／静岡県埋蔵文化財研究所調査報告』59 1995年
105 吉永良正『複雑系とは何か』講談社、1996年
106 古宇田實・斎藤茂三郎『世界の建築』マール社、1996年
107 埴原和郎『日本人の誕生』吉川弘文館、1996年
108 山田昌久「人類の定住化と森林資源の利用」『木でつくる／植物の世界』108 朝日新聞社、1996年
109 鈴木三男「発掘された木材が語る木と人の歴史」『木でつくる／植物の世界』108 朝日新聞社、1996年
110 太田邦夫「木造住居の広がり」『木でつくる／植物の世界』108 朝日新聞社、1996年
111 高尾純宏「家具つくりの東西」『木でつくる／植物の世界』108 朝日新聞社、1996年
112 乾宏巳『江戸の職人』吉川弘文館、1996年
113 斎藤成也『遺伝子は35億年の夢を見る』大和書房、1997年
114 服部文雄「人と木と環境と」『東京家政学院生活文化博物館年報』5 1997年
115 村松貞次郎『道具と手仕事』岩波書店、1997年
116 網野善彦『日本社会の歴史』上・中・下 岩波書店、1997年
117 志村史夫『古代日本の超技術』講談社、1997年
118 石井威望『日本人の技術はどこから来たか』PHP研究所、1997年
119 織田一朗『日本人はいつから<せっかち>になったか』PHP研究所、1997年
120 石村真一『桶・樽』Ⅰ・Ⅱ・Ⅲ 法政大学出版局、1997年
121 上村武「クリ」『グリーンパワー』10月号 森林文化協会、1998年
122 上田正昭監修『図説 御柱祭』郷土出版社、1998年
123 佐藤浩司編『世界の住まいを読む／建築人類学』1・2・3・4 学芸出版社、1998、1999年
124 村山忠親「木と日本人のつきあい」『古代住居・寺社・城郭を探る／文化財を探る科学の眼』6 国土社、1999年
125 辻誠一郎「生態系を攪乱させて有用植物を選択した知恵」『最新縄文学の世界』 朝日新聞社、1999年
126 中丸明『海の世界史』講談社、1999年
127 澤村仁「古代」『日本建築史／新建築学大系』2 彰国社、1999年
128 山田昌久「考古学から見た建築材・構造部材」『先史時代の木造建築技術』 木造建築研究フォラム、2000年
129 佐原真「大工道具の日本化」『オランダへわたった大工道具』国立歴史民俗博物館 2000年
130 安田喜憲『環境考古学のすすめ』丸善、2001年
131 養老孟司『身体の文学史』新潮社、2001年
132 藤森照信『天下無双の建築学入門』筑摩書房、2001年
133 大田尚作『平鉋の形態変遷—形態の地域差・時代差に関する研究—』神戸芸術工科大学大学院博士学位論文（私家版）、2001年
134 中野達夫「木の話いろいろ」『文建協通信』70 文化財建造物保存技術協会、2002年
135 片山一道『海のモンゴロイド』吉川弘文館、2002年
136 安田喜憲『古代文明の興亡』学習研究社、2002年
137 第一学習社編『最新世界史図表』第一学習社、2003年
138 養老孟司・茂木健一郎『スルメを見てイカがわかるか！ —脳をたがやす方法—』 角川書店、2003年
139 布野修司編『アジア都市建築史』昭和堂、2003年
140 Christoph Henrichsen “Historic Wooden Architecture in Japan” State Conservation Office of Hesse, Germany, 2003年
141 川田順造『人類学的認識論のために』岩波書店、2004年
142 茂木健一郎『脳内現象』日本放送出版協会、2004年
143 中沢新一・赤坂憲雄『網野善彦を継ぐ』講談社、2004年
144 松井孝典『松井教授の東大駒場講義録—地球、生命、文明の普遍性を宇宙に探る—』集英社、2005年
145 茂木健一郎『脳の中の人生』中央公論新社、2005年
146 藤森照信『人類と建築の歴史』筑摩書房、2005年
147 川田順造編『ヒトの全体像を求めて』藤原書店、2006年
148 養老孟司『脳のシワ』新潮社、2006年
149 上島享「大規模造営の時代」『中世的空間と儀礼／都市・建築・歴史』3 東京大学出版会、2006年
150 後藤治「中世の施主と大工」『中世の文化と場／都市・建築・歴史』4 東京大学出版会、2006年
151 谷直樹「近世都市と大工組織」『近世都市の成立／都市・建築・歴史』5 東京大学出版会、2006年
152 清水重敦「建築における過去」『近代とは何か／都市・建築・歴史』7 東京大学出版会、2006年
153 初田亨「職人と近代」『近代化の波及／都市・建築・

歴史』8　東京大学出版会、2006年
154 鈴木博之「都市と建築　その機能と寿命」『都市・建築の現在／都市・建築・歴史』10　東京大学出版会、2006年
155 川田順造『文化人類学とわたし』青土社、2007年
156 太田邦夫『世界の住まいにみる工匠たちの技と智恵』学芸出版社、2007年
157 溝口明則『数と建築』鹿島出版会、2007年
158 佐藤浩司「東南アジアの柱」『出土建築部材が解く古代建築／日本の美術』490　至文堂、2007年
159 伊東隆夫編『木の文化と科学』海青社、2008年
160 関昌家・鈴木良次編『手と道具の人類史―チンパンジーからサイボーグまで―』協同医書出版、2008年
161 川田順造『文化の三角測量』人文書院、2008年
162 川田順造『もうひとつの日本への旅』中央公論新社、2008年
163 酒井憲一『アメニティ木材学とウッドヒューマンリレーションズ』アメニティライフ、2008年
164 藤森照信『建築史的モンダイ』筑摩書房、2008年
165 原宗子『環境から解く古代中国』大修館書店、2009年
166 岩田重雄「文明の源流としての計量の起源」『計量史研究』第31巻36号　2009年
167 佐々木稔監修『鉄と銅の生産の歴史』雄山閣、2009年
168 21世紀研究会『民族の世界地図』文藝春秋、2010年
169 茂木健一郎・松岡正剛『脳と日本人』文芸春秋、2010年
170 川田順造『文化を交叉させる』青土社、2010年
171 太田邦夫『エスノ・アーキテクチュア』鹿島出版会、2010年
172 栗原悟『雲南の多様な世界』大修館書店、2011年
173 藤森照信『フジモリ式建築入門』筑摩書房、2011年
174 戸沢充則『道具と人類史』新泉社、2012年
175 志村史夫『改訂新版　古代日本の超技術』講談社、2012年
176 太田邦夫『世界の木造架構と建築の文化』長野県建設労働組合連合会、2013年
177 浅川滋男『建築考古学の実証と復元研究』同成社、2013年
178 渡邉毅編著『人間関係の諸問題』中部日本教育文化会、2013年

参考文献：B
――ユーラシア大陸の西――

1 カエサル（近山金次訳）『ガリア戦記』岩波書店、1942年
2 村田潔『ギリシアの神殿』築地書館、1944年
3 Henry C. Mercer, "Ancient Carpenter's Tools" The Bucks County Historical Society, 1960年
4 W. L. Goodman, "The history of Woodworking Tools" Bell & Hyman Limited, London, 1964年
5 Fric Sloane, "Museum of Early American Tools" Funk & Wagnalls, New York, 1964年
6 松田毅一『南蛮史料の発見』中央公論社、1964年
7 泉井久之助『ヨーロッパの言語』岩波書店、1968年
8 村田数之亮『英雄伝説を掘る：ギリシア／沈黙の世界史』3　新潮社、1969年
9 野上素一・金倉英一『エトルリア・ローマ・ポンペイ：イタリア／沈黙の世界史』4　新潮社、1970年
10 ヘロドトス（松平千秋訳）『歴史』全3冊　岩波書店、1971年
11 角田文衛『石と森の文化：ヨーロッパ／沈黙の世界史』5　新潮社、1971年
12 Benjamin A. Rifkin, "The Book of Trades：Jost Amman & Hans Sachs", Dover Publications Inc. New York, 1973年
13 Sir W. M. Finders Petrie, "Tools and Weapons" Aris & Phillips Limited, London, 1974年
14 R. A. Salaman, "Dictionary of Tools" George Allen & Unwin Limited, London, 1975年
15 Andre Velter, Marie-Jose Lamothe, "Livre De L'outil Hier Et Demain", 1976年
16 友部直編『エーゲ文明の美術／世界の美術』27　朝日新聞社、1978年
17 友部直編『ギリシア美術Ⅰ・Ⅱ／世界の美術』31・32　朝日新聞社、1978年
18 青柳正規『エトルリア美術・ローマ美術Ⅰ・Ⅱ／世界の美術』33・34　朝日新聞社、1978年
19 ブルフィンチ（野上弥生子訳）『ギリシア・ローマ神話』岩波書店、1978年
20 ハンス・ユルゲン・ハンセン編（白井晟一研究所訳編）『西洋木造建築』形象社、1978年
21 H・H・コグラン（糸賀昌昭訳）「金属製の用具と武器」『技術の歴史』2　筑摩書房、1978年
22 シリル・アルドレッド（糸賀昌昭訳）「木工芸」『技術の歴史』2　筑摩書房、1978年
23 シリル・アルドレッド（平田寛訳）「家具その1―ローマ帝国の終わりまで―」『技術の歴史』3　筑摩書房、1978年
24 R・W・サイモンズ（友部直訳）「家具その2―ローマ時代以後―」『技術の歴史』3　筑摩書房、1978年
25 R・H・Gトムスン（小林文次訳）「中世の職人」『技術の歴史』4　筑摩書房、1978年
26 R・A・サラマン（長谷川淳訳）「職人の道具」『技術の歴史』5　筑摩書房、1978年
27 T・C・レスブリッジ（平田寛訳）「造船術」『技術の歴史』4　筑摩書房、1978年
28 ジョージ・P・B・ネイシュ（須藤利一訳）「船と造船」『技術の歴史』6　筑摩書房、1978年

29 E・M・ジョーブ（平田寛訳）「乗物と牽引具」『技術の歴史』4　筑摩書房、1978年
30 Charles K. Wilkinson, Marsha Hill, “Egyptian Wall Paintings” The Metropolitan Museum of Art, New York, 1979年
31 タキトゥス（泉井久之助訳）『ゲルマーニア』岩波書店、1979年
32 相良守峯『ドイツ文化と人間像』三修社、1980年
33 笹本駿二『ローヌ河歴史紀行』岩波書店、1980年
34 Mario Torelli “L'ARTE DI COSTRUIRE PRESSO IROMANI” Longanesi & C. 1984年
35 丸山純「ヨーロッパの木造軸組家屋」『建築雑誌』第98巻1214号　日本建築学会、1983年
36 樋口清「北欧の木造建築（民家）—構法とデザイン—」『建築雑誌』第98巻1214号　日本建築学会、1983年
37 太田邦夫『ヨーロッパの木造建築』講談社、1985年
38 ジャック・プルースト監修『フランス百科全書絵引』平凡社、1985年
39 ジョン・ハーヴェー（森岡敬一郎訳）『中世の職人』Ⅰ・Ⅱ　原書房、1986年
40 Hans-Tewes Shadwinkel, Günther Heine, “Das Werkzeug Des Zimmer Manns” Verlag Th. Schafer Hannover, 1986年
41 Josef M. Greber, “Die Gesheichte Des Hobels” Th. Schafer, Hannover, 1987年
42 BINDING, Günther (ed.) “Der mittelalterliche Baubertrieb Westeuropas” Katalog der zeitgenössischen Darstellungen, Köln, 1987年
43 森本哲郎『神々とエーゲ海の誘惑　ギリシア／世界知の旅』1　小学館、1987年
44 川島宙次『ヨーロッパの民家』相模書房、1987年
45 太田邦夫『東ヨーロッパの木造建築』相模書房、1988年
46 太田邦夫『ヨーロッパの民家／建築巡礼』4　丸善、1988年
47 阿部謹也『自分の中に歴史をよむ』筑摩書房、1988年
48 Terry G. Jordan（山本正三・石井英也訳）『ヨーロッパ文化』大明堂、1989年
49 村田数之亮・衣笠茂『ギリシア／世界の歴史』4　河出書房新社、1989年
50 弓削達『ローマ帝国とキリスト教／世界の歴史』5　河出書房新社、1989年
51 鯖田豊之『ヨーロッパ中世／世界の歴史』9　河出書房新社、1989年
52 吉村正和『フリーメーソン—西欧神秘主義の変容—』講談社、1989年
53 会田雄次・中村賢二郎『ルネサンス／世界の歴史』12　河出書房新社、1989年
54 今井宏『絶対君主の時代／世界の歴史』13　河出書房新社、1989年
55 岩間徹『ヨーロッパの栄光／世界の歴史』16　河出書房新社、1989年
56 弓削達『ローマはなぜ滅んだか』講談社、1989年
57 BINDING, Günther / MAINZER,Udo / WIEDENAU, Anita, “Klein Kunstgeschichte des deutschen Fachwerkbaus” Wissenschaftliche Buchgesellschaft, Darmstadt, 1989年
58 笈川博一『古代エジプト』中央公論社、1990年
59 犬養道子『ヨーロッパの心』岩波書店、1991年
60 加藤雅彦『ドナウ河紀行』岩波書店、1991年
61 村松貞次郎「ヨーロッパの伝統木工具—日本の大工道具と比較して—」『ヨーロッパの伝統木工具』竹中大工道具館、1992年
62 太田邦夫「ヨーロッパの木と建築」『ヨーロッパの伝統木工具』竹中大工道具館、1992年
63 水之江有一『ヨーロッパ文化の源流』丸善、1993年
64 風間喜代三『印欧語の故郷を探る』岩波書店、1993年
65 フランク・ディレイニー（鶴岡真弓監修　森野聡子訳）『ケルト—生きている神話—』創元社、1993年
66 司馬遼太郎『愛蘭土紀行Ⅰ・Ⅱ／街道をゆく』30・31　朝日新聞社、1993年
67 吉村作治『古代エジプト女王伝』新潮社、1993年
68 ミシェル・カプラン（井上浩一監修、田辺希久子・松田廸子訳）『黄金のビザンティン帝国』創元社、1993年
69 ピエール・レベック（青柳正規監修・田辺希久子訳）『ギリシア文明』創元社、1993年
70 ジャン・キュイズニエ（樋口淳・野村訓子・諸岡保江訳）『ヨーロッパの民族学』白水社、1994年
71 鯖田豊之『ヨーロッパの封建都市』講談社、1994年
72 ジャン=ポール・テュイリエ（青柳正規監修・松田廸子訳）『エトルリア文明』創元社、1994年
73 天野史郎「ヨーロッパ中世職人の足跡をたどる—フランスの職人組織をめぐって—」『施工』彰国社、1993～1996年
74 吉村作治　中川武他「アブ・シール南丘陵頂部建築遺構の“建築墨書”」『日本建築学会技術報告集』第2号1996年
75 堀越孝一『ブルゴーニュ家—中世の秋の歴史—』講談社、1996年
76 鈴木康久『西ゴート王国の遺産』中央公論社、1996年
77 大田尚作「鉋の東西比較　その4」『神戸芸術工科大学紀要』95　1996年
78 Klaus Zwerger, “Wood and Wood Joints” Birkhauser, Basel, 1997年
79 堀越宏一『中世ヨーロッパの農村世界』山川出版社、1997年
80 浅香正「古代ローマ都市ポンペイとシルクロード」『シルクロード学研究叢書』2　シルクロード学研究センター、2000年

81 ハイオ・ツィンマーマン（北原博・北原寛子・清水重敦訳）「掘立柱建物から礎石建物へ」『埋もれた中近世の住まい』同成社、2001年
82 高野義郎『古代ギリシアの旅』岩波書店、2002年
83 樺山紘一『地中海』岩波書店、2006年
84 伊藤重剛「ギリシア・ローマの都市と建築」『記念的建造物の成立／都市・建築・歴史』1 東京大学出版会、2006年
85 竹内晧『フィンランドの木造教会』リトン、2010年
86 太田邦夫『木のヨーロッパ―建築と街歩きの資料集―』彰国社、2015年

参考文献：C
――ユーラシア大陸の東――

1 水上彦太郎「日本木工道具の説」『建築雑誌』76 日本建築学会、1884年
2 船越欽哉「韓国職工養成法並に習慣」『建築雑誌』145 日本建築学会、1899年
3 中村達太郎『日本建築辞彙』丸善、1906年
4 佐藤巳之吉『木工具の使い方及木工機械製作』中央工学会、1925年
5 藤島亥治郎「古代の建築技術について」『建築雑誌』537 日本建築学会、1930年
6 染木煦『北満民具採訪手記』座右宝刊行会、1931年
7 岸熊吉「木棺出土の三倉堂遺跡及遺物調査報告」『奈良県史蹟名勝天然記念物調査報告』12 1934年
8 藤島亥治郎「造営用木工具の史的展望」『宝雲』13 宝雲刊行所、1935年
9 武田吾一「木材表面工作の史的手法」『宝雲』13 宝雲刊行所、1935年
10 Rudolf P. Hommel, "China at Work" The John Day Company, New York, 1937年
11 鈴木義孝「本朝木工調度攷」(1)(2)『建築学研究』108・109号 建築学研究会、1942年
12 関野克「日本における木工技術の始源」『日本建築学会論文集』38 1949年
13 上田舒「東亜における鋸の系譜」『考古学雑誌』第42巻3号 1957年
14 浅野清「日本建築工作や加工の変遷」『建築と社会』38の2、1957年
15 京都府教育庁編『国宝平等院鳳凰堂修理工事報告書』1957年
16 金達寿『朝鮮―民族・歴史・文化―』岩波書店、1958年
17 曾庸「漢代的鉄製工具」『文物』 1959年
18 藤岡通夫「近世の建築」『日本Ⅲ・近世／世界建築全集』3 平凡社、1959年
19 大河直躬「幕府の建築と作事方」『日本Ⅲ・近世／世界建築全集』3 平凡社、1959年
20 伊藤平左衛門『建築の儀式』彰国社、1959年
21 西谷真治・鎌木義昌『金蔵山古墳』倉敷考古館、1959年
22 筑摩書房編集部編『東アジア文明の形成／世界の歴史』3 1960年
23 樋口隆康『北京原人から銅器まで／沈黙の世界史』9 新潮社、1960年
24 井上光貞『日本国家の起源』岩波書店、1960年
25 竹島卓一「法隆寺の工具」『日本(2)飛鳥白鳳／世界美術全集』2 角川書店、1961年
26 乾兼松「工具」『明治前日本建築技術史』日本学術振興会・丸善、1961年
27 関野克「建築」『日本科学技術史』朝日新聞社、1962年
28 日本建築学会編『日本建築史図集』彰国社、1963年
29 平野邦雄「手工業」『産業史Ⅰ／体系日本史叢書』10 山川出版社、1964年
30 豊田武「金属工業」『産業史Ⅰ／体系日本史叢書』10 山川出版社、1964年
31 中村雄三「建築業」『産業史Ⅰ／体系日本史叢書』10 山川出版社、1964年
32 京都府教育委員会編『国宝慈照寺東求堂修理工事報告書』 1965年
33 中村雄三『図説日本木工具史』新生社、1967年
34 太田博太郎「構造と意匠」『日本建築史／建築学大系4-Ⅰ』彰国社、1968年
35 福山敏男『日本建築史研究』墨水書房、1968年
36 国宝中尊寺金色堂保存修理委員会編『国宝中尊寺金色堂保存修理工事報告書』 彰国社、1968年
37 藪内清訳注『天工開物』平凡社、1969年
38 竹島卓一「営造方式の価値」『建築雑誌』1月号 日本建築学会、1969年
39 伊藤延男・沢村仁・関口欣也「新中国で発表された重要建造物」『建築雑誌』1月号 日本建築学会、1969年
40 福山敏男「中国石窟の展望―西域から華北へ―」『建築雑誌』1月号 日本建築学会、1969年
41 杉山信三「朝鮮の中世建築」『建築雑誌』日本建築学会、1969年
42 金正基「先史住居から新羅建築」『建築雑誌』1月号 日本建築学会、1969年
43 太田博太郎『日本建築史序説』彰国社、1969年
44 井上充夫『日本建築の空間』鹿島出版会、1969年
45 関野克『文化財と建築史』鹿島出版会、1969年
46 貝塚茂樹『中国の歴史』上・中・下 岩波書店、1970年
47 有光教一「半島に埋もれた文化交流の謎を掘る（朝鮮半島）」『沈黙の世界史』10 新潮社、1970年
48 韓国建築家協会編『韓国伝統木造建築図集』一志社、1970年

49 八幡一郎『日本古代史の謎／沈黙の世界史』11 新潮社、1970年
50 神奈川県教育委員会編『国宝 円覚寺舎利殿』有隣堂、1970年
51 望月長興『日本人の尺度』六芸書房、1971年
52 大岡実『日本建築の意匠と技法』中央公論美術出版、1971年
53 太田博太郎「昔の木工具」『日本木工具展／BCS』5 建築業協会、1971年
54 村松貞次郎『大工道具の歴史』岩波書店、1973年
55 滝沢真弓「地鎮祭・定礎式」『建築もののはじめ考』新建築社、1973年
56 佐々木高明他『特集 倭と倭人の世界／東アジアの古代文化』1 大和書房、1974年
57 中村雄三『増補改訂 図説日本木工具史』新生社、1974年
58 三上鎮博・他『特集 古代日本の新羅系文化／東アジアの古代文化』3 大和書房、1974年
59 平井聖『日本住宅の歴史』日本放送出版協会、1974年
60 伝統のディテール研究会編『伝統のディテール』彰国社、1974年
61 村松貞次郎監修『絵図 大工百態』新建築社、1974年
62 北小路健『職人尽歌合』国書刊行会、1974年
63 浅川謙次監修『中国の地理』築地書館、1975年
64 関口欣也「山西省南禅寺・仏光寺・晋祠の古建築」『建築雑誌』第91巻1102号 日本建築学会、1975年
65 大林太良・谷川健一「神話と伝説に見る古代史像」『東アジアの古代文化』5 大和書房、1975年
66 生田滋・他『特集 古代日本と東南アジア／東アジアの古代文化』別冊 大和書房、1975年
67 江上波夫・他『特集 日本国家の成立／東アジアの古代文化』6 大和書房、1975年
68 次田真幸・他『特集 神話と古代史／東アジアの古代文化』7 大和書房、1975年
69 林野弘済会長野支部編『木曾式伐木運材図絵』長野営林局、1975年
70 永井規男「秋田の埋没家屋」『家／日本古代文化の探究』社会思想社、1975年
71 関口欣也「朝鮮三国時代建築と法隆寺金堂の様式的系統」『日本建築の特質』 中央公論美術出版、1976年
72 田中淡「中世新様式における構造の改革に関する史的考察」『日本建築の特質』 中央公論美術出版、1976年
73 工藤圭章「古代の建築技法」『日本の建築2／文化財講座』第一法規、1976年
74 服部文雄「近世の建築技法」『日本の建築4／文化財講座』第一法規、1976年
75 水野祐・他『特集 日本の古代王権をめぐって／東アジアの古代文化』8 大和書房、1976年
76 松本雅明・他『特集 中国と古代日本／東アジアの古代文化』9 大和書房、1976年
77 森浩一他『特集 大王と古墳／東アジアの古代文化』12 大和書房、1976年
78 門脇禎二『出雲の古代史』日本放送出版協会、1976年
79 林屋辰三郎『中世の開幕』講談社、1976年
80 高尾一彦『近世の日本』講談社、1976年
81 梅原郁『宋王朝と新文化／図説 中国の歴史』5 講談社、1977年
82 谷川健一・他『特集 日本古代の地名／東アジアの古代文化』13 大和書房、1977年
83 山尾幸久『日本国家の形成』岩波書店、1977年
84 山本輝雄「四箇丁—10区 出土建築用部材への一理解」『四箇周辺遺跡調査報告書』 福岡市教育委員会、1977年
85 奈良県立橿原考古学研究所編『メスリ山古墳』奈良県教育委員会、1977年
86 石田尚豊『職人尽絵／日本の美術』132、至文堂、1977年
87 川崎庸之・奈良本辰也編『文化の展開と継承／日本文化史』3 有斐閣、1977年
88 大石慎三郎『江戸時代』中央公論社、1977年
89 小泉袈裟勝『ものさし』法政大学出版局、1977年
90 伊藤延男・五味盛重「中世建築の構造技法」『日本の建築3／文化財講座』第一法規、1978年
91 西嶋定生・他『特集 古代の日本と朝鮮／歴史公論』第4巻9号 雄山閣、1978年
92 国分直一・他『特集 海上の道と古代史／東アジアの古代文化』14 大和書房、1978年
93 大林太良・他『特集 古代史の常識への疑問／東アジアの古代文化』16 大和書房、1978年
94 上原和・他『特集 古代東西文化の交流／東アジアの古代文化』17 大和書房、1978年
95 奈良県立橿原考古学研究所編『兵家古墳群』奈良県教育委員会、1978年
96 宮内庁正倉院事務所編『正倉院の木工』日本経済新聞社、1978年
97 日本鉄鋼協会編『日本の鋸』 1978年
98 『日本絵巻物大成』全26巻・別巻1巻 中央公論社、1977～1979年
99 ジョセフ・ニーダム（東畑精一・藪内清監修）『中国の科学と文明』思索社、1979年
100 木村徳国『古代建築のイメージ』日本放送出版協会、1979年
101 関口欣也「大陸建築様式の伝来」『法隆寺と飛鳥の古寺／日本古美術全集』1 集英社、1979年
102 原島礼二・他『特集 鉄剣銘文と古代国家／東アジアの古代文化』19 大和書房、1979年
103 井上辰雄・他『特集 古代の暦と太安萬侶の墓誌／東アジアの古代文化』20 大和書房、1979年

104 『日本絵巻物全集』全30巻　角川書店、1978～1980年
105 秋山光和『絵巻物／原色日本の美術』8　小学館、1980年
106 日本建築学会編『日本建築史図集』彰国社、1980年
107 福山敏男『日本建築史の研究』綜芸社、1980年（原本1943年）
108 西和夫『工匠たちの知恵と工夫―建築技術史の散歩道―』彰国社、1980年
109 西和夫『江戸時代の大工たち』学芸出版社、1980年
110 成田寿一郎「古代の鉋の実験的研究」『日本建築学会論文報告集』第292号　1980年
111 吉見誠（秋岡芳夫監修）『木工具使用法』創元社、1980年（執筆1935年）
112 森浩一・他『特集　日本古代の石造遺物／東アジアの古代文化』22　大和書房、1980年
113 井上秀雄・他『特集　古代東アジアと日本／東アジアの古代文化』25　大和書房、1980年
114 劉敦楨『中国古代建築史』中国建築工業出版社、1980年
115 建築安装技工学校土建教材編写組『建築木工工芸学』中国建築工業出版社、1980年
116 秋岡芳夫監修　吉見誠執筆（1935年）『木工具使用法』創元社、1980年
117 平澤一雄『鋸』クオリ、1980年
118 『日本絵巻物全集』別巻2巻　角川書店、1980～1981年
119 安志敏「干蘭式建築の伝統―中国建築史からみた日本―」『建築雑誌』2月号　日本建築学会、1981
120 石野博信・他『特集　古墳の発生／東アジアの古代文化』27　大和書房、1981年
121 森浩一『巨大古墳の世紀』岩波書店、1981年
122 国分直一・他『特集　古代の船と海上の道／東アジアの古代文化』29　大和書房、1981年
123 土井義夫「鉄製農工具研究ノート―古代の竪穴式住居址出土資料を中心に―」『どるめん』1981年
124 宮本常一『絵巻物に見る日本庶民生活史』中央公論社、1981年
125 上田正昭・大林太良・黒岩重吾・森浩一・瀬川芳則「河内の古代と日本」『まんだ』12　まんだ編集部、1981年
126 乾兼松「工具」『明治前　日本建築技術史』臨川書店、1982年
127 中国建築科学研究院（鄧健吾・田中淡監修　末房由美子訳）『中国の建築』小学館、1982年
128 潮見浩『東アジアの初期鉄器文化』吉川弘文館、1982年
129 江上波夫・他『特集　騎馬民族征服王朝説の新展開／東アジアの古代文化』33　大和書房、1982年
130 森浩一編『倭人伝を読む』中央公論社、1982年
131 司馬遼太郎・上田正昭・金達寿編『朝鮮と古代日本文化』中央公論新社、1982年
132 三浦圭一編『古代・中世の技術と社会／技術の社会史』1　有斐閣、1982年
133 若林嘉津雄『建築式典の実際』学芸出版社、1982年
134 『続　日本絵巻物大成』全20巻　中央公論社、1981～1983年
135 杜仙洲主編『中国古建築修繕技術』中国建築工業出版社、1983年
136 門脇禎二・他『特集　古代の日本海文化／歴史公論』第9巻3号　雄山閣、1983年
137 西谷正・他『特集　古代日本と韓国／東アジアの古代文化』37　大和書房、1983年
138 田中淡「中国の伝統的木造建築」『世界の木造建築／建築雑誌』第98巻1214号　日本建築学会、1983年
139 中国建築工業出版社編（尾島俊雄訳）『中国建築』彰国社、1983年
140 山田修『韓国古寺探訪』学芸出版社、1983年
141 小西四郎・岡秀行編『百年前の日本』小学館、1983年
142 趙継柱「簡談中国古代建築施工工具」『科技史文集』十一　上海科学技術出版社　1984年
143 都出比呂志・他『特集　古墳の発生と発展／東アジアの古代文化』38　大和書房、1984年
144 谷川健一・他『特集　日本の神々をめぐって／東アジアの古代文化』39　大和書房、1984年
145 平野邦雄・他『特集　古代豪族と王権／東アジアの古代文化』41　大和書房、1984年
146 中西進『万葉集』講談社、1984年
147 三谷一馬『江戸職人図聚』立風書房、1984年
148 吉川金次『斧・鑿・鉋』法政大学出版局、1984年
149 黒川一夫（村松貞次郎監修）『わが国大工の工作技術に関する研究』労働科学研究所、1984年（執筆1945年）
150 石原道博編訳『魏志倭人伝・後漢書倭伝・宋書倭国伝・随書倭国伝／中国正史・日本伝』1　岩波書店、1985年
151 金哲央『朝鮮文化小史』太平出版社、1985年
152 岡村秀典「鉄製工具」『弥生文化の研究』雄山閣、1985年
153 西嶋定生他『特集　四・五世紀の東アジアと「倭」／東アジアの古代文化』44　大和書房、1985年
154 小田富士雄・他『特集　三・四世紀の古代北九州／東アジアの古代文化』45　大和書房、1985年
155 石原道博編訳『旧唐書倭国日本伝・宋史日本伝・元史日本伝／中国正史日本伝』2　岩波書店、1986年
156 杉本憲司『中国古代を掘る』中央公論社、1986年
157 若林弘子『高床式建物の源流』弘文堂、1986年
158 雲南省設計院編『雲南民居』中国建築工業出版社、1986年
159 文化財建造物保存技術協会編『文化財建造物伝統技法集成』上・下　1986年
160 山田幸一『日本建築の構成』彰国社、1986年

161 浅野清『日本建築の構造／日本の美術』245 至文堂、1986年
162 黒田日出男『姿としぐさの中世史』平凡社、1986年
163 成田寿一郎「かんな考」『千葉大学工学部研究報告』第38巻1号 1986年
164 前場幸治「和漢墨壺紀行」『大工今昔』前場資料館、1986年
165 大塚佑二『墨壺』大塚集古資料館、1986年
166 楊鴻勲『建築考古学論文集』文物出版社、1987年
167 劉致平『中国建築類型及結構』中国建築工業出版社、1987年
168 大塚初重・他『特集 巨大古墳の発生／東アジアの古代文化』52 大和書房、1987年
169 孫 機「我国古代的平木工具」『文物』第10期、1987年
170 中川武『建築様式の歴史と表現』彰国社、1987年
171 干啓勲・上原邦雄「中国古代の切削加工技術」『精密工学会誌』第54巻第4号、1988年
172 森浩一監修 東潮・田中俊明編著『新羅篇／韓国の古代遺跡』1 中央公論社、1988年
173 木村徳国『上代語にもとずく日本建築史の研究』中央公論美術出版、1988年
174 内藤昌編『愚子見記の研究』井上書院、1988年
175 田村圓澄・他『特集 聖徳太子の時代／東アジアの古代文化』54 大和書房、1988年
176 宮澤智士編『伊勢神宮再考／普請研究』23 普請帳研究会、1988年
177 宮澤智士編『伊勢神宮をめぐる研究会記録／普請研究』25 普請帳研究会 1988年
178 辻達也『江戸時代を考える』中央公論社、1988年
179 兵庫県教育委員会編『但馬の埋蔵文化財』兵庫県立円山川公苑美術館、1988年
180 神谷正弘「出土・伝世品から見た日本の墨壺」『考古学論集』Ⅱ 歴文堂書房、1988年
181 小西四郎・田辺悟編『モースの見た日本』小学館、1988年
182 貝塚茂樹・他『中国のあけぼの／世界の歴史』3 河出書房新社、1989年
183 宮崎市定『大唐帝国／世界の歴史』7 河出書房新社、1989年
184 愛宕松男『アジアの征服王朝／世界の歴史』11 河出書房新社、1989年
185 三田村泰助『明と清／世界の歴史』14 河出書房新社、1989年
186 武光誠他『特集 日本古代史をめぐる諸問題／東アジアの古代文化』58 大和書房、1989年
187 上田正昭『古代の道教と朝鮮文化』人文書院、1989年
188 宮澤智士編『大仏様建築／普請研究』28 普請帳研究会、1989年
189 宮澤智士編『禅宗様建築／普請研究』29 普請帳研究会、1989年
190 小島慶三『江戸の産業ルネサンス』中央公論社、1989年
191 楢崎宗重『パリ国立図書館／秘蔵浮世絵大観』8 講談社、1989年
192 小西四郎、ジョン・セイヤー監修『モースの見た日本展』小学館、1989年
193 福岡市教育委員会編『老司古墳／福岡市埋蔵文化財調査報告書』209 1989年
194 松井和幸「農工具」『季刊考古学』28 雄山閣、1989年
195 山口幸夫「鏟と鉋」『日本建築学会近畿支部報告集』1989年
196 森浩一監修 東潮・田中俊明編著『百済・伽耶篇／韓国の古代遺跡』2 中央公論社、1989年
197 貴州トン族住居調査委員会「中国・貴州の高床住居と集落—黔東南のトン族とその周辺—」『住宅建築』4月号 1990年
198 小川光暘『黒潮に乗ってきた古代文化』日本放送出版協会、1990年
199 佐藤正彦『韓国の寺院建築／九州産業大学工学部研究報告』12,13,14,15,16,17,19,20,（合冊） 1990年
200 金龍煥『韓国の風俗画』民文庫、1990年
201 成田寿一郎『日本木工技術史の研究』法政大学出版局、1990年
202 朝倉治郎校注『人倫訓蒙図彙』平凡社、1990年
203 岩田重雄「堺環濠都市遺跡出土の計量器について」『堺市文化財報告書』51 堺市教育委員会、1990年
204 山岸常人『中世寺院社会と仏堂』塙書房、1990年
205 茂木計一郎『中国民居の空間を探る』建築資料研究社、1991年
206 茶谷正洋・中沢敏彰・八代克彦『中国大陸建築紀行／建築巡礼』16 丸善、1991年
207 金奉烈（西垣安比古訳）『韓国の建築—伝統建築編—』学芸出版社、1991年
208 金光鉉『韓国の住宅／建築巡礼』20 丸善、1991年
209 佐々木高明『日本史誕生／日本の歴史』1 集英社、1991年
210 大阪府立弥生文化博物館編『弥生文化—日本文化の源流をさぐる—』平凡社、1991年
211 古瀬清秀「農工具」『古墳時代の研究』雄山閣、1991年
212 吉川金次『鍛冶道具考』平凡社、1991年
213 沖浦和光『竹の民俗誌』岩波書店、1991年
214 川越哲志「日本斧斬小史」『広島大学文学部紀要』51 1992年
215 村松貞次郎「中国古代の鋸について」『大学助成による研究経過報告集』平成2年度、法政大学、1992年
216 R.P.ホムメル（国分直一訳）『中国手工業誌』法政大学出版局、1992年
217 ロバート・K・G・テンプル（牛山輝代監訳）『図説

中国の科学と文明』河出書房新社、1992年
218 林巳奈夫『中国古代の生活史』吉川弘文館、1992年
219 北京市文物研究所編『中国古代建築辞典』中国書店、1992年
220 橋場信雄（白玉美・楊谷生訳）『日漢建築図解辞典』中国建築工業出版社、1992年
221 上田雄『渤海国の謎』講談社、1992年
222 川越憲三郎『古代朝鮮と倭族』中央公論社、1992年
223 李王基「道具と治木」『大韓建築学会誌』第36巻4号 1992年
224 韓国国立中央博物館編『壇園　金弘道』1992年
225 宇都宮市教育委員会編『史跡　根古谷台遺跡保存整備事業報告書』1992年
226 濱島正士『設計図が語る古建築の世界』彰国社、1992年
227 岡田英男「中世から近世への建築技術の変化と特質」『近世社寺建築の研究』3　奈良国立文化財研究所、1992年
228 楊牧之主編『中国工具書大辞典』黒龍江人民出版社、1993年
229 浅川滋男「中国の民家・住居史研究」『建築史学』20 建築史学会、1993年
230 濱島正士「中国福建省の古塔」『国立歴史民俗博物館研究報告』50　1993年
231 黄才貴「トン族住居空間構成的調査報告」『国立民族学博物館研究報告』第18巻2号　1993年
232 佐藤正彦「中国雲南省の民家―高床民家の構造形式と空間分割―」『はぐくもう新しい視座／九州産業大学公開講座』4　九州大学出版会、1993年
233 金東旭『韓国建築工匠史研究』技文堂、1993年
234 内田祥哉『在来構法の研究―木造の継手仕口について―』住宅総合研究財団、1993年
235 岩永省三「鉄の威力―石器から鉄器へ、鉄を制するものが日本を制した―」『日本歴史館』小学館、1993年
236 川越哲志「弥生時代の鉄斧と鉄釿」『考古論集』潮見浩先生退官記念事業会、1993年
237 伊藤実「日本古代の鋸」『考古論集』潮見浩先生退官記念事業会、1993年
238 白雲翔（丹下昌之訳）「試論中国古代の鋸」『物質文化』56　1993年
239 川越哲志「弥生時代のやりかんな」『史学研究』200 1993年
240 山本輝雄「弥生時代における原始家屋の立柱技法の歴史的展開」『低平地研究』2　佐賀大学低平地防災研究センター、1993年
241 所　功『伊勢神宮』講談社、1993年
242 和歌山県文化財センター編『国宝金剛峯寺不動堂修理工事報告書』 1993年
243 奈良文化財研究所編『近畿原始篇／木器集成図録』1993年
244 朝岡康二『日本の鉄器文化』慶友社、1993年
245 石丸進「中国家具文化史」『実践ジャーナル』実践教育・建築・デザイン系研究会　1993～1995年
246 浅川滋男『住まいの民族建築学』建築資料研究社、1994年
247 阿辻哲次『漢字の文化史』日本放送出版協会、1994年
248 阿辻哲次『漢字の字源』講談社、1994年
249 石川九楊『書とはどういう芸術か』中央公論社、1994年
250 吉田良太『墨壺の履歴書』住宅総合研究財団、1994年
251『続々　日本絵巻物大成』全8巻　中央公論社、1993～1995年
252 林巳奈夫『中国文明の誕生』吉川弘文館、1995年
253 森浩一編『倭人の登場／日本の古代』1　中央公論社、1995年
254 山口幸夫「木匠の斧子について」『日本建築学会計画系論文報告集』473　日本建築学会、1995年
255 大田尚作「鉋の東西比較　その3」『神戸芸術工科大学紀要』'94　1995年
256 山口幸夫「木匠のカンナ類について」『日本建築学会計画系論文報告集』486　日本建築学会、1996年
257 沖本弘「中国の鉋」『竹中大工道具館研究紀要』8 1996年
258 喜田川守貞（宇佐美英機校訂）『近世風俗志』全5冊 岩波書店、1996年
259 乾宏巳『江戸の職人』吉川弘文館、1996年
260 太田博太郎・西和夫・藤井恵介編『日本建築の歴史と魅力』彰国社、1996年
261 宮本長二郎『日本原始古代の住居建築』中央公論美術出版、1996年
262 上田篤編『五重塔はなぜ倒れないか』新潮社、1996年
263 片岡宏二「青銅製やりがんな考」『考古学雑誌』第81巻2号　1996年
264 林以一『木を読む』小学館、1996年
265 山田昌久「江戸の町つくりと木材資源」『木でつくる／植物の世界』108　朝日新聞社、1996年
266 杜石然・他編（川原秀城他訳）『中国科学技術史』東京大学出版会、1997年
267 池ノ上宏「新原・奴山古墳群」『福岡教育事務所管内文化財担当者会議』 福岡県教育委員会、1997年
268 村井章介『海から見た戦国日本』筑摩書房、1997年
269 大田尚作「鉋の東西比較　その5」『神戸芸術工科大学紀要』'96　1997年
270 可児弘明・国分良成・鈴木正宗・関根政美編『民族で読む中国』朝日新聞社、1998年
271 沖本弘「中国の鑿」『竹中大工道具館研究紀要』10 1998年
272 村上恭通『倭人と鉄の考古学』青木書店、1998年

273 浅川滋男編『先史日本の住居とその周辺』同生社、1998年
274 太田邦夫「根古谷台遺跡の復元」『古代建築の復元／建築雑誌』第133巻1426号 日本建築学会、1998年
275 宮本長二郎「すまい」『復原 技術と暮らしの日本史』新人物往来社、1998年
276 小矢部市教育委員会編『桜町遺跡 おやべ展』1998年
277 夜須町教育委員会編『惣利遺跡Ⅱ／夜須町文化財調査報告書』39 1998年
278 植木久「古代日本における高床式建築の変遷」『先史日本の住居とその周辺』同成社、1998年
279 箱崎和久「文献にみる近世信濃の民家—掘立柱の消長をめぐって—」『掘立柱はいつまで残ったか／シンポジウム』Ⅰ 奈良文化財研究所、1998年
280 大森健二『社寺建築の技術 中世を主とした歴史・技法・意匠』理工学社、1998年
281 藤井恵介『密教建築空間論』中央公論美術出版、1998年
282 波多野純『復原・江戸の町』筑摩書房、1998年
283 安達裕之『日本の船 和船編』日本海事科学振興財団 船の科学館、1998年
284 大田尚作「鉋の東西比較 その6」『神戸芸術工科大学紀要』'97 1998年
285 沖本弘「中国の斧と釿」『竹中大工道具館研究紀要』11 1999年
286 宮本長二郎「祭殿建築などにみる高度な建築技術の達成」『最新縄文学の世界』朝日新聞社、1999年
287 宮本長二郎「古代建築の復元」『文建協通信』55 文化財建造物保存技術協会、1999年
288 宮本長二郎「日本中世住居の形成と発展」『建築史の空間』中央公論美術出版、1999年
289 金出ミチル「重要文化財吉川八幡宮本殿に見られる打ち割りによる製材技法について」『建築史学』32 建築史学会、1999年
290 西和夫「海を渡った大工道具—長崎出島からライデンへ—」『民具マンスリー』第32巻5号 神奈川大学日本常民文化研究所、1999年
291 陳佩芬（江介也訳）「中国初期銅器・鉄器の考古学的発見」『シルクロード学研究叢書』3 シルクロード学研究センター、2000年
292 孫明助「韓半島鉄器文化の展開」『シルクロード学研究叢書』3 シルクロード学研究センター、2000年
293 村上恭通「日本金属文化の初段階」『シルクロード学研究叢書』3 シルクロード学研究センター、2000年
294 網野善彦『日本とは何か／日本の歴史』00、講談社、2000年
295 伊藤正敏『日本の中世寺院』吉川弘文館、2000年
296 片桐一男『江戸のオランダ人』中央公論社、2000年
297 安田喜憲『龍の文明・太陽の文明』PHP研究所、2001年
298 沖本弘「中国の曲尺と日本のマガリカネ」『竹中大工道具館研究紀要』13 2001年
299 国立歴史民俗博物館編『高きを求めた昔の日本人—巨大建造物を探る—』山川出版社、2001年
300 桜町遺跡発掘調査団編『桜町遺跡調査概報』学生社、2001年
301 濱島正士『日本仏塔集成』中央公論美術出版社、2001年
302 網野善彦・西和夫「対談 大工道具を通して歴史を語る」『大工道具から世界が見える』五月書房、2001年
303 太田博太郎監修『図説 日本建築史年表』彰国社、2002年
304 星野欣也『近世以前における鋸の発達』東京農業大学大学院博士学位論文（私家版）、2002年
305 沖本弘「墨縄と墨壷」『竹中大工道具館研究紀要』14 2002年
306 黄石林・朱乃誠（高木智見訳）『中国考古の重要発見』日本エディタースクール出版部、2003年
307 門脇禎二『古代出雲』講談社、2003年
308 李浈『中国伝統建築木作工具』同済大学出版社、2004年
309 浅川滋男「鎌倉初期出雲大社本殿跡の復元」『出雲大社境内遺跡』大社町教育委員会、2004年
310 関口欣也監修 佐藤正彦・片桐正夫編著『アジア古建築の諸相』相模書房、2005年
311 岡田英男『日本建築の構造と技法』上・下 思文閣出版、2005年
312 千田稔『伊勢神宮—東アジアのアマテラス—』中央公論新社、2005年
313 妹尾達彦「中国の都城とアジア世界」『記念的建造物の成立／都市・建築・歴史』1 東京大学出版会、2006年
314 大阪府立弥生文化博物館編・発行『弥生人躍動す—池上曽根と吉野ヶ里—』2006年
315 村田健一『伝統木造建築を読み解く』学芸出版社、2006年
316 鳥取県埋蔵文化財センター編『鉄製遺物の自然科学的研究／青谷上寺地遺跡出土品 調査研究報告』2 2006年
317 中西章「新羅寺院建築の変遷」『古代社会の崩壊／都市・建築・歴史』2 東京大学出版会、2006年
318 上原真人「寺院造営と生産」『記念的建造物の成立／都市・建築・歴史』1 東京大学出版会、2006年
319 村田健一「古代の建築技法の変遷と終焉」『古代社会の崩壊／都市・建築・歴史』2 東京大学出版会、2006年
320 光井渉「近世寺社境内の諸相」『都市文化の成熟／都市・建築・歴史』6 東京大学出版会、2006年
321 宮本長二郎『出土建築部材が解く古代建築／日本の美術』490 至文堂、2007年
322 長谷川透「石神遺跡と法隆寺の鋸」『奈良文化財研究

所紀要』 2007年
323 松村博『江戸の橋―制度と技術の歴史的変遷―』鹿島出版会、2007年
324 木の建築フォラム編『東アジアにおける木造建築／木の建築』22 2008年
325 奈良文化財研究所編『胡桃館遺跡埋没建物部材調査報告書』北秋田市教育委員会・奈良文化財研究所、2008年
326 大矢邦宣『平泉 自然美の浄土』里文出版、2008年
327 滋賀県文化財保護協会編「畔ノ平遺跡出土の木材について」『近畿自動車道名古屋神戸線建設事業に伴う発掘調査報告書』3 2008年
328 宮本長二郎『伊勢神宮御正殿構造形式の変遷』伊勢神宮崇敬会、2008年
329 船曳悦子「両刃鋸の出現について」『日本建築学会技術報告集』第15巻31号 2009年
330 丸山茂『神社建築史論』中央公論美術出版、2011年
331 菅原和之・尾山義高「滋賀県指定有形文化財聖衆来迎寺表門―坂本城からの移築に関する考察―」『文建協通信』106 文化財建造物保存技術協会、2011年
332 船曳悦子「近現代における鉋の変遷」『日本建築学会技術報告集』第17巻37号 2011年
333 水原華城博物館編『韓・中・日における棟梁の歴史と道具』 2012年
334 水原華城博物館編『韓・中・日の伝統木造建築における棟梁の世界』 2012年
335 黒田龍二『纏向から伊勢・出雲へ』学生社、2012年
336 箱崎和久『奇偉荘厳の白鳳寺院・山田寺／遺跡を学ぶ』85 新泉社、2012年
337 植村昌子『刃痕から見た建築生産技術―飛鳥時代から鎌倉時代を中心に』 京都大学大学院人間・環境学研究科博士学位論文（私家版）、2012年
338 滋賀県教育委員会編『聖衆来迎寺表門保存修理工事報告書』 2012年
339 奈良文化財研究所編『木奥家所蔵大工道具調査報告書』 2012年
340 山田由香里「鉄川与助大工道具の復原」『日本建築学会九州支部研究報告』第51号 2012年
341 大矢邦宣『図説 平泉―浄土をめざしたみちのくの都―』河出書房新社、2013年
342 菊池勇夫編著『地方史・民衆史の継承』芙蓉書房出版、2013年

参考文献：D
――ユーラシア大陸の西と東を結ぶ地域――

1 石橋五郎他編著『南洋／世界地理風俗大系』4 新光社、1929年
2 エリック・タイクマン（神近市子訳）『トルキスタンへの旅』岩波書店、1940年
3 小林文次『建築の誕生―メソポタミアにおける古拙建築の成立と展開―』相模書房、1959年
4 伊瀬仙太郎『東西文化の交流』清水弘文堂、1969年
5 平井聖・八木清勝「西域・西蔵と雲南の建築」『建築雑誌』1月号 日本建築学会、1969年
6 西川幸治「仏教寺院の形成と展開―インドからガンダーラ・バクトリアまで―」『建築雑誌』1月号 日本建築学会、1969年
7 石井昭「中央アジアのイスラーム建築」『建築雑誌』1月号 日本建築学会、1969年
8 松本信広『ベトナム民族小史』岩波書店、1969年
9 増田精一『砂に埋もれたシルクロード・西域／沈黙の世界史』7 新潮社、1970年
10 香山陽坪『騎馬民族の遺産・北ユーラシア／沈黙の世界史』6 新潮社、1970年
11 江上波夫『聖書伝説と粘土板文明・オリエント／沈黙の世界史』1 新潮社、1970年
12 曽野寿彦・西川幸治『インド／沈黙の世界史』8 新潮社、1970年
13 松田壽男・安保久武・加藤九祚・神阪吉雄・吉田順一『中国・ソ連・アフガニスタン／シルクロード』Ⅰ 山と渓谷社、1973年
14 松田壽男・色川大吉・鴨澤巌・並河萬里・北野比佐雄・坂本勉［イラン・イラク・シリア・トルコ／シルクロード』Ⅱ 山と渓谷社、1973年
15 国分直一「南島古代文化の系譜」『東アジアの古代文化』1 大和書房、1974年
16 佐々木高明「南島根菜農耕文化の流れ」『東アジアの古代文化』1 大和書房、1974
17 オロフ・ヤンセ（大林太良訳）「ベトナム―民族と文明の十字路―」『東アジアの古代文化』3 大和書房、1974年
18 大林太良「神話と伝説にみる古代史像」『東アジアの古代文化』5 大和書房、1975年
19 立石巌「黒潮と日本古代史」『東アジアの古代文化』5 大和書房、1975年
20 高浜秀「コーカサス・オルドス・ドンソンの帯の留め金について」『東アジアの古代文化』別冊 '75 大和書房、1975年
21 金関丈夫・大林太良「古代日本と東南アジア」『東アジアの古代文化』別冊 '75 大和書房、1975年
22 生田滋「東南アジア史的日本古代史」『東アジアの古代文化』別冊 '75 大和書房、1975年
23 大林太良「日本と東南アジアの柱祭り」『東アジアの

古代文化』別冊 '75 大和書房、1975年
24 レ・スアン・ジィエム（五味政信訳）「ベトナムの初期金属器時代」『東アジアの古代文化』別冊 '75 大和書房、1975年
25 レ・ヴァン・ラン（荒川研訳）「古代ベトナムの神話と儀礼」『東アジアの古代文化』別冊 '75 大和書房、1975年
26 ノーテボーム（大林太良訳）「民族学と舟航」『東アジアの古代文化』別冊 '75 大和書房、1975年
27 水野祐・松前健「日本文化の基調にあるもの—浦島伝説と漁労民文化—」『東アジアの古代文化』7 大和書房、1975年
28 生田滋「続 東南アジア史的日本古代史」『東アジアの古代文化』8 大和書房、1976年
29 江藤悦三「HBウイルスと日本古代史」『東アジアの古代文化』9 大和書房、1976年
30 松本清張・陳舜臣・加藤九祚・岩村忍・平山郁夫・並河萬里・色川大吉・樋口隆康・後藤四郎『私のシルクロード』朝日新聞社、1977年
31 平田寛・八杉龍一訳編『原始時代から古代東方／技術の歴史』2 筑摩書房、1978年
32 チャールズ・シンガー（平田寛 野口洋二訳）「東西への回廊」『技術の歴史』4 筑摩書房、1978年
33 深井晋司編『古代オリエントの美術Ⅰ・Ⅱ／世界の美術』23・24 朝日新聞社、1978年
34 川村喜一編『古代エジプトの美術Ⅰ・Ⅱ／世界の美術』25・26 朝日新聞社、1978年
35 国分直一・上原和「海上の道と古代史」『東アジアの古代文化』14 大和書房、1978年
36 水野祐「海人族と海上の道」『東アジアの古代文化』14 大和書房、1978年
37 戸川安雄「ヒョウタンの来た道—海洋民文化との関連における考察—」『東アジアの古代文化』14 大和書房、1978年
38 村山七郎「言語学の立場から見た環東シナ海文化圏」『東アジアの古代文化』14 大和書房、1978年
39 松本雅明「日本古代文化の成立と海上の道」『東アジアの古代文化』14 大和書房、1978年
40 生田滋「沖縄の国家形成と東南アジア」『東アジアの古代文化』14 大和書房、1978年
41 荒竹清光「朱の呪術と神仙思想の渡来—文化地理的試論—」『東アジアの古代文化』16 大和書房、1978年
42 上原和・鄧健吾「古代東西文化の交流—東洋美術史の視点から—」『東アジアの古代文化』17 大和書房、1978年
43 岡田英弘「倭人とシルクロード」『東アジアの古代文化』17 大和書房、1978年
44 吉田敦彦「神話に見る東西交流—オセットのソスラン伝説とオルペウス神話—」『東アジアの古代文化』17 大和書房、1978年
45 由水常雄「古新羅古墳出土のローマ系文物」『東アジアの古代文化』17 大和書房、1978年
46 石原力「奈良時代に来日したペルシア人李密考—トカラとの関係—」『東アジアの古代文化』17 大和書房、1978年
47 岡本健一「日本に来た西域人」『東アジアの古代文化』17 大和書房、1978年
48 松下煌「日本のなかのガンジス文化」『東アジアの古代文化』17 大和書房、1978年
49 秋山光和・鄧健吾編『石窟の美／世界の美術』91 朝日新聞社、1979年
50 国分直一「越前出土の銅鐸の船文」『東アジアの古代文化』20 大和書房、1979年
51 水谷慶「イランから飛鳥へ—古代の石造遺物をたずねて—」『東アジアの古代文化』22 大和書房、1980年
52 金在鵬「古代南海貿易ルートと朝鮮」『東アジアの古代文化』25 大和書房、1980年
53 茂在寅男・安井良三「古代の船と海上の道」『東アジアの古代文化』29 大和書房、1981年
54 国分直一「古代東海の海上交通と船」『東アジアの古代文化』29 大和書房、1981年
55 伊藤義教「イラン語人名考—『日本書紀』にみえる「達阿（堕羅）」の場合—」『東アジアの古代文化』29 大和書房、1981年
56 茶谷正洋・八木幸二・盛和春・山口浩司「インドネシア・スラウェシ島サダン・トラジャの集落と住居の形態」『住居の構法と集落の形態に関する研究』新住宅普及会、1981年
57 高橋貴・神谷平一郎「トバ・バタック族の家屋」『東南アジアの家屋／リトルワールド研究報告』6 1982年
58 豊田信幸「タイ北部山地民の家屋と構造—ヤオ族とアカ族の事例—」『東南アジアの家屋／リトルワールド研究報告』6 1982年
59 結城史隆「伝統的ランナー・タイの家屋」『東南アジアの家屋／リトルワールド研究報告』6 1982年
60 江上波夫「騎馬民族と日本の統一国家」『東アジアの古代文化』33 大和書房、1982年
61 勝瀬義仁「東南アジアの木造建築」『建築雑誌』第98巻1214号 日本建築学会、1983年
62 高橋貴「インドネシアの木造家屋—トバ・バタック族を中心に—」『建築雑誌』第98巻1214年号 日本建築学会、1983年
63 波多野純「カトマンズ盆地の建築」『建築雑誌』第98巻1214年号 日本建築学会、1983年
64 スヴェン・ヘディン（福田宏年訳）『シルクロード』上・下 岩波書店、1984年
65 喜多路「海より来る神—うつぼ舟漂着譚—」『東アジアの古代文化』41 大和書房、1984年
66 寺本健三「聖山と亀—飛鳥須弥山石と亀石の関係について—」『東アジアの古代文化』52 大和書房、1987年

67 伊藤義教「法隆寺伝来の香木銘をめぐって」『東アジアの古代文化』54　大和書房、1988年
68 佐藤浩司「舟型住居の原型を追う―サブ島とロテ島の住まい」『民族学』46　千里文化財団、1988年
69 大場秀章『秘境・崑崙を行く』岩波書店、1989年
70 岸本通夫・伴康哉・富村伝・吉川守・山本茂・前川和也『古代オリエント／世界の歴史』2　河出書房新社、1989年
71 羽田明・山田信夫・間野英二・小谷仲男『西域／世界の歴史』10　河出書房新社、1989年
72 長澤和俊『海のシルクロード』中央公論社、1989年
73 由水常雄「ガラスの来た道」『東アジアの古代文化』58　大和書房、1989年
74 前嶋信次『イスラム世界／世界の歴史』8　河出書房新社、1989年
75 岩村忍・他『インドと中近東／世界の歴史』19　河出書房新社、1990年
76 阿部利夫『東南アジア／世界の歴史』18　河出書房新社、1990年
77 井上浩一『生き残った帝国ビザンチン』講談社、1990年
78 臼井洋輔「ハヌノオ・マンヤン族の鍛刀技法」『岡山県立博物館研究報告』11　1990年
79 天田起雄「ネパール紀行―文化財建造物保存修理の海外協力―」『協会通信』45　文化財建造物保存技術協会、1990年
80 山本達也『トルコの民家／建築探訪』8　丸善、1991年
81 伊原恵司「ネパールの文化財修理に参加して」『協会通信』49　文化財建造物保存技術協会、1991年
82 波多野純「カトマンズ盆地の中世都市国家」『普請研究』37　普請帳研究会、1991年
83 ジャン=ピエール・ドレージュ（長澤和俊・吉田良子訳）『シルクロード』創元社、1992年
84 鈴木薫『オスマン帝国』講談社、1992年
85 スメート・ジュムサイ（西村幸夫訳）『水の神ナーガ―アジアの水辺空間と文化』鹿島出版会、1992年
86 佐藤浩司「穀倉に住む―ロンボク島、バリ島の住空間―」『民族学』62　千里文化財団、1992年
87 鏡味治也「死者の霊を浄化する　ンガスティ儀礼」『民族学』61　千里文化財団、1992年
88 井口崇「伝世される石斧―ニューギニア中央高地の事例―」『千葉県立上総博物館研究紀要』5　1992年
89 出口晶子「インドネシア　マドゥラの二股構造船アリスアリス」『海と人間』20　海の博物館、1992年
90 西重人「フローレスの旅から」『民族学』61　千里文化財団、1992年
91 山口修『情報の東西交渉史』新潮社、1993年
92 加藤九祚『ユーラシア文明の旅』中央公論社、1993年
93 佐藤次高・鈴木薫編『都市の文明イスラーム』講談社、1993年
94 ジャック・デュマルセ（西村幸夫監修・佐藤浩司訳）『東南アジアの住まい』学芸出版社、1993年
95 文化財建造物保存技術協会編『インドネシア・トラジャの伝統的家屋修理報告概報』1993年
96 佐藤正彦『インドの建築／九州産業大学工学部研究報告』19, 20, 21, 22, 23, 24, 25, 26（合冊）1994年
97 鏡味治也「バリ島の住居と世界観」『風水論集／環中国海の民俗と文化』4　凱風社、1994年
98 乾尚彦「ホゾ穴を叩いてあけるルソン島ボントック族」『木の建築』31　木造建築研究フォラム、1994年
99 窪田蔵郎『シルクロード鉄物語』雄山閣出版、1995年
100 加藤九祚『中央アジア歴史群像』岩波書店、1995年
101 大庭脩「3・4世紀の東アジアの国際情勢」『鏡の時代』大阪府立近つ飛鳥博物館、1995年
102 乾尚彦「インドネシア・ニアス族の巨木の加工」『木の建築』34　木造建築研究フォラム、1995年
103 松波秀子「チャンフー80番家屋の解体修理工事における大工職人とその道具について」『国際文化研究所紀要』昭和女子大学、1995年
104 坂田俊文「宇宙考古学」『西アジア発掘調査報告会』2　西アジア考古学会、1996年
105 坂本勉『トルコ民族主義』講談社、1996年
106 桃木至郎『歴史世界としての東南アジア』山川出版社、1996年
107 シートン・ロイド、ハンス・ヴォルフガング・ミュラー（堀内清治訳）『エジプト・メソポタミア建築／図説世界建築史』2　本の友社、1997年
108 ロクサーナ・ウォータソン（布野修司監訳）『生きている住まい　東南アジア建築人類学』学芸出版社、1997年
109 岡田英弘『世界史の誕生―モンゴルの発展と伝統―』筑摩書房、1999年
110 日中共同学術調査隊編『日中共同ニヤ遺跡学術調査報告書』2　佛教大学アジア宗教文化情報研究所、1999年
111 石井米雄・高谷好一・前田成文・土屋健治・池端雪浦監修『東南アジアを知る事典』平凡社、1999年
112 川西宏幸「エジプト・アコリスの発掘」『シルクロード学研究叢書』2　シルクロード学研究センター、2000年
113 泉拓良「パルミラ地下墓に関する一考察」『シルクロード研究叢書』2　シルクロード学研究センター、2000年
114 高浜秀「前2千年紀前半の中央ユーラシアの銅器若干について」『シルクロード学研究叢書』3　シルクロード学研究センター、2000年
115 大村幸弘「古代アナトリアの鉄器時代」『シルクロード学研究叢書』3　シルクロード学研究センター、2000年

116　岡内三眞「中央アジアトルファン出土の伏義女媧」『シルクロード学研究』10　シルクロード学研究センター、2000年
117　岡内三眞「中国・新疆交河故城溝西漢墓の調査」『シルクロード学研究叢書』2　シルクロード学研究センター、2000年
118　長澤和俊「漢書西域伝の分析」『シルクロード学研究』10　シルクロード学研究センター、2000年
119　片桐正夫編『アンコール遺跡の建築学／アンコールワットの解明』3　連合出版　2001年
120　本村凌二『馬の世界史』講談社、2001年
121　佛教大学ニヤ遺跡学術研究機構編『シルクロード　ニヤ遺跡の謎』東方出版、2002年
122　関口欣也「西域古建築小遊」『文建協通信』70　文化財建造物保存技術協会、2002年
123　広末雅士『東南アジアの建国神話』山川出版社、2003年
124　増田彰久・太田省一『建築のハノイ』白揚社、2006年
125　神野信「ラオス北部における伝統的鍛冶技術の構造とその変化」『鉄―人と道具とその技術―』2　日本鉄鋼協会、2006年
126　日中共同ニヤ遺跡学術調査隊編『日中共同ニヤ遺跡学術調査報告書』3　佛教大学アジア宗教文化情報研究所、2007年
127　佐藤浩司「東南アジアの柱」『出土建築部材が解く古代建築／日本の美術』490　至文堂、2007年
128　エドヴァルド・ルトヴェラゼ（加藤九祚訳）『考古学が語るシルクロード史』　平凡社、2011年
129　東京文化財研究所・奈良文化財研究所・アフガニスタン情報文化局・パスコ編『バーミヤン仏教石窟の建築構造およびその意匠と技法』東京文化財研究所、2011年
130　窪田順平監修・奈良間千之編『環境変動と人間／中央ユーラシア環境史』1　臨川書店、2012年
131　iaSU2012年JAPAN Publication Committee 編『シルクロード建築文化交流史』　武庫川女子大学、2013年

参考文献：E
――関連拙著・拙稿――

1　星野欣也・平澤一雄・土屋安見・渡邉晶「わが国中世のいわゆる“木の葉型鋸”について」『竹中大工道具館研究紀要』1　1989年
2　渡邉晶「近世の建築用の錐について」『竹中大工道具館研究紀要』2　1990年
3　渡邉晶「近世の建築用の槌について」『竹中大工道具館研究紀要』3　1991年
4　渡邉晶「ヨーロッパの木工職人と道具」『ヨーロッパの伝統木工具』竹中大工道具館、1992年
5　星野欣也・沖本弘・土屋安見・石村具美・渡邉晶「法隆寺献納宝物の鋸と鎌」『竹中大工道具館研究紀要』4　1992年
6　渡邉晶「近世の建築用の鉋について」『竹中大工道具館研究紀要』5　1993年
7　伊藤延男・古賀俊策・大田尚作・相澤孝司・土屋安見・石村具美・渡邉晶「鉋の東西比較　その2」『神戸芸術工科大学紀要』‘93　1994年
8　渡邉晶「中国の建築」『東方道具見聞録』竹中大工道具館、1994年
9　渡邉晶「近世の建築用の鑿について」『竹中大工道具館研究紀要』6　1994年
10　渡邉晶「木の建築をつくった鋸たち―日本・中国・ヨーロッパ―」『木工機械』全国木工機械工業会、1995年
11　渡邉晶「近世の建築用の鋸について」『竹中大工道具館研究紀要』7　1995年
12　渡邉晶「木の建築をつくった道具たち―東アジアのスミツボとヨーロッパのチョークライン」『失われゆく番匠の道具と儀式』国立歴史民俗博物館、1996年
13　渡邉晶「近世の建築用墨掛道具について」『竹中大工道具館研究紀要』8　1996年
14　渡邉晶「木の建築をつくった道具たち―中国の鋸について―」『日中建築』日中建築技術交流会、1996年
15　渡邉晶「近世の建築用刀子系道具について」『竹中大工道具館研究紀要』9　1997年
16　渡邉晶「建築部材加工技術と道具―石器の性能―」『古代建築の復元／建築雑誌』第113巻1426号　日本建築学会、1998年
17　渡邉晶「大工道具―木の建築をつくる道具の歴史」『技術と暮らしの日本史』新人物往来社、1998年
18　渡邉晶「近世の建築用の斧について」『竹中大工道具館研究紀要』10　1998年
19　渡邉晶「特色ある日本の大工道具―引き使いの鋸と鉋―」『国宝の建築／日本の国宝』104　朝日新聞社、1999年
20　渡邉晶「木の建築をつくる技術と道具の歴史―建築工程別主要道具の発達史―」『古代住居・寺社・城郭を探る／文化財を探る科学の目』6　国土社、1999年
21　渡邉晶「古代中世の建築用主要道具について」『竹中大工道具館研究紀要』11　1999年
22　渡邉晶「縄文時代の建築技術―桜町遺跡大型高床建築の復元―」『建てる築く／建築雑誌』第115巻1461号　日本建築学会、2000年
23　渡邉晶「定礎の起源―時間を刻む―」『建築と社会』10月号　日本建築協会、2000年
24　渡邉晶「大工道具の歴史―木の建築をつくる技術と道具の発達史」『京の匠』京都文化博物館、2000年
25　渡邉晶「宮大工の道具―高い技術水準の建築大工と

道具の歴史—」『宮大工　技と心』ミュージアム氏家、2000年
26 渡邉晶「近世後半における大工道具について」『オランダへわたった大工道具』国立歴史民俗博物館、2000年
27 渡邉晶『近世における大工道具発達史の研究』東京大学大学院工学系研究科　博士学位論文（私家版）、2000年
28 渡邉晶「縄文時代の建築用主要道具について」『竹中大工道具館研究紀要』12　2000年
29 渡邉晶「周防国分寺造営（藤井家旧蔵）大工道具について」『文建協通信』62　文化財建造物保存協会、2001年
30 鈴木博之・朝岡康二・渡邉晶「道具、職人、そして歴史—三人で未来を語ろう—」『大工道具から世界が見える』五月書房、2001年
31 渡邉晶「建物基礎と上部構造—建築技術論の立場から—」『埋もれた中近世の住まい』同成社、2001年
32 宮本長二郎・上野幸夫・伊藤隆三・渡邉晶「縄文時代の建築技術」『桜町遺跡発掘調査概報』学生社、2001年
33 渡邉晶「弥生・古墳時代の建築用主要道具について」『竹中大工道具館研究紀要』13　2001年
34 渡邉晶「古典の博物誌—原初的道具としての斧—」『新古典文学大系／月報』97　岩波書店、2001年
35 渡邉晶「ユーラシア大陸の西と東における木の建築」『つち』10月号　労働調査会、2001年
36 渡邉晶「ユーラシア大陸のスミツボ文化圏」『つち』11月号　労働調査会、2001年
37 渡邉晶「ユーラシア大陸の西と東における鋸」『つち』12月号　労働調査会、2001年
38 渡邉晶「ユーラシア大陸の西と東における建築用材と道具」『つち』1月号　労働調査会、2002年
39 渡邉晶「わが国における建築用主要道具発達史—旧石器時代から近代まで—」『文建協通信』67　文化財建造物保存技術協会、2002年
40 渡邉晶「わが国近世以前における伐木・製材道具について」『竹中大工道具館研究紀要』14　2002年
41 渡邉晶「ヨーロッパの木造建築と道具—木の建築をつくる技術と道具の比較発達史—」『世界と日本の大工道具・木工具』ミュージアム氏家、2003年
42 渡邉晶「木の建築が今なお生き続けるルーマニア」『木の建築』第7号　木の建築フォラム、2003年
43 渡邉晶「住まいつくりの道具の歴史」『すまいろん』住宅総合研究財団、2003年
44 渡邉晶「製材の技術と道具の歴史」「前挽鋸をつくる技術」「前挽鋸をつかう技術」『近江甲賀の前挽鋸／甲南町文化財調査報告書』5　甲南町教育委員会、2003年
45 渡邉晶「わが国近世以前における建築造営と主要道具について」『竹中大工道具館研究紀要』15　2003年
46 渡邉晶「測る道具と建築生産」『江戸のものつくり／国際シンポジウム』国立科学博物館・住宅総合研究財団・江戸東京博物館、2004年
47 川田順造・田中優子・小林忠雄・渡邉晶『テクノロジーと日本人の心—21世紀に回復すべきもの—』金沢芸術創造財団、2004年
48 渡邉晶「ユーラシア大陸の西と東における鋸の歴史—」『竹中大工道具館研究紀要』16　2004年
49 渡邉晶『日本建築技術史の研究』中央公論美術出版、2004年
50 渡邉晶『大工道具の日本史』吉川弘文館、2004年
51 渡邉晶「ユーラシア大陸の西と東におけるカンナの歴史」『竹中大工道具館研究紀要』17　2005年
52 渡邉晶「建築技術の多様性—先史・古代における木の建築をつくる技術の歴史—」『記念的建造物の成立／都市・建築・歴史』1　東京大学出版会、2006年
53 渡邉晶「建築技術史1万年とドクターフジモリ」『特集　藤森照信／10+1』44　INAX出版、2006年
54 渡邉晶「道具　ものつくりの視点」『建築［見どころ］博物館ガイドブック』彰国社、2006年
55 渡邉晶「大工と道具」『修復の手帖』3　文化財建造物保存技術協会、2007年
56 渡邉晶「ユーラシア大陸の西と東における斧の歴史」『竹中大工道具館研究紀要』19　2008年
57 渡邉晶「石から鉄へ　鉄製手道具の変遷—近世以前の建築技術と道具—」『手と道具の人類史』協同医書出版社、2008年
58 渡邉晶「カンナの歴史」『鉋大全』誠文堂新光社、2009年
59 渡邉晶「弥生時代出土建築部材に見る工作技術」『建築部材（考察編）／青谷上寺地　遺跡出土品調査研究報告』4　鳥取県教育委員会、2009年
60 渡邉晶「ユーラシア大陸の西と東におけるうがつ道具（鑿と錐）の歴史」『竹中大工道具館研究紀要』21　2010年
61 渡邉晶「ノミの歴史」『鑿大全』誠文堂新光社、2010年
62 渡邉晶「建築技術史上の古代について」『奈良時代の匠たち—大寺建立の考古学—』奈良県立橿原考古学研究所、2010年
63 渡邉晶「ノコギリの歴史」『鋸・墨壺大全』誠文堂新光社、2011年
64 渡邉晶「スミツボの歴史」『鋸・墨壺大全』誠文堂新光社、2011年
65 渡邉晶「古墳時代以前の設計計画と工作技術」『山木遺跡出土建築部材調査報告書』奈良文化財研究所、2011年
66 渡邉晶「日本における木の建築をつくる主要道具の歴史—発達史上の重要画期とその背景（要因）の考察—」『韓・中・日の伝統木造建築における棟梁の歴史と道具』水原華城博物館（韓国）、2012年

67　西山マルセーロ・渡邉晶「ユーラシア大陸における鋸の変遷と使用法—木の建築をつくる技術と道具の比較発達史—」『シルクロード建築文化交流史』トルコ・日本（武庫川女子大学）、2013年
68　渡邉晶『日本建築技術史の研究』第二版　中央公論美術出版会、2013年
69　渡邉晶『大工道具の文明史—日本・中国・ヨーロッパの建築技術—』吉川弘文館、2014年

表リスト

［ ］内は本書に使用した図版の出典を示す。

第2章

第3章

第4章

第5章

第6章

第7章

図版リスト

[ ] 内は本書に使用した図版の出典を示す。

口　絵

第1章

第2章

第3章

第4章

第5章

第6章

第7章

第8章

付　記

資料編

資料編 1　木を工作する技術
――ユーラシア大陸の西・ヨーロッパ――

資料編 2　木を工作する技術
――ユーラシア大陸の東・中国――

資料編 3　木を工作する技術
――ユーラシア大陸東端の島・日本――

資料編 4　木を工作する道具
――ユーラシア大陸の西・ヨーロッパ――

資料編 5　木を工作する道具
──ユーラシア大陸の東・中国──

資料編 6　木を工作する道具
──ユーラシア大陸東端の島・日本──

要　旨

木を主たる材料とする建築（木の建築）は、A 建築の機能（用途）、B 建築構法：基礎・軸部・屋根（小屋組）、C 建築部材接合法、D 建築用材、E 建築用道具、といった要素で構成されている。これらを、F 建築工人との関連でみると、F の手の延長としての E を用い、D を加工して C をつくり、あらかじめ計画していた B により組み合わせ、めざす A をつくりあげる、といった関係になる。これらの要素の中で、つくるヒト（工人）とつくられるモノ（建築）との間に位置する道具は、発明、改良、廃絶の長い歴史を歩んできた。

木の建築をつくる道具は、斧を起源としている。これは、洋の東西に共通である。石を石で打ち欠いて刃をつけた打製石器の時代（旧石器時代）には、石斧で太い木を工作（伐木・製材・部材加工）することは困難であったと推定される。

石を石で研いで刃をつけた磨製石器の時代（新石器時代、日本では縄文時代）になると、石器の性能は飛躍的に向上したと考えられる。例えばユーラシア大陸の東・中国の長江下流域から出土した約 7000 年前の建築部材には、ホゾやホゾ穴などの高度な接合部が、磨製石器により加工されていた（河姆渡遺跡）。また、この時代から石鑿も使われるようになったことが、大陸東端の島・日本における近年の復元実験（実験建築史学）によって証明された（桜町遺跡　富山県　約 4000 年前）。この時代における木の建築をつくる主要道具は、石斧と石鑿の２種類であったと推定される。

ユーラシア大陸において、約 5000 年前から約 2000 年前にかけて、銅、青銅、鉄など、金属製の道具が出現、普及していった。この段階で、木の建築をつくる主要道具として、斧と鑿の他に、鋸とカンナが加わったと考えられる。

ユーラシア大陸の西と東において、斧と鑿は、ほぼ同じ変遷をたどっているようである。

鋸に関しては、約 3000 年前、青銅製の鋸が普及した段階で、大陸の西と東いずれにおいても、大型、中型、小型のものが見られる。大型は木製の枠で鋸身を固定し、中型と小型は鋸身の端部（ナカゴ）を木製の柄に装着する形式が多い。現在発見されている青銅製の鋸を見る限り、大陸の西では引き使い、東では推し引き両用、といった傾向がある。これらが鉄製となった段階（約 2000 年前）で、大陸の西と東いずれにおいても推し使いになったと推定される。

カンナに関しては、約 2000 年前、ユーラシア大陸の西において鉄製の刃を装着した台鉋が使われるようになるが、大陸の東においてはヤリカンナの時代が長く続く。大陸の西に斧（あるいは鑿）を起源とする台鉋の文化圏、大陸の東に小刀を起源とするヤリカンナの文化圏が形成された、ということができる。前者は広葉樹（硬木）の切削に適した道具、後者は針葉樹（軟木）の切削に適した道具といえる。そのことは、大陸の西における「台鉋文化圏」の一部に、ヤリカンナを使用した地域があったことからも、うかがえる。スカンジナビア半島南部においては、強度のある針葉樹を用いて垂直材と水平材を組み合わせた木造教会がつくられた。この地域の 10 世紀頃のバイキングの道具の中に、鉄製のヤリカンナが含まれ、同じ時代の木造教会の丸柱の表面にも、その切削痕らしきものが見られる。

一方、大陸の東においては、10世紀から15世紀までのいずれかの時期に、建築部材の仕上げ切削道具が、ヤリカンナから台鉋へ移行したと考えられる。少なくとも、16世紀以降は、大陸の西と東いずれも「台鉋文化圏」であったと推定され、その使用法は、いずれにおいても推し使いである。

ユーラシア大陸東端の島・日本においては、鋸も台鉋も引き使いである。建築部材接合部加工に主として用いる鋸は、引き使いの方が鋸身を薄くすることができ、精巧な加工に適している。建築部材表面の仕上げ切削に用いる台鉋も、部材表面の繊維の状態（順目、逆目）を確認できる引き使いの方が、美しい艶のある仕上げ面を削り出せる。ヒノキやスギなどの針葉樹（軟木）を用材とし、隙間のない接合部や、素木の美しさを重視する日本の建築観が、鋸や台鉋の使用法に大きく影響していると推定される。

現在までの調査により、鋸を引き使いしている地域として、ギリシア、ブルガリア、トルコ、イラク、イラン、アフガニスタン、インド北部、ネパール、ブータン、中国南部（トン族など）、日本、などが確認できた。ユーラシア大陸の植生図と照合すると、針葉樹が多く生育している地域である。ユーラシア大陸の西から東にかけて、「鋸の引き使いベルト地帯」が存在していると考えられる。しかし、台鉋の引き使いを確認できたのは、日本だけである。すなわち、鋸と台鉋を両方とも引き使いしているのは、ユーラシア大陸東端の島・日本以外、見ることができない。

Summary

A Comparative Research on the Historic Development of Architectural Techniques: the West and the East of the Eurasian Continent

Akira WATANABE

Architecture built with wood as main material (wooden architecture) consists of: (a) architectural function or use, (b) building method (foundation, framework and roof structure), (c) wood joints, (d) building materials, and (e) building tools. If we consider the relationship of these elements with (f) the builders, we can say that (e) are used by (f) as an extension of their own hands to make (c) from (d), which are then assembled following (b) in order to obtain (a). Among these elements, tools, which stand between the human being (builder) and the object of its creation (architecture), have come a long history of invention, improvement, and decline.

Tools used for building wooden architecture originate from the ax. This is true both in the East and in the West. In the Paleolithic, when chipped stone tools were manufactured by striking one stone against another to obtain an edge, the processing of large trees with stone axes (felling, lumbering and shaping of the members) was undoubtedly a challenging task.

When ground stone tools started to be manufactured by polishing stones to obtain a blade (in the Neolithic; in Japan, during the Jômon period) the efficiency of stone tools improved dramatically. Advanced joints, such as the mortise and tenon joints that can be seen in the 7000-year-old architectural members unearthed from the lower reaches of the Yangtze River (Hemudu site, China, in the eastern part of the Eurasian Continent) were accomplished using ground stone tools. In addition, reconstructional archeology experiments carried out in Japan (Sakuramachi site, Toyama Prefecture, around 4000 BP), to the eastern end of Eurasia, have proved that stone chisels also started to be used in this period. We can infer that the two main tools used to build wooden architecture in this period were the stone ax and the stone chisel.

Between 5000 and 2000 years ago, tools made of metals such as copper, bronze and iron made their appearance and came into wide use. At this stage, it is thought that in addition to the ax and the chisel, the saw and the plane became the main tools for building wooden architecture.

The development of the ax and the chisel appears to be almost the same in the East and in the West of the Eurasian Continent.

Regarding the saw, large, medium and small sized saws can be found both in the West and in the East of the continent around 3000 years ago, at the stage when bronze saws became widespread. In the case of large sized saws, the saw blade was fixed to a wooden frame. In the case of medium and small sized saws, the ends of the blade are typically fitted into wooden handles. Looking at the examples of bronze saws that have been discovered to the date, western saws tend to cut on the push stroke, while eastern saws tend to cut both on the pull and the push stroke. However, when iron saws appeared 2000 years ago, they were designed to cut on the push stroke both in the west and in the east of the continent.

As for the plane, while in the western side of Eurasia planes consisting of an iron blade mounted on a base begun to be used around 2000 years ago, in the East of the continent spear-like planes consisting of a blade attached to a long handle (yarikanna) were used long after that. We can affirm that a "cultural zone of the base-mounted plane" derived from the ax (or the chisel) formed in the West, while a "cultural zone of the spear-like plane" derived from the knife formed in the East. The former is suited for working broad-leaved trees (hardwood), and the latter for working conifers (softwood). This explanation is supported by the fact that the spear-like plane was also used in some parts of the "base-mounted plane cultural zone". In the Southern part of Scandinavia, wooden churches were built assembling vertical and horizontal members made from hard conifers. Iron spear-like planes were among the tools used by the Vikings who inhabited this region in the 10th century, and traces that can be identified as corresponding to this tool can be observed in the surface of the round columns of contemporary wooden churches. On the other hand, in the Eastern side of the continent base-mounted planes substituted spear-like planes at some time between the 10th and the 15th centuries. By the 16th century, both the West and the East of the continent were absorbed into the "base-mounted plane cultural zone", which in both cases cuts on the push stroke.

In Japan, an island located at the eastern end of the Eurasian Continent, both saw and plane cut on the pull stroke. The saw is primarily used to produce wood joints; cutting in the pull stroke allows it to have a thinner blade and thus perform a more delicate work. The plane is used for shaving away surfaces of timber; in this case, as well, operating the tool by pulling allows for a greater control of the direction of the technique (with or against the wood grain) thus making possible to obtain beautifully polished, shiny surfaces. The way of operating the saw and the plane, together with the use of use of conifers (softwood) such as Japanese cypress and cedar, presumably had a great influence in the development of the preference of Japanese architecture for perfectly fitting joints and unpainted wooden surfaces.

To date, the use of saws that cut on the pull stroke has been observed in regions such as Greece, Bulgaria, Turkey, Iraq, Iran, Afghanistan, Northern India, Nepal, Bhutan, Southern China (by the Dong people) and Japan. If we compare this distribution with a vegetation map of Eurasia, we can see that it overlaps with the regions where conifers grow abundantly. We can say that there is a zone where the saw cuts on the pull stroke that stretches from the West to the East of the Eurasian continent. The plane, however, is operated by pulling only in Japan. Thus, the only place where both the saw and the plane are operated by pulling is Japan, the island at the eastern end of the Eurasian continent.

資料編

資料編全般

概　要

ユーラシア大陸の西・ヨーロッパ、大陸の東・中国、そして大陸東端の島・日本に関して、本書「本編」において木の建築をつくる技術と道具に関する発達史の比較を記述した。木の建築に使用される用材の硬軟、建築の構法や接合法の違い、建築の加工精度の違い、その背景にある建築観（美的感覚）の違い、使用する道具の性能や精度の違い、使用方法の違い（推し使いと引き使い）、作業姿勢の違い（立位と坐位）など、「本編」において可能な限り図版も併用して記述したが、様々な箇所で断片的にならざるを得なかったことも否定できない。

また、生活の基本要素である衣食住の内、住に関わる建築を中心に取り上げたが、建築以外の技術や道具との関連の考察も重要である。そこで、「本編」とあわせ「資料編」を設け、大陸の西と東における建築工事全体の姿、建築以外の工事や作業の姿、技術と道具に関する考察の基礎とした文献資料全文、などを掲載することとした。

資料編 1

木を工作する技術

――ユーラシア大陸の西・ヨーロッパ――

概　要

大陸の西・ヨーロッパには、木の建築をつくる様子を描いた図像資料が豊富に残されている。紙や板に描かれた絵画だけではなく、石造教会の壁面やステンドグラスに描かれたもの、あるいは彫刻されたもの、などにそれぞれの時代における建築工事の姿を知ることができる。ここでは、11世紀から17世紀までの図像資料を、「木を工作する工程（伐木、製材、部材加工）」、「木の建築をつくる」、「石と木の建築をつくる」、「木の橋をつくる」、「木の船をつくる」、などに分類し、工人たちの生き生きとした姿を見ることとする。

木を伐る

図10-1-1　ドイツにおける伐木（A.D.1066-77年）［文献B42］

図10-1-2　フランスにおける伐木（A.D.1111年）［文献B42］

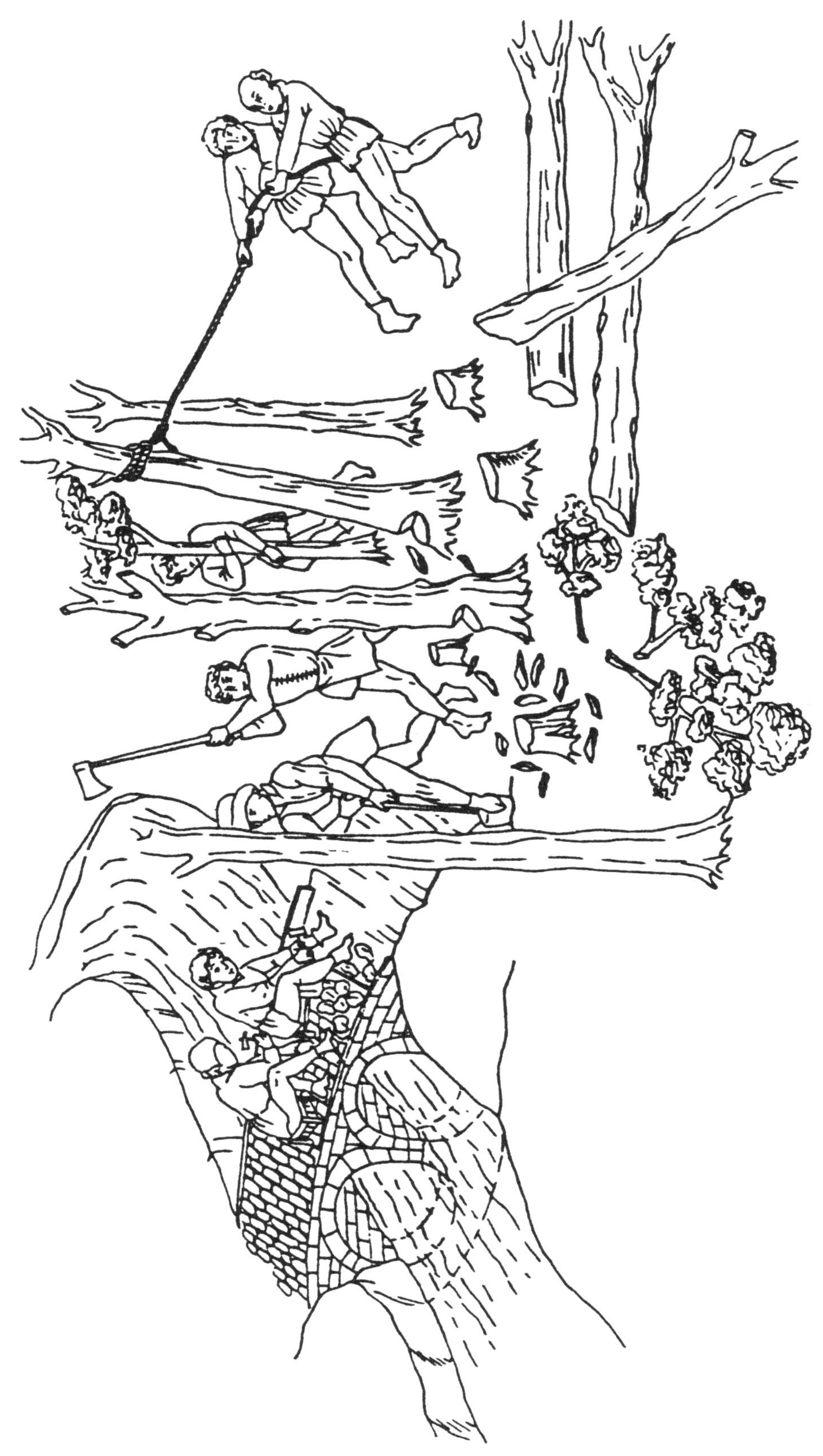

図10-1-3　ベルギーにおける伐木（A.D.1448年頃）［文献B42］

図10-1-4　ドイツにおける伐木（A.D.1460年頃）［文献B42］

図10-1-5　イタリアにおける伐木と運材（A.D.14世紀頃）［文献B42］

木を製材する

図10-1-6　ドイツにおける製材（A.D.16世紀頃）［文献B42］

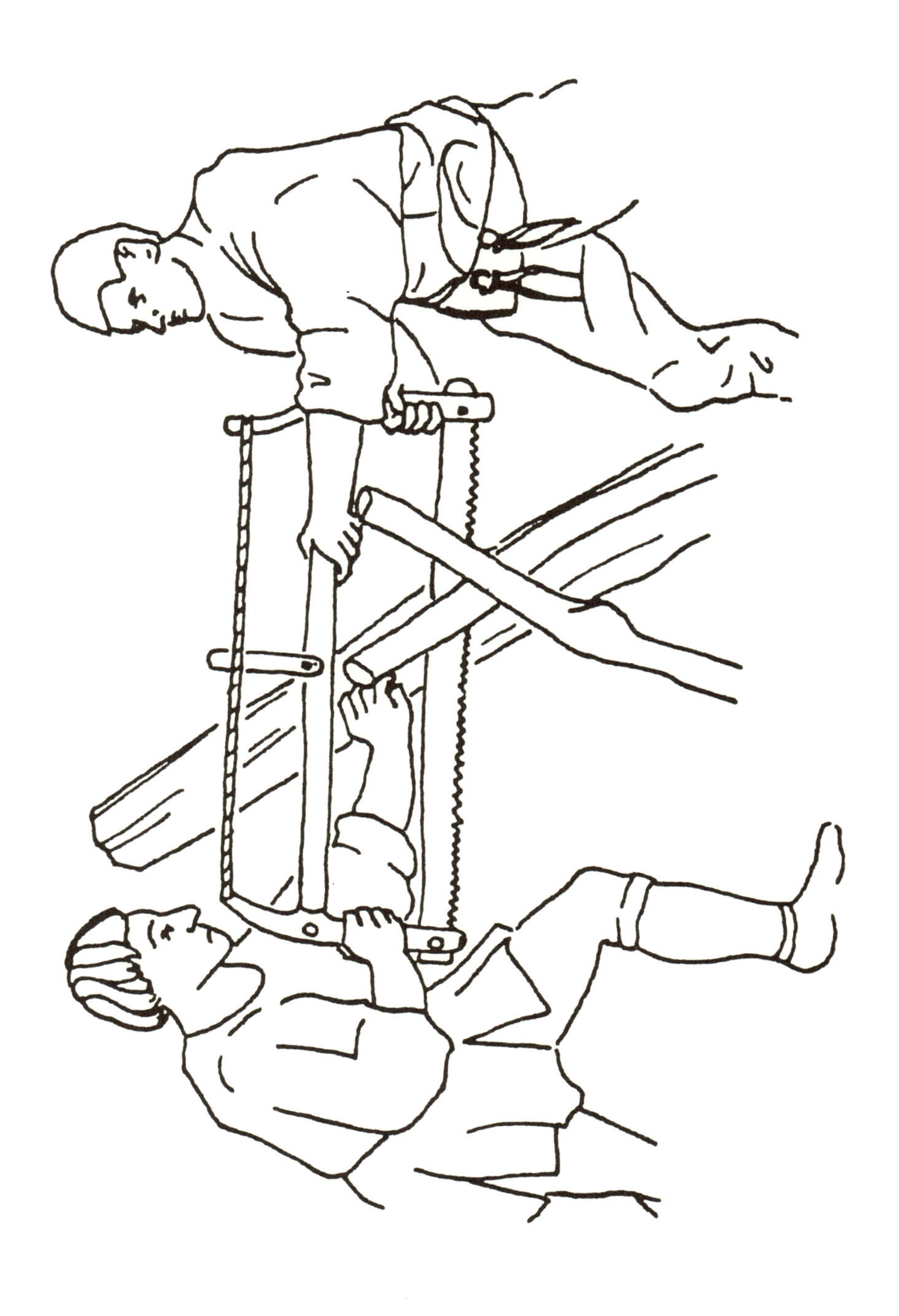

図10-1-7　フランスにおける製材（A.D.1460年）［文献B42］

図10-1-8　ベルギーにおける製材（A.D.1461年）［文献B42］

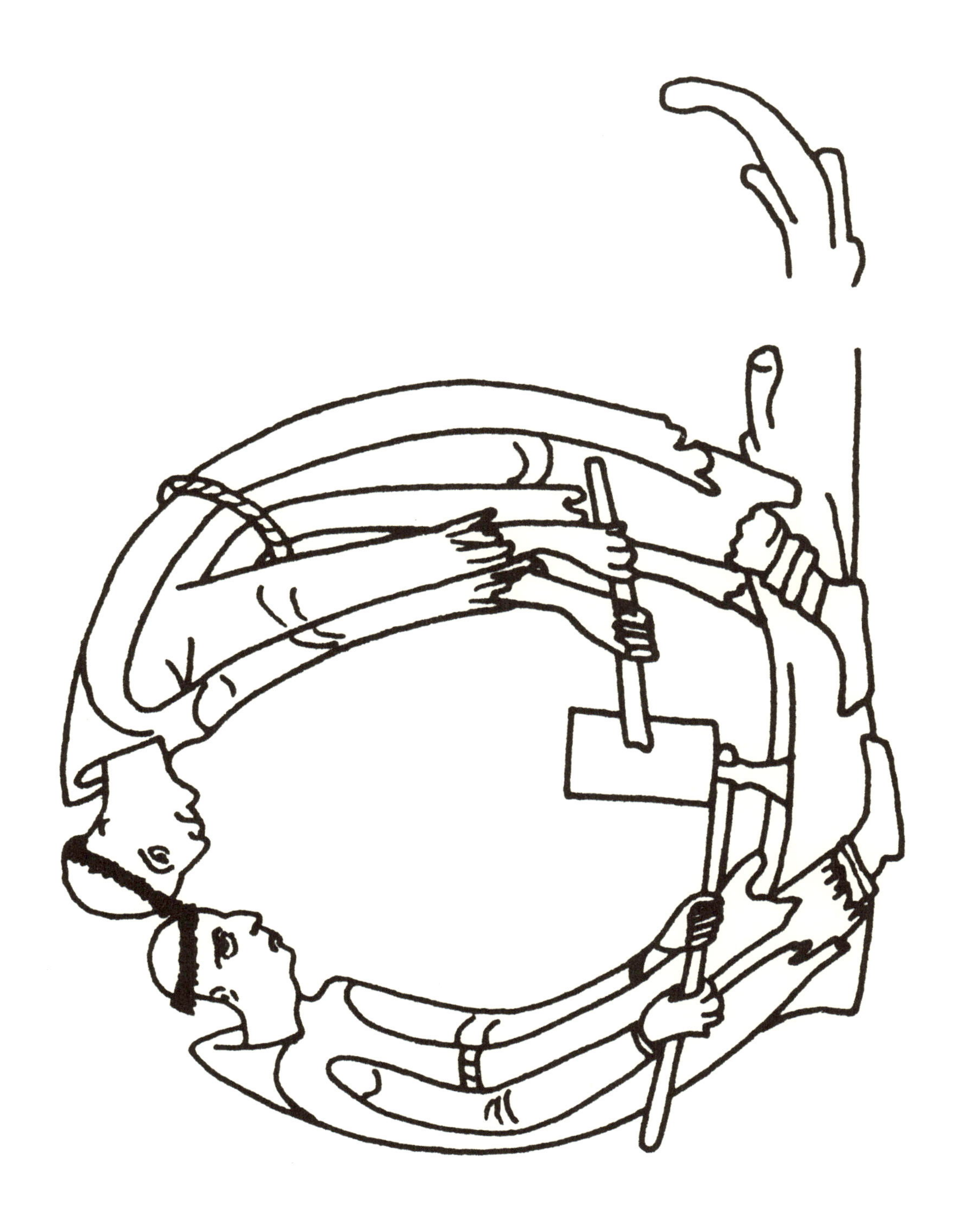

図10-1-9　フランスにおける製材（A.D.1111年）［文献B42］

図10-1-10　ドイツにおける製材（A.D.1483年）［文献B42］

図10-1-11　ドイツにおける製材（A.D.13世紀）［文献B42］

図10-1-12　ドイツにおける製材（A.D.1486年）［文献B42］

図10-1-13　ドイツにおける製材（A.D.1477-85年）［文献B42］

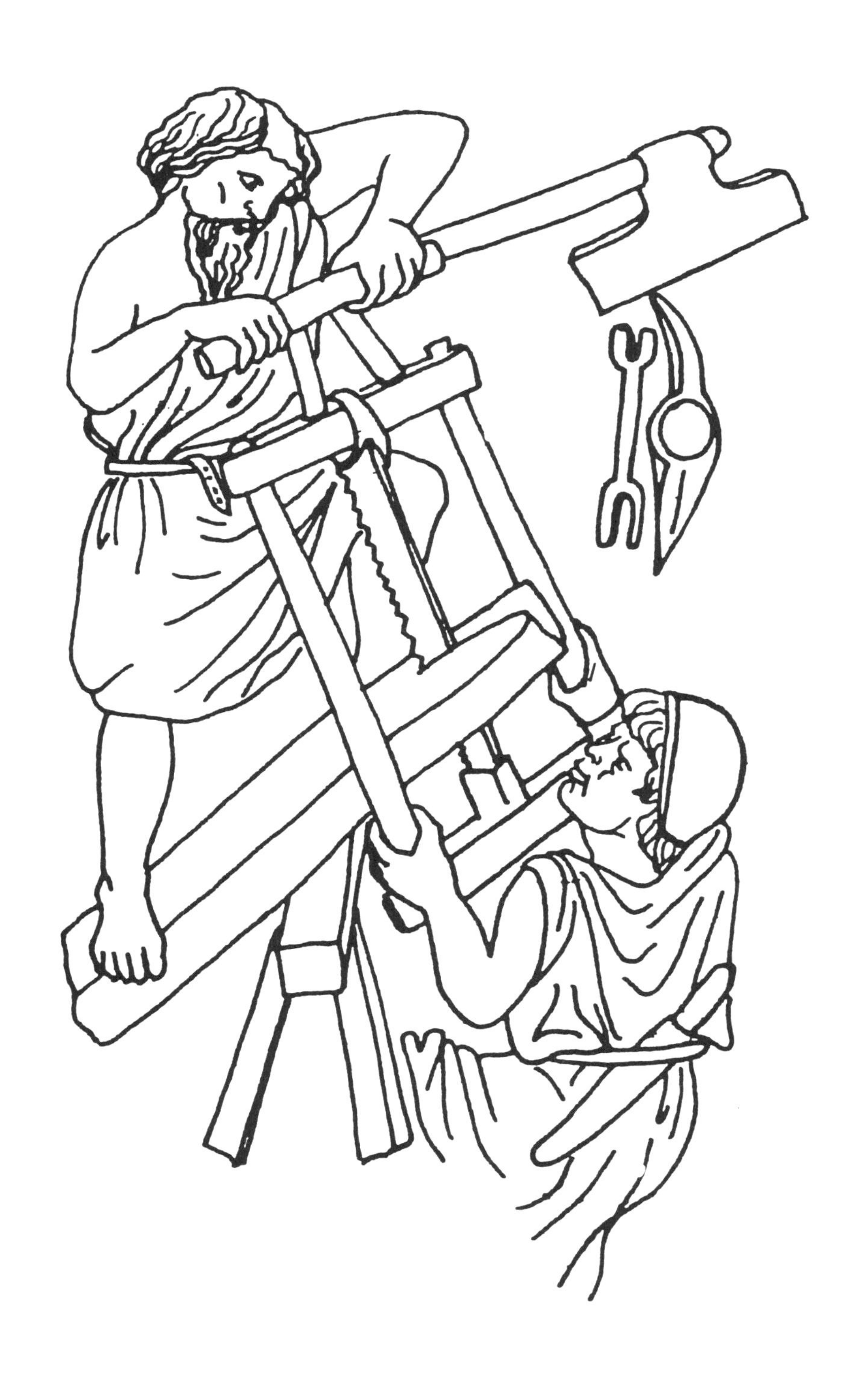

図10-1-14　ドイツにおける製材（A.D.13世紀）［文献B42］

図10-1-15　イタリアにおける製材（A.D.15世紀）［文献B42］

図10-1-16　ドイツにおける製材（A.D.1425-36年）［文献B42］

木を加工する

──荒切削──

図10-1-17　スペインにおける部材荒切削（A.D.12世紀頃）［文献B42］

図10-1-18　フランスにおける部材荒切削（A.D.1205-15年）［文献B42］

図10-1-19　フランスにおける部材荒切削（A.D.1210-20年）［文献B42］

図10-1-20　ドイツにおける部材荒切削（A.D.1210-20年）［文献B42］

図10-1-21　フランスにおける部材荒切削（A.D.1220-25年）［文献B42］

図10-1-22　イタリアにおける部材荒切削（A.D.1248年）［文献B42］

図10-1-23　イギリスにおける部材荒切削（A.D.13世紀）［文献B42］

図10-1-24　フランスにおける部材荒切削（A.D.1423年）［文献B42］

図10-1-25　ドイツにおける部材荒切削（A.D.1425-36年）［文献B42］

図10-1-26　ドイツにおける部材荒切削（A.D.1462年）［文献B42］

図10-1-27　スイスにおける部材荒切削（A.D.1496年）［文献B42］

木を加工する

――接合部――

図10-1-28　イタリアにおける部材加工（A.D.1250-60年）［文献B42］

図10-1-29　ドイツにおける部材加工（A.D.14世紀）［文献B42］

図10-1-30　イギリスにおける部材加工（A.D.14世紀）［文献B42］

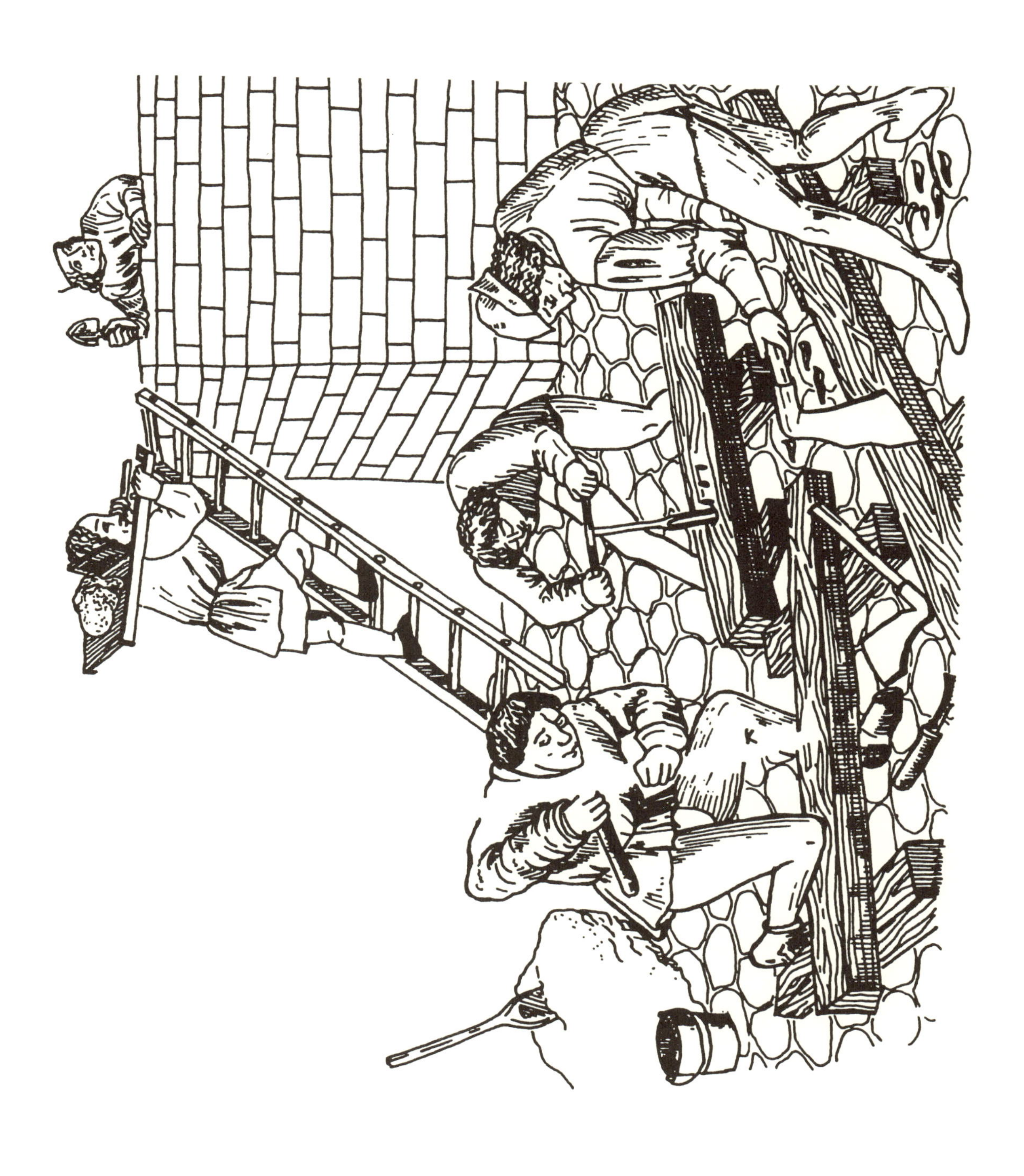

図10-1-31　フランスにおける部材加工（A.D.15世紀）［文献B42］

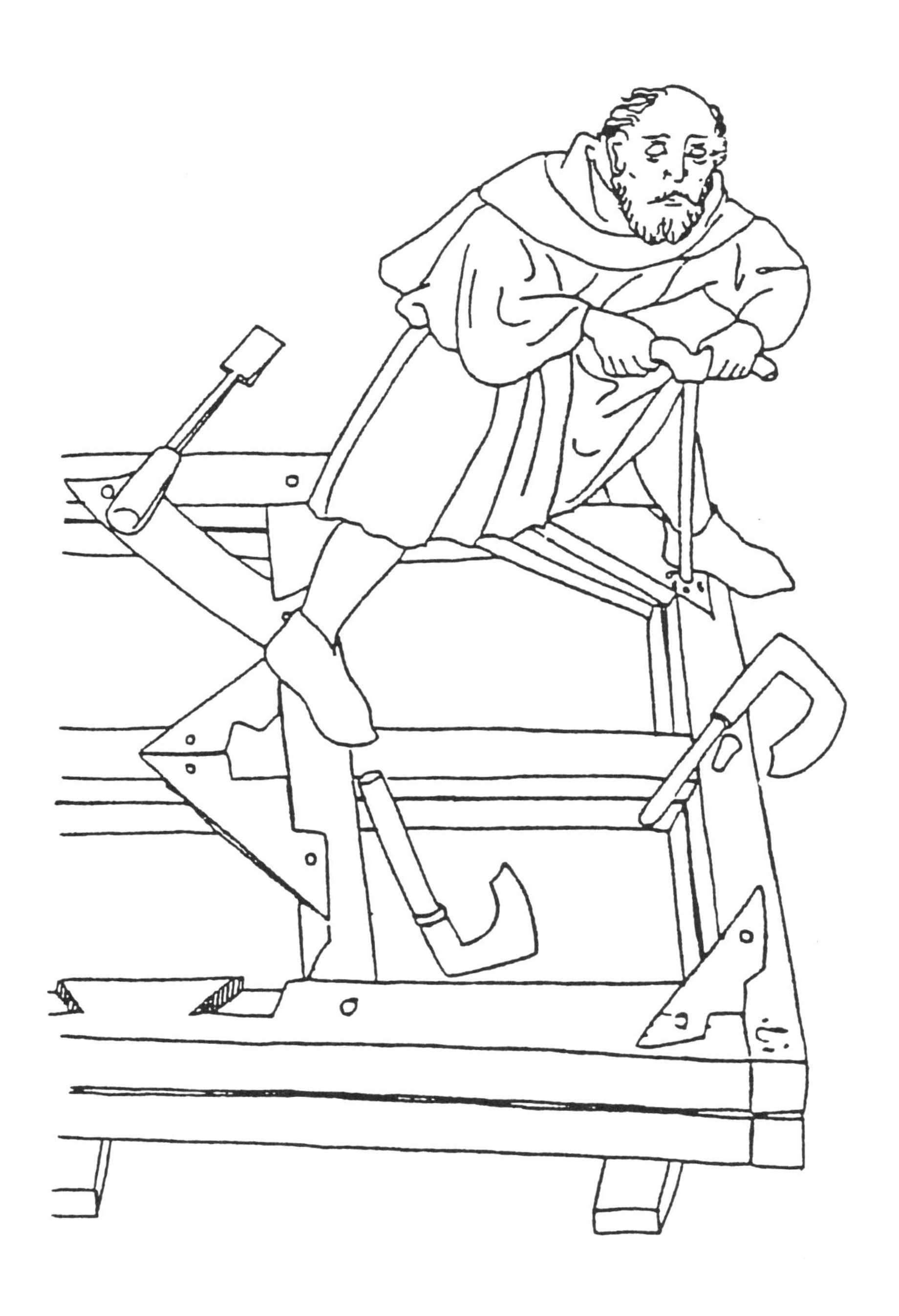

図10-1-32　ドイツにおける部材加工（A.D.1446年）［文献B42］

図10-1-33　ドイツにおける部材加工（A.D.1454年）［文献B42］

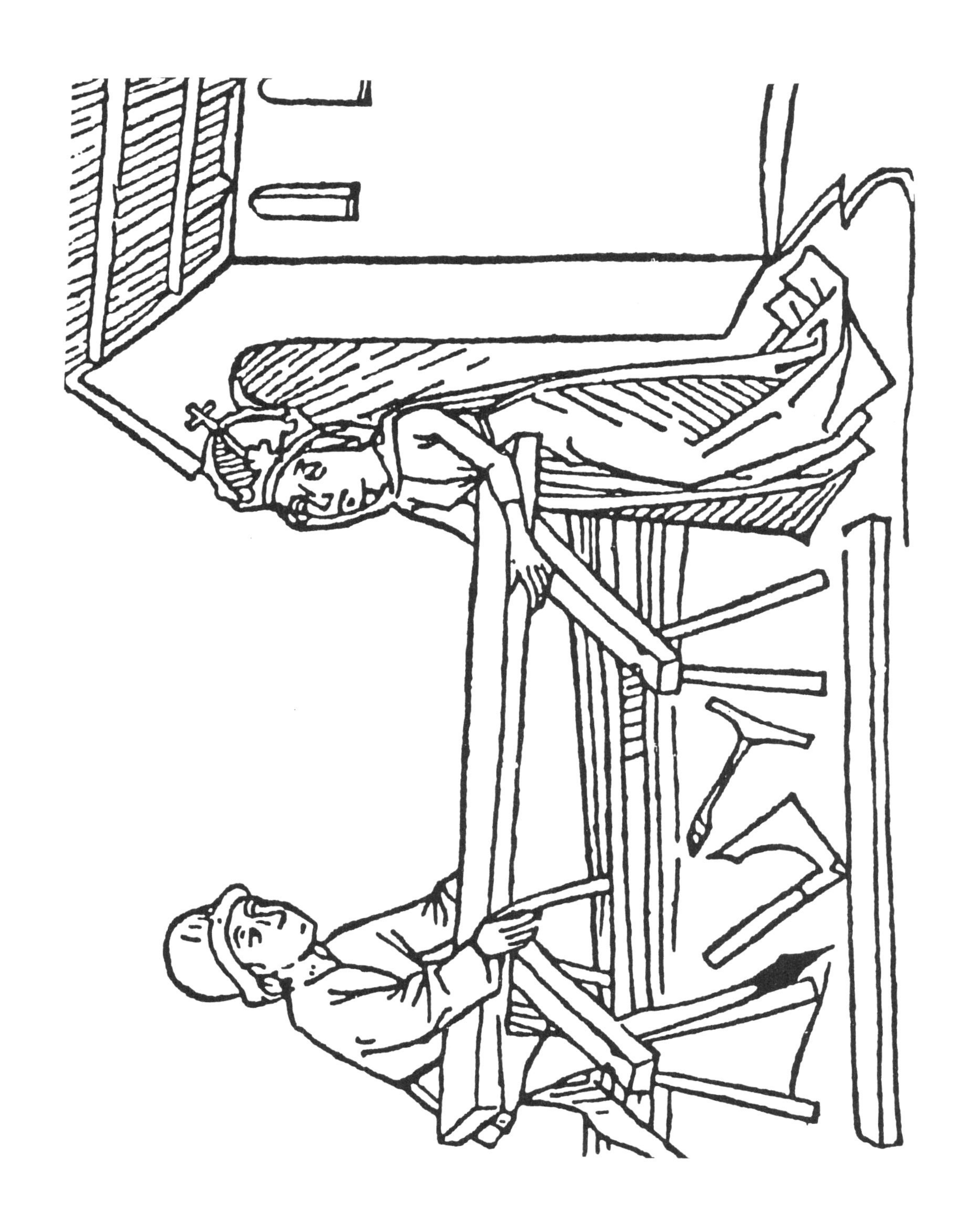

図10-1-34　ドイツにおける部材加工（A.D.1480年）［文献B42］

図10-1-35　ドイツにおける部材加工（A.D.1440年頃）［文献B42］

基準を定める

図10-1-36　ドイツにおける墨掛（A.D.1486年）［文献B42］

図10-1-37　イタリアにおける墨掛（A.D.15世紀）［文献B42］

図10-1-38　スイスにおける墨掛（A.D.1496年）［文献B42］

図10-1-39　ドイツにおける墨掛（A.D.1487年）［文献B42］

図10-1-40　ベルギーにおける墨掛（A.D.1376年）［文献B42］

木の建築をつくる

図10-1-41　木の建築をつくる（ドイツ　A.D.1350-60年）［文献B42］

図10-1-42　木の建築をつくる（イタリア　A.D.1367年）［文献B42］

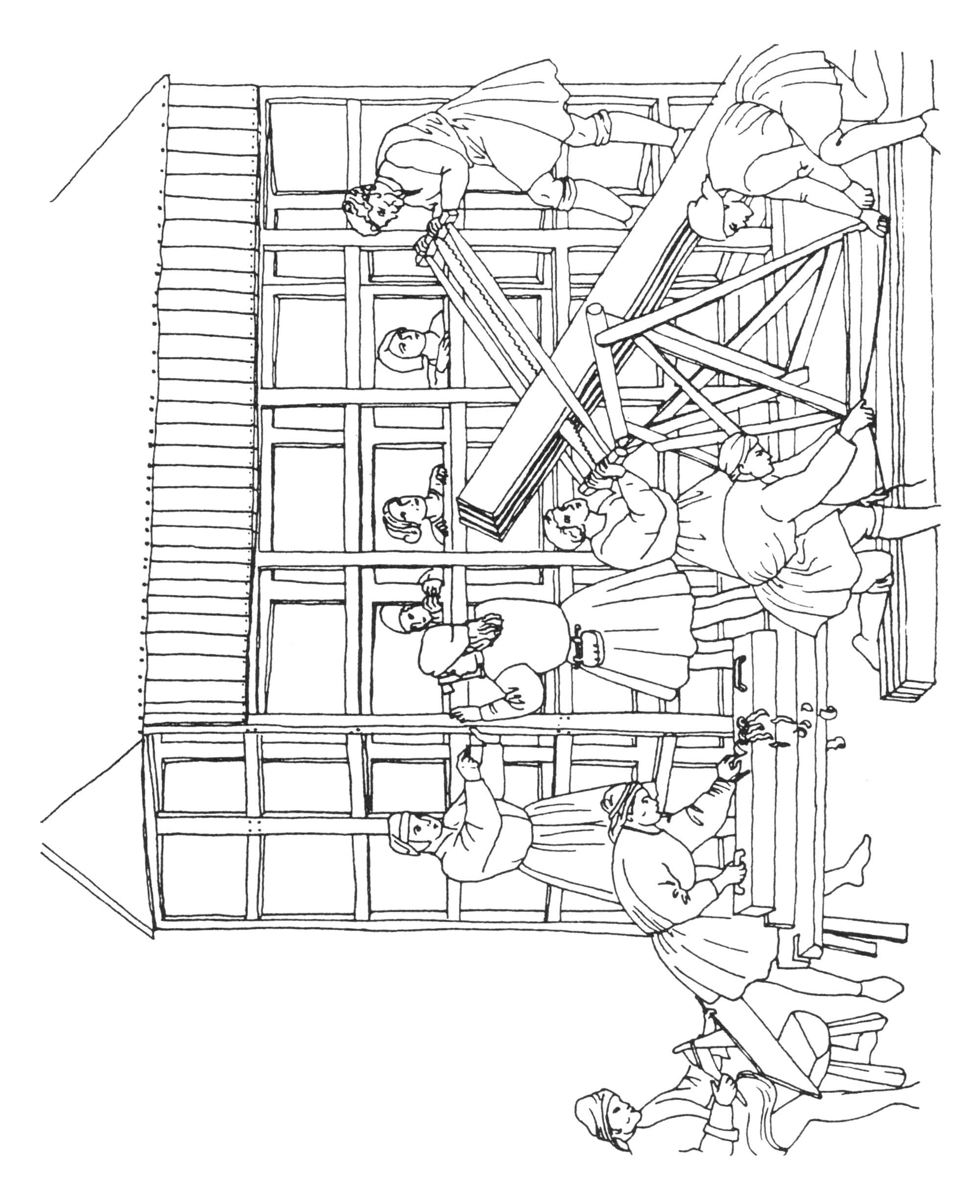

図10-1-43　木の建築をつくる（イタリア　A.D.1389-91年）［文献B42］

図10-1-44　木の建築をつくる（フランス　A.D.14世紀）［文献B42］

図10-1-45　木の建築をつくる（イタリア　A.D.1402年）［文献B42］

図10-1-46　木の建築をつくる（ドイツ　A.D.1520年頃）［文献B42］

図10-1-47　木の建築をつくる（イギリス　A.D.1531年）［文献B42］

図10-1-48　木の建築をつくる（ドイツ　A.D.1668年）［文献B42］

石と木の建築をつくる

図10-1-49　石と木の建築をつくる（オーストリア　A.D.1390-1400年）［文献B42］

図10-1-50　石と木の建築をつくる（ドイツ　A.D.14世紀）［文献B42］

図10-1-51　石と木の建築をつくる（ベルギー　A.D.1468年頃）［文献B42］

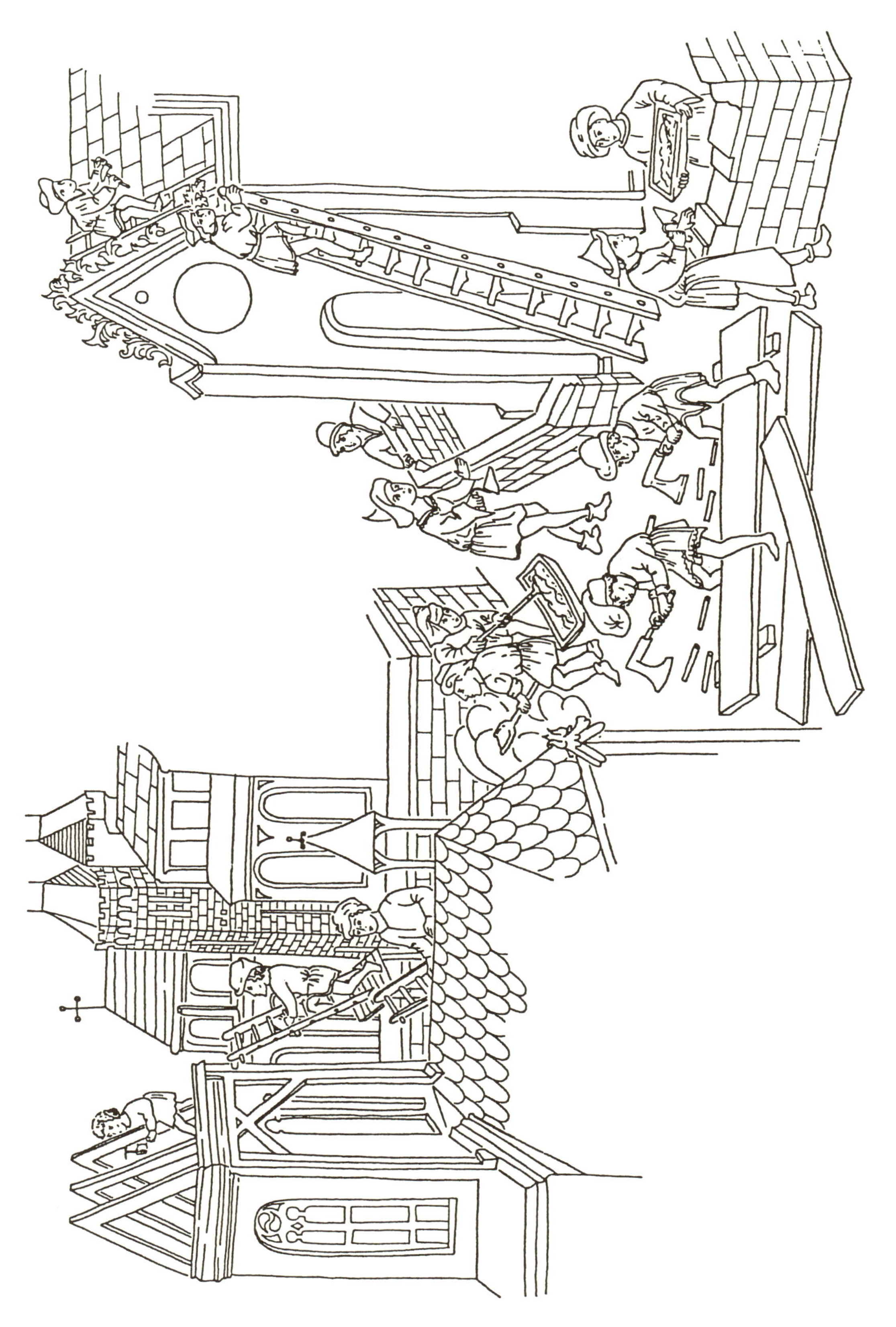

図10-1-52　石と木の建築をつくる（ベルギー　A.D.1468年頃）［文献B42］

図10-1-53　石と木の建築をつくる（フランス　A.D.15世紀）［文献B42］

図10-1-54　石と木の建築をつくる（イギリス　A.D.1500年頃）［文献B42］

木の橋をつくる

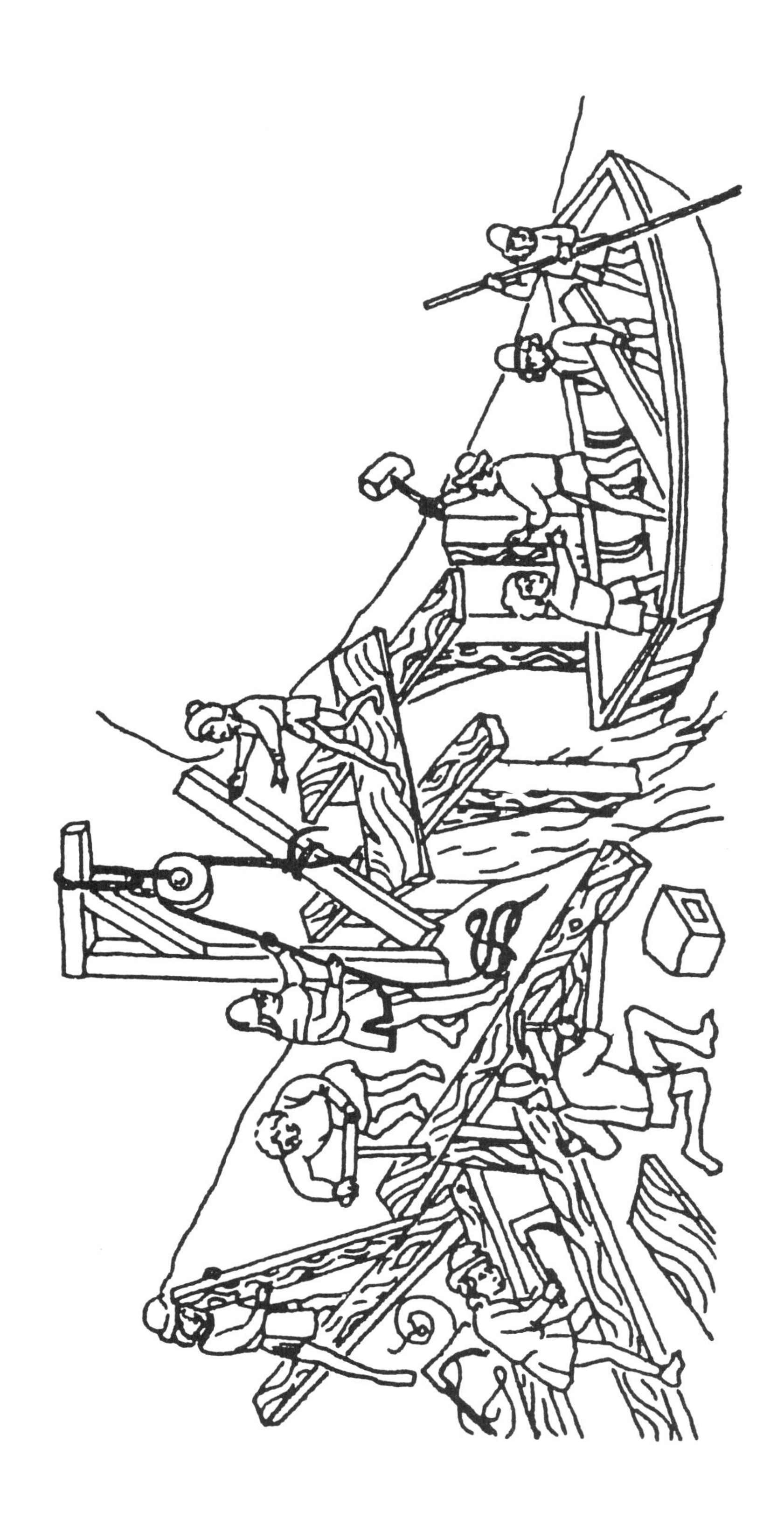

図10-1-55　木の橋をつくる（ドイツ　A.D.14世紀）［文献B42］

図10-1-56　木の橋をつくる（スイス　A.D.1470年頃）［文献B42］

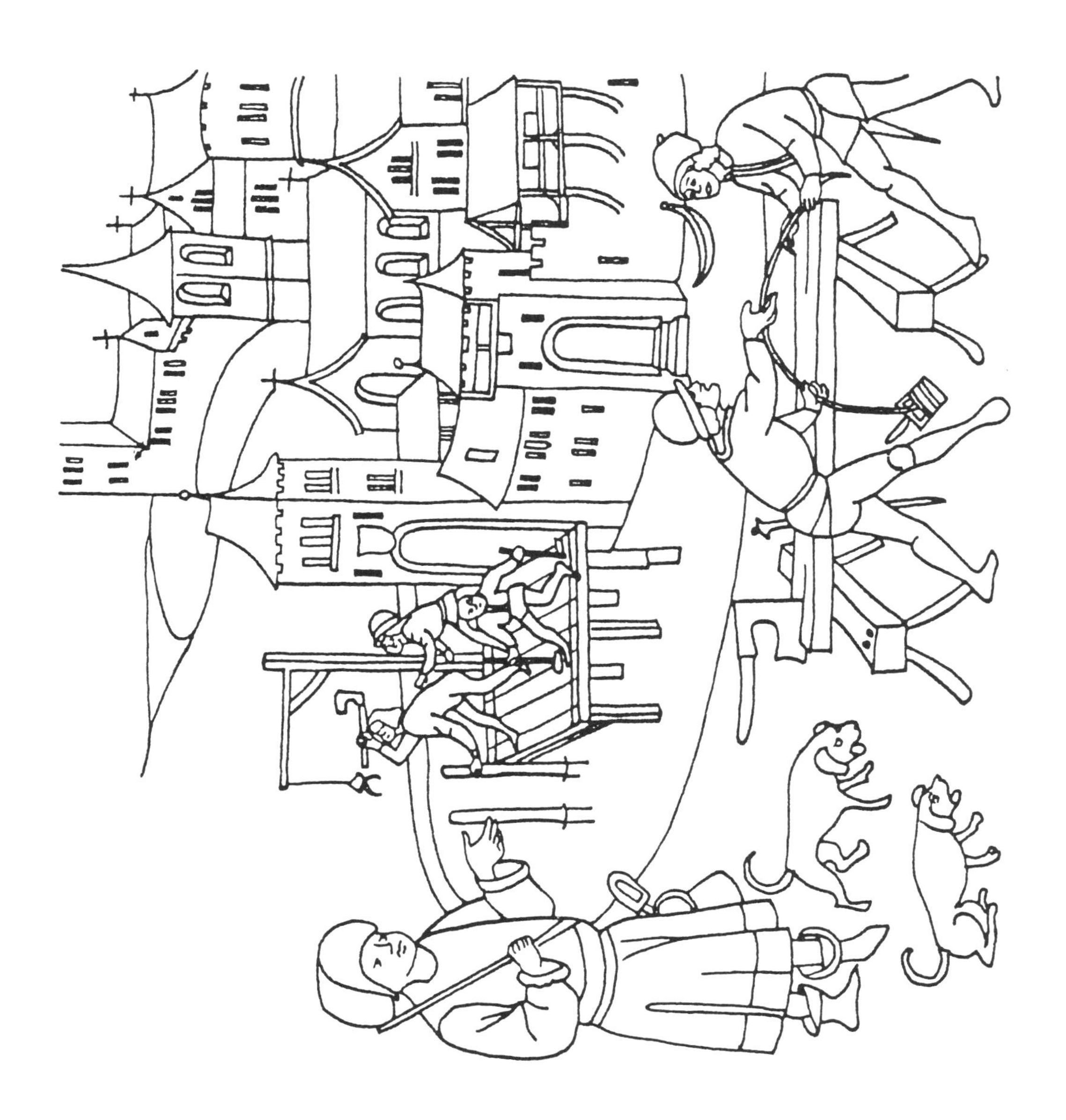

図10-1-57　木の橋をつくる（スイス　A.D.1478年）［文献B42］

木の船をつくる

図10-1-58　木の船をつくる（イタリア　A.D.1166-80年）［文献B42］

図10-1-59　木の船をつくる（イタリア　A.D.1174-94年）［文献B42］

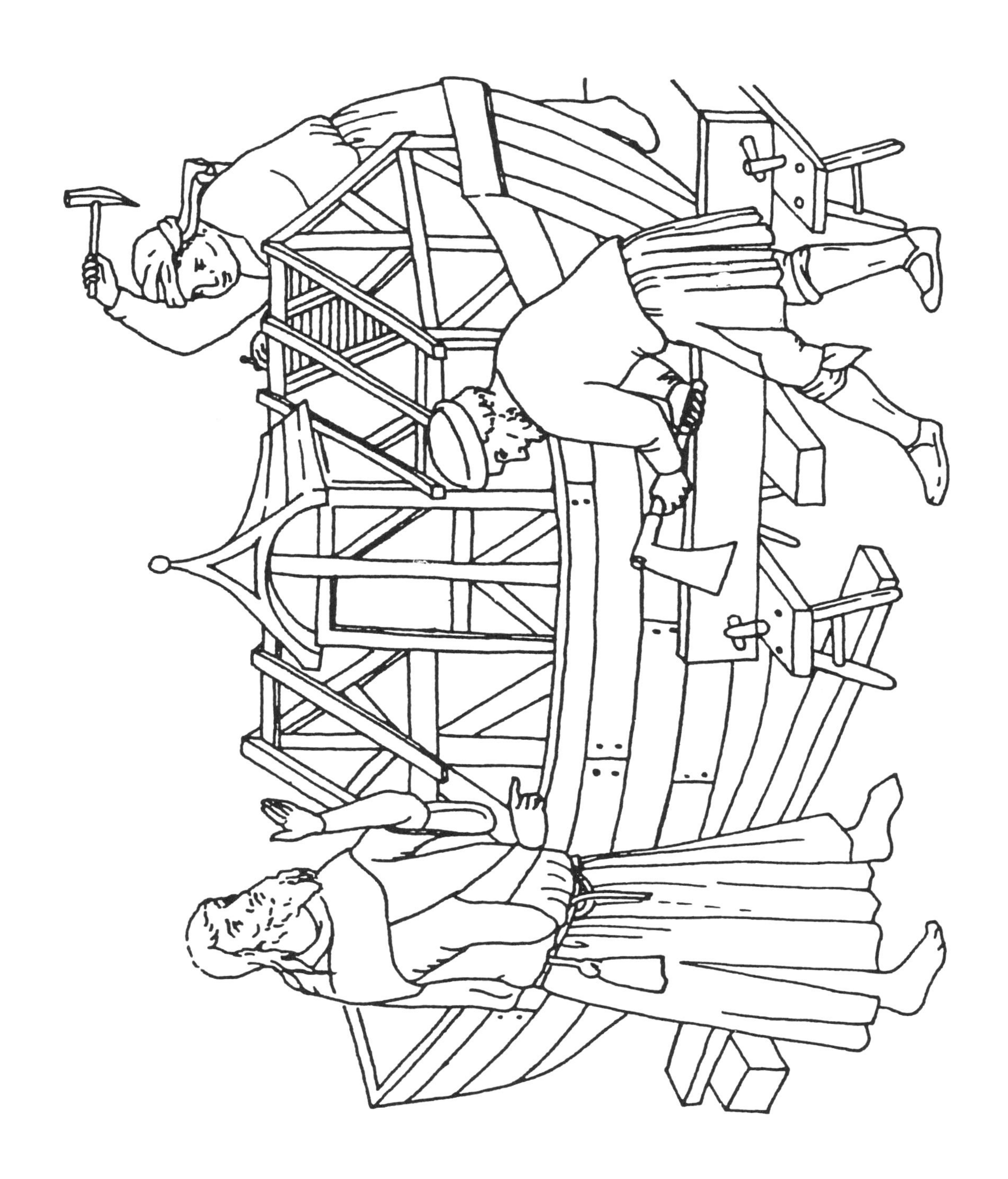

図10-1-60　木の船をつくる（イギリス　A.D.15世紀）［文献B42］

図10-1-61　木の船をつくる（ドイツ　A.D.1493年）［文献B42］

図版解説

図 10-1-1　ドイツにおける伐木（A.D.1066-77 年）［文献 B42］

二人の工人が刃幅の狭い縦斧を用いて伐木作業をしている。縦斧は木柄に鉄製の斧身を挿しこむ形式（茎式）に描かれている。この形式が正確な描写とすれば、大陸東端の島・日本では 6 世紀までに消えた形式が 11 世紀のドイツには残っていたことになる。また一人の工人が刃幅の広い縦斧で、伐木後の原木を荒く切削している。工人の作業姿勢は立位である。

図 10-1-2　フランスにおける伐木（A.D.1111 年）［文献 B42］

太い樹木の上方で一人の工人がナタを用いて枝を切っている。このナタは後世のナタと同様、先端に突起がある。樹木の下方では、一人の工人が刃幅の狭い縦斧を用いて切り込みを入れている。この縦斧は鉄製の斧身の孔に木柄を挿し込む形式（孔式）である。工人の作業姿勢は立位である。

図 10-1-3　ベルギーにおける伐木（A.D.1448 年頃）［文献 B42］

一人の工人が刃幅の狭い縦斧（孔式）を用いて、樹木に切り込みを入れ、二人の工人が樹木の上方に巻いた縄を引っ張っている。三人の工人の作業姿勢は立位である。

図 10-1-4　ドイツにおける伐木（A.D.1460 年頃）［文献 B42］

二人の工人が刃幅の広い縦斧で樹木を切断しようとしている。別の一人の工人は刃幅の広い縦斧で、地面に置かれた原木を荒く切削しようとしている。縦斧は鉄製の斧身につくられた袋部分に木の柄を挿し込む形式（袋式）に描かれている。工人の作業姿勢はいずれも立位である。

図 10-1-5　イタリアにおける伐木と運材（A.D.14 世紀頃）［文献 B42］

一人の工人が刃幅の狭い縦斧（孔式）で樹木に切り込みを入れ、別の工人が同じ形式の縦斧を用いて地面上の原木を切断（玉切）しようとしている。また、所定の長さに切断された原木を、人力で移動させ、車に積み込んだ後、牛に引かせて運搬する様子も描かれている。工人の作業姿勢は立位である。

図 10-1-6　ドイツにおける製材（A.D.16 世紀頃）［文献 B42］

二人の工人が大型の鋸（台切）で、原木を切断している。その鋸身の両端につくられた筒に木の柄が装着されているように見える（筒式）。近くには刃幅の狭い縦斧（孔式）が置かれ、遠方では一人の工人が刃幅の狭い縦斧（孔式）を使用している様子が描かれている。工人の作業姿勢は鋸使用の一人が中腰の立位、もう一人が両膝を地面につけた中腰坐位で、遠方の斧使用の工人は立位である。

図 10-1-7　フランスにおける製材（A.D.1460 年）［文献 B42］

二人の工人が枠鋸で原木を切断している。枠鋸は中央に支柱がある形式である（中央支柱形式）。

工人の作業姿勢は立位である。

図 10-1-8　ベルギーにおける製材（A.D.1461 年）［文献 B42］
二人の工人が弓状に曲げた木に鋸身を装着した鋸（弓形式）で、木を切断している。工人の作業姿勢は立位である。

図 10-1-9　フランスにおける製材（A.D.1111 年）［文献 B42］
二人の工人が原木を割裂させようとしている。一人は刃幅の狭い縦斧（孔式）を原木にあて、別の工人が大型の槌を用いて斧身の頭部を叩いている。工人の作業姿勢は立位である。

図 10-1-10　ドイツにおける製材（A.D.1483 年）［文献 B42］
寓話的に猿が刃幅の広い縦斧（孔式）を用いて、二分割された原木をさらに割裂している様子が描かれているが、現実の工人による作業の様子を描写している可能性が高い。この作業姿勢は原木に跨った坐位である。

図 10-1-11　ドイツにおける製材（A.D.13 世紀）［文献 B42］
一人の工人が刃幅の広い縦斧を用いて原木を割裂し、もう一人の工人が右手に握った横斧で原木の荒い切削をしている。縦斧は木柄との装着部が袋状につくられているが、柄の先端が露出していることから袋式と区別して筒式と呼称しておく。工人の作業姿勢は立位である。

図 10-1-12　ドイツにおける製材（A.D.1486 年）［文献 B42］
一人の工人が二基の作業台に載せた丸太材を、刃幅の広い縦斧（袋式）を用いて荒い切削をしている。斧の刃が食い込み過ぎないように、一定の間隔でつけられた区切りも描写されている。斧を使う工人の作業は立位である。

図 10-1-13　ドイツにおける製材（A.D.1477-85 年）［文献 B42］
一人の工人が二基の作業台に載せた丸太材を、刃幅の広い縦斧（袋式）を用いて荒い切削をしている。近くでは「童」が切屑を集めている。同様の描写は、大陸東端の島・日本の絵画資料でも見ることができる。工人の作業姿勢は立位である。

図 10-1-14　ドイツにおける製材（A.D.13 世紀）［文献 B42］
二人の工人が大型の枠鋸を用いて角材の製材をしている。この枠鋸は中央に鋸身を装着し、両側に支柱のある形式である（両側支柱形式）。角材の上方の工人の作業姿勢は立位であるが、下方は不明である。

図 10-1-15　イタリアにおける製材（A.D.15 世紀）［文献 B42］
二人の工人が荒いままの原木を枠鋸（両側支柱形式）で製材（二分割）している。工人の作業姿勢は立位である。

図 10-1-16　ドイツにおける製材（A.D.1425-36 年）［文献 B42］

一人の工人が二基の作業台に載せられた幅の広い角材を、大型の枠鋸（中央支柱形式）で製材している。下方の工人の描写が略されているのか、一人で使用することもあったのか、不明である。工人の作業姿勢は立位である。

図 10-1-17　スペインにおける部材荒切削（A.D.12 世紀頃）［文献 B42］

二人の工人が、それぞれ刃幅の広い縦斧（筒式）を用いて板を切削している。作業台に載せた板の木端（傍）を左手でつかみ、右手に握った斧で板の平面を切削している。大陸東端の島・日本においては板の平面切削は横斧を使うが、大陸の西では異なった切削法が見られる。工人の作業姿勢は立位である。

図 10-1-18　フランスにおける部材荒切削（A.D.1205-15 年）［文献 B42］

二人の工人が刃幅の狭い縦斧を用いて角材の荒い切削をしている。角材の半分には、切削による屑がまだ、ついたままの状態が描かれている。描写が正しければ、一人は孔式の斧を、別の一人は茎式の斧を、それぞれ使っている。工人の作業姿勢は立位である。

図 10-1-19　フランスにおける部材荒切削（A.D.1210-20 年）［文献 B42］

一人の工人が刃幅の広い縦斧（筒式）を用いて、作業台に載せた板の平面を切削している。工人の作業姿勢は立位である。

図 10-1-20　ドイツにおける部材荒切削（A.D.1210-20 年）［文献 B42］

三人の工人が作業台に載せた角材（面取）を切削しようとしている。一人は刃幅の広い縦斧（孔式）を持ち、二人は刃幅の狭い縦斧（孔式）を持っている。工人の作業姿勢は立位である。

図 10-1-21　フランスにおける部材荒切削（A.D.1220-25 年）［文献 B42］

一人の工人が作業台に載せた部材を刃幅の広い縦斧（筒式）を用いて切削しようとしている。部材には刃幅の狭い縦斧（袋式）が打ち込まれている。工人の作業姿勢は立位である。

図 10-1-22　イタリアにおける部材荒切削（A.D.1248 年）［文献 B42］

一人の工人が刃幅の広い縦斧（孔式）を用いて、作業台に載せられた角材を切削している。傍らには刃幅の狭い縦斧（孔式）も見られる。工人の作業姿勢は立位である。

図 10-1-23　イギリスにおける部材荒切削（A.D.13 世紀）［文献 B42］

一人の工人が左手で作業台に載せた板材の木端（傍）をつかみ、右手に握った刃幅の広い縦斧（筒式）を用いて板の平面を切削している。作業台には板材を立てるための支持材のようなものが見られる。工人の作業姿勢は立位である。

図 10-1-24　フランスにおける部材荒切削（A.D.1423 年）［文献 B42］

一人の工人が二基の作業台に載せた角材を、両手で握った刃幅の広い縦斧（孔式）を用いて荒く切削している。足元には大型の錐（オーガー）と二人使いの大型の鋸（台切）が見られる。工人の作業姿勢は立位である。

図 10-1-25　ドイツにおける部材荒切削（A.D.1425-36 年）［文献 B42］
一人の工人が二基の作業台に載せた角材を、両手で握った刃幅の広い縦斧（袋式）を用いて切削している。角材と作業台はカスガイにより固定されている。工人の作業姿勢は立位である。

図 10-1-26　ドイツにおける部材荒切削（A.D.1462 年）［文献 B42］
二人の工人が二基の作業台に載せた角材を、刃幅の広い縦斧（筒式）を用いて切削している。作業台と角材はカスガイにより固定され、地面上にもカスガイが見られる。また地面上には着色剤を入れた容器（樽）とリールに巻かれた紐も置かれている。工人の作業姿勢は立位である。

図 10-1-27　スイスにおける部材荒切削（A.D.1496 年）［文献 B42］
一人の工人が二基の作業台に載せた角材を、刃幅の広い縦斧（孔式）を用いて切削しようとしている。工人の作業姿勢は立位である。

図 10-1-28　イタリアにおける部材加工（A.D.1250-60 年）［文献 B42］
二人の工人が大型の枠鋸（両側支柱形式）を用いて板材の縦挽きをしている。一人は立位で左足により板材をおさえ、もう一人は坐位である。別の工人は右手で鉄製の槌（片面に二股の突起らしきものがある）を握り、鑿あるいは釘締を叩いている。

図 10-1-29　ドイツにおける部材加工（A.D.14 世紀）［文献 B42］
三人の工人が地面上に据えた長い厚板材を加工している。一人は刃幅の狭い縦斧（筒式）を両手で握り、一人は刃幅の広い縦斧（筒式）を片手で握っている。もう一人は大型の錐を用いて孔をあけている。また別の板材を一人の工人が鑿と槌を用いて加工している。工人の作業姿勢は刃幅の狭い縦斧と錐を使う工人が立位、刃幅の広い縦斧を使う工人が両膝をつけた中腰坐位、鑿を使う工人が部材に腰をおろした坐位である。

図 10-1-30　イギリスにおける部材加工（A.D.14 世紀）［文献 B42］
一人の工人が地面上に据えた角材を刃幅の広い縦斧（筒式）を用いて切削し、もう一人の工人が二基の作業台に載せた幅の広い板材の平面を台鉋により切削している。この工人の身体の傾きから台鉋は推し使いと推定される。作業姿勢は斧を使う工人が角材を跨いだ坐位、台鉋を使う工人が立位である。

図 10-1-31　フランスにおける部材加工（A.D.15 世紀）［文献 B42］
一人の工人が短い角材（枕）に載せた長い角材の側面を刃幅の狭い縦斧（袋式）により切削し、別の工人がトゥワイビルを思われる道具により別の角材の側面を切削している。連続した工程として見ると、荒い切削と仕上げ切削の作業ともいえる。さらに別の工人が別の角材に大型の錐（オーガー）を用いて穴をあけている。作業姿勢は斧と錐を使う工人が立位、トゥワイビルを使う工人が右膝を部材にのせた中腰立位である。

図 10-1-32　ドイツにおける部材加工（A.D.1446 年）［文献 B42］

一人の工人が方杖によって補強された軸組材に、大型の錐（オーガー）を用いて穴をあけている。軸組材の上には刃幅の広い縦斧（袋式）二点と刃幅の広い鑿（茎式）が見られる。工人の作業姿勢は立位である。

図 10-1-33　ドイツにおける部材加工（A.D.1454 年）［文献 B42］

一人の工人が組み立てられた軸部に対し、刃幅の少し広い縦斧（袋式）を用いて何らかの加工をしようとしている。地面上には刃幅の広い縦斧（袋式）と螺旋形状の刃部をもつ大型の錐（オーガー）が見られる。工人の作業姿勢は立位である。

図 10-1-34　ドイツにおける部材加工（A.D.1480 年）［文献 B42］

一人の工人が聖職者の助けを借りて、角材を二基の作業台に据えようとしている。地面の上には刃幅の広い縦斧（筒式）と螺旋形状の刃部をもつ大型の錐（オーガー）が見られる。

図 10-1-35　ドイツにおける部材加工（A.D.1440 年頃）［文献 B42］

T 字形に組まれた角材に、一人の工人が大型の錐（オーガー）を用いて穴をあけ、別の工人が槌により木栓を打ち込もうとしている。傍らには円形木材の断片木口に打ち込まれた状態の、少し刃幅の広い縦斧（袋式か筒式）が見られる。作業姿勢は錐を使う工人が立位、槌を使う工人が片膝立ての中腰である。

図 10-1-36　ドイツにおける墨掛（A.D.1486 年）［文献 B42］

一人の工人が厚材でつくられた机の上に、コンパスを用いて作図をしている。その机上には直角定規と繰型定規も見られる。別の机には大陸の東にある「算盤」に類似した計算器具を使う人物が見られる。作業姿勢は、机の高さから推定して両膝をついた中腰坐位のように思われる。

図 10-1-37　イタリアにおける墨掛（A.D.15 世紀）［文献 B42］

一人の工人が広い机の上でコンパスと直角定規を用いて作図をしている。作業姿勢は腰掛坐位である。

図 10-1-38　スイスにおける墨掛（A.D.1496 年）［文献 B42］

足場に乗った工人がレンガを積み上げた壁の水平をはかっている。使用している道具はエジプトでも使われていた水平器（A レベル）で、工人の作業姿勢は立位である。

図 10-1-39　ドイツにおける墨掛（A.D.1487 年）［文献 B42］

一人の工人が二基の作業台に載せた丸太材に対し、紐を弾いて長い直線をしるそうとしている。紐の端部は「童」が固定している。これは大陸東端の島・日本でも 17 世紀頃まで見られた光景と同じである。地面上には着色剤を入れた容器（木製の箱）が見られるが、大陸の東では墨斗を用いる。作業姿勢は立位である。

図 10-1-40　ベルギーにおける墨掛（A.D.1376 年）［文献 B42］

一人の工人が基準を定めるために必要な道具一式を左手に持っている。先端に錘をつけた紐がリールに巻かれているが、これは垂直をはかる道具（サゲフリ）であろう。直角定規により、垂直をもとに水平をはかることができる。身長より少し長い棒には尺度が刻まれていると推定される。

図 10-1-41　木の建築をつくる（ドイツ　A.D.1350-60 年）［文献 B42］

三人の工人が建築の軸部を組み、一人の工人が左手に鉄製の槌（二股爪付）を右手に握り、釘を打とうとしている。作業姿勢は組立作業の三人が立位、槌を使う工人は中腰立位である。

図 10-1-42　木の建築をつくる（イタリア　A.D.1367 年）［文献 B42］

一人の工人が右手に刃幅の広い縦斧（孔式）を握り、別の工人が作業台に載せた板材を横斧（孔式）で切削している。足場の上では一人の工人が枠鋸（中央支柱形式）を使い、地面上では一人の工人が幅の広い厚板材の木端（傍）を台鉋によって切削している。この工人の身体の傾きから、台鉋は推し使いと推定される。作業姿勢は縦斧を使う工人が中腰、横斧を使う工人が左膝で板材を押さえながらの立位、他の二人も立位である。

図 10-1-43　木の建築をつくる（イタリア　A.D.1389-91 年）［文献 B42］

一人の工人が半分に分割された丸太材を利用した作業台を跨いで坐り、左手でつかんだ板材を横斧（茎式）により切削している。丸太を組んだ仮設の台に斜めに載せた角材を、二人の工人が大型の枠鋸（両側支柱形式）で製材している。角材の上が熟練工人、下が若手工人の配置は、大陸の西と東で共通している。一人の工人が、同じく半截丸太を利用した作業台に載せた板材の木端（傍）を、大きな台鉋により切削している。この工人の身体の傾きから台鉋は推し使いと推定される。二人の工人が地面に据えられた角材に紐を弾いて長い直線をしるそうとしている。組立中の軸部を一人の工人が保持し、もう一人の工人が右手に握った槌で木栓を打ち込んでいる。これらの工人の作業姿勢は横斧を使う工人が腰掛坐位、墨掛けをしている二人の工人が中腰立位、その他は立位である。

図 10-1-44　木の建築をつくる（フランス　A.D.14 世紀）［文献 B42］

一人の工人が二基の作業台に載せた部材を、刃幅の少し広い縦斧（袋式）を用いて切削し、別の工人は梯子に登って、棟部分の交叉材に木栓を打ち込んでいる。工人の作業姿勢は立位である。

図 10-1-45　木の建築をつくる（イタリア　A.D.1402 年）［文献 B42］

二人の工人が足場の上で小屋組材の接合作業を行い、一人の工人が作業台に載せた角材を大きな台鉋で切削していたのを中止し、上を見上げている。その視線の先では、足場板が破損し、一人の工人が落下している。鉋の近くには横斧（茎式）が置かれている。工人の作業姿勢は立位である。

図 10-1-46　木の建築をつくる（ドイツ　A.D.1520 年頃）［文献 B42］

二人の工人が大型の鋸を用いて作業台に載せた厚い板材を切断し、桁を跨いでいる工人は左手で鉄製の槌を握り、桁側面の木栓を打ち込んでいる。一人の工人が桁の上で滑車を操作し、下にいる工人四人が大きな小屋組部材を持ち上げている。桁の上には刃幅の狭い縦斧（筒式）が打ち込まれ、地面の上には刃幅の広い縦斧（筒式）が見られる。作業姿勢は槌を使う工人が坐位、その他は立位である。

図 10-1-47　木の建築をつくる（イギリス　A.D.1531 年）［文献 B42］
一人の工人が二基の作業台に載せられた丸太に、刃幅の狭い縦斧（孔式）で区切りの加工をしている。その近くには刃幅の広い縦斧（孔式）も置かれ、工程に応じた斧の使い分けを知ることができる。その隣では二人の工人が、角材に対し紐を弾いて長い直線をしるし、この紐は着色剤容器（木箱）から引っ張り出されている。周囲には二人使いの大型の鋸（筒式）、一人使いの大きな鋸（推し使い）、鑿、大型の錐（オーガー）、直角定規などが見られる。工人の作業姿勢は立位である。

図 10-1-48　木の建築をつくる（ドイツ　A.D.1668 年）［文献 B42］
一人の工人が大型の錐（オーガー）を用いて角材に穴をあけ、その近くで直角定規を持つ工人と尺度定規を持つ工人が話をしている。傍らには刃幅の狭い縦斧（孔式）、刃幅の広い縦斧（孔式）、二人使いの大型の鋸（筒式）、着色剤容器（金属製）の中のリールに巻かれた紐、直角定規などが見られる。

図 10-1-49　石と木の建築をつくる（オーストリア　A.D.1390-1400 年）［文献 B42］
主体部が石造で、小屋組や室内の造作が木造の、石と木でつくられた建築である。二基の作業台に据えられた厚く幅の広い板材を、二人の工人が幅の広い縦斧（筒式）で切削している。工人の作業姿勢は立位である。

図 10-1-50　石と木の建築をつくる（ドイツ　A.D.14 世紀）［文献 B42］
仮設足場の上方において、一人の工人が中型の枠鋸（中央支柱形式）を使っている。工人の作業姿勢は立位である。

図 10-1-51　石と木の建築をつくる（ベルギー　A.D.1468 年頃）［文献 B42］
一人の工人が刃幅の広い縦斧を用いて板材の木端（傍）を切削しており、別の工人が歯部分の外湾した大きな鋸で板材を切断している。工人の作業姿勢は立位である。

図 10-1-52　石と木の建築をつくる（ベルギー　A.D.1468 年頃）［文献 B42］
短い角材を枕にして地面上に置かれた幅の広い板材を、二名の工人が刃幅の広い縦斧（袋式）を用いて切削している。また主体部が石造の木造小屋組部材を、右手で槌を握った工人が組み立てをしている。三人の工人の作業姿勢は、いずれも立位である。

図 10-1-53　石と木の建築をつくる（フランス　A.D.15 世紀）［文献 B42］
短い角材を枕にして地面上に据えられた角材を、二人の工人が刃幅の広い縦斧（袋式）を用いて、それぞれ切削している。主体部が石造の木造小屋組部分で、一人の工人が野地板らしきものを張っている。三人の工人の作業姿勢は、いずれも立位である。

図 10-1-54　石と木の建築をつくる（イギリス　A.D.1500 年頃）［文献 B42］
主体部が石造の足場の上で、一人の工人が歯部分の外湾した大きな鋸を用いて、丸太材を切断している。この工人の作業姿勢は立位である。

図 10-1-55　木の橋をつくる（ドイツ　A.D.14 世紀）［文献 B42］
一人の工人が刃幅の広い縦斧（袋式）を用いて角材で組んだ枠を切削しており、別の工人が大型の錐（オーガー）で穴をあけている。また一人の工人が右手に握った鉄製の槌で木栓を打ち込んでいる。河の際では滑車を利用した起重装置が設置され、橋脚と橋桁の組立作業が行われている。大きな木製の槌（カケヤ）を右手に握った工人が、船上から橋脚の上部を打撃している。鉄製の槌を使う工人は右膝を地面につけた中腰姿勢であるが、その他の工人はすべて立位である。

図 10-1-56　木の橋をつくる（スイス　A.D.1470 年頃）［文献 B42］
石造建築を廻る堀に木の橋を架けようとしている。一人の工人が二基の作業台に据えた厚い板を、刃幅の広い縦斧（筒式）を用いて切削している。組立中の橋の上では、一人の工人が大きな木製の槌を両手で握り、橋脚の上部を打撃している。工人の作業姿勢はいずれも立位である。

図 10-1-57　木の橋をつくる（スイス　A.D.1478 年）［文献 B42］
石造教会を廻る堀に木の橋を架けようとしている。起重装置が設置された組立中の橋の上では、一人の工人が刃幅の広い斧を右手に握り、立てた橋脚を切削している。別の工人は右手に全鉄製の槌、左手に鉄製の梃を握っているように見える。堀の外側では二人の工人が、二基の作業台に据えた角材に対し、リールに巻いた紐を引出し、長い直線をしるそうとしている。工人の作業姿勢はすべて立位である。

図 10-1-58　木の船をつくる（イタリア　A.D.1166-80 年）［文献 B42］
一人の工人が右手に横斧（茎式）を握り振り下そうとしており、別の工人が大型の錐（オーガー）を用いて船の側面に穴をあけている。船上の建物の屋根では、右手に鉄製の槌を握った工人が釘を打とうとしている。工人の作業姿勢は、横斧を使う工人が両膝を地面につけた中腰、錐を使う工人が片膝を地面につけた中腰、鉄製の槌を使う工人が屋根に跨った坐位である。

図 10-1-59　木の船をつくる（イタリア　A.D.1174-94 年）［文献 B42］
一人の工人が右手に握った刃幅の広い縦斧（孔式）を用いて角材を切削し、一人の工人が双頭刃の斧で小さな角材を切削している。二人の工人が大型の枠鋸（両側支柱形式）を用いて角材を製材し、一人の工人が中型の枠鋸（中央支柱形式）で角材の縦挽きをしている。工人の作業姿勢は中型枠鋸を使う工人が腰掛坐位、それ以外の工人は中腰立位である。

図 10-1-60　木の船をつくる（イギリス　A.D.15 世紀）［文献 B42］
一人の工人が二基の作業台に木端（傍）を上に向けて据えられた板材を、刃幅の少し広い縦斧（筒式）を用いて切削している。作業台には不安定な板材を保持する部品が描かれている。船上の建物では、一人の工人が右手に握った鉄製の槌を用いて、釘を打とうとしている。工人の作業姿勢はいずれも立位である。

図 10-1-61　木の船をつくる（ドイツ　A.D.1493 年）［文献 B42］

二人の工人が二基の作業台に載せられた角材を、両手で握った刃幅の広い縦斧（袋式）と少し刃幅の広い縦斧（袋式）を、それぞれ用いて切削している。傍らには大型の錐（オーガー）や加工された方杖部材などが見られる。一人の工人が船の側面に対して右手に握った木製の槌を使おうとしている。板の隙間を埋める充填材を打ち込んでいるのかもしれない。別の工人が船上の建物に対して、二股爪付の鉄製の槌を右手に握り、何か（釘の可能性が高い）を打とうとしている。

資料編 2

木を工作する技術

——ユーラシア大陸の東・中国——

概　要

大陸の東・中国において、木の建築をつくる様子を描いた絵画資料はあまり残されていない。その中でここに取り上げた17世紀初めの資料は、建築工事の主要な段階の作業の姿と使われている道具の形状や使用法を知る上で、きわめて貴重なものである。特に、工人の作業姿勢（立位と坐位）、鋸と台鉋の使用法（推すと引く）などについては、この絵画資料から多くの情報を得ることができる。

木を製材する

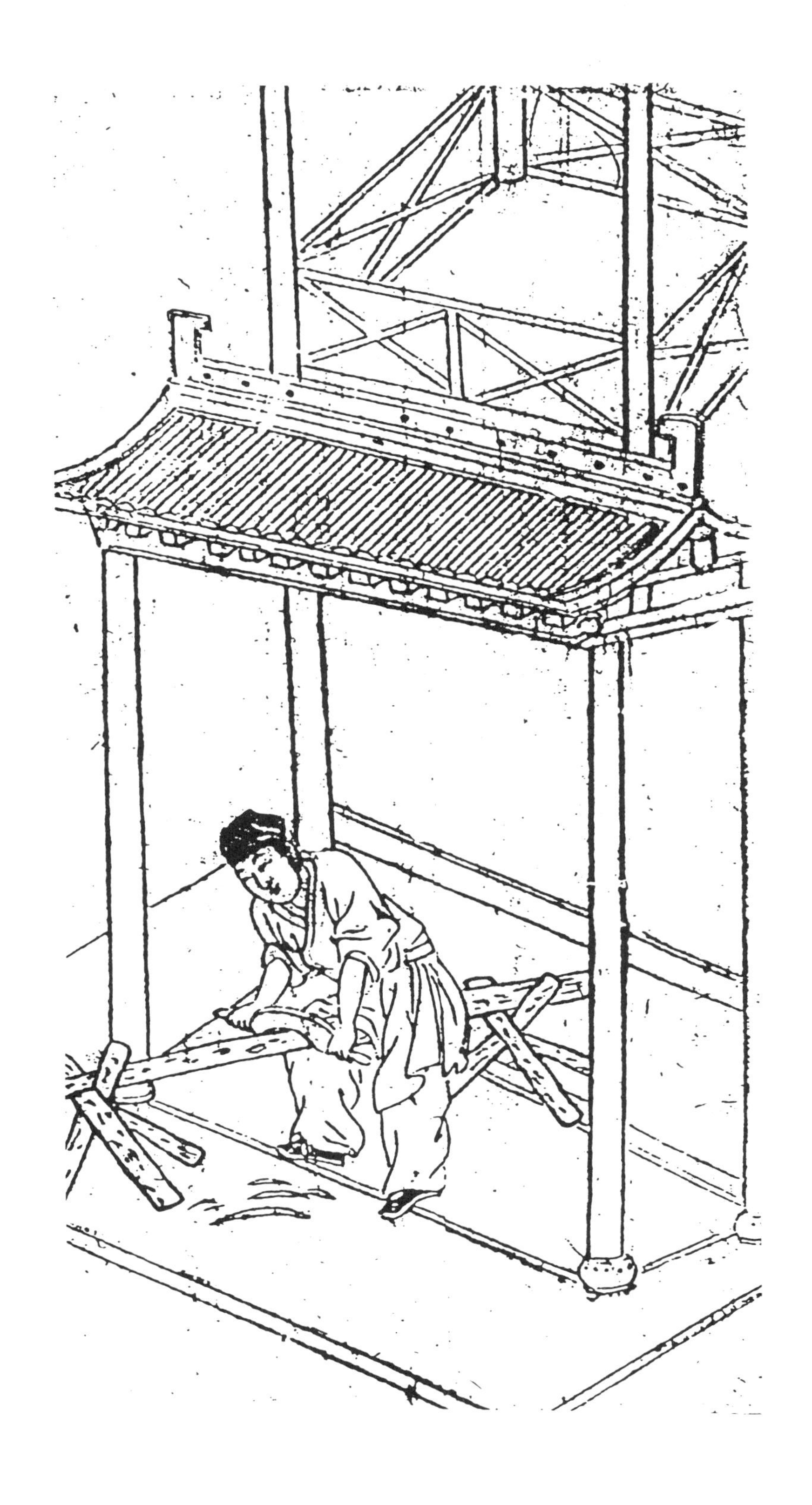

図10-2-1　中国における製材（A.D.17世紀）［史料L1］

図10-2-2　中国における製材（A.D.17世紀）［史料L1］

木を加工する

──荒切削──

図10-2-3　中国における部材荒切削（A.D.17世紀）［史料L1］

図 10-2-4　中国における斧（A.D.17世紀）［史料L1］

図10-2-5　中国における斧（A.D.17世紀）［史料L1］

図10-2-6　中国における斧（A.D.17世紀）［史料L1］

図10-2-7　中国における斧（A.D.17世紀）［史料L1］

木を加工する

——接合部——

図10-2-8　中国における部材加工（A.D.17世紀）［史料L1］

図10-2-9　中国における部材加工（A.D.17世紀）［史料L1］

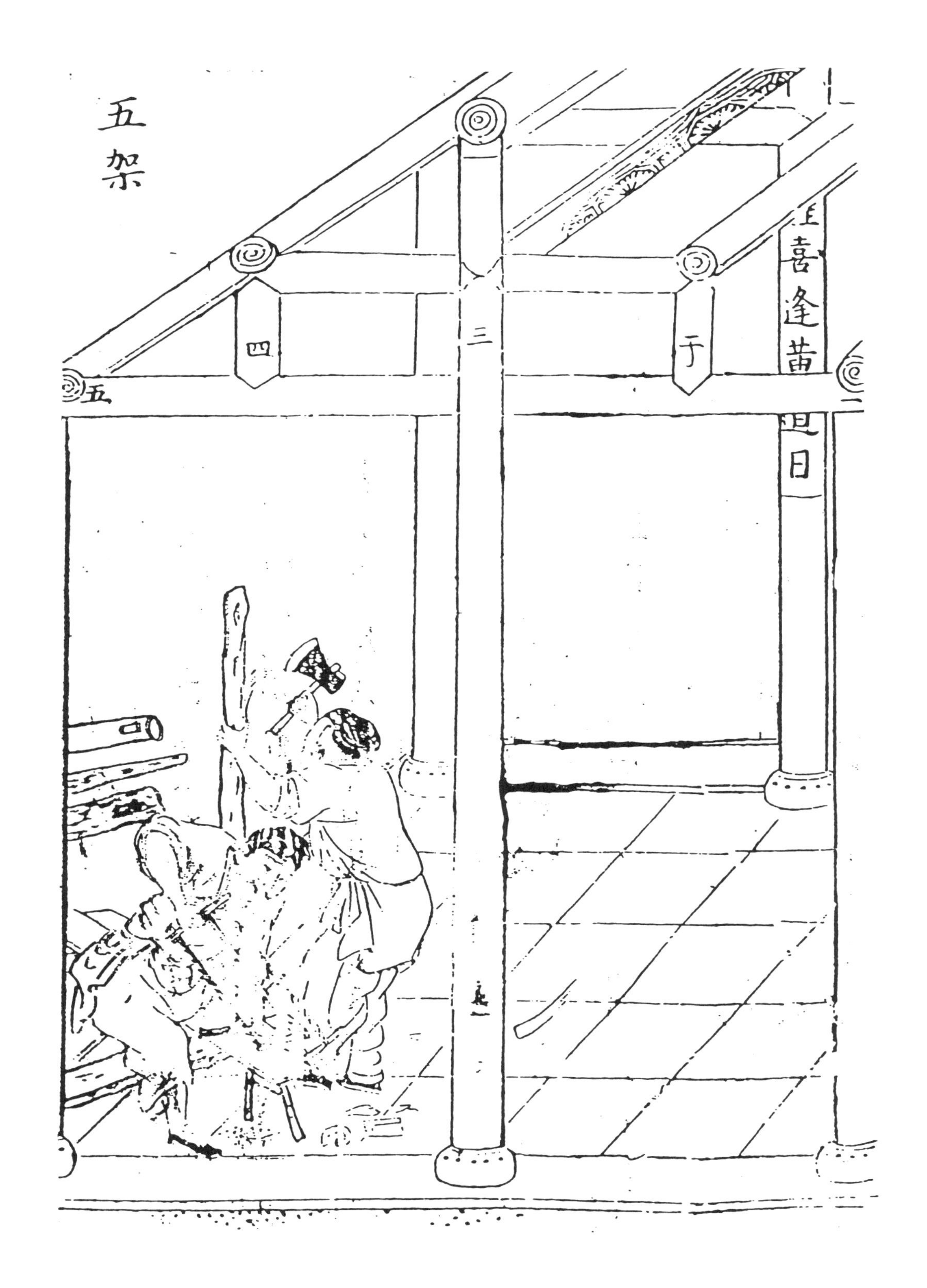

図10-2-10　中国における部材加工（A.D.17世紀）［史料L1］

図10-2-11　中国における部材加工（A.D.17世紀）［史料L1］

図10-2-12　中国における部材加工（A.D.17世紀）［史料L1］

図10-2-13　中国における部材加工（A.D.17世紀）［史料L1］

基準を定める

図10-2-14　中国における墨掛（A.D.17世紀）［史料L1］

図10-2-15　中国における墨掛（A.D.17世紀）［史料L1］

図10-2-16　中国における墨掛（A.D.17世紀）［史料L1］

木の家具を作る

図10-2-17　木の家具をつくる（中国A.D.17世紀）［史料L1］

木の鞴をつくる

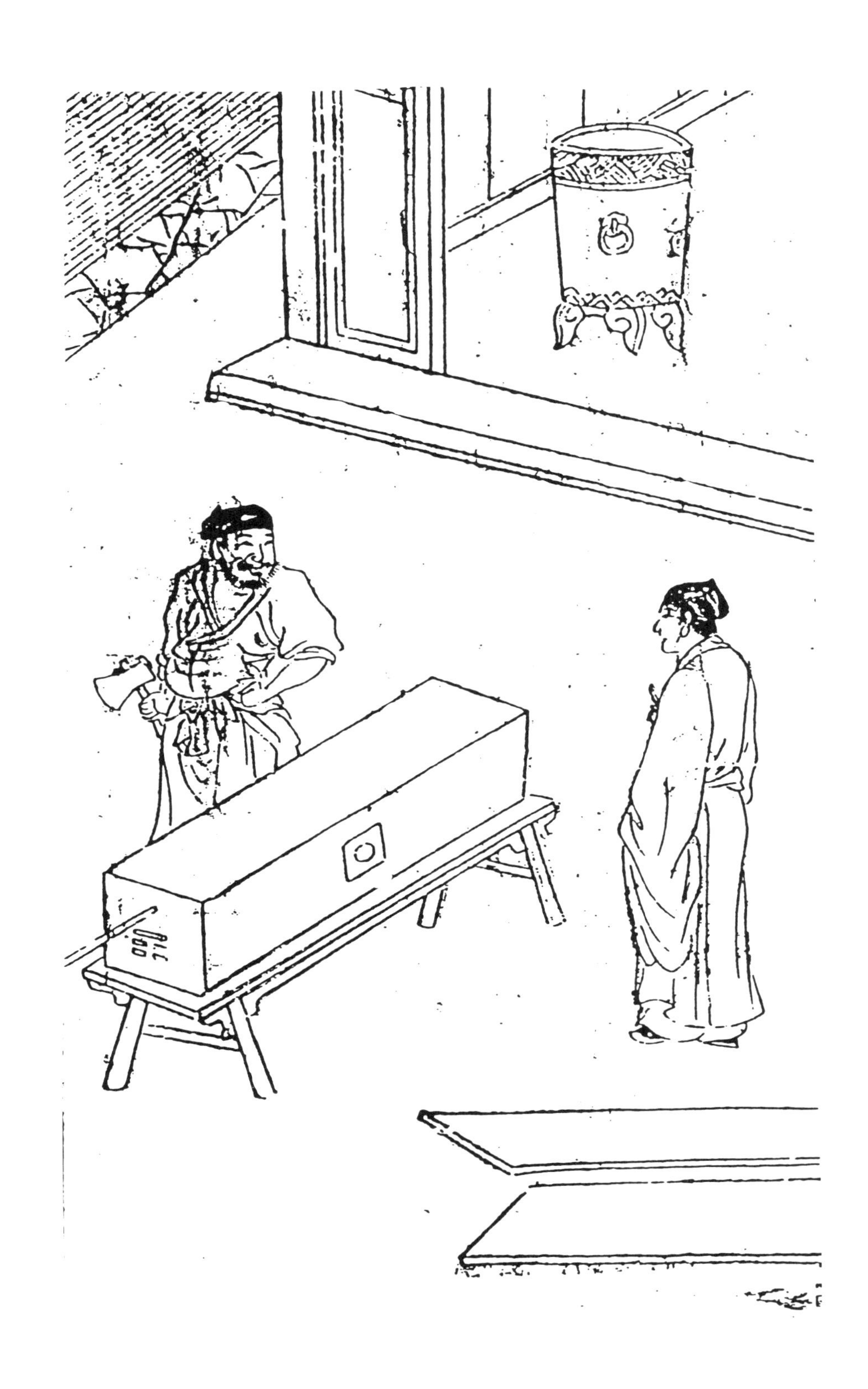

図10-2-18　木の韛をつくる（中国A.D.17世紀）［史料L1］

図版解説

図 10-2-1　中国における製材（A.D.17 世紀）［史料 L1］

皮付きの長い丸太を、短い丸太で組んだ二台の三叉に載せ、工人が丸太に跨り、皮むきの作業をしている。建築の工程として考えると、伐木したあとの原木を所定の長さに切った後、枝切りや皮むきを行う製材作業の段階に相当する。使用している道具はセンと考えられる。中国の絵画資料においてセンの使用場面が描かれている例としては、他に『清明上河図』（12 世紀）などがある。工人の作業姿勢は、丸太を跨いでいるものの、立位である。

図 10-2-2　中国における製材（A.D.17 世紀）［史料 L1］

小さな径の丸太で組んだ三叉に、比較的大きな径の丸太を斜めに載せて、二人の工人が丸太から板をつくる製材作業をしている。使用している道具は中央支柱形式の大型縦挽枠鋸（大鋸・おが）である。丸太の木口にクサビを打ち、木の締め付ける力（摩擦力）が鋸身に影響しないようにしている。上に親方、下に弟子、という作業方式が、他の絵画資料でも確認できる。この場合、弟子は低い腰掛を使用している。地面上には小型の縦斧とクサビらしきものが見られる。工人の作業姿勢は一人が立位、一人が坐位である。

図 10-2-3　中国における部材荒切削（A.D.17 世紀）［史料 L1］

「図 10-2-1」と同じ状態で水平に据えられた丸太を、工人が小型の縦斧を用いて荒い切削をしている。地面上には柄頭がめくれた状態の鑿が置かれ、その鑿によって加工されたと推定される穴（枘穴か貫穴）のあけられた丸太材が置かれている。また道具籠の中には台鉋と推定される道具も見えている。工人の作業姿勢は立位である。

図 10-2-4　中国における斧（A.D.17 世紀）［史料 L1］

「図 10-2-1, 3」と同じ状態で据えられた丸太材の傍らに、小型の縦斧を右手に持った工人が立っている。道具籠には鋸の枠らしきものが見えている。

図 10-2-5　中国における斧（A.D.17 世紀）［史料 L1］

小型の縦斧を両手で持った工人が窓枠に足を載せて、何らかの作業をしている。描かれている建築は、高床形式の大型倉庫と推定される。床部分には板状の「ネズミ返し」があり、柱間には下から漢数字の番号が付された横板が嵌め込まれている。本書「図 1-9-5, 6」の中国南西部における大型穀倉と類似した建築と考えられる。工人の作業姿勢は立位あるいは片膝立ての坐位であろう。

図 10-2-6　中国における斧（A.D.17 世紀）［史料 L1］

小型の縦斧を右手に持った工人が、室内に置かれた大型の装飾台の傍らに立っている。

図 10-2-7　中国における斧（A.D.17 世紀）［史料 L1］

小型の縦斧を右手に持った工人が門の前に立っている。

図 10-2-8　中国における部材加工（A.D.17 世紀）［史料 L1］

小さな径の短い丸太で組んだ二台の三叉に、水平に据えられた板材を加工している場面である。工人が板材を跨ぎ、左手で鑿の柄を握り、右手に小型の縦斧を握って穴を穿つ作業をしている。縦斧は刃部と反対側の斧身頭部を使って、鑿の柄を叩いている。このように中国における建築工事では、小型の斧で槌を代用する場面が多く見られる。地面上には穴の加工された板材と丸太材が置かれ、中型の枠鋸（中央支柱形式）も柱に立て掛けられている。工人の作業姿勢は立位である。

図 10-2-9　中国における部材加工（A.D.17 世紀）［史料 L1］

恒常的に使われていると考えられる二基の台に、端部の湾曲した板が水平に据えられている。加工対象の部材を簡易的な三叉に据えるのか、恒常的な作業台に据えるのかは、屋外作業中心の建築工人か、屋内での作業を行う建具工人や家具工人などの違いを示していると推定される。工人がこの板を跨ぎ、舞錐を用いて板に穴をあけている。舞錐の構造は、『和漢三才図會』（図 10-6-14）において説明されている。工人の作業姿勢は立位あるいは中腰坐位である。

図 10-2-10　中国における部材加工（A.D.17 世紀）［史料 L1］

二人の工人が作業をしている。一人は左手で保持して立てた丸太の枝を、右手に握った小型の縦斧で切ろうとしている。作業工程としては製材段階である。もう一人の工人は、荒いつくりの二基の作業台に据えた板材を、左足によって固定し、右手で握った中型の枠鋸（中央支柱形式）を用いて切断している。身体の動きから鋸は推し使いと推定される。工人の作業姿勢は二人とも立位である。

図 10-2-11　中国における部材加工（A.D.17 世紀）［史料 L1］

荒いつくりの作業台一基に載せられた板材を、板を跨いで腰をおろした工人が、台鉋の「両翅」を握り切削しようとしている。板材の先端は、作業台に取り付けられた固定用の材に接している。工人の身体の動き、先端の固定材の存在、などから台鉋は推し使いと考えられる。地面上には、加工された木鼻部材が置かれ、道具籠には斧と鋸が見える。工人の作業姿勢は腰掛坐位である。

図 10-2-12　中国における部材加工（A.D.17 世紀）［史料 L1］

二人の工人が作業をしている。一人は作業台二基に水平に据えた丸柱材に跨り、鑿と小型の縦斧で加工しようとしている。小型の縦斧は鑿を叩く道具として使用されている。もう一人の工人は三叉二台に据えた厚い板材に跨り、台鉋の「両翅」を握り、切削しようとしている。丸柱は部材表面の切削も終えているため、恒常的な作業台に載せられているのであろう。三叉との使い分けは、野物と化粧、あるいは作業段階の違い、などによるのであろう。工人の作業姿勢は二人とも腰掛坐位である。

図 10-2-13　中国における部材加工（A.D.17 世紀）［史料 L1］

工人が「間竿」と思われるものを両手で持っている。幅の広いしっかりとしたつくりの作業台の上には短い板材が載せられている。台の上には台鉋が置かれ、足元には鑿が見える。建築工程としては、造作材加工の段階であろう。腰の高さの作業台から、工人の作業姿勢は立位と推定される。

図 10-2-14　中国における墨掛（A.D.17 世紀）［史料 L1］
　年齢差のある二人の工人が描かれている。若い工人の右手に「矩」が握られている。建築部材の墨付けの前段階の様子と考えられる。

図 10-2-15　中国における墨掛（A.D.17 世紀）［史料 L1］
　四人の工人が描かれている。一人は皮付き丸太を左手で立て、右手に握った小型の縦斧で荒く切削している。別の二人は三叉に載せた板材に墨斗を用いて長い直線を墨付けしている。傍らには加工中の建築部材と中型の枠鋸（中央支柱形式）、台鉋が置かれ、道具籠の中に鑿の一部が見られる。奥の机には建築工事に関する計画書（仕様書、積算書など）と思われるものが置かれ、その椅子には工事全体の計画に関係すると推定される人物が座っている。道具を用いて作業をしている三人の工人の作業姿勢は一人が立位、二人が中腰である。

図 10-2-16　中国における墨掛（A.D.17 世紀）［史料 L1］
　工人が二基の作業台に載せられた板材に、「矩」とスミサシを用いて墨付けをしている。傍らには小型の縦斧、台鉋、墨斗が置かれ、道具籠には鑿と鋸の一部が見られる。工人の作業姿勢は立位である。

図 10-2-17　木の家具をつくる（中国　A.D.17 世紀）［史料 L1］
　二人の工人が机の製作をしている。一人は逆さにした机の脚を左手で握り、右手に握った小型の縦斧で叩き入れている。もう一人の工人は両手で台鉋の「両翅」を握り、机の上部を切削している。身体の動きから推し使いと推定される。工人の作業姿勢は、一人が片膝立ての坐位、一人が立位である。

図 10-2-18　木の鞴をつくる（中国　A.D.17 世紀）［史料 L1］
　右手で小型の縦斧を握った工人が、幅の広い作業台に載せられた木の鞴の傍らに立っている。近くには鞴の用材と推定される幅の広い板材が置かれている。

資料編 3

木を工作する技術

――ユーラシア大陸東端の島・日本――

概　要

大陸東端の島・日本には、12世紀から19世紀まで、すなわち古代末から近世末まで、木の建築をつくる様子を描いた絵画資料が豊富に残されている。ここでは本書において建築用主要道具として取り上げた斧、鑿、鋸、カンナ、墨斗に着目する。木の建築をつくる工程の中で、工人がそれらの道具をどのように使用しているのか、特に立位と坐位の作業姿勢の変遷を、絵画資料の分析を通して明らかにする。

木の建築をつくる

図10-3-1　木の建築をつくる（日本A.D.13世紀中頃）［史料P.29］

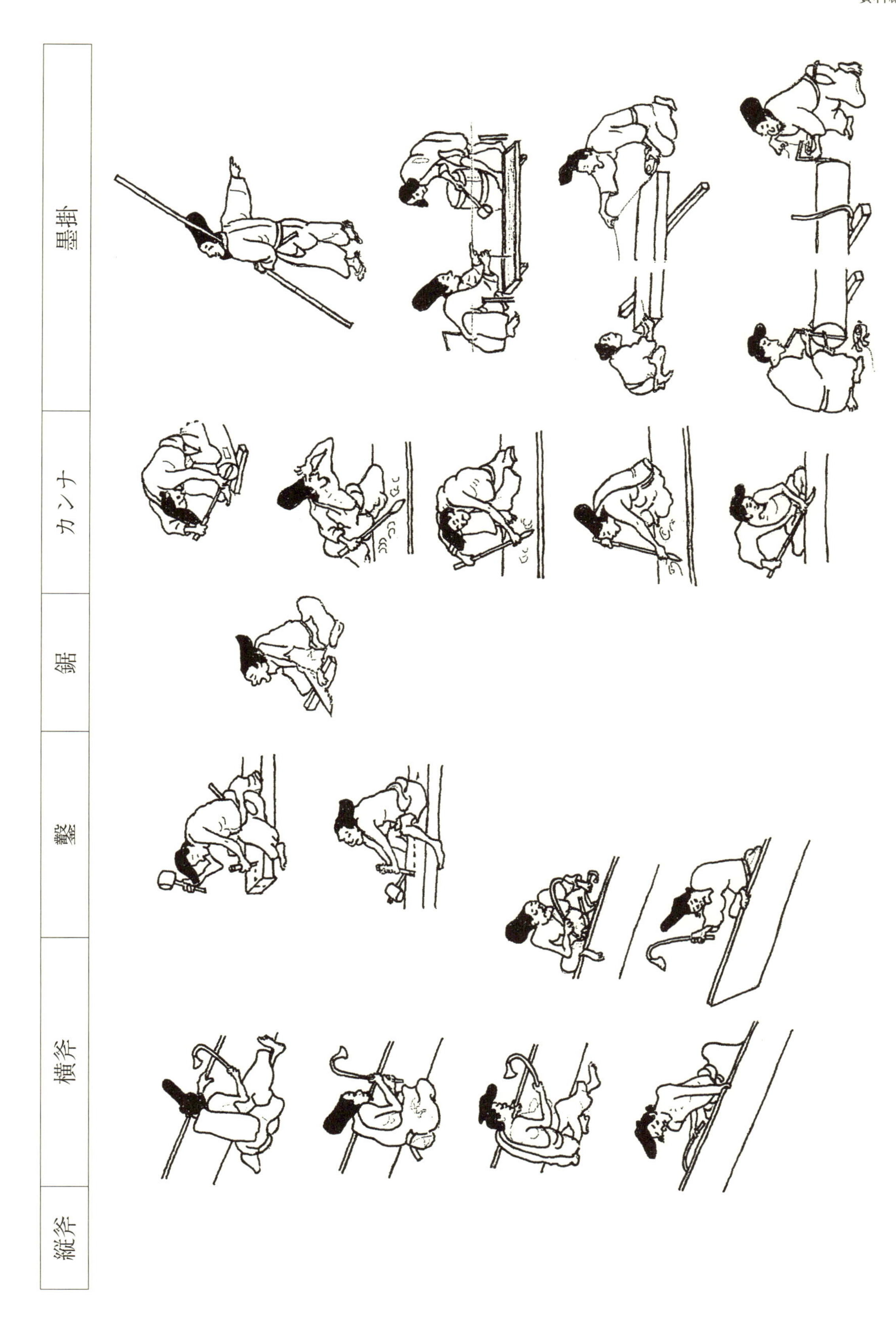

図10-3-2　木の建築をつくる（日本　A.D.1309年）［史料P.32］

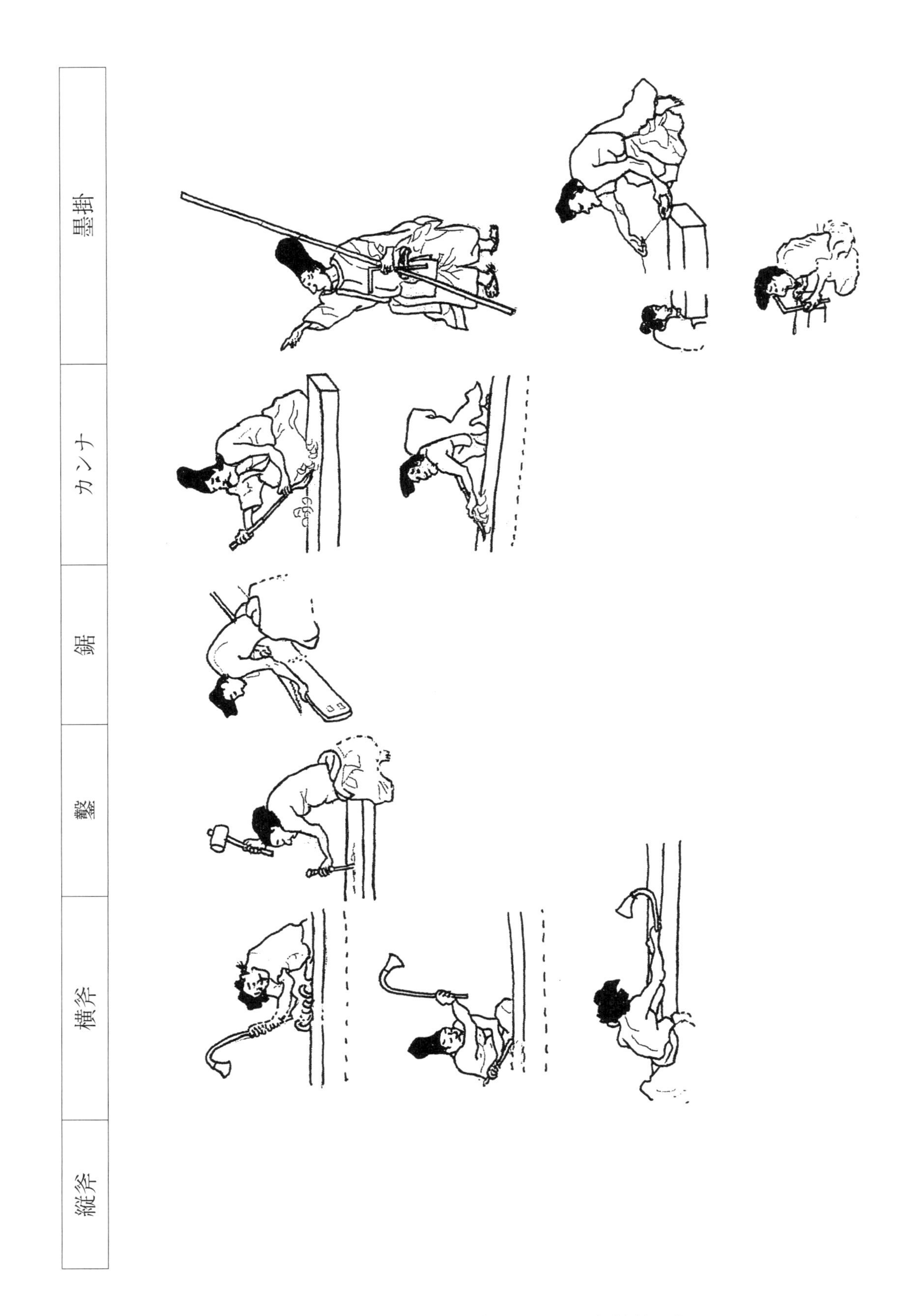

図10-3-3　木の建築をつくる（日本　A.D.1311年）［史料P.33］

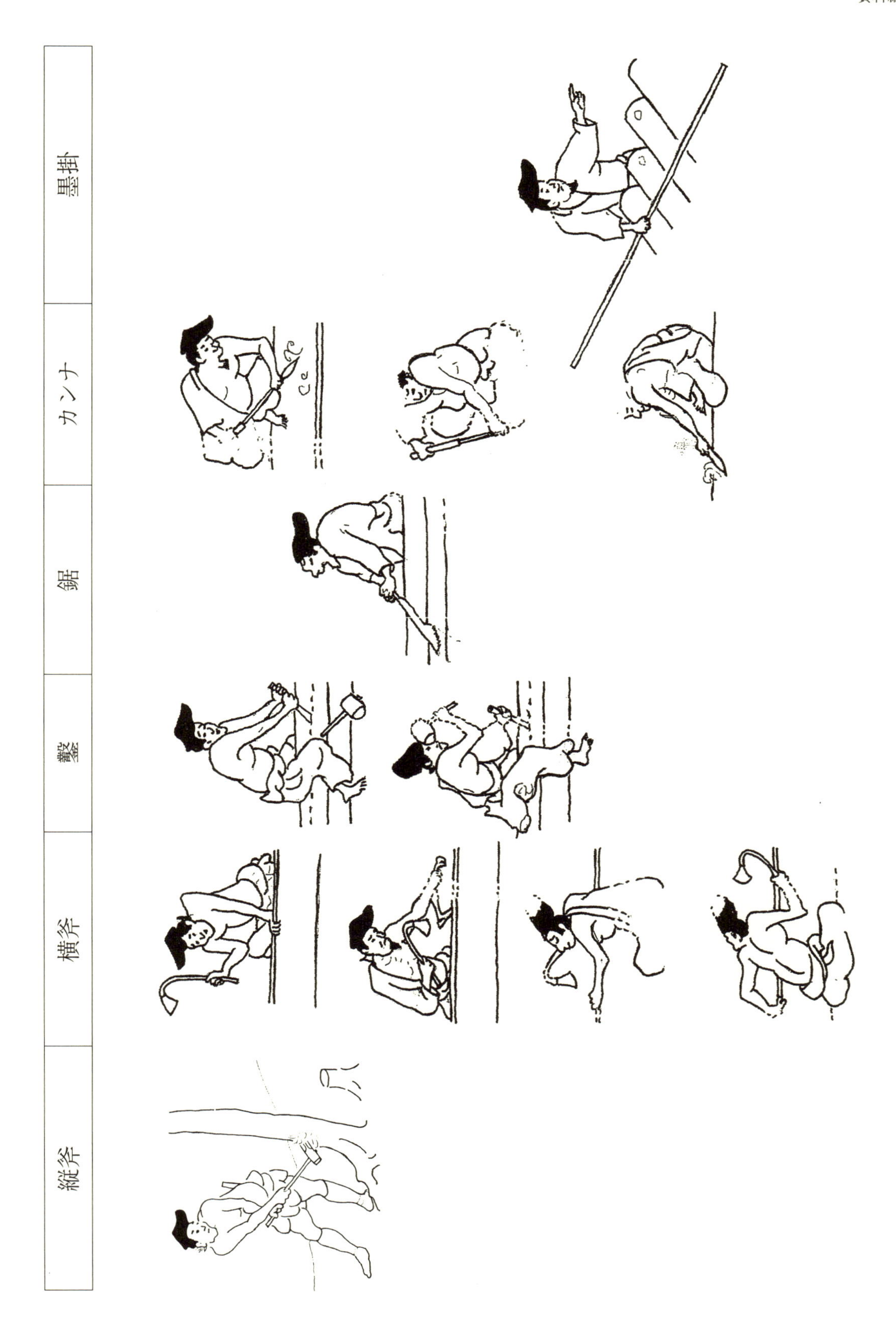

図10-3-4　木の建築をつくる（日本　A.D.1324-26年）[史料P.55]

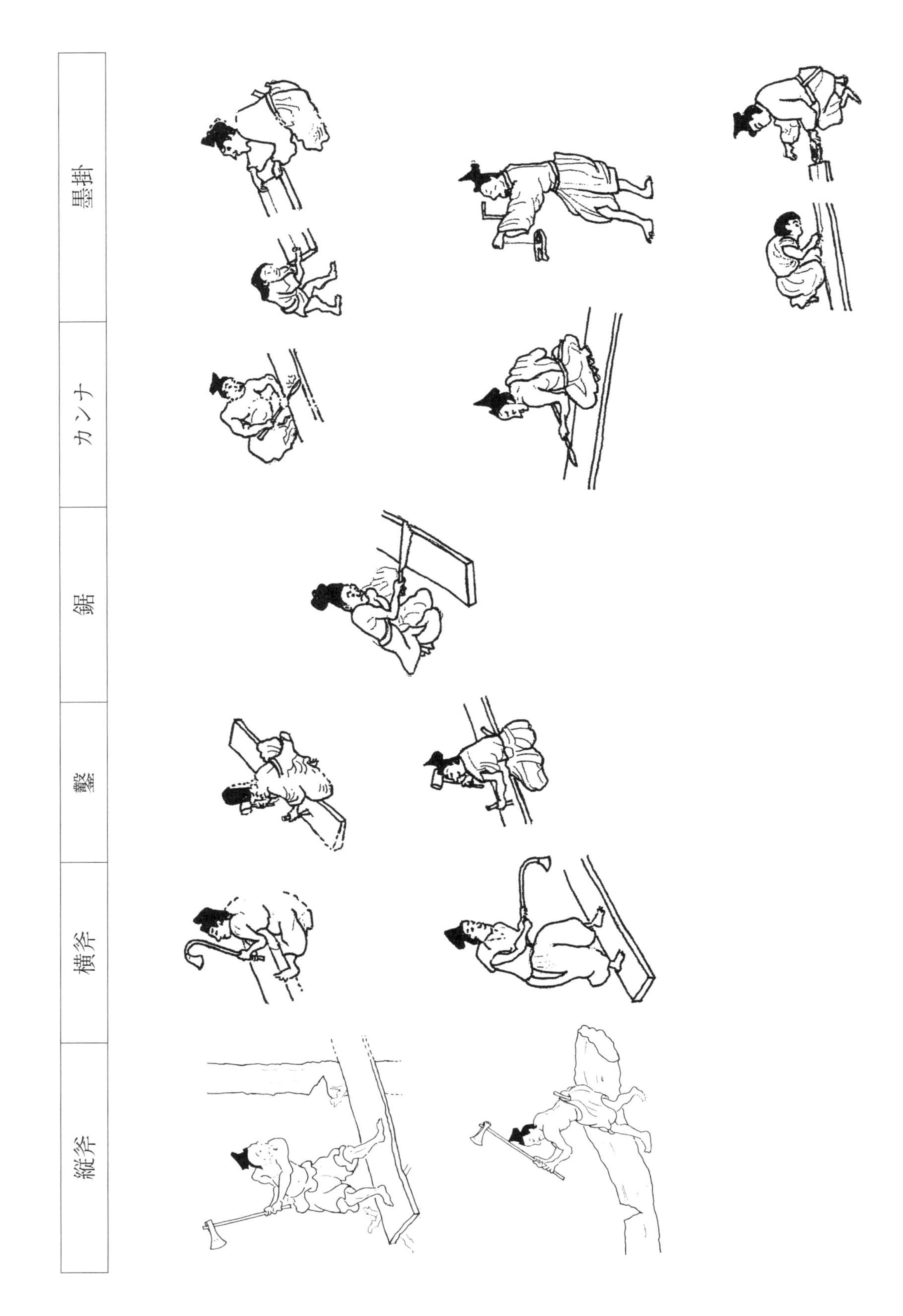

図10-3-5　木の建築をつくる（日本　A.D.1374-89年）［史料P.56］

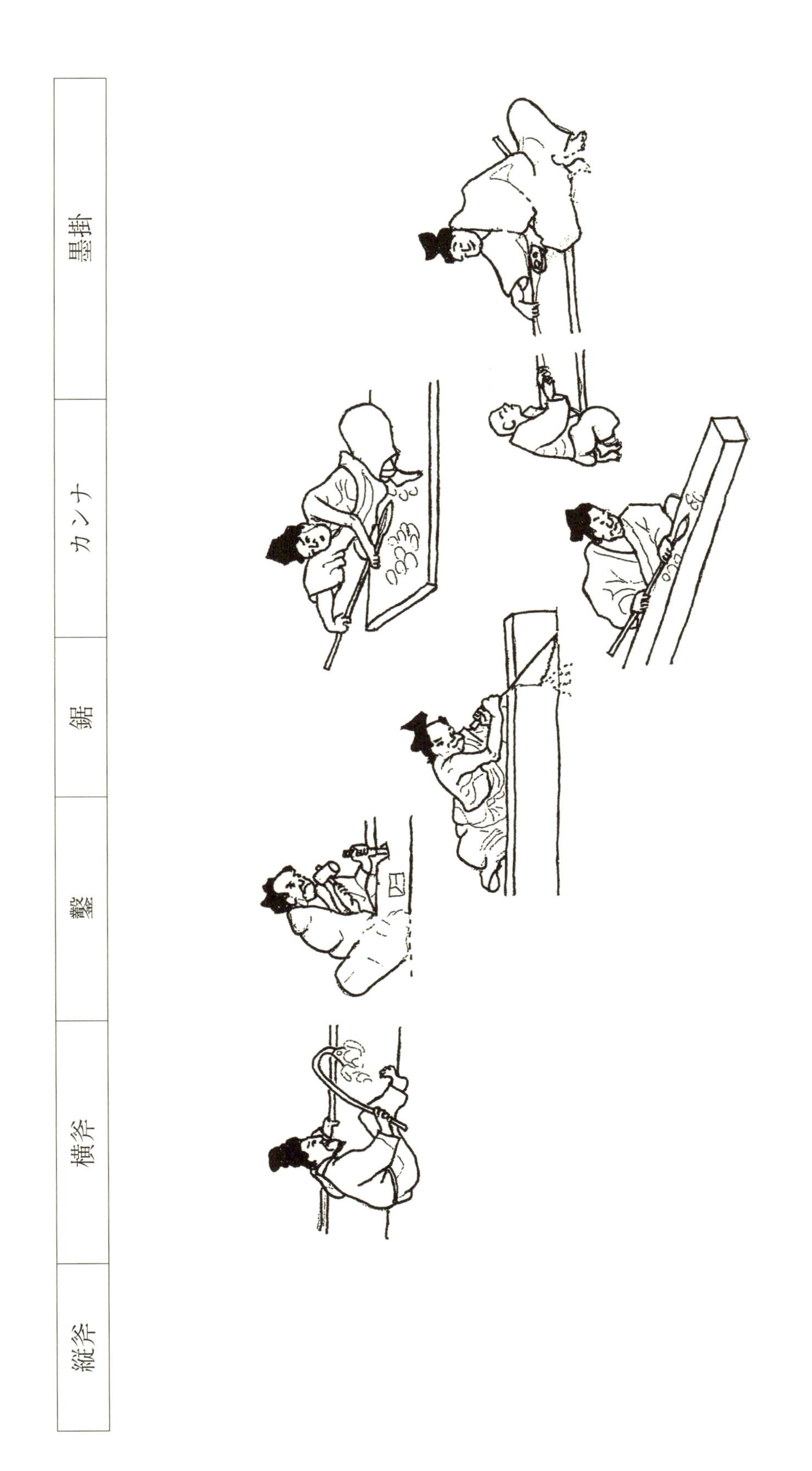

図10-3-6　木の建築をつくる（日本　A.D.1398年）［史料P.34］

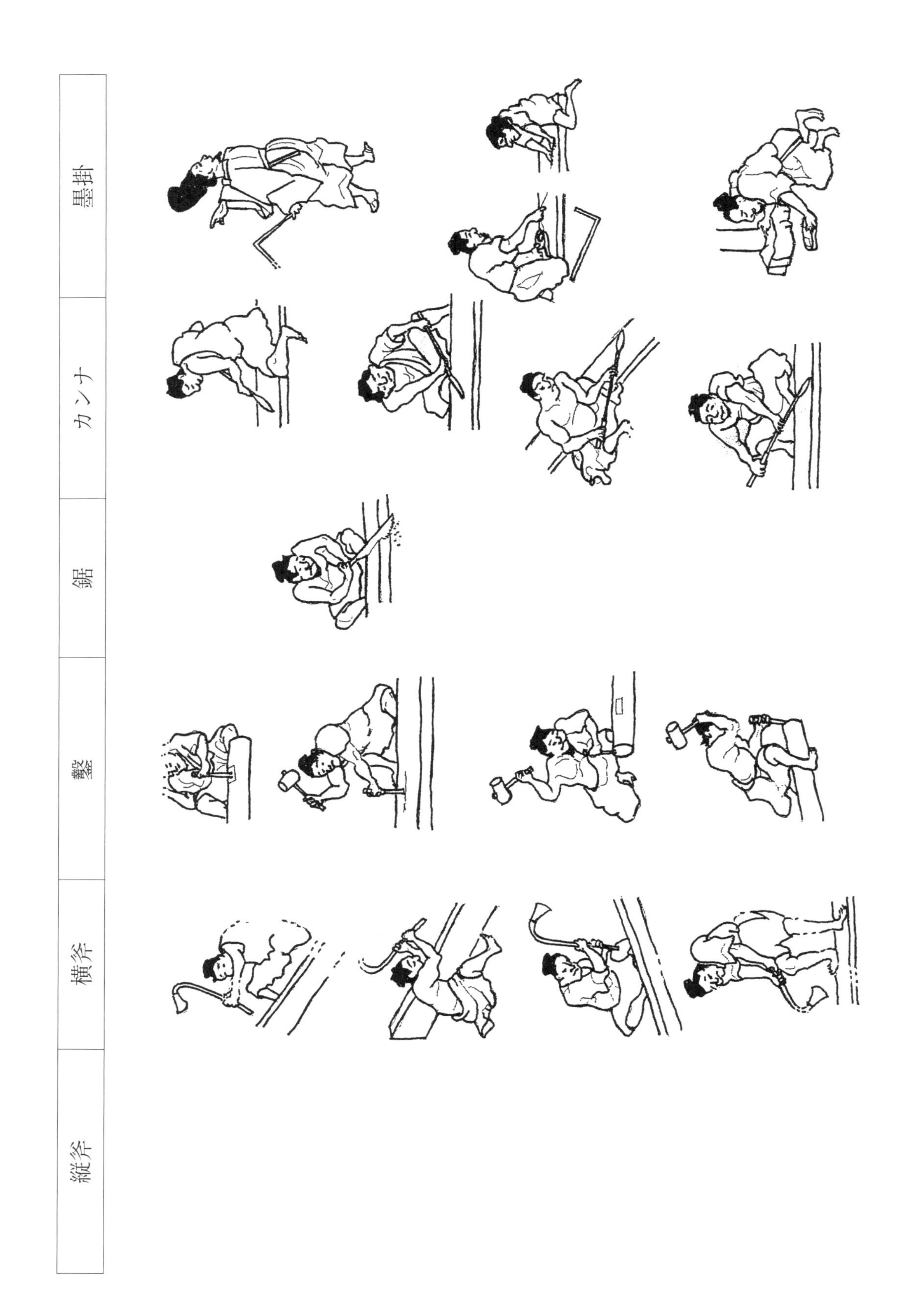

図10-3-7　木の建築をつくる（日本　A.D.1433年）［史料P.35］

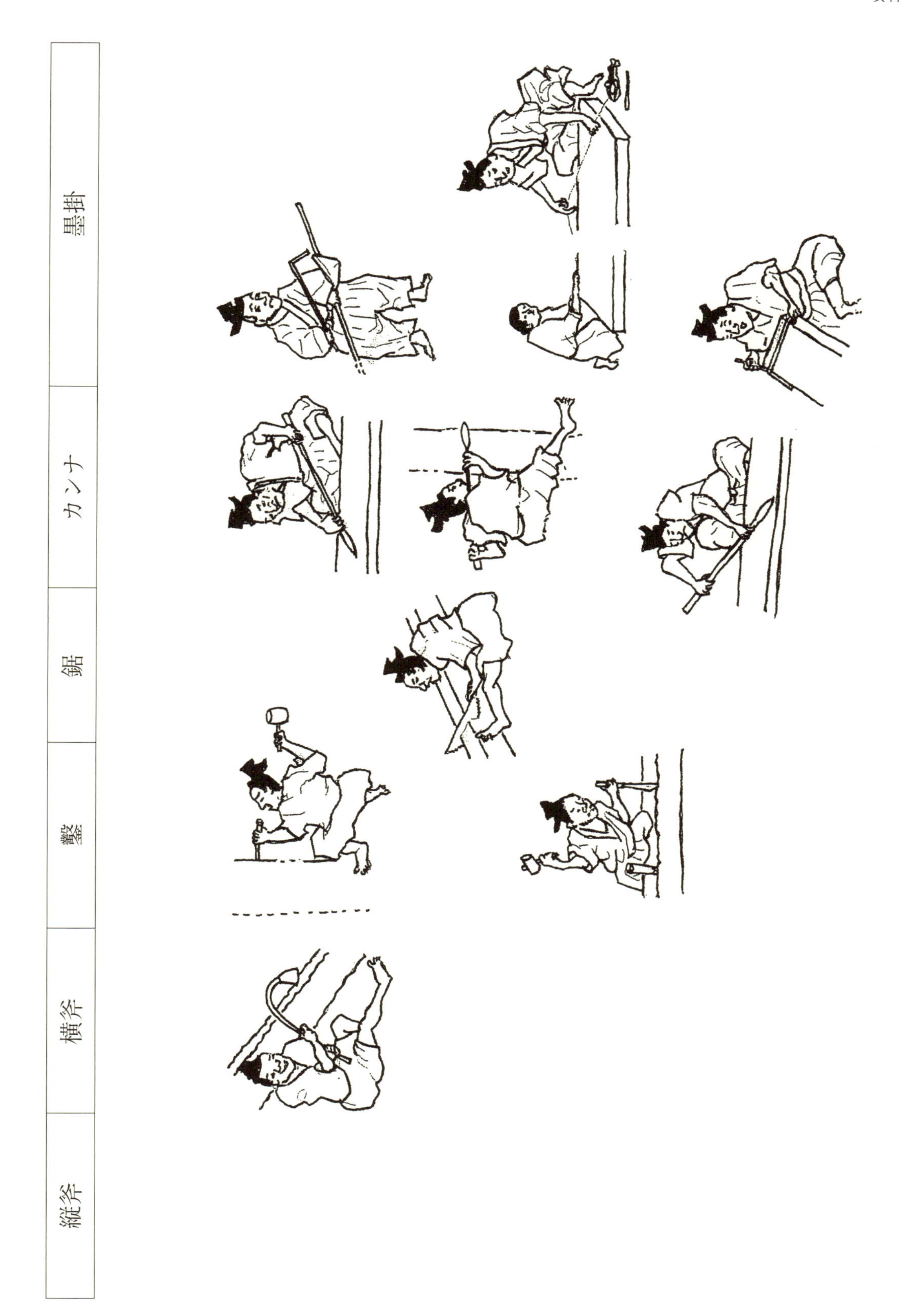

図10-3-8　木の建築をつくる（日本　A.D.1524年）［史料P.36］

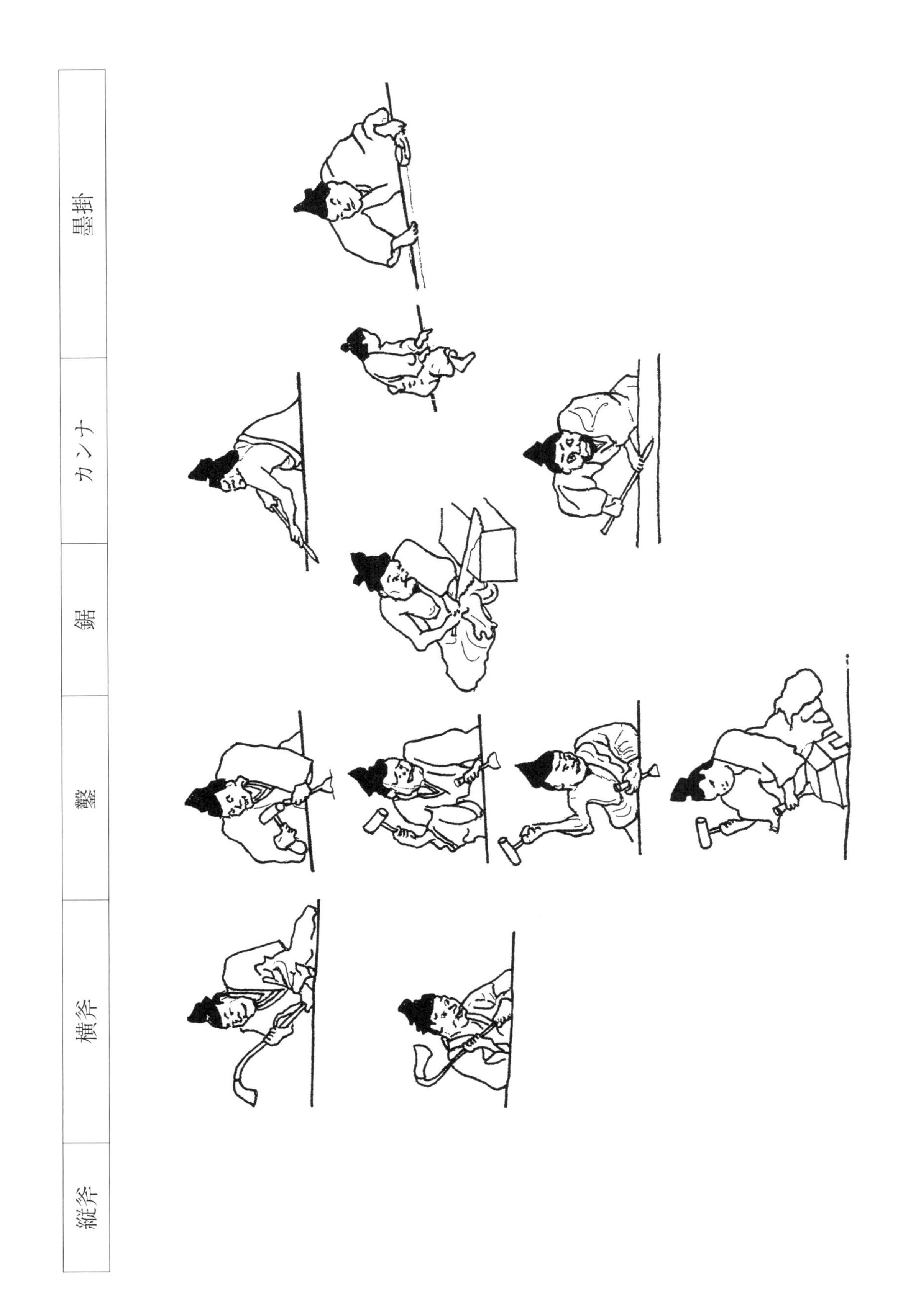

図10-3-9　木の建築をつくる（日本　A.D.1536年）［史料P.37］

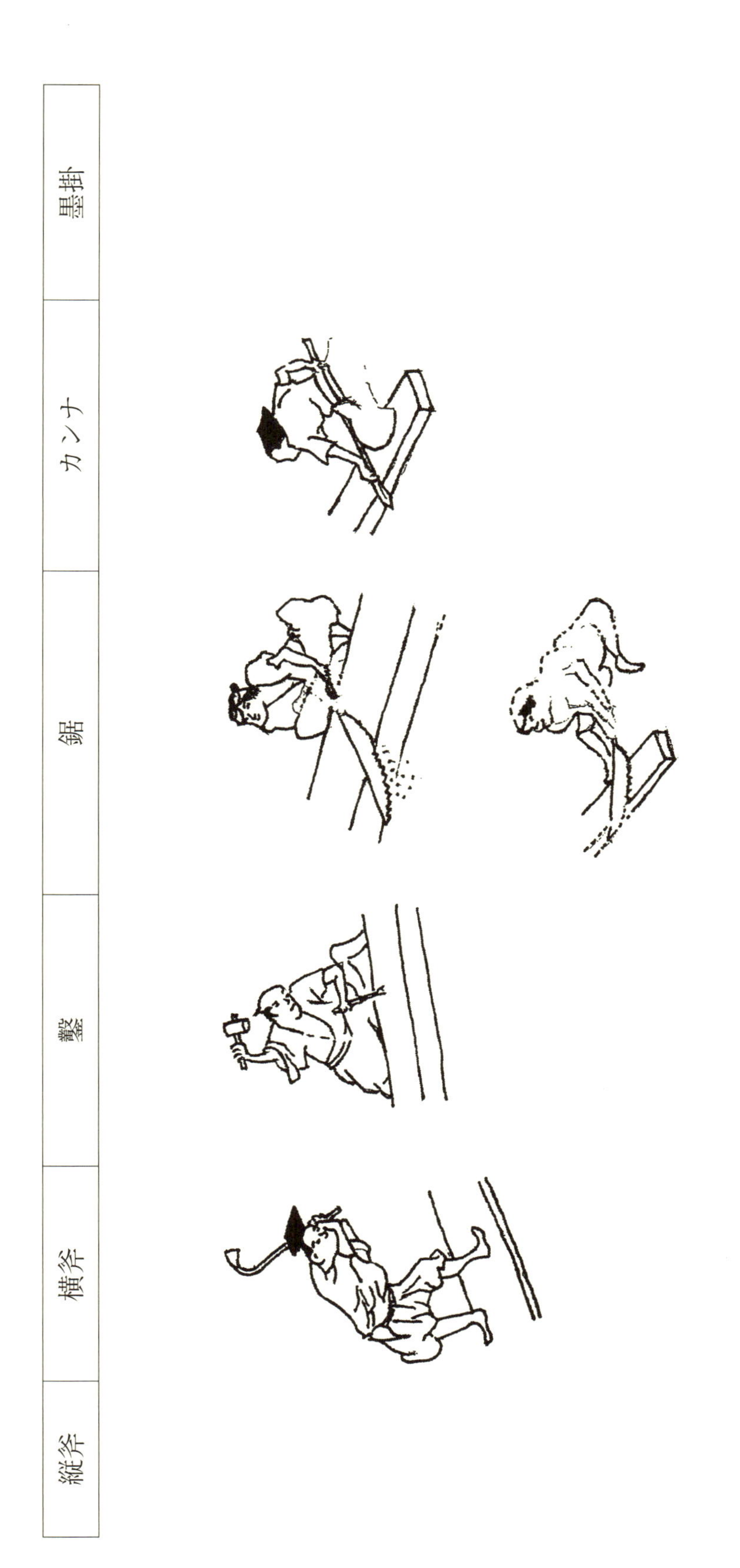

図10-3-10　木の建築をつくる（日本　A.D.1596-1669年）［史料P.59］

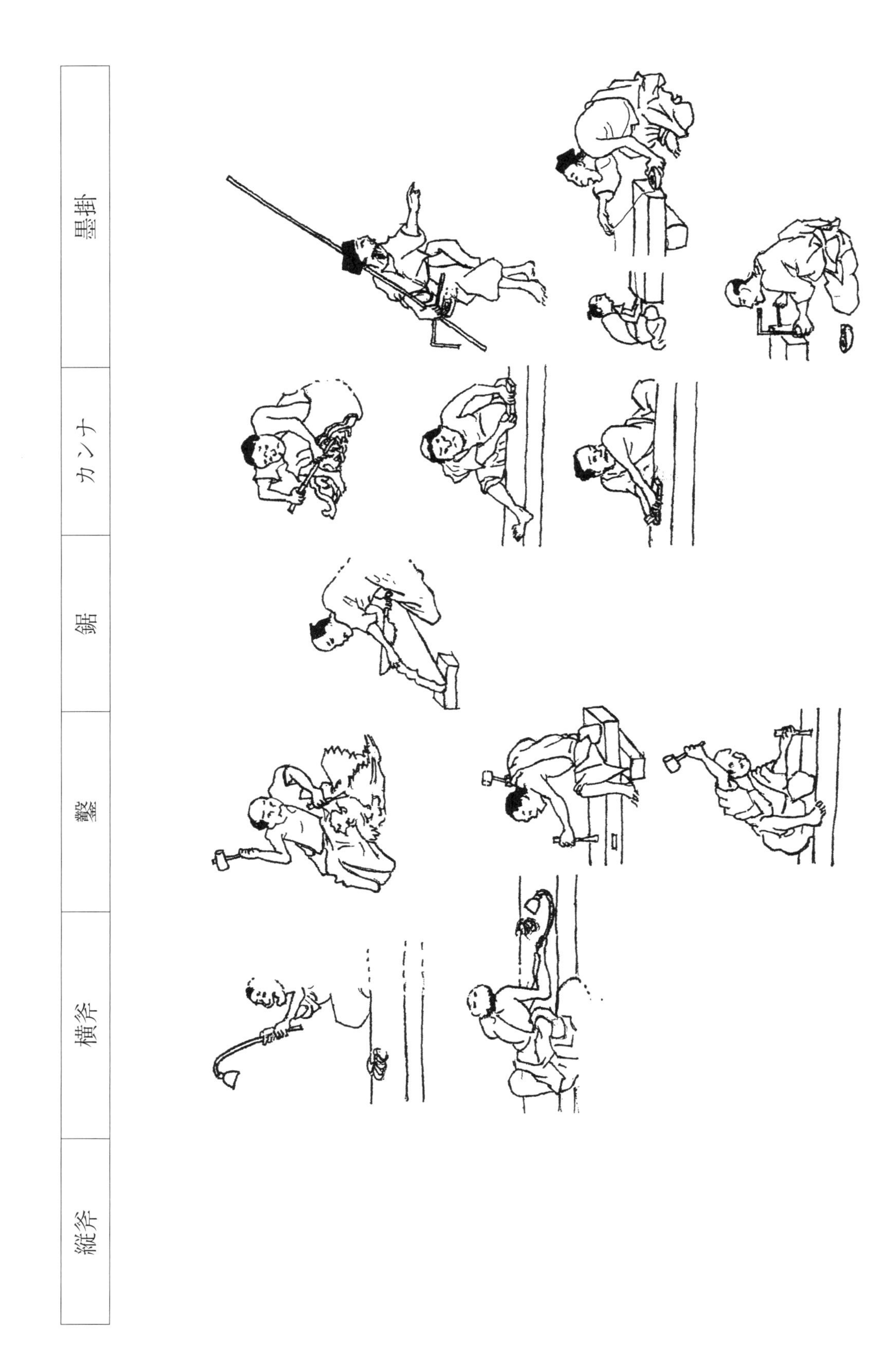

図10-3-11　木の建築をつくる（日本　A.D.17世紀中頃）［史料P.40］

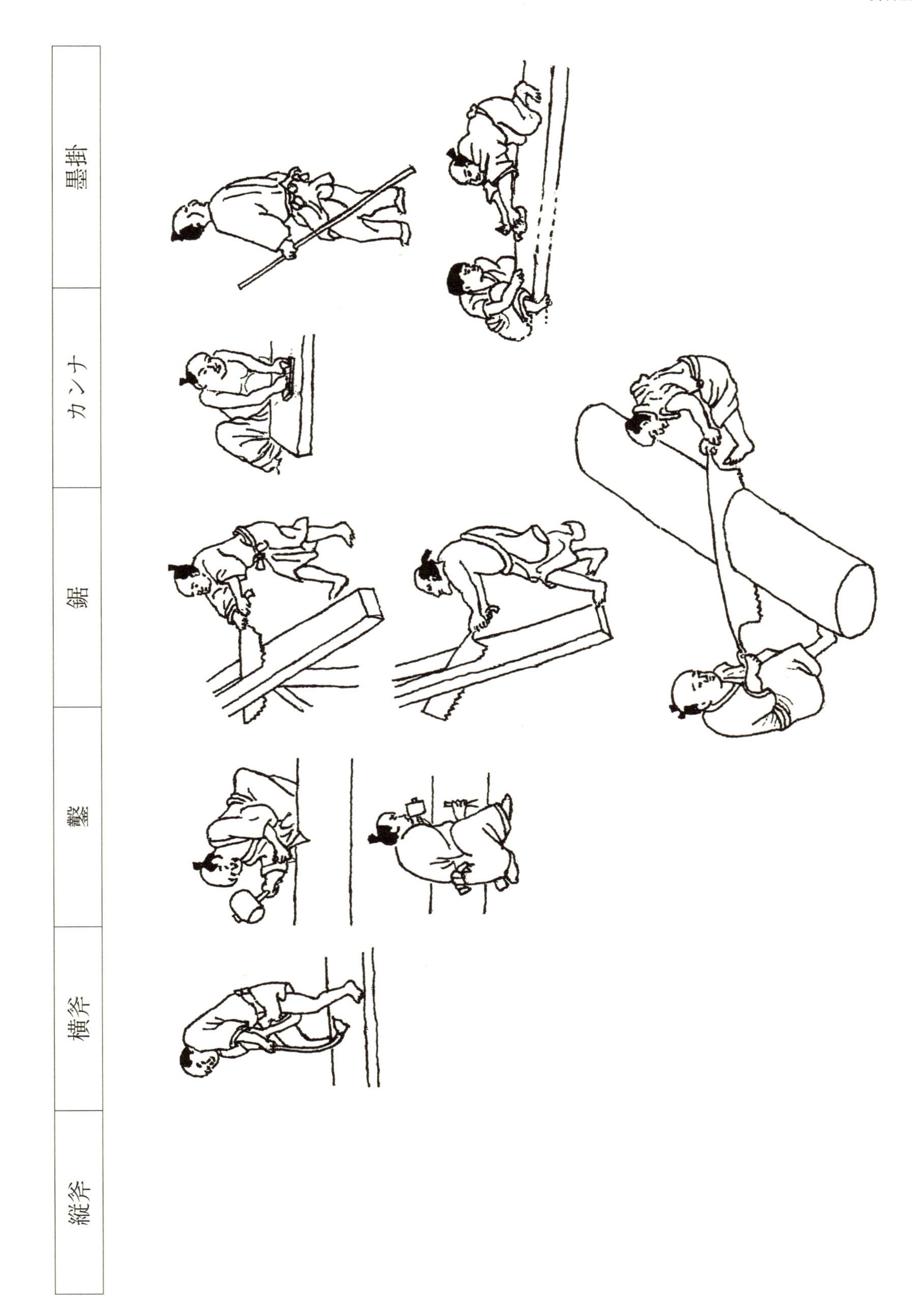

図10-3-12　木の建築をつくる（日本　A.D.17世紀後半）［史料P.60］

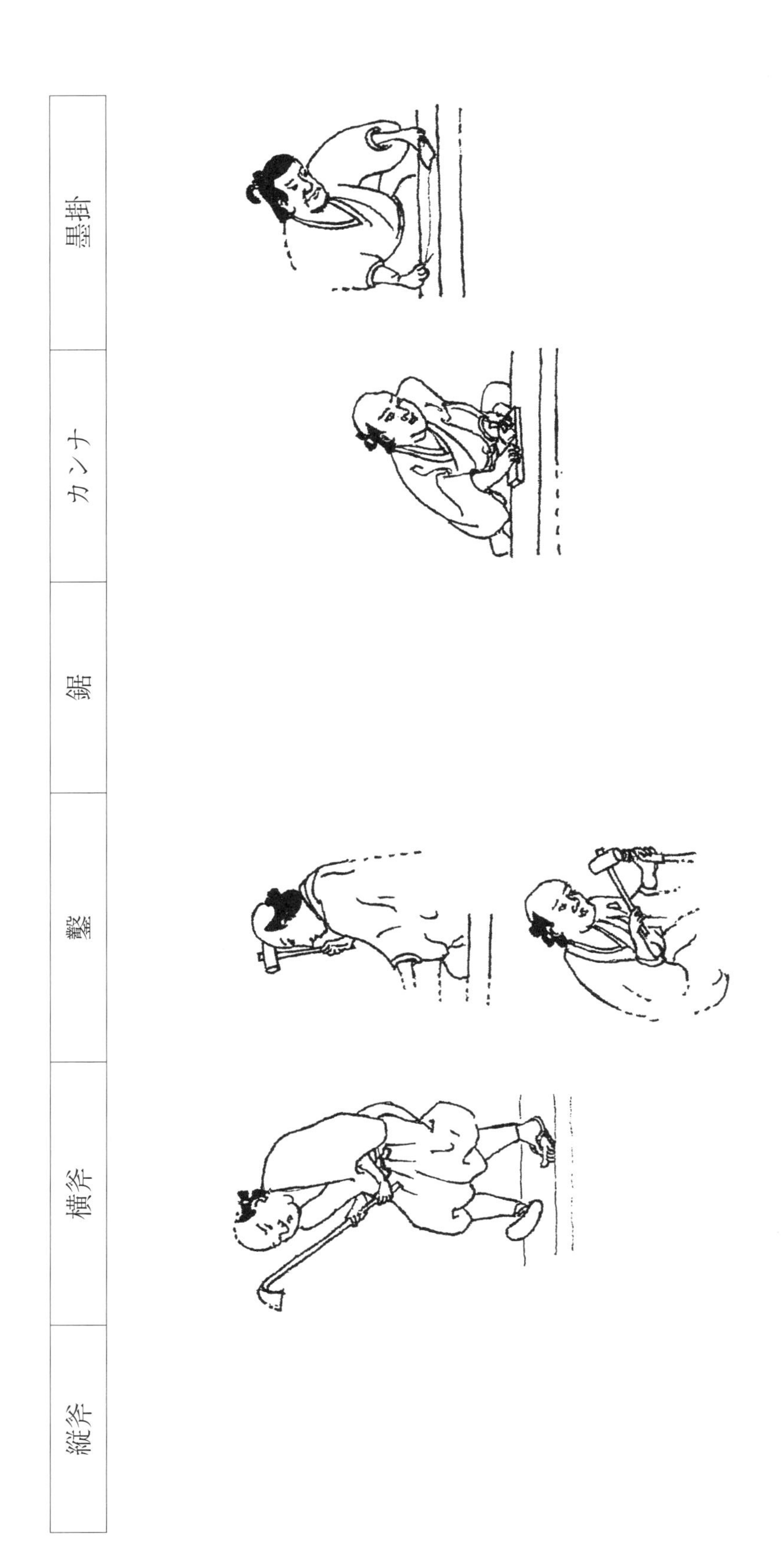

図10-3-13　木の建築をつくる（日本　A.D.1689年）［史料P.58］

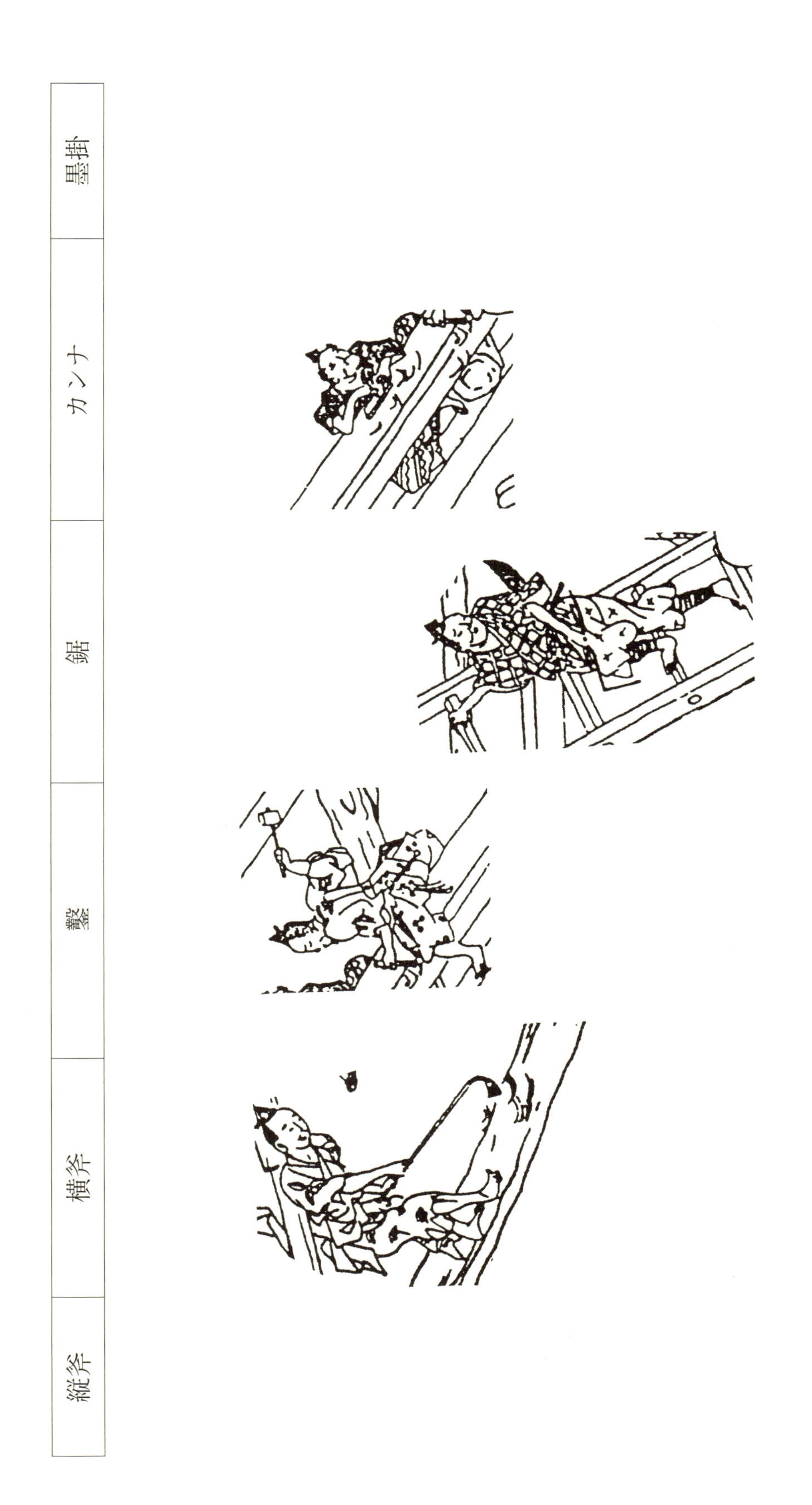

図10-3-14　木の建築をつくる（日本　A.D.1693年）［史料P.36］

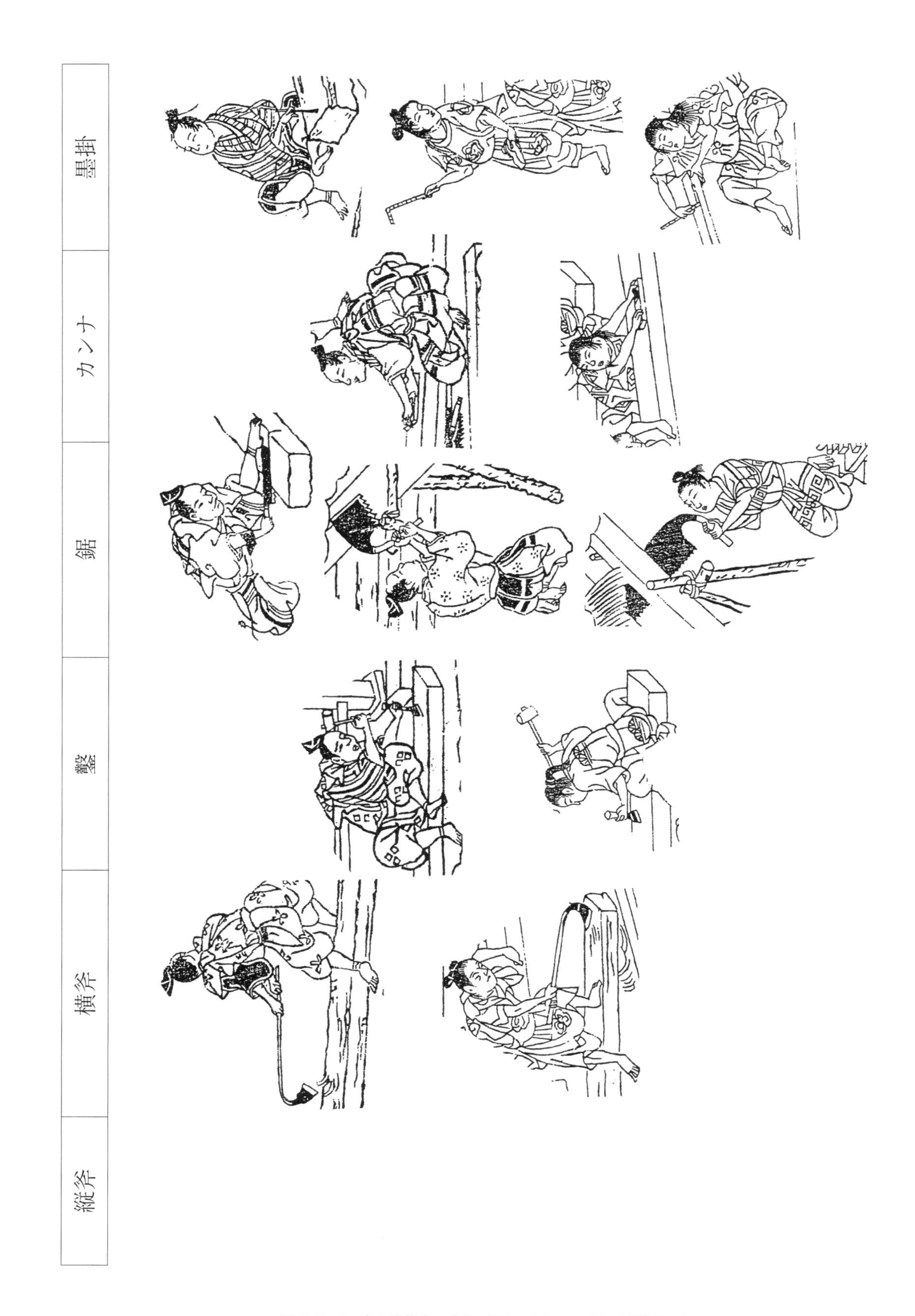

図10-3-15　木の建築をつくる（日本　A.D.1756年）［史料P.45］

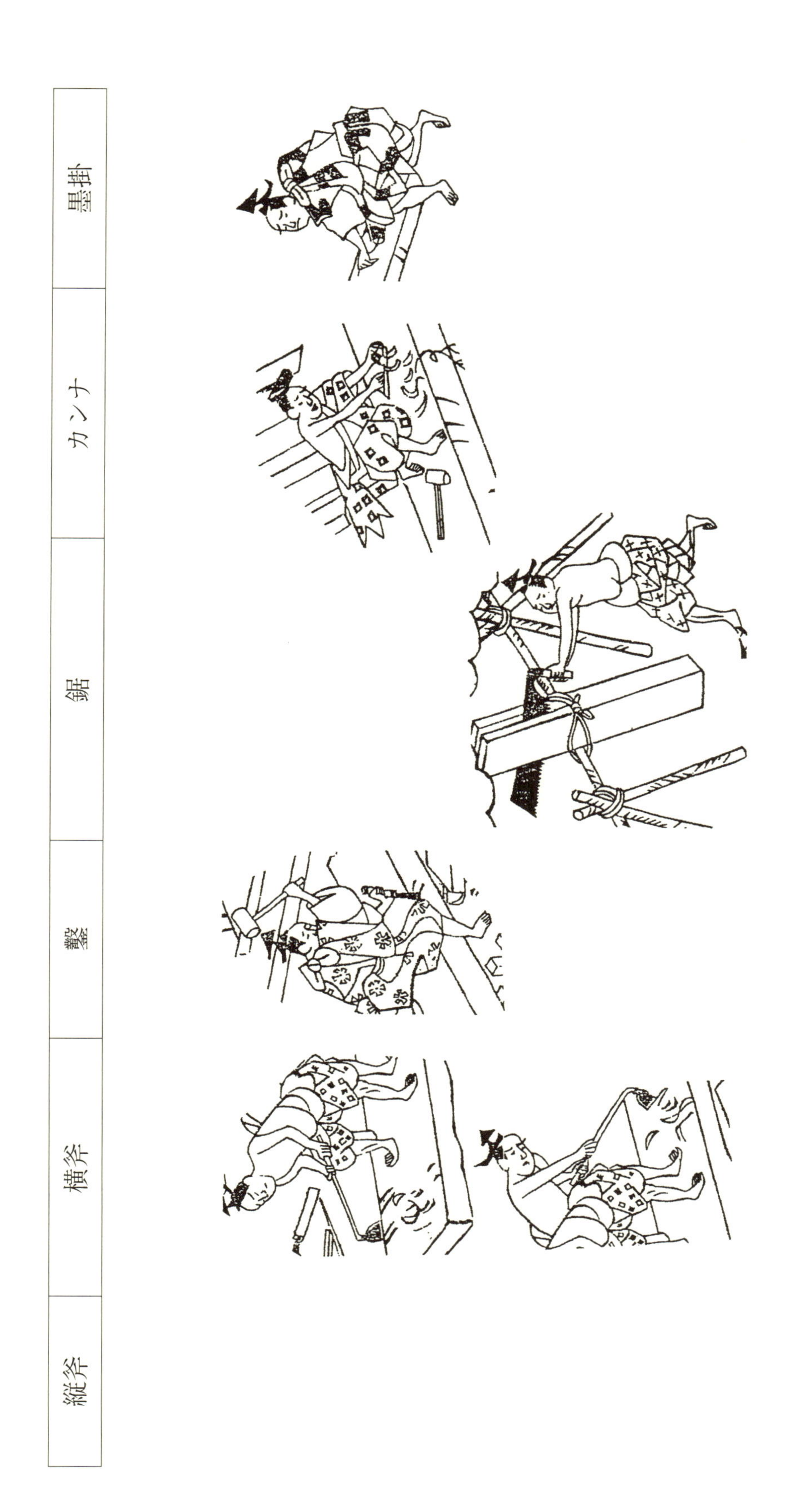

図10-3-16　木の建築をつくる（日本　A.D.1783年）［史料P.64］

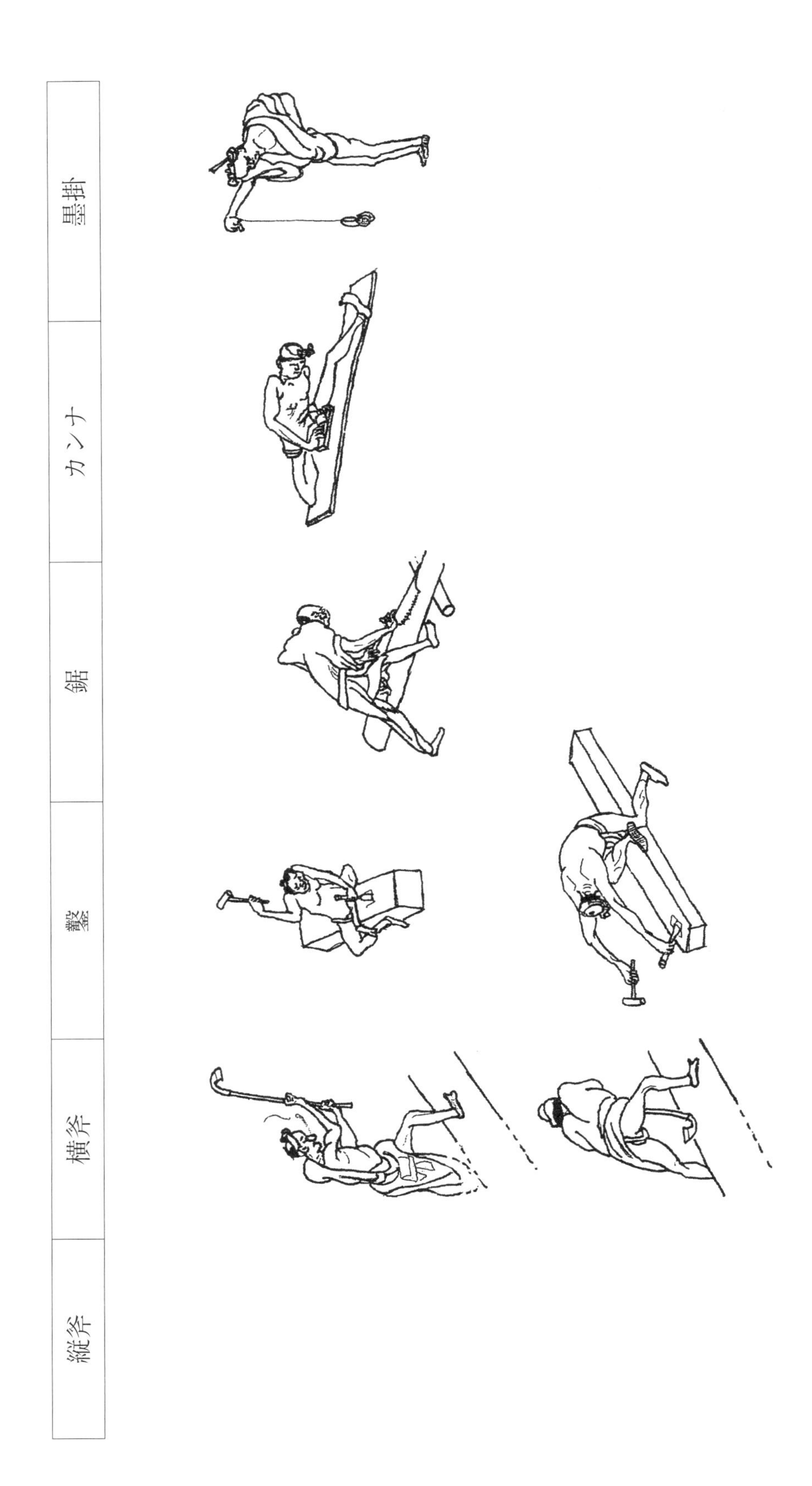

図10-3-17　木の建築をつくる（日本　A.D.1805年）［史料P.49］

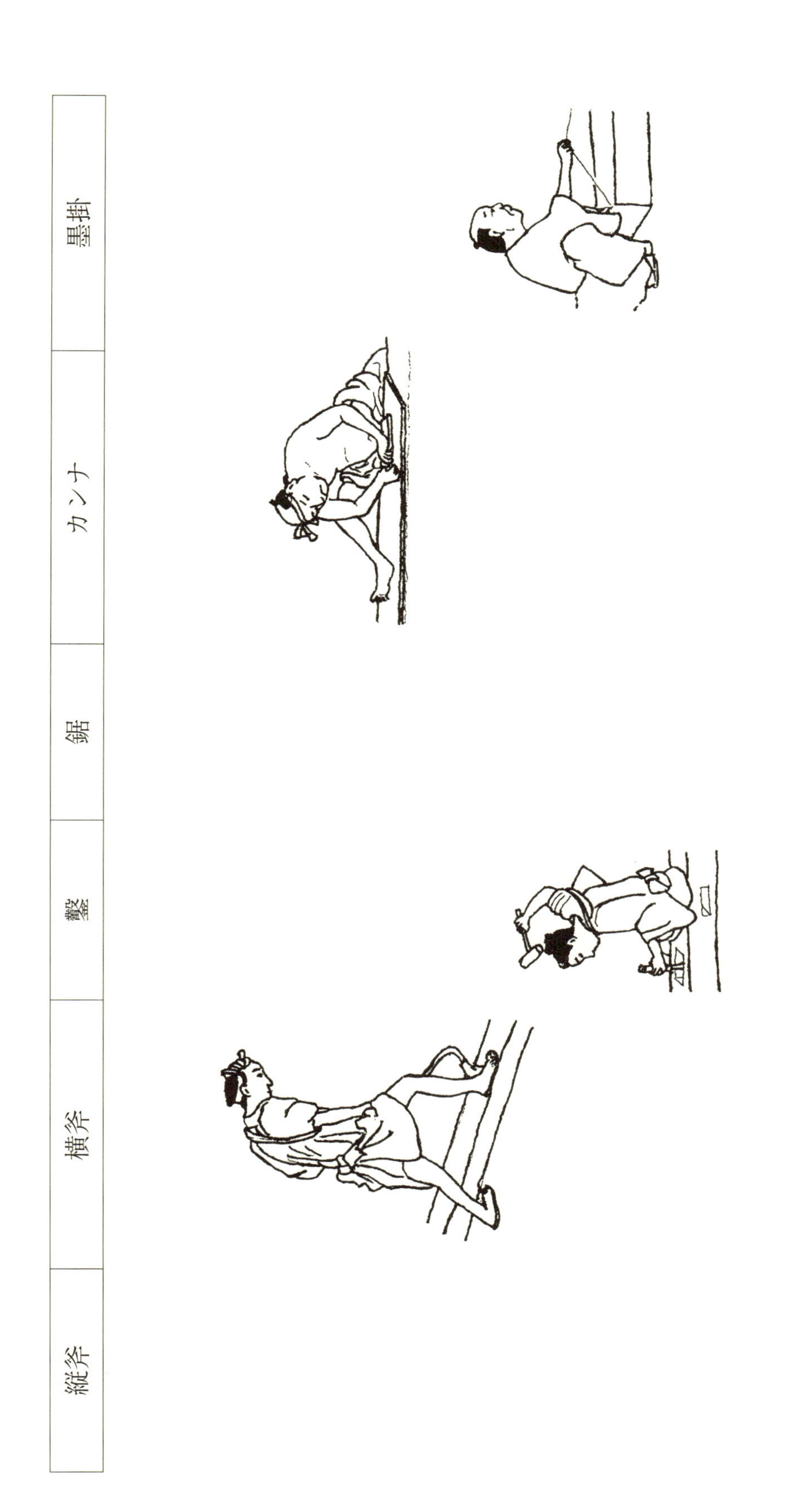

図10-3-18　木の建築をつくる（日本　A.D.1818-29年）［史料P.50］

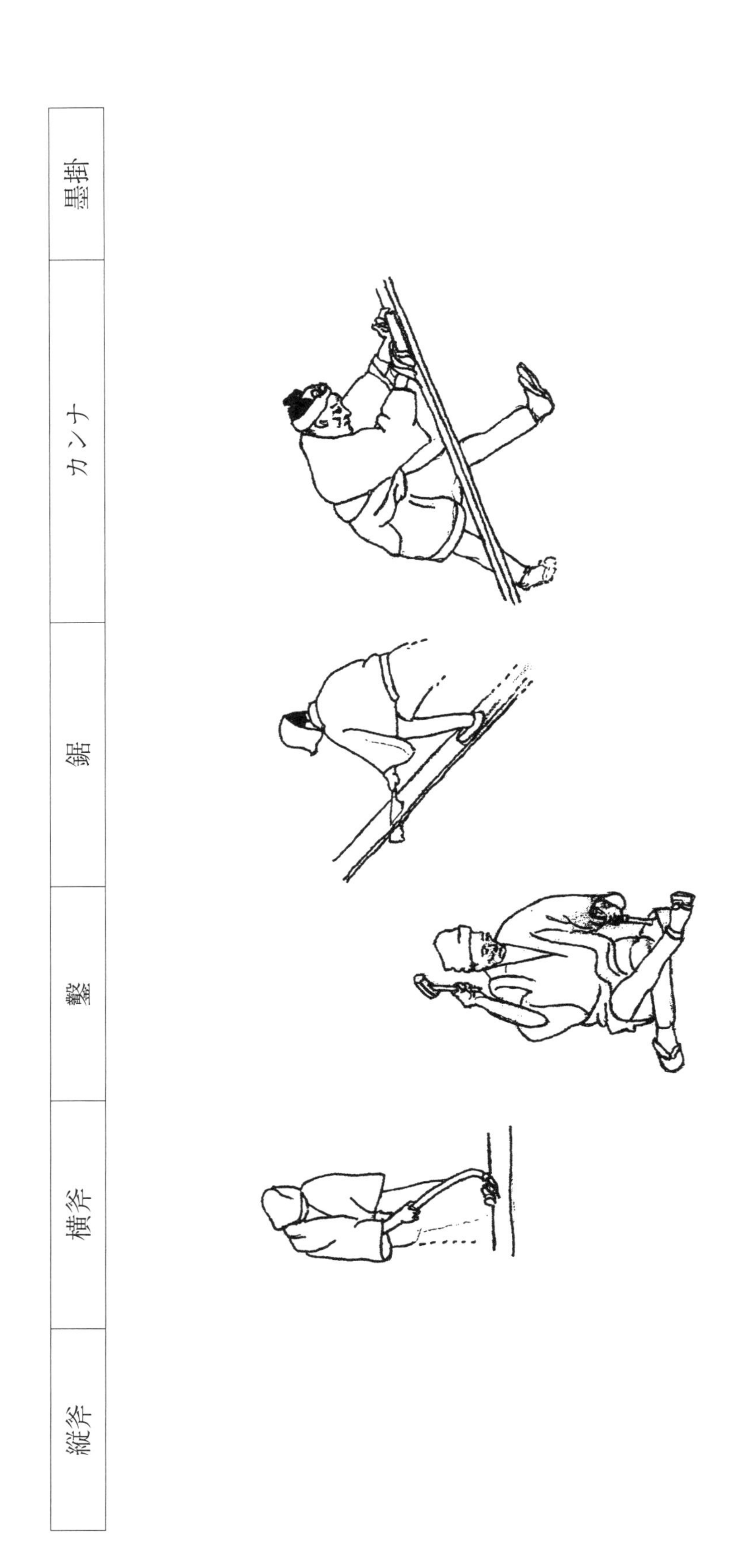

図10-3-19　木の建築をつくる（日本　A.D.1870-80年）［史料P.54］

図版解説

図 10-3-1　木の建築をつくる（日本 A.D.13 世紀中頃）［史料 P.29］

13 世紀中頃における木の建築をつくる様子を描いた絵画資料では、縦斧の使用場面は見られない。横斧（チョウナ）の場合、坐位の工人たちが左手で板材を固定し、右手で握った横斧を斜め方向に振り下している。この方法による部材刃痕は板の繊維方向に対して斜交していると推定される。鑿は坐位の工人が木槌で叩いて、角材を割裂させる（打割製材）ために使用している。鋸（茎式）は立位の工人が大型の角材を切断するために用いている。部材の仕上げ切削に坐位の工人がヤリカンナを使い、片膝立ての坐位の工人が墨斗を用いて、幅の広い板材に長い直線を墨付けしている。この場合の墨糸の端部は童による固定である。工人の作業姿勢は大型部材を鋸により切断している工人以外、すべて坐位である。

図 10-3-2　木の建築をつくる（日本　A.D.1309 年）［史料 P.32］

14 世紀初めにおける木の建築をつくる様子を描いた絵画資料では、縦斧の使用場面は見られない。幅の広い長い板材を坐位の工人たちが片手使いの横斧で荒く切削している。中には切削により生じた木屑を他方の手で引きちぎっている場面も見られる。鑿は幅が広く厚い板材を割裂する（打割製材）するために使い、鋸（茎式）は坐位の工人が肘木と見られる部材の仕口加工に使っている。坐位の工人たちが柱の木口や板材の平面の切削にヤリカンナを使用している。水平の基準を定める作業として、水を満たした箱を利用した水糸張りの様子が描かれている。また、墨斗を用いての長い直線の墨付けとサシガネを用いての丸太材の捻じれをチェックする場面も見られる。工人の作業姿勢はすべて坐位である。

図 10-3-3　木の建築をつくる（日本　A.D.1311 年）［史料 P.33］

14 世紀初めにおける木の建築をつくる様子を描いた絵画資料では、縦斧の使用場面は見られない。坐位の工人たちが横斧（チョウナ）を片手もしくは両手で握り、角材を荒く切削しており、鑿は坐位の工人が打割製材に使用している。両膝を地面につけた中腰坐位の工人が鋸（茎式）を用いて板材を切断し、坐位の工人たちがヤリカンナによって角材を仕上げ切削している。基準を定める作業として、片膝立て坐位の工人が墨斗を使って長い直線を墨付けし、坐位の工人がサシガネとスミサシを用いて角材の木口に墨付けをしている。工人の作業姿勢はすべて坐位である。

図 10-3-4　木の建築をつくる（日本　A.D.1324-26 年）［史料 P.55］

14 世紀前半における木の建築をつくる様子を描いた絵画資料では、山中における伐木場面で、立位の工人が縦斧を使用している。建築工事の現場では、坐位の工人たちが片手で握った横斧（チョウナ）によって、幅の広い板を荒く切削している。鑿は幅の広い角材に跨った工人たちによる打割製材で使われている。鋸（茎式）は坐位の工人が両手で握り角材の切断に用い、坐位の工人たちが幅の広い板をヤリカンナによって仕上げ切削している。工人の作業姿勢は縦斧により立木の伐木をしている工人以外、すべて坐位である。

図 10-3-5　木の建築をつくる（日本　A.D.1374-89 年）［史料 P.56］

14 世紀後半における木の建築をつくる様子を描いた絵画資料では、山中での伐木場面で、立位の工人が立木の切断に縦斧を用い、伐木後の原木切断（玉切）にも縦斧を使っている。建築工事の現場では、坐位と立位の工人がそれぞれ横斧（チョウナ）を両手で握り、幅の広い板を荒く切削している。なお横斧を立位で使う場合、部材刃痕が繊維方向に対して平行に残ることもある。鑿は坐位の工人により幅が広く比較的薄い板の打割製材（あるいはホゾ穴加工）に使用され、両膝を地面においた坐位の工人が両手で握った鋸（茎式）を板材の切断に使っている。ヤリカンナは坐位の工人が板材の仕上げ切削に用い、坐位の工人が墨斗によって長い直線を墨付けしている。また、立位の工人が墨斗をサゲフリとして組立中の部材の垂直をチェックしている。工人の作業姿勢は縦斧と横斧を使う工人以外、すべて坐位である。

図 10-3-6　木の建築をつくる（日本　A.D.1398 年）［史料 P.34］

14 世紀末における木の建築をつくる様子を描いた絵画資料では、縦斧の使用場面は見られない。坐位の工人が片手で握った横斧（チョウナ）を用いて幅の広い板材を荒く切削し、同じく坐位の工人が鑿を角材の接合部（仕口）加工に使っている。さらに座位の工人が鋸（茎式）で板を切断し、そして坐位の工人がヤリカンナを幅の広い板材と角材の仕上げ切削に用い、そして坐位の工人が墨斗を長い直線の墨付けに使っている。工人の作業姿勢はすべて坐位である。

図 10-3-7　木の建築をつくる（日本　A.D.1433 年）［史料 P.35］

15 世紀前半における木の建築をつくる様子を描いた絵画資料では、縦斧の使用場面は見られない。坐位あるいは立位の工人が両手で握った横斧（チョウナ）により板材を荒く切削し、坐位の工人たちが鑿を円柱や板材の加工に使っている。坐位（胡坐）の工人が両手で握った鋸（茎式）で部材を切断し、坐位の工人たちがヤリカンナを用いて板材の仕上げ切削をしている。両膝を地面においた工人が墨斗により長い直線を墨付けし、同じく両膝を地面においた工人が墨斗と口引らしき道具を用いて、礎石上面の凹凸を柱下部に写し取っている。工人の作業姿勢はすべて坐位である。

図 10-3-8　木の建築をつくる（日本　A.D.1524 年）［史料 P.36］

16 世紀前半における木の建築をつくる様子を描いた絵画資料では、縦斧の使用場面は見られない。片足をのばした坐位の工人が両手で握った横斧（チョウナ）を用いて板材を荒く切削し、足場の上で中腰の工人が組立中の柱に対して鑿を使い、地面上で坐位の工人が角材側面から板を割裂させようと穂部分の長い鑿を木槌で叩いている。足をのばした坐位の工人が両手で握った鋸（茎式）により角材を切断し、足場上で座位の工人が組立中の柱をヤリカンナを用いて切削している。また地面上では坐位の工人たちがヤリカンナによって板材の仕上げ切削をしている。坐位の工人が墨斗を使って長い直線を墨付けし、また坐位の工人がサシガネとスミサシを用いて部材木口部分の墨付けをしている。工人の作業姿勢はすべて坐位である。

図 10-3-9　木の建築をつくる（日本　A.D.1536 年）［史料 P.37］

16 世紀前半における木の建築をつくる様子を描いた絵画資料では、縦斧の使用場面は見られない。坐位の工人たちが両手で握った横斧（チョウナ）を用いて部材を荒く切削し、坐位の工人たちが鑿を部材の仕口加工などに使っている。坐位の工人が両手で握った鋸（茎式）を大きな断面の角材繊維に対し斜め方向に切断している。坐位の工人たちがヤリカンナによって部材を仕上げ切削し、坐位の工人が墨斗を用いて長い直線を墨付けしている。工人の作業姿勢はすべて坐位である。

図 10-3-10　木の建築をつくる（日本　A.D.1596-1669 年）［史料 P.59］

16 世紀末から 17 世紀中頃にかけて木の建築をつくる様子を描いた絵画資料では、縦斧の使用場面は見られない。立位の工人が両手で握った横斧（チョウナ）を用いて幅の広い板材を荒く切削し、坐位の工人が幅の広い角材の仕口加工に鑿を使用している。坐位（胡坐）の工人たちが両手で握った鋸（茎式）により部材を切断し、坐位の工人が板材の仕上げ切削にヤリカンナを使用している。工人の作業姿勢は横斧を使用している工人以外、坐位である。

図 10-3-11　木の建築をつくる（日本　A.D.17 世紀中頃）［史料 P.40］

17 世紀中頃における木の建築をつくる様子を描いた絵画資料では、縦斧の使用場面は見られない。坐位の工人たちが両手で握った横斧（チョウナ）を用いて幅の広い角材を荒く切削し、坐位の工人たちが大型部材の仕口加工や建築装飾（蟇股）の彫刻に鑿を使っている。坐位の工人が建築装飾の加工に鋸（茎式）を使い、ヤリカンナも建築装飾の彫刻に用いている。大型角材の仕上げ切削には、坐位の工人たちが台鉋を使っている。片膝立の工人が墨斗で長い直線の墨付けを行い、坐位の工人がサシガネとスミサシにより大型角材の木口に墨付けをしている。工人の作業姿勢はすべて坐位である。

図 10-3-12　木の建築をつくる（日本　A.D.17 世紀後半）［史料 P.60］

17 世紀後半における木の建築をつくる様子を描いた絵画資料では、縦斧の使用場面は見られない。立位の工人が両手で握った横斧（チョウナ）により幅の広い板材を荒く切削し、坐位の工人たちが鑿を木槌で叩いて部材の加工をしている。立位の工人たちが一人使いの大型縦挽鋸（茎式）を用いて角材の製材を行い、坐位の工人たちが二人使いの大型横挽鋸（台切）によって、丸太材を切断している。坐位の工人が台鉋で幅の広い板の仕上げ切削をして、坐位の工人が墨斗を使って長い直線を墨付けしようとしている。工人の作業姿勢は横斧と縦挽製材鋸を使う工人が立位、その他の工人は坐位である。

図 10-3-13　木の建築をつくる（日本　A.D.1689 年）［史料 P.58］

17 世紀後半における木の建築をつくる様子を描いた絵画資料では、縦斧の使用場面は見られない。立位の工人が両手で握った横斧（チョウナ）で部材を荒く切削し、坐位の工人たちが鑿を木槌で叩いて部材加工をしている。坐位の工人が台鉋によって部材の仕上げ切削をし、坐位の工人が墨斗で長い直線の墨付けをしようとしている。なおこの墨斗の墨糸端部にカルコが付けられ、それまで端部を固定していた童の姿は見られない。工人の作業姿勢は横斧使用の工人以外、坐位である。

図 10-3-14　木の建築をつくる（日本　A.D.1693 年）［史料 P.36］

17 世紀末における木の建築をつくる様子を描いた絵画資料では、縦斧の使用場面は見られない。立位の工人が両手で握った横斧（チョウナ）を用いて部材を荒く切削し、組立中の部材に跨った工人が鑿を木槌で叩いて部材加工をしている。サシガネを片手に梯子を上る工人の腰には鋸（茎式）が見られ、組立中の部材上で中腰の工人が台鉋を使って仕上げ切削をしている。工人の作業姿勢は横斧使用の工人以外、坐位である。

図 10-3-15　木の建築をつくる（日本　A.D.1756 年）［史料 P.45］

18 世紀中頃における木の建築をつくる様子を描いた絵画資料では、縦斧の使用場面は見られない。立位の工人たちが両手で横斧（チョウナ）を握り角材を荒く切削しており、坐位の工人たちが鑿を木槌で叩いて部材加工をしている。両膝を地面につけた中腰の工人たちが一人使いの茎式の大型縦挽鋸（前挽大鋸）を用いて角材の製材を行い、坐位の工人が片手で握った鋸（茎式）で部材を切断している。坐位の工人たちが台鉋によって部材の仕上げ切削をし、坐位の工人たちがスミサシで部材の墨付けを行い、サシガネで部材の直角をはかっている。工人の作業姿勢は、横斧使用の工人以外、坐位である。

図 10-3-16　木の建築をつくる（日本　A.D.1783 年）［史料 P.64］

18 世紀後半における木の建築をつくる様子を描いた絵画資料では、縦斧を使用する場面は見られない。立位の工人たちが両手で握った横斧（チョウナ）を用いて幅の広い角材を荒く切削し、坐位の工人が鑿を木槌で叩いて部材加工をしている。立位の工人が茎式の大型縦挽鋸（前挽大鋸）で角材から板材を製材し、中腰の工人が台鉋によって部材の仕上げ切削をしている。立位の工人が墨斗を用いて長い直線を墨付けしている様子も見られる。工人の作業姿勢は鑿使用の工人以外、立位もしくは中腰である。

図 10-3-17　木の建築をつくる（日本　A.D.1805 年）［史料 P.49］

19 世紀初めにおける木の建築をつくる様子を描いた絵画資料では、縦斧の使用場面は見られない。立位の工人たちは両手で握った横斧（チョウナ）で部材を荒く切削し、坐位の工人たちは鑿を鉄製の槌で叩いて部材加工をしている。立位の工人が鋸（茎式）を用いて部材を切断し、坐位の工人が板材を台鉋で仕上げ切削している。墨斗をサゲフリとして使用している立位の工人も見られる。工人の作業姿勢は鑿と台鉋を使用する工人以外、立位である。

図 10-3-18　木の建築をつくる（日本　A.D.1818-29 年）［史料 P.50］

19 世紀前半における木の建築をつくる様子を描いた絵画資料では、縦斧を使用する場面は見られない。立位の工人が両手で握った横斧（チョウナ）を用いて部材を荒く切削し、坐位の工人が鑿を木槌で叩き部材の加工をしている。坐位の工人が片足で板材を抑えながら台鉋による仕上げ切削をし、中腰の工人が墨斗で長い直線を墨付けしている。工人の作業姿勢は、鑿と台鉋使用の工人以外、立位である。

図 10-3-19　木の建築をつくる（日本　A.D.1870-80 年）［史料 P.54］

19 世紀中頃における木の建築をつくる様子を撮影した画像（写真）資料では、縦斧の使用場面は見られない。立位の工人が両手で握った横斧（チョウナ）を用いて部材を荒く切削し、坐位の工人が鑿を鉄製の槌で叩いて部材加工をしている。立位の工人が縦挽鋸（茎式）で板材を挽割りし、立位の工人が台鉋で板材を仕上げ切削している。工人の作業姿勢は、鑿使用の工人以外、立位である。

資料編 4

木を工作する道具

——ユーラシア大陸の西・ヨーロッパ——

概　要

木は、衣食住など人間の生活に必要な様々な建造物や製品に利用されてきた。

ここでは、大陸の西・ヨーロッパにおいて住に関係する建築、その内部に入れる建具・家具、海上を移動するために使う船、陸上を移動するために使う馬車・車輪、食に関係する樽、衣に関係する靴、の8種類の技術と道具を取り上げる。

木の建築をつくる

図10-4-1　木の建築をつくる（フランス　A.D.18世紀）［史料L.35］

k
c
g

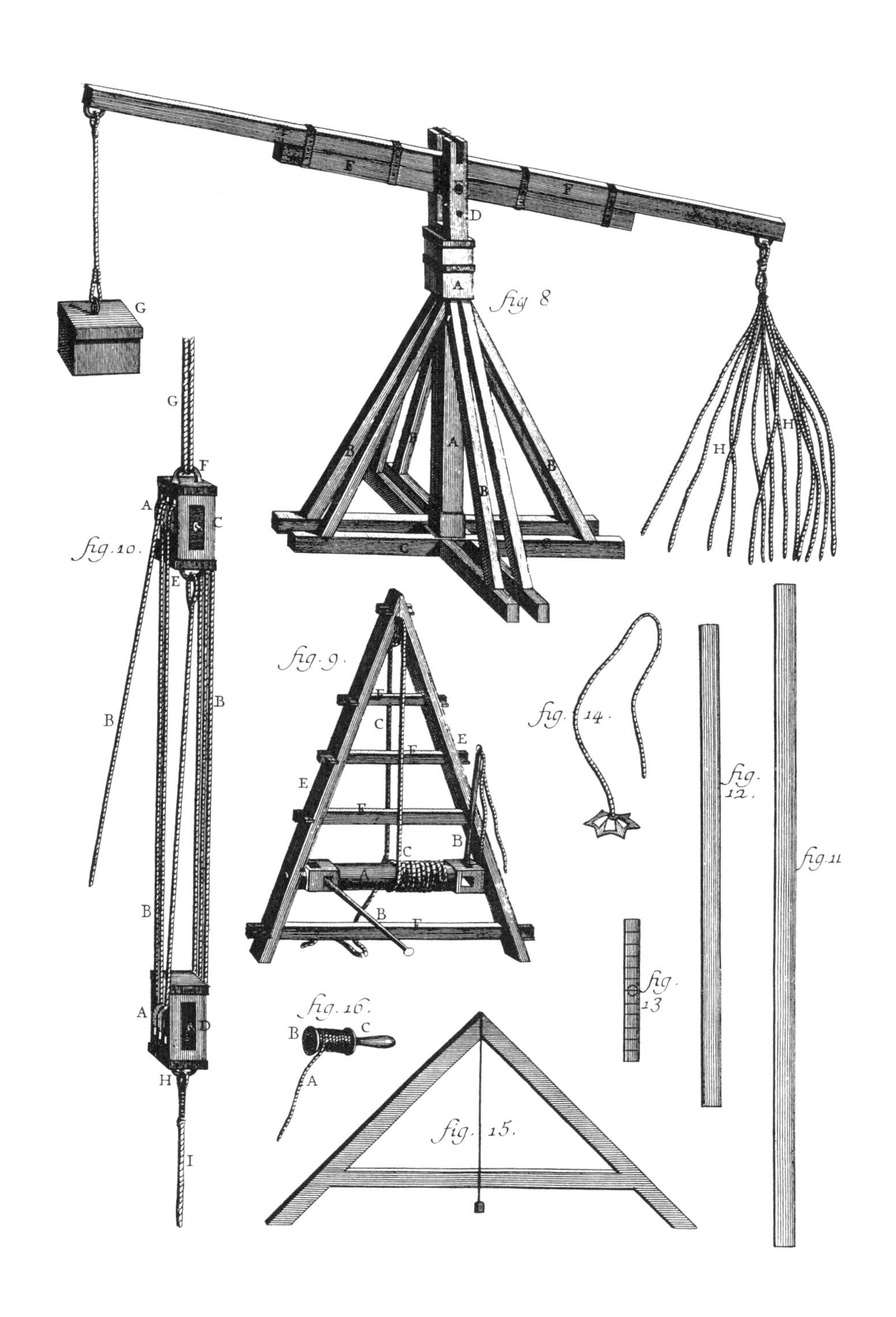

図10-4-2　木の建築をつくる道具（フランス　A.D.18世紀）［史料L.35］

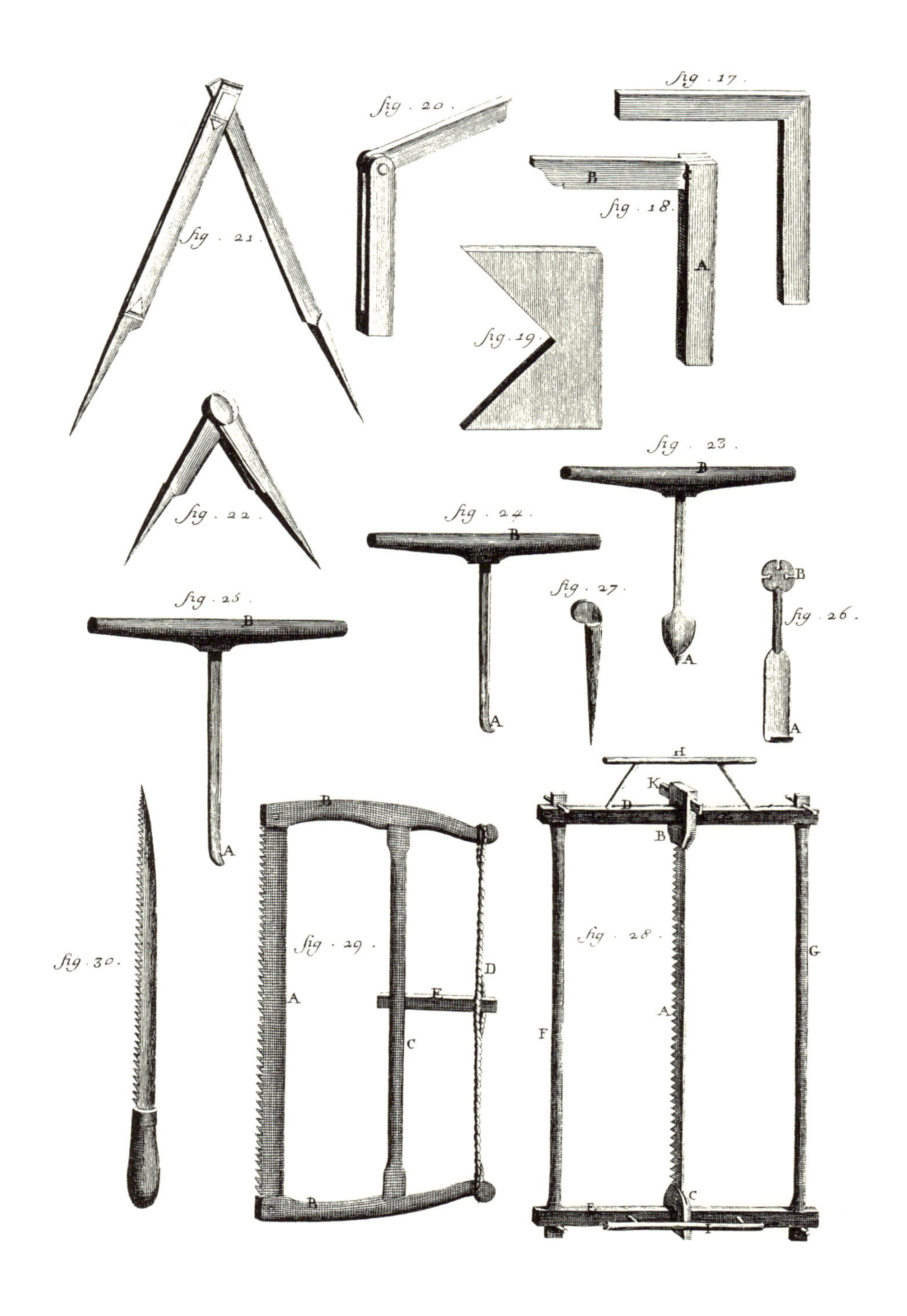

図10-4-3　木の建築をつくる道具（フランス　A.D.18世紀）［史料L.35］

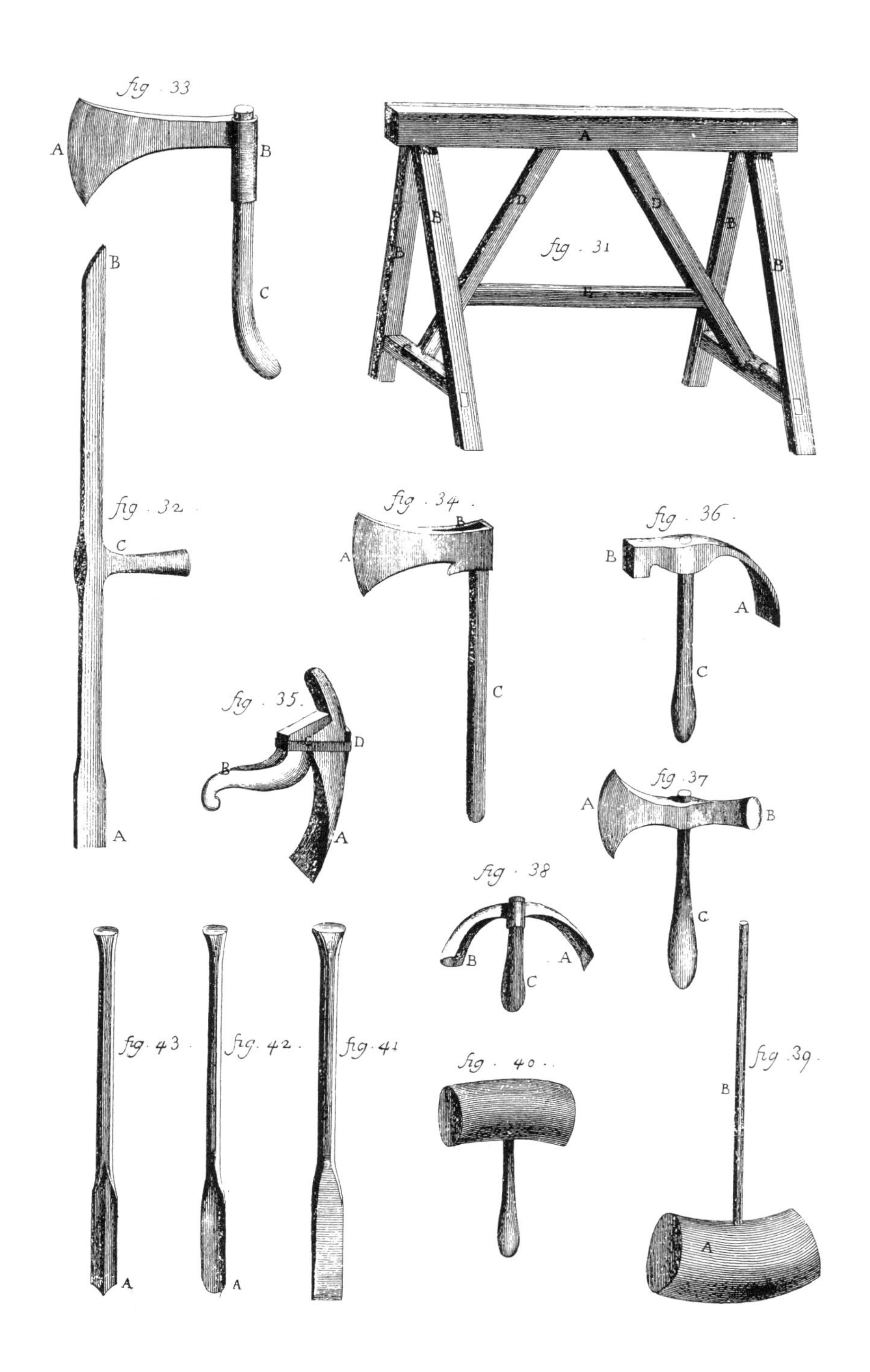

図 10-4-4 木の建築をつくる道具（フランス　A.D.18世紀）［史料L.35］

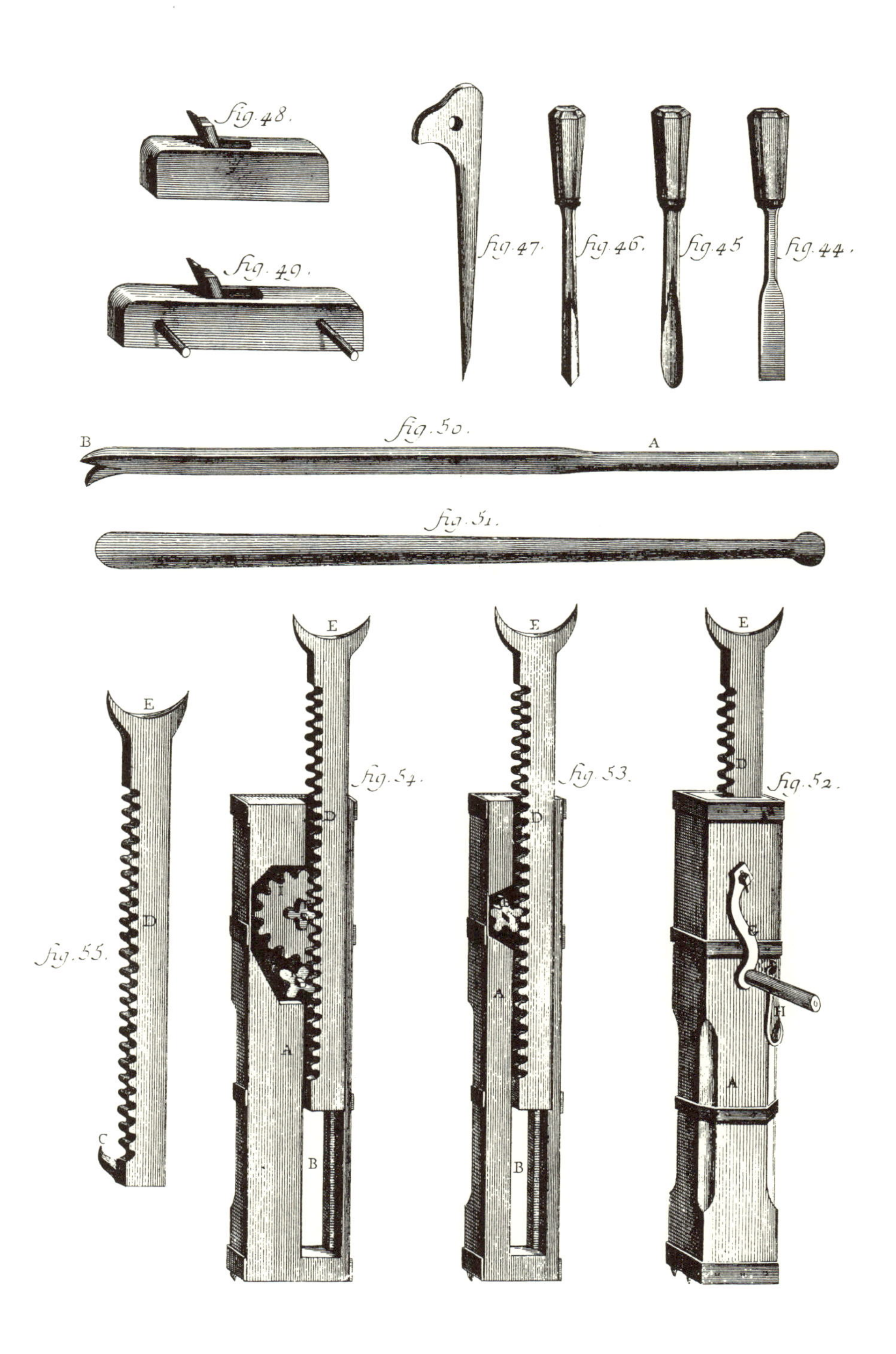

図10-4-5　木の建築をつくる道具（フランス　A.D.18世紀）［史料L.35］

図10-4-6　木の建具をつくる（フランス　A.D.18世紀）［史料L.35］

h
Fig. b.

図10-4-7　木の建具をつくる（フランス　A.D.18世紀）［史料L.35］

Fig.c
Fig.d
Fig.e
Fig.b
Fig.a

図10-4-8　木の家具をつくる（フランス　A.D.18世紀）［史料L.35］

a
b
d

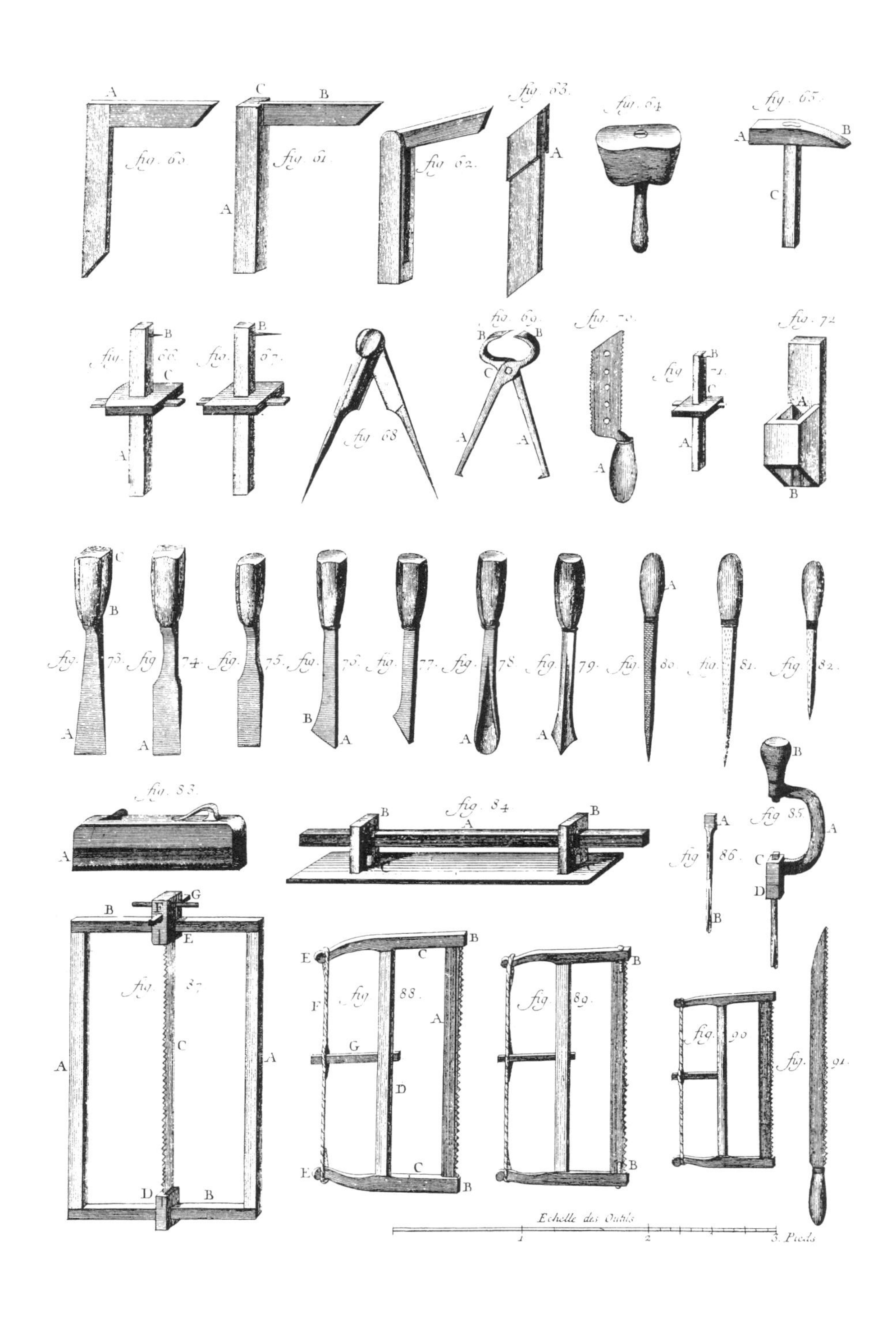

図10-4-9　木の建具をつくる道具（フランス　A.D.18世紀）［史料L.35］

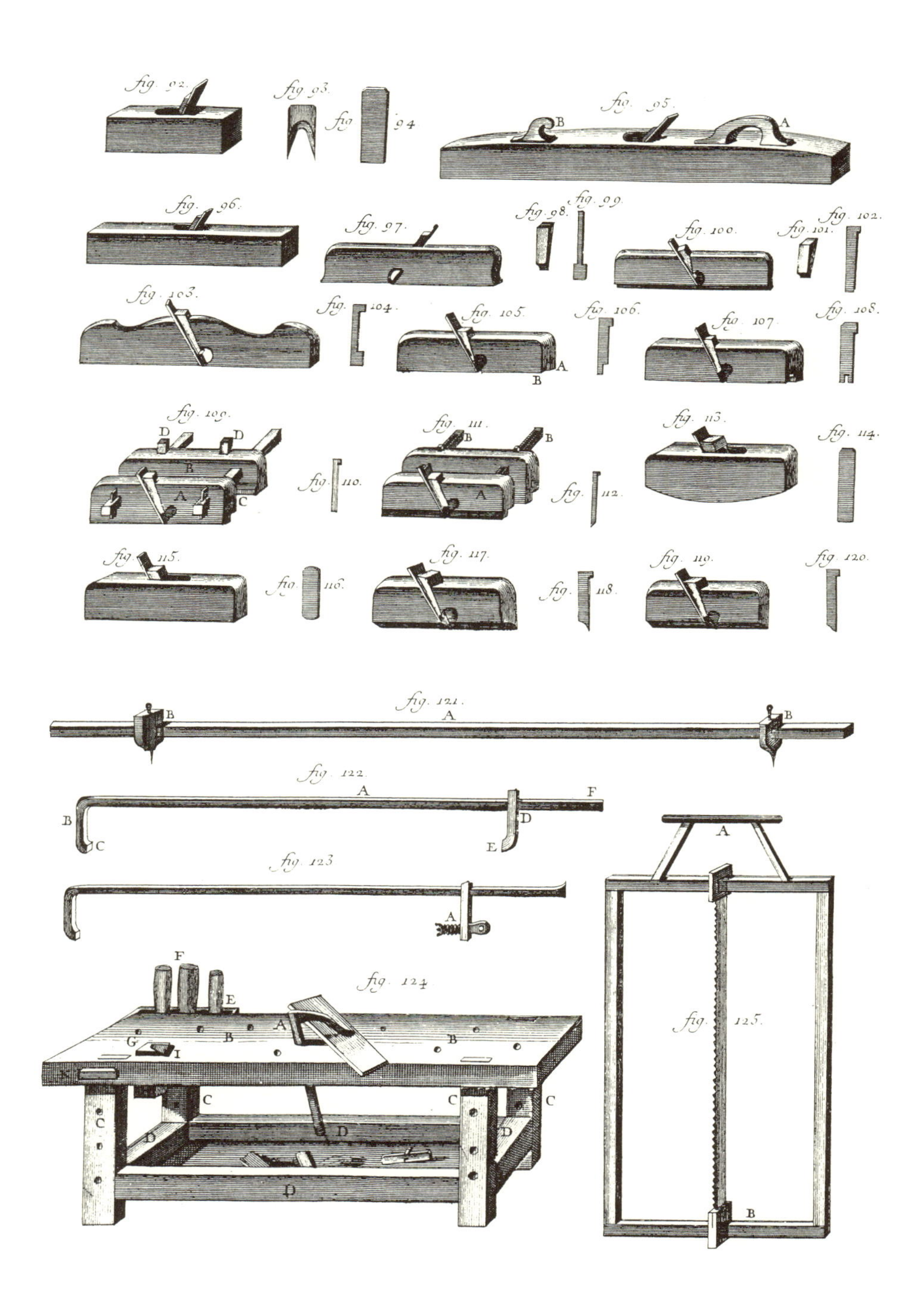

図10-4-10　木の建具をつくる道具（フランス　A.D.18世紀）［史料L.35］

図10-4-11　木の船をつくる（フランス　A.D.18世紀）［史料L.35］

M
L
K
L
K
N
N
H
F
E
G
H
N

図10-4-12　木の馬車をつくる（フランス　A.D.18世紀）［史料L.35］

é
d
a

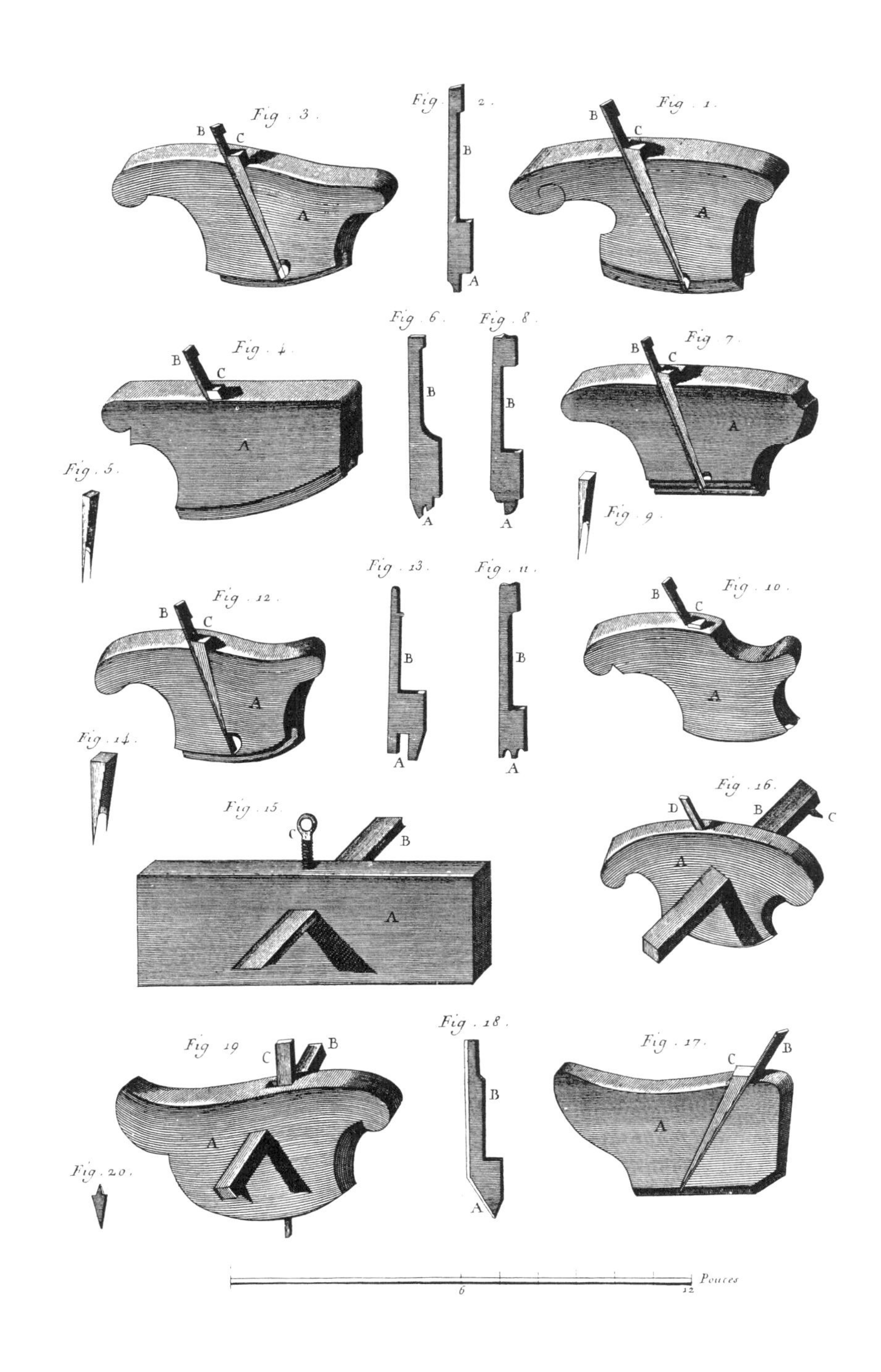

図10-4-13　木の馬車をつくる道具（フランス　A.D.18世紀）［史料L.35］

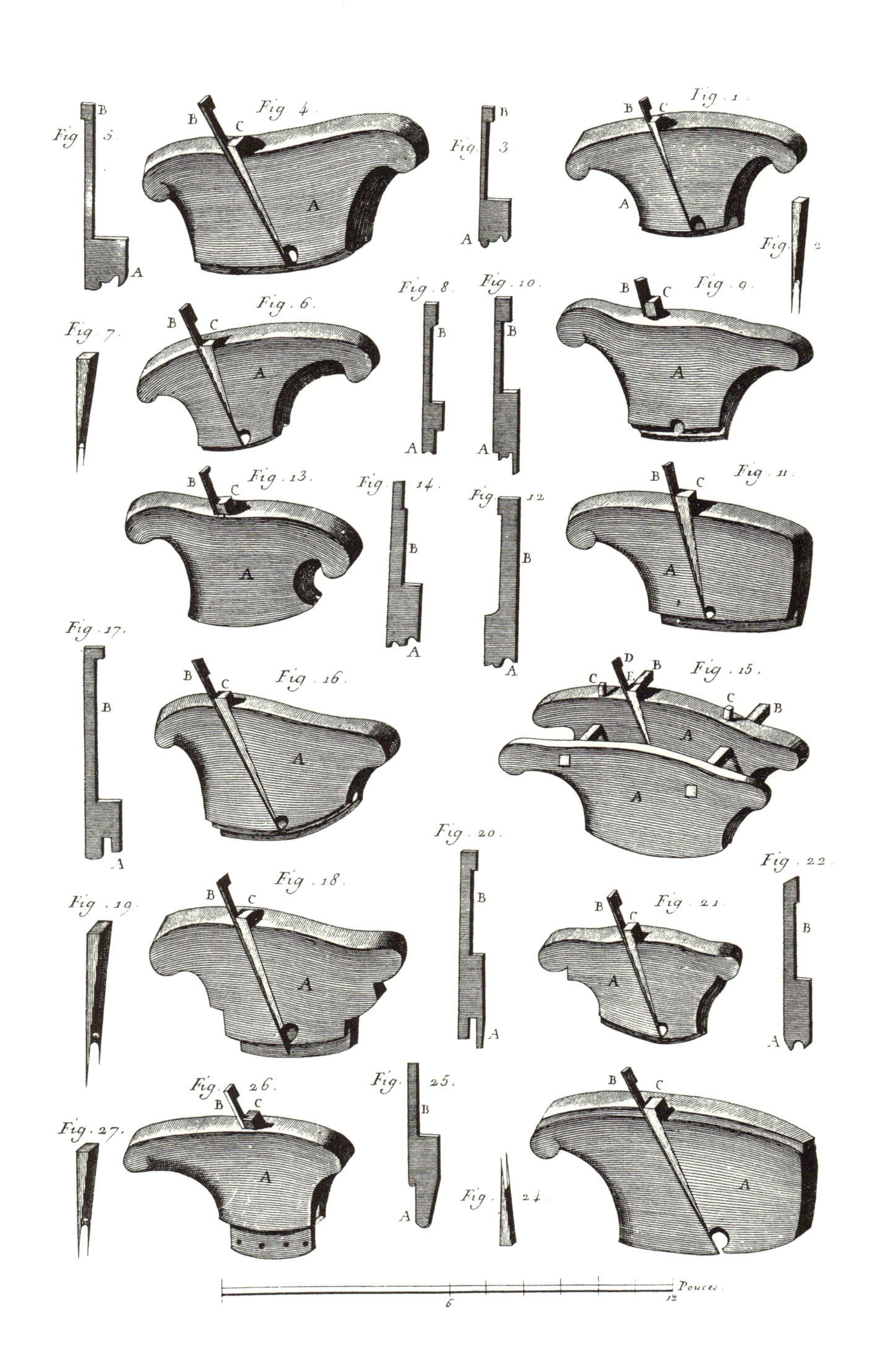

図10-4-14　木の馬車をつくる道具（フランス　A.D.18世紀）［史料L.35］

図10-4-15　木の車輪をつくる（フランス　A.D.18世紀）［史料L.35］

fig. 1
fig. 2.
fig. 5.
fig. 4.

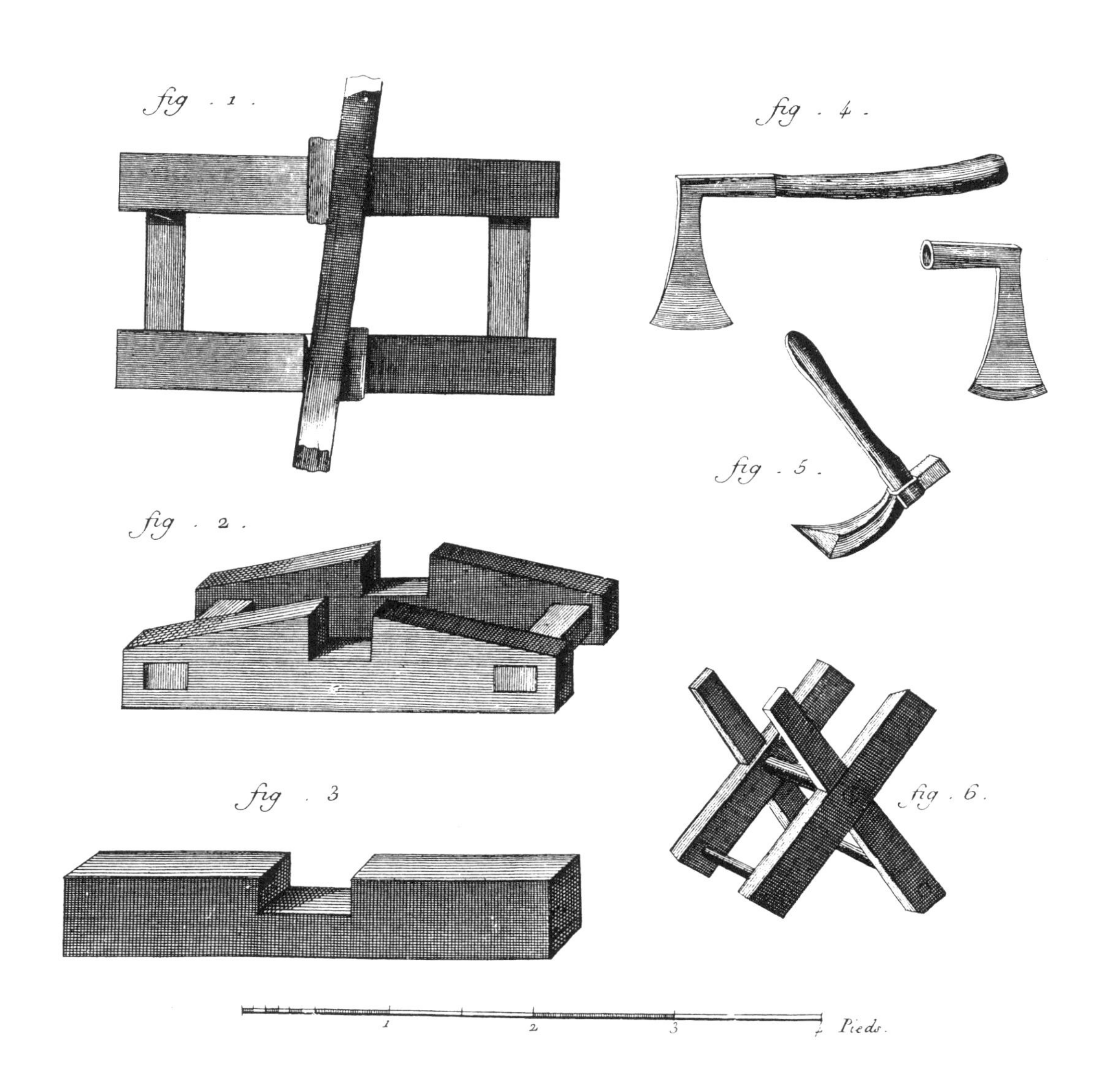

図10-4-16　木の車輪をつくる道具（フランス　A.D.18世紀）［史料L.35］

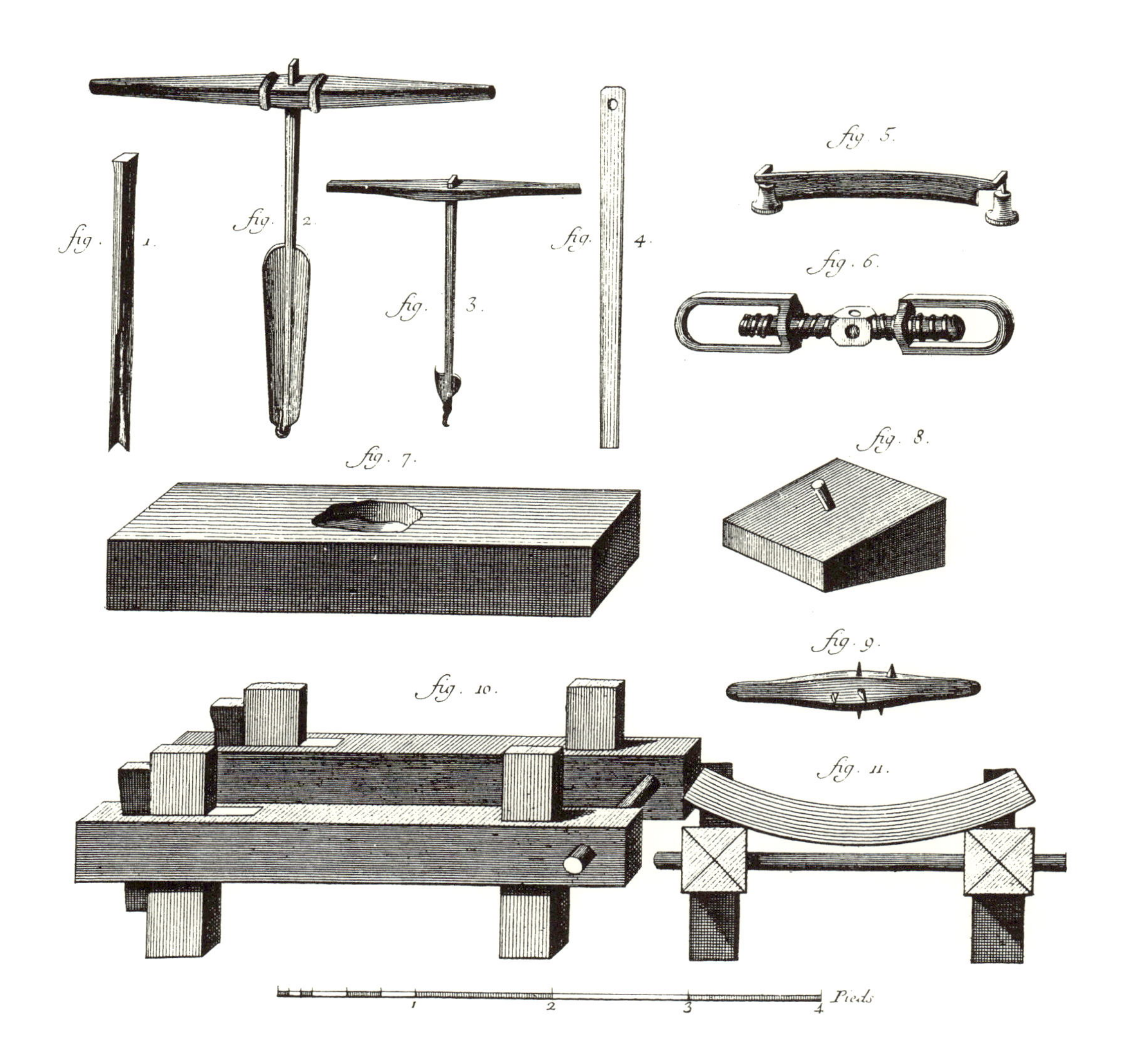
fig. 1.
fig. 2.
fig. 3.
fig. 4.
fig. 5.
fig. 6.
fig. 7.
fig. 8.
fig. 9.
fig. 10.
fig. 11.
1
2
3
4
Pieds

図10-4-17　木の樽をつくる（フランス　A.D.18世紀）［史料L.35］

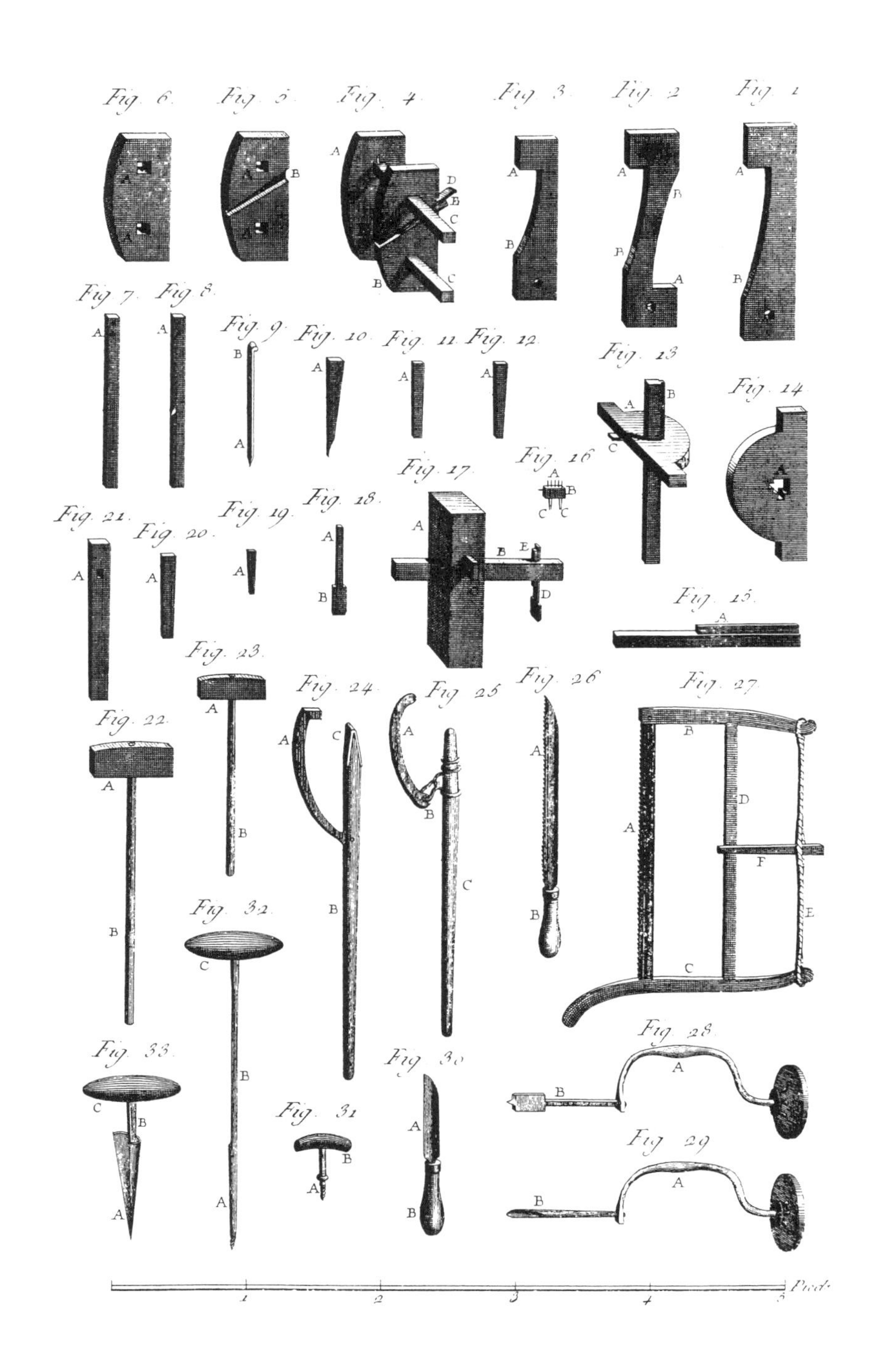

図10-4-18　木の樽をつくる道具（フランス　A.D.18世紀）［史料L.35］

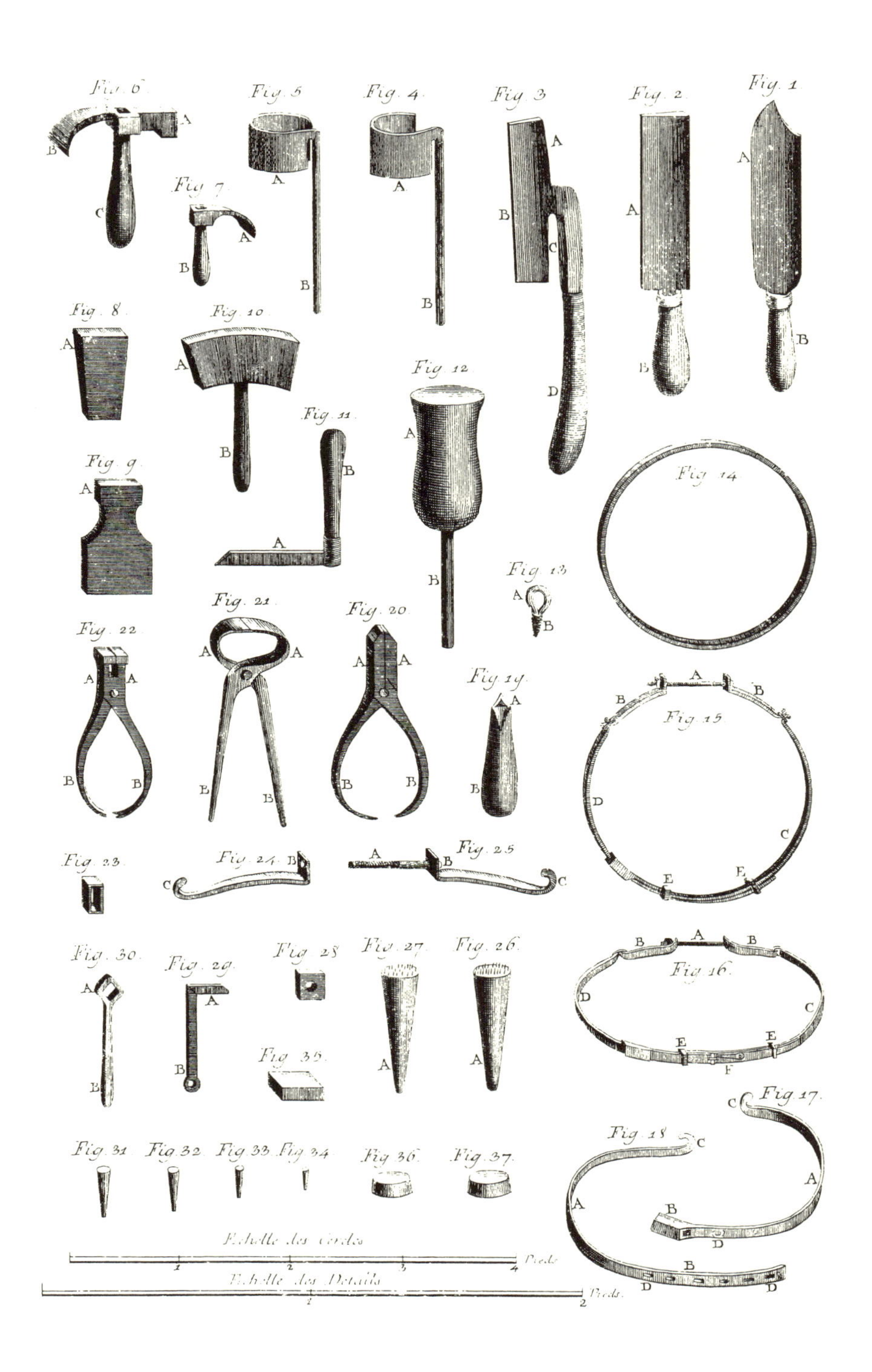

図10-4-19　木の樽をつくる道具（フランス　A.D.18世紀）［史料L.35］

図10-4-20　木の樽をつくる道具（フランス　A.D.18世紀）［史料L.35］

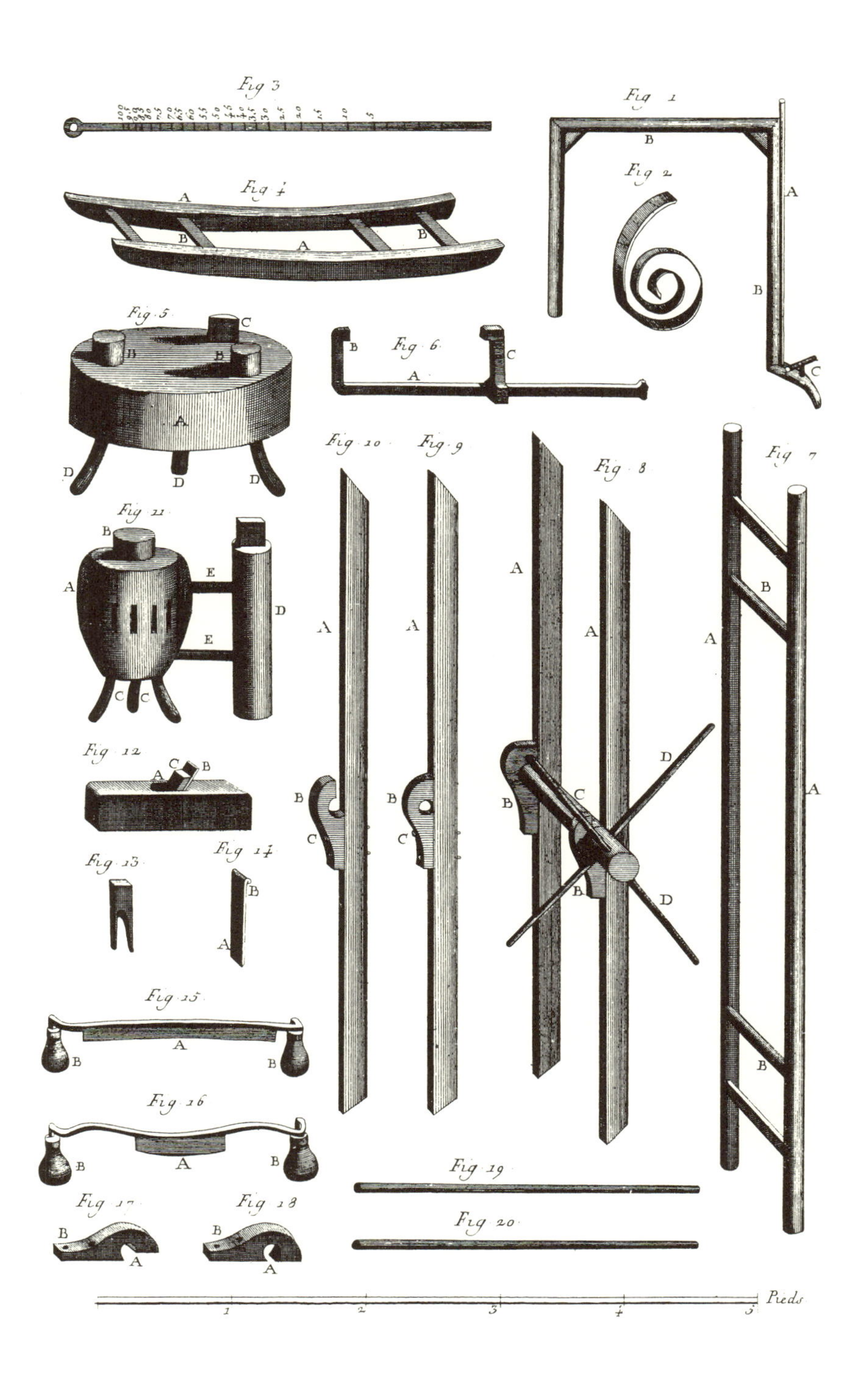

図10-4-21　木の樽をつくる道具（フランス　A.D.18世紀）［史料L.35］

図10-4-22　木の靴をつくる（フランス　A.D.18世紀）［史料L.35］

B
Fig. 5

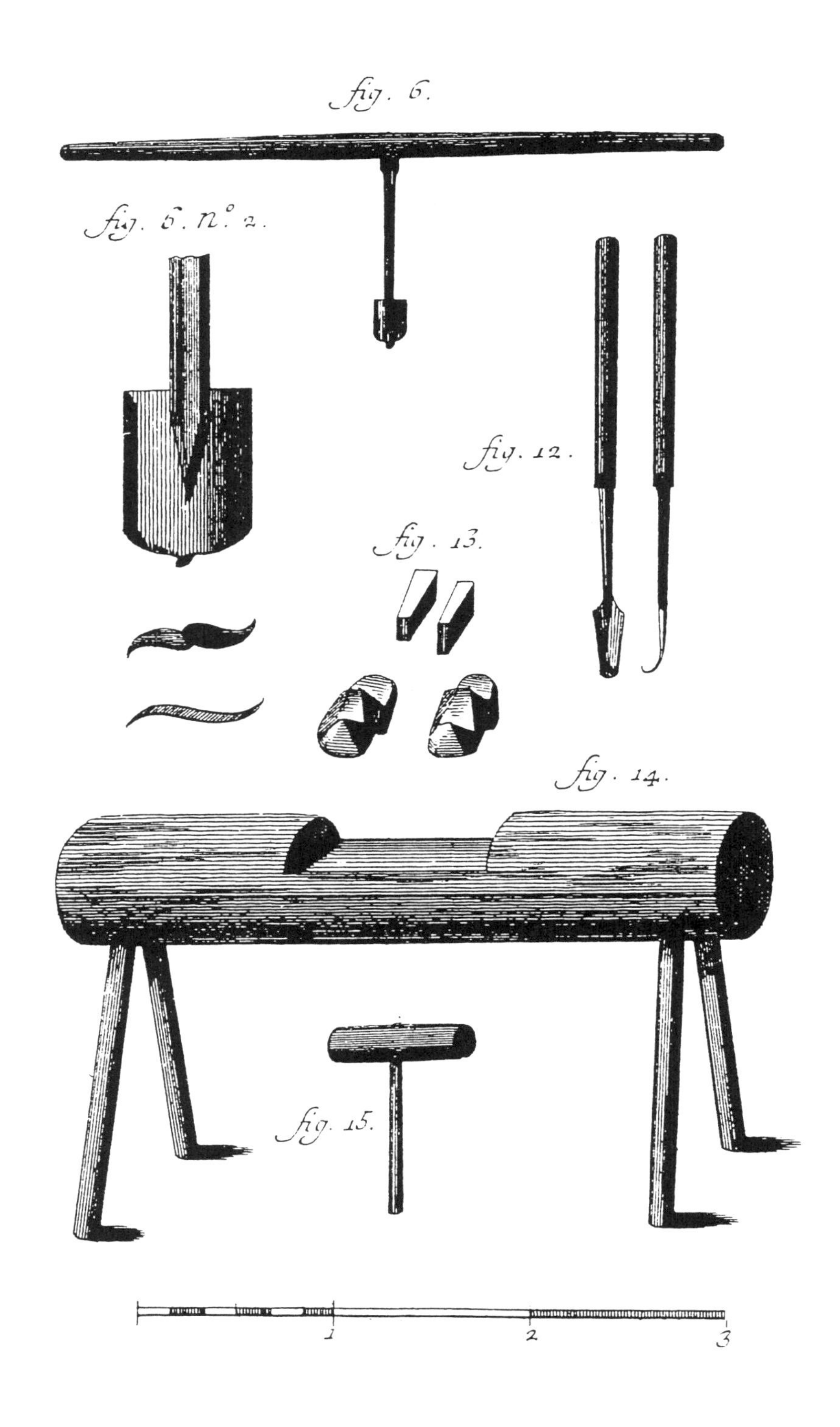

図10-4-23　木の靴をつくる道具（フランス　A.D.18世紀）［史料L.35］

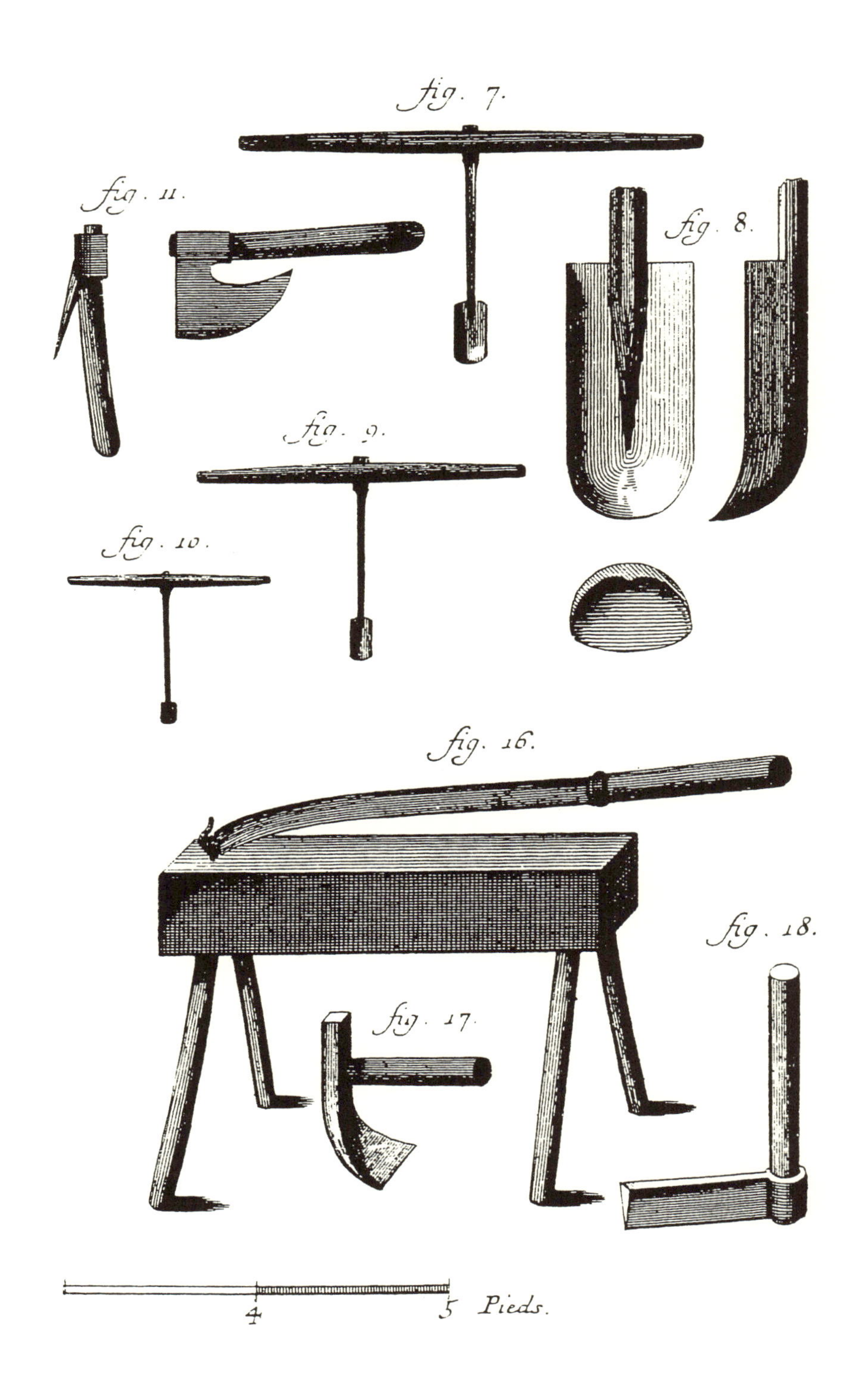

図10-4-24　木の靴をつくる道具（フランス　A.D.18世紀）［史料L.35］

図版解説

図 10-4-1　木の建築をつくる（フランス　A.D.18 世紀）［史料 L.35］

屋外での建築工事の作業として、支持台に載せた長い角材を大型の枠鋸（両側支柱形式）を用いて二人で製材しているところ、大きな軸組材に対して、鑿と木槌を使ってホゾ穴を加工しているところ、また木口面の接合部をトゥワイビルで削っているところ、そして部材の側面を斧によって斫っているところ、などが描かれている。さらに地面上に置かれたコンパスや斧なども見られる。作業姿勢は、鑿を使う工人以外、すべて立位である。

図 10-4-2　木の建築をつくる道具（フランス　A.D.18 世紀）［史料 L.35］

木の建築をつくる道具の内、垂直（下げ振り）、水平（A レベル）、直線（定規）をはかる道具類、重量物を持ち上げる木製クレーンなどが描かれている。

図 10-4-3　木の建築をつくる道具（フランス　A.D.18 世紀）［史料 L.35］

円をしるす道具（コンパス）や直角を含む角度をしるす道具、大型・中型の枠鋸（両側支柱形式と中央支柱形式）、小型の手鋸（茎式）、鋸歯の目立て用の道具、部材に大きな穴をあける錐（ボールト錐）、部材に罫書する道具（白書き）などが見られる。

図 10-4-4　木の建築をつくる道具（フランス　A.D.18 世紀）［史料 L.35］

大小各種の斧（縦斧と横斧）、全鉄製の大型鑿、大小の木槌、大型突鑿（トゥワイビル）、部材を載せる支持台などが描かれている。

図 10-4-5　木の建築をつくる道具（フランス　A.D.18 世紀）［史料 L.35］

木の柄を有する鑿、台鉋、組立に用いるジャッキ、全鉄製の梃などが見られる。

図 10-4-6　木の建具をつくる（フランス　A.D.18 世紀）［史料 L.35］

建具工房の屋外において、支持台に載せた長い角材を大型の枠鋸（両側支柱形式）を用いて二人で製材している様子が描かれている。敷地内には、製材された板を高く積み上げ、乾燥させている様子も見られる。工人の作業姿勢は立位である。

図 10-4-7　木の建具をつくる（フランス　A.D.18 世紀）［史料 L.35］

工房内では、一人の工人が大型の枠鋸（両側支柱形式）を用いて板を縦挽きしているところ、別の工人が中型の枠鋸（中央支柱形式）で板を横挽きしているところ、ハンドル錐を用いて板に穴をあけているところ、そして建具の組子を鑿と木槌で加工しているところ、などが描かれている。さらに作業台の上には、台鉋、木槌、金槌、鑿などが置かれている。工人の作業姿勢はすべて立位である。

図 10-4-8　木の家具をつくる（フランス　A.D.18 世紀）［史料 L.35］

閉鎖的な印象の室内での家具製作の様子が描かれている。それぞれ別の作業台で二人の工人が枠鋸（いずれも両側支柱形式）を用いて板の縦挽きしているところ、鑿と木槌で部材を加工しているところ、そして接着用のニカワを熱しているところなどが見られる。さらに壁にはハンドル錐が掛けられている。工人の作業姿勢はすべて立位である。

図 10-4-9　木の建具をつくる道具（フランス　A.D.18 世紀）［史料 L.35］

木の建具をつくる道具の内、直角を含む角度をはかる道具、コンパス、罫書する道具（罫引）、各種の鑿、木槌と金槌、大小の枠鋸（両側支柱形式と中央支柱形式）、手鋸、溝加工用の台付鋸、ヤスリ、ハンドル錐などが描かれている。

図 10-4-10　木の建具をつくる道具（フランス　A.D.18 世紀）［史料 L.35］

木の建築をつくる道具の内、大型枠鋸（両側支柱形式）、大小各用途の台鉋、締め付け固定用の道具（端金）、作業台などが見られる。

図 10-4-11　木の船をつくる（フランス　A.D.18 世紀）［史料 L.35］

海岸の広大な敷地において、大型の木造船を建造している様子が描かれている。幅の広い厚めの板材に対して斧を使っているところ、支持台に載せた厚い板材を二人の工人が大型の枠鋸（両側支柱形式）を用いて製材しているところ、鑿と木槌を用いて部材を加工しているところ、そして設計図を広げて工事の状況を検討しているところ、などが描かれている。さらに地面上には、横斧（チョウナ）、二人使いの大型横挽鋸（台切）、などが置かれている。その他に、部材を運搬する様々な方法が描かれ、これらの工事全般を画家がスケッチしている姿も見られる。工人の作業姿勢は、鑿を使う工人と、石材らしき短い角材を枠鋸（中央支柱形式）によって切断している二人の工人以外、すべて立位である。

図 10-4-12　木の馬車をつくる（フランス　A.D.18 世紀）［史料 L.35］

工房内での馬車製作の様子が描かれている。工人が両足を踏ん張り台鉋の推し使いにより板材の切削をしているところ、ハンドル錐で部材に穴をあけているところ、鑿と木槌を用いて部材を加工しているところ、そして中型の枠鋸（両側支柱形式）を用いて板材の縦挽きをしているところが見られる。工人の作業姿勢はすべて立位である。

図 10-4-13　木の馬車をつくる道具（フランス　A.D.18 世紀）［史料 L.35］

木の馬車は様々な曲面を有する部材によって構成されている。その曲面を切削する台鉋の刃先にも多くの異なる形状があり、刃を装着する台も多様な曲面によって形成されている。

図 10-4-14　木の馬車をつくる道具（フランス　A.D.18 世紀）［史料 L.35］

前図（図 10-4-13）と同様に、多様な形状の刃を曲面で形成された台に装着した台鉋が描かれている。全体に共通して、鉋刃と台はクサビによる摩擦力で固定されており、そのクサビの形状も図の中に見ることができる。

図 10-4-15　木の車輪をつくる（フランス　A.D.18 世紀）［史料 L.35］

工房内において車輪をつくる様子が、工程順に描かれている。車輪枠部材の側面を縦斧によって斫っているところ、車輪枠内側の湾曲面を横斧（チョウナ）で荒切削しているところ、車輪枠部材のホゾ穴を長い鑿と木槌で加工しているところ、やや大型の木槌で轂（こしき）に輻（や）を打ち込んでいるところ、そして車輪部材を組み立てているところが見られる。さらに地面上には、枠鋸（中央支柱形式）、金槌、ジャッキなどが置かれている。工人の作業姿勢はすべて立位である。

図 10-4-16　木の車輪をつくる道具（フランス　A.D.18 世紀）［史料 L.35］

木の車輪をつくる道具として、縦斧と横斧（チョウナ）、全鉄製の鑿、大きな穴をあける錐（ボールト錐）、長い曲面を切削できるセン、部材に罫書する道具（罫引）、部材を固定する台などが描かれている。

図 10-4-17　木の樽をつくる（フランス　A.D.18 世紀）［史料 L.35］

工房内において樽をつくる主要な工程が描かれている。ナタを用いて樽板を荒く切削しているところ、センによって樽板曲面を切削しているところ、正直台鉋で樽板傍（木端）を切削しているところ、そして仮組みから最終段階までの組立作業が見られる。工人の作業姿勢はセンによる切削以外、すべて立位である。

図 10-4-18　木の樽をつくる道具（フランス　A.D.18 世紀）［史料 L.35］

木の樽をつくる道具の内、小型の枠鋸、手鋸、ハンドル錐、手錐、樽板の曲面を確認する型板、樽の箍を嵌め込むための道具、タガネと鉄製の槌、樽板上下の蓋を嵌め込む溝を加工するための道具などが描かれている。

図 10-4-19　木の樽をつくる道具（フランス　A.D.18 世紀）［史料 L.35］

木の樽をつくる道具の内、部材を荒く切削する斧とナタ、板を割裂させる割ナタ、木槌、樽板を締め付ける道具、各種のペンチなどが見られる。

図 10-4-20　木の樽をつくる道具（フランス　A.D.18 世紀）［史料 L.35］

木の樽をつくる道具の内、大小のコンパス、樽板を固定して曲面を切削する作業台、板傍（木端）を切削する正直台鉋、箍の材料と製作された箍、強い張力を生み出すロクロ装置などが描かれている。

図 10-4-21　木の樽をつくる道具（フランス　A.D.18 世紀）［史料 L.35］

木の樽をつくる道具の内、目盛入りの定規、樽板を切削するセンと台鉋、樽板を成形するための作業台などが見られる。

図 10-4-22　木の靴をつくる（フランス　A.D.18 世紀）［史料 L.35］

作業小屋内と屋外での木靴をつくる工程が描かれている。小屋内では、斧により木靴の外形を荒く切削しているところ、ボールト錐により木靴の内側を加工しているところ、そして台に先端を固定した長い刃物によって木靴の外側を切削しているところが見られる。小屋の外では、割ナタと木槌による小径木の割裂作業が描かれている。工人の作業姿勢はすべて立位である。

図 10-4-23　木の靴をつくる道具（フランス　A.D.18 世紀）［史料 L.35］

木の靴をつくる道具の内、木靴の内側を加工する大型の錐（ボールト錐）、さらにそれを切削する刃部側面の曲率が大きなヤリカンナ、それらの作業に用いる台などが描かれている。

図 10-4-24　木の靴をつくる道具（フランス　A.D.18 世紀）［史料 L.35］

木の靴をつくる道具の内、前図（図 10-4-23）と同じく木靴の内側を加工する大型の錐（ボールト錐）、木靴の外側を荒く切削する縦斧と横斧（チョウナ）、さらにそれを切削するための先端を台に固定した長い刃物、割ナタなどが見られる。

資料編 5

木を工作する道具
——ユーラシア大陸の東・中国——

概　要

木は、衣食住など人間の生活に必要な様々な建造物や製品に利用されてきた。

ここでは、大陸の東・中国において住に関する建築をはじめ、様々な工人が使う道具を取り上げる。建築など住に関わる道具として、斧、鑿、錐、鋸、鉋、ヤスリ、食に関わる道具として農具、衣に関わる道具として針、海上を移動する船に関わる錨、そして道具製作の基盤となる金属加工に関わる鉄と銅をつくる技術を取り上げる。

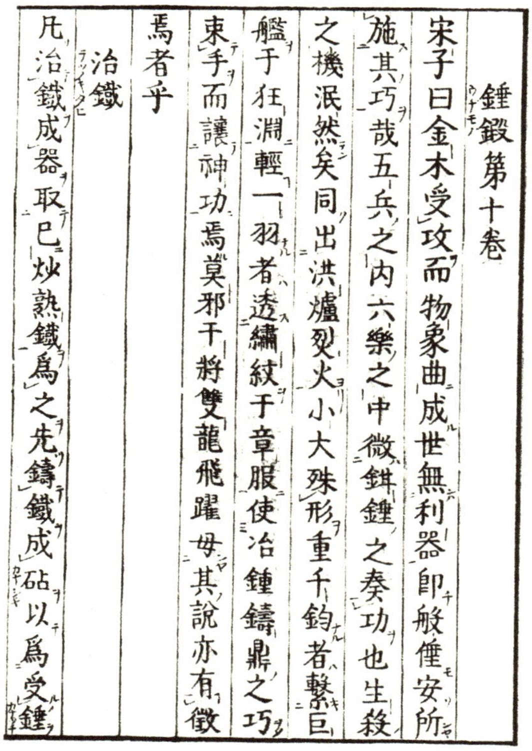

錘鍛第十巻

宋子曰金木受攻而物象曲成世無利器即般倕安所施其巧哉五兵之内六樂之中微鉗鎚之奏功也生殺之機泯然矣同出洪爐烈火小大殊形重千鈞者繫巨艦于狂淵輕一羽者透繡紋于章服使冶鍾鑄鼎之巧束手而讓神功焉莫邪干將雙龍飛躍毋其説亦有徵焉者乎

冶鐵

凡治鐵成器取已炒熟鐵爲之先鑄鐵成砧以爲受錘

図10-5-1　道具をつくる
（中国　A.D.17世紀）［史料L.36］、以下同

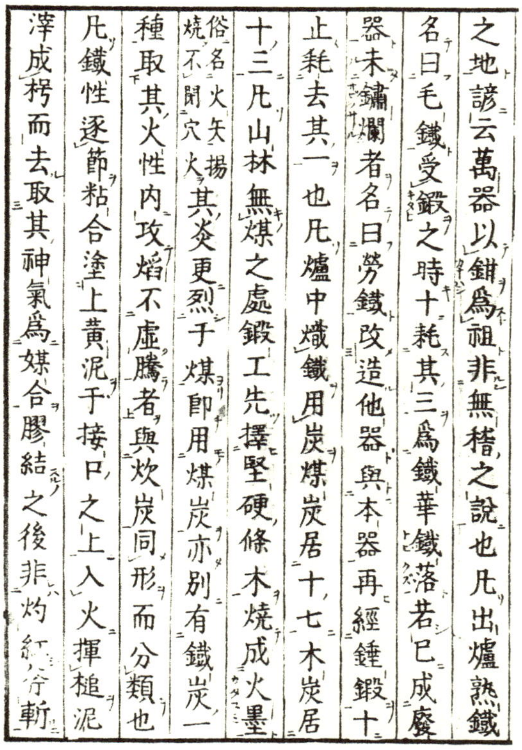

之地諺云萬器以鉗爲祖非無稽之説也凡出爐熟鐵名曰毛鐵受鍛之時十耗其三爲鐵華鐵落若已成廢器未鏽爛者名曰勞鐵改造他器與本器再經錘鍛十止耗去其一也凡爐中熾鐵用炭煤炭居十七木炭居十三凡山林無煤之處鍛工先擇堅硬條木燒成火墨（俗名火矢揚燒不閉穴火）其炎更烈于煤即用煤炭亦別有鐵炭一種取其火性内攻焔不虚騰者與炊炭同形而分類也凡鐵性逐節粘合塗上黄泥于接口之上入火揮槌泥滓成枵而去取其神氣爲媒合膠結之後非灼紅斧斬

図10-5-2　道具をつくる

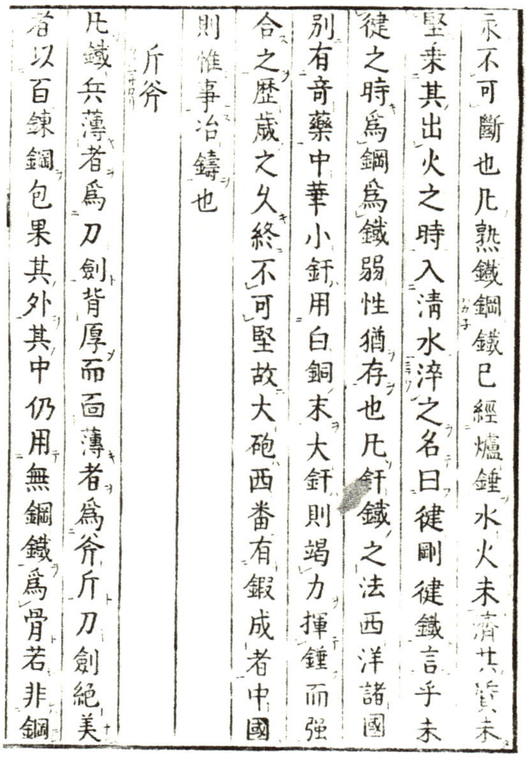

永不可斷也凡熟鐵鋼鐵已經爐錘水火未濟其質未堅乘其出火之時入清水淬之名曰健鋼健鐵言乎未健之時爲鋼爲鐵弱性猶存也凡銲鐵之法西洋諸國別有奇藥中華小銲用白銅末大銲則竭力揮錘而強合之歴歳之久終不可堅故大砲西番有鍛成者中國則惟事冶鑄也

斤斧

凡鐵兵薄者爲刀劍背厚而面薄者爲斧斤刀劍絶美者以百錬鋼包果其外其中仍用無鋼鐵爲骨若非鋼

図10-5-3　木の建築をつくる道具：オノ

表鐵裡則勁力所施即成折斷其次尋常刃斧止嵌鋼
于其面即重價寶刀可斬釘截凡鐵者經數千遭磨礪
則鋼盡而鐵現也倭國刀背濶不及二分許架于手指
之上不復欹倒不知用何錘法中國未得其傳凡健刀
斧皆嵌鋼包鋼整齊而後入水淬之其快利則又在礪
石成功也凡匠斧與椎其中空管受柄處皆先打冷鐵
爲骨名曰羊頭然後熱鐵包裹冷者不沾自成空隙凡
攻石椎日久四面皆空鎔鐵補滿平塡再用無弊

鋤鎛

図 10-5-4　農具つくる

凡治地生物用鋤鎛之屬熟鐵鍛成鎔化生鐵淋口入
水淬健即成剛勁每鍬鋤重一斤者淋生鐵三錢爲率
少則不堅多則過剛而折

鑢

凡鐵鑢純鋼爲之未健之時鋼性亦軟以已健鋼鏩劃
成縱斜文理劃時斜向入則文方成焰劃後燒紅退微
冷入水健久用乖平入火退去健性再用鏩劃凡鑢開
鋸齒用茅葉鑢後用快弦鑢治銅錢用方長牽鑢鎖鑰
之類用方條鑢治骨角用劍面鑢朱註所謂鑢鐋治木末則錐

図10-5-5　木の建築をつくる道具：ヤスリ

成圓眼不用縱斜文者名曰香鑢劃鑢紋時用羊角末和鹽醋先塗

錐

凡錐熟鐵鎚成不入鋼和治書編之類用圓鑽攻皮革
用扁鑽梓人轉索通眼引釘合木者用蛇頭鑽其制顛
上二分許一面圓二面剜入傍起兩稜以便轉索治銅
葉用雞心鑽其通身三稜者名旋鑽通身四方而末銳
者名打鑽

鋸

凡鋸熟鐵斷成薄條不鋼亦不淬健出火退燒後頑加

図10-5-6　木の建築をつくる道具：キリ・ノコギリ

冷鎚堅性用鑢開齒兩頭銜木爲梁糾篾張開促緊使
直長者剖木短者截木齒最細者截竹齒鈍之時頻加
鑢銳而後使之

鉋

凡鉋磨礪嵌鋼寸鐵露刃秒忽斜出木口之面所以平
木古名曰準巨者卧準露刃持木抽削名曰推鉋圓桶
家使之尋常用者橫木爲兩翅手執前推梓人爲細功
者有起線鉋刃濶二分許又刮木使極光者名蜈蚣鉋
一木之上銜十餘小刀如蜈蚣之足

図10-5-7　木の建築をつくる道具：カンナ

鏨

凡鏨熟鐵鍛成嵌鋼于口其本空圓以受木柄先打鐵骨爲模
名曰羊頭拘柄同用斧從柄催入水透眼其末粗者濶寸許細者
三分而止需圓眼者則制成剜鏨爲之

錨

凡舟行遇風難泊則全身繫命于錨戰舡海舡有重千
鈞者鍾法先成四爪以次逐節接身其三百斤以内者
用徑尺濶砧安頓爐傍當其兩端皆紅掀去爐炭鐵包
木棍夾持上砧若千斤内外者則架木爲棚多人立其

図10-5-8　木の建築をつくる道具：ノミ

上共持鐵練兩接錨身其末皆帶巨鐵圏練套提起捩
轉咸力鍾合合藥不用黄泥先取陳久壁土篩細一人
頻撒接口之中渾合方無微罅盖爐鍾之中此物其最
巨者

針

凡針先鍾鐵爲細條用鐵尺一根錐成線眼抽過條鐵
成線逐寸剪斷爲針先鎈其末成穎用小槌敲扁其本
剛錐穿鼻復鎈其外然後入釜慢火炒熬炒後以土末
入松木火矢豆豉三物罨盖下用火蒸留針二三口插

図10-5-9　衣服をつくる道具：ハリ

図10-5-10, 11　錨をつくる

図10-5-12, 13　針をつくる

挿于其外以試火候其外針入手捻成粉碎則其下針火候皆足然後開封入水健之凡引線成衣與刺繡者其質皆剛惟馬尾刺工為冠者則用柳條軟針分別之妙在于水火健法云

冶銅

凡紅銅升黄而後鎔化造器用砒升者為白銅器工費倍難後者事之凡黄銅原從爐甘石升者不退火性受錘從倭鉛升者出爐退火性以受冷錘凡響銅入錫參和法具五金卷成樂器者必圓成無釬其餘方圓用器走釬

図10-5-14　銅器をつくる

之火粘合用錫末者為小釬用響銅末者為大釬（碎銅為末用飯粘和打入水洗去飯銅末具存不然則撒散）若釬銀器則用紅銅末凡錘樂器錘鉦（俗名鑼）不事先鑄鎔團即錘錘鐲（俗名銅鼓）與丁寧則先鑄成圓片然後受錘凡錘鉦鐲皆鋪團于地面巨者眾共揮力由小闊開就身起弦聲俱從冷錘點發其銅鼓中間突起隆砲而後冷錘開聲聲分雌與雄則在分厘起伏之妙重數錘者其聲為雄凡銅經錘之後色成啞白受鑢復現黄光經錘折耗鐵損其十者銅只去其一氣腥而色美故錘工亦貴重鐵工一等云

図10-5-15　銅器をつくる

図10-5-16, 17　銅器をつくる

図版解説

図 10-5-1　道具をつくる（中国　A.D.17 世紀）［史料 L.36］

「錘鍛」に関する記述である。いわゆる鍛冶作業の主要な内容である鍛造について、その意義が説明されている。「巨艦」を「繋」ぐ「重千鈞」の錨も、「繍紋」を「透」す「一羽」の「軽」さの針も、「鉗」と「錘」を用いて、鍛造することによって生み出されている。

図 10-5-2　道具をつくる（中国　A.D.17 世紀）［史料 L.36］

「治鐵」に関する記述である。「鐵」を鍛造する基本的な技術について、まず「鐵」を「鑄」して「砧」をつくる。「炒」した「熟鐵」を「鉗」で「爐」から取り出す。この取り出した「熟鐵」を「毛鐵」と呼ぶ。「毛鐵」を「砧」の上で「錘」を用いて「鍛」えると「十」の内「其三」が「鐵華」や「鐵落」となって「耗」す。いったん何らかの製品となって「廢器」となったものを「労鐵」という。「労鐵」は「十」の内「其一」が「耗」すだけで「止」まる。

「爐中」で「鐵」を「熾」する場合、「炭」は「煤炭」が「十」の内「七」、「木炭が「十」のうち「三」の割合である。「煤炭」の「無」い「山林」では「堅硬條木」を「焼」いて「火墨」（「火矢」）をつくる。「鐵」を接合する場合、「接口」に「黄泥」を「塗」り、「火」に「入」れて「槌」で打つと、「膠結」できる。「熟鐵」と「熟鋼」を「火」から「出」し、「清水」に「入」れると「健鐵」と「健鋼」になる。「西洋諸国」には「奇藥」が「有」る。「大砲」は「西蕃」では「鍛」造できるが、「中國」では「鑄」造しかできない。

図 10-5-3　木の建築をつくる道具：オノ（中国　A.D.17 世紀）［史料 L.36］

「斤斧」に関する記述である。兵器の内、「薄」いものが「刀劍」で「背」の「厚」いものが「斤斧」である。「絶美」の「刀劍」は「骨」に「非鋼」を用い、「百錬鋼」で「包」む。「尋常」の「刀斧」は「鋼」を「嵌」めるだけである。「倭國」の「刀」は「背」が「二分」ほどであるが、「手指」の「上」にのせても「倒」れない。その「錘法」を「未」だ「知」らない。「刀」と「斧」は「皆」、「包鋼」か「嵌鋼」にしてから、「水」に「入」れて焼き入れする。

「匠斧」と「椎」は、「柄」を「受」ける「中空管」をつくる場合、「冷鐵」を「骨」にする。これを「羊頭」と称する。「羊頭」を「熱鐵」で「包」むと「自」ずと「空隙」ができる。「石」を割る「椎」の「四面」に「空」ができた場合、「鐵」を「鎔」かして「平塡」すると、「再用」が可能となる。

図 10-5-4　農具つくる（中国　A.D.17 世紀）［史料 L.36］

「鋤鎛」に関する記述である。「熟鐵」を「鍛」え、「生鐵」を「鎔」かして注ぎ、「水」に「入」れると、「剛勁」となる。「鍬鋤」の場合、「重一斤」に対し「生鐵三銭」を注ぐ。「少」ないと「堅」くならず、「多」いと「剛」すぎて「折」れる。

図 10-5-5　木の建築をつくる道具：ヤスリ（中国　A.D.17 世紀）［史料 L.36］

「鎈」に関する記述である。「鎈」には「純鋼」を用いる。「未健」（焼き入れしていない）「時」、「鋼性」は「軟」である。「健鋼」の「鍼」を用いて「縦斜」に目を刻む。その後焼き、「焼紅」が「退」いてから「冷水」に「入」れる。「鋸歯」には「芽葉鎈」と「快弦鎈」、「銅銭」には「方長牽鎈」、「鎖鑰之類」には「方條鎈」、「骨角」には「劍面鎈」、「木」には「香鎈」、をそれぞれ用いる。「鎈」に目を刻む前に、「羊角」の粉末に「塩酢」を「和」したものを「塗」る。

図 10-5-6　木の建築をつくる道具：キリ・ノコギリ（中国　A.D.17 世紀）［史料 L.36］

「錐」に関する記述である。「錐」は「熟鐵」を「鍾成」し、「鋼」は「不入」 とする。「書編之類」には「圓鑚」、「皮革」には「扁鑚」、「木」を回転させて加工するには「蛇頭鑚」、「銅葉」には「雞心鑚」、をそれぞれ用いる。なお「三稜」の形状のものを「旋鑚」、「四方」で「末鋭」のものを「打鑚」と呼称する。

図 10-5-7　木の建築をつくる道具：カンナ（中国　A.D.17 世紀）［史料 L.36］

「鋸」と「鉋」に関する記述である。「鋸」は「熟鐵」を「斷」て「薄條」にする。「不鋼」であり「不」「健」である。「火」から「出」して「焼」が「退」いた「後」、「冷」状態での「鍾」により「堅」くし、「鎈」を用いて「齒」を「開」ける。「木」の枠によって「張」力をもたせて「使」う。「長」いもので「剖木」（縦挽）し、「短」いもので「截木」（横挽）する。「最細」の「齒」のものは「截竹」用である。「齒」が「鈍」くなったら「鎈」を「加」えて「鋭」くしてから「使」う。

「鉋」は「鋼」を「寸鐵」に「嵌」め、「礪」で「磨」いた「刃」を、「木口面」から「斜」めに「露」出させ、「木」を「平」にする道具である。「古名」は「準」である。「巨」きな「準」は「臥」した状態で「木」を「持」って「削」り、「推鉋」と呼称した。「圓桶家」がこれを「使」う。「尋常用」は「横木」を「兩翅」として「手」で「執」り、「前」に「推」す。「細功」には「刃闊」「二分」「許」の「起線鉋」を使う。「木」を「光」らせるには、「一木」の「上」に「十餘」の「小刀」を「蜈蚣」の「足」のようにつけた「蜈蚣鉋」を使う。

図 10-5-8　木の建築をつくる道具：ノミ（中国　A.D.17 世紀）［史料 L.36］

「鑿」と「錨」に関する記述である。「鑿」は「熟鐵」を「鍛」え、「口」に「鋼」を「嵌」める。「本」部分は「空圓」となっており「木柄」を「受」ける。この部分は「羊頭」と称する「鐵骨」を用いて製作する。「粗」いものは「闊」「寸」、「細」いものは「闊」「三分」くらいである。「圓」い穴は「剜鑿」であける。

「錨」は「舟」が「風」に「遇」あい、港に「泊」することが「難」しい時、錨に舟「全身」の「命」を「繫」ぐことになる。「鍾法」は「先」ず「四爪」をつくり、順次「身」に「接」合していく。以下、「図 10-5-10, 11」にて記述。

図 10-5-9　衣服をつくる道具：ハリ（中国　A.D.17 世紀）［史料 L.36］

「針」に関する記述である。「針」は「先」ず「鍾鐵」して「細條」をつくる。「鐵尺」に「錐」で「線眼」をあけ、ここに「鐵」を通して「線」にし、「寸」ごとに「剪斷」する。以下、「図 10-5-12, 13」にて記述。

図 10-5-10, 11　錨をつくる（中国　A.D.17 世紀）［史料 L.36］

「錨」をつくる様子が描かれている。「千斤内外」の錨の場合は、「木」を「架」け「棚」をつくる。「多」くの「人」が「其上」に乗り、「錨身」に結んだ「鐵錬」を「共」に「持」ち上げ、「捩転」させながら「錘合」していく。「合薬」として「黄泥」ではなく、「篩」で「細」かくした古い「壁土」を使う。それを「一人」が「頻」繁に、「接口」に「撒」く。

図 10-5-12, 13　針をつくる（中国　A.D.17 世紀）［史料 L.36］
「針」をつくる様子が描かれている。「針先」に「鎈」をかけ、「其末」を「小槌」で「敲」き「扁」平にする。「剛錐」で針穴を「穿」け、「鎈」をかけた「後」、「釜」に「入」れ「慢火」で「炒」る。「土末」に「松木」「火天」「豆鼓」の「三物」をまぜたもので「蓋」い、「火」で「蒸」す。その時、「針」「二三口」を「外」に「挿」しておき、「火」加減を「試」す。これを「手」で「捻」じて「粉砕」すれば、「其下」の「針」の「火」加減は「足」りている。その「後」、「開封」して「水」に「入」れ焼き入れする。

図 10-5-14　銅器をつくる（中国　A.D.17 世紀）［史料 L.36］
「治銅」に関する記述である。「紅銅」は「黄銅」に「鎔化」してから「器」を「造」る。「砒」を加えると「白銅」の「器」になるが、「工費」が「倍」になるほど「難」しく、「侈者」が好む。「黄銅」は「爐甘石」を加えたもので、「火性」が「不退」のうちに「錘」する。「倭鉛」を加えたものは「爐」から「出」し、「火性」が「退」いてから「冷」えた状態で「錘」する。「響銅」は「錫」を「入」れる。

図 10-5-15　銅器つくる（中国　A.D.17 世紀）［史料 L.36］
「治銅」に関する続きの記述である。「樂器」は「必」ず「無釬」で「圓成」する。「其餘」の「方圓用器」は「走釬」し、「火」に「炙」り「粘合」する。「錫末」は「小釬」に、「響銅末」は「大釬」に、それぞれ用いる。「銀器」は「紅銅末」で「釬」する。以下、「図 10-5-16, 17」に記述。

図 10-5-16, 17　銅器をつくる（中国　A.D.17 世紀）［史料 L.36］
「銅器」をつくる様子が描かれている。「鉦」は「鑄鎔」することなく「錘」し、「鐲」は「圓片」を「鑄成」してから「錘」す。「鉦」や「鐲」を「錘」すには、「巨」きな塊を「地面」におき、「衆」「共」に「力」を発「揮」して行う。「銅鼓」は「中間」に「突起」をつくり、「冷錘」してつくる。その「聲」に「雌」と「雄」の区別があるのは、「起伏」の「分厘」ほどの違いによる。「數錘」を「重」ねたものが「雄」になる。「銅」は「錘」を「経」ると「堊白」となり、「鎈」をかけると「黄光」に「復」する。「銅」の「錘工」は「鐵工」より「貴」ばれている。

資料編 6

木を工作する道具

――ユーラシア大陸東端の島・日本――

概　要

木は、衣食住など人間の生活に必要な様々な建造物や製品に利用されてきた。

ここでは、大陸東端の島・日本において住に関係する建築をはじめ、様々な工人が使用する道具を取り上げる。関連する工人を文献資料の記述のまま列挙すると、「樵人」「杣人」「杣取木挽」、「工匠」「木匠」「匠人」「木工」「戸工」「営造木工」「造器工」「家工」「接工」、「柿葺」「葺屋人」、「石工」、「仏工」「彫工」、「船工」「造船木工」「船工家」「舟工」「舟方」、「造樽家」「桶工」「造桶家」「作樽人」、「鍛冶家」「造銅器人」といった内容である。

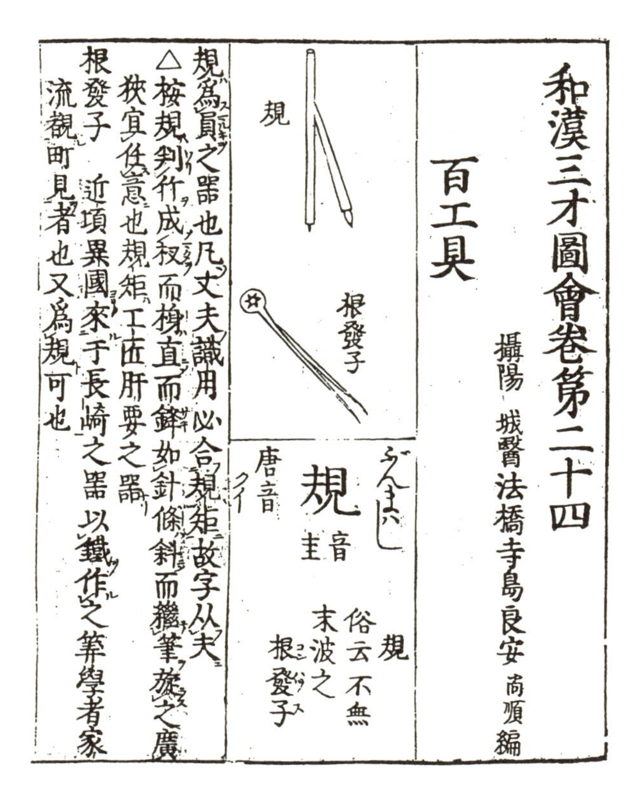

和漢三才圖會巻第二十四

攝陽 城醫法橋寺島良安 尚順編

百工具

規 俗云不無末波之 根發子

規 音圭 唐音クイ

規爲圓之器也凡丈夫識用以合規矩故字从夫

△按規判竹成叉而挾直而鋒如針倏斜而繼筆旋之廣狹宜任意也規矩工匠所要之器

根發子 近頃異國來于長崎之器以鐵作之筭學者家流視町見者也又爲規可也

図10-6-1　木を工作する道具：基準：「規」
（日本　A.D.1712年）［史料L.3］、以下同

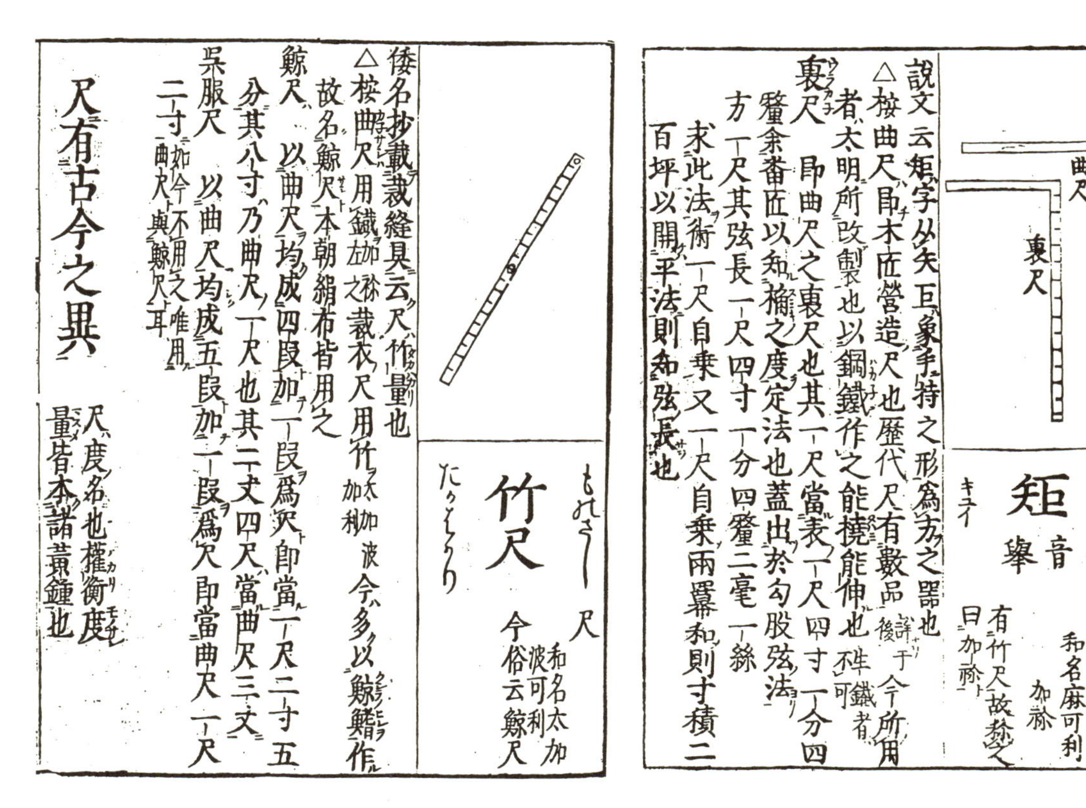

曲尺 和名麻可利加祢 有竹尺故参之日加祢

矩 音擧 キョイ

說文云矩字从矢巨象手持之形爲方之器也

△按曲尺即木匠營造尺也歷代尺有數品 後詳于今所用者太明所改製也以銅鐵作之能撓能伸也 俗云可祢

裏尺 即曲尺之裏尺也其一尺當表一尺四寸一分四釐余畨匠以知稀之度定法也蓋出於勾股弦法 方一尺其弦長一尺四寸一分四釐二毫一絲

求此法術一尺自乘又一尺自乘兩冪和則寸積二百坪以開平法則知弦長也

徑一尺則周有三尺一寸六分二釐二毫余知之法用天元一開平法蓋古法多用三 天元一六分二之無盡 至大者甚有差

竹尺 尺 和名太加波可利 今俗云鯨尺

倭名抄載裁縫具云尺作量也

△按曲尺用鐵故名加祢 裁衣尺用竹故名太加波可利今多以鯨鰭作故名鯨尺本朝絹布皆用之

鯨尺 以曲尺均成四段加一段爲呉尺即當一尺二寸五分其八寸乃曲尺一尺也其二丈四尺當曲尺三丈

呉服尺 以曲尺均成五段加一段爲尺即當曲尺一尺二寸 如今不用之唯用曲尺與鯨尺耳

尺有古今之異

尺度名也權衡度量皆本諸黄鐘也

図10-6-3　木を工作する道具：基準：「尺」

図10-6-2　木を工作する道具：基準：「矩」

縱黍尺 一名宋尺 黄帝命伶倫始造律之尺也選中式之秬黍一黍之縱長爲一分九分爲一寸九寸爲黄鐘九寸共八十一分是爲一尺而後宋代用此尺之（此當曲尺八寸一分）故

横黍尺 一名夏尺 舜同律度量衡之尺至夏后氏而未改故名夏尺選中式之秬黍一黍之横廣爲一分十分爲一寸十寸共計百分是爲一尺（此亦當[illegible]八寸[illegible]）

商尺 一名唐尺 以黄鐘之長均作四段加出一段而爲一尺適當夏尺十二寸五分而唐代用此尺故名唐尺（此乃當今之曲尺也）

周尺 以黄鐘之長均作五段減去一段而爲一尺適當夏尺之八寸（當曲尺六寸四分以此可製神主）

漢尺 以黄鐘之長均作九寸外加一寸爲一尺有歷代之異如此故素問所謂衆人之長七尺五寸即黍尺而比今曲尺六尺也

図 10-6-4　木を工作する道具：基準：「尺」

太明制三種尺

鈔尺 裁衣尺三尺是夏四尺（方當曲尺一尺六分）

銅尺 量地尺比鈔尺短四分

曲尺 營造尺比鈔尺短六分（此即今唐尺）

財	病	離	義	官	劫	害	本	財	病	離	義	官	劫	害	本

玉尺

俗曰劒尺

財	病	離	義	官	劫	害	吉
福徳	遊魂	絶体	遊年	天醫	絶命	禍害	生家

林紹周通書正宗曰玉尺式四寸載財病離義官劫害本八字以一字分一寸合成玉尺一尺以兩個四寸即一尺也八字之吉凶各有詩訣（文略）而財本最佳如義官作公門及寺觀之大門用之佳士庶人作小門用之却不宜矣

△按今俗謂之劒尺凡刀劒佛像之長門戸之幅皆用之所當吉凶如文字且添八卦文字蓋今多所用者稍異以曲尺一尺二寸爲八段毎一段當一寸五分各照八卦

図10-6-5　木を工作する道具：基準：「尺」

字以本字代詩字

準 みづもり 屯音 チユン

槷 音臬 同孽 和名美豆波加利

準平也以水所以取平也

槷所以辨方正位周禮注云匠人以繩懸於槷上然後從旁望縣即知地之高下而平之也即平得地欲正其東西南北先於中置一槷以正之恐其槷下不正

素問奇恒篇云匠人不能釋尺寸而意短長癈繩墨而起平水工人不能置規而爲員去短而爲方

図10-6-6　木を工作する道具：基準：「準」

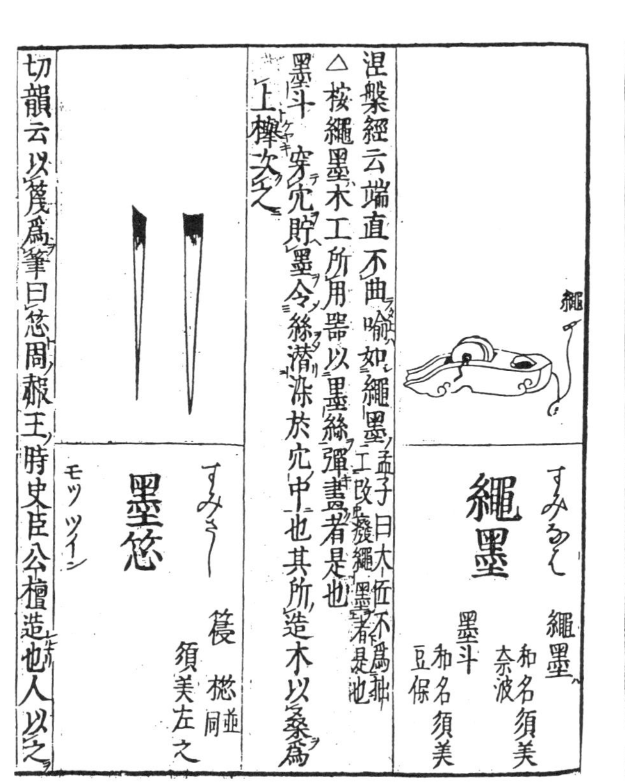
縄墨 すみなわ

縄墨 和名須美奈波

墨斗 和名須美豆保

涅槃經云端直不曲喩如縄墨孟子曰大匠不爲拙工改癈縄墨者是也

△按縄墨木工所用器以墨絲彈畫者是也墨斗穿穴貯墨令絲潜滌於穴中也其所造木以欅爲上樺次之

墨悠 すみさし モッツイン

篗 揔 並同 須美左之

切韻云以篗爲筆曰悠周赧王時史臣公檀造也人以之

図10-6-7　木を工作する道具：墨掛

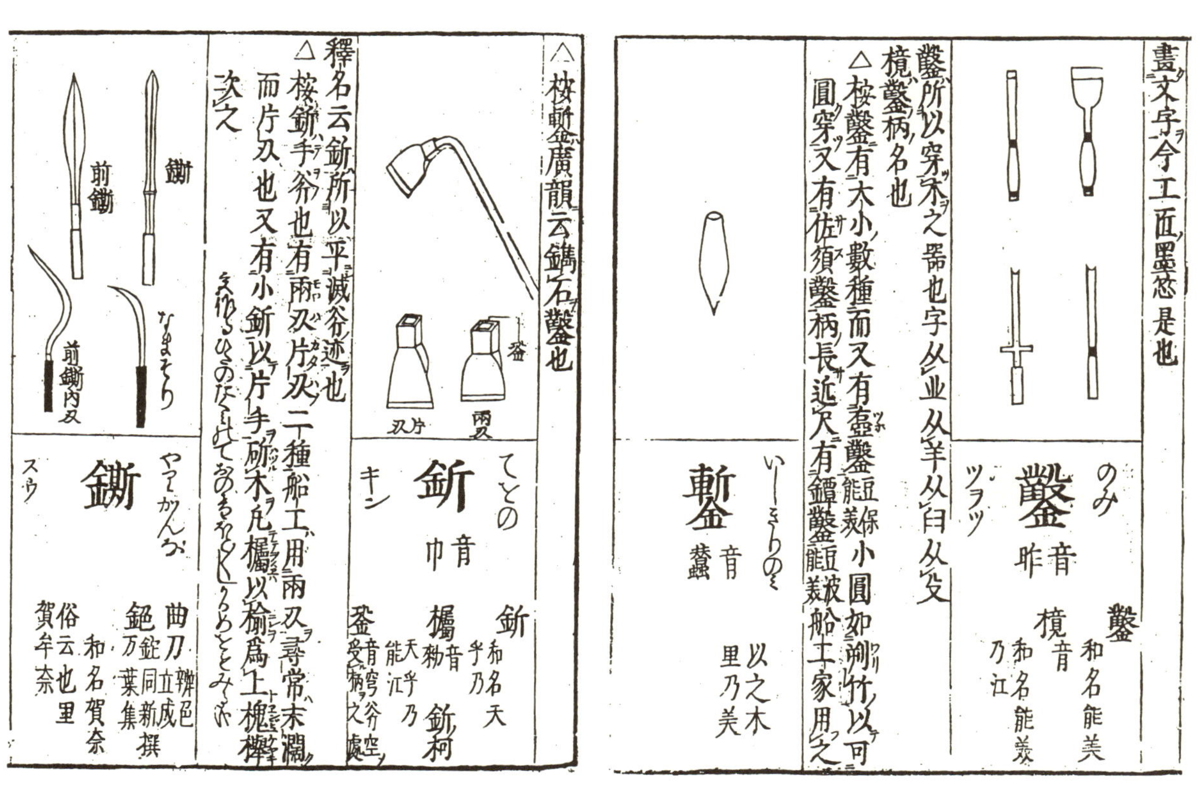

図10-6-8　木を工作する道具：部材加工

図10-6-9　木を工作する道具：部材加工

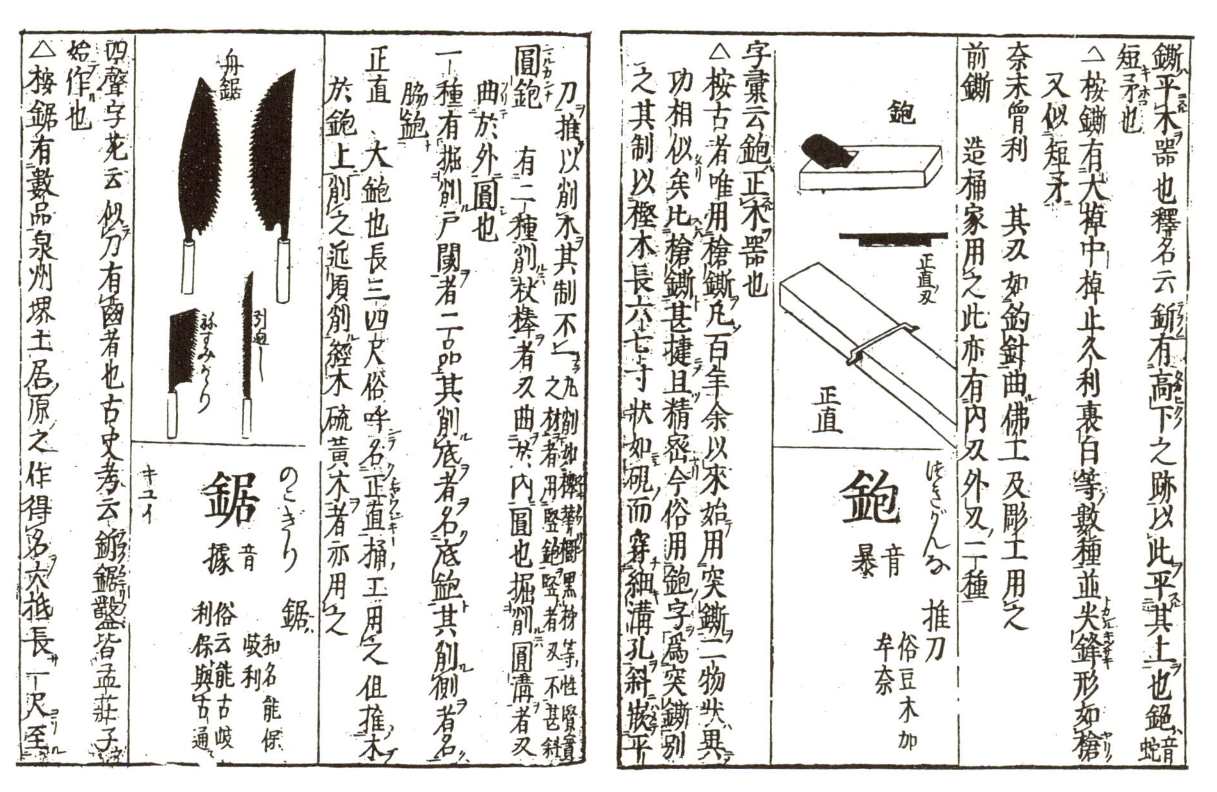

図10-6-10　木を工作する道具：部材加工

図10-6-11　木を工作する道具：部材加工

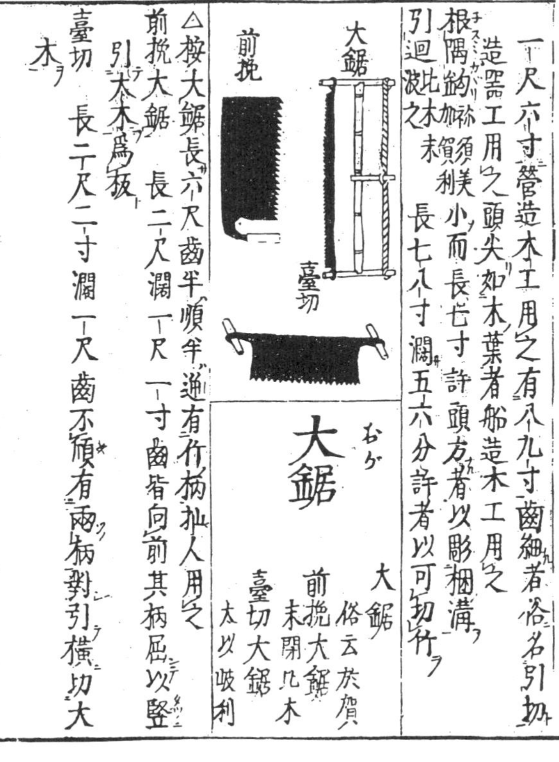

一尺六寸管造木工用之有八九寸齒細者俗名引切

造器工用之頭尖如木葉者船造木工用之

根隅鈎亦須與小而長七寸許頭方者以彫細溝

引迴波之　長七八寸濶五六分許者以可切竹

大鋸　おが

大鋸　俗云於賀

前挽大鋸　末開几木

臺切大鋸　太以岐利

△按大鋸長六尺齒半順半逆有竹柄二人用之

前挽大鋸　長二尺濶一尺一寸齒皆向前其柄屈以竪引大木為板

臺切　長二尺二寸濶一尺齒不偏有兩柄對引横切大木

図10-6-12　木を工作する道具：製材

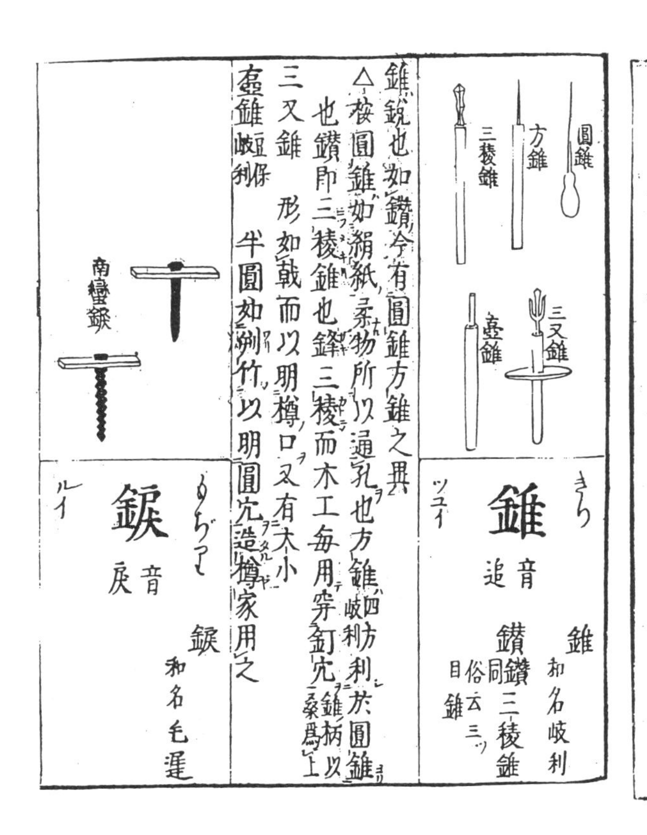

錐　きり　音追

錐　和名岐利

鑽　鑽同　俗云三ツ目錐　三稜錐

錐鋭也如鑽今有圓錐方錐之異

△按圓錐如錦紙柔物所以通孔也方錐四岐利於圓錐以也鑽即三稜錐也鑿三稜而木工毎用穿釘穴錐柄以桑為上

三叉錐　形如戟而以明樽口又有大小

壺錐　半圓如剡竹以明圓穴造樽家用之

鋖　もぢり　音戾

鋖　和名毛遅

図10-6-13　木を工作する道具：部材加工

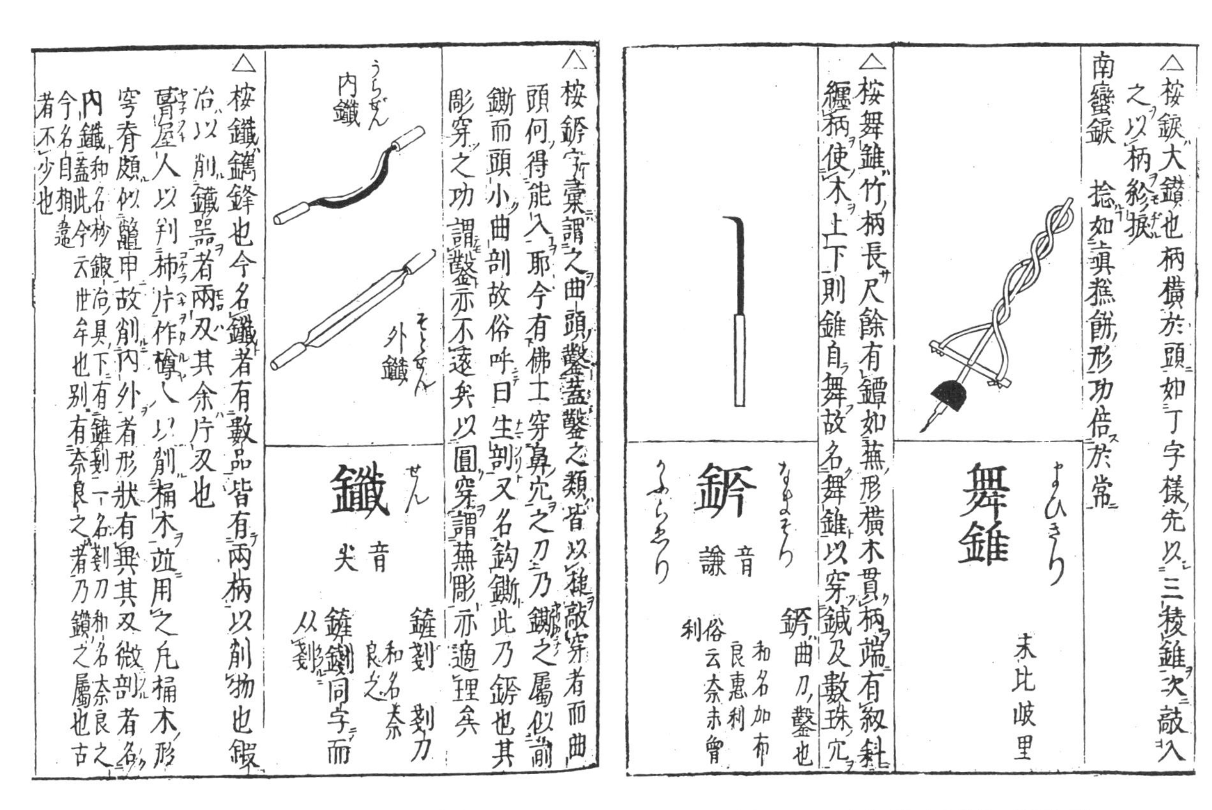

△按鋖大鑽也柄横於頭如丁字様先以三稜錐次鋖入之以柄紾捩

南蠻鋖　捻如薁蕷餅形功倍於常

舞錐　まひきり

末比岐里

△按舞錐竹柄長尺餘有鐔如燕形横木貫柄端有紐糾纏柄使木上下則錐自舞故名舞錐以穿鈸及數珠穴

鍦　なまぞり　ふらちり　音謙

鍦曲刀鑿也　和名加布良恵利　俗云奈末曾利

図10-6-14　木を工作する道具：部材加工

△按鍦字彙謂之曲頭鑿蓋鑿之類皆以推敲穿者而曲頭何得能入耶今有佛工穿鼻穴之刀乃鏟之屬似鏟而頭小曲剖故俗呼曰生剖又名鈎鏟此乃鍦也其彫穿之功謂鑿亦不遠矣以圓穿謂燕彫亦適理矣

鑱　せん　音尖

鏟　剗　和名奈良之　剗刀

鏟鑱同字而从剗

△按鑱鐫鋒也今名鑱者有數品皆有兩柄以削物也鍛冶以削鐵器者兩刃其余片刃也

曹屋人以判柿片作樽以削桶木並用之凡桶木形穹脊頗似鼈甲故削內外者形狀有異其刃微剖者名

内鑱和名杪鍛冶具下有鏟剗一名剗刀和名太奈良之蓋此今云世牟也別有奈良之者乃鑽之屬也古今名自相違者不少也

図10-6-15　木を工作する道具：部材加工

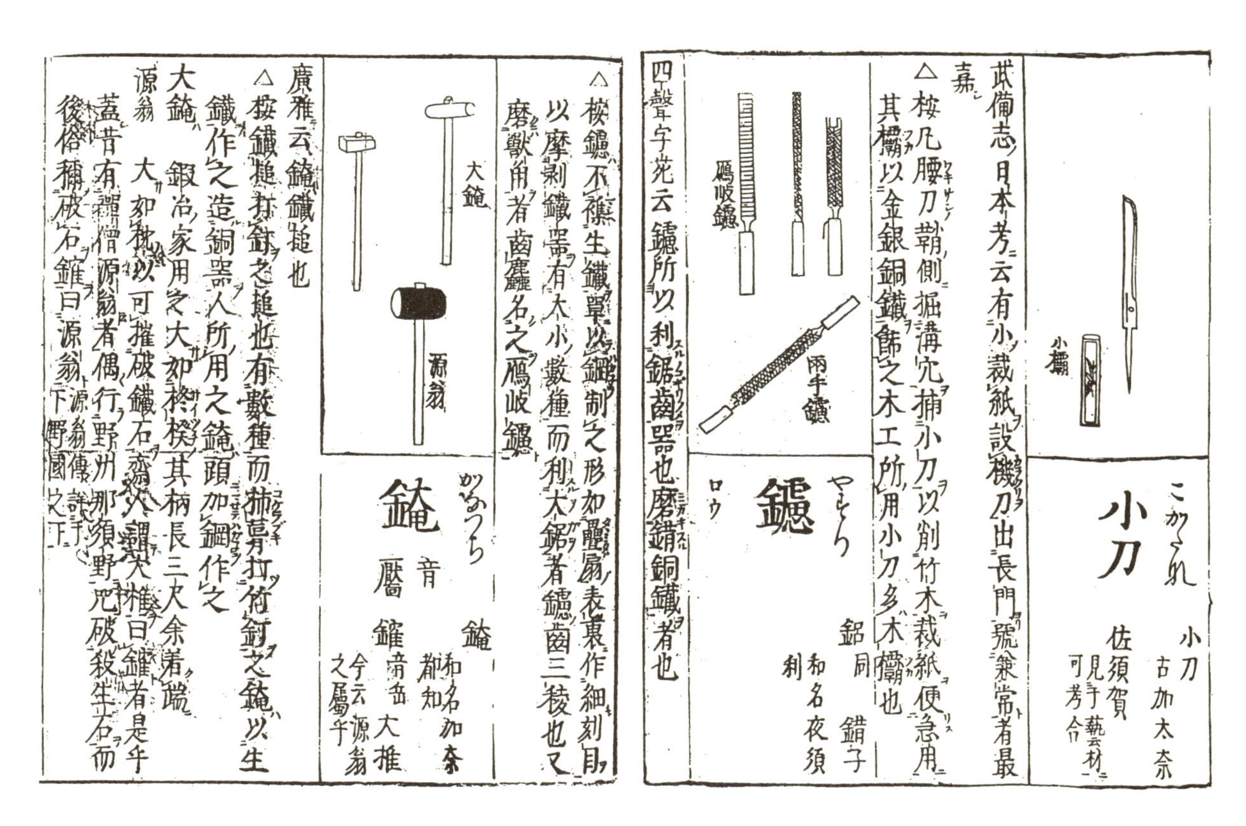

武備志日本考云有小裁紙設機刀出長門號兼常者最嘉

△按凡腰刀鞘側掘溝穴插小刀以削竹木裁紙便急用其欄以金銀銅鐵飾之木工所用小刀多木欄也

小刀 こがたな

小刀 古加太奈

佐須賀 見于執芸材 可考合

鑢 やすり ロウ

鋁同 錯子 和名夜須利

四聲字苑云鑢所以利鋸齒器也磨錯銅鐵者也

△按鑢不藉生鐵單以鋼制之形如鑿扁表裏作細刻目以摩剝鐵器有大小數種而利太鋸者鑢齒三稜也又磨獸角者齒麤名之鴈岐鑢

鉈 かなづち 音歷

鉈 和名加奈都知

鑓 音缶 大推 今云源翁之屬乎

廣雅云鉈鐵推也

△按鐵推打釘之推也有數種而插萱打付釘之鉈以生鐵作之造銅器人所用之鉈頭加鋼作之

大鉈 鍛冶家用之大如搥撲其柄長三尺余者

源翁 大如杵以可推破鐵石齋人鑿大推曰鑓者是乎

蓋昔有禪僧源翁者偶行野州那須野見破殺生石而後俗稱破石鎚曰源翁下野國之下

図10-6-17　木を工作する道具：部材加工

図10-6-16　木を工作する道具：部材加工

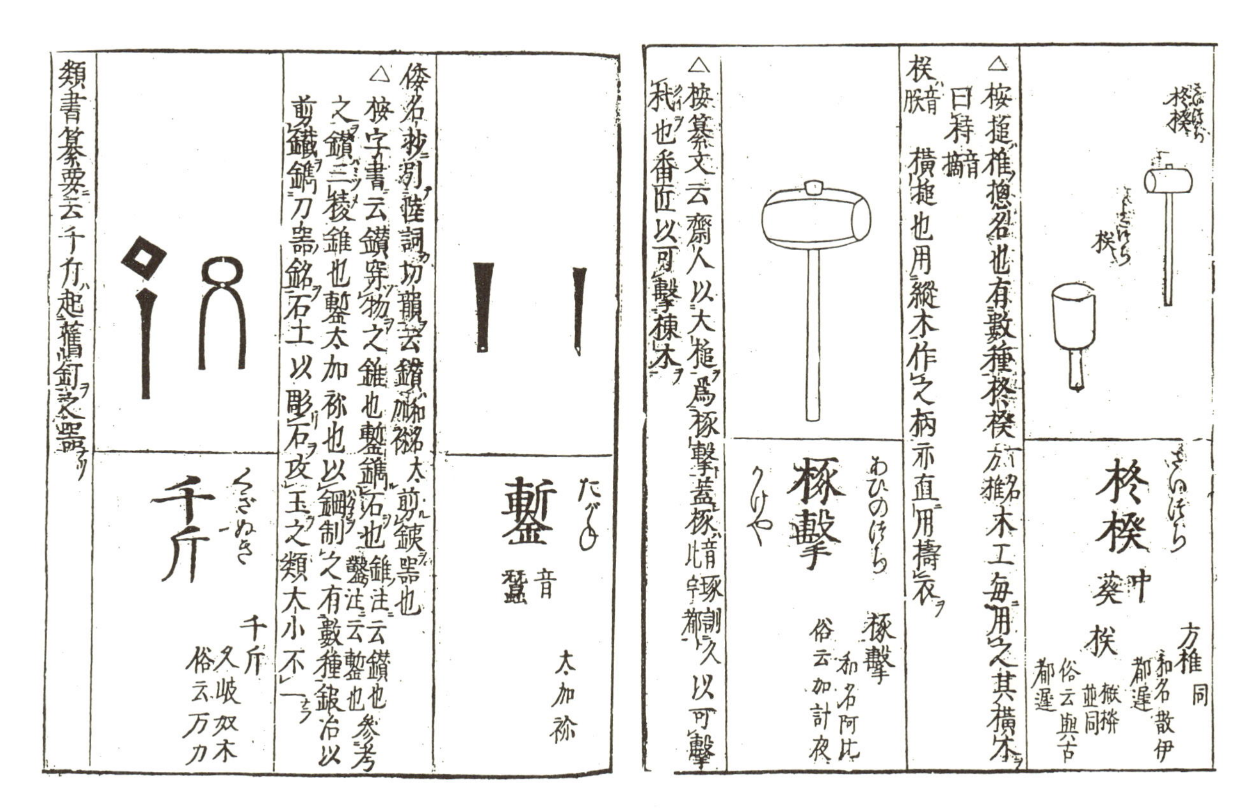

△按搥椎總名也有數種杵椊大槌木工每用之其横木

日杵

横搥也用縱木作之柄亦直用擣衣

さいづち

椓擊 かけや

椓擊 和名阿比加計夜

△按纂文云齋人以大搥為椓擊蓋椓猶斤也以可擊椓木也

鏨 たがね 音蠶

太加祢

倭名抄刻鏤調切韻云鏨小鑿也

△按字書云鑽穿物之錐也鏨鐫石也鏨太加祢也以鋼制之有數種鍛冶以剪鐵鐫刀器銘石工以彫石攻玉之類大小不一

千斤 くぎぬき

千斤 又岐奴木 俗云万力

類書纂要云千斤起舊釘之器

図10-6-19　木を工作する道具：部材加工

図10-6-18　木を工作する道具：部材加工

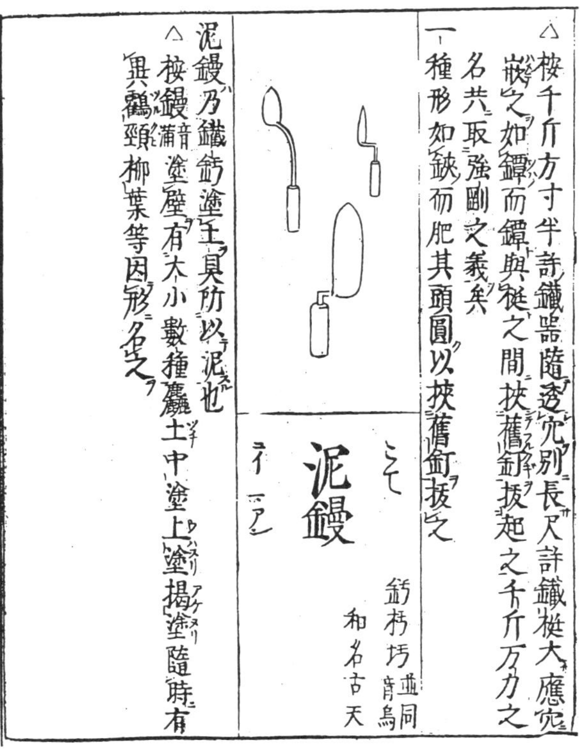
△按千斤方寸半許鐵器隨透穴別長尺許鐵梃大應穴嵌之如鐔而鐔與梃之間挟舊釘拔起之千斤万力之名共取強剛之義矣
一種形如鋏而肥其頭圓以挟舊釘拔之

泥鏝 こて テイマン
鏝 杇 圬 並同 槾 鳥
和名古天

泥鏝乃鐵釿塗土具所以泥也
△按鏝音蒲塗壁有大小數種麤土中塗上塗揚塗隨時有異鶴頸柳葉等因形名之

図10-6-20　土を工作する道具

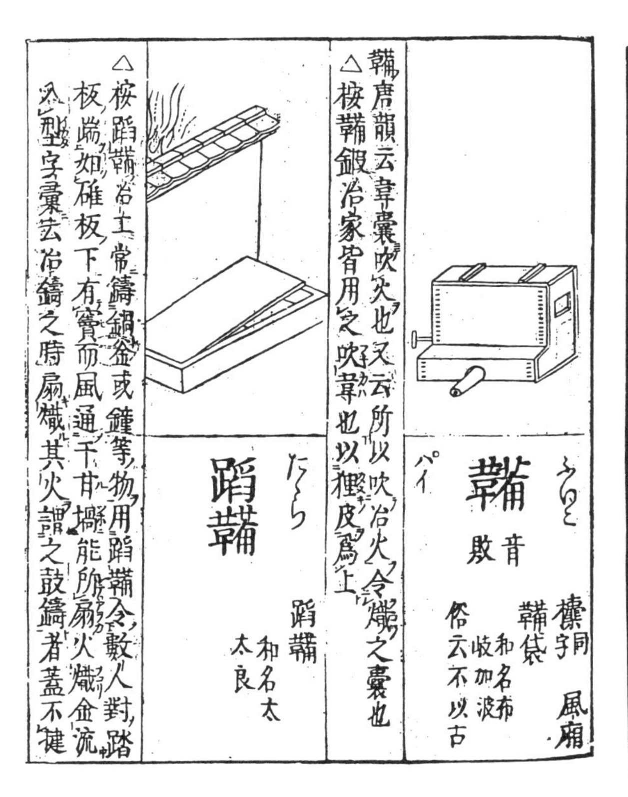
鞴 ふいご 音敗 パイ
橐 同 風扇
鞴袋 和名布岐加波
俗云不以古

鞴 唐韻云韋囊吹火也又云所以吹冶火令熾之囊也
△按鞴鍛冶家皆用之吹韋也以狸皮爲上

蹈鞴 たたら
蹈鞴 和名太太良

△按蹈鞴冶工常鑄銅釜或鐘等物用蹈鞴令數人對踏板端如碓板下有竇而風通于甘堝能助扇火熾金流入型字彙云冶鑄之時扇熾其火謂之鼓鑄者蓋不健

図10-6-21　金属を工作する道具

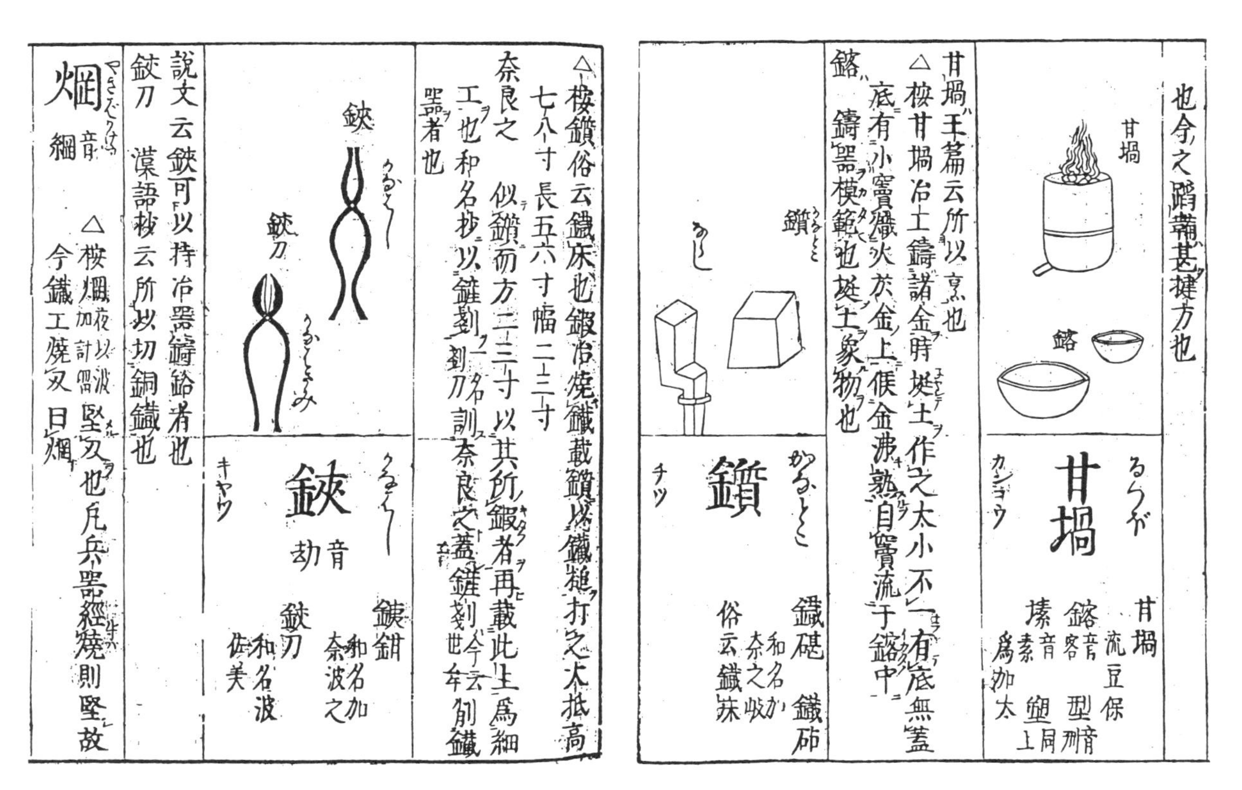
也今之蹈鞴甚捷方也

甘堝 るつぼ カンクワ
甘堝 流豆保
鎔 音容 型 音刑
塐 音素 塑 同上 爲加太

甘堝 玉篇云所以烹也
△按甘堝冶工鑄諸金時埏土作之太小不一有底無蓋底有小竇熾火於金上候金沸熟自竇流于鎔中
鎔 鑄器模範也埏土象物也

鑽 かなとこ チツ
鐵碪 鐵砧
和名加奈之岐
俗云鐵床

図10-6-22　金属を工作する道具

△按鑽俗云鐵床也鍛冶燒鐵載鑽以鐵槌打之太抵高七八寸長五六寸幅二三寸
奈良之 似鑽而方二三寸以其所鍛者再載此上爲細工也和名抄以鏟刻刻刀名訓奈良之蓋鏟刻今云世奈削鐵器者也

鋏 かなはし キヤウ 音劫
鋏 鉗 和名加奈波之
鋏刀 和名波佐美

說文云鋏可以持冶器鑄鎔者也
鋏刀 漢語抄云所以切銅鐵也

烱 音絅
△按烱加計以波 堅刃也凡兵器經燒則堅故今鐵工燒刃曰烱

図10-6-23　金属を工作する道具

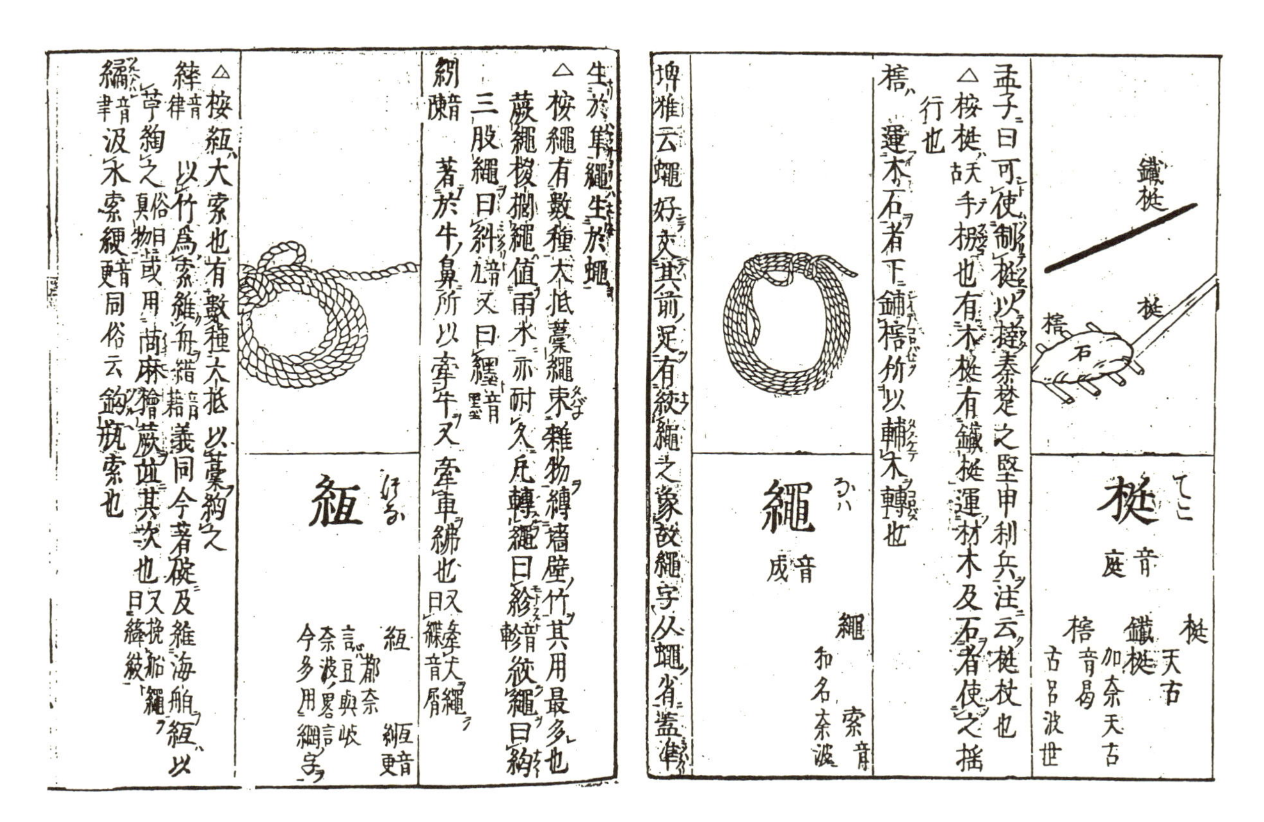

梃 てこ 音庭
梃 天古
鐵梃 加奈天古
棓 音局 古呂波世
孟子曰可使制梃以撻秦楚之堅甲利兵注云梃杖也
△按梃者天手揆也有木梃有鐵梃運材木及石者使之揺行也
棓ハ運木石者下鋪棓所以輔木轉也

縄 かハ 音成
縄 索音 和名奈波
埤雅云蠅好交其前足有絞縄之象故縄字从蠅省蓋準

生於蠅縄生於蠅
△按縄有數種大抵藁縄束雜物縛牆壁竹其用最多也
蕨縄椶櫚縄値雨水亦耐久凡轉縄曰紾音軫絞縄曰綯
三股縄曰糾音以又曰纆音墨
紖音胤著於牛鼻所以牽牛又牽車紼也又曰牽大縄縻音眉

絙 つな
絙 縆音亘
絙 和名都奈 言豆與岐奈波ノ略言 今多用綱字
△按絙大索也有數種大抵以藁絢之
繂音律以竹為索維舟舳艫 䌸音義同今著碇及維海船絙以苧絢之俗曰真物或用苘麻檜蕨並其次也又挽船縄曰縴綫
繘音聿汲水索 縆音更同俗云鈎瓶索也

図10-6-25　植物を工作する道具

図10-6-24　植物を工作する道具

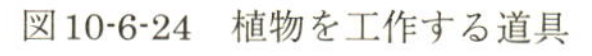

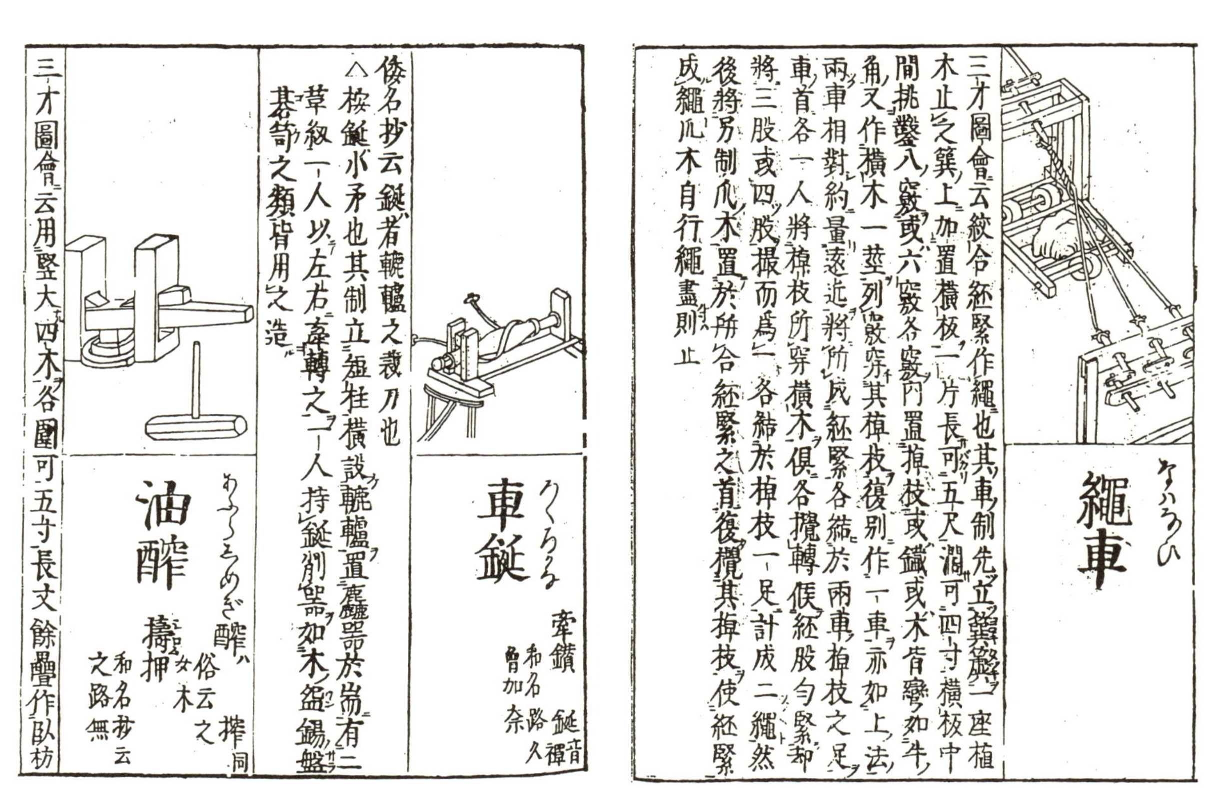

縄車 なはなひ
三才圖會云絞合絍緊作縄也其車制先立簨簴一座植木止之簨上加置横板一片長可五尺濶可四寸横板中間排鑿八竅或六竅各竅内置掉枝或鐵或木皆彎如牛角又作横木一茎列竅穿其掉枝復別作一車亦如上法兩車相對約量遠近將所成絍緊各結於兩車掉枝之足車首各一人將掉枝所穿横木俱各攪轉候絍股勻緊却將三股或四股撮而爲一各結於掉枝一足計成二縄然後將另制爪木置於所合絍緊之首復攪其掉枝使絍緊成縄爪木自行縄盡則止

車鏇 ろくろ
鏇 音禪
牽鑽 和名路久曾加奈
倭名抄云鏇者轆轤之義刀也
△按鏇ハ矛也其制立二短柱横設轆轤置鹿盧器於端有二草級一人以左右牽轉之一人持鏇削器加木盌錫盤碁笥之類皆用之造

油醡 あふらしめぎ
醡ハ 搾同 俗云之女木
榨押 和名抄云之路無
三才圖會云用堅大四木各圍可五寸長丈餘疊作臥枋

図10-6-27　木を工作する道具

図10-6-26　植物を工作する道具

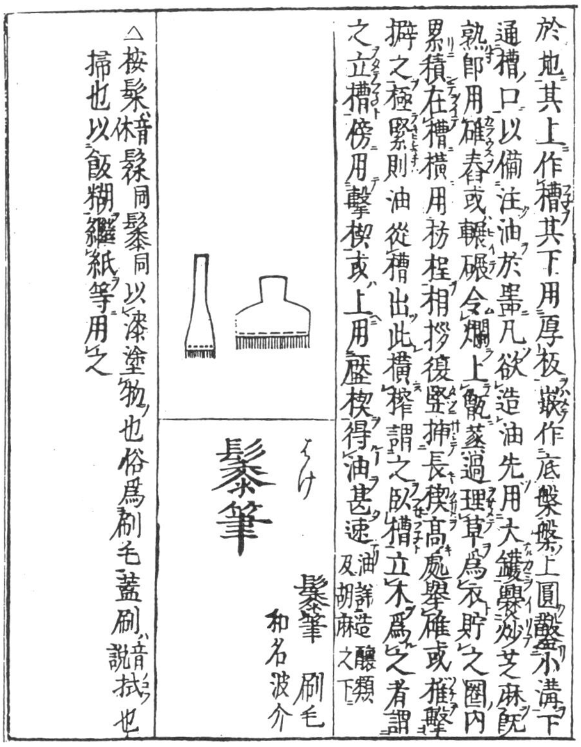

於地其上作槽其下用厚板嵌作底槃槃上圓鑿小溝下通槽口以備注油於嵩凡欲造油先用大鑊爨炒芝麻既熟即用碓舂或輾碾令爛上甑蒸過理草爲衣貯之圈内累積在槽横用枋桯相拶復竪拵長楔高處舉碓或椎擊擠之極緊則油從槽出此横榨謂之臥槽立木爲之者謂之立槽傍用擊楔或上用壓楔得油甚速 油詳造醸類及胡麻之下

鬃筆 はけ

鬃筆 刷毛 和名波介

△按鬃音休鬏同髼同以漆塗物也俗爲刷毛蓋刷音説拭也掃也以飯糊纙紙等用之

図10-6-28 木を塗装する道具

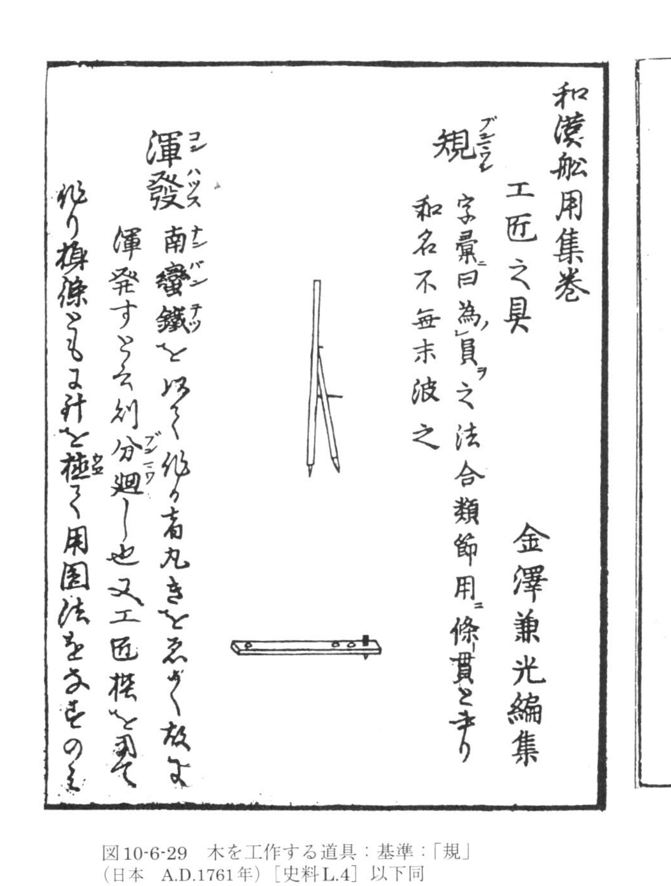

和漢船用集巻

工匠之具

金澤兼光編集

規 ブンマワシ

字彙曰為員之法合類節用ニ條貫とあり

和名不毎末波之

渾發 コンパツス 南蠻鐵を以て作り有丸きを云ふ故に渾発すといふ則分廻し也又工匠様と云て北り様條にもよ計を極て用圓法をなすもの也

図10-6-29 木を工作する道具：基準：「規」
（日本 A.D.1761年）［史料L.4］以下同

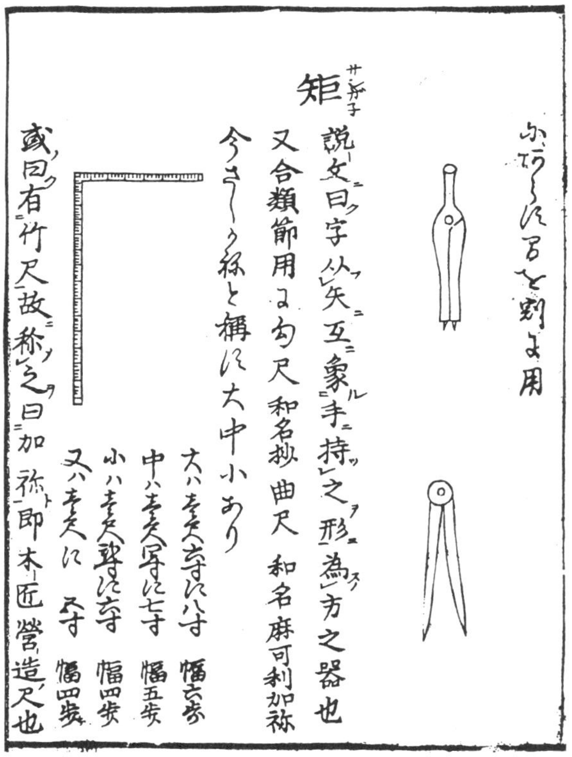

矩 サシカネ

説文曰字从矢互象手持之形為方之器也

又合類節用には勾尺 和名抄曲尺 和名麻可利加祢

今さしかねと稱にて大中小あり

大ハ壱尺六寸にて八寸 幅六歩

中ハ壱尺四寸にて七寸 幅五歩

小ハ壱尺弐寸にて六寸 幅四歩

又ハ壱尺にて 五寸 幅四歩

或曰有竹尺故称之曰加祢即木匠營造尺也

小刀にて目を刻み用

図10-6-30 木を工作する道具：基準：「矩」

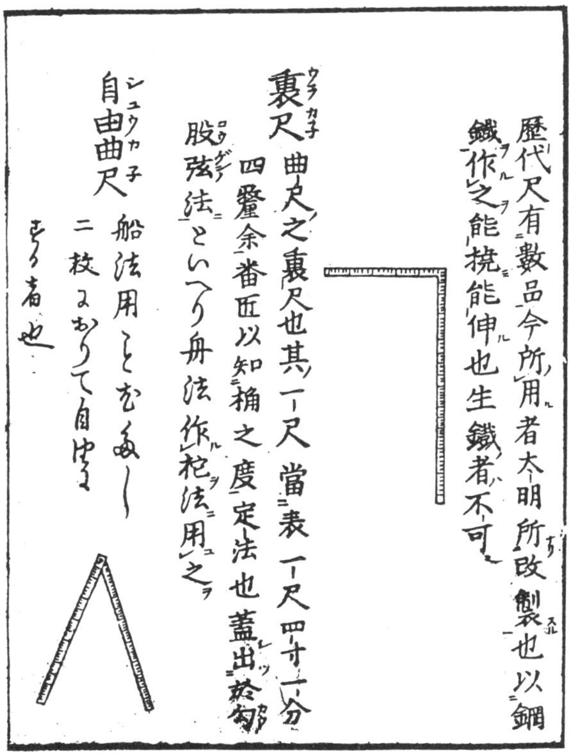

歴代尺有數品今所用者大明所改製也以鋼鐵作之能撓能伸也生鐵者不可

裏尺 ウラカネ 曲尺之裏尺也其一尺當表一尺四寸一分四釐余番匠以知桷之度定法也蓋出於勾股弦法といへり舟法作柁法用之

自由曲尺 シユウカネ 船法用ることなし二枚よありて自由なる者也

図10-6-31 木を工作する道具：基準：「矩」

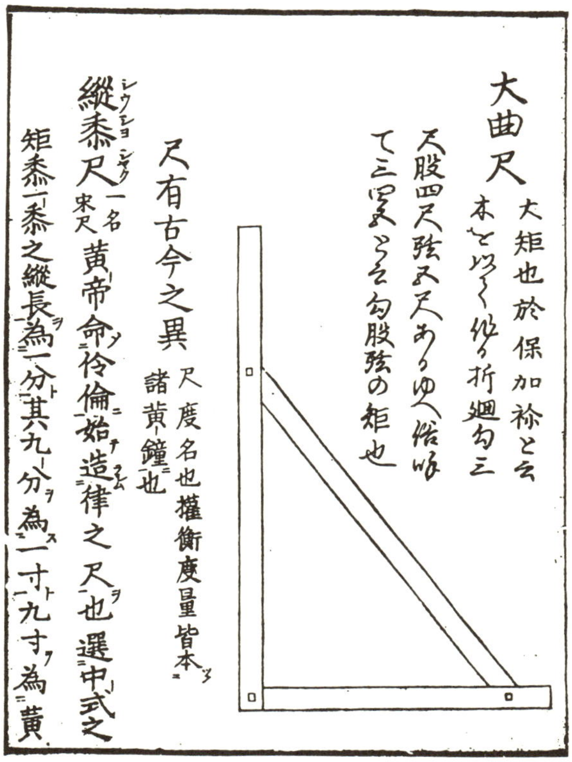

大曲尺 大矩也於保加袮と云
本を以て作り折廻勾三
尺股四尺弦五尺あり故へ俗に
て三四五とも云勾股弦の矩也

尺有古今之異 尺度名也權衡度量皆本
諸黃鐘也

縦黍尺 一名宋尺 黃帝命伶倫始造律之尺也選中式之
矩黍一黍之縦長為一分其九十分為一寸九寸為黃

図10-6-32　木を工作する道具：基準：「尺」

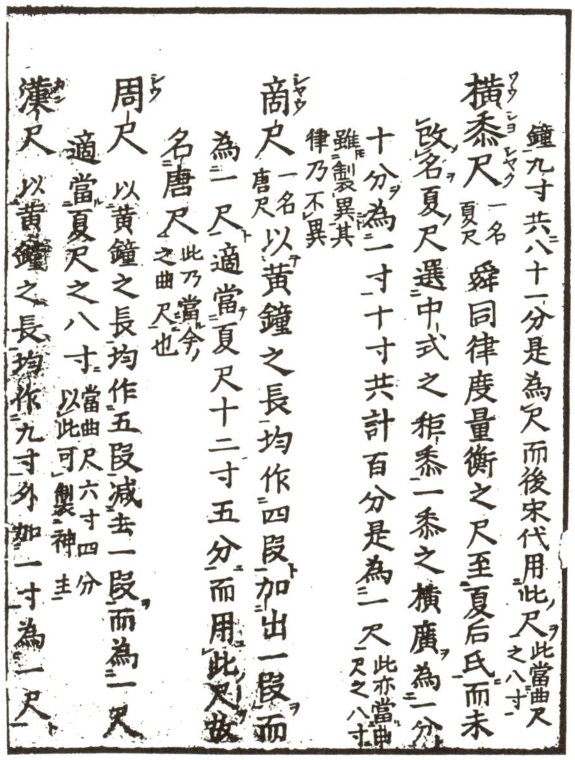

鐘九寸共八十一分是為尺而後宋代用此尺 此當曲尺之八寸

横黍尺 一名夏尺 舜同律度量衡之尺至夏后氏而未
改名夏尺選中式之秬黍一黍之横廣為一分
十分為一寸十寸共計百分是為一尺 此亦當曲尺之八寸
雖制異其律乃不異

商尺 一名唐尺 以黃鐘之長均作四段加出一段而
為一尺適當夏尺十二寸五分而用此尺故
名唐尺 此乃當今之曲尺也

周尺 以黃鐘之長均作五段減去一段而為一尺
適當夏尺之八寸 當曲尺六寸四分 以此可製神主

漢尺 以黃鐘之長均作九寸外加一寸為一尺

図10-6-33　木を工作する道具：基準：「尺」

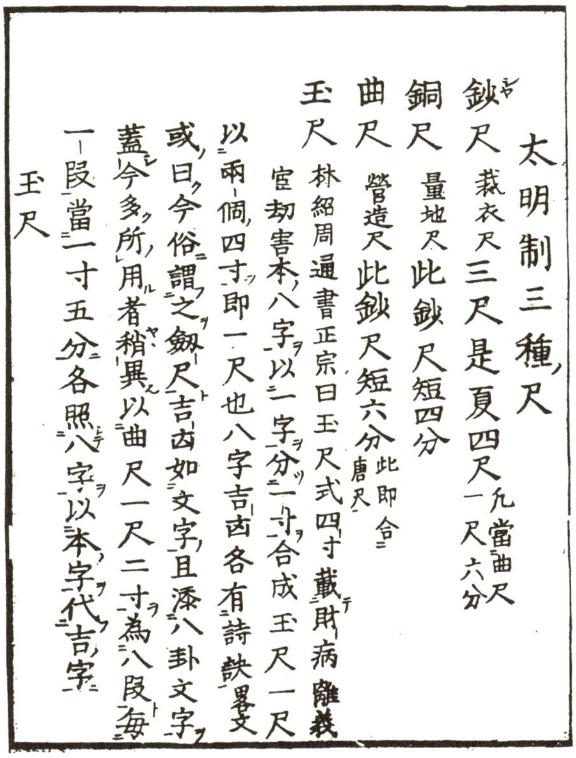

太明制三種尺

鈔尺 裁衣尺 三尺是夏四尺 九當曲尺一尺六分

銅尺 量地尺 此鈔尺短四分

曲尺 營造尺 此鈔尺短六分 此即今唐尺

玉尺 林紹周通書正宗曰玉尺式四寸載財病離義
官刼害本八字以一字分一寸合成玉尺一尺
以兩個四寸即一尺也八字吉凶各有詩訣畧文
或曰今俗謂之鉐尺吉凶如文字且添八卦文字
蓋今多所用者稍異以曲尺一尺二寸為八段每
一段當一寸五分各照八字以本字代吉字

玉尺

図10-6-34　木を工作する道具：基準：「尺」

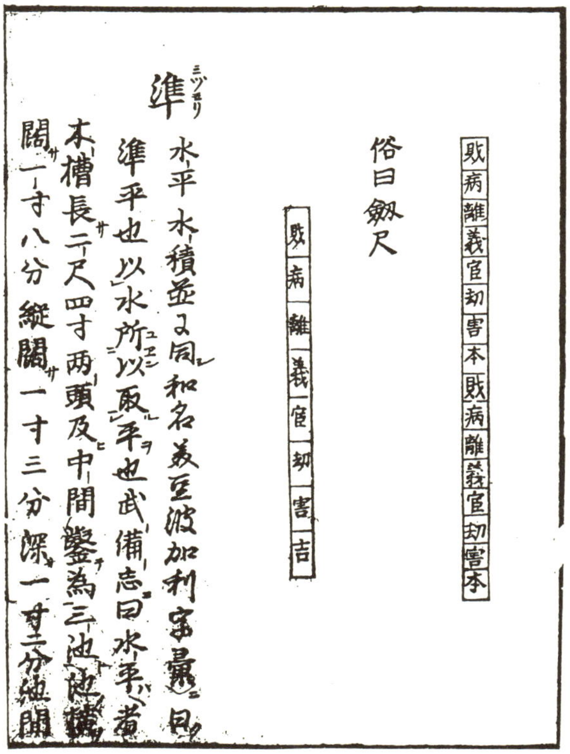

財病離義官刼害本財病離義官刼害本

俗曰鉐尺

財病離義官刼害吉

準 水平 水積盃又同和名美豆波加利字彙曰
準平也以水所以取平也武備志曰水平者
木槽長二尺四寸兩頭及中間鑿為三池池横
闊一寸八分縱闊一寸三分深一寸二分池間

図10-6-35　木を工作する道具：基準：「準」

相去一尺五寸間有通水渠闊二分深一寸三分池各置浮木木間狭微小於池箱厚三分上建立歯高八分闊一寸七分厚一分槽不轉為関脚高下與眼等以水注之三池浮木齊起則為天下準 畧文

図10-6-36　木を工作する道具：基準：「準」

垂準（サゲスミ）

槷　臬ニ同　和名義豆波加利　周禮曰所以方正位注云匠人以繩懸於槷上然後從旁望縣即知地之高下而平之也即平得地欲正其東西南北先於中置一槷以正之恐其槷下不正準ハ横を平にする者垂準ハ縦を

図10-6-37　木を工作する道具：基準：「準」

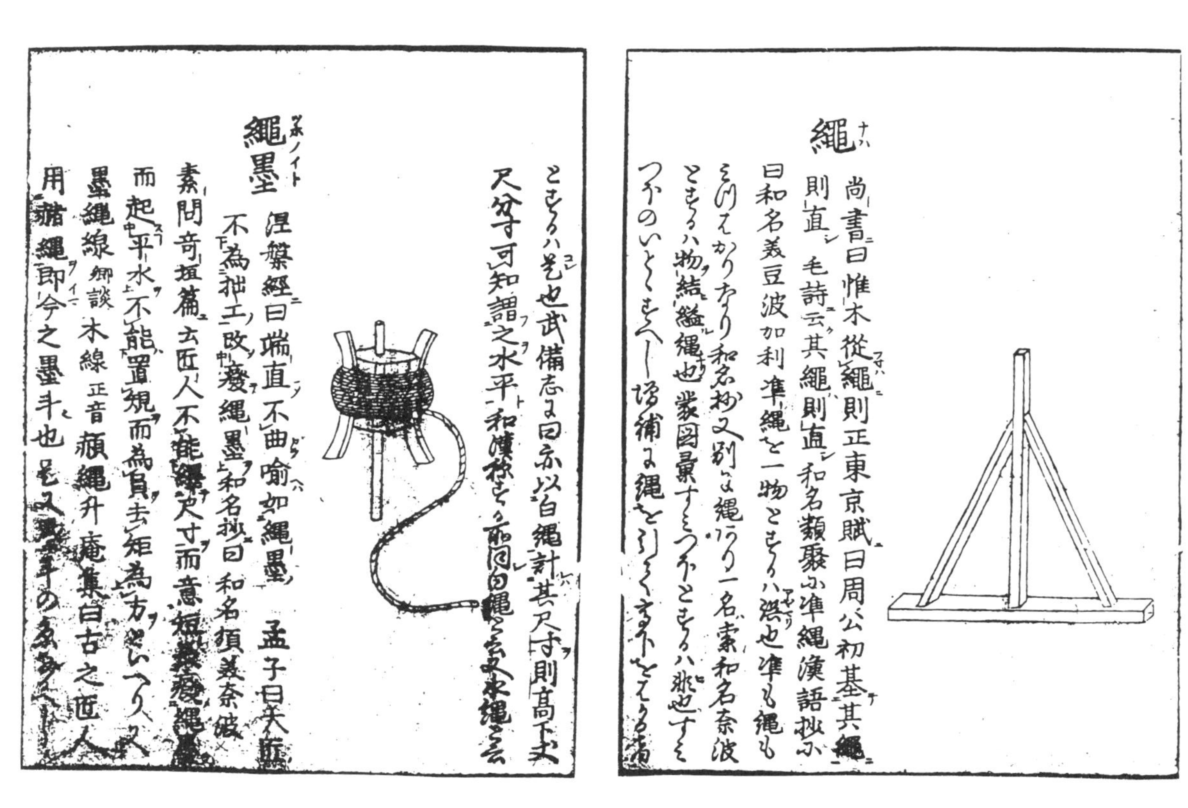

縄（ナハ）

尚書曰惟木從縄則正東京賦曰周公初基其縄則直毛詩云其縄則直和名類聚ニ準縄漢語抄ニ曰和名義豆波加利

図10-6-38　木を工作する道具：墨掛

縄墨（スミノイト）

涅槃經曰端直不曲喩如縄墨　孟子曰大匠不為拙工改廢縄墨和名抄曰和名須美奈波素問奇病篇云匠人不能釋尺寸而意短長廢縄墨而起平水也不能置規而為圓去矩而為方

墨縄線 郷談 木線 正音 痕縄升庵集曰古之匠人用繍縄即今之墨斗也

図10-6-39　木を工作する道具：墨掛

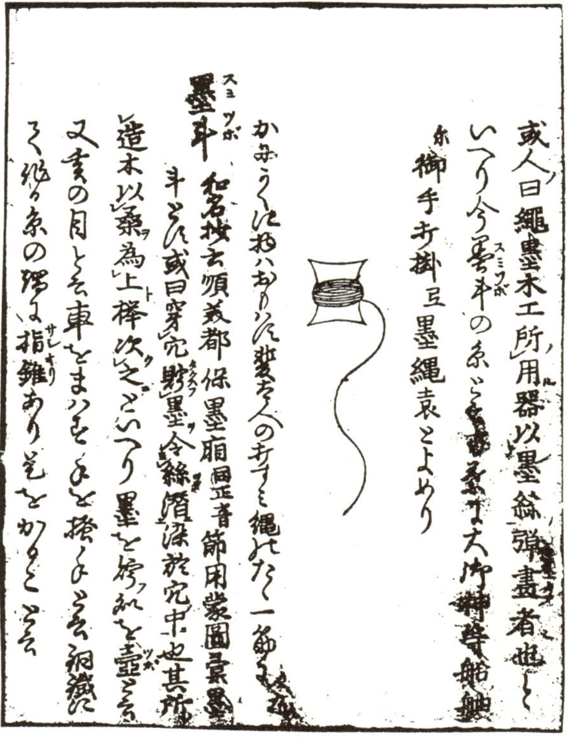

或人曰縄墨木工所用器以墨斜弾畫者也と
いへり今墨斗の糸に[illegible]大工[illegible]船[illegible]
御手斗掛豆墨縄衷とよめり

墨斗 和名抄云須美都保墨斗匠者節用蒙圖彙墨
斗とも或曰穿究影墨今絲濟深於究中也其所
造木以絲為上様次之といへり墨を壺と云
又車の目と云車とまいをとも云
[illegible]の糸の[illegible]指雛あり[illegible]

図10-6-40　木を工作する道具：墨掛

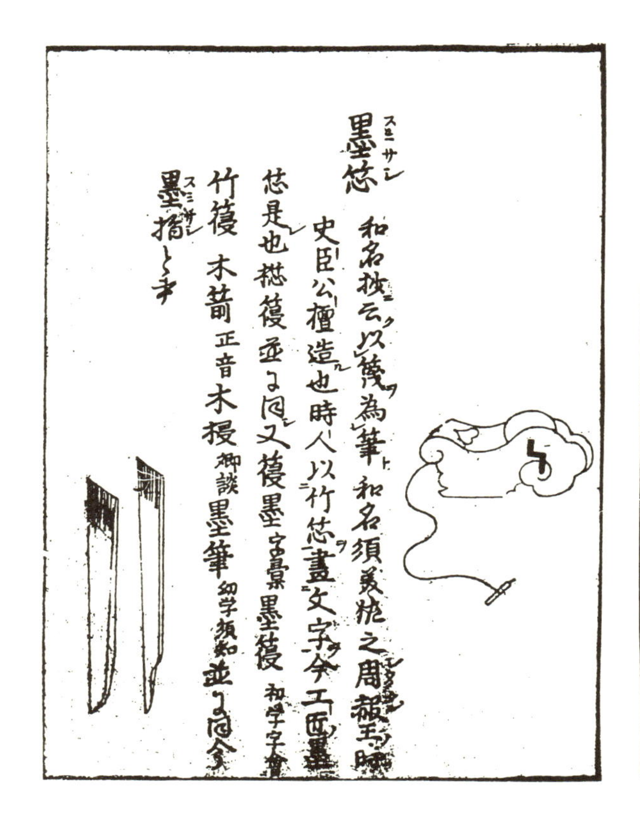

墨悊 和名抄云以箴為筆 和名須美佐之 周[illegible]
史臣公擅造也時人以竹悊畫文字今工匠墨
悊是也 摠篦並に同 又篦墨 字彙 墨篦 和学字會
竹篦 木蔄 正音 木擾 御談 墨筆 幼学須知 並に同
墨指とも

図10-6-41　木を工作する道具：墨掛

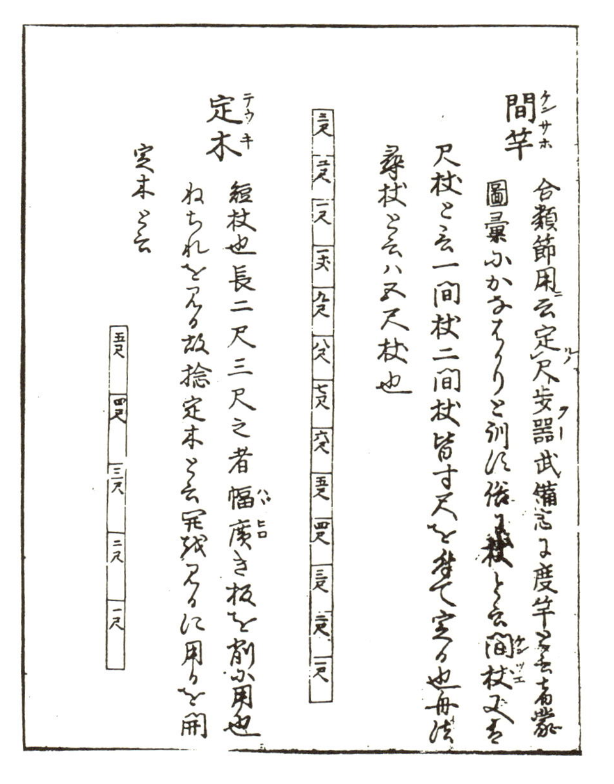

間竿 合類節用云定尺 安器 武備志 度竿 [illegible]
圖彙にかなざしと訓じ俗に杖と云間杖又は
尺杖と云一間杖二間杖皆すべ尺を量て定る也[illegible]
尋杖とも云ハ又尺杖也

定木 短杖也長二尺三尺之者幅廣き板を削て用也
ねぢれをなをす故捻定木とも云[illegible]に用るを用
定木とも云

図10-6-42　木を工作する道具：墨掛

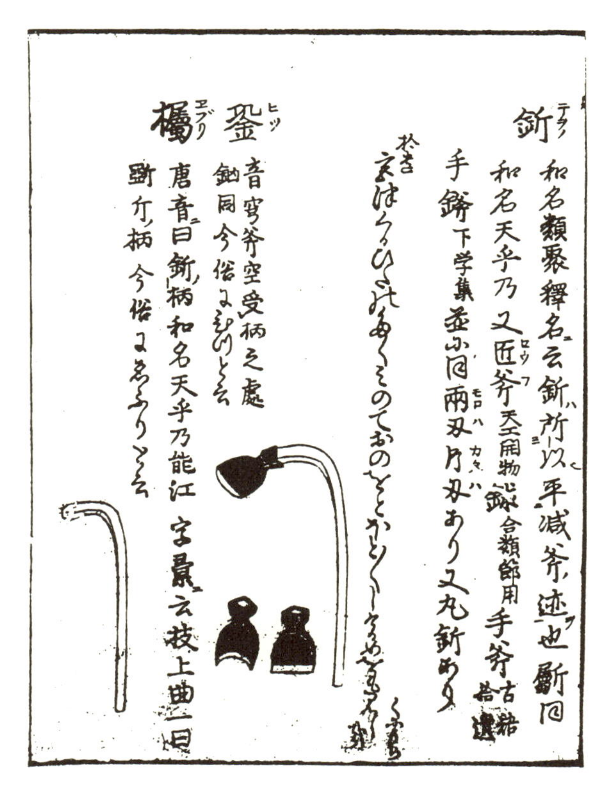

釿 和名類聚釋名云釿所以平滅斧迹也 斷同
和名天乎乃 又匠斧 天工開物 鏍 合類節用 手斧 古器遺
手鏟 下学集 並に同 両刃片刃あり又丸釿あり
[illegible]

巠 音穿斧空受柄之處
鋤同 今俗にひつとも云

橋 唐音曰釿柄 和名天乎乃能江 字彙云技上曲曰
斲 斤柄 今俗によきなりとも云

図10-6-43　木を工作する道具：部材加工

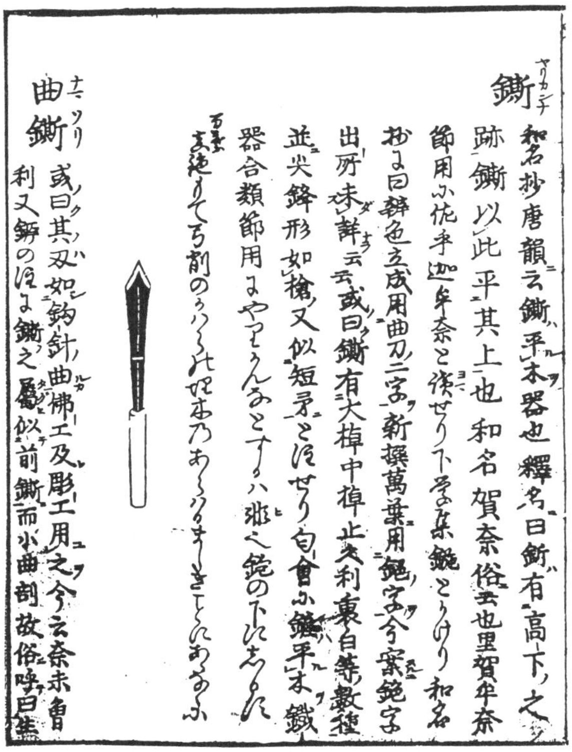

鐁（ヤリカンナ）

和名抄唐韻云鐁ハ平ル木ヲ器也釋名曰鐁有高下ノ之跡鐁以此平其上也 和名賀奈俗云也里賀牟奈 節用ニ佐手迦牟奈と讀せり下学集ニ鐁とかけり 和名抄ニ曰鉇邑立成用曲刀二字ヲ新撰萬葉用鉇字今案鉇字出所未詳云 或曰鐁有大棹中棹止え利東白等數種並ニ尖鋒形如槍ノ又似短矛と注せり [illegible] 鐁平ル木ヲ鐵器合類節用ニやりかんなとす [illegible] 之鉋の下にしるす [illegible]

曲鐁（ナニツリ）

或曰其刄如ニ鈎針ノ曲ル彿工及彫工用之今云奈未曾利又鐁の [illegible] 鐁之屬似前鐁而小曲剞故俗呼曰 [illegible]

図10-6-44　木を工作する道具：部材加工

剞又名鈎鐁といへり [illegible]

鉋（ツキカンナ）

字彙曰正木器也刨削同正字通曰鐵刄狀如鏟銜木中不令轉動木匠有孔旁兩小柄以手反覆推之木片從孔出用捷于鏟又通作刨俗作鑤天工開物曰推鉋礪嵌銅寸鐵露刄秒忽斜出木口之面所以平木古名曰準巨者卧準露刄持木抽削名曰卧準圓桶家使之尋常用者横木為兩翅手執前推 [illegible] 鏟ハ鐵也卧準ハ鏟と [illegible]

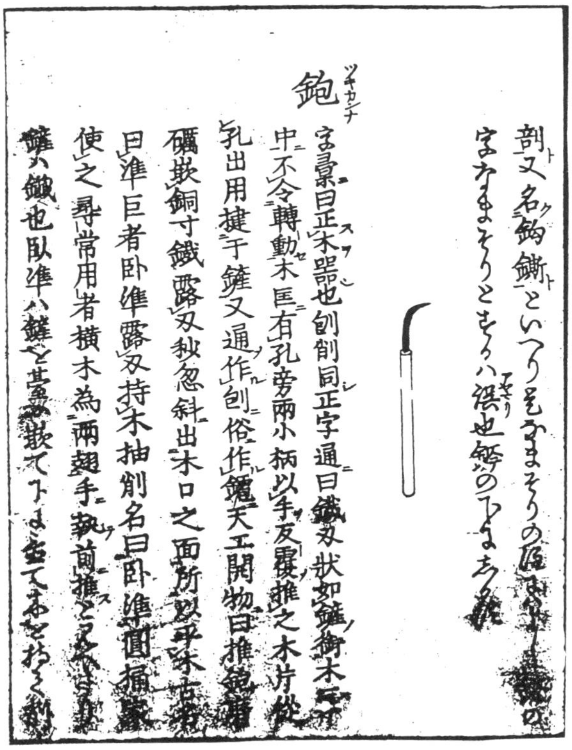

図10-6-45　木を工作する道具：部材加工

今正直 [illegible] 二種 [illegible] 家ニ用工匠ニ具 [illegible] 推刀鼓

刀須知　鉋子　品字箋鉋平木器 [illegible] 即木工所用 並ニ同或曰鉋俗云豆木加牟奈 古者唯用鎗鐁凡百年余以来始用突鐁二物狀異稍似矣比鎗鐁甚捷且精密今俗用鉋字為突鐁別之其制以樫木長六七寸狀如硯而穿細溝孔斜嵌平刀推以削木其制不一 [illegible] 正字通天工開物 [illegible] 鉋也 [illegible] 別之其制 [illegible] 者 [illegible] 突鐁 [illegible] 利 [illegible] 鐁 [illegible] 鎗鐁 [illegible] 古 [illegible] 推鉋也

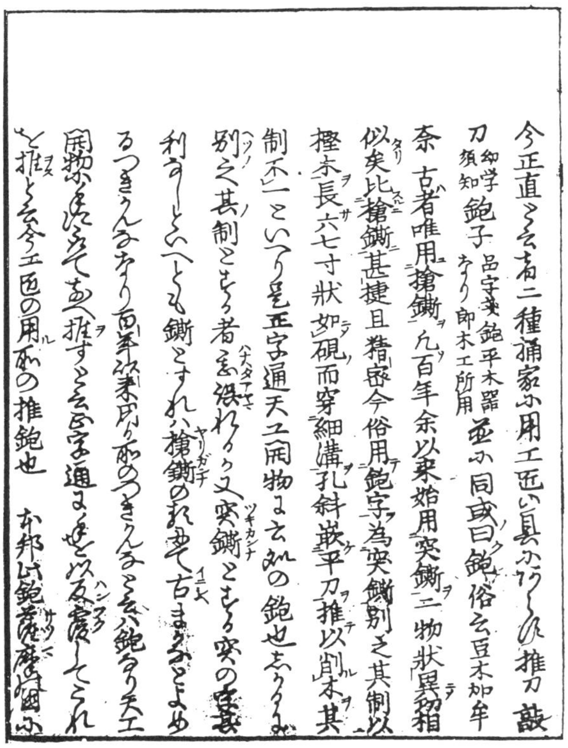

図10-6-46　木を工作する道具：部材加工

始て [illegible] 今 [illegible] 用其余 [illegible] 鉋 [illegible]

是薩州ニ用ル鉋 天工開物正字通ニ載 [illegible] 也

麁鉋中鉋上鉋

麁鉋ハ [illegible] 中鉋ハ其上 [illegible] 削口 [illegible] 鉋刃の幅 [illegible] 分一寸四分 一寸六分 一寸八分 二寸の [illegible] 常 [illegible] 三寸 [illegible] を用

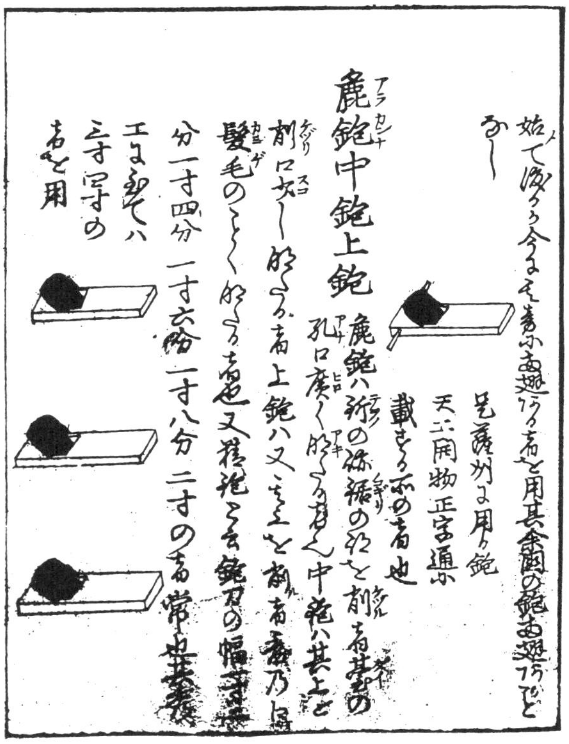

図10-6-47　木を工作する道具：部材加工

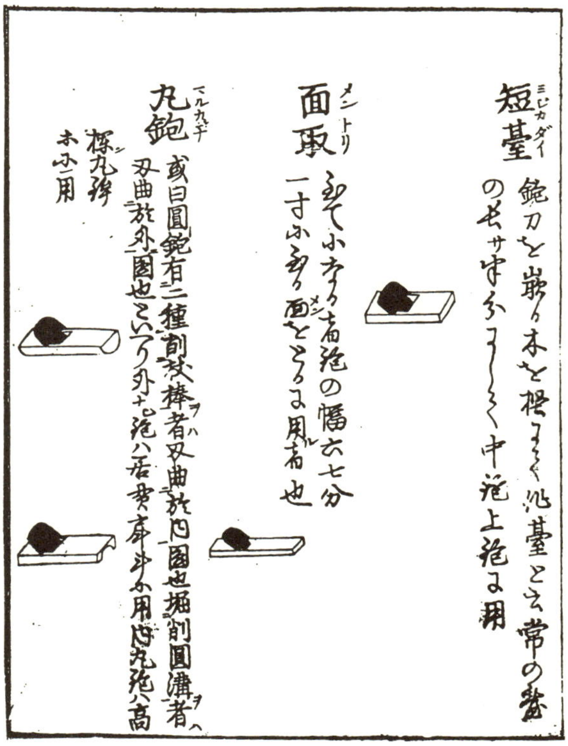

短臺(ミジカダイ) 鉋刃を嵌る木を短くしたるを臺と云 常の臺の長サ半分ばかりにして中低上低にて用

面取(メントリ) 角をて小なる鉋の幅六七分一寸ばかりなる面(メン)をとるに用る也

丸鉋(マルカンナ) 或曰圓鉋有二種 刳杖棒者刃曲於内圓也 掘削圓溝者刃曲於外圓也といへり 外丸鉋ハ居(?)… 内丸鉋ハ高

探丸鉋 木ニ用

図10-6-48 木を工作する道具：部材加工

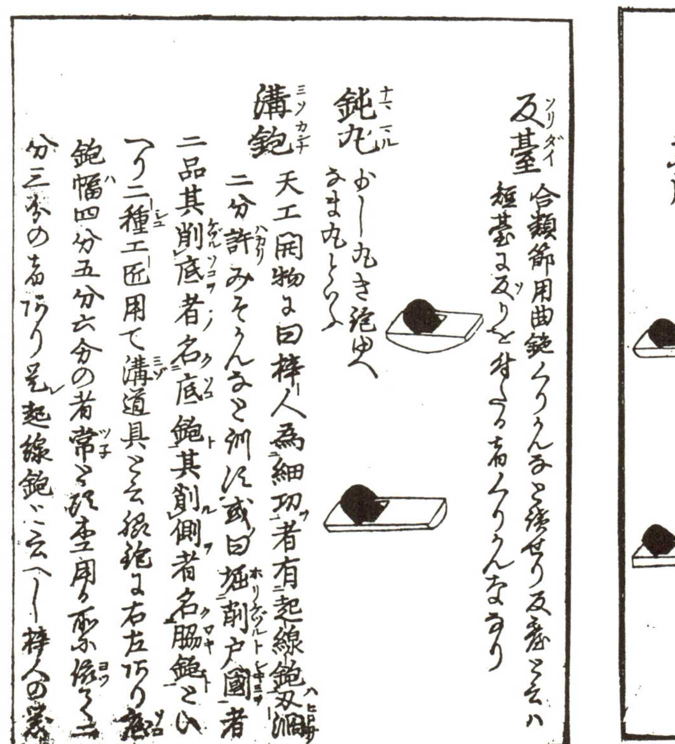

反臺(ソリダイ) 合類節用曲鉋くりうんなと鉋せり 反臺と云ハ 短臺に反りをつけたる者くりうんなり

鉋丸(ナマル) かし丸き鉋也 なま丸ともいふ

溝鉋(ミゾカンナ) 天工開物ニ曰 梓人為細功者有起線鉋刃闊二分許 みぞうんなと訓じ 或曰堀削戸閾者二品 其削底者名底鉋 其削側者名脇鉋といへり 二種工匠用て溝道具とも云 総鉋ニ右左あり 鉋幅四分五分六分の者常に用る 三分の者… 起線鉋といふ… 梓人の業…

図10-6-49 木を工作する道具：部材加工

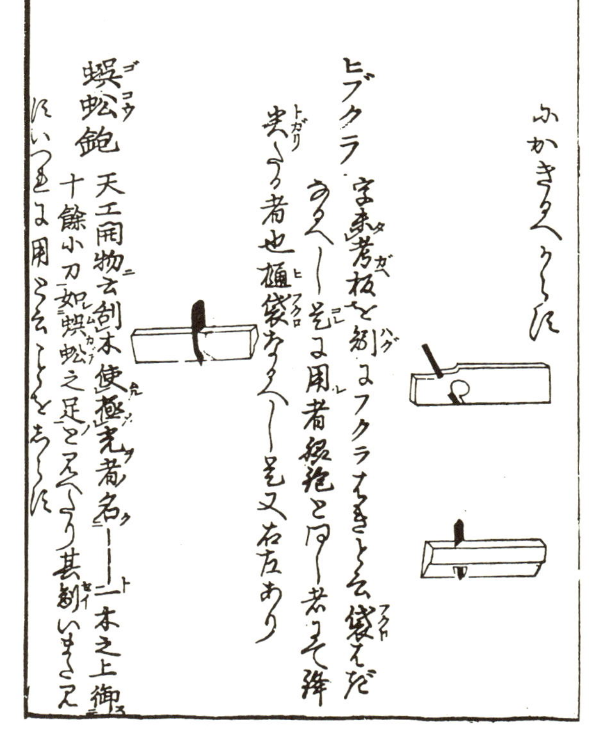

ふかきつくりにも

ヒブクラ 字未詳 若板(ガヘ)を剝(ハグ)ニフクラなきと云 袋をだ… 用る者 総鉋と同じ 若して鋒尖(トガリ)たる者也 樋袋(ヒフクロ)なるもあり 又右左あり

蜈蚣鉋(ゴコウカンナ) 天工開物云 剷木使極光者名蜈蚣鉋 一木之上御十餘小刀 如蜈蚣之足 とあり 其制いまだ… にいつ… 用るといふ

図10-6-50 木を工作する道具：部材加工

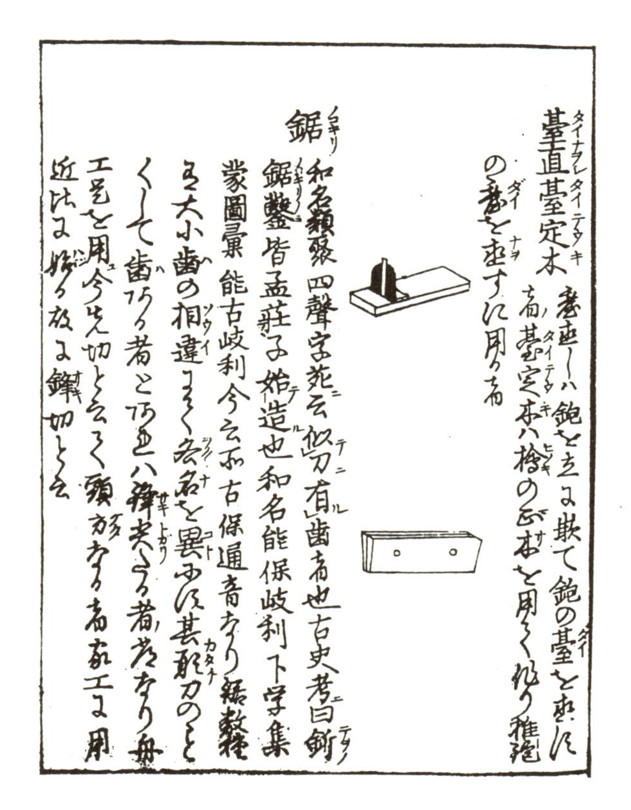

臺直(タイナヲシ) 臺定木(タイテイギ) 臺直しハ鉋を立て 鉋の臺をなほす 稚鉋の臺(ダイ)を直(ナヲ)すに用る者 臺定木(タイテイギ)ハ檜(ヒノキ)の薄板を用ゆ

鋸(ノコギリ) 和名類聚 四聲字苑云 似刀有歯者也 古史考曰 鋸(ノコギリ) 鑿皆孟莊子始造也 和名能保岐利 下学集 篆圖彙 能古岐利 今云ハ古保通音なり 鋸鑿 大小歯の相違あり 名を異にし 其形刀のごとくして 歯ある者と 筈あり 鋒尖(トガリ)たる者 栿なるものハ 工匠を用ゆ 今先切とも云 頭… なる者 家工に用 近江に… 切と云

図10-6-51 木を工作する道具：部材加工

図10-6-52　木を工作する道具：部材加工

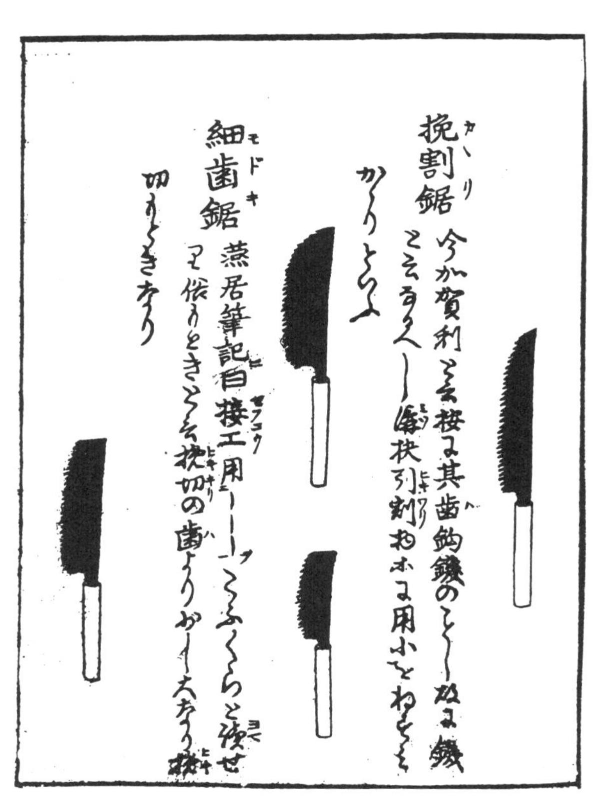

図10-6-53　木を工作する道具：部材加工

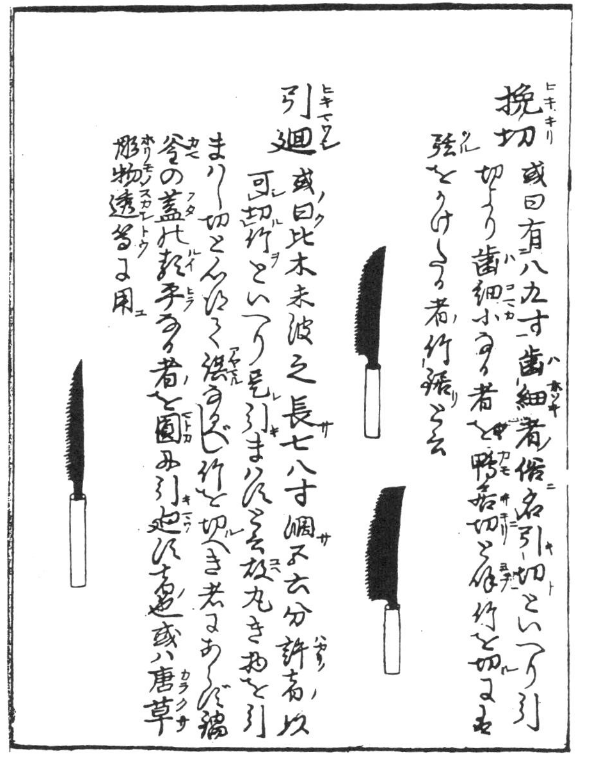

図10-6-54　木を工作する道具：部材加工

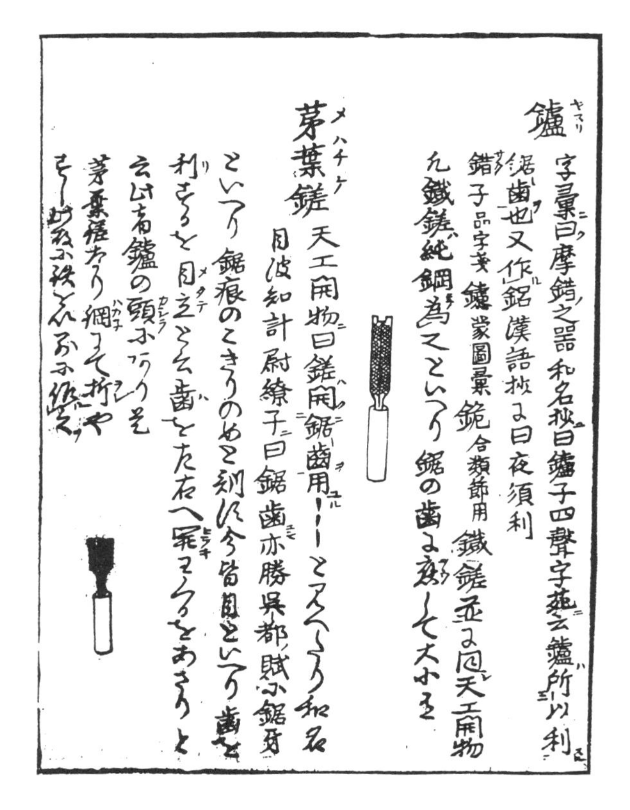

図10-6-55　木を工作する道具：部材加工

鑿　所以穿木器也鑿鐫鏃錄並ニ同又鑿仔卿謨劉子
正音 和名抄 能美 字彙云鉄鋧ハ小鑿也鏍同鎗ハ
鎗鑿也大鑿平木者とみへたり其品数種あり三厘
五厘半分とも云一分二分三分四分五分六分八分一寸也七分
九分とも云者斧也一寸二分を小廣鑿とも云一寸六分一寸
八分二寸是を廣鑿とも云平鑿とも云廣狭の寸分を以て
名とし又厚薄あり

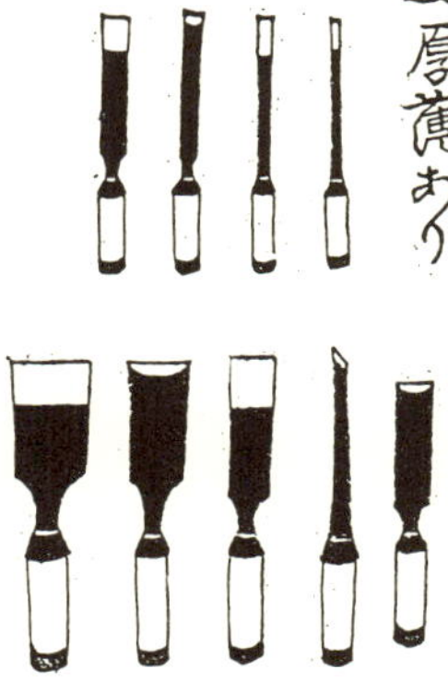

図10-6-56　木を工作する道具：部材加工

突鑿　或曰有佐須鑿柄長近尺といへり柄より鑿の
穂長き者船工用継手鑿とし家工是を指物にも用
無双鑿　鈍鑿同ほかの名を訓る甚刃鈍或ハ堅くして彫
刻に用られざる者是を用ておもて解毀の鑿とす
る也
鐔鑿　豆波能美船工家用ゆるといへり釘穴を穿者也
刃ふくして如鈹又片鐔鑿ともいふ釘穴を合る者也又
片刃鑿ともいふ釘柄底に大小あり

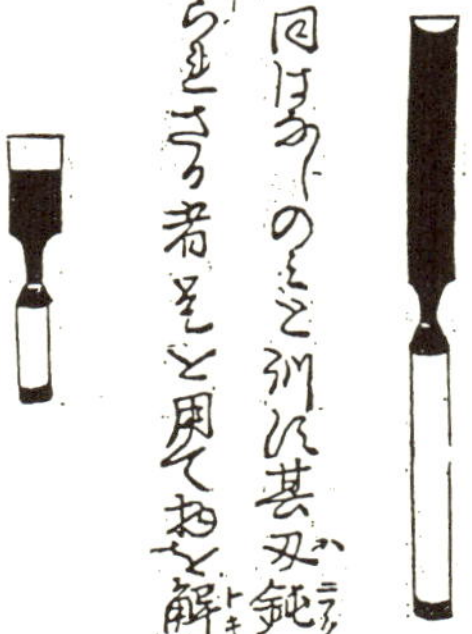

図10-6-57　木を工作する道具：部材加工

打抜　鐔鑿のごとくにして鋒なき者大船の釘穴を彫に
先鐔鑿にて穴を穿其跡を打貫穴とさらへ用る
者也
鎊　字彙曰曲頭鑿和名抄辨色立成ニ云曲刀鑿也和名
加布良恵利或曰字彙謂之曲頭鑿蓋鑿之類皆
以テ粗啟穿者曲頭何得能入耶今有佛工穿鼻穴之刀
乃鏟之屬似前鏟而頭小曲剖故俗呼曰生剖又名鉤
鏟此乃鎊也其彫穿之功謂鑿亦不遠矣以圓穿

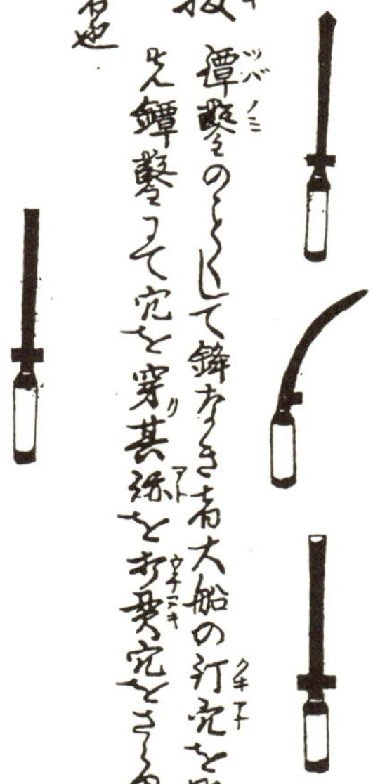

図10-6-58　木を工作する道具：部材加工

謂無彫亦適理矣といへり是和名抄に曲刀とかけるを
以て云ゝ曲刀をまるのみと云ハおしハ利ヲ近し字
彙の曲頭をかまそりとよみまそりを云ハ大船の釘穴を生剖
ハ刃平かなり曲者の鎊ハ頭の刃丸く曲者にて圓穴をさ
穿者也今麻留能美とも云豆保能美とも云則加布
良恵利也又壺鑿を小圖の如く刳り以可圓穿と云て此の
鑿曲刃にあらすや字彙の曲頭鑿と混として自非を遁
せる誤の甚しきなり又捲鑿 蒙圖彙 鏡鑿 眉公雑字 圓鑿
日用雑字 並に同名物を帖つかきりとするハ非也又象丸の鑿をさ

図10-6-59　木を工作する道具：部材加工

樈

和名抄通俗文云樈ハ鑿ノ柄也和名能美乃江のミつかとも云上下ヨ鉄の輪ある上をかつらと云下を口鉄といふ

槌

蒙図彙木槌と書。合類節用椎。和名抄纂文云方椎謂之柊揆漢語抄ヨ曰散伊都遅と書す柊揆と用或曰槌椎惣名也有数種柊揆一名ハ方椎木工毎用之其横木曰持といへり和名抄の説にてハ柊揆ハさいつち工匠のつちヨハあらざ蒙図彙にこつちと訓じあれハ今云屋ねやつちなり人の器大小ひきらるをさいつち行たまとらるなり横

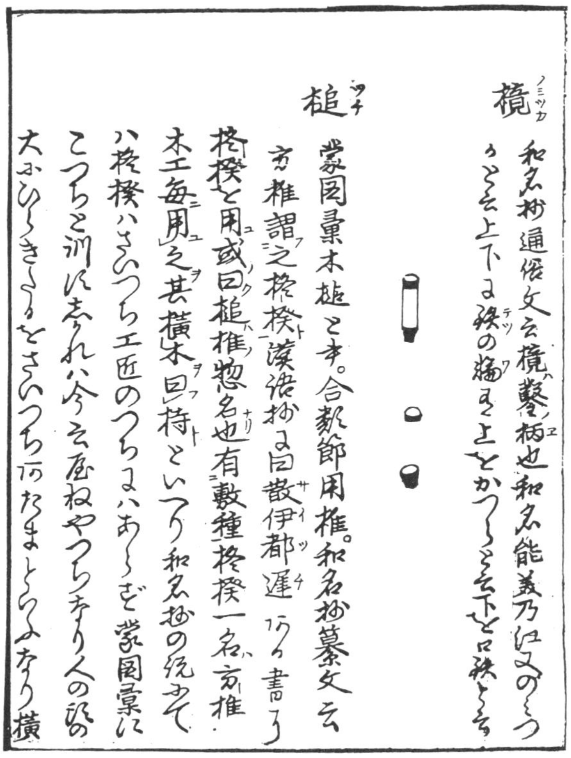

図10-6-60　木を工作する道具：部材加工

槌のごとく柄をながくに作る者にて横槌とも柄長しくし…さいつちハ柄長く頭短し横木とも者にいふ…木工の槌と混せるハ誤りとしるへし字彙に持ハ槌の横木とあり横木なる者ハ槌也椎也當匠槌とも

鐵槌

和名抄廣雅曰鍦ハ鐵槌也和名加奈都知骨公雅字鐵槌。本草ニ鉄椎。漢張良傳ニ為鐵椎二十斤とみへたり今用所大中小の品あり重サ百目三百目以上を大とし百目百五十目を中とし

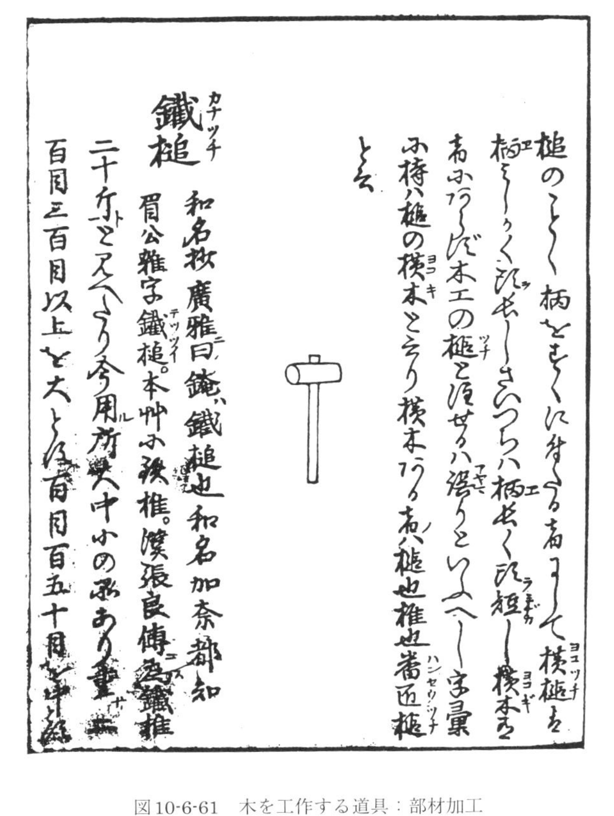

図10-6-61　木を工作する道具：部材加工

其小なる者十匁以下にある

源翁

天工開物ニ攻石椎と云或曰大如椀以可摧破鐵石ヲ齊人謂大椎ヲ曰鏟者是乎蓋昔有禪僧源翁者偶行野州那須野ニ呪破殺生石ヲ而後俗ニ稱破石鏟ヲ曰源翁と云へり舟方大釘を打ッ者也

図 10-6-62　木を工作する道具：部材加工

釘ト

トハ固也釘の頭ヲ齒鐵槌にてトとは堅固にするなり又釘庭しとも云大小あり大なる者ハ木竹をえこそきさ柄として源翁にて打者

椓擊

或曰纂文云斧人以大槌為椓擊蓋椓ハ剃。以可擊杙也合類節用櫌又搢槌と書字彙櫌打塊槌とみへたり摩田器也細斫ヲ用者農具也

椓擊ハ和名阿比都遅。俗云加計夜

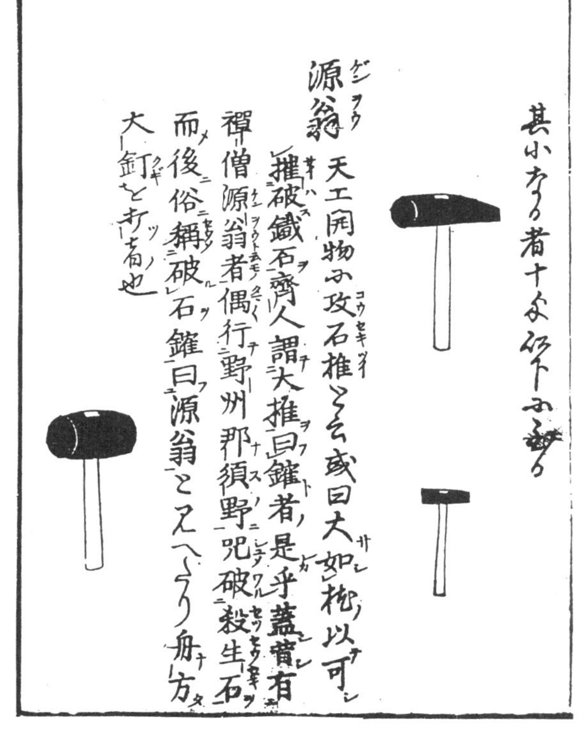

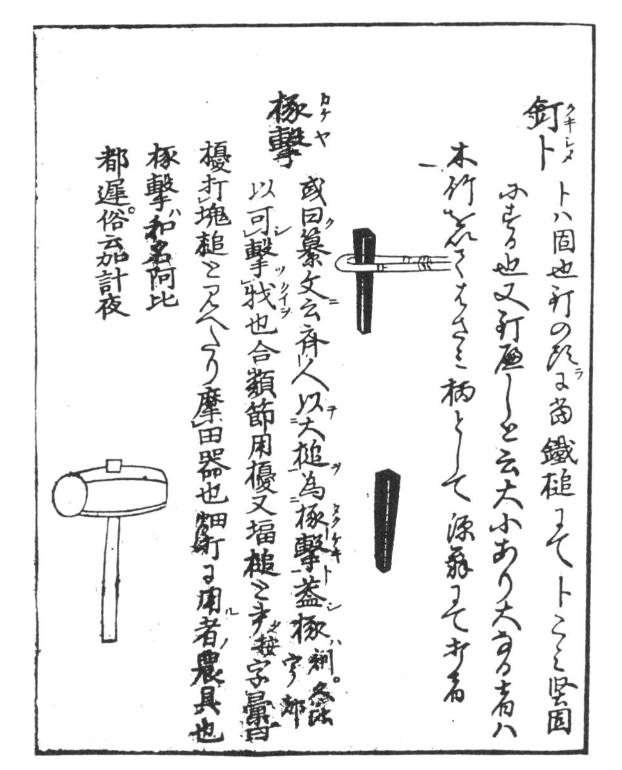

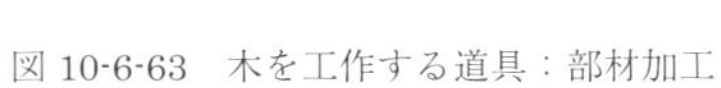

図 10-6-63　木を工作する道具：部材加工

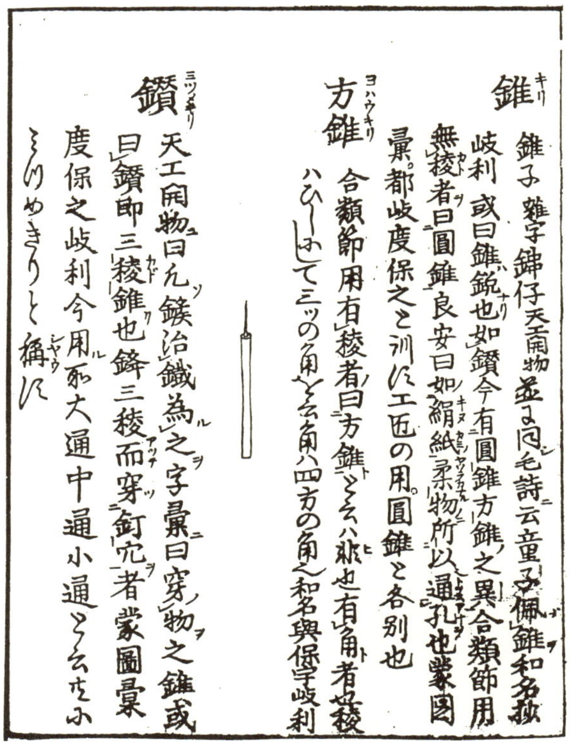

錐（キリ）
錐子 雖子 錍仔 天工開物 並ニ同シ 毛詩云 童子佩錐 和名抄 岐利 或曰 錐銳也 如鑽 今有圓錐方錐之異 合類節用 無稜者曰圓錐 良安曰 如絹紙柔物所以通孔也 蒙圖彙 都岐度保之と訓ス 工匠の用 圓錐と各別也
方錐（ヨハウキリ）
合類節用 有稜者曰方錐 と云ハ非也 有角者 四稜 八ひしにして三ッの角あるを云 角ハ四方の角之 和名與保宇岐利
鑽（ミツメキリ）
天工開物曰 凡鏃治鐵為之 字彙曰 穿物之錐 或曰鑽 即三稜錐也 鋒三稜而穿釘穴者 蒙圖彙 度保之岐利 今用ル 大通 中通 小通 と云 古ハ 三ッめきりと稱ス

図 10-6-64　木を工作する道具：部材加工

壺錐（ツボキリ）
或云 半圓如削竹 以明圓穴者 是を豆保岐利と云 又丸錐とも 大小あり
鈌（モヂ）
和名抄曰 毛遲 或曰 鈌大鑽也 柄橫於頭 如丁子樣 先以三稜錐 次敲入之 以柄紾捩 といへり 船工大釘の穴を穿に先 鐔鑿をへて後ニ用ユ

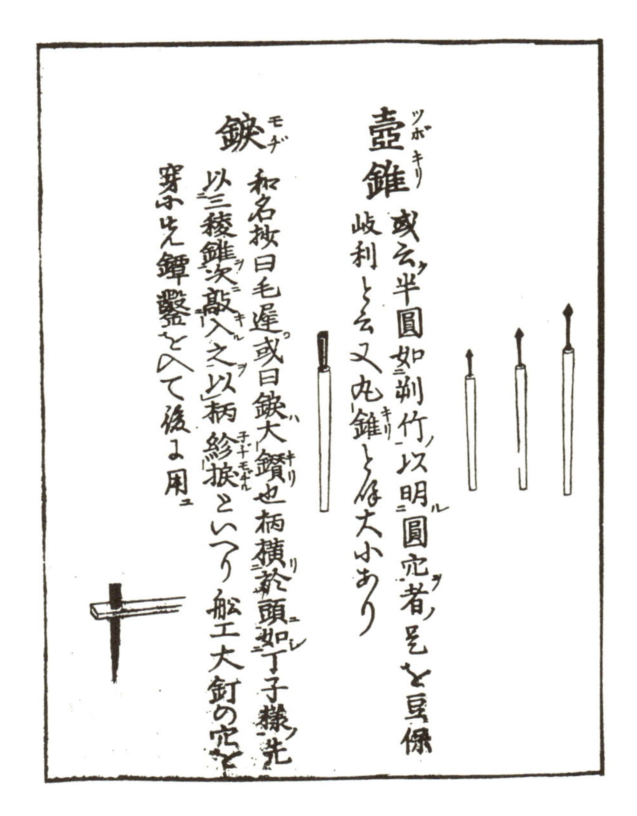

図 10-6-65　木を工作する道具：部材加工

小刀
武備志 日本考ニ云 有小裁紙 設機刀 合類節用 ニ削刀 又作錐刀 和名古加太奈 大中小あり 其刃細者 操小刀と云 又切出小刀あり
文本 [illegible]
界引（ケヒキ）
卦を引て厚を究る 或ハ枘を穿 穴を彫ル用ユ 又 薄板を割 小刀の鋒を嵌たる 割卦引と云 [illegible] 戸工 多く用ユ 工匠 又用ルこともあり

図 10-6-66　木を工作する道具：部材加工

口引 又鳥口とも云 竹を用て一尺斗ニ切 二三寸程の所 二ッに割 先を尖し 此ニ本を挾て [illegible]
鐵挺（カナテコ）
業圖彙ニ 木挺 鉄挺 あり 今 手木 手子 と云 木挺ハ [illegible] を用ユ
千斤（クギヌキ）
頭書纂要曰 起舊釘之器 又 物原類知曰 千斤秤 用以去木上鐵釘不起者 或曰 和名久岐奴木 俗ニ云 万力 方寸半許 鐵器 [illegible]

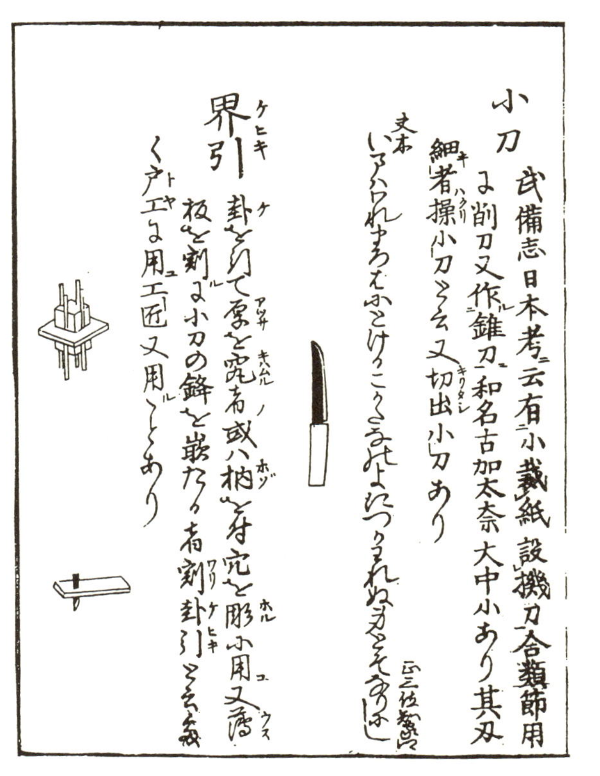

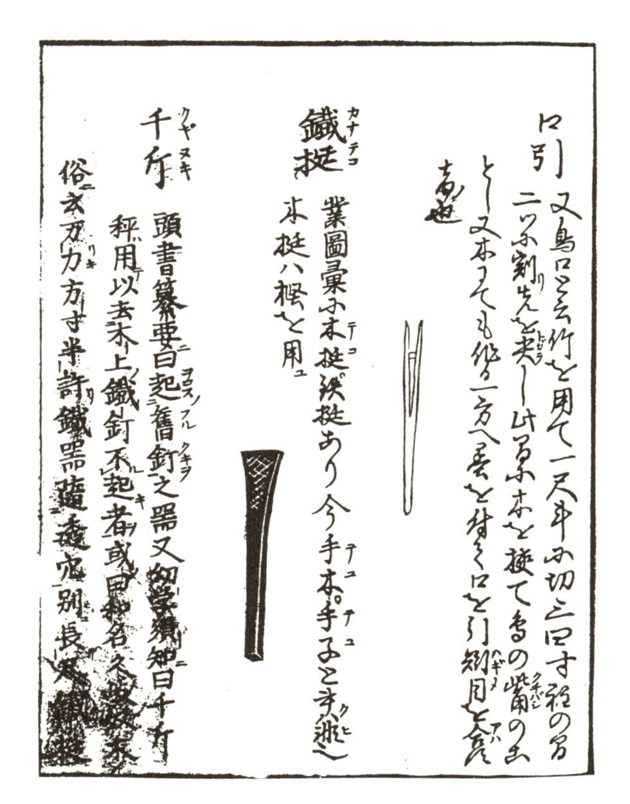

図 10-6-67　木を工作する道具：組立

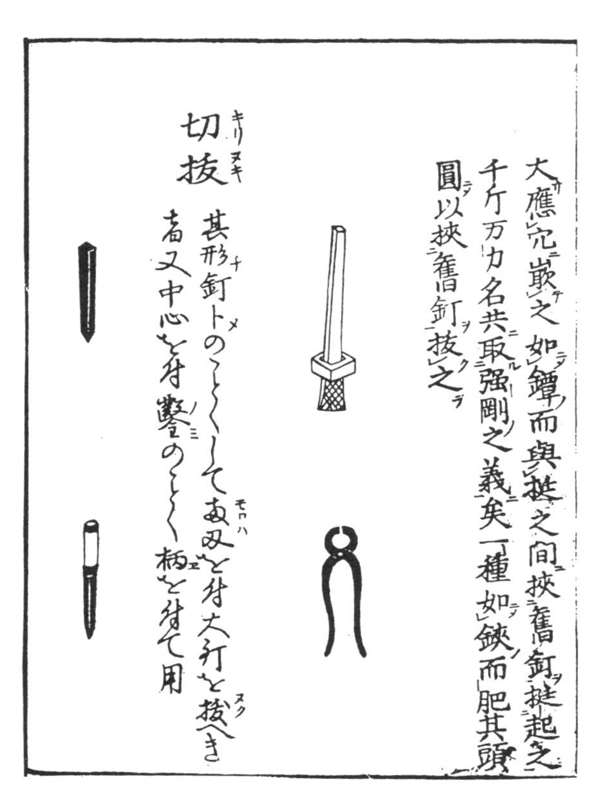

図 10-6-68　木を工作する道具：組立

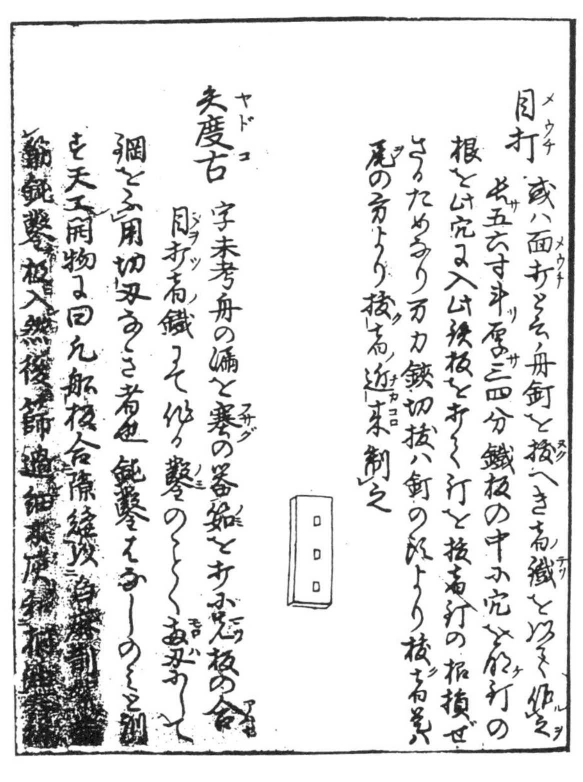

図 10-6-69　船を工作する道具

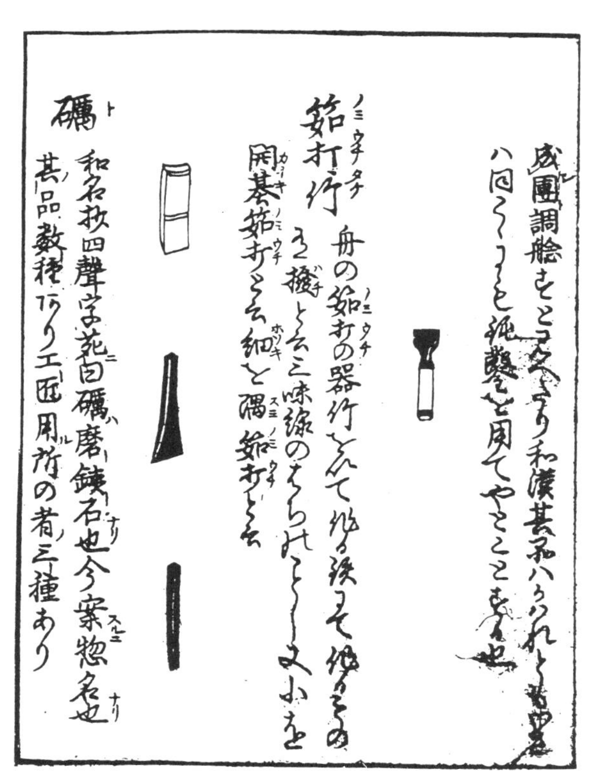

図 10-6-70　船を工作する道具

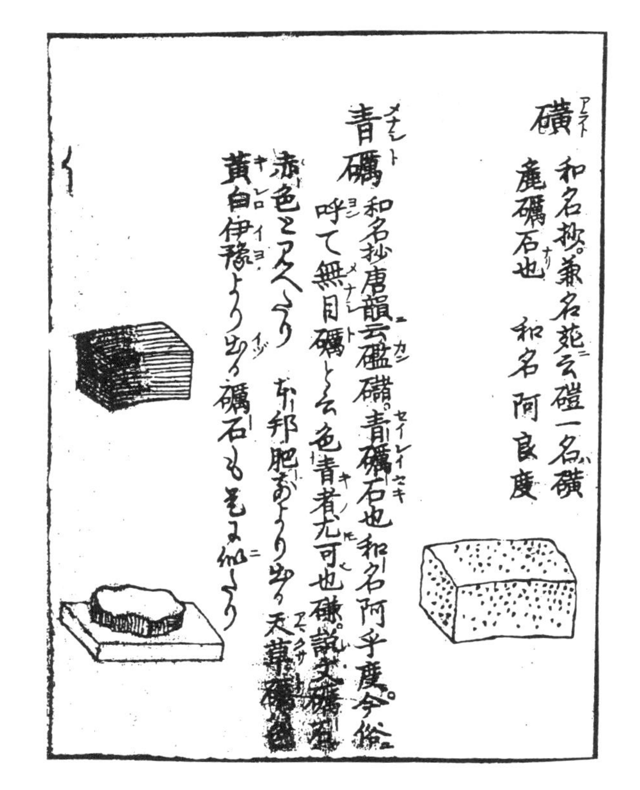

図 10-6-71　木を工作する道具：手入

図 10-6-72　木を工作する道具：手入

図版解説

図 10-6-1　木を工作する道具：基準：「規」（日本　A.D.1712 年）［史料 L.3］

木の建築をはじめとして、生活の基本要素としての衣食住に関連する木製品をつくる上で、加工する形状をはかりしるすための基準機能を有する道具は重要である。その基準を、古くより「規矩準縄」と称してきた。「規」は円形をしるす道具で、これを「ぶんまわし」と呼称する。18 世紀初めに記述されたこの文献資料には「近頃異国」から「長崎」に渡来した「根発子・コンハツス」も記述されている。

図 10-6-2　木を工作する道具：基準：「矩」（日本　A.D.1712 年）［史料 L.3］

第二の基準は「矩」で、「曲尺」とも表記し、「マガリカネ」と呼称する。「曲尺」は「木匠営造ノ尺」で、鋼で製作する。「裏尺・ウラカネ」があり、「表」の一尺に対して「一尺四寸一分四厘余」に相当し、「番匠」が軒廻り隅部分の墨付けに用いる。

図 10-6-3　木を工作する道具：基準：「尺」（日本　A.D.1712 年）［史料 L.3］

生活の基本要素のひとつ「衣」に関する「竹尺・ものさし・たかはかり」の記述である。「絹布」用として「鯨鰭」で製作する「鯨尺」の「八寸」は「曲尺一尺」に相当し、「呉服尺」は「曲尺一尺二寸」に相当する、と記されている。

図 10-6-4　木を工作する道具：基準：「尺」（日本　A.D.1712 年）［史料 L.3］

「古今」の様々な「尺」に関する記述である。中国古代に起源がある「黍」の長さを単位とした「横黍尺」「宋尺」と「縦黍尺」「夏尺」、「黄鐘」の長さを単位とした「商尺」「唐尺」、「周尺」、「漢尺」などが記されている。続きが次図（図 10-6-5）の冒頭にあり、「明」の「三種ノ尺」として「鈔尺」「裁衣尺」、「銅尺」「量地尺」、「曲尺」「営造尺」の記述がある。

図 10-6-5　木を工作する道具：基準：「尺」（日本　A.D.1712 年）［史料 L.3］

「玉尺」俗称「剣尺」に関する記述である。「吉凶」の文字を「曲尺一尺二寸」の 8 分割の中に配し、「刀剣」「仏像」「門戸」などの長さや幅を「吉」字に当たるよう定める。

図 10-6-6　木を工作する道具：基準：「準」（日本　A.D.1712 年）［史料 L.3］

「準・みつはかり」に関する記述である。「水」を用いて「平」にする。「匠人」は「縄」につけた「懸（おもり）」を遠くから「望」み、土地の高低を確認した。「匠人」にとって「短長」をはかる「尺寸」、「平水」を確認する「縄墨」、「円」を画く「規」、「方・しかく」をつくる「矩」は不可欠の道具である。

図 10-6-7　木を工作する道具：墨掛（日本　A.D.1712 年）［史料 L.3］

「縄墨・すみなわ」「墨斗・すみつほ」「墨芯・すみさし」に関する記述である。「縄墨」は「工人」が「墨絲」を「弾」いて線を「畫」く道具、「墨斗」は「桑」や「欅」を材料として「穴」を「穿」

ち、「墨」を「貯」え、その中に「絲」を「潜」らせてある道具、そして「墨芯」は竹製の道具で、古くはこれで「文字」を「畫」き、「今」「工匠」の道具である。

図 10-6-8　木を工作する道具：部材加工（日本　A.D.1712 年）［史料 L.3］
「鑿・のみ」と「鏨・いしきりのみ」に関する記述である。「鑿」は「木」を「穿」つための道具で「大小」「数種」あり、「鏨」は「石」を「鐫」つための道具である。

図 10-6-9　木を工作する道具：部材加工（日本　A.D.1712 年）［史料 L.3］
「釿・てをの」と「鐁・やりかんな」に関する記述である。「釿」は「斧」で「減」した「迹」を「平」にする道具で、「両刃・もろは」と「片刃・かたは」の「二種」がある。「船工」が「両刃」を使う。
「鐁」は「釿」使用後の「高下之跡」を「平」にする道具で、「数種」あり、「尖鋒」は「槍」の形に似ている。「仏工」「彫工」が使う「なまそり」、「造桶家」が使う「前鐁」もある。

図 10-6-10　木を工作する道具：部材加工（日本　A.D.1712 年）［史料 L.3］
「鉋・つきがんな」に関する記述である。「鉋」は木を「正」す道具で、「凡百余年以来」使うようになった。「鐁」よりも「甚捷且精密」に切削できる。「圓鉋」「底鉋」「脇鉋」「正直」などもある。

図 10-6-11　木を工作する道具：部材加工（日本　A.D.1712 年）［史料 L.3］
「鋸・のこぎり」に関する記述である。「鋸」には「數品」あり、「一尺から一尺六寸」のものは「営造大工」が、「引切」は「造器工」が、「木葉」のように「頭尖」のものは「船造木工」がそれぞれ使う。また、「梱溝」用の「根隅鈎・ネスミガガリ」、「引廻・ひきまはし」などもある。

図 10-6-12　木を工作する道具：製材（日本　A.D.1712 年）［史料 L.3］
「大鋸・おが」に関する記述である。「大鋸」は「長六尺」で「杣人」が使い、「前挽大鋸・まへひき」は「長二尺」「濶一尺一寸」で「竪引」して「大木」を「板」にする。「台切大鋸・たいきり」は「長二尺二寸」「濶一尺」で「横引」して「大木」を切る。

図 10-6-13　木を工作する道具：部材加工（日本　A.D.1712 年）［史料 L.3］
「錐・きり」と「錑・もじり」に関する記述である。「錐」には「絹紙」用の「圓錐」、それより鋭い「方錐・よほうきり」、「木工」が「釘穴」を「穿」つ「三稜錐・みつめきり」などがある。また、「樽口」を「明」ける「三叉錐」や「造桶家・たるや」が「圓穴」を「明」ける「壺錐・つほきり」などもある。
「錑」は「丁字」の形に「柄」を「横」につけ、「先」ず「三稜錐」で穴をあけ、「次」にこれを「敲入」れ、柄をもじる。また「南蛮錑」は餅を「捻」ったような形で、性能は「常」のものの「倍」である。

図 10-6-14　木を工作する道具：部材加工（日本　A.D.1712 年）［史料 L.3］
「舞錐・まひきり」と「鑽・なまそり」に関する記述である。「舞錐」は「一尺余」の「竹柄」が「端」に「紐」をつけた「横木」を「貫」き、横木を「上下」させて使う。「鍼」や「数珠」の穴あけ

に用いる。「銙」は刃部が「曲剖（まがりそり）」、「仏工」が「鼻穴」をあける場合などに使う。

図 10-6-15　木を工作する道具：部材加工（日本　A.D.1712 年）［史料 L.3］
「鏟･せん」に関する記述である。「鏟」には「両柄」がつき、「物」を「削」る。「両刃」は「鍛冶」が使い、「其余」は「片刃」である。「葺屋人」は「柿片」を、「作樽人」は「桶木」をそれぞれ削る。

図 10-6-16　木を工作する道具：部材加工（日本　A.D.1712 年）［史料 L.3］
「小刀･こがたな」と「鑢･やすり」に関する記述である。「小刀」は「竹木」を「削」り、「紙」を「裁」つなどをはじめ、「急用」に便利な道具である。「木工」用は「木欛（つか）」が多い。
「鑢」は「鋸歯」を「利」するためなどに使う。「大小数種」あり、鋼で製作する。「大鋸」用の「鑢歯」は「三稜」形状で、「獣角」用は「歯」が「麤（あら）」く、「雁岐鑢」という。

図 10-6-17　木を工作する道具：部材加工（日本　A.D.1712 年）［史料 L.3］
「 鉇 ･かなつち」に関する記述である。「釘」用の「鐵槌」に数種あり、「柿葺」の「竹釘」用は「生鐵」でつくり、「銅器人」用は「頭」に「鋼」を加えてつくる。「大 鉇 」は「鍛冶家」用で、「源翁」は「鐵石」を砕くために用いる。

図 10-6-18　木を工作する道具：部材加工（日本　A.D.1712 年）［史料 L.3］
「柊揆･さいつち」と「椓撃･あひのつち･かけや」に関する記述である。「柊揆」は「一名」「方椎」といい「木工」用、「桜」は「横槌」で「衣」用である。「椓撃」は「番匠」が「棟木」を「撃」つために使う。

図 10-6-19　木を工作する道具：部材加工（日本　A.D.1712 年）［史料 L.3］
「鏨･たがね」と「千斤･くぎぬき」に関する記述である。「鏨」は「鋼」でつくり、「数種」ある。「鍛冶」は「鐵」を「剪（き）」り、「刀器銘」を「鐫（ほ）」る。「石工」は「石」を「彫」り、「玉」を加工する。
「千斤」は「舊釘」を「起」こす道具である。「長尺」ほどの「鐵梃」と「鐔」を組み合わせた形式のものと、「鋏」のような形状のものがある。

図 10-6-20　土を工作する道具（日本　A.D.1712 年）［史料 L.3］
「泥鏝・こて」に関する記述である。「泥鏝」は「土」を「塗」る道具で、「大小数種」があり、「鶴頸」「柳葉」などの形状による呼称もある。

図 10-6-21　金属を工作する道具（日本　A.D.1712 年）［史料 L.3］
「鞴・ふいご・ふきかわ」と「蹈鞴・たたら」に関する記述である。「鞴」は「鍛冶家」が用いる「火」を「熾（おこ）」すための装置である。「蹈鞴」は「冶工」が「鍋釜」や「鐘」などを「鑄」造するための装置で、「數人」が相対して「板端」を「踏」むことで「風」を送り、「火」を「熾」す。

図 10-6-22　金属を工作する道具（日本　A.D.1712 年）［史料 L.3］

「坩堝·るつぼ」と「鐨·かなとこ」に関する記述である。「坩堝」は「冶工」が「諸金」を「鑄」造する時、「土」を「挻」てつくる。「鐨」は「鍛冶」が焼いた「鐵」を「鐵槌」で「打」つ時に用いる「鐵床」である。「細工」用には小型の「奈良之・ならし」がある。

図 10-6-23　金属を工作する道具（日本　A.D.1712 年）［史料 L.3］
「鋏·かなはし」に関する記述である。「鋏」は焼いた鉄などを保持する道具で、「鋏刀·かなはさみ」は「銅鐵」を「切」る道具である。

図 10-6-24　植物を工作する道具（日本　A.D.1712 年）［史料 L.3］
「梃・てこ」と「縄・なは」の記述である。「梃」は「材木」や「石」を「運」ぶための道具で、「木梃」と「鐵梃」がある。「縄」には「数種」あり、「藁縄」は「雑物」を「束」ね、「蕨縄」や「棕櫚縄」は「雨水」にあっても「耐久」性がある。

図 10-6-25　植物を工作する道具（日本　A.D.1712 年）［史料 L.3］
「絚·つな」に関する記述である。「絚」は「つよきなわ」の略称で、「今」、「綱」の字を「多用」する。「大索（おおなわ）」のことで、「数種」ある。材料には「藁」「竹」「からむし」「いちび」「檜」「蕨」などがある。

図 10-6-26　植物を工作する道具（日本　A.D.1712 年）［史料 L.3］
「縄車・わらない」に関する記述である。縄をつくるための装置で、『三才図會』に詳しい説明がある。

図 10-6-27　木を工作する道具（日本　A.D.1712 年）［史料 L.3］
「車鋋・ろくろかな」と「油醡・あぶらしめぎ」に関する記述である。「車鋋」は加工対象を回転させながら、「鋋」で削る装置である。「油醡」は大型の「楔」を「碓（きね）」あるいは「椎（つち）」で「撃」つことにより、「芝麻（ごま）」油を「搾」り取る装置で、『三才図會』に詳しい説明がある。

図 10-6-28　木を塗装する道具（日本　A.D.1712 年）［史料 L.3］
「髤毛・はけ」に関する記述である。「髤」は「刷毛」とも表記し、「漆」や「飯糊」を「塗」る道具である。

図 10-6-29　木を工作する道具：基準：「規」（日本　A.D.1761 年）［史料 L.4］
「規・ブンマワシ」と「渾發・コンハツス」に関する記述である。「規」は「員（圓）」を「為」す道具で、「絛貫」の表記もある。「根發」は「南蛮鐵」でつくり、「丸きをえがく」道具である。

図 10-6-30　木を工作する道具：基準：「矩」（日本　A.D.1761 年）［史料 L.4］
「矩・サシガネ」に関する記述である。「矩」は「方之器」、「勾尺」「曲尺・まかりかね」の表記もある。「今」、「さしかね」と称する。「大中小」があり、「木匠営造尺」である。

図 10-6-31　木を工作する道具：基準：「矩」（日本　A.D.1761 年）［史料 L.4］
「裏尺・ウラカネ」と「自由曲尺・ジユウカネ」の記述である。「裏尺」は「曲尺」の「裏尺」で、「表一尺」が「一尺四寸一分四厘余」にあたる。「番匠」が軒の隅部分のおさまりを検討し、「舟」の「柁」をつくる場合にも使う。「自由曲尺」は「二枚におりて自由に」動く定規で、「船法用」である。

図 10-6-32　木を工作する道具：基準：「尺」（日本　A.D.1761 年）［史料 L.4］
「大曲尺・おほかね」に関する記述である。「大矩」とも表記し、「木」を用いてつくる。「勾三尺」「股四尺」「弦五尺」の直角をつくることから「三四五」の俗称がある。

図 10-6-33　木を工作する道具：基準：「尺」（日本　A.D.1761 年）［史料 L.4］
「縦黍尺・シウショシャク」、「横黍尺・ワウショシャク」、「商尺・シャウ」、「周尺・シウ」、「漢尺・カン」の記述である。「黍」の長さや「黄鐘」の長さを単位にしてつくられた「尺」である。

図 10-6-34　木を工作する道具：基準：「尺」（日本　A.D.1761 年）［史料 L.4］
「太明制三種尺」と「玉尺」の記述である。明で制定された三種の尺は、「裁衣尺」の「鈔尺・シヤ」、「量地尺」の「銅尺」、「営造尺」の「曲尺」である。「玉尺」は「八字吉凶」の文字を「一尺二寸」に等分割したものである。

図 10-6-35　木を工作する道具：基準：「準」（日本　A.D.1761 年）［史料 L.4］
「準・ミツモリ」に関する記述である。「水平」の基準をはかるために、「木槽」をつくる。

図 10-6-36　木を工作する道具：基準：「準」（日本　A.D.1761 年）［史料 L.4］
「木槽」は「長二尺四寸」で「両頭」と「中間」に「三池」をつくる。水を注ぎ、「三池」の「浮木」を「目視」して、水平を確認する。「本邦」では「長一丈」あるいは「一丈三尺」の「柔なる木」を用いてつくる「水もり」を使用する。

図 10-6-37　木を工作する道具：基準：「準」（日本　A.D.1761 年）［史料 L.4］
「垂準・サゲズミ」に関する記述である。「正準」は「横を平らにする」道具、「垂準」は「縦を直くする」道具のこと。

図 10-6-38　木を工作する道具：墨掛（日本　A.D.1761 年）［史料 L.4］
「縄・ナハ」に関する記述である。古文献において「準縄」の説明に混乱が見られる。「準」も「縄」も「みつはかり」である。「白縄」や「水縄」の呼称もある。

図 10-6-39　木を工作する道具：墨掛（日本　A.D.1761 年）［史料 L.4］
「縄墨・ツホノイト」に関する記述である。「古」から「赭縄」「縄墨・すみなは」を使い、「今」、「縄墨」は「木工」が用いる「墨斗の糸」のことである。

図 10-6-40　木を工作する道具：墨掛（日本　A.D.1761 年）［史料 L.4］
「墨斗・スミツボ」に関する記述である。「墨を貯ふ処」を「壺」あるいは「亥の目」、「車をま

はす手」を「揺手」、「糸の端」の「指錐」を「かるこ」と呼称する。

図 10-6-41　木を工作する道具：墨掛（日本　A.D.1761 年）［史料 L.4］
「墨恣·スミサシ」に関する記述である。「周」代に「文字」を「畫」いた「竹恣」が、「今」の「工匠」の「墨恣」である。「今」、「墨指」と書く。

図 10-6-42　木を工作する道具：墨掛（日本　A.D.1761 年）［史料 L.4］
「間竿・ケンサホ」と「定木・テウキ」に関する記述である。「間竿」は「度竿」「かなはかり」「間杖」「尺杖」ともいう。「一間杖」「二間杖」など「寸尺」を「付」して使う。「舟法」の「尋杖」は「五尺杖」である。「定木」は「長二尺三尺」の「短杖」である。「ねちれ」を見る「捻定木」、「開き」を見る「開定木」などがある。

図 10-6-43　木を工作する道具：部材加工（日本　A.D.1716 年）［史料 L.4］
「釿・テヲノ」に関する記述である。古文献には「匠斧」、「鉄」、「手斧」、「手鎼」などと表記されている。「両刃」「片刃」「丸釿」などがある。

図 10-6-44　木を工作する道具：部材加工（日本　A.D.1761 年）［史料 L.4］
「鐁·ヤリカンナ」に関する記述である。「和名」は「かな」である。近年の文献で「なまそり」の説明に一部「誤」がある。

図 10-6-45　木を工作する道具：部材加工（日本　A.D.1761 年）［史料 L.4］
「鉋・ツキカンナ」に関する記述である。『天工開物』に「推鉋」が記されている。中国の文献によると、「臥準」は「圓桶家」が使い、「尋常」の「鉋」は「横木」の「両翅」を「手執」、「前推」と記されている。

図 10-6-46　木を工作する道具：部材加工（日本　A.D.1761 年）［史料 L.4］
「鉋」に関する続きの記述である。「本邦」「此鉋」「薩摩の国」に「始て渡るか」、「今」も「両翅ある」ものを使っている。「其余国の鉋」「両翅あることなし」。

図 10-6-47　木を工作する道具：部材加工（日本　A.D.1761 年）［史料 L.4］
「鉋」に関する続きの記述である。「麁鉋·アラカンナ」は「釿の跡」「鋸の跡」を「削」る。「中鉋」は「其上」を「削」る。「上鉋」は「又其上」を「削」るもので、「台の口」「髪毛のごとく明け」、「精鉋」ともいう。

図 10-6-48　木を工作する道具：部材加工（日本　A.D.1761 年）［史料 L.4］
「鉋」に関する続きの記述である。「短臺·ミジカダイ」は「常の臺の長サ半分」で「中鉋」「上鉋」として使う。「面取·メントリ」は「至て小なる」もので「鉋の巾」「六七分から一寸」。「丸鉋・マルカンナ」は「二種」あり、「外丸鉋」は「居貫扉斗」に、「外丸鉋」は「高欄丸鉾」などに使う。

図 10-6-49　木を工作する道具：部材加工（日本　A.D.1761 年）［史料 L.4］
「鉋」に関する続きの記述である。「反臺・ソリダイ」は「短臺」に「反りを付たる」「くりかんな」である。「鈍丸・ナママル」は「少し丸き鉋」である。「溝鉋・ミソカンナ」は「底鉋」と「脇鉋」で構成されている。通常「底鉋」は「幅四分五分六分」であるが、「木工」は「二分三分」を使う。これが『天工開物』に記述されている「起線鉋」に相当する。「脇鉋」には「右左」がある。

図 10-6-50　木を工作する道具：部材加工（日本　A.D.1761 年）［史料 L.4］
「鉋」に関する続きの記述である。「ヒブクラ」は「脇鉋と同じ」であるが「鋒尖り」の形状で「右左あり」。「蜈蚣鉋・ゴコウ」は『天工開物』に「蜈蚣（ムカデ）乃足」のように「十餘の小刀」がつけられたもの、とする記述があるが、「いまだ見ず」「いずれに用と云ことしらず」。「臺直・タイナオシ」は「鉋の臺を直す」もので、「臺定木・タイテウキ」は「檜の正木を用て作」る。

図 10-6-51　木を工作する道具：部材加工（日本　A.D.1761 年）［史料 L.4］
「鋸・ノコキリ」に関する記述である。「和名」「能保岐利」、「下学集」「能古岐利」、「今」「古保通音なり」。「鋸」「数種有」、「大小歯の相違にて各名を異にす」。

図 10-6-52　木を工作する道具：部材加工（日本　A.D.1761 年）［史料 L.4］
「鋸」に関する続きの記述である。「大鋸」は「一尺六寸」、「中鋸」は「一尺三寸」、「小鋸」は「一尺一寸」、「共に切鋸」で「木口切」とも称する。「摺鋸・スリノコキリ」は「船造木工」が「木の合目（アハセメ）を摺合（スリアハス）す」ために使用する。

図 10-6-53　木を工作する道具：部材加工（日本　A.D.1761 年）［史料 L.4］
「鋸」に関する続きの記述である。「挽割鋸・カカリ」は「溝抉」「引割（ヒキワリ）物」などに使い、「小をねずみかかり」という。「細歯鋸・モドキ」は「挽切の歯より少し大」の「挽切もとき」で、「接工」が使う。

図 10-6-54　木を工作する道具：部材加工（日本　A.D.1761 年）［史料 L.4］
「鋸」に関する続きの記述である。「挽切・ヒキキリ」は「八寸九寸」で「歯細き」もので、「歯細小なる」ものを「鴨居切」と称する。「引廻・ヒキマワシ」は「平なる者を圓に引廻す」あるいは「唐草彫物透」などに使用する。

図 10-6-55　木を工作する道具：部材加工（日本　A.D.1761 年）［史料 L.4］
「鋸」に関する続きの記述である。「鑢・ヤスリ」は「鋸歯」を「利する」道具で、「鋸の歯に応じて大小」がある。「芽葉鎈・メハチケ」は「歯を左右へ開（ヒラキ）わくる」道具で、これを「あさり」という。なお「歯を利する」ことを「目立（メタテ）」という。

図 10-6-56　木を工作する道具：部材加工（日本　A.D.1761 年）［史料 L.4］
「鑿・ノミ」に関する記述である。鑿は「広狭の寸分」を名称とし、「厚薄」の違いもある。また「木」を「平」にする「数種」の「大鑿」もある。

図 10-6-57　木を工作する道具：部材加工（日本　A.D.1761 年）［史料 L.4］
「鑿」に関する続きの記述である。「突鑿・ツキノミ」は「家工」が「差物（サシモノ）」などに「継手（ツギテ）鑿」として使い、「柄より鑿の穂長」いものを「船工」が使う。「無刃鑿・ハナシノミ」は「其刃鈍（ニフク）或は堅（カタク）して」「彫刻に用いられさる」もので、解体用として使われる。「鐔鑿・ツバノミ」は「釘穴を穿（ホル）」ために使い、「釘相応に大小」がある。また「両刃」「片刃」「片鐔」などもあり、「船工家」が多く使う。

図 10-6-58　木を工作する道具：部材加工（日本　A.D.1761 年）［史料 L.4］
「鑿」に関する続きの記述である。「打抜・ウチヌキ」は「大船の釘穴」をあける場合に、まず「鐔鑿にて穴を穿」り、「其跡を打貫（ウチヌキ）」「穴をさら」う。

図 10-6-59　木を工作する道具：部材加工（日本　A.D.1761 年）［史料 L.4］
「鑿」に関する続きの記述である。「鐍・マルノミ」は「刃丸く曲る」鑿で、「圓穴を穿」るために使う。

図 10-6-60　木を工作する道具：部材加工（日本　A.D.1761 年）［史料 L.4］
「槌・ツチ」に関する記述である。「木槌」には「数種」あり、頭部の軸線と柄の軸線とが直交するものと一致するものに大別される。

図 10-6-61　木を工作する道具：部材加工（日本　A.D.1761 年）［史料 L.4］
「槌」に関する続きの記述である。「鐵槌・カナツチ」は、「重サ二百目三百目以上を大」とし、「百目百五十目を中」とする。

図 10-6-62　木を工作する道具：部材加工（日本　A.D.1761 年）［史料 L.4］
「槌」に関する続きの記述である。「源翁・ゲンヲウ」は、「舟方」が「大釘を打つ」場合に使用する。

図 10-6-63　木を工作する道具：部材加工（日本　A.D.1761 年）［史料 L.4］
「槌」に関する続きの記述である。「釘メ・クキシメ」は「釘の頭」に当て、「鐵槌」で打って堅固にする。「大」は「木竹」ではさんで「柄」とし、「源翁にて打」つ。「椓撃・カケヤ」は「大槌」で、「杙（クイ）」などを「撃」つ。

図 10-6-64　木を工作する道具：部材加工（日本　A.D.1761 年）［史料 L.4］
「錐」に関する記述である。「方錐・ヨハウキリ」は「四方の角」をもつ錐である。「鑽・ミツメキリ」は「三稜錐」で、「稜はひしにして三つの角」を有する。「釘穴を穿」るために使用し、「大通」「中通」「小通」がある。

図 10-6-65　木を工作する道具：部材加工（日本　A.D.1761 年）［史料 L.4］
「錐」に関する記述の続きである。「壺錐・ツボキリ」は「丸錐」とも称し、「大小」がある。「鋘・モチ」は「三稜錐」や「鐔鑿」であけた穴に「敲」き入れ、柄をもって「紾捩（ネジモジル）」。

図 10-6-66　木を工作する道具：部材加工（日本　A.D.1761 年）［史料 L.4］

「小刀」と「界引・ケヒキ」に関する記述である。「小刀」には「大中小」があり、「操（クリ）小刀」と「切出（キリタシ）小刀」もある。「界引」は「柄」や「穴」の「厚（アツサ）」を罫線によってしるす道具である。「戸工」や「工匠」が使う「薄板を割」るための「割卦引」もある。

図 10-6-67　木を工作する道具：組立（日本　A.D.1761 年）［史料 L.4］

「口引」「鐵梃・カナテコ」「千斤・クギヌキ」に関する記述である。「口引」は「鳥口」とも呼称し、「竹」を「二つに割」り、「先を尖らし」、「一方へ墨を付」ける。「鐵梃」には「木梃」と「鉄梃」があり、「木梃」は「樫」でつくる。「千斤」は「透穴」のある「鉄器」と「長尺」の「鐵梃」を組み合わせて、「舊釘」を抜く。

図 10-6-68　木を工作する道具：組立（日本　A.D.1761 年）［史料 L.4］

「切抜・キリヌキ」に関する記述である。「両刃を付」け、「大釘を抜」くために使う

図 10-6-69　船を工作する道具（日本　A.D.1761 年）［史料 L.4］

「目打・メウチ」と「矢度古・ヤドコ」に関する記述である。「目打」は「舟釘を抜」くための道具で、「釘の根」を「鉄板」にあけた「穴」に入れ、「鉄板を打て釘を抜」く。「矢度古」は「舟の漏を塞」ぐ道具で、「両刃」であるが「切刃」はない。

図 10-6-70　船を工作する道具（日本　A.D.1761 年）［史料 L.4］

「箛打竹・ノミウチタケ」と「礪・ト」に関する記述である。「箛打竹」は「舟の箛打（ノミウチ）」をする道具で、「開基箛打」「隅箛打」などの種類がある。

図 10-6-71　木を工作する道具：手入（日本　A.D.1761 年）［史料 L.4］

「礪」に関する記述の続きである。「礪」は「銕」を「磨」く「石」で、「工匠」の使うものには「三種」がある。「磺・アラト」は「麁礪石」のこと。「青礪・メナシト」には、「天草礪」「伊豫礪」があり「黄白」色である。

図 10-6-72　木を工作する道具：手入（日本　A.D.1761 年）［史料 L.4］

「礪」に関する記述の続きである。「砥・アハセド」は、「細礪」「黄砥」「合砥」とも呼称されている。

索　引

あ行

か行

さ行

た行

な行

は行

ま行

や行

ら行

わ行

著者略歴

渡邉　晶（わたなべ　あきら）

昭和28（1953）年鳥取県生まれ。昭和51（1976）年3月、福井大学工学部建築学科卒業。同年4月、文化財建造物保存技術協会勤務。国指定重要文化財建造物の調査と保存修復に従事。昭和60(1985)年4月、竹中大工道具館に勤務先を移す。建築技術史と関連させて、道具の発達史を研究。日本における先史時代からの研究をすすめるとともに、ヨーロッパや東アジアなど、ユーラシア大陸の東西を重点とした海外との比較研究も継続中。村松貞次郎博士、藤森照信博士の指導により、平成12（2000）年、東京大学から『近世における大工道発達史の研究』で博士（工学）学位を授与される。主な著書に『日本建築技術史の研究』（中央公論美術出版、2004）、『大工道具の日本史』（吉川弘文館、2004）、『大工道具の文明史』（吉川弘文館、2014）など、その他共著多数がある。平成24（2012）年3月、財団法人竹中大工道具館を退職。同年4月、建築技術史研究所創設、所長として現在に至る。また、椙山女学園大学講師をはじめ、講義・講演活動を積極的に遂行中。

著書（単著）

2004. 2　『日本建築技術史の研究』中央公論美術出版
2004.11　『大工道具の日本史』吉川弘文館
2013. 6　『日本建築技術史の研究』第二版　中央公論美術出版
2014. 4　『大工道具の文明史──日本・中国・ヨーロッパの建築技術──』吉川弘文館

著書（主要共著）

1995. 3　『図説　木造建築事典』学芸出版社
1998. 2　「大工道具──木の建築をつくる道具の歴史──」『技術と暮らしの日本史』新人物往来社
1999. 2　「特色ある日本の大工道具──引き使いの鋸と鉋──」
　　　　『国宝の建築／日本の国宝』104号（テーマ編）　朝日新聞社
1999.11　「木の建築をつくる技術と道具の歴史──建築工程別主要道具の発達史──」
　　　　『古代住居・寺社・城郭を探る／文化財を探る科学の目』6　国土社
2000. 9　『日本歴史事典』小学館
2001. 3　「鼎談　道具、職人、そして歴史──三人で未来を語ろう──」（鈴木博之、朝岡康二、渡邉　晶）
　　　　『大工道具から世界が見える』五月書房
2001. 5　「建物基礎と上部構造──建築技術論の立場から──」
　　　　『埋もれた中近世の住まい／掘立柱はいつまで残ったか』同成社
2001. 9　「鼎談　縄文時代の建築技術」（宮本長二郎、上野幸夫、渡邉　晶、司会：伊藤隆三）
　　　　『桜町遺跡発掘調査概報』学生社
2004. 2　金沢冬まつり実行委員会編『鼎談　テクノロジーと日本人の心──21世紀に回復すべきもの──』
　　　　（川田順造、田中優子、渡邉　晶、司会：小林忠雄）、金沢芸術創造財団
2006. 2　「建築技術の多様性──先史・古代における木の建築をつくる技術の歴史──」
　　　　『記念的建造物の成立／都市・建築・歴史』第1巻　東京大学出版会
2006. 9　「道具　ものつくりの視点」『建築［みどころ］博物館ガイドブック』彰国社
2006. 9　「建築技術史1万年とドクターフジモリ」『特集　藤森照信／10+1』第44号　INAX出版
2007. 2　『歴史考古学辞典』吉川弘文館
2007. 6　『日本産業技術史事典』思文閣
2008. 8　「石から鉄へ　鉄製手道具の変遷──近世以前の建築技術と道具──」
　　　　『手と道具の人類史』協同医書出版社
2009. 3　「カンナの歴史」『鉋大全』誠文堂新光社
2010. 5　「ノミの歴史」『鑿大全』誠文堂新光社
2011. 5　「ノコギリの歴史」「スミツボの歴史」『鋸・墨壺大全』誠文堂新光社

建築技術比較発達史の研究
──ユーラシア大陸の西と東──　©

平成二十七年二月五日　印刷
平成二十七年二月二十日　発行

著者　渡邊晶
発行者　小菅勉
印刷　広研印刷株式会社
製本　松岳社
用紙　日本大昭和板紙株式会社

中央公論美術出版
東京都中央区京橋二─八─七
電話〇三─三五六一─五九九三

製函　株式会社加藤製函所

ISBN 978-4-8055-0735-3